RECUEIL GÉNÉRAL

DES

ANCIENNES LOIS FRANÇAISES.

DE L'IMPRIMERIE DE E. POCHARD,
rue du Pot-de-Fer, n° 14, à Paris.

RECUEIL GÉNÉRAL

DES

ANCIENNES LOIS FRANÇAISES,

Depuis l'an 420 jusqu'à la révolution de 1789.

PAR MM

ISAMBERT, Avocat aux Conseils du Roi et à la Cour de cassation;
JOURDAN, Docteur en Droit, Avocat à la Cour royale de Paris;
DECRUSY, ancien Avocat à la Cour royale de Paris.

« Voulons et Ordonnons qu'en chacune Chambre de nos Cours
« de Parlement, et semblablement ès Auditoires de nos Baillis et
« Sénéchaux y ait un livre des Ordonnances, afin que si aucune
« difficulté y survenait, on ait promptement recours à icelles. »
 (Art. 79 de l'Ord. de LOUIS XII, mars 1498, 1re de Blois.)

CINQUIÈME LIVRAISON.

1458 — 1483.

PARIS,

BELIN-LEPRIEUR, LIBRAIRE-ÉDITEUR, QUAI DES AUGUSTINS, N° 55;
VERDIÈRE, LIBRAIRE, QUAI DES AUGUSTINS, N° 25.

OCTOBRE 1825.

TROISIÈME RACE.

BRANCHE DES VALOIS.

RÈGNE DE LOUIS XI,

Publié par MM. Isambert et Decrusy.

TOME X.

1461 — 1483.

ORDONNANCES
DES
VALOIS.

RÈGNE DE LOUIS XI (1).

Succède à son père le 22 juillet 1461, âgé de 38 ans. Sacré à Reims le 15 août suivant, mort au Plessis-les-Tours, le 30 août 1483.

CHANCELIERS et Garde-des-sceaux. — 1° Pierre de Morvilliers, nommé le 3 septembre; 2° G. Juvénal des Ursins, 9 novembre 1465; 3° Pierre Doriole, le 16 juin 1472, après la mort de des Ursins, installé le 10 juillet 1473, présida au jugement du connétable de Saint-Paul, en 1475 et à celui du duc d'Alençon, en 1474; 4° Guill. de Rochefort, 12 mai 1482.

1461 — 1483.

N° 1. — LETTRES *portant confirmation provisoire des gens des comptes (2) et du trésor du Roi.*

Avesnes en Hainaut (3), 30 juillet 1461. (C. L. XV., 1.)

Lois, par la grace de Dieu, roy de France, à nos amés et féaulx

---

(1) Le titre de roi très chrétien donné à ce prince, en 1469, sans doute à cause de l'abolition de la Pragmatique, est devenu un titre permanent pour ses successeurs. Hen. abr. chr.

Ce prince passe pour un profond politique; il fut dissimulé sans doute et hypocrite, mais il fit bien des fautes; la révocation de la Pragmatique est sûrement de ce nombre, ainsi que les destitutions du commencement de son règne, qui amenèrent la révolte de son frère et d'une partie de la France, armement connu sous le nom de guerre du bien public : il fut obligé de subir la loi du vainqueur après la bataille de Montlhéry, en 1465. C'est probablement à partir de cette époque qu'il sentit la nécessité d'abaisser les grands, et qu'il y travailla pendant le reste de son règne. (Isambert.)

(2) Confirmée définitivement par lettres du 7 septembre 1461. C. L. XV, 1. Il est à observer que les originaux de la plupart des mémoriaux de cette chambre ayant péri ou ayant été considérablement endommagés dans l'incendie

les gens de nos comptes et de notre tresor à Paris, salut et dilection.

Nous vous mandons que vous et chacun de vous que paravant le trespas de feu nostre très-chier seigneur et pere, cui Dieu pardonne, avez fait continuelle résidence pour l'exercice de vos offices en nos chambres desdits comptes et du tresor, vacquez, entendez et besongnez doresnavant au fait desdits offices, tout ainsi et en la maniere que avez accoustumé de faire, jusques à ce que par nous en soit autrement ordonné; de ce faire vous donnons pouvoir.

Donné à Avesnes en Haynault, le penultiéme jour de juillet, l'an de grace mil quatre cent soixante-ung, et de nostre regne le premier, soubz nostre scél de secret en l'absence du grant.

---

du 26 octobre 1757 (V. déclarat. des 21 janvier et 26 avril 1758), il n'en reste guère aujourd'hui que des copies tirées des monumens qu'on a pu recouvrer, des copies faites souvent avec peu d'attention et dont les erreurs ont échappé quelquefois aux magistrats chargés de les collationner. (Pastoret.)

(5) Bien que Charles VII soit mort le 22, Louis XI n'en eut connaissance qu'à Genape en Brabant où il était alors. Delà il se rendit à Maubeuge, où il écrivit à tous les gouverneurs des provinces, pour qu'ils exigeassent le serment de fidélité, et envoyassent des députés des villes principales le prêter devant lui. Il y eut d'ailleurs quelques jours d'incertitude sur l'époque de la mort de Charles. Un arrêt du parlement de Paris, du 23 juillet, porte:

« Sur ce qu'il estoit venu nouvelle que le roi estoit trespassé dès lundi dernier
« passé, dont, Dieu mercy, il n'est rien, a esté mis en deliberation comment on
« delivreroit les arrests et lettres, et a esté ordonné que les arrests et appoin-
« temens faits et prononcés ces jours derniers passés seront expediés aux parties
« ainsy qu'on a accoustumé expedier lesdits arrests, et que la cour se continuera
« et besongnera ainsy qu'elle a accoustumé. »

Un autre arrêt du 4 août, a pris les mesures suivantes, pour l'assistance du parlement aux obsèques du roi.

« La cour a ordonné que au cas que les trois presidens qui sont presentement
« devers le roy ne seront venus en cette ville de Paris quand le corps du feu roy,
« que Dieu absolve, sera apporté et amené en cettedite ville, à Notre-Dame-
« des-Champs; que les trois plus anciens conseillers lais, avec maistre Ro-
« bert Thiboult, president, porteront les quatre coings du poille, ainsi
« qu'accoustumé est, et auront les quatre dessusdicts chacun un manteau ver-
« meil fourré d'hermines, et chaperons fourrés vermeils; et aussi y seront tous
« les conseillers, greffiers et notaires de ladite cour en la maniere qu'ils sont
« quand on prononce arrests, vestus de telles robbes qu'il leur plaira alentour du
« corps, et tiendront le poille lesdits conseillers et lesdits greffiers et notaires
« auprès desdits president et conseillers. Et a esté commandé aux huissiers de
« ladite cour qu'ils soient aux quatre coings de la litiere et alentour de la cour
« pour defendre la noise, et que lesdicts president, conseillers, greffiers et no-
« taires ne soient empressés. »

AOUT 1461.

Ainsi signé : Par le roy, l'archevesque de Bourges, l'Admiral, les sires de Crouy et de Baugy, maistres Jehan de Bar, Jehan Vallet et autres presens.

N° 2. — LETTRES *portant création d'un boucher, à l'occasion du joyeux avénement* (1).

Meaux, 25 août 1461. (C. L. XV, 8.)

Loys, etc. Comme, à nostre joyeux avenement à la couronne et seigneurie de nostredit royaume, il nous loise et appartiengne, de nostre droit et auctorité royal faire et créer en chascune bonne ville jurée d'icellui nostre royaume ung maistre juré de chascun mestier; et il soit ainsi que depuis nostredit avenement nous n'aions encore fait ne créé, comme l'en dit, aucun maistre boucher de la grante boucherie de nostre ville de Paris; parquoy, et pour le bon rapport et tesmoignage qui fait nous a esté de la personne de amé Richart de Montroussel et de son experience oudit mestier de bouchier, icellui, en usant de nostre droit et auctorité royal, avons fait et créé, faisons et créons maistre bouchier de ladite grante boucherie de nostredite ville de Paris, pour icelle maistrise et des droiz, prerogatives, franchises et libertéz qui y appartiennent, joyr et user tout ainsi que font les autres maistres dudict mestier.

Si donnons en mandement au prevost de Paris ou à son lieutenant, que s'il lui appert ledit Richard de Montroussel estre expert et suffisant pour exercer ledit mestier de maistre bouchier, icellui audit cas fas joyr et user de ladite maistrise, ensemble des dits droitz, prerogatives, franchises et libertez qui y appartiennent, et tout ainsi que ont accoustumé faire et que font les autres maistres bouchiers de ladite boucherie.

Et afin que ce soit chose ferme et estable à toujours, nous avons fait mettre notre seel ordonné en l'absence du grand à ces presentes, sauf en autres choses nostre droit et l'autrui en toutes.

Donné à Meaulx en Brie, etc. Par le Roy, les sires du Lau, de Beauvoir, et autres presens.

---

(1) Louis XVI, à son sacre, renonça au droit de joyeux avénement, mais cette fois seulement, et sans tirer à conséquence pour l'avenir. V. Notice le cérémonial du sacre de Charles X, supplément au Bulletin des Lois, de 1825.

N°. 3. — LETTRES *portant confirmation des privilèges d'Épinal et dépendances.*

Paris (1), 1ᵉʳ septembre 1461. (C. L. XV.) Enreg. au parlem. le 28.

N°. 4. — LETTRES *portant confirmation des officiers du parlement de Paris* (2).

Paris, 8 septembre 1461. (C. L. XV, 13.)

Loys, etc. Comme, après qu'il a pleu à Dieu nostre createur que soyons parvenuz à la couronne de France, nostre desir entierement ait esté et soit que justice soit faicte et administrée entre nos subgectz, à laquelle faire et administrer, et mesmement pour les causes et questions qui nous touchent et nostre domaine, droit de regale, des pairs de France, et souverainetés et autres dont nostre court de parlement a bien accoustumé de cognoistre, en suivant nos antecesseurs rois de France, et mesmement feu de très-noble memoire nostre pere, que Dieu pardoint, cognoissans le grand bien incomparable de justice bien gardée, par laquelle les roys regnent et le peuple subgect vit et demeure en paix, marchandise à son cours, et vivent les laboureurs; et que à icelle justice, mesmement à la justice souveraine de nostredict royaume faire et executer, est bien requis et necessaire avoir gens notables, clercs, prudommes et bien experimentez, à nous feables et loyaulx, pour le bien de justice et la chose publique de nostre royaume :

---

(1) Le roi ne fit son entrée que le 2 du mois; c'est ce qu'atteste le registre du châtelet de Paris, si le registre est exact; les mentions faites dans les ordonnances ne peuvent pas toujours prouver la présence du roi.

Il paraît, par ce même registre, que Paris jouissait de la franchise des logemens du roi et des officiers de sa suite; le prevôt des marchands et échevins se joignit aux quarteniers, cinquanteniers et dixainiers, de pourvoir aux logemens dans les hôtelleries, ou de gré à gré, chez les bourgeois. (Pastoret, note, p. 15.

(2) On trouve dans les registres du parlement, sous la date du 30 janvier 1461, un arrêt, relatif aux évêques, qui avaient siégé à la séance d'ouverture du parlement, présidée par le chancelier.

« Ce jour, la cour, les chambres d'icelle assemblées pour certaines causes et « considerations, à ce la mouvant, a deliberé et concluu que dorenavant les ar- « chevêques et eveques n'entreront point au conseil, en la cour, sans le congé d'i- « celle, ou si mandez n'y étoient, excepté les pers de France et ceux qui par pri- « vileges anciens, doivent et ont accoutumé y venir et entrer. » (Pastoret.)

Savoir faisons que pour consideraciou des grans, notables et continuelz services que les personnes ci-dessoubz nommées, chascun en son endroit et office, ont fait du vivant de feu nostredict seigneur et pere en ladicte court de parlement, et de la bonne et grande experience que nous avons eu d'eulx chascun en son endroit, et esperans que encores seront toujours de mieulx en mieulx à leur povoir; c'est assavoir nos amez et féaulx conseillers, Helies de Torectes, chevalier, premier; Yves de Sepeaulx, chevalier, second; maistre Robert Thiboust, tiers; maistre Jehan le Boulanger, quart, presidens; maistre Guitte Cotin, maistre Estienne de Montdidier, maistre Jehan le Sellier, maistre Jehan de la Reaulte, presidens ès chambres des enquestes.

(Suivent les noms de 57 conseillers clercs, 29 conseillers lais, puis les noms des greffiers, servans et huissiers.)

Iceulx et chascun d'eulx avons retenus et retenons èsdicts offices, lesquelz nous leur confermons et donnons de nouvel, en tant que besoing est, pour nous y servir doresnavant à telz gaiges, droiz, honneurs, prerogatives, prééminences, franchises, libertez, prouffiz et emolumens qu'ilz et leurs predecesseurs ont accoustumé de joyr et avoir les temps passez; voulans que, en faisant par chacun d'eulx serment solennel, en nostredicte court de parlement, de nous servir bien et loyaulment en leurs offices, chacun en droit soy, selon les ordonnances d'icelle court, ilz et chascun d'eulx en droit soy joyssent d'iceulx offices, ensemble desdicts gaiges, drois, honneurs, prerogatives, prééminences, franchises, libertez, prouffiz, emolumens, et que desdicts gaiges leur soient baillées cédules de *debentur* par nos amez et féaulx les gens de noz comptes en la maniere par ci-devant accoustumée, et qu'ilz soient allouez sans difficulté ès comptes et rabatuz de la recepte du commis present et à venir au payement d'iceulx gaiges et drois et autres qu'il appartiendra, en rapportant ces presentes, ou *vidimus* d'icelles fait soubz séel royal, pour une foiz seulement, avecques lesdictes cedules de *debentur*, et quitance suffisant d'eulx, chascun pour tant que à lui pourra toucher.

En tesmoing de ce, etc. Par le roy (le chancelier de France), vous, le sire du Lau, maistre Jehan de Bar et autres presens.

N°. 5. — **Lettres** *qui révoquent et annullent les aliénations du domaine de la couronne* (1).

Paris, 9 septembre 1461. (C. L. XV, 17.) Reg. en parlement, 1ᵉʳ février.

Loys, etc. Comme après notre sacre et couronnement receu par nous en nostre ville de Reims au mois d'aoust dernier passé, pour ce que à nostredict sacre avons juré et promis de garder le domaine de nostre royaume et de la couronne de France, icellui entretenir et augmenter, et y réunir et remettre à nostre povoir ce qui par ci-devant en avoit esté séparé, aliéné et disjoint; nous, accompagnés des seigneurs de nostre sang, prélats, nobles et autres de nostredict royaume, tant pers de France que autres en grant nombre, eussions proposé, conclud et délibéré, pour garder et entretenir noz sermens et promesses sur ce faiz, de révoquer toute manière de dons et transports que le temps passé avoient et ont esté faiz dudit domaine :

Savoir faisons que nous, les choses dessusdictes considérées, voulans à nostre povoir garder et entretenir les promesses et sermens par nous faiz à nostredict sacre (2) au bien de nostre seigneurie, conservacion, entretenement et augmentation de nostredict domaine; pour ces causes et consideracions, et par l'advis et deliberacion des gens de nostre conseil, avons, en suivant nosditz conclusions et deliberacions faites audit lieu de Reims, revoquez, cassez et adnullez, cassons, révoquons et annullons du tout par ces presentes, tous les dons, cessions et transports que par cydevant ont esté faiz par noz predecesseurs et nous, des places, terres, rentes, revenues et autres choses estans du domaine de nostredict royaume, et qui de raison avant lesdiz dons,

---

(1) Ce principe toujours subsistant de la monarchie depuis que la souveraineté n'était plus partagée et qu'ainsi rien n'assurait le trône contre les surprises faites au pouvoir immense et absolu dont il était revêtu, a été consacré par une loi générale de 1566, et n'a été aboli que quand la nation a concouru de nouveau, en 1789, à la formation des lois. — C'était le remède à un état vicieux des choses. Aussi était-il de principe que toute concession domaniale était révocable, tandis qu'aujourd'hui, et depuis 1789, on fait du principe d'irrévocabilité de ces aliénations une règle fondamentale. (*Isambert.*)

(2) Telle était en effet la formule. V. sur ces sermens le reglement de Charles V, et notes sur la cérémonie du sacre de Charles X, du 1 1825. *Idem.*

aliénacions et transports, estoient et compectoient à nosdiz predecesseurs et à nous et à ladite couronne de France, à quelques personnes que lesdiz dons, cessions, transports ayent esté faiz de tout le temps passé jusques à présent, pour quelque cause que ce soit.

Si donnons en mandement, etc.

N° 6. — Lettres *patentes qui permettent à Guillaume de Corbie de posséder conjointement les offices de conseiller au parlement de Paris et de président au parlement de Grenoble* (1).

Paris, 13 septembre 1461. (C. L. XV, 17.)

N° 7. — *Édit sur la composition du parlement de Paris.*

Paris, 16 septembre 1461. (C. L. XV, 18.)

Loys, etc. Comme nostre court souveraine de parlement soit, de toute ancienneté, constituée et ordonnée par noz predecesseurs de bonne memoire, rois de France, du nombre de cent personnes (2), c'est assavoir de douze pers de France, huit maistres des requestes de nostre hostel, et de quatre-vingts conseillers, tant clercs que laiz; neantmoins, comme entendu avons, le nombre desdiz conseillers-clercs excede de deux pour le jour de huy le nombre des conseillers-laiz, en tant qu'ilz y sont quarante-deux conseillers-clercs, et conseillers-laiz n'y sont que trente-six et quatre presidens, et par ainsi egalité n'y est pas bien observée; jà soit ce qu'il soit bien besoing y estre aussi grant

---

(1) Cette ordonnance constate dans son préambule l'existence du parlement du Dauphiné, dont nous n'avons pu trouver la création sous le règne précédent, quoiqu'on sache qu'elle a eu lieu en effet en....
Quant au cumul des deux offices, on voit par les ordonnances relatives à la création du parlement de Languedoc, que les conseillers de ce parlement avaient conservé le droit de siéger au parlement de Paris, dont ils faisaient précédemment partie. Depuis, dans la querelle des parlemens avec l'autorité royale sous Louis XV, on s'est appuyé de ces exemples pour soutenir que les parlemens avaient droit de correspondre.
(2) V. art. 1er. des lettres de Charles VII, avril 14..

et pareil nombre de laiz comme de clercs, pour les causes criminelles que chacun jour affluent en nostredicte court en bien grant nombre, par quoy pourroient lesdictes causes criminelles estre moult retardées, et autrement, ou prejudice du bien de justice et de la chose publique, se par nous n'y estoit pourveu:

Savoir faisons que nous, par grande et meure deliberacion, avons voulu et ORDONNÉ, voulons et ordonnons par ORDONNANCE et EDICT PERPETUEL et que voulons garder et estre gardé perpetuellement sans enfraindre, que doresnavant à tousjours, oultre les diz pers de France et maistres des requestes de nostre hostel, son equalité gardée entre nosdiz presidens et conseillers : c'est assavoir que n'y aura plus que quarante conseillers-clercs, et quarante conseillers-laiz, compris lesdiz quatre presidens.

Et pour ce que, comme dit est, ils sont deux conseillers-clercs oultre et par-dessus ledit nombre de quarante, nous voulons et ordonnons que les deux lieux des dits conseillers-clercs qui premiers seront vacans, ne seront point impetrables, et que se neantmoins, par inadvertance ou importunité de requerans, nous avions donné lesdiz lieux ou l'un d'iceulx comme vacans, qu'ils soient tenuz pour nulz et de nul effect de valeur, et que aucunement n'y soit obéy, nostre edict et ordonnance demourant toujours en leur vertu.

Si donnons en mandement, etc.

Par le Roy, le Bastard d'Armaignac, maréchal, messire Jehan Bureau et autres présens.

N°. 8. — LETTRES *portant concession de sauve-garde* (1) *contre toutes voies de fait et puissance de Laïc aux Chartreux de Valvez près Paris.*

Paris, 17 septembre 1461. (C. L. XV, 25.) Reg. au châtelet, le 19.

N°. 9. — LETTRES *de légitimation à l'évêque de Tournay, bâtard, avec permission de tester.*

Paris, septembre 1461. (C. L. XV, 64.)

LOYS, etc. Savoir faisons à tous presens et avenir, nous avoir

---

(1) Le signe de la sauvegarde consiste dans l'application des pannonceaux royaux. Dans une ordonnance suivante du 28 septembre, ces pannonceaux ou batons royaux, doivent être mis sur les maisons, terres, garennes, étangs, prés, bois, vignes, etc. (Pastoret.)

reçu la devote supplication de religieuse personne nostre amé et feal conseiller Guillaume, à présent evesque de Tournay, natif de nostre royaume, contenant que dès le temps de son enfance il estoit ordonné et réduit religieux de l'ordre de monseigneur saint Benoist, et depuis mis aux estudes, où il s'est honnestement maintenu et gouverné, telement que par sa diligence et bonne estude il a acquis science et reçu le degré de docteur en décret et autrement, telement que par ses moyens il a esté en son temps pourveu de plusieurs prelatures, dignités et benefices, priorez, abbayes, eveschiez, tant en notre royaume comme dehors, et dernierement de l'eveschié dudit lieu de Tournay avec l'abbaye de Saint-Bertin en Saint-Omer, qu'il tenoit paravant en nostredit royaume; et pour ce des biens qu'il a euz et acquis aux causes desusdites, et aussi pour s'en servir, et que il pourra avoir et acquérir doresenavant, disposeroit voulontiers, tant pour le salut de son ame, comme à ses parens et amis auxquelz il est et pourra estre tenu ou temps avenir : mais, obstant ce qu'il est illegitime procreé et né de couple illicite et defendu, il doubte combien que lui comme religieux par concession et octroy appliquer à lui faiz peust faire testament, il ne peust en nostredit royaume disposer de ses biens sans avoir et obtenir de nous nostre grace et légitimation, requerant humblement yceulx. Pour ce est-il que nous, oye la supplication de nostredit conseiller Guillaume evesque de Tournay, considerans qu'il nous a fait le serment de féaulté qu'il estoit tenu nous faire à cause du temporel dudit eveschié, et que à ce l'avons benignement receu et comme appartient; considerant aussi que par ses merites et la grande recommendation de sa personne en sens, prudence, loyauté, science et bonne diligence, il a esté promeu auxdites dignités et prelatures et que pour ces causes nostre très-chier et très-amé oncle le duc de Bourgogne l'a ordonné et constitué chief de son conseil en absence de son chancellier; et pour les bons et agreables services qu'il nous a faiz et desire faire, comme de ce sommes accoutumez; icelluy Guillaume, evesque de Tournay, de nostre certaine science, pleine puissance et grace especial, avons legitimé et legitimons, et le deffaut de sa nativité encouru par vice de nature et couple illicite avons, pour ses merites et recommandations de ses vertus aboly et effacé, abolissons et effaçons du tout par ces presentes, voulans et lui octroyans de nostredite grace, que, comme personne legitime et habile, il puisse de tous les biens qu'il a desja acquis et qu'il acquerra ou temps à venir par testament ou autrement, ordonner et disposer ainsi que bon lui semblera, sauf et reservé les biens par lui acquis et à acquérir qu'il a donnez ou donnera au prouffit de l'eglise et pour l'accroissement du service divin.

Voulons aussi et lui octroyons que doresnavent il soit tenu et repputé pour personne legitime, et que apres son trespas ceulx de son lignaige procreez ou à procréer en loyal mariage lui puissent succeder par droit de hoirie en tous ses biens meubles et immeubles acquis et à acquerir, et qui lui sont escheuz et escherront, tout ainsi qu'ils feissent ou pussent faire se il fust né et procré en loyal mariage, reservez ceulx qu'il aura acquis ou donnez à l'eglise pour service divin, comme dit est, sans ce que, soubz ombre dudit deffault de sa nativité, nous ou noz successeurs y puissions ou doyons demander ou reclamer aucun droit ou temps aduenir, non obstant quelzconques constitutions, ordonnances, statuz, diz, usaiges et coustumes à ce contraires, et sans ce qu'il soit tenu de faire autre declaration ou specification de ses pere et mere, desquels nous sommes assez aduertiz, et dont, pour certaines causes à ce nous mouvans, nous ne voulons autre declaration estre faite; et sans ce que ledit suppliant nostre conseiller soit pour ce tenu payer à nous ou à nosditz successeurs aucune finance ores ou pour le temps auenir, laquelle finance nous, pour la louenge et recommendation de ses vertuz, merites et services descrits, lui avons, de notre grace, donnée remise et quictée, donnons, quictons et remectons par ces mesmes presentes, voulant qu'il en soit du tout quicte et paisible.

Si donnons en mandement, etc.

N°. 10. — Lettres *qui exemptent les habitans de Fontenay sous le bois de Vincennes de toutes prises* (1) *pour les hôtels du roi et des princes du sang, et des prises qui se font et des impositions qui se lèvent par rapport à la chasse aux loups.*

Paris, septembre 1461. (C. L. XV, 100.)

---

(1) On voit dans ces lettres quelles prises le roi, les princes, les grands officiers de la couronne exerçaient alors. Mais V. l'ordonnance du 3 décembre 137. (Lambert).

N°. 11. — Lettres *patentes en faveur de l'université de Valence.*

Tours, 12 octobre 1461. (C. L. XV, 127.)

N°. 12. — Lettres *d'abolition en faveur du comte d'Armagnac.*

Paris, 21 octobre 1461. (Mémoire des Pairs, p. 815). Arrêt d'enregistrement au parlement.

Ludovicus, etc. Notum facimus quod visis per nostram parlamenti curiam, certis litteris repelli banni, remissionisque, et abolitionis à nobis occasione contentorum in eisdem litteris nostris per carrissimum consanguineum nostrum Johannem comitem Armeniaci sub data undecimo diei presentis mensis octobris obtentis, et per ejusdem consanguinei nostri procuratorem ad id specialiter fundatum, et pro ipso consanguineo nostro earumdem litterarum integrationem requirendo dictæ curiæ nostræ exibitis et representatis, necnon audito procuratore nostro generali, qui in nullo contradicere nolluit; sed discretioni ejusdem curiæ nostræ se retulit, ac consideratis et attentis omnibus in hac parte considerandis; præfata curia nostra auditis litteris nostris et contenta in eisdem obtemperavit et obtemperat, ac illa memorato consanguineo nostro interinavit et interinat.

Quo circa dilecto et fideli nostro magistro Johanni de Longolio indicta curia nostra consiliario, tenore præsentium per quas universis et singulis officiariis et justitiariis nostris atque regni nostri præsentibus et futuris, ne prænominatum consanguineum nostrum in corpore sive bonis suis aliqualiter occasione contentorum in supradictis litteris vexent, molestent aut perturbent, seu vexari, molestari et perturbari faciant vel permittant inhibemus, committimus et mandamus, quatenus eidem consanguineo nostro bona, terras, dominia et possessiones suas occasione contentorum in jam dictis litteris nostris captas, arrestatas, seu impeditas plenarie liberet, seu liberare faciat indilate compellendos ad hoc, si qui qui sunt vel fuerint, omnibus viis et modis debitis viriliter et districte compellendo, cui quidem consiliario nostro et ab eo deputandis ab omnibus justitiariis et subditis nostris in hac parte pareri volumus et jubemus.

Datum, etc.

N°. 13. — MANDEMENT *à la chambre des comptes de convoquer un des présidens et quelques conseillers au parlement, pour juger le procès commencé contre les héritiers d'un receveur général* (1).

Tours, 23 octobre 1461. (C. L. XV, 157.) Enreg. à la chambre des comptes, 15 novembre.

De par le roy. Nos amez et féaux, nous avons sceu que, peu de temps après la reduction de nostre pays de Normandie, fut commencé procez par-devant vous entre notre procureur, d'une part, et les heritiers de Michel Durant, jà pieça receveur general de nostredit pays de Normandie, d'autre, pour raison de certaine grande somme de deniers qu'il devoit de reste à cause de ladite recette, lequel procès a longuement duré et dure encor; toutesfois, puis nagueres, a esté à cette cause interjecté de vous certaine appellation d'un appointement par vous sur ce donné par un soi-disant heritier des heritiers dudit Durant, par le moyen duquel appel, lequel n'a pas esté ne est sur le principal de ladite matiere, icelui principal est en voye d'estre longuement assoupi et retardé en nostre très-grand préjudice et dommage.

Si voulons et vous mandons que, en suivant le stile accoutumé estre observé en nostredicte chambre des comptes quand aucunes appellations se interjectent de vous, vous convoquiez et assemblés l'un des présidens et aucuns des conseillers de nostre court de parlement, et voyez ensemblement lesdits procès touchant ledit appel, et icelui vuidier, vaquiez et entendiez diligemment au fait des comptes dudit Durant, et à en faire conclusion et bonne justice, par maniere que ledit procès prenne et puisse avoir fin et issue, et qu'il soit connu du droit que nous y pouvons pourvoir : et en ce ne faites plus de délay, car tel est notre plaisir.

Donné à Tours, le vingt-troisieme jour d'octobre.
Ainsi signé : Louis Daniel (2).

---

(1) Nous avons cru devoir placer ici un de ces mandemens, parce qu'ils tiennent à l'organisation judiciaire et à l'administration de la justice. (Pastoret.)
Ce mandement constate qu'il y avait appel au parlement des décisions de la chambre des comptes. V. ci-après l'ordonnance du 23 novembre 1461; et ci-dessus l'ordonnance de décembre 1460. (Isambert.)

(2) Les mandemens n'étaient donc pas signés du roi. (Isambert.)

NOVEMBRE 1461.

N° 14. — LETTRES patentes (1) *portant don du comté de Beaufort à René d'Anjou, roi de Sicile et union de ce comté au duché d'Anjou.*

Amboise, 1ᵉʳ novembre 1461. (C. L. XV, 176.) Pub. au parl., 6 juillet 1462.

N° 15. — LETTRES (2) *portant qu'on ne peut appeler des jugemens de la chambre des comptes.*

Montils-les-Tours, 23 novembre 1461. (C. L. XV, 191.) Publié en la chambre des comptes, le 17 mars.

N°. 16. — LETTRES (3) *portant abrogation de la Pragmatique sanction.*

Tours, 27 novembre 1461. (C. L. XV, 193.) V. les remontrances.

LUDOVICUS, Dei gracia, Francorum rex, tibi sanctissimo et beatissimo patri nostro, Pio papæ secundo, obedientiam filialem et plenos devotionis affectus.

Deum solum scientes esse, cujus providentiâ bene consulitur rebus humanis, meliùsque regna et urbes religione cingi atque

---

(1) De semblables lettres patentes ne peuvent être considérées comme de véritables lois; elles ne prescrivent rien, ni pour la nation en général, ni même pour quelques-unes de ses provinces, de ses villes, de ses corporations, de ses établissemens... Néanmoins comme ces dons royaux et la transmission des propriétés publiques ne sont pas étrangers à la législation et aux principes qui régissent un gouvernement, nous croyons pouvoir de temps en temps les faire connaitre.
(Pastoret.)

(2) Révoquées par celles du 5 février suivant. V. ci-après.

(3) Ces lettres ne sont pas en forme de loi; elles ressemblent beaucoup à un rescrit, à cette lettre du 4 septembre 1693, par laquelle Louis XIV, dans un âge avancé, dominé par un jésuite, abandonna la déclaration de Bossuet et du clergé gallican, et les 4 articles de la déclaration de 1682. V. cette pièce au supplément du recueil complet des lois et ordonnances, année 1818, p. 572. Napoléon en jeta la minute au feu, et néanmoins il se laissa subjuguer comme les autres par la cour de Rome. Louis XI passe pour un profond politique; ce n'est assurément pas dans les premières années de son règne, où il se laissa tromper par l'évêque d'Apras, qui eut bientôt pour récompense le chapeau de cardinal, comme depuis l'obtint le chancelier Duprat par le concordat de 1516. V. la loi du 12 juillet 1790 le concordat de 1801 et le projet de 1817; ce dernier n'a pas mieux réussi que ceux de 1461, 1516 et 1693. (Isambert)

defendi quàm armis et mœnibus, te, vicarium Dei viventis, ea veneratione prosequuntur, ut sacra præ sertim in ecclesiasticis rebus monita, veluti vocem pastoris, audire, illisque parere promptâ mente velimus. Quapropter, beatissime pater, etsi constitutio quædam in regno nostro, quam *Pragmaticam* vocant, magno prælatorum conventu, magnâ temporis deliberatione conclusa fuerit, et jam callum obducens, quietum prope fixerit statum; tu tamen tuis ad nos litteris illam à nostro regno auferri, explodi, abrogarique flagitas. Nobis quoque dilectus et fidelis consiliarius noster Joannes episcopus Atrebatensis, quem cum potestate legati de latere ad hoc regnum nostrum misisti, commemoravit ea ad quæ per ipsum tibi nostro nomine pollicenda, vovenda et promittenda, nos, antequam regnum suscepissemus religionis instinctus quidam deduxerat (1). Non nostra promissa exequi, accedente moderatrice rerum ecclesiasticarum tuâ auctoritate, studemus et volumus; et id quidem tantô volumus animo propensiori, quantô nobis regnum Franciæ florens et bello vacuum tuetur Deus et protegit.

Omnibus itaque victimis potiorem obedientiam intelligentes, assensi sumus his quæ tuo nomine nobis aperta sunt: ipsam scilicet pragmaticam sanctionem tibi tuæque sedi esse infensam (2), ut pote quæ in seditione et schismatis tempore, atque per seditionem, sectionisque à tuâ sede figuram, nata sit; et quæ, dum tibi, à quo sacræ leges oriuntur et manant, quas-

---

(1) On lit dans la collection des conciles d'Hardouin (IX, 1449) la lettre écrite, à ce sujet, par Pie II, à l'évêque d'Arras; et immédiatement après, une bulle du même pontife, dans laquelle il rétracte solennellement l'opinion qu'il avoit eue au concile de Bâle; car, membre de cette assemblée, il avoit pensé qu'un concile étoit au-dessus d'un pape; et devenu pape, il ne croyoit plus à cette opinion, et anathématisoit ceux qui osoient y croire. Cette bulle, dans laquelle il cite alternativement Juvénal et Saint-Mathieu, mérite d'être lue. (Pastoret.)

(2) La pragmatique sanction avoit reconnu le principe établi par les conciles, qu'ils tenaient leur puissance de Dieu, et que le pape même leur était soumis. Elle nomme leurs décrets, *saluberrima decreta, spiritu Dei promulgata*. Elle caractérise l'autorité de ces assemblées par ces mots dont elles-mêmes se servaient dans leurs propres actes : *Ecclesiam militantem representans, potestatem à Christo habens immediatè; cui quilibet cujuscumque status, conditionis vel dignitatis, etiam si papalis existat, obedire tenetur in his quæ pertinent ad fidem*, etc. Elle condamne tous ceux, quels qu'ils soient, et sans exception, qui osoient agir ou prononcer contre la décision d'un concile. (Pastoret.)

...libet eripit authoritatem, omne jus et omnem legem dissol-
... Illud enim exoritur quod idem conciliarius noster nomine
... sanctitatis astruxit, ut, dum per pragmaticam ipsam summa
... ecclesia tuæ sedis autoritas minuitur, dum prælatis in regno
...stro quoddam licentiæ templum per illam præstruitur, dum
...ngruens unitas ad alia regna conformistasque tolli videtur :
...broganda sit ipsa pragmatica, pellendaque à nostro regno :
...ippe quæ adversùs tuam sedem, ecclesiarum omnium ma-
...em, ab inferioribus prœlatis lata sit, tanquam, ut scriptura
...quitur : *Quomodo, si elevetur virga contra levantem se, aut
...culus utique lignum est ?* Quæ quidem, beatissime pater,
...cet plerique docti homines confutare niterentur atque diluere
...ultòque nos dehortarentur abrogare sanctionem ipsam, te
...men principem totius ecclesi[æ], te antistitem sacrorum, te do-
...inici gregis pastorem profitemur et scimus, teque jubentem
...quimur, tibi et beatissimi Petri cathedræ consentimus et
...giaure.

Itaque, sicut mandasti, Pragmaticam ipsam à nostro regno,
...stroque Viennensi Delfinatu, et omni ditione nostrâ, per
...æsentes pellimus, dijicimus, stirpitùsque ABROGAMUS ; et quam
...t qualem, ante pragmaticæ ipsius editionem, circa ecclesia-
...um, beneficiorum, aliarumque rerum spiritualium dispositio-
...em, censuram, moderationem, in regno nostro omnique ditione
...stra tui predecessores, Martinus V et Eugenius IV, romani
...ntifices, habebant et exercebant, talem eademque nostro
...jutori, beatissimo Petro, tibique ipsius successori, reddimus,
...stamus et restituimus cum summo imperio, cum judicio
...bera, cum potestate non coarctata, tu enim, cùm scias quid
...state divinitùs tibi tradita possis, quas pro regni nostri
...clesiarum in eo tranquillitate postulabimus non negliges
...s necessarias, poterisque semper quod optimum fuerit ju-
...icare.

Utere igitur deinceps in regno nostro potestate tuâ, ut voles,
...que illam exerce : nam, ut hominum membra, nulla conten-
...ne, capite uno atquæ unâ mente ducuntur, sic tuis sacris
...cretis ecclesiæ prælati in regno nostro et Delfinatu consonan-
...m et obedientiam plenam refundent.

Quòd si fortè obnitentur aliqui aut reclamabunt, nos in verbo
...gio pollicemur tuæ beatidini atque promittimus exequi facere
... mandata, omni appellationis aut oppositionis obstaculo

prorsus excluso; eosque qui tibi contumaces fuerint, pro tuo
jussu comprimemus et refrenabimus (1).

Datum Turonis, sub magno sigillo nostro, die xxvij mensis novembris, anno Domini MCCCCLXI, et regni nostri primo. Per
Regem in suo consilio.

Remontrances du parlement (2).

(1465.)

En obeyssant, comme raison est, au bon plaisir du roy nostre
sire, qui, voulant tousjours ès grands affaires du royaume preceder en grande et meure deliberacion, a mandé puis naguères
à sa cour de parlement l'advertir des plaintes et doleances que
raisonnablement on pourroit faire de la cassation que l'on a
avoir esté des decrets, constitutions et ordonnances appelées la
Pragmatique Sanction, et aussi de l'adnullation de certaines
ordonnances par luy faites, conformes ausdits decrets: ladite
cour a cy recueilly lesdites plaintes et doleances avec les remedes
convenables, le roy tousiours demourant en bonne obeyssance
telle que vray catholique, roy très-chrestien, doit au sainct siege
apostolique. Pour lesquelles plaintes et doleances remonstrer, et
dudit remede advertir le roy et son conseil, ainsi qu'il mande,

---

(1) La pragmatique ne continua pas moins d'être observée; quelques complaisances momentanées des princes pour les papes n'empêchèrent pas qu'elle
ne fût toujours regardée comme une loi de l'église et de l'état. Les parlemens
ne cessèrent de lui reconnaître ce caractère; Louis XI, en 1470, 1472, 1474,
1475 et 1479, rétablit les principales dispositions. Louis XII l'avait d'abord
consacrée par une loi rendue au commencement de son règne: mais, en 1511,
Jules II, assis alors sur la chaire pontificale, fit de nouveau lire et publier, au
concile de Latran, les lettres de Louis XI, que nous venons de transcrire, et
qui abolissent la pragmatique sanction. Un avocat consistorial fut entendu; il
demanda qu'un monitoire fût décerné contre les prélats, les chapitres, les communautés, les princes de France, les présidens des parlemens, et tous autres
qui pouvoient penser qu'elle ne devoit pas être abrogée. Le promoteur du concile adopta cette opinion; et, sur ses conclusions, un décret fut rendu, qui cita
devant le concile, dans un espace de soixante jours, tous les fauteurs de la
pragmatique sanction: mais on n'osa jamais faire afficher ce décret en France.
(Collection d'Hardouin, IX, 1642.) (Pastoret.)

(1) Fontanon (IV, 1230) les suppose de la même époque que la loi de 1461:
mais, elles sont nécessairement postérieures de plusieurs années, puisqu'il y est
parlé de Pie II comme mort, et que Pie II ne mourut qu'en 1464. (Pastoret.)

icelle cour a baillé charge à maistres Jean Loselier et Jean Henry, conseillers dudit seigneur, et presidens en la chambre des enquestes.

(1) Et premierement, pour entendre lesdits griefs et plaintes, est à supposer qu'au royaume de France, sur tous les royaumes chrestiens, la foy catholique depuis la susception d'icelle, et mesmement dès le temps de Clovis premier roy chrestien, a tousiours flory et prosperé, sans quelconque erreur et deviation, et a esté le nom de Dieu exaucé, et son eglise entretenue en sa liberté, et le service divin augmenté par la fervente devotion et bonne protection et garde des roys; et tellement, qu'iceux roys très-catholiques, qui ont tousiours de plus en plus en icelle foy catholique perseveré par fervente devotion en l'honneur et reverence de Dieu, ont très-liberalement et très-largement donné de leurs biens, au mosné et distribué pour la construction et edification des très-somptueux edifices d'eglises, dotations et fondations d'icelles; et aussi ont labouré à la protection et defense de la foy catholique, et ont par ce moyen acquis par excellence ce très-glorieux et excellent nom de roy très-chrestien, en quoy ils excellent sur tous les autres roys catholiques.

(2) *Item*. Est aussi à considerer qu'il n'y a royaume qui tant abonde en notables abbayes et eglises, ne où elles soient de si somptueux edifices en si grand nombre, ne où il y ait si grande multitude de personnes ecclesiastiques, où les benefices soient ainsi grandement fondez et douez comme ils sont en ce royaume très-chrestien, le tout procedant de la liberalité des roys et princes d'iceluy royaume, et devotion du très-devot peuple à eux subjet.

(3) *Item*. Au roy, nostre souverain seigneur, qui est le principal fondateur, protecteur, gardien et defenseur des libertez d'icelle eglise, quand elle souffre en ses libertez, appartient assembler et convoquer les prelats et autres gens d'eglise, tant du royaume que du Dauphiné, et icelle assemblée et appelée congregation de l'eglise gallicane faite, presider aux entreprises, lesquelles peuvent estre prejudiciables auxdites libertez, remedier, comme dit sera cy-après.

(4) *Item*. Qu'à icelles assemblées, de l'authorité que dessus, par grande deliberation de messeigneurs du sang, des gens d'eglise et autres subjets du roy, des grands travaux, molestes, inquietations et occupations que leur faisoient ceux de cour de Rome (par quoy le royaume estoit très fort appauvry), ont esté

faites plusieurs belles et notables ordonnances de grande authorité, qui ont esté le temps passé gardées et observées le plus qu'on a peu.

(5) *Item.* Et entre les autres, l'an 1268, par le roy sainct Loys, fut faite une ordonnance et edict general, par lequel il voulut et ordonna qu'on pourveust par election aux prelatures et dignités electives, et par collations et presentations des collateurs et patrons aux benefices non electifs, et que toutes exactions et charges, importunitez de pecunes imposées ou à imposer par cour de Rome en ce royaume, cessassent, ne fussent aucunement levées et exigées, comme ces choses et autres plus à plein apparent par les ordonnances du roy sainct Loys, qui fut de telle renommée que chacun sait.

(6) *Item.* Que lesdites ordonnances ont esté long temps observées et gardées : et pource que par laps de temps ceux de cour de Rome s'efforçoient de faire plusieurs entreprinses et usurpations contre lesdites libertez de l'eglise gallicane, le roy Charles sixiesme, par deliberation de messeigneurs du sang, et de plusieurs prelats, chapitres, abbez, convens, colleges, universitez et autres gens du royaume et du Dauphiné, en l'an 1406, ordonna que ladite eglise de France seroit reduite et la reduisit à ses libertez anciennes et franchises, et qu'en ladite liberté elle seroit perpetuellement maintenue et gardée; laquelle ordonnance fut publiée et enregistrée en ladite cour, l'an 1407.

(7) *Item.* Et avec ce vray est qu'oudit an 1407, pour ce que le pape Benedict (1), ses gens et officiers, avoient fait et faisoient en ce royaume plusieurs grandes exactions de pecunes, les prelats de ce royaume en firent plainte au roy, et fut ceste matiere ventilée en ladite cour de parlement, en laquelle comparut l'université de Paris, et proposa grandement et notablement en ladite matiere; et le samedy septiesme jour de novembre, requit que substraction fust faite audit pape Benedict, et que l'on fist cesser lesdites exactions : pareillement le requit le procureur general du roy; et outre requit que les pecunes receues fussent restituées, et

---

(1) Pierre de Lune, pape, ou plutôt antipape, sous le nom de Benoît XIII; déposé par deux conciles et rejeté par tous les rois, il excommunia les rois et les conciles, et, avant de mourir, se fit nommer un successeur par un conclave composé de deux cardinaux, les seuls qui lui fussent restés fidèles. (Pastoret.)

(8) *Item.* Est à noter que lesdites requestes et conclusions furent prinses par le procureur general du roy et l'université de Paris, à ce presens les officiers de la chambre apostolique du pape, qui requirent ce que bon leur sembla.

(9) *Item.* Que, parties ouyes, elles furent appointées en arrest; et tout veu par ladite cour, fut dict par arrest d'icelle, que telles exactions d'annates et vacans, et aussi decimes, que ledit pape Benedict s'efforçoit faire lever sur lesdits subjets du royaume, cesseroient, et que defense seroit faite que desdits arrerages on ne payast aucune chose, et que ceux qu'on auroit excommuniez à ceste cause en seroient relaxez; comme ces choses et autres peuvent plus à plein apparoir par ledit arrest, prononcé audit an 1407, l'onziesme jour de septembre.

(10) *Item.* Que le roy depuis fit une ordonnance conforme audit arrest, et voulut que ledit arrest fust gardé comme loy et ordonnance perpetuelle; comme plus à plein appert par ladite ordonnance, qui fut publiée en ladite cour, le quinziesme jour du mois de may, l'an 1408.

(11) *Item.* Et consequemment en l'an 1418, au mois de mars, « de consilio prælatorum, et gentium ecclesiasticarum regni propter hoc congregatarum, » fut faite une ordonnance pour entretenir ladite église de France en sesdites libertez et franchises, par laquelle fut ordonné que toutes reservations et graces apostoliques, et aussi toutes exactions de cour de Rome cesseroient, comme appert par ladite ordonnance.

(12) *Item.* Et pource qu'audit an 1418, aucuns s'efforçoient d'obtenir lettres en la chancellerie pour faire revoquer ladite ordonnance, le procureur du roy s'opposa formellement en ladite cour de parlement à ce qu'aucunes lettres revocatoires desdites ordonnances fussent octroyées.

(13) *Item.* Et lesquelles choses demonstrent que les roys, messeigneurs du sang, les prelats et gens d'eglise de ce royaume, le procureur general, et conseil du roy de ladite cour de parlement, ont tousiours tendu, pour le bien du roy et du royaume, de faire entretenir ladite église de France en sesdites libertez, et qu'aucune chose ne fust faite contre lesdites libertez.

(14) *Item.* Qu'en ensuivant lesdites ordonnances anciennes et deliberations dessus dites, et aussi plusieurs notables decrets faits par l'église universelle ès saints conciles de Constance et Basle, conformes aux decrets anciens et ausdites ordonnances, le feu

roy Charles septiesme (à qui Dieu pardoint), le roy lors dauphin present, et plusieurs de messeigneurs du sang, et la plus part des prelats de ce royaume et du Dauphiné, et des universités, chapitres et colleges, mesmes oys sur ce les ambassadeurs de nostre sainct pere, et aussi les ambassadeurs du sainct concile en tout ce qu'ils voulurent dire, accepta lesdits decrets anciens et modifications sur ce faites par le roy et ladite église de France, et manda les garder et observer comme loy et ordonnance : et fut ladite loy faite à Bourges, l'an 1438.

(15) *Item*. Et laquelle loy print son essence, force et authorité sur lesdits decrets faits ès saincts conciles où presidoit le pape ou son legat pour luy, qui fut lors, a esté et est reputé grand'chose, attendu que les roys qui ont esté le temps passé n'eurent onques ne n'avoient eu aucunes lois ou ordonnances faites en semblables matieres, qui eussent ou ayent prins authorité de l'eglise universelle, que celle qui fut faite dernierement à Bourges l'an 1438.

(16) *Item*. Et que, depuis celuy temps, le royaume, graces à Dieu, a tousiours prosperé de bien en mieux, en grande gloire et authorité, craint et douté de ses ennemis, et iceux ennemis expulsez des pays de Normandie et Guyenne ; a en tous biens abondé jusques au temps present, et encores fera se Dieu plaist.

(17) *Item*. Et laquelle loy ou ordonnance a esté gardée jusques puis quatre ans, et par le temps de vingt-deux et vingt-trois ans a duré ; et cependant ont esté pourveuz notables prelats, et autres gens d'eglise, qui ont jouy et usé de leurs benefices paisiblement et sans inquietations, et dont les aucuns par leur saincteté, « post obitum suum claruerunt miraculis, » comme de feu evesque d'Angers Jean Michel, l'archevesque d'Arles, et autres plusieurs prelats (1).

(18) *Item*. Que ces choses presupposées, pour particulierement moustrer le mal qui se peut ensuir, et la plainte que raisonnablement on peut faire de la cassation desdites constitutions, et de soy departir de l'authorité desdits saincts decrets, et de l'ordonnance du roy, conforme à iceux, est à considerer que de ladite cassation, et de soy departir d'iceux saincts decrets, quatre maux ou inconveniens irreparables s'en peuvent clairement en-

---

(1) V. la décision 84 de Gui-pape. (Pastoret.)

(19) *Item.* « Primum est, totius ordinis ecclesiastici confusio. « Secundum est, subditorum regni depopulatio. Tertium est, pe- « cuniarum regni evacuatio. Quartum est, ecclesiarum ruina et « totalis desolatio. »

(20) *Item.* Et avant que proceder outre, proteste ladite cour que par chose qui dicte sera cy-apres, n'entend deroger à l'excellente saincteté, dignité, honneur et auctorité de nostre sainct pere le pape et sainct siege apostolique, ainçois tout honneur et reverence et obeyssance que bons et loyaux catholiques doivent au souverain pasteur de l'eglise, luy voulant, comme vrais enfans de l'église, rendre et exhiber, protestant que s'il y a chose qui ait besoin de correction, de le submettre du tout à la determination de l'eglise, « quæ errare non potest, iuxta ca. Recta. « 24. q. 1. »

(21) *Item.* Et pour descendre « ad primum inconveniens, « il est certain que, « electionibus et collationibus ordinariorum su- « blatis, reservationibusque et gratiis expectativis locum haben- « tibus, ac causis in prima instantia ad curiam romanam vel « præter appellationem devolutis, annatis et vacantibus sine or- « dine et mensura perceptis, et beneficiis in curia romana offe- « rentibus collatis, nihil aliud restat in regno nisi totius ordinis « ecclesiastici confusio. Totus enim ordo ecclesiasticus confundi- « tur, cùm sua unicuique jurisdictio non servatur. 11. q. c. Per- « venit. »

(22) *Item.* Et pour obvier à icelle confusion, et à un chacun garder et observer ce qui est sien, c'est à sçavoir aux chapitres le droit d'elire, aux patrons le droit de presenter, et aux ordinaires de conferer; et des causes, « nisi sint majores, » en premiere instance cognoistre et decider, et autres causes dessusdittes; furent icelles constitutions et decrets par sentence establiz et ordonnez de par le roy, et de par l'eglise univervelle esdits conciles de Constance et de Basle.

(23) *Item.* Et n'est point à douter que le roy, qui est principal fondateur, protecteur, gardien et defenseur des eglises de son royaume, licitement peut, *imò* est tenu de labourer de tout son pouvoir à l'entretenement desdites constitutions et decrets, par lesquels est pourveu aux quatre inconveniens dessusdits; et quand les subjets du roy, par faute de l'entretenement d'iceux decrets et constitutions ou par cassation d'icelles, escherroient ès maux

et inconveniens desusdits, auroient matiere de recourir au roy, pour lui supplier d'y donner prevision et remede convenable.

(24) *Item.* Et pour monstrer qu'aux colleges appartient elire aux prelatures, et par consequent qu'à tenir la main à icelles n'est derogé à l'authorité du sainct siege apostolique, est à sçavoir que, « sicut ad contrahendum matrimonium corporale requiritur consensus, sic ad matrimonium spirituale : » or il est ainsi que « episcopus est sponsus ecclesiæ : » ainsi, en terme de raison faut que « consensus sponsæ, » qui est « ecclesia, per electionem accedat. »

(25) *Item.* Et n'est point à douter que par ceux du college qui cognoissent les merites des personnes et la qualité de la prelature, sera mieux pourveu au benefice par election, que ne seroit en cour de Rome.

(26) *Item.* Et mesmement que quand les elections sont faites, l'on fait information « de vita et moribus electi, et sunt admissi omnes se opponere volentes ad confirmationem ; » parquoy est mieux approuvée la personne de l'esleu, que ne seroit par promotion en cour de Rome, où l'on ne cognoist pas si bien les merites des personnes que l'on fait au lieu du benefice.

(27) *Item.* Et de tant que l'evesque est approuvé par les electeurs, et conformé par le metropolitain après les edicts et informations faites, le peuple l'a en plus grande estimation et reverence, sa doctrine, sa vie peut estre de plus grande edification et exemple, et plus grande union et amour « inter sponsam et sponsum, quàm si invitæ ecclesiæ daretur sponsus in curia. »

(28) *Item.* Et à ceste cause, combien que sainct Pierre « esset vicarius Christi et caput ecclesiæ, » toutesfois, après la mort de Judas l'un des apostres, les autres procederent par election, et « sors cecidit supra Mathiam, ut in Actis apostolorum. »

(29) *Item.* Depuis pape Pius, premier de ce nom, qui fut sainct et martyr, et presida en saincte eglise l'an 154 après la nativité de Nostre-Seigneur, fit le decret qui s'ensuit : « Nullus in ecclesia ubi duo vel tres in congregatione fuerint, nisi eorum electione canonicâ, presbyter eligatur : si verò aliter quis ecclesiam adeptus fuerit, eo quòd per cupiditatem illam acquisierit, atque aliter quàm secundùm canonicæ regulæ disciplinam egerit, expellatur. de elect. c. 1. in antiquis. »

(30) *Item.* Après, pape Leon premier de ce nom, qui fut ... confesseur, fit un autre decret qui est tel : « Nulla ratio ... inter episcopos habeantur qui nec à clericis sunt electi,

« nec à pluribus expetiti, nec à comprovincialibus episcopis cum
« metropolitani judicio consecrati. c. Nulla. 72 dist. »

(31) *Item.* Les saincts canons faits à Antioche par l'église universelle l'an 340, ordonnerent ce qui s'ensuit : « Servetur autem
« jus ecclesiasticum id continens, non aliter oportere fieri, nisi
« cum synodo et judicio episcoporum, et electione clericorum,
« qui, post obitum quiescentis, potestatem habent eum qui di-
« gnus extiterit eligere et promovere. 8. q. 1 c. Episcopo. 1. »

(32) *Item.* Par autres saincts canons faits par ladite église à Carthage, fut ordonné ce qui s'ensuit : « Sed nec ille deinceps
« sacerdos erit, quem nec clerus nec populus propriæ civitatis
« elegit, vel auctoritas metropolitani, vel quem provincialium
« sacerdotum assensus non exquisivit. 51 distin. c. Qui in aliquo. »

(33) *Item.* Ladite église, par autres decrets faits à Constantinople après la nativité Nostre-Seigneur l'an 867 (1), fit entre autres choses le decret qui s'ensuit : « Promotiones et consecra-
« tiones episcoporum concordans prioribus concilii, clericorum
« electione ac de certo episcoporum collegio fieri, hæc sancta sy-
« nodus universalis finit et statuit, atque jure promulgavit. »

(34) *Item.* Et par autres saincts canons faits à Rome à Sainct-Jean de Latran par pape Innocent tiers l'an 1205 (2), où il y avoit 1336 prelats, fut ordonné en ensuivant les saincts canons dessusdits, certaine forme de proceder ès elections, et se les elisans estoient negligens de ce faire par trois mois, que la puissance d'y pourvoir fust devolue au souverain immediat : « Ut ha-
« betur in cap. Quia propter, et cap. Ne pro defectu, de electi.
« in antiq. »

(35) *Item.* Les roys anciens, desirans que les eglises de leur royaume fussent bien ordonnées, sachant que la voye d'election estoit la plus convenable et utile voye que l'on peut tenir à pourveoir aux prelatures, ont tousiours labouré pour le bien de leur royaume à ce que les elections eussent lieu comme on lit « in
« Vincentii Speculo histor. lib. 22 et 23. » de Clovis premier roy de France chrestien, qui, l'an 400 (1) appellez plusieurs prelats de son royaume en la ville d'Orleans (entre lesquels estoit sainct Melaine), ordonna les elections et confirmations des prelatures

---

(1) Ou plutôt 869.
(2) Ou plutôt 1215.
(3) Nouvelle erreur de date : le concile d'Orléans, sous Clovis, est de 511. (Pastoret.)

et autres dignitez de son royaume estre faites selon les anciens canons.

(36) *Item.* Pareillement ordonna Justinian l'empereur, zelateur du bien de l'église, « ut scribitur L. Si quenquam. C. de « episcop. et clericis, modo qui sequitur : Si quemquam in hac « urbe regia, vel in ceteris provinciis quæ toto orbe diffusæ sunt, « ad episcopatûs gradum provehi Deo auctore contigerit, puris « hominum mentibus, nuda electionis conscientia, sincero om« nium judicio proferatur. »

(37) *Item.* Pareillement le roy Charlemaigne fit l'ordonnance qui s'ensuit : « Sacrorum canonum non ignari, ut in nomine Dei « sancta ecclesia suo liberiùs potiatur honore, assensum ordini « ecclesiastico præbemus, ut scilicet per electionem cleri et po« puli secundùm statuta canonum de propria diœcesi, remota « personarum et munerum acceptione, ob vitæ meritum et sa« picutiæ donum eligant, ut exemplo vel verbo sibi subjectis us« quequaque prodesse valeant. » Laquelle ordonnance ont les saincts peres de mot à mot canonisée, et en ont fait decrets incorporez « in volumine decretorum, 63 dist. c. Sacrorum. »

(38) *Item.* Le roy Philippe Dieu-donné, ayeul de monsieur Sainct Loys (autrement dit le conquerant, pource qu'en son vivant il reduisit en son obeyssance et de la couronne la duché de Normandie et de Guyenne, les comtez d'Anjou et de Poictou, du Maine et de Touraine, et de Ponthieu; et pour lequel fit Dieu miracles evidans, comme on trouve en escrit) par son testament et ordonnance faits paravant le voyage qu'il fit outre mer pour le secours de la terre saincte, voulut et ordonna que les chanoines des eglises cathedrales et les religieux des abbayes de ce royaume procédassent par election, et à leur pouvoir eleussent personnes qui à Dieu pleussent, et fussent profitables à l'eglise et au royaume.

(39) *Item.* Aussi l'on trouve plusieurs chartres anciennes, que plusieurs fondateurs ont expressement ordonné, qu'après le deces des prelats d'icelles eglises fûst pourveu à icelles par election; lesquelles fondations ont esté depuis confermées par les saincts peres de Rome.

(40) *Item.* Et que, depuis le commencement de l'eglise, jusques au temps de monsieur Sainct Loys, l'on ne trouve point que des benefices electifs les saincts pères se soient entremis, ne qu'ils soyent en quelque maniere empesché ne molesté les

...teurs en leurs libertez d'elire : *imò* ont de tout leur pouvoir ...abouré, par constitutions notables, à donner forme et ordre ... icelles elections et postulations, à ce que fust pourveu de per-...onnes idoines, comme en plusieurs parts du décret, « et per-... totum titulum de elect. in antiq. ; imò, « en matiere de pos-...ulations, « postulatione cassata, remittebant ad eligentes nego-...cium, ut iterum, eligerent. c. Bonæ. de postu. prœla. » Et ...ors l'église florissoit, religions, fondations se multiplioient, la ...oy catholique exaltoit, et tous les biens spirituels et temporels ...bondoient en ce royaume.

(41) *Item.* Et pource qu'au temps de monsieur Sainct Loys ...ceux de Rome commencerent à vouloir empescher les elections, ...et donner cours aux dessusdits inconveniens, monsieur Sainct ...Loys, comme prince catholique, zelateur de la religion chres-...tienne, protecteur, gardien et defenseur des libertez des eglises ...de son royaume, et par bon advis et conseil, fit un edict et or-...donnance; et, entre les autres choses, ordonna les elections ...avoir cours en sondit royaume qui avoient eu cours dès le temps ...dessusdit, et obvia au mal et inconvénient de la confusion des-...susditte, en quoy sondit royaume fust encouru, se le droict de ...la liberté d'elire n'eust esté gardé et conservé.

(42) *Item.* Et consequemment les rois Loys Hutin, l'an 1315, ...conferma ladite ordonnance du roy Saint Loys et celle du roi ...Philippes-le-Bel, qui paravant avoit fait semblable ordonnance; ...et depuis le roy Jean, en l'an 1351, conferma ladite ordonnance ...de sondit grand ayeul Philippes.

(43) *Item.* Depuis ont ceux de Rome de tout leur pouvoir ...tasché à rompre lesdites elections, parquoy les roys très-chrestiens ...par notables congregations et assemblées y ont obvié et remedié ...comme dit a esté cy-dessus. Ainsi appert bien que les roys ont ...interest qu'il ne soit procedé par election : car, si les elec-...tions n'ont lieu, le roy pert ceste belle prerogative qu'il a, de ...donner puissance d'elire.

(44) *Item.* L'authorité, preeminence, et aussi prerogative est ...fondée « in cap. Ego Ludovicus. 63 di. » auquel chapitre est ...recité que comme à Charlemagne eust esté donné privilege ...« eligendi summum pontificem. c. Adrianus, » icelui roy Loys ...Debonnaire se departit d'iceluy droict; toutesfois luy estoit re-...servé et concordé, « quòd si à clero et populo quis eligatur, nisi ...« à rege investiatur et laudetur, non consacretur. » Au lieu

de laquelle investiture est succedé le droict de la regale, et la licence et congé que le roy donne de proceder à l'election aux eveschez.

(45) *Item*. Mais, nonobstant lesdites ordonnances, tousiours ceux de Rome s'efforçoient usurper et entreprendre sur lesdites ordonnances, et confondre toute la hierarchie de l'église par reservations et graces expectatives, tellement que, par la grande difformité et confusion « in ecclesia Dei, » convint que l'eglise, « digne saltem in Spiritu sancto legitimè congregata, » par generale reformation « capitis et membrorum, » abolit toutes reservations et graces expectatives, et donna « liberum cursum » aux elections et collations, à laquelle generale reformation, « Quicum-
« que cuiuscunque dignitatis, etiam papalis, super præmissis
« obedire contumaciter contempserit, nisi resipuerit, condignæ
« penitentiæ subjiciatur: quod est valde notandum. »

(46) *Item*. Quant à la disposition des benefices collatifs, clairement aux ordinaires appartient la collation. « c. Regends. c
« Quicunque. c. Noverint. x. q. 1. et de officio or. per totum. »
Aussi, quand le pape baille une expectative ou mandement
« de providendo, » addressant à un evesque, dit tousiours en la bulle: « Cuius collatio jure ordinario ad te spectat. » Et par ainsi de leur oster ladite collation en tout ou partie, n'est point à douter qui seroient grevez, et auroient matiere d'eux plaindre, et en auroient recours au roy leur protecteur, garde et defenseur.

(47) *Item*. Encores, attendu la maniere d'y pourvoir, c'est à sçavoir par réservations et graces expectatives, « abhorrent:
car c'est « dare materiam machinandi in mortem alterius; quod
« jura valdè detestantur. Cùm enim in ipsis etiam legibus gen-
« tilium inveniatur inhibitum (Cod. de pact. L. fi.), turpe est,
« et divini plenum animadversione judicii, si locum in ecclesia
« Dei futuræ successionis habeat » quam ipsi etiam gentiles con-
« demnare curaverunt. In concilio Lateranensi, extra, de con-
« cessio. præben. et ec. non vac. c. Nulla. »

(48) *Item*. Mais aussi par experience, et depuis ladite rompture, on a péu veoir et cognoistre la grand' confusion qui est és graces expectatives, tant par multiplication d'icelles, qu'aussi pour les prerogatives, cavillations, et autres choses derogatives que l'on appose ausdites bulles, qui le plus souvent, pour obscurité des choses, font des procès infinis; et combien que pape Pie dernier trespassé eust declaré que ne seroient expediées

deux bulles à une collation, toutesfois on en a veu aucunesfois expedier plus de dix, voire plus de douze.

(49) *Item.* Et veritablement avant les decrets y avoit si grand' confusion, qu'ou diocese d'Angers furent trouvez en un an, comme l'on dit, six cents graces expectatives, et en plusieurs autres dioceses pareillement.

(50) *Item.* Et toutesfois, ou temps d'icelles, se le pape fust decedé, eussent esté inutiles, parce que le pape à sa nouvelle assomption peut revoquer toutes graces expectatives : et par ainsi d'un diocese seulement estoit levé à vingt escus chacune bulle, en comptant les frais d'impetrer, et eust eu perte de xij cens escus ; et encores pourroit le cas advenir.

(51) *Item.* « Etiam tempore Martini » estoit ladite confusion, et pour obvier à icelle, furent faites lesdites constitutions et decrets, en laquelle somme encheuz incontinent après la cassation ou departement d'iceux decrets.

(52) *Item.* Et pour autre raison doit estre pourveu aux benefices : car n'est point à douter que l'ordinaire, qui est sur le lieu, et qui a cognoissance des merites des personnes et qualitez des benefices, y pourvoira mieux que l'on ne fera en cour de Rome.

(53) *Item.* Et se l'on dit que les ordinaires pourvoyent aucuns non idoines, il y a remede baillé par lesdits decrets. « juxta c. « Grave. de præben. et subjiciuntur correctioni, et graviter « puniuntur. » Mais se le pape pourvoit indignes, « aut minùs « idoneos, » qui lui dira. « Cur ita facis ? nemini subest. » Comme il dit aussi : Seront par le pape pourveuz estrangers du royaume, et non des pays où sont les benefices qui ne seront des mœurs et conditions des pays. Parquoy s'ensuivroient differences et questions entre les gens d'eglise ou seculiers, au grand detriment du salut des ames, et irreverence des saints sacremens.

(54) *Item.* Et aussy par les decrets est pourveu « graduatis et « viris literatis. » Et s'il y a aucune obscurité « in decreto, fiat « ejus declaratio ad utilitatem regni et subditorum, non disce- « cendo ab auctoritate decreti. »

(55) *Item.* Et avecques ce, quand sera le bon plaisir du roy « stantibus decretis, » pourroit estre donné tel ordre « in distri- « butionibus beneficiorum per ordinarios conferendorum, » que les serviteurs du roy seroient legierement pourveuz et à moindres frais qu'en cour de Rome, et les supposts des universitez bien pourveuz, en declarant « per incuses turnum debitum graduatis, »

comme avoit intention de faire le roy trespassé; et à ceste fin auroit conclu assembler l'eglise gallicane.

(56) *Item*. Et aussi auroit le roy mieux à pourveoir ses serviteurs à prelatures par elections, en recommandant notables personnes aux elisans, que voulentiers (comme est à croire) compleroyent au roy nostre sire.

(57) *Item*. Et se on vouloit dire qu'il est convenable que nostre sainct pere ait la disposition d'aucuns benefices collatifs, pour pourvoir ses familiers, et aucuns grands gens, dont d'aucuns a besoin *in arduis;* semble assez estre pourveu par lesdits decrets, qui luy laissent « omnia beneficia reservata reservatione in cor- « pore juris clausâ. » Aussi avecques ce, « ubi sunt decem bene- « ficia, unum ad vitam; et ubi quinquaginta, duo, juxta « Mandatum. » Pourquoy pourroit pourvoir à grand nombre de personnes et sans confusion, et sans usurper « jura ordi- « nariorum. »

(58) *Item*. Et quant aux causes, « exceptis majoribus, » il est clair que, « pro bono regni et subditorum, debeant tractari coram « ordinariis; » et de leur oster leur jurisdiction, auroient cause d'eux plaindre. Or il est ainsi que, pour obvier à ce que lesdites causes ne fussent traictées en cour de Rome, ainsi que paravant estoient, lesdites constitutions et decrets furent faits : « quæ « sequitur » que soy en departir seroit ouvrir l'huis et donner entrée ausdits inconveniens.

(59) *Item* Aussi les saints peres, successeurs de sainct Pierre, doivent laisser aux evesques leur juridiction ordinaire, comme fit monseigneur sainct Pierre : que jaçoit ce qu'il fust present en Hierusalem, sainct Jacques « episcopus loci protulit diffinitivam sen- « tantiam super quæstione legalium. » Et dit l'histoire, « quia « quæstio erat mota, non poterat ad alium transferri, nisi per « appellationem : ideo protulit sententiam. Hæc Vincentius, Spe- « culi hist. cap. 9. »

(60) *Item*. Et à la vérité, n'estoient lesdites constitutions, n'y auroit personne d'eglise seur en son estat : et par experience l'on a peu congnoistre comme ceux de cour de Rome en ont usé depuis la cassation faite par le roy; car non pas seulement entreprenoient la cognoissance des causes ecclesiastiques, « imo « etiam » des causes possessoires, dont la congnoissance appartient au roy; et aussi des regales, dont la congnoissance appartient au roy et à sa cour de parlement, comme l'on a veu en plusieurs cas particuliers, pour lesquels la cour envoya devers

roy, lors estant en Guyenne; et y pourveut le roy par notables ordonnances enregistrées et publiées en ladite cour.

(61) *Item.* Et non pas seulement estoient molestez les gens d'eglise par citations en cour de Rome, mais estoient les seculiers; comme fut le barbier de devant Sainct-Denis de la Chartre, qui perdit son fils en cour de Rome par peste: et depuis fut le pere cité en cour de Rome « pro debitis filii, et aussi maistre Jehan Dargouges, advocat du roy.

(62) *Item.* Quant au second mal qui fut cause desdits decrets, et ouquel on escherroit, qui se departiroit d'iceulx, c'est « subditorum regni depopulatio. » En quoy le roy a très-grands interests, « quia in lata gente gloria regis est, in diminutione « plebis contrarium, ut Proverbiorum 14 cap. capitur : In « multitudine populi dignitas regis; et in paucitate plebis, igno- « minia principis. »

(63) *Item.* Et pour ce monstrer, il est vray que paravant lesdits decrets et constitutions, à l'occasion de ce que les reservations et graces expectatives avoient cours, et que les causes estoient traictées en cour de Rome, les subjets du royaume en grand nombre delaissèrent le royaume, allerent en cour de Rome; les uns servir cardinaux; les autres officiers; les aucuns sans servir y despendirent la substance de leurs parens pour obtenir aucune grace, et les autres en bien grand nombre pour vexer et travailler ceux qui estoient demourans par deça pour avoir leurs benefices : et tellement que tant par la fatigation et peril du chemin, que par la peste qui est souvent à Rome, la pluspart de ceux qui y allerent decedoient; et ceux qui eschappoient desdits perils tellement molestoient par citations les anciens, impotens ou non puissans d'eux defendre, qui residoient sur leurs benefices, qu'à cause desdits molestes en abregeoient leurs jours, et mouroient avant le commun cours de nature.

(64) *Item.* Les autres ambitieux de benefices, si espuisoient les bourses de leurs parens et amis, tellement qu'ils demouroient en grand'mendicité et misere, qu'aucunesfois estoient cause de l'abreviation de leurs jours : et tout le fruict qu'ils emportoient, c'estoit pour or du plomb. Et quand cuidoient par leurs graces estre pourveuz, venoit un autre qui apportoit une annullation, et aucunesfois se trouvoient dix ou douze acceptans un benefice; et sur le debat qui s'en mouvoit, il convenoit retourner pour

plaider à Rome, tousiours à la vexation des subjets du roy, et à la dépopulacion du royaume.

(65) *Item.* Et qui pis est, estoient les universitez depopulées de gens, car tout alloit à Rome : pour obvier à laquelle depopulacion, furent faites lesdites constitutions et decrets. Et n'est point à douter que soy departir d'iceux, seroit rencheoir ausdits inconveniens; ausquels par si grand labeur nos predecesseurs, par lesdits decrets, et par constitutions faites en grandes et notables assemblées, ont voulu obvier et remedier.

(66) *Item.* Que soy departir desdits decrets seroit rencheoir ausdits inconveniens, on l'a veu et cogneu par la cassation que cuidoient faire de la pragmatique; par la grand' affluence des sujets qui alloient en cour de Rome, combien qu'encores ladite rompture ne fust publiée en ladite cour. Et par ce on peut juger et cognoistre que si elle eust esté cassée, authorisée et publiée en ladite cour, que multitude infinie des subjets du roy eussent vuidé le royaume.

(67) *Item.* Et quant au tiers, qui concerne l'évacuation des pecunes de ce royaume, pour obvier à laquelle evacuation lesdites constitutions furent faites, c'est un article en quoy le roy et tous ses subjets ont très-grand interest, et leur touche « visceraliter : » car, comme dit le pape Philippe, « Numisma « est mensura omnium rerum, et fideiussor pro nobis pro qua-« libet re quâ indigemus. » Et sans deniers il est impossible que ce royaume fust defendu, ne les gens de guerre souldoyer, ne justice entretenue.

(68) *Item.* Et se lesdits decrets n'avoient lieu, encores s'en iroit par an plus d'un million : car à considerer le grand nombre des eveschez, archeveschez, abbayes et autres benefices qui sont en ce royaume sans nombre, faut et si convient dire qu'infiny argent s'en iroit à Rome, tant pour les vacans, qu'autres taxes et impost, graces expectatives, procez, comme pour le voyage d'aller, ou envoyer, sejourner, et mesmement qu'il n'y a si petit benefice qui ne chée sous grace, et aussi sur une petite collation. Et si voyons par experience dix ou douze bulles expediées; et n'y aura nul qui ait de quoy, qui ne se mette en avant pour cuider avancer son fils ou son parent, et souvent perdront leur parent et leur argent.

(69) *Item.* Et aussi s'en iroit argent, pource que les cardinaux acceptent toutes les notables abbayes et benefices, jusqu'aux eglises parrochiales et archidiaconez *inclusivè ;* et s'en vont les

…venus desdits benefices en cour de Rome, sans jamais en retourner; car le pape leur succede.

(70) *Item*. Mais de la vexation desdits vacans, outre ledit mal d'evacuation de pecunes, depend autre mal très-prejudiciable à tout le royaume: car aux prelatures ne seront pourveuz. sinon ceux qui auront de l'argent; et seront delaissez les vertueux, et bene meriti; quod est valde notandum. »Et à quoy les empereurs catholiques ont voulu obvier, et par loi et constitution civile: « Ut Justinianus dictâ l. Si quemquam, præallegatâ; in « quâ sic inquit: Nemo gradum sacerdotii pretii venalitate « mercetur: quantum quisque mereatur, non quantum dare « sufficiat, æstimetur. Profectò enim quis locus tutus, et quæ « causa esse poterit excusata, si veneranda Dei templa pretiis « expugnentur? quem murum integritatis aut vallum fidei pro« videbimus, si auri sacra fames in penetralia veneranda proser« pat? quid deinde cautum esse poterit, aut securum, si sanc« titas incorrupta corrumpatur? Cesset altaribus imminere « prophanus ardor avaritiæ, et à sacris adytis expellatur piacu« lare flagitium. Itaque castus et humilis nostris temporibus « eligatur episcopus, ut quocumque locorum pervenerit, om« nia vitæ integritate purificet: non pretio, sed precibus ordi« netur antistes. In tantum ab ambitu debet esse sepositus, ut « quæratur cogendus, rogatus recedat, invitatus effugiat: sola « illi suffragetur necessitas excusandi. Profectò enim indignus « est sacerdotio, nisi fuerit ordinatus invitus. Cùm sanè, si quis « hanc sanctam et venerandam antistitis sedem pecuniæ inter« ventu subiisse, aut si quis, ut alterum ordinaret, vel eligeret, « aliquid accepisse detegitur, ad instar publici criminis, et læsæ « majestatis accusatione propositâ, à gradu sacerdotii retraha« tur: nec hoc solum deinceps honore privari, sed perpetuæ « quoque infamiæ damnari decernimus. »

(71) *Item*. Et de ce dépend autre inconvenient: car tous ceux qui payent annates ou vacans, encourent « pœnam à canone « contentam in decreto de annatis, » qui est que leur provision « est ipso jure nulla: si quis autem contra dictum decretum de « annatis et vacantibus non solvendis. promittendo, exigendo, « vel dicendo, contraire præsumpserit, pœnam incurrit adver« sùs simoniacos afflictam: ac in ipsis dignitatibus et beneficiis « taliter obtentis nullum jus ac titulum acquirit. Hæc sunt « verba decreti conformis legi civili et divinæ. »Soit considéré quel inconvenient s'ensuit: car ils administrent sans tiltre, et

par consequent ce qu'ils font est nul ; qui est peril pour le[s]
des ames, et de ceux qui reçoivent ordre *ab eis*.

(72) *Item.* Et pour obvier aux autres inconveniens dessus[dits]
furent advisées les constitutions et decrets ; et iceux casser n[e fut]
autre chose que donner cours à ladite evacuation de pec[unes,]
et par experience, « quæ est rerum magistra », soit advisé et c[on-]
sideré à l'evacuation qui a esté si excessive depuis la cassatio[n de]
ladite pragmatique, que par experience l'on cognoisse et ap[perçoive]
comment ce royaume est presque tary, d'or principalement[; et]
ce peut estre assez cogneu en ce que paravant ladite romp[ure il]
n'y avoit estal de changes sur le pont des changeurs à Paris [qui]
ne fust hanté de changeurs, et tous trouvoient assez à gaign[er à]
bailler la monnoye pour l'or. Mais depuis ce que, la banq[ue a]
tiré et succé des bourses des subjets l'or tellement qu'il n'est d[e-]
mouré que monnoye. Pource est-ce que l'on ne va comme p[lus]
au change demander la monnoye pour de l'or, et es lieux [de]
ledit pont où souloient les changeurs habiter, ne habite[nt que]
chapeliers et faiseurs de poupées.

(73) *Item.* Et pour particulierement monstrer ladite evac[ua-]
tion qui a esté esdites trois années, est à considérer que, du te[mps]
dudit pape Pius (1), ont vacqué plus de vingt achevesch[ez et]
eveschez de ce royaume, pour le vacant desquelles, et aussi p[our]
les propines et autres frais, a esté porté en cour de Rome [pour]
chacune bulle, l'une portant l'autre, six mil escus. Somm[e cent]
vingts mil escus.

(74) *Item.* Et aussi ont vacqué cependant plusieurs gr[osses]
abbayes de ce royaume, jusqu'au nombre de soixante ou p[lus,]
pour chacune desquelles, l'une portant l'autre, a esté payé [et]
porté hors de ce royaume en cour de Rome, comprins les fr[ais,]
deux mil escus. Somme six vingts mil escus.

(75) *Item.* Et pareillement durant le temps dessusdit ont v[ac-]
qué plusieurs gros prieurez, doyennez, provostez, commander[ies]
et autres dignitez electives sans crosse, jusqu'au nombre de [deux]
cens et plus : pour chacun desquels ont esté portez en cou[r de]
Rome cinq cens escus l'un portant l'autre. Somme cent [mil]
escus.

---

(1) On voit ici la preuve que les remontrances du parlement sont poster[ieures]
de plusieurs années à la loi de Louis XI, puisqu'on y parle du temps où P[ie II]
vivait, et que ce pape, comme nous l'avons dit, ne mourut qu'en 1464. V.
le § 48. (Pastoret.)

(76) *Item.* Touchant les benefices collatifs, on trouve qu'au royaume a pour le moins cent mil paroisses habitées. Et durant [ce]dit temps n'y a eu celle l'une portant l'autre, dont il n'y ait eu [u]ne personne qui n'ait levé une grace expectative à quelque be[ne]fice, laquelle grace a cousté, l'une portant l'autre, vingt-cinq [escu]s, tant pour le voyage de ceux qui ont été ou envoyé à Rome [p]our l'expedition desdites bulles ou graces, nonobstant les pré[rog]atives, ancellations, et autres clauses especiales y comprinses, [et] pour les procès executiaux faits sur icelles. Somme deux [mi]llions et cinq cens mil escus.

(77) *Item.* Et est à considerer que combien que les exactions [fu]ssent grandes, tant en vacans qu'autrement, au temps que [les]dites constitutions furent faites, toutesfois, depuis la cassation [d']icelles *tempore Pii*, et de present sont plus excessives de la [moi]tié; car lors les vacans ne se payoient que *ad valorem taxæ*, [et ens]uite *ad mediam taxæ*. Et toutesfois, depuis ladite cassation, [com]munement les vacans ont esté exigés plus grands que toute [la] taxe, voire que la valeur d'une année, voire de deux des be[ne]fices : et tellement que d'aucuns, comme l'abbaye de Bernay, [ont] laissées les bulles à la banque, pour ce qu'on deman[doi]t deux cens ducats, et l'abbaye n'en vaut pas deux cens; [Fa]iset-Pharon de Meaux à neuf cens : et aussi des graces ex[pe]ctatives prenoit les deux parts ou le tiers, et plus qu'on ne [v]aloit.

(78) *Item.* Et ne pourra dire nostre sainct pere que, cessans [les]dites reservations et graces expectatives, il n'ait par chacun an [gran]d profit et emolument du royaume de France, plus que de [de]ux autres meilleurs des chrestiens : car, sans ce que dict est, il [pre]nd tant à cause des vacations des archeveschez, eveschez, [abba]yes, et autres dignitez et benefices electifs à lui subjets nue[me]nt et sans moyen, dont il en y a grand nombre et des meil[leu]rs, que des devolutions des autres prelatures et dignitez, des [reserv]ations des benefices qu'il baille en commande, ou à pen[sio]n, de ceux qui sont vacans en cour de Rome par mort, resi[gnati]on ou autrement, et qui decedent à deux journées de ladite [cou]r, des dispenses à deux ou trois benefices, ou quatre incom[pat]ibles, des graces à visiter par procureur, des legitimations [et] dispenses sur le défaut d'âge, et d'estre bien né, du fait de la [chan]cerie, des privileges, des exemptions, des autels portatifs, [d'es]lire confesseur, de graces de *si neutri, et per indo volere*, [des] dispenses sur vices corporels, de toutes irregularitez, de

contract des mariages en cas défendus, d'infractions de vœu[x,] pelerinages, de vœux de religion, d'absolucious des cas reserv[és] au Pape, protonotariats, et de promotions de chapelains, et [de] leurs semblables; et de l'octroy de pardons et indulgences, [et] autres plusieurs, qui montent trop plus de deux cens mil[escus] par an.

(79) *Item.* Outre ce que dit est, sont portez en cour de Ro[me] des deniers de ce royaume, tant d'archeveschez, eveschez, a[b]bayes, grosses priorez, et autres benefices de ce royaume, a[ux] residens en cour de Rome, qui montent bien chacun an ce[nt] mil escus.

(80) *Item.* Somme de l'évacuation qui a esté de l'or [du] royaume, comprins lesdicts trois cens mil escus qui y vont, cessans lesdites exactions et reservations, deux millions et hui[t] cens mil escus.

(81) *Item.* Et quant au quart inconvenient, qui est de [la] desolation et ruine des eglises, il s'ensuit des articles preceden[s,] car clairement quand les beneficiers seront absens comme di[t] est, l'argent qui se devroit convertir ès reparations, sera po[rté] hors du royaume; et les résidens auront assez à faire à eux re[m]bourser des vacans qu'ils auront payez. Ainsi demouren[t les] maisons des eglises en ruine, et les revenus en non valoir, et p[ar] conséquent le service divin demourra, ou grand detriment [du] salut des ames des vivans et des defuncts; et aussi le m[enu] peuple qui a accoustumé de vivre sous les gens d'eglise, sera [par] pauvreté contraint de laisser le pays, et tout abandonner.

(82) *Item.* Ainsi au moyen desdites reservations pullul[ent] commandes, qui sont l'extreme desolation des eglises. Et p[our] ce fut statué et ordonné dès long-temps, que nul de que[lque] estat qu'il fust ne peut tenir abbaye ou autre benefice electif [en] commande; et l'on voit de present, et depuis ladite cassa[tion] qu'il n'y a guieres notable benefice, abbaye ou prieuré, q[ui] ne soit en commande. Comme en l'evesché de Paris, la plu[s no]table abbaye, et où est la sepulture des roys très chresti[ens,] baillé en commande; et l'argent à Rome porté: aussi, l'ab[baye] de Sainct-Magloire, de Sainct-Martin-des-champs, le prieu[ré] Sainct-Eloy, et autres plusieurs.

(83) *Item.* En la province de Rouen, la plus notable ab[baye] de Sainct-Ouen en commande, le Mont-Sainct-Michel, Ju[mie]ges, Montebourg, Fescamp, Lyre, Sainct-Sauveur d[e] Saincte-Catherine, le prieuré de Grammont, et autres plu[sieurs]

evesches de ce royaume; et qui plus est, indifferemment quasi de present ont baillé benefices reguliers, qui est grand esclandre in *Ecclesia Dei*.

(84) *Item*. L'evesché d'Angiers, les abbayes de Sainct-Aubin, Sainct-Nicolas, Sainct-Serge, Sainct-Florent, Ferriere, Bourgueil, le prieuré de Cunault et de plusieurs autres; et ailleurs, l'abbaye de Clugny, la Chase-Dieu, Yssoire, Compiegne, Lisle-Barbe, Sainct-Bertin, Sainct-Jean-de-Laon, Vendosme et plusieurs autres abbayes, Sainct-Jean d'Angely, Sainct-Supplice de Bourges, Sainct-Vincent, et la Cousture près le Mans, Sainct-Martin d'Autun, et plusieurs autres abbayes, prieurez, archidiaconez et eglises parrochiales.

(85) *Item*. Et à cause desdites commandes, mesmement des cardinaux, iceux notables benefices sont perpetuellement affectez en cour de Rome, pour ce qu'ils vacquent communement en cour de Rome: les revenus des benefices portez hors le royaume, les benefices vont à ruine, cesse toute discipline reguliere ès monasteres, le service divin maint deuement fait et sans devotion, qui au préjudice des fondateurs, et substraction des suffrages qu'esperent les ames des bienfaicteurs desdits monasteres, et les edifices materiels vont à ruine, aussi vont les edifices spirituels qui sont communs des religieux, qui, par faute de discipline et de pasteurs, desmarchent chacun jour de la discipline reguliere, et s'habituent *in latiorem regulam*, et souvent apostatent par faute de pasteur et de conduite, *et sunt sicut oves errantes sine pastore*; tellement que quand les benefices reviendront à pasteur regulier, il serait comme impossible de réduire et relever la ruine spirituelle de l'édifice regulier, et aussi la ruine materielle de l'edifice materiel; et est aujourd'hui la confusion telle, que *non differt regularis à seculari; omnia sunt irregularia*. Et semble aujourd'huy (dont est pitié) que tenir une abbaye est comme tenir une seigneurie prophane à vie, pour ouyr le compte d'un receveur, et prendre le reliqua s'il y en a; et qu'on en peut autant tenir comme on en peut demander.

(86). *Item*. Et combien que quand les decrets furent faicts à Constances *etiam tempore Martini* y eust grand desordre, toutesfois n'estoit si excessive que de présent, et se contentoit un cardinal d'une abbaye; et à autre n'estoit baillé commande. Mais aujourd'huy *etiam* à simples gens et personnes qui n'ont prelature ne dignité, sont baillées abbayes regulieres en co..

mande, et prieurez conventuels de Sainct-Benoist; *etiam* hospitaux de Sainct-Antoine à seculiers.

(87) *Item*. Et par ce que dict est, appert clairement qu'en gardant les décrets et constitutions dessusdites, est donné remede et obvié ausdits inconveniens; et qu'en soy departant desdits saincts decrets et constitutions reales, est ouvrir la voye et le chemin aux maux et inconveniens irreparables cy-dessus touchez, dont se pourroit ensuir la totale destruction du royaume: car, si une fois l'ordre de hierarchie de l'eglise est confondu, l'on peut juger clairement de la ruine totale de l'eglise de Dieu.

(88) *Item*. Et par ce que dict est, semble à la cour que le roy nostre sire, en observant les saincts decrets et constitutions des saincts conciles et saincts Peres dessusdits, tant en elections, collations, qu'autres choses contenues en iceux, ne peut estre notté de desobeyssance; quelque scrupule de conscience, *imo* faire le contraire (sous correction), seroit grand'charge de conscience, actendu l'authorité et saincteté de ceux qui les saincts decrets ont ordonné, et qui le temps passé en grande tranquillité et prosperité de l'eglise en ont usé, comme le sainct college des apostres, les saincts conciles in *Spiritu Sancto* assemblez, c'est à savoir, Antioche, Carthage, Constantinople, Sainct-Jean de Latran et autres plusieurs, et les saincts Peres qui les ont approuvez comme *Pius martyr*, *Leo confessor*, *beatus Gregorius*, et autres plusieurs.

(89) *Item*. Et ainsi le roy notre sire, en faisant edits et ordonnances conformes à iceux decrets, et par icelles ordonnances empescher le cours de toutes reservations et graces qui seroient prejudiciables à iceux decrets, ne peut estre argué de desobeyssance: consideré que si vertueuses et sainctes personnes les roys très-chrestiens et leurs predecesseurs en ont usé, comme Clovis premier roi très-chrestien, sainct Charlemaigne, Philippes Dieudonné dict conquerant, sainct Loys, Philippes-le-Bel, Loys-Hutin, et autres rois très-chrestiens, sous lesquels le royaume a fleury et prosperé (1).

---

(1) Les principes énoncés dans les remontrances du parlement de Paris ne cessèrent jamais d'être ceux de nos magistrats et de nos jurisconsultes les plus éclairés. Il est même assez remarquable que plus de trois siècles après, en 1789, la demande du rétablissement de la pragmatique sanction se trouve plusieurs fois dans les instructions données par les bailliages aux députés des diffé-

NOVEMBRE 1461.

N° 16. — LETTRES *portant don à Charles, frère du roi, et à ses héritiers mâles, en apanage* (1), *du duché de Berry, pour être tenu en pairie, création du titre en sa faveur, et réserve de retour à la couronne en cas d'extinction de la race masculine.*

Montrichard, novembre 1461. (C. L. XV, 208.) Reg. au parlement, le 24.

Loys, etc., savoir faisons à tous présens et advenir, comme après le decès de feu nostre très-cher seigneur et pere, que Dieu absoille, qui n'a gueres est trespassé, et à nostre avenement à la couronne de France, en donnant provision et ordre ès faiz et affaires de nous et de nostre royaume, ayons, entre autres choses, eu advis et regard à ce que nostredit feu seigneur et pere n'avoit encore fait apanage ne donné nom ou titre de seigneurie à nostre très-cher et très-amé frere Charles de France, et considerans que nostredit frere est jà parvenu en aage pour avoir estat et aucune provision honnorable (2); voulons pour lesdites causes, et pour la grant affection et amour naturelle que nous avons comme avoir devons à lui, et afin que luy donnons entrée et commencement d'avoir et tenir estat, ainsi que à filz et frere de roy appartient, et sur ces choses eu l'advis de plusieurs de nostre sang et lignage et des gens de nostre grant conseil, à iceluy nostre

---

ces ordres qui devoient composer les états-généraux. Nous pourrions citer, entre autres, les cahiers de Paris, de Saintes, de Dijon, de Mantes, de Troyes, de Saumur, d'Angers, de Lyon, de Metz, de Rennes, de Saint-Quentin. Ils réclament l'antique usage d'élire les évêques et les curés, la réintégration des premiers dans l'exercice de quelques droits essentiellement attachés à l'épiscopat, un avancement graduel et successif pour les fonctions ecclésiastiques, l'exemption de payer à Rome des annates, et de recourir à elle pour des mutations, des dispenses, etc. (Pastoret.)

Ces principes sages et généreux n'ont pas trouvé un défenseur en France, lors du dernier concordat de 1817, et c'est la cour de Rome qui dispose des hautes dignités épiscopales de concert avec les ministres.

Aussi l'épiscopat a-t-il beaucoup perdu de son ancienne autorité (Isambert.)

(1) Lors de la discussion de la loi du mois de janvier 1825 sur les apanages, on a soutenu qu'ils devoient être réels et non en rentes. V. la loi du 22 novembre 1790, l'art. 16 de celle du 6 avril 1791, la loi du 8 novembre 1814, et note sur l'ordonnance du 10 décembre 1823, au Recueil complet p. 341. (Isambert.)

(2) Le prince n'en fut pas satisfait. Il se révolta, fut vainqueur, et le roi fut obligé de lui donner la Normandie, sinon en apanage, au moins comme gouvernement. (Isambert.)

frere Charles, pour partie de son apanage, et en attendant que autrement lui puissions pourveoir.

Avons baillé, cedé, quicté, transporté et delaissé, baillons, cedons, quictons, transportons et delaissons, et à ses enfans masles, et aux enfans masles descendans de ses enfans masles en droicte ligne et loyal mariage, perpetuelement et à tousjours, le duchié de Berry, ensemble toutes les villes, chasteaulx, forteresses, places, baronnies, terres, seigneuries, hommes, hommaiges, fiez, rierefiez, cens, rentes, servitudes, estangs, molins, rivieres, forestz, garennes, noblesses, collacions et patronnaiges de benefices, justice et seigneurie haulte, moyenne et basse, mere et mixte empire, et autres dignitez, proufit et revenues quelzconques à nous appartenans, à cause dudit duchié de Berry, en quelque valeur ou extimacion qu'ilz soient ou puissent estre, en quelque maniere qu'ilz viengnent ores ou pour le temps à venir, et tout ainsi et en la forme et maniere que les avoit et tenoit feu le duc de Berry nostre oncle, derrenier trespassé, sans aucune chose y retenir ne reserver pour nous ne les nostres, fors seulement les foy et hommaige-lige, et les souverainetez, ressors et autres drois royaulx esdis duchié de Berry, villes, chasteaulx, chastellenies et leurs appartenances, avec les gardes des eglises cathedraulx et autres estaus de fondacion royal, de pariage, et si privilegiées qu'elles ne puissent ou doivent estre separées de la couronne de France, et aussi reservée à nous et à nos bailliz des exempcions la congnoissance des causes desdictes eglises cathedrales de fondacion royal et exemptes; et, avec ce, lui avons donné et donnons par cesdites presentes, la nominacion de tous les offices des aides ordonnées pour la guerre, ayans et qui auront cours, et des greniers et chambres à sel establis oudit pays et duchié de Berry, et autres offices.

Et en oultre avons à nostredit frere, pour luy et sesdis hoirs, octroyé et octroyons, voulons et nous plaist de grace especial, plaine puissance et auctorité royal, comme dessus, que ledit duchié ensemble les villes, chasteaulx, baronnies, chastellenies, justice, terres et seigneuries, et autres choses qui en dependent, ainsi par nous à luy baillées en appanage, avec leurs appartenances et dépendances, ilz tiengnent doresenavant en parrie.

Et iceluy nostredit frere Charles avons fait, creé et institué, creons et instituons, de grace especial et autorité royal, par cesdictes presentes, Duc, pour luy et sesdis enfans masles, et les enfans masles descendans, comme dessus, en droite ligne et loyal mariage, et Pers de France; voulans qu'ilz joyssent et usent de toutes teles prerogatives, preeminences et libertez dont ont joy et usé, joyssent et usent les autres ducz et pers de France, nonobstant que ledit duchié de Berry soit du domaine de la couronne de France, duquel domaine nous avons iceluy duchié separé et desjoinct, separons et desjoingnons par cesdictes presentes, à cause dudit appanage et tant qu'il aura lieu, nonobstant quelzconques privileges que on pourroit dire avoir esté octroyez par noz predecesseurs, de non povoir mectre ledit duchié de Berry hors de nostre main ne le separer de ladicte couronne, et quelzconques autres ordonnances faictes au contraire pour lesdis duchié de Berry, villes, chasteaulx, places, baronnies, terres, seigueuries, hommes, hommaiges, fiefz, rierefiefz, noblesse, prerogatives, collacions et patronnages de benefices, justice, cens, rentes, servitutes, et autres dignitez, prouffiz et revenues quelzconques à icelle appartenans, ensemble ledit droit de nominacion ausdis offices, avoir et tenir en appanage en France et en parrie, et en joyr et user par nostredit frere Charles et ses enfans masles, et les enfans masles procreés desdis masles en loyal mariage, doresenavant perpetuellement, tant qu'il y aura hoirs masles descenduz de masles en la maniere devant dicte, plainement et paisiblement, tout ainsi que font et ont droit et accoustumé faire les autres seigneurs de nostre sang, ès terres et seigneuries qui leur ont esté baillées en appanage et en parrie.

Voulans toutes voies que, s'il advenoit que nostredit frere Charles n'eust aucuns enfans masles (1), ou que au temps advenir sa lignée cheust en ligne femelle, en ce cas ledit duchié et seigneurie de Berry reviendront à nous ou à noz successeurs roys et au domaine de la couronne de France, tout par la forme et maniere que font et doivent faire les autres terres et seigneuries baillées en appanage de France.

Si donnons en mandement, etc. Donné, etc. Par le roy en son conseil.

---

(1) Il mourut emprisonné quelques années après, et l'apanage fut éteint en sa personne.

N°. 19. — Lettres *portant anoblissement des maire, échevins et conseillers jurés de Niort* (1).

Amboise, novembre 1461. (C. L. XV, 219.)

LOYS, etc. Nous avoir reçue l'humble supplication de nos chers et bien-amez les maire, eschevins, conseillers et pairs de notre ville de Niort en Poitou, contenant comme de tout temps et ancienneté ils ayent accoustumé avoir corps, college et communauté en ladite ville, du nombre de cent personnes : c'est à sçavoir du maire, douze eschevins, et douze conseillers jurez, et soixante et quinze pairs, que ont accoustumé d'avoir et ont eu par cy-devant nos chers et bien-amez les habitans de nos villes de Poitiers et de la Rochelle, en nos pays de Poitou et de Xaintonge; du nombre desquels eschevins soient à présent nos chers et bien-amez Huguet Fouchier, à présent maire, Jean Bastier, sieur de la Mormartin, maistres Guillaume Laidet, Pierre Laidet, Jean Iver, Jean Jau, Jean Laidet le jeune, Pierre Taveau, Jean Laidet, Jean Martin et Jean Galemit, lesquels ayent esté par cy-devant maires de ladite ville, en quoy ils se sont employez bien et grandement, et tellement que ladite ville et habitans en icelle ont toujours esté depuis gouvernez et entretenus par cy-devant en bonne police et gouvernement, au bien de nous et de la chose publique de ladite ville :

Sçavoir faisons que nous, les choses susdites considerées, et la très grande loyauté et vraye obeyssance, vouloir et affection que ont eu continuellement les dessusdits Huguet Fouchier, à présent maire, Jean Bastier, maistres Guillaume Laidet, Pierre Laidet, Jean Iver, Jean Jau, Jean Laidet le jeune, Pierre Taveau, Jean Laidet, Jean Martin et Jean Galemit, qui ont esté maires de ladite ville, comme dit est, et sont à présent du nombre desdits douze eschevins, à nous et à la couronne de France, et pour les bons et grands services qu'ils ont faits par cydevant à nos predecesseurs et à nous au temps passé, et que esperons que plus facent au temps à venir et pour consideration du bon

---

(1) Il y a eu de semblables anoblissemens en France pour la plupart des villes, et comme les lettres de noblesse s'achetaient à prix d'argent, il y avait long-temps que la noblesse avait perdu toute sa puissance morale, avant sa suppression en 1789. — Ce n'est plus rien qu'un hochet (Isambert).

…grand gouvernement qui a accoustumé d'anciennetè estre
…ladite ville et esperons qui y sera au temps à venir, pour
…accoustumé de eslire et exercer lesdites offices desdits maire,
…eschevins et conseillers jurez, des plus notables et bonnes per-
…sonnes dignes de grand vertu et merite, afin que ce soit exemple
…aux autres habitans de ladite ville, quand ils verront les dessus-
…dits estre exaucez, elevez et preferez en honneur, preeminence
…et dignitez.

…Iceux maire, eschevins et conseillers jurez de ladite ville
…de Niort, et lesdits Huguet Fouchier, à present maire, Jean
……ier, maistres Guillaume Laidet, Pierre Laidet, Jean Iver,
…Jean Jau, Jean Laidet le jeune, Pierre Taveau, Jean Laidet,
…Martin et Jean Galemit, qui ont esté maires de ladite ville,
…qui sont à present du nombre desdits douze eschevins et douze
…conseillers, et tous ceux qui au temps avenir et perpetuellement
…seront, avec toute leur lignée descendue, née et à naistre de
…loyal mariage, nonobstant que ils ne soient ou ayent esté nez,
…extraits et procréez de noble sang et lignée, de nostre certaine
…science, plaine puissance, authorité royale, et de nostre grace
…speciale, avons Annobli et annoblissons par ces présentes, et leur
…avons octroyé et octroyons, voulons et nous plaist qu'ils soient
…tenus et reputez, dès maintenant et à toujours mais, pour nobles,
…en jugement, en fait d'armes et ailleurs en quelque lieu que ce
…soit, et qu'eux et leurs enfans masles et leurdite lignée masculine,
…procréez et à procréer, puissent, toutesfois qu'il leur plaira, estre
…armez de l'ordre et estat de chevalerie, par quelque chevalier du-
…dit ordre que bon leur semblera; et avec ce, que eux et toute
…leur lignée née et à naistre, et chacun d'eux, puissent acquerir
…et conquester partout notre royaume, et ceux qu'ils ont déjà
…conquestez, tenir, avoir et posseder à tout jamais, soient fiefs et
…arriere-fiefs, terres, possessions et heritages, justice, seigneuries
…quelconques, autres choses nobles et de noble condition, sans
…que pour ce ils ne aucun d'eux dudit nombre desdits douze es-
…chevins, maire, et douze conseillers, soient jamais tenus de payer
…aucune finance à nous ne à nos successeurs roys de France, la-
…quelle finance, quelle et combien grande elle soit ou pourroit
…monter, nous, de notre autorité et puissance dessusdite, leur
…avons quittée, remise et donnée, quittons, donnons et remettons
…de nostredite grace, par la teneur de cesdites presentes; et avec
…ce, leur octroyons et voulons qu'ils jouissent de tous privileges,
…droits, immunitez, franchises, coutumes, libertez, usages et de

toutes autres choses, comme font et ont accoustumé et doi...
faire chevaliers, escuyers et antres nobles dudit pays, et de n...
tredit royaume, et tout ainsi et par la forme et maniere qu'il...
esté autrefois octroyé par feu nostre très cher seigneur et ay...
que Dieu absoille, ausdits maire et eschevins et conseillers de n...
dites villes de Poitiers et de la Rochelle.

Si donnons en mandement.

Donné à Amboise. Par le roy, les sires de Lau et de Baugy, e...
autres, presens.

N° 18. — LETTRES d'abolition au sujet d'une émeute arri...
dans la ville de Reims.

Tours, décembre 1461. (C. L. XV, 297.)

Loys, savoir faisons, etc. Nous avoir receu l'humble suppli...
tion des gens d'esglise, eschevins, nobles, bourgoys, manans et
habitans de nostre cité de Reims, contenant que, ou mois de
septembre derrenierement passé, soubs umbre de certain br...
qui fut ou pays, que avions ordonné les imposicions estre ab...
lues, aucuns manans et habitans de ladite ville et cité de Reims,
comme gens mecaniques, maneuvres et autres de petit estat, de
leur auctorité, et sans le sceu, volonté ou consentement des...
supplians, firent entre eulx certaines conspiracions, monopol...
et assemblées, et se mirent sus en grant nombre contre nos of...
ciers qui, par nostre ordonnance et commandement, et par vertu
de nos lectres, vouloient bailler lesdites imposicions ainsi qu...
estoit accoustumé de faire, en courant sus, et tellement que
nosdits officiers furent contraints d'eulx mectre en franchise, e
quoy faisant et autrement lesdits populaires commirent plusieurs
excez et delitz : pour laquelle cause et icelle venue à nostre co...

---

(1) Ces lettres ne nous ont pas paru sans utilité; elles se lient à des troubl...
publics, et des soulèvemens contre les ordres du roi et la levée des impôts,
des événemens qui peuvent être considérés comme appartenant à l'histoire.
(Pastoret.)
Les révoltés pensent toujours que les gouvernemens violent les droits de la
justice naturelle à l'égard de leurs sujets; et les historiens doivent en recherch...
les causes, ainsi que les publicistes. V. ci-après mars 1461. Ces lettres prouv...
que Louis XI ne fut pas aussi habile qu'on le prétend (Isambert).

...ance, et pour en faire reparacion et pugnicion des crimi-
...[n]els et delinquans, eussions envoyé noz amés et féaulx Joachim
...[Rou]ault, mareschal, et Jehan Bureau, chevalier, tresorier de
...[Fra]nce, lesquelx ayent en ce vacqué et besongné, et fait faire
...[pug]nicion desdits crimineulx, tant criminellement que civile-
...[m]ent, ainsi que les cas le requeroient.

Et combien que lesdits supplians, en tant que touche le corps
...[de] ladite ville et cité, ne soient aucunement consentans ou coul-
...[p]ables desdits crimes, monopoles, conspiracions et assemblées,
...[a]ins en ayent esté et soient courroucés et desplaisans, et y eus-
...[s]ent lesdits supplians volontiers obvie s'ilz eussent eu la puis-
...[s]ance, et aussi qu'ilz ayent donné toute faveur, aide à leur pou-
...[vo]ir à nosdits commissaires, pour faire la repparacion et pugnicion
...[des]dits crimineulx, et les ayent avecque la justice prins, consti-
...[tu]és prisonniers et mis en noz prisons paravant deux jours que
...[no]sdits commissaires entrassent en nostredite cité, toutesvoyes
...[ilz] doubtent que, nonobstant les dessusdites choses, et que ja il
...[ait] esté pugni jusques au nombre de deux cens ou environ, que on
...[ve]uille proceder contre eulx à plus grande pugnicion et reppa-
...[ra]cion, et aussi que, à ceste cause, nous ayons eu desplaisance
...[en]vers ladite ville et cité et les manans et habitans en icelle; et
...[pou]r ce, nous ont très-humblement fait supplier et requerir
...[qu]e, actendu ce que dit est, et que de tout temps ils ont esté nos
...[vra]ys et loyaux subgects, et que lesdits crimes, monopoles, cons-
...[pi]racions et assemblées ont esté faiz par gens de petit estat, et la
...[re]pparacion qui en a esté faite, il nous plaise les avoir et tenir
...[tou]siours en nostre bonne grace, et leur impartir nos grace et
...[mi]sericorde.

Pourquoy, nous, les choses dessusdites considerées, et la
...[bon]ne loyaulté et obeyssance que ont euë tousiours envers nous
...[et no]z predecesseurs lesdits gens d'esglise, eschevins, nobles et
...[bou]rgoys de nostredite ville et cité de Reims qui sont le corps
...[d']icelle, avons voulu et ordonné de grace especial par ces pre-
...[sen]tes, que toutes pugnicions cessent contre ceulx qui pour-
...[ro]ient avoir delinquez et estre chargez des cas, crimes, excez et
...[ma]lefices dessusdits, qui ne seroient ja en procez, ou qui n'au-
...[ro]ient esté condempnez à l'occasion d'iceux par bannissement ou
...[au]trement, et que doresenavant ilz n'en puissent estre poursuis
...[ne] miz de nouvel en procez, ne estre condempnez en aucunes
...[a]mendes criminelles, en quelque maniere que ce soit; et quant
...[à] ce, imposons silence perpetuel à nostre procureur present et

N°. 19. — Lettres *qui ordonnent que toutes causes, excepté celles des officiers commensaux du roi, soient jugées selon la coutume dans les tribunaux de Normandie, sans* ...

Tours, 4 janvier 1461. (C. L. XV, 303.)

N°. 20. — Lettres *confirmant les priviléges, franchises, coutumes et usages de l'université de Paris* (1).

Tours, janvier 1461. (C. L. XV, 310.) Reg. au parlement de Paris, le 16.

Loys, scavoir faisons, etc. Nous avoir receue l'humble supplication de nostre très-chere et amée fille premiere née, l'Université de l'estude de Paris, contenant que, pour la grant amour et affection que noz predecesseurs et progeniteurs roys de France très-chrestiens et de très-glorieuse memoire ont eue chascun en son temps à nostredicte fille pour consideracion et en faveur de la saincte doctrine, entiere foy et vraye clerté et lumiere de science dont elle a, de si grant ancienneté, singulierement esté florissante et recommandée, ensemble des autres grans fruits et biens innumerables qu'ilz ont cogneu et apperceu si grandement et habondamment yssir et venir d'elle et de ses supposts, non seulement au royaume et à la couronne et seigneurie de France, mais aussi à toute la chrestienté ; pour ces causes, nosdiz predecesseurs et progeniteurs ont de tout temps nourri et conservé ladicte université en toute especial grace, beneficence et faveur, et si lui ont donné et octroyé, et successivement confermé et amplifié plusieurs beaulx privilleges, libertez et franchises, dont elle et sesdiz supposts, officiers et serviteurs ont joy et usé du temps passez jusques à present ; en nous humblement suppliant que lesditz privilleges, libertez et franchises, avecques les autres droiz, coustumes et usaiges de nostredicte fille, nous pleust benignement confermer et sur ce leur impartir nostre grace.

---

(1) V. lettres de 1461 ci-dessus pag. (Isambert.)

Pourquoi, nous, ayans regard et consideracion aux choses dessusdictes, desirans de tout nostre cuer veoir en nostre temps nostredicte fille continuer, croistre et multiplier abondamment es vertus, merites et biens dessusdiz, et estre souverainement honnorée et eslevée ou temps à venir, comme elle esté par cy-devant en tous honneurs, graces et libertez; voulans aussi ensuivre, à nostre povoir, les louables termes et vertueuses œuvres de nosdiz predecesseurs et progeniteurs, et inclinans pour ces causes à la supplication et requeste de nostredicte fille; après ce qu'elle a fait ostension, par-devant les gens de nostre conseil, desdiz privilleges, libertez et franchises à elle donnez, octroyez et confermez par nosdiz predecesseurs et progeniteurs, et mesmement par feu nostre très-cher seigneur et pere, que Dieu absoille, ainsi que par aucuns de nostredict conseil et rapporté nous a esté: nous, ayans agréables tous et chascun lesdiz privilleges, libertez et franchises, avecques les autres droiz, coustumes et usaiges de nostredicte fille, dont elle a deuement et justement joy et usé par ci-devant, et joyst et use à present, de nostre grace especial, plaine puissance et auctorité royal, les avons louez, approuvez, ratiffiez et confermez, louons, approuvons, ratiffions et confermons par cesdites presentes, et voulons et nous plaist, et à nostredicte fille, de nostre plus ample grace, avons octroyé et octroyons, que desdiz privilleges, libertez, franchises, coustumes et usaiges, elle et sesdiz suppostz, officiers et serviteurs joyssent et puissent joyr, tout ainsi que deuement en joyssoient paravant les guerres qui ont eu cours en nostre royaume, sans ce que aucune chose qui ait esté ou peusse avoir esté faicte durant lesdictes guerres ou depuis au contraire, lui puisse, ou à sesdiz suppostz, officiers et serviteurs, ores, faire ou porter aucun prejudice, nonobstant ordonnances, mandemens ou defenses à ce contraires.

Si donnons en mandement, etc.

Donné à Tours, etc. Par le roy, à la relacion des gens de son grant conseil.

N° 21. — Ordonnance *sur les appels des jugemens de la chambre des comptes de Paris au parlement.*

Saint-Jean d'Angely, 5 février 1461. (C. L. XV, 319.) Reg. en parl., 2 mars.

Loys, etc. Comme, à l'occasion des appellacions interjectées de nos amez et féaulx les gens de noz comptes, plusieurs [al]ca[ti]ons et differens soient sourdis entre nosdis gens des co[mptes] et nos amez et féaulx conseillers les gens de nostre parle[ment] sur ce que lesdits gens de noz comptes disoient et preten[doient] que feu de bonne memoire Phelippe dit le Long, jadis r[oy de] France, en l'an mil cccxix feist certaine ordonnance sur le fa[it et] estat d'icelle chambre, par laquelle, entre autres choses, il v[oulut] et ordonna que, au cas que aucuns se plaindroient d'au[cuns] griefs ou d'aucunes sentences qui auroient esté données c[ontre] eulx en ladite chambre, on ne donnast point de commiss[ion] ne ne fist-l'en autres commissaires que ceulx de ladicte cha[mbre] des comptes, mais que on prensist deux ou trois ou quatre [per]sonnes de ladicte court de parlement, saiges ou souffisans, [qui] avec eulx fussent quant mestier seroit; et se on y trouveroit [au]cune chose à corriger ou amender, qu'il feust fait en leur p[re]sence : et depuis, c'est assavoir en l'an mil ccc soixante-qui[nze,] feu de bonne memoire Charles-le-Quint, aussi roy de Fra[nce,] par ses lectres signées de sa main, manda à son chancelier [gar]der et faire garder ladicte ordonnance. Mais néantmoins, [de] aucun temps en çà, aucuns, eulx disans appellans des s[en]tences et appoinctemens donnez contre eulx en icelle cha[mbre] des comptes, se sont efforcez relever leurs appellacions en [nos]tredite court de parlement, et de fait ont obtenu lectres sur c[e,] en venant directement contre ladicte ordonnance, dont se pour[r]oit ensuivre retardement du payement de noz deniers et fin[an]ces. Les gens tenans nostredit parlement, disans au contr[aire] que nostredite court de parlement est capable, doit et a acc[ous]tumé de recevoir, cognoistre, discuter et determiner des ap[pel]lacions interjectées en icelle court, et mesmement de ceu[lx de] ladicte chambre des comptes, sans ce que lesdictes gens de [noz] comptes doicent entreprendre aucune auctorité et souverain[eté] en empescher que ladicte court cognoisse desdictes appella[cions,] disans oultre que sur ce y a plusieurs ordonnances de noz p[re]decesseurs, arrests et jugemens de ladicte court, et que aut[re]ment le faire, ce seroit attribuer souveraineté à ladicte chamb[re,] en laquelle sont communément en petit nombre, et seroit di[vi]ser et desmembrer l'auctorité et souveraineté d'icelle no[stre] court, qui doit estre conservée en unité, soubz laquelle l[es] grans et puissans noz subgetz et autres sont tenuz en crai[nte,] obeyssance et reverence envers nous, dont se pourroient en[sui]vre inconveniens et dommaiges irreparables; disans ou[ltre]

... aucune ordonnance avoit esté faite par ledit feu roy Philippe-le-Long, comme dit est, elle se devroit entendre, et tel seroit l'usaige, en matiere concernant purement fait de compte; et pour ce que, depuis ladicte ordonnance, les gens de nosdiz comptes, soubz couleur d'icelle, entreprenoient cognoissance ordinaire des causes, en delaissant l'occupacion à quoy ilz doivent vacquer, c'est assavoir de oyr et clorre les comptes des mises et receptes de noz deniers et finances, ledit feu roy Charles-le-Quint feist certaine ordonnance, par laquelle il leur deffendit toute cognoissance de cause, sur peine de privacion de leurs offices, laquelle ordonnance fut confermée, l'an mil cccc et vi, par feu de bonne memoire Charles VI. nostre ayeul : requerans l'auctorité de nostredicte court estre gardée et observée.

Et pour ce que, à cause des altercacions et differens desusdicts, se pourroit ensuivre retardement du payement de noz deniers et finances, et aussi seroit retardée l'expedicion des causes et querelles de noz subgectz, et que desirons appoincter et donner ordre en ladicte matiere, oster toutes difficultez, et garder et conserver l'auctorité de nostredicte court, et aussi obvier que par telles appellacions le payement de noz deniers et finances ne soit empesché ne retardé.

Nous, par l'advis et deliberacion des gens de nostre conseil, avons voulu et ordonné, voulons et ordonnons, que, s'il advient qu'aucun de noz receveurs ou aultres, ayant eu administracion de noz deniers et finances, soit poursuivi, convenu et appellé en ladicte chambre de noz comptes, pour rendre compte, et que sur les difficultez qui peuvent survenir en examinant ou clorant icellui compte, tant en allouement des acquitz et decharges, arretz sur aucuns articles des comptes et chapitres de mises ou de receptes, aucun appoinctement par nosdiz gens des comptes soit donné, ou que aucune commission soit par eulx baillée pour recouvrer sur aucuns de nosdiz receveurs aucune somme de noz deniers, à cause de ce que icellui nostre receveur s'aroit d'icelle somme par lui receue fait recepte et coucher en son compte, ou que commission soit baillée par nosdiz gens des comptes pour adjourner aucun de nosdiz receveurs ou ses hoirs pour clorre aucun compte, et que sur la procedure soit aucun appoinctement donné, et que des susdis appoinctemens, arretz ou commissions, iceulx receveurs ou leurs hoirs, eulx sentans grevez, appellent ou se dolent et complaignent, soit, sur ledit appel, doléance et complaincte, procedé selon la forme et teneur de ladicte ordonnance dudit feu Phelippe-le-Long.

Mais s'il advient que en autre matiere que de reddicion et closture de compte, et concernant purement et directement [reddicion] de compte, aucun de nos subgectz appelle des gens de noz comptes et d'aucun de leurs appoinctemens, commission, mainmise en aucun fief ou heritage, soubz couleur de hommage, devoirs non faiz, de regale ou autrement, et aussi d'aucun appoinctement donné par les gens de nosdiz comptes sur les difficultez qui pardevant eulx se peuvent mouvoir à cause de verification et enterinement d'aucune de noz lectres de don ou de fiefz, et acensement de fiefz et heritaiges, ou de reception et institucion de officiers, et des gaiges d'iceulx ou autrement en quelque cas que ce soit, non concernant purement et directement reddicion et closture de compte des receptes de noz deniers et finances, comme dit est, soit la cause dudit appel introduicte, decidée et determinée en nostredicte court de parlement.

Et pour obvier que, soubz ombre d'aucuns adjournemens en cas d'appel en forme commune, aucune fraude soit faicte contre nostredicte ordonnance, voulons et ordonnons que doresnavant, quant aucun appellant de nosdicts gens des comptes requerra aucun adjournement en cas d'appel, sera tenu exprimer et declairer bien au long les griefs dont il se dira appellant; et que, sans iceulx declairer, ne soit baillé ne octroyé aucun adjournement en cas d'appel; et se par inadvertance ou autrement leur est oi baillé, qu'il soit de nulle valeur et effet.

Si donnons en mandement, etc.

Donné à, etc. Par le roy en son conseil.

N°. 22. — LETTRES *accordant des priviléges aux marchands étrangers.*

Saint-Jean-d'Angely, février 1461. (C. L. XV, 348.)

Loys, etc. Scavoir faisons, etc. nous avoir receu l'umble supplicacion des marchands des pays et nacions de Brabant, Flandres, Holande et Zellande, contenant que, de tout temps et d'ancienneté, eulx et leurs predecesseurs ont accoustumé de venir tant par mer que autrement en nostre royaume, et frequenter avec nos subgectz le fait de leurdicte marchandise en plusieurs

...es d'icellui, et tant en nos villes de la Rochelle et de Bour-
...ulx que ailleurs; et pour ce que, au fait de leurdicte mar-
...chandise, leur ont esté faiz et donnez plusieurs empeschemens
...les usaiges et coustumes dont ilz ont accoustumé de joyr, et
...l'occasion de ce qu'ilz n'avoient ne n'ont nulles maisons ou re-
...traictz en nostredit royaume, et pour la longueur des procès qu'ilz
...ont eu en icellui, à cause de leursdictes denrées et marchandises,
...ilz ont souventesfois differé d'y venir, et aussi ont craint e
...craignent à demourer pour doubte de y deceder, parce qu'on
...vouldroit dire tous les biens qui seroient trouvez en icellui nostre
...royaume à eulx appartenans nous compecter par aubains ou es-
...paves, pour ce qu'ilz ne sont pas natifz d'icellui nostre royaume:
...pareillement on a accoustumé de user sur eulx, leurs navires
...et marchandises, du droit de nauffraige, toutesfois que aucuns
...de leurs navires par cas de fortune ou autrement ont esté rom-
...puz. Et oultre ont esté, puis certain temps en çà, mises grans
...charges sur eulx et leursdictes marchandises ès ports et havres
...de nostredict royaume, et faiz plusieurs empeschemens et des-
...torbiers soubz ombre de marques, contre-marques ou repre-
...sailles; lesquelles choses, et autres que iceulx supplians nous ont
...humblement à plain fait dire et remonstrer par noz bien-amez
...maistre Jehan de Ideghem, maistre ès arts et docteur en mede-
...cine, Jacob Valdebusse, Simon Petresonne de la Vert, Daniel
...de Montfort, Hanequin, Martin et Jacob Gruel, natifs desdicts
...pays de Brabant, Flandres, Holande et Zellande, ont esté aus-
...dicts supplians très-dommageables, et seroient cause de discon-
...tinuer et interrompre le fait de ladicte marchandise, se provision
...leur estoit sur ce donnée, si comme ilz dient, en nous um-
...blement requerant icelle.

...Pourquoy nous, actendu ce que dit est, desirans à nostre pou-
...voir entretenir et actraire en nostre royaume lesdicts supplians
...et autres marchands estrangiers, et les soullager de toutes charges
...indeues et garder en toutes bonnes coustumes, usaiges et fran-
...chises, en maniere que le fait de marchandise puisse augmenter
...et accroistre, et qu'ilz puissent communiquer avecques noz sub-
...jectz, au bien de nous et de la chose publique de nostredict
...royaume; pour ces causes et autres à ce nous mouvans, et par
...advis et deliberation des gens de nostre grant conseil, avons, de
...nostre certaine science, grace especial, plaine puissance et auc-
...torité royal, Octroyé et octroyons ausdicts supplians, par forme
...et maniere de privileiges, et en general, pour eulx, leurs hoirs,

successeurs et ayans-cause, à tous jours perpetuellement, les choses cy-après specifiées et declairées; c'est assavoir:

(1) Que ilz jouiront doresenavant de leurs usaiges et coutumes touchant le fait de leurs marchandises et autrement, tant en ladicte ville de la Rochelle que ailleurs en nostredict royaume, comme ilz ont accoustumé le temps passé.

(2) Pourront lesdicts supplians avoir une maison en ladicte ville de la Rochelle et ailleurs, à laquelle pourront, si bon leur semble, appeller avecques eulx telz autres personnes qu'ilz verront estre à faire. Et se ilz ne les puent appointer, que l'une desdictes parties en vueille appeller, icelle partie appellant sera tenue de relever sondict appel pardevant le gouverneur ou autre nostre plus prochain juge du lieu où sera le debat, lequel en jugera et en sentenciera, sans ce que de luy soit ou puist estre aucunement appellé en nostre court de parlement ne autre part; s'il advient que les aucunes desdictes parties soient condempnées en amendes, la moitié desdictes amendes sera au prouffit de la ville où ledict procès sera pendant, et l'autre moitié sera convertie au bienfait et repparation des chapelles fondées par lesdicts supplians en nostredict royaume.

(3) Que se aucuns desdicts marchands d'icelles nacions de Brabant, Flandres, Holande et Zellande, leurs facteurs, ou autres desdicts pays, qui seroient venuz en nostredict royaume marchandement, en exerçant le fait de leursdictes marchandises, iroient de vie à trespassement, nous voulons que leurs heritiers et autres qui raisonnablement leur devroient succeder, puissent avoir et apprehender les biens qu'ils auroient laissez en nostredict royaume, jà soit ce que ilz ou les aucuns d'eulx fussent bastards, sans ce que noz officiers, par droit d'espaves et aubains et soubz ombre de quelxconques ordonnances, leur puissent mectre ne donner aucun destourbier ou empeschement au contraire.

(4) Et s'il advenoit que aucuns des navires desdictes nacions par fortune de mer ou autre accident fortuit, fussent periz à la coste de la mer et en nostre obeyssance, nous voulons que les marchands à qui seroient lesdicts navires, puissent mectre main en iceulx et aux biens et marchandises qui seroient dedans au temps dudict nauffraige, et les appliquer au prouffit de ceulx à qui ilz seroient, en payant seullement la peine de ceulx qui aideront à les sauver et recueillir, nonobstant quelconque droit de nauffraige que nous ou noz successeurs puissions pretendre

demander esdictes choses, et quelxconques coustumes dont l'en pourroit avoir sur ce usé au contraire, et sans ce que nosdicts officiers les puissent à la cause dessusdicte ne autrement travailler ou empescher, ne tenir en aucuns procès.

(5) Et au regard des charges qui se lievent, en ladicte ville de Bourdeaulx, sur les navires, denrées et marchandises desdicts suppliants, desquelles charges iceulx suppliants se sont doluz et plains, disant qu'elles avoient esté nouvellement, ou soit puis aucun temps en çà, mises sus, nous voulons et ordonnons que lesdicts suppliants soient doresenavant quictes pour eulx, leursdicts navires et marchandises, de toutes lesdictes charges que on leur a par cy-devant fait payer en ladicte ville de Bourdeaulx, en payant l'ancien droit qu'ilz y ont accoustumé de payer seullement, et avecques ce, voulons que quant lesdicts suppliants ameneront aucunes denrées ou marchandises ès ports et havres ou autres lieux en nostredict royaume, ilz les pourront vendre et eschanger, ou autrement les exploicter; que, en payant le droit d'entrée dudit havre et autres droitz accoustumés, ils les puissent charger et remettre en leurs navires, et les amener vendre ailleurs où bon leur semblera, sans ce que, pour occasion desdictes denrées et marchandises qui seront ainsi par eulx remenées, ilz soient ou puissent estre tenuz ne contraints de payer illec aucun droit d'issue. Et ne pourront les personnes et biens desdicts suppliants des nacions dessusdictes estre arrestés en nostredict royaume par marques ou contre-marques ou represailles, sinon que ceulx que on voudroit arrester fussent les mesmes personnes qui auroient fait la debte, ou qu'ilz fussent caucions et à ce obligez, ou delinquans en leur chief.

(6) Et pour ce qu'il advient souvent que quant lesdicts suppliants ou autres marchands estrangers arrivent en ung havre avecques leurs marchandises et ilz ne trouvent promptement expedition et delivrance, ilz endurent et portent de grans pertes et despenses, parce que souventesfoiz les marchands des lieux où ilz descendent ne leur offrent pas gaing ne raison, affin qu'ilz en puissent avoir après meilleur compte; nous, desirans à nostre pouvoir le bien et prouffit desdicts marchands, voulons que iceulx suppliants puissent doresenavant achepter, vendre ou eschanger, les ungs avecques les autres, leursdictes marchandises, se bon leur semble, supposé qu'elles fussent audit havre de la Rochelle ou autre part et descenduees à terre, nonobstant les privileges desdicts lieux, pourveu toutesvoyes que se en iceulx y avoit gens

autres que desdictes nacions, qui desdictes marchandises vouldissent autant donner que iceulx desdictes nacions, ils les auront avant eulx : et en oultre, voulons que iceulx supplians puissent et leur loise amener en leurs navires, toutesfoiz que bon leur semblera, toutes manieres de gens anglois, portigalois, navarrois et autres, de quelque nacion ou condition qu'ilz soient, marchandanment; c'est assavoir, en chacun navire deux marchands et deux facteurs et serviteurs avecques leurs denrées et marchandises, lesquelz seront traictez et pourront faire leur fait de marchandise en ladicte ville de la Rochelle et au pays d'Aulnis comme ceulx desdictes nacions, pourveu qu'ilz ne seront ne ne pourchasseront chose prejudiciable à nous ne à noz subgectz, et que, avant qu'ils descendent en terre, ilz seront tenuz de demander au maire d'icelle ville, congié de les faire descendre et entrer en ladicte ville, avecques leurs biens et marchandises, et s'en pourront retourner seurement et sauvement avecques leursdictes marchandises, quant bon leur semblera.

Si donnons en mandement, etc.

Donné à, etc. Par le Roy, messire Jehan Bureau, chevalier; maistre Estienne Chevalier, tresorier; Guillaume de Varie, general, et autres presens.

N° 23. — LETTRES *portant établissement d'un corps-de-ville à Tours* (1).

Saint-Jean-d'Angely, février 1461. (C. L. XV, 532.) Reg. au bureau des tresoriers de France, le 3 avril avant Pâques; par les generaux des finances, le 14 mai 1462; au baillage le 26 avril 1462.

Loys, etc. Savoir faisons, etc. Que considerans la noble et ancienne fondation de nostre ville et cité de Tours, l'assiete d'icelle, et comme elle est grandement adornée et decorée des plus belles et notables eglises de ce royaume, tant metropolitaine et collegiales que abbayes et autres monasteres; qu'en nostre jeune aage, en ladite ville de Tours et au pays de Touraine, nous avons esté grand'partie du temps nourry, et y avons eu et trouvé de

---

(1) Cette ordonnance nous a paru remarquable parce qu'il semble que Louis XI aurait voulu faire sa résidence en cette ville, mais surtout à cause du régime municipal qu'il y établit et des droits nombreux et importans qu'il accorde à la commune. (Decrusy.)

grands plaisirs et curialitez, ceux desdites ville et pays fort enclins à nous complaire et vouloir faire choses à nous plaisans et profitables ; qu'au chastel dudit lieu de Tours, feu nostre très-cher seigneur et pere, que Dieu absolve, print le sacrement de mariage avec nostre très-chere et très-amée dame et mere, et nous aussi nostre premier mariage avec feu Margueritte d'Ecosse, dont Dieu veuille avoir l'ame ; la joyeuse, grande, bonne et notable reception qui nous a esté faite par les habitans en nostre ville ; et quand depuis que sommes venus à nos royaume et couronne, premier avons fait nostre entrée en icelle, les grands ordre et bonne police qui y a esté mis, tant pour les logis, provisions, prix de vivres et entretenement de nous, nos parens, gens et officiers et autres qui nous ont accompagnez et suivis, et aussi des graces et grandes ambassades des princes et seigneurs estrangers et autres qui illec sont venus vers nous, et par ce et autrement ; sachans et connoissans qu'en nostredite ville sont grand nombre de notables hommes, bourgeois, marchands et autres, qui, comme appert par vestiges, ont grandement et notablement conduit les œuvres et affaires d'icelle, et autres choses dessusdites ; voulans, pour ce, et autres causes et considerations à ce nous mouvans, augmenter et accroistre les honneurs et prerogatives de nostredite ville et cité, à l'exemple des autres, et pour donner courage et vouloir aux habitans en icelle de bien en mieux eux gouverner : nous, de nostre certaine science, authorité et puissance royalle, à nostredite ville et cité, pour les bourgeois, marchands et autres, manans et habitans en icelle, avons donné et octroyé, donnons et octroyons de grace speciale par ces presentes, les droicts, prerogatives, privileges, prééminences, franchises, libertés et autres qui s'ensuivent.

Élection du maire et des échevins à vie. Leurs gages fixés par la commune.

(1) Et premierement, avons voulu et ordonné, voulons et ordonnons que lesdits bourgeois, manans et habitans laiz de nostredite ville et cité de Tours, puissent eslire par chacun an l'un d'eux en maire, avec vingt-quatre eschevins-conseillers, perpetuels à vie, et après la mort de l'un desdits eschevins, en eslire un autre au lieu du decedé, ainsi et par la forme et maniere que font et ont accoustumé de faire les manans et habitans de nostre ville de la Rochelle, pour gouverner doresnavant les affaires

communes de ladite ville et cité de Tours; lequel maire aura seulement les gages que lesdits manans et habitans de ladite ville lui ordonneront, et plus grands gages ne pourra pour ce avoir ou demander.

Annoblissement des maire et eschevins.

(2) Et pour accroistre l'honneur desdits maire, eschevins, et de leur postérité, et leur donner courage de valoir et de mieux servir à la chose publique, afin que ce soit exemple à tous, et que chacun mette peine en soy de valoir pour parvenir à l'estat de maire ou eschevins, iceux maire et eschevins ainsi eleuz, combien qu'ils ne soient nez ne extraicts de noble lignée, avons anoblis et anoblissons par ces presentes, et du privilege de noblesse eux et leur lignée et posterité née et à naistre en loyal mariage, avons decorez et decorons, voulans et concedans qu'au temps advenir eux et chacun d'eux, avec toute leur lignée et posterité née et à naistre en loyal mariage, soient reputez, tenus et eus pour nobles, et pour tels de tous en tous actes et faits, receus; et que des privileges, franchises et libertez que usent les autres nobles de nostre royaume, ils jouissent et usent, et puissent venir et parvenir à l'estat de chevalier en temps et en lieu, et acquerir en nostre royaume fiefs, jurisdictions et seigneuries nobles et noblement tenus, sans, pour ce ne autrement, payer à nous ou nos successeurs aucune finance, laquelle, en tant que besoin est, pour nous et nosdits successeurs, leur avons donnée, quittée et remise, donnons, quittons et remettons par cesdites presentes, pourveu que les successions se diviseront entre eux comme successeurs de coustumiers, selon la coustume du pays où elles seront.

Permis d'acquérir des fiefs aux possesseurs de 500 liv.

(3) Et, de plus ample grace, avons donné et octroyé, donnons et octroyons par cesdites presentes, ausdits habitans de nostredite ville et cité de Tours, et à chacun d'eux puissant et qui aura en biens meubles et heritages la valeur de cinq cens livres tournois, pour une fois, que pareillement il puisse en nostredit royaume, où bon luy semblera, acquerir fiefs et autres choses nobles; et iceux, avec ceux qu'ils ont, et par eux ou leurs predecesseurs ont esté acquis, tenir, sans d'iceux payer à nous, ou à nos successeurs roys de France, aucune finance de franc-fief

en nouvel acquest; et laquelle finance leur avons semblablement donnée, quittée et remise, donnons, quittons et remettons par cesdites presentes.

Les habitans et biens mis sous la protection du bailli de Tours.

(4) Et d'abondant, d'icelle mesme grace, lesdits maire, eschevins, bourgeois, manans et habitans de nostredite ville et cité de Tours, avec leurs femmes, familles, et tous et chacun leurs biens meubles et immeubles, droicts, choses, possessions et biens quelsconques, avons prins et mis, prenons et mettons à toujours par ces mesmes presentes en nostre protection et sauvegarde speciale, à la conservation de leur droit tant seulement, et pour leur gardiateur en icelle, leur avons commis et deputé, commettons et deputons nostre bailly de Touraine, des ressorts et exemptions d'Anjou et du Maine, ou son lieutenant, present et advenir.

Tout le pays tenu de contribuer aux charges de la ville.

(5) Et en outre, pour ce que nostredite ville est située et assise en pays bas, circuit de rivières, et est de grand pourpris et estendue, pourquoy chacun jour y eschet faire plusieurs reparations qui sont de grand coust à entretenir, et y a plusieurs gens de divers estats, qui se disent privilegiez et exempts, avons voulu et ordonné, voulons et ordonnons par cesdites presentes, que toutes manieres de gens, de quelque estat ou condition qu'ils soient, privilegiez ou non privilegiez, soient, par ledit maire ou ses commis, contraints à payer et contribuer aux charges de ladite ville, tout ainsi et par la forme et maniere qu'autres non privilegiez d'icelle, nonobstant quelsconques estats et privileges qu'ils ayent et puissent avoir, et oppositions ou appellations quelsconques faites ou à faire.

Ne pourront être jugés en première instance que par les juges de leur ville, excepté pour les officiers commensaux et domestiques du roi, de la reine, des enfans de France et de la reine mère.

(6) Et pour redimer les vexations, obvier aux abus qui chacun jour se font en nostredit royaume, et reduire les choses à droit

commun, avons aussi voulu et ordonné, voulons et ordonnons que lesdits maire et eschevins qui ainsi seront eleus, et aussi tous et chacun les autres manans et habitans de nostredicte ville et cité de Tours, par citations, monitions, adjournemens ou autrement, par vertu du privilege de scholarité ou autres donnez par nos predecesseurs roys de France et par nous confirmez, ou de nouvel donnez ou à donner, ne puissent estre citez, convenus ou adjournez, ne tirez en aucune jurisdiction, hors de nostredicte ville de Tours, en première instance, excepté pour les officiers commensaux et domestiques de nous, de nostre très-redoutée dame et mere, de nostre très-chere et très-amée compagne la royne, et de nos enfans seulement.

Exemptions de tous services et de tous impôts de guerre.

(7) Et en outre iceux maire et eschevins, tous les autres manans et habitans de nostredite ville et cité de Tours, pour nous et nos successeurs à tousjours mais, avons quittez, affranchis et exemptez, et de nostre mesme grace, par cesdites presentes, quittons, affranchissons et exemptons de tous osts, chevauchées, bans ou arriere-bans, que nous ou nosdits successeurs pourrions faire et ordonner pour le fait de la guerre ou autrement; et avons voulu et voulons qu'ils ne soient pour ce tenus ou contraints y aller, envoyer, ne à cette cause y faire ou payer aucune composition, ayde ou amende, supposé qu'ils ayent et tiennent fiefs et seigneuries nobles à ce tenuz et obligez.

Autorisation, droits de barrage ou pavage sur les voitures qui entrent en ville pour la réparation des pavés de la ville, sans exceptions, ni priviléges.

(8) Et aussi avons donné et octroyé, donnons et octroyons ausdits bourgeois, manans et habitans de nostredite ville et cité de Tours, faculté et puissance de lever et de faire lever le droit de barrage ou pavage accoustumé lever pour la reparation des pavés ez advenues en ladite ville, sur tous charetiers et voituriers entrans en icelle, soit qu'ils appartiennent à gens d'eglise ou autres privilegiez ou non privilegiez de ladite ville ou d'ailleurs; et qu'à ce soient contraints, par lesdits maire et eschevins, iceux charetiers et voituriers, nonobstant quelque empeschement qu'en ayent mis ou veuillent mettre lesdits gens d'eglise ou autres privilegiez, sous couleur de leurs privileges et oppo-

ou appellations faictes ou à faire au contraire; pour les [deniers] qui en viendront et ystront, estre convertis en refection et reparation desdits pavés, et non ailleurs.

Permission aux habitans de s'assembler sans la présence d'officiers du roi.

(9) Et pour la singuliere confiance qu'avons èsdits maire et eschevins, bourgeois, manans et habitans de ladite ville, leur avons octroyé et octroyons que, toutes et quantes fois que besoin sera, par l'ordonnance d'iceux maire et eschevins, ils se puissent assembler, sans qu'ils soient tenus appeller ou convoquer à leurs assemblées aucuns de nos officiers audit lieu, si bon ne leur semble.

Autorisation aux maire et échevins de lever pour les besoins de la ville des impôts annuels jusqu'à concurrence de 1000 liv., et de nommer un percepteur qui leur rende compte.

(10) Et si aucunes affaires surviennent à ladite ville, à quoy lesdits maire et eschevins connoissent ne pouvoir fournir des deniers communs d'icelle, nous leur avons donné et donnons faculté et puissance de mettre sus, et imposer et lever sur toutes marchandises que verront estre à faire, entrans en ladite ville et faubourgs d'icelle, aucun leger subside dont puisse venir et soir jusqu'à la somme de mille livres tournois ou au-dessous, chacun an; et de contraindre et faire contraindre tous ceux qui à ce seront tenus, par prinse et arrest de marchandise et autrement, comme pour nos debtes; et avec ce, avons voulu et ordonné que chacun an ils puissent elire l'un desdits habitans, et le faire receveur pour iceluy an desdits deniers communs, lesquels il distribuera par l'ordonnance dudit maire et de ceux desdits eschevins qui à ce seront ordonnez, et non autrement; et sera tenu d'en rendre bon compte pardevant iceluy maire et lesdits eschevins, ou les anciens d'iceux à ce commis, qui les pourront ouyr et examiner, clore et affirmer ainsi qu'il appartient.

Ne pourront être contraints de recevoir commissions pour gouverner terres, seigneuries, etc., et lever tailles.

(11) Et d'abondant, avons voulu et ordonné, voulons et or-

donnons que lesdits maire et eschevins ne soient jamais d'illec en avant mis en commission, ne contraints à en prendre ou recevoir les faits et charges, pour regir et gouverner terres, seigneuries ou autres heritages, sous main de cour ou autrement, dont les avons affranchis et exemptez, affranchissons et exemptons par ces presentes; et aussi de lever tailles ou impositions ou autres subsides quelconques.

Ils auront les pouvoir, justice, prérogatives, prééminence, etc., accordés à La Rochelle.

(12) Et pour ce que nostre ville de Tours n'a ès temps passez esté gouvernée par maire et eschevins, et que par eux voulons que doresnavant elle le soit tout ainsi et par la forme et manière qu'a esté et est nostredite ville de la Rochelle, pourquoy les droits et prérogatives desdits maire et eschevins sont incogneus ausdits bourgeois, manans et habitans de nostredite ville de Tours, avons donné et octroyé, donnons et octroyons par ces présentes, ausdits maire et eschevins qui ainsi seront eleus pour le gouvernement de nostredite ville de Tours, tel pouvoir semblable, justice, prerogatives et prééminences en nostredite ville de Tours et ailleurs, comme ont ceux de nostredite ville de la Rochelle en icelle ville et ailleurs; et qu'au fait et exercice desdits maire et eschevinage, et en toutes et chascune les choses devant dictes et declarées, ils, ensemble lesdits manans et habitans, se reglent et gouvernent ainsi et par la forme et manière qu'ont fait et font ceux de nostredite ville de la Rochelle, et non autrement; lesquels droits et priviléges dessus declarez et autres quelconques, qu'ont et peuvent avoir les maire et eschevins, pairs, bourgeois et habitans de nostredite ville de la Rochelle, nous voulons et ordonnons que lesdits maire et eschevins, bourgeois, manans et habitans de nostredite ville et cité de Tours, et leursdits successeurs, jouyssent et usent doresnavant, tout ainsi et par la forme et maniere qu'ont fait et font lesdits de la Rochelle; et à ce que mieux et plus certainement le puissent faire, voulons que par lesdits de la Rochelle soient doublés, aux depens desdits de Tours, les livres et memoires des statuts et ordonnances qu'ils ont en icelle ville de la Rochelle et dehors, et que les doubles, deuement collationnez aux originaux, et approuvez par notaires suffisans, soient baillez et delivrez ausdits de Tours, pour leur servir et valoir au regime et conduite d'iceulx droits et priviléges, comme il appartiendra.

*...torisation à lever le dixième sur le vin vendu en détail;
2 sous 6 deniers sur chaque pipe de vin étranger.*

(13) Et encore, de plus ample grace, ausdits bourgeois, manans et habitans de nostre ville et cité de Tours, avons donné et octroyé, donnons et octroyons les autres graces et privileges qui s'ensuivent : c'est à savoir, de prendre et lever à tousjours mais, perpetuellement, le dixieme, qu'on appelle appelissement de vin vendu en detail en ladite ville et cité de Tours, en la banlieue d'icelle, que, par don et octroy de nous, ils ont accoustumé de prendre, lever et faire lever sur les vendans vin en detail èsdites ville et banlieue; et pareillement leur avons octroyé et octroyons, que sur chascune pipe de vin, cru hors du pays de Touraine, amené èsdites ville et banlieue pour vendre en gros ou detail, ils puissent lever ou faire lever deux sols six deniers tournois; et d'abondant, voulons qu'aucun, de quelque estat ou condition qu'il soit, ne puisse exposer vin à vendre en detail, d'autre crue que de la crue dudit pays de Touraine, sans le sceu, consentement et volonté desdits maire et eschevins.

Autorisés à acquérir une maison commune, etc.

(14) Et afin que lesdits bourgeois, manans et habitans de ladite ville puissent mieux et en grand honneur conduire les affaires d'icelle, et avoir lieu propice pour eux à ce faire, leur avons octroyé qu'ils puissent acquerir maison, ou lieu à la faire, pour et au nom de la communauté de ladite ville, où bon leur semblera et qu'ils verront estre convenable; et aussi, acquerir et achepter places près des portes hors de ladite ville, pour jetter les fumiers et immondicitez issans d'icelle ville, sans ce qu'ils soient tenus lesdites maison et places mettre hors de leurs mains, ne payer aucuns amortissement ou finance, et lesquelles maison et places dès à present pour lors avons amorties et amortissons par ces mesmes presentes.

Autorisés à accepter legs et dons, jusqu'à 400 liv. tournois pour réparer ponts et non pour autres cause.

(15) Et parce que ès temps passez plusieurs bons catholiques ont eu affectation de donner aucunes rentes et possessions pour

la reparation et entretenement des ponts de nostredite ville, qui sont longs, et sans l'entretenement desquels l'on ne peut bonnement venir en icelle, leur octroyons que tels dons et legs, soit de deniers, rentes ou heritages, ils puissent tenir et avoir jusqu'à la valeur de la somme de quatre cens livres tournois de rente ou au-dessous, pour convertir en la reparation desdits ponts et non ailleurs; et lesquels dons et legs qui ainsi et pour ladite cause seront faits, dès à présent pour lors avons semblablement amortis et amortissons, sans ce que d'iceulx ils ou leurs successeurs soient tenus payer finance, laquelle leur avons donnée et donnons par cesdites presentes.

Autorisés à lever à leur profit l'impôt sur le sel pour reparations, fortifications et emparemens de la ville et ponts des environs.

(16) Et avec ce avons voulu et voulons que, de par ladite ville, lesdits maire et eschevins, au proffit et utilité d'icelle, puissent doresnavant faire la marchandise de sel, en grenier à sel dudit lieu de Tours, sans qu'autres quelsconques soient receus à la faire; pour les deniers du profit qui de ladite marchandise viendront et istront, et aussi tous les autres deniers pardevant declarez et qui nommement sont desiguez et deduits en lieux prefix, convertir et employer à l'ordonnance desdits maire et eschevins ès reparations, fortifications et emparemens de ladite ville, des ponts d'environ, et autres affaires d'icelle.

Pouvoir aux maire et echevins de contraindre les habitans à retirer leurs immondices chez eux ou à paver devant leur maison et à punir d'amende ou autrement les délinquans, lesquelles amendes seront recouvrées pour lesdits objets.

(17) Et outre, pour ce que plusieurs immondices se trouvent en ladite ville et fauxbourgs, par faute de retraicts ès maisons, et du pavé devant icelles, ou autrement, avons ausdits maire et eschevins donné pouvoir et puissance de contraindre chacun qu'il appartiendra à faire retraicts en sa maison, et à paver devant icelle, et autres parts en ladite ville et fauxbourgs où besoin sera, et à tenir les ville et fauxbourgs nettes, et oster lesdites immondicitez, nonobstant oppositions ou appellations quelsconques, et punir et corriger les delinquans et contredisans par amende ou autrement, ainsi que sera advisé; lesquelles amendes

recouvreront et recevront au profit de ladite ville, pour con--- comme dessus.

Les draps de laine vendus en détail dans la ville seront aulnés par le feste, les métiers non jurés le seront.

(18) Et voulons et ordonnons que tous les draps de laine qui se vendront en détail èsdites ville et fauxbourgs de Tours, soient vendus moillez, retraicts et aulnez par le feste, ainsi qu'en nostre ville de Paris, nonobstant quelsconques procès pendant en nostredite cour de parlement, et autrement, et appellations quelsconques; et afin d'entretenir plusieurs mestiers estans en nostredite ville de Tours, qui ne sont jurez, nous voulons et ordonnons qu'ils le soient doresnavant.

Les coutumes et stils du pays rédigés par le parlement, par ordre de Charles VII (1), confirmées, seront publiées au siège du bailliage.

(19) Et pour ce que, pour obvier à plus grands frais qui se faisoient ès temps passez, à prouver plusieurs coustumes et stils qu'on alleguoit chacun jour en nostre duché de Touraine et en nostredite cour de parlement avoir lieu audit duché, a esté pieçà ordonné par feu nostre très-cher seigneur et pere, que Dieu absolve, que les conseillers du pays, esleus à ce, redigeroient icelles coustumes et stils par écrit, en un livre signé desdits conseillers, pour en user, et avant qu'elles ayent esté confirmées est nostredit seigneur et pere allé de vie à trespas, et par defaut de confirmation plusieurs s'efforcent venir à l'encontre; nous, lesdites coustumes et stils ainsi faits avons confirmez et confirmons par ces presentes, et avons voulu et voulons que doresnavant il en soit usé par tout nostre duché de Touraine et en nostredite cour de parlement, sans ce qu'aucun soit receu faire ou venir au contraire en aucune maniere, et que lesdites coustumes soient publiées ès sieges dudit bailliage, pour en joyr et user comme confirmées et par nous autorisées, tout ainsi que si par nous et nostredite cour de parlement elles estoient decretées, nonobstant appellations quelsconques : car tel est nostre plaisir; et ce, sans déroger, diminuer ou amender les autres privileges par nos predecesseurs donnez et par nous confirmez ou de nouvel

---

(1) En vertu de l'ordonnance de 1453. (Isambert.)

octroyez ausdits bourgeois, manans et habitans de nostre ville de Tours, lesquels sont et demeurent, seront et demeureront à tousjours en leur force et vertu, sans que besoin soit pour ce, avoir ne recouvrer de nous ou nos successeurs autres lettres sur ce.

Pleine foi sera ajoutée au vidimus des priviléges de La Rochelle.

(20) Et pour ce que de ces presentes, et aussi du privilege de ceux de la Rochelle, sera besoin ausdits maire et eschevins de ladite ville de Tours eux ayder en divers lieux, et que lesdits de la Rochelle jamais ne bailleroient l'original de leursdits priviléges, nous voulons qu'au *vidimus*, fait sous sceaux royaux, pleine foy soit adjoustée comme aux originaux.

Si donnons en mandement ; etc.

Donné, etc. Par le Roi, les sires du Lau, de Crussol, de Beauvoir, maistre Estienne Chevalier, tresorier, Guillaume de Varie, general, et autres presens.

N°. 24. — LETTRES *portant abolition générale pour les crimes et délits commis par des habitans du pays de Comminges.*

Bordeaux, mars 1461. (C. L. XV, 382.)

Loys, etc. sçavoir faisons, nous avoir receue l'umble supplication de noz bienamez les gens des troys estatz du pays et comté de Comminges, contenant comme durant les guerres et divisions qui ont esté en nostre royaume, et que nostre pays et duché de Guyenne ont este detruictz et occupez par noz anciens ennemis et adversaires les Anglois, et aussi depuis que nostredict pays et duché a esté remis et reduit en l'obeyssance de feu nostre très-chier seigneur et pere, que Dieu absoille, et de nous, plusieurs natifz dudict pays et comté de Comminges, et autres demourans en icelluy, ont faiz, commis et perpetrez plusieurs meurtres, larrecins, roberies, pilleries et autres crimes, delitz et malefices, sur plusieurs de noz subgectz demourans audict pays et comté et ailleurs en nostre royaume, à l'occasion desquelz cas lesditz malfaicteurs, doubtans rigueur de justice, se sont absentez du pays, et ont delaissé et habandonné leurs femmes, enfans et mesnaiges, terres,

..., heritaiges, et n'y oseroient jamais converser ne retourner se nostre grace ne leur estoit sur ce impetrée, parquoy plusieurs habitations et villaiges d'icelluy pays et conté de Cominges sont demourez et demourent inhabitez, et plusieurs terres heritaiges en friche et desolation, parce que ledict pays et conté est fort depopulé pour l'absence et fuite desdictz malfaicteurs qui sont en grand nombre, et dont les plusieurs avoient leurs heritaiges, demourances ou plat pays, qui vont chascun jour en ruyne et par terre, et leurs femmes et enfans en grant povreté et necessité; et pour ce nous ayent lesdictz supplians humblement fait supplier et requerir que, actendu ce que dict est, et à ce que ledict pays et conté se puisse repopuler, et les maisons, labouraiges et heritaiges qui sont en friche et ruyne estre repparez, desfrichez et mis sus, au bien et utilité de la chose publicque dudict pays et des habitans en icelluy, nous vueillons ausdicz malfaicteurs, à nostre nouvel advenement à nostre royaume et seigneurie, impartir nostre grace et misericorde.

Pourquoy nous, inclinans à la supplication et requeste desdictz supplians, voulans misericorde estre preferée à rigueur de justice, et en faveur de leursdits femmes et enfans, ausdits malfaicteurs et à chascun d'eulx avons aboli, quicté et remis et pardonné; et, par la teneur de ces presentes, de nostre grace especial, plaine puissance et auctorité royal, abolissons, quictons, remectons et pardonnons tous les meurtres, larrecins, pilleries, roberies et autres crimes, delitz et malefices dessusditz, ensemble toute peine, amende et offense corporelle, criminelle et civille, en quoy, pour occasion desdits cas, lesdits malfaicteurs et chascun d'eulx pourroient estre encourus envers nous et justice, ensemble tous deffaulx, bans ou appeaulx qui sur ce en seroient ensuiz, et les avons restitués et restituons à leurs bonnes et saines renommées au pays et à leurs biens non confisquez, sans ce que lesdictes choses poursuites en action ou demande puissent jamais aucunement à l'encontre d'aucuns d'eulx, pour l'interest de justice, en quelque maniere que ce soit; et sur toutes ces choses, imposons silence à nostre procureur general present et avenir et à tous autres, satisfaction faicte aux parties interessées civillement tant seulement, si fait n'a esté. Si donnons en mandement, etc.

Donné à Bourdeaulx, etc. Par le Roy, à la relation de son grand conseil, où le comte de la Marche, vous, le mareschal d'Armignac, messire Jehan Bureau, chevalier, trésorier, maistre Georges Havart, Regnault Dufault et autres estoient.

N°. 25. — LETTRES *de garde pour l'ordre de Saint Jean de Jérusalem.*

Bordeaux, mars 1461. (C. L. XV, 400.)

N°. 26. — TRAITÉ *d'alliance entre la France et l'Arragon.*

Sauveterre, mai 1462. (Corps diplom., p. 275.)

Joannes Dei gratia, rex Aragonum, Navarræ, Siciliæ, Valenciæ, Majoricarum, Sardiniæ et Corsiæ, comes Barchinonæ, dux Athenarum et Neopatriæ, ac etiam comes Rossilionis et Ceritaniæ, universis præsentem litteram inspecturis salutem.

Cum inter aliquos consiliariorum nostrorum, per nos ad hæc specialiter deputatos ex unâ, et alios etiam deputatos per serenissimum ac christianissimum principem, et carissimum consanguineum nostrum Ludovicum eâdem gratia regem Francorum ex altera partibus, certæ ligæ, confœderationes, intelligentiæ, et amicitiæ tractatæ fuerint et concordatæ pro nobis, in nomine nostro, et etiam pro ipso carissimo consanguineo nostro Francorum rege, et pro regnis, terris, dominiis et subditis nostris, et utriusque nostrum, sub modo, et formâ in articulis sequentibus contentis. Sequuntur articuli facti, et concordati inter deputatos christianissimi et potentissimi principis domini Ludovici Dei gratia Francorum regis moderni, et etiam deputatos serenissimi principis et domini Joannis eadem gratia regis Aragonum, Navarræ, Siciliæ, etc. Super amicitiis, ligis, intelligentiis, et confœderationibus inter ipsos principes pro eis, et pro regnis, terris dominiis et subditis suis.

Primò videlicet quod prædictus christianissimus Ludovicus Francorum rex modernus, et prælibatus dominus Joannes modernus etiam Aragonum, Navarræ et Siciliæ rex, erunt deinceps boni, veri et fideles amici, unus erga alium ad invicem pro conservatione, deffensione et tuitione, suæ vitæ, suarumque personarum, bonorum, statuum, regnorum, terrarum, dominiorum, et subditorum.

Item. Quod si aliqui cujuscumque status aut conditionis sint aut fuerint, futuris vellent temporibus alicui ipsorum regum, rei

...regnis, terris, dominiis, et subditis guerram facere aut movere, vimque aut violentiam inferre, aut aliquid de suo inde-bite, et contra eorum voluntatem detinere vel occupare, alter praedictorum regum tenebitur ipsum sustinere, deffendere, sibi favorem exhibere contra inimicos suos, et omnes alios per facti violentiam aut alios indebitè suum occupantes, omnibus viis, et modis sibi possibilibus quando fuerit requisitus, quemadmodum bonus, verus, et fidelis amicus, frater et confoederatus facere debeat alteri, sine fictione quacunque.

Item. Quod si unus praedictorum regum pro suo volebat auxilio aliquas gentes armorum, sagittarios vel balistarios, equites, vel alios, armatos pedestres, alter tenebitur sibi praebere usque ad numerum quingentarum lancearum cum gentibus de tractu illis convenientibus secundum formam regni Franciae quoad regem Franciae, et secundum formam regnorum Aragonum, Navarrae, et Cathaloniae principatus, quoad regem Aragonum, et etiam tenebitur unusquisque ex dictis regibus alteri de tali numero peditum armatorum quibus opus fuerit, et ille ipsorum regum qui hoc requiret ab alio habere voluerit, ille tamen praedictorum regum, qui praedictos armatos tam equites quam pedites requisierit, in exitu regni illius regis à quo missi fuerint, et antequam alterius regnum, et dominia ingrediantur, eis stipendia solvere tenebitur secundum modum et formam consuetam in regno, et dominio unde praedictae gentes armorum missae fuerint. singula singulis referendo, et pro tanto tempore quo rex requirens easdem gentes armorum detinere voluerit, et usque ad exitum regni et dominiorum suorum, et hoc sine fraude, dolo, vel malo ingenio quocunque.

Per istas tamen confaederationes, nec per aliqua quae in eis contineantur praedicti reges nec aliquis eorum quidquam agere intendunt quod autoritati, et reverentiae sanctissimi domini nostri papae, tanquam vicario Christi, aut sanctae sedi apostolicae possit, in aliquo derogare.

Praedictus etiam christianissimus Francorum rex, per ea quae superius tractata sunt non intendit in aliquo derogare aut praejudicium inferre antiquis confaederationibus, tractatibus, et amicitiis inter Francorum, Castellae, et Legionis reges, et regna eorum factis, contractis et initis, et semper ad plenum observatis, nec etiam confaederationibus et amicitiis inter praedictum serenissimum Francorum regem et serenissimum regem Scotiae et eorum regna hactenus factis et initis, consanguinitatique, amicitiæ et benevolentiæ serenissimi regis Siciliæ Renati, dominique ducis Calabriæ ejus primogeniti, et cujuslibet eorum, et similiter dictus serenissimus rex Aragonum per hanc confœderationem non intendit derogare amicitiis, consanguinitati, affinitati, et benevolentiæ, quæ sunt inter cum, et illustrissimos Alfonsum Portugaliæ et Ferdinandum Siciliæ reges nepotes suos, et illustrissimum Franciscum Sforciam ducem Mediolani, et quemlibet ipsorum.

Nos de prædictis articulis, et de omnibus et singulis in eis et quolibet eorum contentis, ad plenum instructi, et informati, et pro quorum et conclusione nos et prædictus carissimus rex Francorum consanguineus noster simul hodierna die convenimus, assidua cogitatione præscientes quod regnis, et regibus pro earum stabilitate principatus nihil accommodatius concordia valeat inveniri, nostri amoris, et dilectionis radicem ad finem debitum deducere cupientes prædictos articulos, omniaque et singula in eis contenta firmamus, laudamus et approbamus: et promittimus sub nostra fide et verbo regio ea facere, tenere, adimplere et inviolabiliter observare secundum modum et formam in eis et quolibet eorum contentum.

In quorum omnium fidem, etc. Datum, etc.

N°. 27. — LETTRES *portant suppression de la cour des aides* (1).

4 mai 1462. (C. L. XV, 467.)

N°. 28. — LETTRES *portant établissement de deux foires franches par année à Bayonne.*

Montferrand, mai 1462. (C. L. XV, 469.)

N°. 29. — LETTRES *de provision de l'office de premier président en la chambre des comptes en faveur de Bertrand de Beauvau avec le titre de garde et conservateur du domaine.*

Chinon, 6 juin 1462. (C. L. XV, 492.)

---

(1) On en ignore la cause. Elles furent révoquées en juin 1464.

№. — Lettres de jussion adressées au parlement de Paris, à la chambre des comptes, etc., pour l'enregistrement du don fait à Guillaume de Harcourt, de la haute justice et du droit de tiers et danger des bois dudit comté.

Chinon, 8 et 10 juin 1462. (C. L. XV, 498.)

Loys, etc. A nos amez et féaulx conseillers les gens de nostre parlement et de noz comptes et tresoriers à Paris, salut et dilection.

Nostre très-chier et amé cousin Guillaume de Harecourt, conte de Tancarville, nous a humblement fait exposer que puis naguères par noz autres lectres patentes, et pour les causes à plain contenues et declairées en icelles, nous avons donné et octroyé audit suppliant à perpetuité, pour luy, ses hoirs descendans de luy en droite lignée, le droit de haulte justice, avec le droit du tiers et dangier des bois oudit conté de Tancarville, et ès membres et appartenances d'icelluy, ainsi que par nosdittes autres lectres patentes peut plus à plain apparoir : et combien que par nosdittes autres lectres vous feust expressement mandé le faire jouir et user dudit droit de haulte justice, et dudit tiers et dangier des bois oudit conté de Tancarville et esdits membres et appartenances d'icelluy, et icelles noz lectres lui verifier et expedier sans restriction ne reservacion aucune, en imposant sur ce silence à nostre procureur, neantmoins, pour aucunes raisons à ce dictes et alleguées par nostredit procureur, vous avez differé de enteriner nosdittes lectres, pour laquelle cause vous avons derechief, par noz autres lectres, expressement mandé et enjoint luy expedier et verifier nosdittes lectres, en imposant silence à nostredit procureur; mais, ce nonobstant, vous avez receu icelluy nostre procureur à impugner et debatre l'effect et enterinement d'icelles noz lectres, et par ce moyen avez fait derogacion desdits droits de haulte justice, tiers et dangier, et de verifier et expedier entierement nosdittes lectres, lesquelles, par ce moyen, luy sont et demourent de nulle valeur et effect, comme il nous a fait dire, humblement requerant sur ce nostre provision.

Pourquoy nous, bien recors dudit octroy fait sur ce à nostredit cousin, et des causes qui nous meuvent à ce faire, voulans ledit octroy ainsi par nous fait avoir et sortir son plain effet, vous Mandons et commandons derechief, et expresse-

29.

ment enjoignons, et à chascun de vous comme à luy appartiendra, que nosdittes lectres d'octroy dont dessus est faicte mencion, vous verifiiez et expediez entierement à nostredit cousin, le tout selon leur forme et teneur, sans aucune restriction ou reservacion quelconque et sans plus y mectre delay; car tel est nostre plaisir. Et à nostredit cousin exposant l'avons derechief octroyé, et octroyons de nostredicte grace especial par ces mesmes presentes, nonobstant quelzconques causes, faiz et raisons alleguées de la part de nostredit procureur, auquel nous en imposons encores et de nouvel silence perpetuel, les appoinctemens sur ce faiz ou donnez en nostredite court de parlement et autres quelconques faiz et à faire, et lectres subreptices impetrées ou à impetrer, à ce contraires. Donné à Chinon, etc.

Par le roy, le mareschal du Boismenart, l'Admiral, les sires du Lau et de Malicorne, et autres présens.

N°. 31. — Édit *portant établissement d'un parlement à Bordeaux* (1).

Chinon, 10 juin 1462. (C. L. XV, 500.) Reg. en parlem. à Bordeaux, 12 novembre.

Ludovicus, etc. Regum sollicitudinem imprimis niti decet, ut in regno et dominio eorum, justitia, virtutum præclarissima, vigeat, et subditorum vexationibus, damnis et laboribus salubriter consulatur, ut sic respublica in pacis dulcedine et amœnitate, cœlesti favente clementia, colletetur. Notum igitur facimus, quòd nos, ad bonum reipublicæ patriæ nostræ Burdegalensis, et aliarum partium circum adjacentium, vigilantes et aspirantes; attendentes etiam longa terrarum spatia quibus præfata patria nostra Burdegalensis et aliæ regiones circum adjacentes distat à villa nostra Parisiensi, in qua suprema nostra parlamenti curia

---

(1) L'art. 21 du traité fait au mois de juin 1451, avec les gens des trois États de Bordeaux et pays de Guienne, portait : « Et sera le roi content que en la » dicte cité de Bourdeaux y ait justice souveraine, pour cognoistre, discuter et » déterminer définitivement de toutes les causes d'appel qui se feront en icelui » pays; sans pour iceux appeaux, par simple querelle ou autrement, être trai- » tés hors de ladicte cité. »
Les quatre présidens et conseillers qui installèrent la cour, étoient d'iceluy du parlement de Paris. (Isambert.)

constitit et est stabilita, viarum discrimina, personarum pericula, pestes et alias calamitates quæ in itineribus sæpius evenire possunt; considerantes etiam causarum in præfata nostra curia pendentium immensam multitudinem, et quæ quotidie, præsertim ex ducatu nostro Aquitaniæ et patriis circùm adjacentibus, diversis modis et mediis inibi confluunt; volentes, quantùm possibile est, finem imponere litibus nostrorum subditorum, et ad requisitionem instantissimam et supplicationem humilem gentium trium statuum patriæ nostræ Burdegalensis, et præ maximè dilectorum nostrorum majoris, juratorum et aliorum habitantium civitatis nostræ Burdegalensis, quòd inter cæteras patriæ nostræ prædictæ villas Burdegala notabilior existit, desiderantes etiam prædictam civitatem nostram Burdegalam in honoribus sublimari;

Aliis etiam et rationalibus causis moti, habitâque super his matura deliberatione consilii, ex nostra certa scientia, plena potestate, et authoritate regia, instituimus, stabilivimus et ordinavimus, et per presentes instituimus, stabilimus et ordinamus curiam nostram parlamenti in ipsa civitate nostra Burdegalensi, pro dicta civitate, etiam pro patriis et senescalliis Vasconiæ, Aquitaniæ, Launarum, Agennensi, Bazatensi, Petragoricensi, Lemovicensi, quandiù tamen nostræ placuerit voluntati;

In qua quidem curia nostra parlamenti, omnes et universæ curiæ senescalliarum, bailliviarum, rectoriarum, vicariarum, judicaturarum, et cæterarum jurisdictionum quarumcumque antedictarum patriarum, ut præmittitur, suum habebunt ressortum et ultimum refugium. Quod quidem parlamentum seu curiam volumus inchoari, sedere, et teneri in crastino festi beati Martini hiemalis proximè secuturi, in prædicta villa nostra Burdegalensi, aut alio vel aliis diebus super hoc à nobis statuendis et ordinandis, per certas personas, videlicet, per unum præsidentem laïcum, et certos consiliarios nostros, tam clericos quàm laïcos, et duos graffarios cum quatuor hostiariis; quibus præsidenti et consiliariis dedimus et damus, harum serie plenam potestatem et authoritatem et mandatum speciale audiendi, cognoscendi, decidendi et determinandi omnes et singulas causas appellationum et ressortorum, et alias quascumque civiles et criminales ab eisdem patriis in eadem curia introducendas, tam in casu ressorti quàm aliis quovis modo, dandi insuper et pronuntiandi super his sententias tam interlocutorias quàm definitivas in viâ arresti, à quibus quidem sententiis et arrestis nulli lice-

que toute la matière d'or et d'argent de nostredit royaume, ou la pluspart d'icelle, estoit, comme encores, à chascune desdictes foires de Geneve, transportée audit lieu de Geneve et ailleurs de nostredit royaume, au grand préjudice de la chose publique d'icelluy ; pour donner provision à ces choses et au bien de nostredit royaume, eust, par grande et meure délibéracion de conseil, ordonné, institué et estably, par aucuns temps, trois foires franches en nostre ville de Lyon, durant chascune certains jours sur ce limitez, au temps que se tiennent lesdictes foires audit lieu de Geneve ou environ, et sur ce octroyé ses lectres patentes contenant les priviléges et franchises des marchands et marchandises qui frequenteroient lesdictes foires de Lyon ; et icelles lectres de nostredit seigneur et pere eussions depuis confirmées à certain temps : mais, au pourchas d'aucuns tendans à leur proufit singulier et délaissans le bien public, lesdictes foires de Lyon n'ont esté entretenues en leursdicts priviléges et franchises, ne les deffenses sur ce faites si bien esté gardées qu'il appartenoit et qu'il estoit mandé ; par quoy lesdictes matieres d'or et d'argent ont esté et sont encores chascun jour transportées audit lieu de Geneve et ailleurs hors de nostredit royaume, comme faire se pouloit, au très-grand préjudice de nous et de la chose publique de nostre royaume, et seroit plus si par nous n'y estoit donné provision, ainsi que par noz chers et bien-amez les conseillers et habitans de nostredicte ville de Lyon nous a esté remonstré, requerans humblement que si nostre plaisir est que lesdictes foires soient entretenues selon l'establissement et edict par nous faict et octroyé pour icelles, il nous plaise les faire garder selon lesdits establissement et edict, et octroyer les provisions à ce necesaires et convenables.

Pour ce est-il que nous, ces choses considerées, qui de tout nostre cœur desirons le fait de la chose publique de nostredit royaume estre entretenu en bonne police, au bien de noz subjetz ; considerant aussi que nostredicte ville de Lyon est notable et grosse ville, marchissant ès pays et marches de Savoye et autres pays, dont les habitans frequentans lesdictes foires de Geneve, pourront avoir seur et aisé acccez en nostredicte ville de Lyon, et y seront traictez en franchise, seureté, amitié et benevolence ; ayans aussi consideracion que si lesdictes foires n'y estoient à perpétuité, les marchands estrangers craindroient à eux y loger et habiter et à y mettre leurs biens et marchandises ; pour ces causes et consideracions et autres raisonnables à ce nous mou-

nous, de nostre certaine science et propre mouvement, avec et outre ce que par nostredit feu sire et pere avoit en ceste matiere esté octroyé et par nous confirmé, en amplifiant sur ce liberalité et grace, et affin que tous marchands estrangers ayent mieux le courage et vouloir d'eulx habiter et resider audit Lyon, avons ordonné, voulu et octroyé, ordonnons, voulons et octroyons de grace speciale, plaine puissance et auctorité royal, par ces presentes, pour le bien et en faveur desdictes foires et des marchands qui y frequenteront, les choses ci-après déclarées :

(1) C'est à savoir, que lesdictes trois foires qui ont esté establies au temps limité audit lieu, lesditz conseillers, bourgeois et habitans de Lyon puissent doresnavant perpetuellement, chascun an, faire tenir à quatre fois, durant chascune desdictes quatre foires quinze jours entiers ouvrables et continuels sans interruption ; c'est à sçavoir, la premiere commençant le premier lundy après *Quasimodo*, la seconde le quatriesme jour d'aoust, la tierce le tiers jour de novembre, et la quarte le premier lundy après la feste des rois.

(2) *Item*. Que durant lesdictes quatre foires toutes monnoyes estranges, quelles qu'elles soient, y auront cours pour leur juste prix et valeur, et que tous marchands quelconques puissent marchander et faire leur fait de marchandises ausdictes monnoyes estranges, sans reprehension quelconque; et que lesdictes monnoyes, ensemble tout or ou argent monnoyé ou non monnoyé, en quelque forme ou espece que ce soit, chascun puisse franchement, durant lesdictes foires, porter hors de nostredit royaume et rapporter en iceluy, sans ce que le maistre de noz ports, les gardes desditz ports, noz officiers ne aultres quelconques puissent querir ne chercher les entrans et issans de nostredicte ville de Lyon durant lesdictes foires, ne leur donner empeschement quelconques.

(3) *Item*. Pour ce que, par nostre edict general, avons fait publier par nostredit royaulme, que nous voulons tous marchands de quelque nation ou condition qu'ilz soient, venans et frequentans lesdictes foires de Lyon, puissent user et jouyr de telz privileges, libertez et franchises qu'ilz usoient esdictes foires de Geneve, sans autrement avoir declaré quelles franchises et libertez il y avoit; nous, pour plus grande declaracion de ce, et pour obvier à tous doutes, procez et débatz, voulons et ordonnons que lesdictes foires de Lyon, et les autres marchands et frequentans, et qui au temps à venir frequenteront en icelles,

ensemble leurs denrées, marchandises, y soient à tousjours-mais franches de toutes imposicions, charges et tributz ordinaires et extraordinaires quelconques, mis et à mectre sus de par nous ou noz successeurs au temps advenir, pour quelque cas ou occasion que ce soit, sans excepter vin, chair, ny autres choses quelconques.

(4) *Item.* Et pour ce que, durant lesdictes foires, se pourroient mouvoir questions et debats entre noz officiers et les marchands qui frequenteroient lesdictes foires, comme de marchands à marchands et de partie à partie, nous, pour obvier ausditz debats, questions et procez, et y mectre briefve fin, avons ordonné et estably, ordonnons et establissons par cesdictes presentes, conservateur et gardien desdictes foires, nostre bailli de Mascon, seneschal de Lyon, ou son lieutenant present et advenir, auquel nous avons donné et donnons par cesdictes presentes pouvoir, auctorité et commission de juger, determiner, sans long procez et figure de plaids, appellez ceux qui seront à appeller, tous les debats qui se pourroient mouvoir entre nosdictz officiers et les marchands frequentans lesdictes foires, et durant le temps d'icelles, ainsi qu'il verra estre à faire par raison.

(5) *Item.* Voulons et octroyons que tous marchands et autres, de quelque estat, nation ou condition qu'ilz soyent, exceptez les Anglois noz ennemis anciens, puissent demeurer audit lieu de Lyon, de l'une desdictes foires à l'autre, et faire mener leurs biens, denrées et marchandises seurement et sauvement par nostredit royaume et le Dauphiné, en prenant les droicts qui pour ce seront deuz, nonobstant que guerre ou marque, presailles ou represailles, fussent ouvertes entre nous ou aucuns de noz subjectz, et ceux des pays desditz marchands, pour quelque cause que ce soit; sinon que lesditz marchands fussent principaux autheurs ou facteurs desdictes marques.

(6) *Item.* Voulons que, pour le bien et entretenement desdictes foires, toutes gens, de quelque estat, nation ou condition qu'ils soyent, frequentans lesdictes foires, exceptez les Anglois, puissent tenir train de change public pour exercer fait d'eschange, ainsi que bon leur semblera, raisonnablement, durant le temps lesdictes foires, sans ce qu'en puissent estre reprins par noz officiers ne autres quelconques, ne qu'ilz soyent pour ce tenuz avoir ne obtenir aucunes lectres de nous, des generaux maistres de noz monnoyes, ne d'autres quelconques, ne pour ce nous payer ny aux nostres aucune somme de deniers.

(7) *Item.* Pour cesqu'en foires les marchands ont accoustumé user de changes, arriere-changes et interests, voulons et octroyons que, durant lesdictes foires, toutes gens, de quelque estat, nation ou condition qu'ilz soyent, puissent bailler, prendre et remectre leur argent par lectres de change, en quelque pays que ce soit, touchant le faict de marchandise, excepté la domination d'Angleterre, pourveu que l'argent ainsi remis en quelque pays que ce soit; depuis ne pourra estre remis ne en comptant estre porté directement ou indirectement à Rome, pour quelque cause ou occasion que ce soit, car ainsi l'avons nouvellement ordonné par noz statutz et edictz.

(8) *Item.* Si par occasion d'aucunes lectres touchant lesditz eschanges, faictes esdictes foires pour payer et rendre argent autre part, ou des lectres qui seront faictes ailleurs pour rendre argent esdictes foires de Lyon, lequel argent ne serait payé selon lesdictes lectres (en faisant aucune protestation, ainsi qu'ont accoustumé faire marchands frequentans foires, tant à nostre royaume qu'ailleurs), audit cas ceux qui seront tenus de payer ledit argent, tant du principal que des dommages et interests, pourront estre et seront contraints à les payer, tant à cause des changes, arriere-changes, qu'autrement, ainsi qu'ont accoustumé de faire ès foires de Pesenas, Bourges, Geneve, et autres foires de ce royaume.

(9) *Item.* Et afin que tous marchands estrangers frequentent plus volontiers lesdictes foires, et quierent avoir leur habitation et demeurance audit lieu de Lyon, nous avons octroyé comme dessus, qu'il soit loisible et permis à tous marchands estrangers de tester et ordonner de leurs biens ainsi que bon leur semblera, et que leur testament et ordonnance soit valable, en ce que sera de raison, posé que leurdit testament ait esté fait durant lesdictes foires, devant ou après, en ce royaume ou dehors, et qu'il sortisse son plein effect, comme s'il eust esté fait et ordonné ès lieux dont ils seront natifs; et au cas qu'ils mouroient ou decederoient en nostredit royaume sans tester, que ceux qui leur doivent succeder selon raison, escrit, statut ou coustume du pays, leur succedent pleinement et sans contredit, et comme s'ils fussent trespassez ès lieux desquelz ils sont natifs, et là où ilz faisoient leur domicile, et sans ce qu'eux ne leursditz hoirs soient tenuz payer pour ce, ny à nous ny aux nostres, aucune finance, nonobstant quelzconques ordonnances et edicts royaux à ce contraires.

(10) *Item*. Et pour mieux déclarer que nostre intention et volonté est que lesdictes foires de Lyon soient autant ou plus privilégiées que foires qui ayent esté et soyent en nostredit royaume, voulons, octroyons et ordonnons que tous marchands et autres fréquentans lesdictes foires de Lyon, durant icelles joyssent de semblables privileges et autres droicts qu'ont accoustumé de joyr et user ceux qui auroient et ont accoustumé de fréquenter les foires de Champagne, Brye, et le Lendit; et que tout debets faits et à faire pour occasion d'icelles, seront privilegiés comme ceux desdictes foires de Brye, Champagne et le Lendit; et ne vaudront respits, délais ou impétrations, pour obvier ou empescher le payement desditz debets.

(11) *Item*. Et pour plus grande seureté desditz marchands et autres allans, venans, demeurans et séjournans en icelles foires, nous les avons prins et mis par nous, et mectons par cesdites presentes, en nostre protection et sauvegarde speciale, à la conservation de leur droict seulement, et avec tous les biens, marchandises et denrées quelzconques, qui sont advenues, vendues et exploitées esdictes foires.

Si donnons en mandement, par ces mesmes présentes, à nos amés et féaux les gens de nos comptes, thresoriers, et généraux conseillers sur le faict et gouvernement de toutes nos finances, audit baillif de Mascon, seneschal de Lyon, et à tous nos autres justiciers, etc.

Donné, etc.

Par le roy en son conseil.

N°. 39. — Lettres *de jussion à la chambre des comptes de Paris, pour l'enregistrement des lettres patentes qui avaient donné le comté de Comminges au maréchal de ce nom.*

Bordeaux, 15 mars 1462. (C. L. XV, 626.)

Noz amés et féaulx, nous avons sceu que, quelque chose que vous ayons escript et mandé de vérifier les lectres du don que nous ayons faict à nostre amé et féal cousin, conseiller et premier chambellan, le comte de Comminges, mareschal de France, nostre lieutenant general et gouverneur de par nous de noz pays et duchié de Guyenne, et de ladicte comté de Comminges, vous

voulu vérifier, et avez fait et faites difficulté de ce faire, pour aucunes causes que vous alleguez, et, entre autres, que quand la comtesse dudit Comminges donna ladite comté à feu nostre très-cher seigneur et pere, que Dieu pardoint, accordé lui fut que icelle comté ne seroit séparée de la couronne; de laquelle difficulté ainsi par vous faite ne sommes pas contens. Si voulons et vous mandons expressement, et sur tant que doutez nous desplaire et desobeyr, que, sans avoir regard à ce que dit est, ne à quelconque chose que l'en pourroit alleguer à l'encontre de nostredit don, et aussi au serment que dites avoir fait de non souffrir l'alienation de nostre demaine, duquel nous vous relevons, vous incontinent, ces lectres vues, verifiez et expediez de tous points lesdictes lectres, et pareillement les lectres du don que dernierement luy avons fait de la terre de Sauveterre en icelle comté, dont nous vous avons escript, ainsi que pourrez voir; et gardez que en ce n'ait faute.

Car tel est nostre plaisir.

Donné, etc.

Il y a ensuite, écrit de la main du roy : Sy vous mandons que en ce ny ait point de faulte, sans plus vous en escripre. Escript de nostre main. Signé Loys.

N.° 40. — LETTRES *qui autorisent à retranscrire en forme authentique les ordonnances et coutumes d'une ville qui se trouvent déchirées ou effacées par le défaut de soin ou par le temps.*

Acqs, mars 1462. (C. L. XV, 630.)

N.° 41. — MANDEMENT *au parlement d'observer les ordonnances de Charles V.*

Belleville, 11 avril 1462. (Dupuy, Preuves de la Majorité, p. 355.)

Nos amez et feaux, incontinent ces lettres veües, envoyées sous le double des ordonnances faites par le feu roi Charles-Quint, que Dieu absoille, touchant nostre cour de parlement, et doresnavant gardez que comment que ce soit que vous observez et entretenez le contenu esdites ordonnances de point en point sans en rien laisser et qu'il n'y ait point de faute.

Donné à Belleville, le onzieme jour d'avril. Signé Louis, et plus bas Parent. Et, au dos, est écrit : A nos amez et feaux conseillers les gens de nostre cour de parlement de Paris. Reçu le 22 avril 1482, après Pasques.

N°. 42. — SERMENT *du roi, à son avènement* (1).

Tours, 14 avril 1462. (Extrait des registres du parlement sous la date du 22. — Dupuy, Preuves du Traité de la Majorité, p. 354.)

De par le roy, nos amez et feaux, nous vous envoyons ce double des sermens qu'à notre advenement à la couronne nous avons faits; et pour ce que nous desirons les entretenir, et faire justice à un chacun ainsi qu'il appartient; nous vous prions et néammoins mandons expressément que de votre part y entendiez et vaquiez tellement que par votre faute aucune plainte n'en puisse advenir, ne à nous charge de conscience, et gardez qu'il n'y ait point de faute.

Donné à Tours, le quatorzième jour d'avril. Signé Louis. Et plus bas, Parent. Et au dos est escript : A nos amez et feaux conseillers, les gens de nostre cour de Parlement à Paris. Reçu le 22 avril 1482, après Pâques.

Item hoc populo christiano mihi subdito in christi nomine promitto; in primis ut ecclesiæ Dei omnis populus christianus veram pacem vestro arbitrio servet omni tempore.

Item ut omnes rapacitates et iniquitates ab omnibus gradibus interdicam.

Item, ut omnibus judiciis æquitatem et misericordiam precipiam; ut mihi et vobis indulgeat suam misericordiam clemens et misericors Deus.

Item, de terrâ meâ ac jurisdictione mihi subdita universos hæreticos ab ecclesia denotatos pro viribus bonâ fide exterminare studebo. Hæc omnia suprà dicta firmo sacramento.

---

(1). V. la formule du serment de Charles X, à Reims, 28 mai 1825, qui, à cause de l'établissement du gouvernement constitutionnel, ne permettait pas de conserver le serment ci-dessus, qui est resté le même jusqu'à la révolution de 1789.

(Isambert.)

n° 43. — DÉCLARATION *portant que les causes de régale et de complainte pour raison des bénéfices ne seront pas traitées devant les juges ecclésiastiques, mais au Parlement.*

Moret, 14 mai 1463. (C. L. XV, 663). Reg. au Parlem. de Paris, 14 juin.

Loys, etc. Comme entre noz autres droiz à nous appartenans, nous ayons droit à cause de nostre couronne, souveraineté et temporalité, et soyons en possession et saisine, tant par nous que par noz predecesseurs, de tel et si long temps qu'il n'est memoire du contraire, de conferer les benefices ecclesiastiques vacans en regale en nostredit royaume, et dont la totale declaration, cognoissance et determinacion, en cas de debat ou question, appartient de plein droit à nous et à nostredicte court tant seulement, sans ce que autre juge quelconque, soit ecclesiastique, soit temporel, en puisse ou doive congnoistre ou soy entremectre, et sur ce ayent esté donnez en nostredicte court, le temps passé, plusieurs arretz et jugemens; pareillement ayons droit et soyons en possession et saisine de congnoistre, decider et déterminer par nous et noz juges, des cas de nouvelleté, prins et intentez pardevant nosdictz juges, pour occasion de nouveaulx troubles et empeschemens qui surviennent entre lesdictes parties contendantes à cause des benefices et matieres ecclesiastiques, sans ce que, pendant ladicte congnoissance et procès, et jusques à ce que d'iceulx soit décidé, aucun juge ecclesiastique en puisse ne doive congnoistre, ne l'une desdictes parties tirer l'autre contre son gré et volonté en court d'esglise, pour occasion desdiz benefices et matieres ecclesiastiques contentieux oudit cas de nouvelleté, ne proceder à ceste cause contre aucuns desdiz contendans, par monicions, citations ne censures ecclesiastiques: néantmoins, puis naguères, aucuns ont impetré en court de Rome aucuns benefices par nous ou noz predecesseurs donnez et conferez en regale, et, soubz couleur d'icelle collacion ou provision, se sont efforcez et efforcent chascun jour, ont procuré et procurent tenir et tiennent en procès aucuns de noz subgectz en court de Rome pour occasion des benefices que nous et noz predecesseurs avons donnez et conferez en regale, et pareillement des benefices et matieres ecclesiastiques dont procès est pendant, en cas de nouvelleté, en nostredicte court de parlement, ou ailleurs pardevant noz autres juges, et font plusieurs autres entreprises contre et ou préjudice de nosdiz droiz et juridiction temporelle, et plusieurs grandes et indeues oppressions et exactions, vexations et travaulx à noz subgectz, ou grand préjudice et dommage de nous, de noz droiz et de nostre jurisdiction temporelle, et du bien public de nostre royaume ; et plus pourroit estre, se par nous n'estait sur ce pourveu.

Pourquoi nous, ces choses considerées, desirans garder et conserver nos droiz dessusdiz, et obvier ausdictes entreprises, exactions, vexations et oppressions de nosdiz subgectz, eu sur ce advis et deliberation en nostre conseil, vous mandons et expressement enjoignons que vous faictes ou faictes faire inhibicions et deffenses de par nous, sur certaines et grosses peines à nous à appliquer, à tous les subgectz de nostredit royaume et autres qu'il appartiendra, que, pour occasion desdiz benefices conferez en regale par nous ou nosdiz predecesseurs, et aussi des benefices ou matieres ecclésiastiques, dont procès sera ou est pendant en cas de nouvelleté en nostredicte court ou pardevant noz autres juges, ilz ne traictent ou facent traicter ne tenir en cause pardevant aucuns juges ecclesiastiques ne ailleurs que en nostredicte court de parlement ou pardevant noz autres juges pardevant lesqueulx lesdiz procès seront ou sont pendans, et ne procedent ne fassent proceder pour occasion desdiz benefices, dont lesdiz procès seront et sont pendans en nostredicte court ou pardevant nosdiz autres juges, par monitions, excommunications, ne autres censures ecclesiastiques, contre nosdiz subgectz, et ne les tirent, molestent, ne travaillent indeuement hors de nostredit royaume, et ne facent et ne procurent faire telles entreprises indeues contre nous ou prejudice de noz droiz dessusdiz et jurisdiction temporelle, ainçois revocquent et facent revocquer et mectre au neant, à leurs propres coustz et despens, tout ce qu'ilz auroient fait au contraire, en contraignant à ce tous ceulx qui pour ce seront à contraindre ; c'est assavoir, les laiz par prinse et explectation de leurs biens et detencion de leurs personnes, et les gens ecclesiastiques par prinse et saisissement en nostre main de leur temporel, et toutes autres voyes et manieres indeues et fort raisonnables.

Et neantmoins ceulx que par informacion vous trouverez chargez desdiz excès ou semblables ; procedez à l'encontre des coulpables à telle pugnition et correction qu'il appartiendra, et que le cas le requerra : car ainsi nous plaist-il estre fait nonobstant quelzconques lectres impétrées ou à impétrer à ce contraires.

Donné à Muret en Comminge, etc. Par le roy en son conseil.

N° 44. — LETTRES *portant don au roi de Castille de la Merindad d'Estelle dans le royaume de Navarre, et don au comte de Foix, des domaines de Roussillon et de Cerdagne* (1).

Muret, 24 mai 1463. (C. L. XV, 667.)

N° 45. — LETTRES *portant cession au comte de Foix de la ville et seigneurie de Carcassonne, en attendant qu'il puisse être mis en possession des dons exprimés dans les lettres précédentes.*

Muret, 24 mai 1463. (C. L. XV, 669.)

N° 46. — LETTRES *qui rendent aux habitans du Dauphiné le droit de chasse et de pêche* (2).

Toulouse, 11 juin 1463. (C. L. XVI, 1.) Reg. au parlem. du Dauphiné, le 21 septembre.

Loys, etc., dauphin de Viennois, comte de Valentinois, à nos amez et féaulx les gouverneur ou son lieutenant, gens de nostre parlement à Grenoble, salut et dilection.

Nos bienamez les gens des trois estats de nostredit pays de Dauphiné nous ont fait exposer que de toute ancienneté ilz ont accoustumé de chasser ès bestes et oiseaux, et pescher ès rivieres audit pays, sans ce qu'aucun empeschement ou contredit leur ait esté mis ne donné jusques à puis n'agueres que, par le maistre des eaux et forests par nous ordonné audit pays, a esté faite deffense generale audit pays de chasser à aucunes bestes,

---

(1) Les dons faits par ces lettres et celles qui vont suivre sont fort importants. De pareils dons appartiennent véritablement au droit public de la France. (Pastoret).

(2) Louis XI, encore dauphin, avait donné des lettres patentes portant défense à toute personne de chasser dans les garennes et colombiers sans la permission de ceux à qui les garennes ou colombiers appartenaient, sous peine de dix livres d'amende pour la premiere fois, du double pour la seconde, et de peine corporelle pour la troisieme. Ces lettres patentes sont du 21 décembre 1448; elles ont été enregistrées le 2 janvier 1449. V. le Recueil manuscrit des édits, ordonnances et déclarations enregistrés au greffe du parlement de Dauphiné, de 1340 jusqu'à 1700, fol. 110. (Pastoret).

et pareillement de non pescher en quelque lieu que ce fust; en quoy lesdiz supplians ont grand interest et dommage, mesmement les nobles, pour ce qu'à l'occasion de ladicte deffense de chasser, ilz deviennent oyseux et sans occupation; et les habitans du pays, parce que les aucuns d'eux ont accoustumé et nous sont tenus payer rente annuelle ou autres droicts à l'occasion de ladicte chasse, et pareillement de ladicte pescherie; et pour ce, nous ont fait humblement supplier que nostre plaisir soit faire cesser lesdictes deffenses, et sur ce leur impartir nostre grace.

Pourquoy nous, ce que dit est consideré, et autres consideracions à ce nous mouvans, vous mandons et expressement enjoignons que, s'il vous appert que lesdiz nobles ayent de toute ancienneté accoustumé chasser et pescher en notredit pays de Dauphiné, que les habitans d'iceluy pays ayent droit ou leur ait autrefois par nous esté permis de chasser et pescher, moyennant le payement de ladicte rente ou droict, qu'icelle rente soit payée et continuée à nostre tresorier dudit pays ou autres, vous, audit cas, permettez et souffrez ausdiz supplians chasser et pescher en lieux qui ne sont prohibez et deffendus, ainsi qu'ilz ont accoustumé d'ancienneté, jusqu'à ce que par nous autrement en soit ordonné : car tel est nostre plaisir, nonobstant lesdictes deffenses faictes par ledit maistre des eaux et forests, et quelconques lettres impetrées ou à impetrer à ce contraires.

Donné à Toulouse, etc. Par le roy, le comte de Comminges, et autres presens.

N°. 47. — LETTRES *portant défense aux fermiers des droits de justice, de faire ajourner les habitans du Dauphiné, pardevant d'autres juges que les juges ordinaires, et au parlement de cette province d'avoir égard auxdits ajournemens* (1).

Toulouse, 11 juin 1463. (C. L. XVI, 3.) Enregistrées le 19 septembre au parlement du Dauphiné.

---

(1) Louis XI, encore dauphin, avait aussi rendu, le 2 mai 1449, une ordonnance contenant réglement à l'égard des temeraires appellations. Elle decide que les appellations des sentences interlocutoires portées par-devant le dauphin ou son parlement, ne seraient point reçues, à moins que le grief des appellans

N° 48. — RÈGLEMENT *sur l'élection des consuls de Perpignan* (1).

Toulouse, juin 1463. (C. L. XVI, 21.)

N° 49. — LETTRES *portant concession de foires à la ville de Buset.*

Buset, juin 1463. (C. L. XVI, 22.)

N° 50. — LETTRES (2) *portant abolition en faveur des habitans du Languedoc, pour les désobéissances au prince, les infractions aux lois, les violations de leurs propres coutumes dont ils s'étaient rendus coupables.*

Toulouse, 1er juillet 1463. (C. L. XVI, 23.)

---

pût être réparé par la sentence définitive des juges dont est appel; que les téméraires appelans seraient condamnés par le parlement à 60 livres d'amende; que ceux qui recourraient contre les jugemens définitifs des juges, au dauphin ou au parlement, sans cause légitime, seraient condamnés à 120 livres d'amende, lesquelles seraient mitigées et modérées par le parlement, suivant le cas; que les juges subalternes pourraient exécuter leurs sentences 30 jours après l'appel déclaré, s'il n'y avait des défenses accordées par le parlement; que nul ne pourrait se rendre appelant des sentences des premiers juges et baillis, après 40 jours fixés par le parlement de Dauphiné. Des lettres patentes du 17 novembre 1452, toujours rendues par le même, y ajoutèrent que désormais nul ne serait reçu à recourir et supplier plus d'une seule fois, pour quelque cause et prétexte que ce fût, contre les arrêts du parlement de Dauphiné, et qu'avant de pouvoir être reçu à recourir et supplier, on consignerait 120 livres *in manibus curiæ*, lesquelles seraient confisquées au profit du dauphin, le cas y échéant.

Dès 1634 il y avait une ordonnance sur l'administration de la justice en Dauphiné. (Pastoret.)

(1) Le conseil général de la commune était composé de cinq consuls et cinquante-cinq conseillers, dont vingt bourgeois; vingt juristes, et quinze gens de métier. (Decrusy.)

(2) Cette pièce est informe. Pendant le séjour que le roi fit à Toulouse il assembla les trois états du Languedoc à Montpellier. L'assemblée s'ouvrit le 30 juin; il y fut beaucoup question d'aides, de tailles et d'un nouveau mode pour s'acquitter envers le roi d'un impôt mis sur la province. L'ordonnance ci-dessus fait mention de beaucoup de torts causés au roi relativement à ces impôts. (Pastoret.)

N° 51. — *Lettres du conseil portant injonction aux ecclésiastiques et autres gens de main-morte de fournir des aveux et déclaration de leurs biens* (1).

Paris, 20 juillet 1463. (C. L. XVI, 45.)

Loys, etc., au prevost de Paris ou son lieutenant, et à nos procureurs et receveurs ordinaires en ladicte prevosté, salut.

Pour ce que nous avons esté advertis que plusieurs entreprises ont esté le temps passé, et sont chascun jour faictes, par les preslatz, communautés et autres gens de main morte de nostre royaume, sur noz droits seigneuriaux et possessions, et sur ceux de noz vassaulx et subgects lais, laquelle chose a procédé et procede principalement à l'occasion de ce que iceulz gens de main-morte n'ont baillé en nostre chambre des comptes les adveuz et declairations de leurs tenemens, ainsi qu'ilz deurent, en quoy nous et noz subgects lais avons esté et sommes grandement interessés, et pourrions encore plus estre se provision n'y estoit mise.

Nous, par adviz et deliberation de noz amez et feaulx les gens de nosdiz comptes et tresoriers, vous mandons et enjoignons que incontinant vous faictes ou faictes faire exprez commandement de par nous, à tous les preslats et chappitres, couvens, marguilliers, communautés, et autres gens de main-morte, tant reguliers que seculiers, ayant temporalité ès meetés de vostredicte prevosté, que dedans ung an prochain, en suivant le jour dudit commandement, ils vous baillent ou envoyent les adveuz et declairations au vray et en forme deue et authentique de toutes les rentes, revenuz, seigneuries et possessions, et autres choses temporelles, qu'ilz tiennent et possedent en vostredicte prevosté, par la confrontacion et expression des singulieres parties en l'estendue d'icelles, et à quel titre et depuis quel temps ilz leur appartiennent, ou cas toutes voyes qu'ilz ne les auront baillés depuis nostre advenement à la couronne et qu'ilz vous en feront apparoir, lesquels adveux et declairations nous voulons estre par vous envoyés incontinant en nostre chambre

---

(1) De tout temps il a été mis des bornes aux acquisitions que font les gens de main-morte, parce qu'elles appauvrissent l'État. V. l'edit de d'Aguesseau, de 1749, et notes sur la loi de 1825, sur la capacité des communautés religieuses de femmes pour recevoir. (Isambert.)

des comptes; et se, ledit terme escheu, ilz n'ont fourny audit commandement, mettez ou faictes mettre toutes lesdictes choses temporelles reaulment et de fait en nostre main, et soubs icelle les faictes regir et gouverner bien et deuement, sans en faire aucune delivrance, ne des fruitz et revenus d'icelles, jusques à ce que autrement en soit ordonné par lesditz gens de noz comptes et tresoriers, lesquelz vous serez tenus certifier deuement de la reception de cesdictes presentes et de ce que faict sera en vertu d'icelles, le plustot que bonnement faire le pourrez. De ce faire et faire faire vous donnons pouvoir, nonobstant oppositions ou appellacions quelzconques, pour lesquelles ne voulons y estre aucunement différé.

Par le conseil, estant en la chambre des comptes.

N°. 52. — LETTRES *pour l'authenticité de deux anciennes coutumes au pays de Bordeaux, en matière de succession et de testament* (1).

Amboise, juillet 1463. (C. L. XVI, 41.)

Loys, etc., savoir faisons, etc., nous avons receu l'umble supplication de noz chiers et bien-amez les maire, soubz-maire et jurez de notre ville et cité de Bourdeaux, contenant que entre les autres coustumes desquelles on a usé par cy-devant en ladicte ville et pays de Bourdelois, en matiere de succession, il y en a deux telles qu'il s'ensuit : la premiere, que se aucun ou aucune va de vie à trespas sans faire testament, et intestat, son plus prouchain parent du costé et lignage dont les biens sont descendus, luy doit succeder et succede (2) ; l'autre coustume si est que nul en son testament ne peut son plus prouchain parent (3) en degré de lignage desheriter des biens immeubles qui luy sont advenus par succession, mais fault qu'il lui laisse les deux parts desdits biens immeubles, francs et quittes, sans

---

(1) Cette ordonnance est remarquable en ce qu'elle prouve la nécessité où l'on se trouvait d'écrire les lois. (Isambert).

(2) Telle est la disposition du Code civil actuel, excepté que la loi n'a point d'égard à l'origine des biens. (*Idem.*)

(3) Par le Code civil, il n'y a que les ascendans ou descendans qui soient héritiers forcés. (*Idem.*)

charge d'aucuns legs ou donations, reservé que les debtes se doivent premierement prendre sur tous les biens de la succession, et ne vault auscune chose, testament ou codicille faict au contraire : lesquelles coutumes sont incorporées et escrites ez livres et registres esquelz sont escrites les autres coustumes de ladicte ville, desquelles lesdictz supplians ont joy et usé par ci-devant, et font de jour en jour quand le cas y eschiet.

Et pour ce que lesdictes coustumes ne sont pas souvent contredictes et debattues en jugement, et que ceux qui les debattent, sçachant icelles estre telles que dict est, se departent de proces et trouvent façon d'appointer avec leurs parties adverses, avant que auscune sentence s'en ensuive, lesdits supplians doublent que, ou temps à venir, par deffault de tesmoins qui ayent veu lesdictes coustumes passer en force de chose jugée, lesdictes coustumes ou auscunes d'icelles deperissent et soyent de nul effet, qui seroit en leur très-grand grief, prejudice et dommaige, et plus pourroit estre se par nous ne leur estoit sur ce pourveu de remède convenable, si comme ilz dient, humblement requerans iceulx.

Pourquoy nous, ces choses considerées, voulans relever nos subjectz de plaids et procès, avons, pour ces causes et considerations, et autres à ce nous mouvans, icelles coustumes dessus declairées, confermées et approuvées, et, de nostre plus ample grace et pleine puissance, les confermons et approuvons par ces presentes, et voulons et nous plaist qu'elles soient tenues, gardées et observées en nostredicte ville et cité de Bourdeau et pays de Bourdelois en jugement et dehors, sans ce que ceux qui s'en voudront ayder soyent tenus de les prouver par tesmoins, mais seulement par ces presentes, ou *vidimus* d'icelles faict soubz scel royal. Si donnons en mandement, etc.

Donné à Amboise, etc.

Par le roy, le sire de Bazoges, et autres présens.

N°. 53. — LETTRES *d'abolition pour la ville de Perpignan. — Rappel des bannis. — Restitution des biens confisqués* (1).

Juillet 1463. (C. L, XVI. 47).

---

(1) On ne sait pas la date exacte ni le lieu.

N° 54. — Lettres *qui ordonnent la remise entre les mains du roi, pour le rachat des places engagées au duc de Bourgogne, des sommes confisquées ou déposées en justice, sous la promesse de les restituer.*

Paris, 20 août 1463. (C. L. XVI, 55.)

Loys, à nos amez et féaulx Pierre de Morvillier, chevalier, nostre conseiller et chancelier; Bertrand de Beauveau, sire de Pressigny et president en nostre chambre des comptes; Guillaume Juvenel des Ursins; le sire de Treignel; le sire de Landes, bailly de Sens; Pierre Berard, chevalier, tresorier de France, et maistre Estienne Chevalier, aussi tresorier de France, salut et dilection.

Comme en ensuivant le serment par nous fait, à nostre sacre et couronnement, de réunir et rejoindre à domaine de nostre royaume et couronne tous les pays, chastellenies, terres et seigneuries, rentes et revenues, vendus, alienez ou engaigez par noz predecesseurs roys de France; et mesmement par feu nostre très-chier seigneur et pere, que Dieu absoille, nostre entencion ait esté et soit de rachapter et recouvrer les pays, terres et seigneuries assis ou pays de Picardie, baillez et engaigez par nostredit feu seigneur et père, par le traicté d'Arras (1), à nostre très-chier et très-aymé oncle et cousin le duc de Bourgogne, pour la somme de 400 mille escus d'or; pour faire lequel rachapt, qui est très necessaire, et dont grant inconvenient irreparable se pourrait ensuir se de brief ledit rachapt n'estoit faict, ayons de nostre espargne assemblé et mis ensemble jusqu'à la somme de deux cent mille escus d'or, et que pour parfournir le surplus de ladicte somme de quatre cent mille escus, montant à pareille de deux cent mille escus, ne nous soit possible de trouver où recouvrer icelle somme sans grands griefs et oppressions de nos subjectz, lesquelz de tout nostre pouvoir desirons relever desdictes oppressions; et soit ainsy que la plus brieve et aisée voye pour finir et recouvrir ladicte somme promptement, soit de prendre plusieurs grandes sommes de deniers mises, déposées et consignées, tant en nostre court de parlement, en nostre

_____
(1) Fait à Tours, le 10 decembre 1455, entre Charles VII et Philippe le Bon duc de Bourgogne.

chastelet à Paris, que ès auditoires des requestes de nostre hostel et de nostre palays, que aussi ès mains de plusieurs marchands et changeurs de nostredicte ville de Paris, comme en main de justice; lesquelles sommes ainsy deposées ou consignées, nostredicte court de parlement et autres cours où elles sont deposées et consignées pourraient refuser, ou delayer de les bailler et delivrer, et faire bailler ou delivrer, se par nous n'y estait pourveu de remède convenable :

Pourquoy nous, les choses dessusdictes considérées, vous mandons, commandons et expressement enjoignons en commettant ce mestier est par ces presentes, que vous vous transportez en nostredicte court de parlement, et illec, toutes les chambres d'icelle assemblées, remontrez nosdictes nécessités et affaires, et les grans desirs et affections que avons de recouvrer et rachapter lesdictes terres, et que à ce ne pourrions fournir, comme dict est, sans prendre lesdictes sommes consignées et deposées tant ès mains du greffier de ladicte court que d'autres personnes, et les exhortez que, en ayant regard au bien et honneur de nous, de nostre royaume et augmentation de nostre domaine, ilz veuillent consentir que icelles sommes ainsy deposées et consignées nous soyent, ou au commis de par nous, baillées et delivrées reaumment et de fait (1), en leur offrant de par nous, pour la restitution d'icelles sommes, et de les remectre ès mains et lieux où elles sont de présent, toute telle sureté qu'il semblera à icelle court estre à faire et convenable en cette partie; et pareilles remonstrances, exhortations et offres, faictes esdictes cours et auditoires, et ailleurs où il appartiendra.

De ce faire vous donnons plain pouvoir, auctorité, commission et mandement especial.

Donné à Paris, etc.

Par le roy, en son grand conseil.

---

(1) C'est la violation d'un dépôt, le parlement l'autorisa; aujourd'hui la caisse des consignations a, par les ordonnances de 1816, une existence indépendante du ministère, et chaque année il est rendu compte aux chambres de sa situation. (Isambert.)

N° 55. — **Lettres** *qui remettent Geoffroi Cœur en possession des terres et domaines confisqués sur Jacques Cœur son père* (1).

Paris, août 1463 (C. L. XVI, 61). Reg. au parlem. de Paris le 7 septembre, et en la chamb. des comptes le 10.

Loys, etc. Sçavoir faisons à tous presens et advenir, que comme il soit venu à nostre conguoissance que des pieçà, et par les rapports qui furent faits à feu nostre très-chier seigneur et père, que Dieu absolve, de la personne de feu Jacques Cuëur, son argentier par plusieurs ses hayneux et malveillans, tendant à le despouiller, et eulx enrichir de ses biens, et, entre les autres, par Antoine de Chabannes, ledit feu Jacques Cueur fut constitué prisonnier, lesquels hayneux et malveillans pourchasserent et demanderent avoir don des biens dudit Jacques Cueur, soubs couleur de confiscacion, paravant la fin du procès et declairacion d'icelle confiscation, et si pourchasserent d'estre commis et juges à faire ledit procès d'icelluy, et par espescial, ledit de Chabannes, lequel fust un des principaux qui eust la charge de la garde dudit feu Jacques Cueur et de faire ledit procès ; et après certain jugement donné contre ledit feu argentier, en la presence de nostredit feu seigneur et pere, sur le rapport desditz de Chabannes et autres commissaires, par lequel jugement, entre autres choses, furent les biens dudit feu Jacques Cueur declairés confisqués, et que ledit de Chabannes, soubs couleur dudit don paravant fait, pretendit et pretendoit avoir ses terres et seigneuries de Saint-Fargeau, de la Vau, de la Couldre, de la Perreuse, de Champignolles, de Merilles, de Villeneuve-les-Genetz, et leurs appartenances, Saint-Maurice, la Frenoye, Fontenelles, Mele-le-Roy, et leurs appartenances, la baronnie de Coussy, avec leurs appartenances, appendances et deppendences quelz-

---

(1) V. ci-dessus note sur le jugement par commission du 19 mai 1453. Les actes de réhabilitation sont utiles à recueillir, parce qu'ils prouvent qu'on ne viole pas impunément la justice et que tous les jugemens du monde n'atteignent pas l'innocent si celui-ci a été privé des garanties que les lois lui accordent. Les jugemens rendus à huis-clos, sans assistance de défenseurs, sans charges produites, et les accusations portées sur un simple soupçon, quelque véhément qu'il soit, n'ont de jugement que le nom. V. l'arrêt de la Cour de cassation du 11 juin 1825, sur le pourvoi de Rollande, contre un arrêt de la cour de la Martinique, qui le condamne à la peine arbitraire et infamante du blâme. (Isambert.)

conques, assises au pays de Puisaye et environs, que ledit feu argentier avait audit pays, dont il jouissait à l'heure de son arrest et empeschement, icelluy de Chabannes, pour cuider avoir titre plus coloré et apparent, fit et pourchassa certaines criées estre faictes desdictes terres, et icelles adjuger en son nom et en son proufit pour le prix et somme de vingt mille escus, qui incontinent lui furent donnés et quictés par nostredit feu seigneur et pere, pour ce que ledit don desdictes terres luy avoit este fait, et en avoir eu la joyssance paravant icelle criée; et depuis, soubz ce titre et couleur, ledit de Chabannes a tenu lesdictes terres, et y a fait faire plusieurs mises et reparations comme dit est, et jusqu'à ce que icelles terres et seigneuries ont esté regies et gouvernées soubz nostre nom et nostre main, pour et à cause de certains grans crimes et delictz pour lesquelz ledit de Chabannes et tous ses biens ont esté mis en arrest et empeschiés; et après procès contre luy deuement fait, par arrest de nostre court de parlement, prononcé le 28 de ce present mois d'aoust, a esté ledit de Chabannes declaré crimineulx de leze-majesté, et, entre autres choses, ses biens avons confisqués et acquis. Et depuis, nostre cher et bien amé eschanson Geoffroy Cueur, fils et heritier dudit feu Jacques Cueur, nous a fait remonstrer que ledit don ainsy fait desdites terres audit de Chabannes, estoit contre disposicion de droict et nos ordonnances ou de nos predecesseurs, et que, pour ce, ledit don estoit nul, au moins n'estoit valable, et que ledit de Chabannes, au moyen d'icelluy, n'avoit aucun droict ne titre valable esdictes terres, en nous requerans que, ce actendu, et que ledit de Chabannes à indeuement pourchassé ledit don, et que par son moyen ledit Geoffroy n'a peu recouvrer lesdictes terres et seigneuries, il nous plaise le restituer et retablir en icelles, et, en tant que mestier est, les luy donner, avec tous les droits que nous pouvons y avoir, ensemble toutes reparacions, melioracions, fruitz et levées qui en peuvent estre deubz, pour en joyr ainsy que sondit feu pere en joyssoit au temps de sa prise, et depuis ledit de Chabannes.

Pourquoy nous, ces choses considerées, informés dudit don pourchassé par ledit de Chabannes contre nosdictes ordonnances, ayans eu memoire des bons et louables services à nous faitz par ledit Jacques Cueur, vray seigneur et joyssant desdictes terres et seigneuries au temps dudit empeschement, et desirant le bien et accroissement de nostredit eschanson, avons à icelluy, pour ces causes et autres à ce nous mouvans, restitué et restably, restitenons et restablissons lesdictes terres et seigneuries cy-dessus declairées, qui furent et appartindrent à sondit pere, et lesquelles a depuis tenues et possedées ledit de Chabannes, avec toutes leurs appartenances et appendances, et avec ce d'abondant, en tant que besoing, avons, de grace especialle, plaine puissance et auctorité royalle, donné, transporté et delaissé, donnons, transportons et delaissons audit Geoffroy Cueur icelles terres et seigneuries, appartenances et appendances, en tel estat qu'elles sont de present, et tout le droit et action que nous y avons et povons avoir, à quelque titre et en quelque maniere que ce soit, avec toutes les reparacions et amelioracions faictes en icelles, pour en joyr d'ores en avant par nostredit eschanson, et les tenir et posseder à tousjours, perpetuellement, par luy, ses hoirs, successeurs et ayans-cause, et en faire, disposer et ordonner à leur plaisir et voulenté comme de leur propre chose et heritage. Si donnons en mandement, par ces presentes, à nos amez et féaulx conseillers les gens tenans et qui tiendront nostredicte court de parlement, les gens de noz comptes et tresoriers, et à tous noz autres justiciers et officiers, ou à leurs lieuxtenans, presens et advenir, et chascun d'eulx si comme a luy appartiendra, que de nostre presente grace, restitution, don, cession et transport, facent, seuffrent et laissent ledit Geoffroy Cueur, sesditz hoirs, successeurs et ayans-cause, joyr et user à tousjours, perpetuellement, plainement et paisiblement, en mectant ou faisant mectre ledit Geoffroy Cueur en possession desdictes terres, villes, chasteaulx, chastellenies, seigneuries, forteresses cy-dessus declairées, et de leursdictes appartenances et dependances, et aussi des ameliorations, fruitz, prouffitz et levées qui d'ores en avant en escherront, pour en joyr et les tenir et posseder, par luy, sesditz hoirs, successeurs et ayans-cause, et en faire et disposer à leur plaisir et voulenté, comme de leur propre chose et heritaige, en payant les charges et faisant les hommaiges et devoirs anciens et accoustumés à ceulx qu'il appartiendra, sans leur faire, mectre ou donner, ne souffrir estre faict, mis ou donné, ores ne pour le temps avenir, aucun destourbier ou empeschement au contraire; et par rapportant ces presentes, signées de nostre main, ou *vidimus* d'icelles faict soubs scel royal, pour une fois seulement, et quictance et recognoissance dudit Geoffroy Cueur sur ce souffisant, nous voulons et mandons à tous noz officiers à qui ce pourroit toucher, en estre tenuz quictes et deschargés en leurs comptes par nosditz gens des comptes, et par-tout ailleurs où il appartendra, sans aucune difficulté, nonobstant que la valeur desdites terres, villes, seigneuries, chateaulx et forteresses, et de leursdictes appartenances et deppendances, et desdictes ameliorations, fruitz, prouffitz et levées, ne soit cy-autrement exprimée ne déclarée, et quelxconques autres ordonnances, mandemens ou deffenses à ce contraires : et n'entendons pas que par ce present don et transport soit fait aucun prejudice audit Geoffroy Cueur, et autres heritiers dudit feu Jacques Cueur, aux droits, actions, noms, raisons et poursuites qu'ils auroient ou pourroient avoir à cause dudit feu Jacques Cueur ou autrement, esdictes terres et seigneuries, et autres qui appartindrent à leurdit feu pere ; ains voulons et declairons nostre entencion et volenté avoir esté et estre que ledit Cueur et ses freres soyent et demeurent entierement en leurs droietz et poursuites d'iceulx, et des procés par eulx encommancés, conduitz et demeurés en nostredicte court ou ailleurs, tout ainsy et par la forme et maniere qu'ilz estoient avant nostredit don fait oudit de Chabannes, et nonobstant icelluy.

Et afin que ce soit chose ferme et establé à tousjours, nous avons fait mectre nostre scel à cesdictes presentes ; sauf en autres choses nostre droit, et l'aultruy en toutes.

N°. 56. — **LETTRES PATENTES** *portant légitimation de Louis de Bourbon, fils naturel* (1) *de Charles de Bourbon, duc de Bourbonnais et de Jeanne de Bournau, sa concubine* (2).

Pontoise, septembre 1463. (C. L. XVI, 80.)

LUDOVICUS, etc. Illegitimè genitos quos vitæ decorat honestas.

---

(1) Et même adultérin. Le père et la mère étaient mariés chacun de leur côté. Charles de Bourbon avait des enfans légitimes. (Dec.)

(2) Nous croyons la donner parce que cette ordon. consacre le principe très vrai que la faute du père ne doit pas rejaillir sur les enfants. (Isambert.)

Quoique des lettres ordinaires de légitimation n'aient aucun caractère public, et ne dussent par conséquent pas être placées dans le recueil de nos lois, nous avons cru devoir imprimer celles-ci, comme données en faveur du fils naturel d'un prince qui appartenait à la famille royale, qui par-là même avait reçu dès sa naissance, des droits éventuels au trône, qui occupe d'ailleurs une assez grande place dans l'histoire de ce temps-là. Le fils naturel légitimé par ces lettres Louis de Bourbon, épousa peu de temps après, en 1465, une bâtarde de Louis XI; et le roi, à ce sujet, lui accorda plusieurs terres et érigea en comté la seigneurie de Roussillon en Dauphiné, que Charles de Bourbon, son père, lui avait donnée. (Pastoret.)

vitium minimè decolorat; nam decor virtutis abstergit in prole maculam geniture, et pudicitià morum pudor originis abolelur. Notum igitur facimus, tam presentibus quàm futuris, quòd, licèt dilectus consanguineus noster Ludovicus de Borbonio, filius naturalis defuncti consanguinei nostri Karoli, quondam Ducis Borbonensis, et Johanne de Bornau, ex illicita copula traxerit genituram, talibus tamen virtutum donis et morum venustate coruscat, quòd in ipso supplent merita et virtutes quod ortus odiosus abjecit; adeòque super defectu natalium quem patitur, graciam quam nobis humillimè requisivit à nostra regia majestate, meruit obtinere. Nos igitur, hiis attentis, et presertim magnis et laudabilibus serviciis que diù nobis multimodè impendit et que diutiùs impendere non desinet, ejus supplicationi nobis super hoc facte annuentes, eumdem Ludovicum de Borbonio, de nostre regie potestatis plenitudine, certa sciencia, speciali gracia et autoritate regia, legitimavimus et legitimamus per presentes, ac legitimacionis titulo decoramus, ipsumque in judicio et extrà, amodo, pro legitimo reputari et censeri volumus et haberi, concedentes eidem et cum eo dispensantes ut ipse, quamquam de predicto coitu originem, bona temporalia mobilia et immobilia quecumque acquirere et jam acquisita possidere valeat et tenere, ac de eisdem inter vivos in testamento et aliàs disponere ad sue libitum voluntatis, ad successionemque matris ceterorumque parentum et amicorum carnalium et aliorum quorumlibet ex testamento vel ab intestato, dummodo de eorum processerit voluntate, et nisi alteri foret jam jus quesitum, et ad quoscumque honores, officia et alios actus legitimos admictatur ac si esset de legitimo matrimonio procreatus; quòdque sui liberi, si quos in futurum habeat, totaque ejus posteritas de legitimo matrimonio procreanda, in bonis suis quibuscumque eidem jure hereditario succedant et succedere valeant, nisi aliud quàm defectus hujusmodi natalium repugnet predicto defectui, quod prorsus abolemus, jure, constitucione, statuto, lege, edicto, consuetudine, usu generali vel locali regni nostri ad hoc contrariis non obstantibus quibuscumque, absque eo quòd propter hoc nobis nec successoribus nostris aliquam financiam solvere teneatur, et quam quidem financiam nos eidem Ludovico, premissorum consideratione, dedimus et quictavimus, damusque et quictamus de nostra ampliori gracia per presentes : earum serie, dilectis et fidelibus nostris gentibus compotorum nostrorum, et thesaurariis Parisius, baillivo Sancti Petri de Monasterio, ceterisque justiciariis nostris, seu eorum locatenentibus, presentibus et futuris, et eorum cuilibet prout ad eum pertinnerit, mandamus quatinus prefatum Ludovicum de Borbonio nostrâ presenti legitimacione, concessione, quictacione et gracia, uti et gaudere pacificè faciant atque permictant, absque quovis impedimento; quod si factum repererint, id revocent et ad statum pristinum et debitum reduci faciant pariter et adnullari indilatè, visis presentibus.

Et ut predicta stabilitate perpetuâ perdurent, presentes manu nostrâ signavimus, et eisdem nostrum sigillum apponi fecimus, nostro in aliis et quolibet alieno in omnibus jure semper salvis.

Loys; Per Regem, Admiraldo, dominis de Precigny et de Laudis, ac aliis pluribus, presentibus.

Nº. 57. — LETTRES (1) *qui ordonnent la réformation des abus dans l'exercice du notariat.*

Hesdin, 6 octobre 1463. (C. L. XVI, 87.) Reg. Chamb. des comptes de Dauphiné, 9 décembre.

Nº. 58. — ORDONNANCE *portant que les pairs de France ne doivent répondre et ressortir qu'au parlement de Paris, tant pour leurs affaires personnelles que pour les droits de leur pairie* (2).

Hesdin, 13 octobre 1463. (C. L. XVI, 87.) Reg. au parlem. 17 novembre.

Loys, etc., à noz amez et féaulx conseillers les gens qui tiennent et tendront nostre parlement à Paris, salut et dilection.

Nostre très-cher et amé cousin le Comte d'Angoulesme, nous a fait exposer, disant que dès le commencement et institution de nostre court de parlement à Paris, laquelle fut anciennement instituée et establie de cent conseillers, du nombre desquels furent mis et ordonnés les pers de France et autres seigneurs de nostre sang, tenans de nous en appanage et en parrie, et furent tellement privilegiez, que eulx ne leurs terres et seigneuries n'estoient ne devoient estre tenuz de respondre, plaider ne ressortir

---

(1) On n'a pas pu retrouver de copie authentique. (Isambert.)
(2) C'était un privilége en matière civile; aujourd'hui, d'après la Charte de 1814, art. 34, la personne des pairs seule est inviolable. (*Idem.*)

ailleurs ne en autre court ou auditoire, fors seulement, en nostredicte court de parlement à Paris, qui est la ville capitale de nostre royaume, et fut lors ordonné que la jurisdiction ordinaire de nostre court de parlement à Paris seroit de cognoistre, en autre chose, des causes desdicts pers de France, ou tenans de nous en appanage et parrie.

Et combien que nostredit cousin exposant soit des plus prouchains de nostre sang, et qu'il tienne sadicte conté d'Angoulesme et autres terres de nous, en appanage et droitz de parrie, et que parce il ne soit tenu de plaider, respondre ou ressortir, mesmement pour les causes qui touchent sa personne et les droitz de sa parrie, ailleurs ne en autre court ou jurisdiction fors, seulement en nostredicte court de parlement à Paris, qui est la court des pers, ce nonobstant, pour ce que ladicte conté d'Angoulesme et autres terres et seigneuries que nostredit cousin tient de nous en appanage et droitz de parrie, sont situées et assises ès limites de nostre parlement nouvellement establi en nostre ville de Bordeaulx, auscuns s'efforcent de jour en jour faire traictier, adjourner, intimer et ressortir nostredit cousin en causes d'appel audit lieu de Bordeaulx, en venant directement contre ses droitz et prerogatives de parrie, lesquelz luy et ses predecesseurs, et les autres pers de France, ont accoustumez jouyr et user; requerant humblement nostre provision sur ce.

Pourquoy nous, ces choses considérées, voulans conserver et garder nostredit cousin en ses droytz et prerogatives de parrie, pour ces causes, avons voulu et ordonné; voulons et ordonnons que nostredit cousin d'Angoulesme ne soit tenu d'ores en avant de respondre en sa personne, ne aussi respondre ne ressortir les droitz de sa parrie en nostredicte court de parlement de Bordeaulx, ne ailleurs que en nostredicte court de parlement à Paris.

Si vous mandons et enjoignons, par ces mesmes presentes, que de nostre presente voulenté et ordonnance vous faictes, souffrez et laissez jouyr et user nostredit cousin exposant, plainement et paisiblement, sans en ce luy donner ne souffrir mectre ou donner aucun destourbier ou empeschement au contraire, en contraignant à ce faire et souffrir tous ceux qu'il appartendra par toutes voyes dues et raisonnables : car ainsy nous plaist-il estre faict, et à nostredit cousin exposant l'avons octroyé et octroyons, de grace especial, par ces présentes, nonobstant quelxconques lettres subreptices impetrées à ce contraires.

Par le Roy, le conte de Eu, vous le chancelier, le patriarche de Jherusalem, les sires de Treignel et de la Rosière, et autres plusieurs presens.

N°. 59. — Lettre *portant nomination de commissaires, à l'effet de traiter avec le duc de Bretagne au sujet des discussions sur l'exercice de plusieurs droits qui appartiennent à la souveraineté.*

Neufchâtel de Nycourt, 26 octobre 1463. (C. L. XVI, 95.)

N°. 60 — . Lettres *pour la sûreté de la perception du droit d'octroi à Tournay; peines prononcées contre ceux qui le fraudent en allant boire hors de la ville.* (1)

Neufchâtel de Nycourt, 3 novembre 1463. (C. L. XVI, 100.)

N°. 61. — Lettres *de protection et de sauve-garde accordées aux habitans de Montreuil-sur-Mer; autorisation de repousser par la force les outrages et violences auxquels ils sont exposés* (2).

Abbeville, 21 novembre 1463. (C. L. XVI, 108.)

N°. 62. — Lettres *qui autorisent la commune de Rue à faire des travaux et des dépenses utiles, et lui accordent le terrain qu'elle reprendra sur la mer, moyennant une redevance annuelle de 12 deniers par arpent* (3).

Abbeville, 26 novembre 1463. (C. L. XVI, 112.)

---

(1) Voici l'article des statuts que cette ordonnance confirme :
« Qu'il ne soit personne, aucun des subjects, manans et habitans de Tournay, qui dores en avant, pour frauder ladite ville et l'assis d'icelle, qui est boire, querir ne acapter en gros ou en detail, cervoise, jambours, ne autres ouvrages semblables au-dehors de ladicte ville et banlieue, à une lieue près d'icelle, sur peine d'être, pour chacune fois, banni à 100 sous tournois, et mis es prisons de la ville, et les pots où on les apporterait être confisquez, dont le rapportant et vérifiant aura dudit bon 10 sous tournois à son proufit. » (Isambert.)

(2) C'est un privilège de bourgeoisie ; ce droit alors était privilège. (Idem.)

(3) La loi du 16 septembre 1807, art. 41, autorise le gouvernement à accorder les lais et relais de la mer, ensorte que ce domaine qui, d'après le code civil n'est pas dans le commerce, peut y entrer par cette concession, ainsi que la Cour de cassation l'a jugé le 3 novembre 1824, affaire Arrighi. (Idem.)

N°. 63. — LETTRES *portant établissement d'une université à Bourges.*

Mareuil près d'Abbeville, décembre 1463. (C. L. XVI, 150.) Reg. en vertu de lettres réitérées de jussion, et sous la réserve des oppositions, en parlement le pénultième mars avant Pâques (1).

N°. 64. — ASSEMBLÉE *de notables* (2).

Décembre 1463.

N°. 65. — ÉDIT *donné en parlement contre les exactions de la cour de Rome* (3).

Paris, 17 février 1463. (C. L. XVI, 160.) Rég. au parlem. le 20.

Ludovicus, universis presentes literas inspecturis, sinceram in Christo dilectionem, et presentibus fidem indubiam adhibere. Notum facimus quòd, constitutis in curia nostra parlamenti quamplurimorum principum, prelatorum, procerum, baronum et dominorum temporalium, necnon dilecte filie nostre universitatis magistrorum et scolarium studii Parisiensis, ac plurium capitulorum, collegiorum et conventuum ecclesiasticorum procuratoribus, pro parte eorundem graviter conquerendo, eidem curie nostre fuit expositum quòd, quatenus ecclesiarum et rei publice regni notri sumus protector, conservator et defensor, ex debitoque regalis auctoritatis et administracione rei publice à Deo nobis commisse, teneamur intendere ne ipse ecclesie debitis fraudentur obsequiis, sintque fructus earundem ecclesiarum

---

(1) V. l'ordonnance du 24 septembre 1466. Un autre exemple de cette opposition se trouve dans des lettres du 6 décembre 1469. (Pastoret.)

(2) Elle fut occasionée par les troubles de la Bretagne, et la nécessité de réformer les abus qui donnèrent lieu à la guerre civile, dite du Bien-public. Il n'est rien resté de cette assemblée, si ce n'est le fait que le duc d'Orléans s'éleva avec force contre les abus, et que Louis XI écouta ses remontrances avec tant de mépris, que le prince en mourut de chagrin, laissant un fils âgé de deux ans, qui fut héritier de la monarchie (Louis XII). Louis XI, ce prince qui passe pour un habile politique, ne laissa pas dans les premières années de son règne de soulever toutes les parties de la nation, et cependant il ne manquait pas alors d'expérience, puisqu'il avait été éprouvé par l'infortune, et qu'il avait 40 ans. (Is.)

(3) C'est après cet acte que le parlement rédigea ses remontrances contre l'édit de 1461, ci-dessus, p. 596. (*Idem.*)

et beneficiorum quorumcunque, tam secundùm dispositionem conciliorum generalium et jurium quàm secundùm piam intencionem fundatorum, ordinati ad sustentacionem ministrancium in divinis ipsiusque divini cultûs augmentum, ad alimentationem pauperum, redemptionem captivorum, ecclesiarum, suorumque edificiorum reparacionem, terrarum, hereditagiorum ac possessionum ecclesie culturam, jurium ipsorum conservationem, ceterorumque onerum incumbentium supportacionem; adeó eciam que bona per prelatos post eorum obitum dimissa, futuris debent successoribus reservari, in utilitatem ecclesie committenda, nisi forte in illis locis regni ubi, de usu et consuetudine notorie observatis, ac aliàs, licitum sit prelatis ipsis et aliis viris ecclesiasticis de eisdem bonis facere testamentum, et alioqui de ipsis disponere, quibus etiam ab intestato in dictis bonis, secundùm consuetudinem et observantiam supradictas, tam sui quàm ipsi suis succedunt heredes, tum etiam in multis casibus nos et nonnulli domini temporales ad causam dominii et jurisdictionis temporalis succedimus : quòdque anno Domini millesimo ducentesimo sexagesimo-octavo, mense martii, gloriose memorie sanctus Ludovicus, quondam rex Francie, predecessor noster, suo edicto perpetuo ordinaverit (1) onera et exactiones, pecuniam, per curiam romanam ecclesie regni nostri tunc impositas seu imposita ac etiam in futurum imponendas, quibus regnum ipsum tunc miserabiliter depauperatum extabat, nullathenus debere levari et colligi, nisi forte pro rationabili, pia et urgentissima causa, vel inevitabili necessitate, ac etiam de spontaneo et expresso consensu regis et ecclesie regni, prout hec expressè in litteris dicti edicti pleniùs continentur. Et quamvis plures Francorum reges, predecessores nostri, supradicti gloriosi et sancti regis Ludovici vestigia insequendo pro conservatione ecclesie gallicane et rei publice regni nostri, habito super hoc consilio plurimorum principum prosapie regalis, necnon prelatorum et aliorum virorum ecclesiasticorum ecclesiam dicti regni representancium, hiis edictis et ordinationibus diversis temporibus factis et promulgatis et in registris dicte curie nostre parlamenti ad perpetuam rei memoriam registratis, hoc idem sanxerint, et precipuè, bona prelatorum et virorum ecclesiasticorum decedentium, tam secularium quàm regularium, que

---

(1) C'est la pragmatique de 1268.

spolia defunctorum interdum nuncupantur, nullathenus per papam seu romanos pontifices, aut suos officiarios reservari nec usurpari, et multa alia salubria pro conservatione, manutentione et protectione ecclesiarum nostri regni ac ministrorum ibidem Deo servientium, ac rei publice regni nostri et nostrorum jurium regalium, ordinaverint, et edicto perpetuo observari inviolabiliter mandaverint; nichilominus enim Pius papa modernus, bona prelatorum ac virorum ecclesiasticorum decedentium tam secularium quàm regularium, que nonnulli spolia defunctorum appellant, necnon dimidiam partem fructuum omnium beneficiorum incompatibilium que dicti viri ecclesiastici possident et illorum que in commendam obtinent, ac etiam certam portionem seu quotam bonorum personarum secularium, tam nobilium quàm non nobilium, ejus camere apostolice, per ejus certas constitutiones seu litteras à paucis diebus, ut dicitur, apud Romam editas, applicanda esse statuit et decrevit; que premissa, si in regno nostro tolerarentur, ecclesiis dicti nostri regni multa gravamina et incommoda afferrent, eo quòd ipse ac monasteria ejusdem regni nostri et eorum edificia, que etiam à paucis diebus propter guerras que, pro dolor! diù in regno nostro viguerunt, pro majore parte lapse sunt in ruinam, multis in locis dicti regni irreparabiliter corruerent; possessiones, hereditagia inculta remanerent; immobilia de facto alienarentur aut impignorarentur; mobilia et pretiosa reliquiarum vasa, ecclesiastica ornamenta, calices, libri et similia, vili pretio distraherentur; ecclesie debitorum importabilium mole onerarentur; ministri et Deo servientes à divino servitio retraherentur, et tandem multi mendicare compellerentur atque in maximam penuriam redigerentur, regnum nostrum, quod inter alia regna viris scientificis communiter floruit, nimiùm vacuaretur, in magnum prejudicium fidei christiane, detrimentumque universalis ecclesie ac republice christianissimi regni nostri; hiis etiam modis regnum ipsam pecuniis et opibus plurimùm depauperatum redderetur, subditi nostri tam ecclesiastici quàm seculares exheredarentur, jura nostra temporalia et corone nostre necnon jura plurimorum dominorum temporalium subditorum nostrorum læderentur et minuerentur, ac innumera vixque inenarrabilia scandala orirentur que secundùm Deum et conscientiam commodè tolerari non poterant aut debebant.

Ob quod, prefati exponentes predicte curie nostre supplicaverunt, ad Dei laudem, fidei et divini cultûs conservationem et honorem, reique publice regni nostri manutentionem et conservationem, super premissis de remedio provideri opportuno, decreta sanctorum patrum, conciliorum generalium et precedentium summorum pontificum, ac etiam predictas ordinationes et edicta regia insequendo: quâ supplicatione sic factâ, pro parte procuratoris nostri generalis in dicta curia nostra ad hoc presentis, habitâ deliberatione super premissis cum advocatis nostris, fuit propositum quòd materia dicte supplicationis plurimùm concernebat jura, privilegia, prerogativas, auctoritatem et superioritatem corone nostre et jurisdictionis temporalis regni nostri et ac jura subditorum nostrorum, que non solùm læderentur imò potiùs enervarentur, nisi super premissis de juris et justice remedio provideretur, petens et requirens idem procurator super premissis, per predictam curiam nostram de remedio similiter provideri, opportuno, jura corone nostre et alia jura nostra temporalia et jurisdictionis temporalis regni nostri, necnon subditorum ipsius regni, illesa conservando. Auditis igitur per camdem curiam nostram dictis supplicationibus et requestis, ac per eam visis dictis edictis et ordinationibus presati sancti Ludovici Francorum regis et aliorum predecessorum nostrorum super hoc factis, habitâ maturâ deliberatione super premissis cum pluribus gentibus de nostro consilio, consideratis insuper circa hoc attendendis et considerandis et que camdem curiam nostram in hac parte movere poterant et debebant, præfata curia nostra, supradictas ordinationes et edicta insequendo.

Quòd subsidia et onera premissa ac alia similia que collectores, subcollectores et alii officiarii seu commissarii romanorum pontificum, pretextu seu sub colore constitutionum supradictarum et aliarum similium supradicta onera concernentium in futurum levare et exigere niterentur, minimè levabuntur, colligentur aut exigentur, et insuper, quòd omnibus et singulis officiariis nostris, prout ad eos pertinuerit, injungetur et mandabitur, prout etiam injungimus et mandamus, ne de premissis oneribus et subsidiis per predictos collectores et subcollectores aut eorum commissos quicquam exigi, colligi aut levari, nec dictos viros ecclesiasticos quoscumque subditos nostros propter hoc citari, inquietari, aut molestari permictant, ordinavit et ordinat.

Quocirca, omnibus supradictis ballivis, senescallis et aliis justiciariis regni nostri, ceterisque officiariis et subditis nostris, et eorum cuilibet prout ad eum pertinuerit, commictimus et mandamus, ipsis districtiùs injungendo quathinus ordinationem dicte nostre curie teneant, custodiant et conservent, et ab omnibus subditis nostris inviolabiliter faciant in omnibus et per omnia observari, eamque in locis eorum districtuum et judicaturarum insignibus proclamari et palàm publicari: ne quis eorum ignorantiam pretendere valeat, faciant et procurent; omnes et quascumque personas rebelles, inobedientes ac contravenientes seu acceptantes, cujuscumque statûs seu conditionis existant, ad hoc per captionem sue temporalitatis, et personarum suarum, si opus fuerit, cogendo seu compellendo, ac taliter puniendo quòd ceteris cedat in exemplum.

Volumus autem quòd transcripto seu *vidimus* presentium litterarum, sub sigillo regio confecto, talis et tanta fides adhibeatur sicut presenti originali. In cujus rei testimonium, nostrum presentibus litteris jussimus aponi sigillum.

Datum Parisius, in parlamento nostro, etc.

Per cameram, pluribus prelatis, nobilibus et aliis gentibus regis consilio presentibus.

N°. 66. — LETTRES *d'injonction concernant l'institution, le ressort et la compétence du parlement de Bordeaux.*

Chartres, 5 mars 1463. (C. L. XVI, 175.) Reg. audit parlem., seant à Saint-Jean-d'Angély, le 8 mai 1464.

N°. 67. — DÉCLARATION *qui autorise la nomination de prudhommes* (1) *notables à Lyon, pour le jugement des différends entre marchands fréquentant les foires, et aussi pour la visite des marchandises.*

Nogent le-roi, 21 avril 1464. C. L. XVI, 192.

Loys, etc. Comme pour le bien et entretenement des foires qu'avons ordonnées et establies en nostre ville et cité de Lyon, et

---

(1) Cette juridiction dont M. Chaptal, dans son ouvrage sur l'industrie fran-

des marchands qui les frequenteront, et afin qu'aucune extorsion ne leur soit faicte par procès ni autrement, soit besoin d'eslire et nommer auscuns preud'hommes notables, pour pourvoir aux discords qui se pourroient mouvoir entre lesdicts marchands, ainsi qu'il est accoustumé de faire ès foires d'Auvers, Bourges et autres lieux; pareillement est expedient de nommer, sur chascune espece de marchandise qui sera vendue esdictes foires, auscune personne sage et idoine, pour recognoistre et appointer de tous les debatz qui se pourroient mouvoir entre lesdicts marchands, durant lesdictes foires, à cause de la redargution d'icelles marchandises de non estre bonnes ny vendables ainsi qu'il appartient, et avec ce, est de necessité de nommer et eslire les courratiers necessaires pour traicter et moyenner avec lesdicts marchands frequentans lesdites foires, du faict de leursdictes marchandises, ainsi que ces choses nous ont esté bien amplement dictes et remonstrées par noz chiers et bien-amez les conseillers, bourgois, marchands, manans et habitans de nostredicte ville et cité de Lyon, requerans qu'à icelle voulussions donner provision convenable, et par maniere que bonne police y peut estre tenue et gardée: sçavoir faisons que nous qui desirons de tout nostre pouvoir augmenter et meilleurer lesdictes foires et attraire tous les marchans à icelles, considerans que, par lesdicts conseillers de nostre ville et cité de Lyon, les personnes necessaires pour la vacacion des choses devant dictes pourront estre mieux nommées et esleues sans faveur que pour autres; attendu mesmement que le faict desdictes foires touche entierement le bien et entretenement de nostredicte ville et cité de Lyon; à iceulx conseillers, pour ces causes et autres à ce nous mouvans, avons donné et octroyé, donnons et octroyons de grace special, par ces mesmes presentes.

Pouvoir et auctorité d'eslire et commettre auscun preud'homme suffisant et idoine, toutesfois que mestier sera, qui se prendra garde, durant lesdictes foires, qu'aucun sergent ne autre officier ne face auscune extorsion ou vexacion auxdicts marchans, et que de toutes les questions et debatz qui surviendront entre iceulx marchans, durant lesdictes foires et à cause d'icelles, ledit commis

---

çaise fait un éloge mérité, créée d'abord par un decret impérial, a été généralisé. V. art. de Boucher-d'Argis fils, ancien rep. v° Prudhommes, qui cite cet ... comme le plus ancien sur la juridiction des prud'hommes, en matiere de commerce. (Isambert.)

Avril 1464.

les appoincte et accorde amiablement, si faire se peut, ou sinon qu'il leur faille eslire deux marchans non suspects ny favorables pour les appoincter s'il est possible; et s'ils ne les peuvent appoincter, ils les renverront devant le juge auquel la congnoissance en devra appartenir, et seront tenuz de certifier de ce qu'ils en auront fait. Et pareillement avons donné pouvoir ausdicts conseillers d'eslire auscun preud'homme sur chascune espèce de marchandise qui sera vendue esdictes foires, pour cognoistre et appointer de tous les debats qui se pourront mouvoir entre lesdicts marchans durant icelles foires, à cause de la redargution de leursdictes marchandises de non estre bonnes ne vendables, ainsi qu'il appartient. Et semblablement qu'iceulx conseillers de notredicte ville et cité de Lyon puissent eslire et nommer au baillif de Mascon, seneschal de Lyon, ou son lieutenant, les corratiers qui seront à eslire pour traicter et moyenner avec lesdicts marchans frequentant lesdites foires, du faict de leursdictes marchandises : et iceulx ainsi esleus et nommez, ledit baillif de Mascon, seneschal de Lyon, ou sondit lieutenant, sera tenu de les confirmer.

Et d'abondant, avons donné et octroyé, par cesdictes presentes, plein pouvoir à tous ceulx qui seront aussi esleus et nommés par lesdicts conseillers de notredicte ville et cité de Lyon, d'exercer bien et deuement le faict de leurdicte commission, en tant qu'il pourra à un chascun d'eulx competer et appartenir, sans ce qu'autres quelconques s'en puissent entremectre ny les empescher en aucune maniere au contraire. Si donnons en mandement par ces mesmes presentes audit baillif de Mascon, seneschal de Lyon, et à tous nos autres justiciers ou à leurs lieuxtenans, presens et advenir, en commectant se mestier est, et à chascun d'eulx si comme à luy appartiendra, que, etc.

Et afin que ce soit chose ferme et estable à tousjours, nous avons fait mettre, etc.

Donné, etc. Par le Roy, le seigneur de la Rozière, et autres presens.

N°. 68. — *Lettres portant concession de privilèges aux marchands de la Hanse-Teutonique* (1), *avec renonciation à l'exercice du droit royal de naufrage* (2).

Nogent-le-roi, avril 1464. (C. L. XVI, 197.) Reg. au parl., le 7 juin.

Loys, etc. Comme après notre advenement à la couronne et au royaume, et que nous avons visité la pluspart d'ycelluy pour mieulx cognoistre et sçavoir l'estat, police et gouvernement de chascune des parties d'icelluy nostre royaume, et aussi des affaires de noz subjects y demourans, afin de subvenir et pourveoir aux deffautes et necessités qui y pourroient estre survenues au detriment d'iceulx et de la chose publique de nostredict royaume, pour d'iceulx les relever ainsi que bien le desirons, nous avons, entre autres choses, esté informez que, de toute ancienneté, par le temps de noz predecesseurs Roys de France, les marchans et gens de la Hance Teuthonique d'Almaigne ayent accoustumé aler et venir, tant par mer que par terre, marchandaument et autrement par tout nostredict royaume, et par les ports et havres d'icelluy, et en ce faisant, ayent esté par nosdicts predecesseurs et leurs officiers, vassaulx, subgectz et alliez, favorablement traictez et maintenuz en toute seureté, paix et tranquillité, sans ce que à eulx ne à leurs biens, navires, denrées et marchandises ait esté faict ne donné aucun arrest, doumage, destourbier ne empeschement; pour la frequentacion et continuaction desquelz, la chose publique de nostredict royaume et le faict de la marchandise, et mesmement en nostre ville de la Rochelle, qui est l'un des principaulx havres d'icelluy nostre royaume, et où ont accoustumé d'affluer grant quantité de marchans estrangiers, denrées et marchandises, ayent grandement esté augmentez, et jusques aux dernieres guerres et

---

(1) On croit que cette association remonte au temps de Charlemagne: dans le 13ᵉ siècle, Lubeck, Dantzick, Brunswick et Cologne étaient les principales villes. L'association se composa en dernier lieu de 72 villes, quelques unes disent de 81. V. Us et Coutumes de la mer, p. 190. Pontanus, *Rerum danicarum Hist.*, VII, an 1364. (Pastoret.)

(2) La loi de Saint-Louis, qui abolissait cette coutume barbare en Bretagne, n'était donc pas générale ou était tombée en desuétude. Le roi de France alors pouvait être mis à côté du roi des Taures. On dit qu'encore aujourd'hui les habitans des côtes de Bretagne n'ont pas perdu l'habitude de piller les naufrages.

(Isambert.)

divisions qui ont eu cours en nostredict royaume, et mesmement du temps de feu nostre très-chier seigneur et père, que Dieu absoille; que les dessusdicts de la Hance Theuthonique est par diverses nacions de gens, et mesmement par auscuns qui estoient alliez d'ycelluy nostre feu seigneur et père, esté destroussez de leurs navires et des biens et marchandises qu'ilz avoyent, soubs couleur, comme l'en disoit, qu'ilz aloient et frequentoient marchandaument avec les Anglois noz anciens ennemis, ou qu'ilz avoyent avec eulx auscunes denrées ausdicts Anglois appartenant, et soubz autres couleurs que pouvoient ceulx qui destroussez les vouloient, parquoy les susdicts de la Hance ayent cessé de venir et fréquenter en nostredict royaume et discontinué le faict de la marchandise en icelluy, et tellement, que ceux qui y habitoient en soyent departiz et ailleurs allez demourer et habiter, au très-grand doumage de ladicte chose publique et de nosdicts vassaulx et subgectz.

Pour ce est-il que nous, voulans l'utilité et augmentacion de ladicte chose publicque de nostredict royaume, par le moyen de la frequentacion et continuacion de marchandise desdicts de la Hance Theuthonique d'Almaigne, lesquelz nous tenons et reputons et voulons estre tenuz et reputez pour noz bons amis, et de nosdicts vassaulx et subgects, ainsi que d'ancienneté ilz avoient accoustumé faire, et à ce que lesdicts de la Hance Theuthonique d'Almaigne soyent à ce faire plus enclins et curieux, avons par grant et meure deliberacion de nostre conseil, de nostre grace especial, plaine puissance et auctorité royal, pour nous et noz successeurs Roys de France, voulu et octroyé, voulons et octroyons et nous plaist, par ces presentes,

Que de toutes les lectres et enseignemens qu'ilz ont eu de noz predecesseurs touchant ladicte frequentacion et continuacion dudit faict de marchandise, et du contenu en icelles lectres dont ilz ont par ci-devant joy et usé, s'auscuns en ont, ilz joyssent et puissent d'ores en avant joyr et user tout ainsi qu'ilz faisaient et avoient accoustumé de faire auparavant desdictes guerres ou que se les leur eussions octroyez de nouvel.

Et avecques ce, leur avons octroyé et octroyons que d'ores en avant eulx et chascun d'eulx, avec leurs gens et navires chargés de toutes telles denrées et marchandises que bon leur semblera, puissent venir converser et sejourner en nostredicte ville de la Rochelle et autres villes, ports et havres, et par tous les autres lieux de nostredict royaume, et y marchander et demourer avec et comme nosdicts subgectz, eulx en retourner, soit par mer ou par terre, avec toutes telles denrées et marchandises que charger et ramener vouldront.

Et pour ce que pour le faict et exercice de leurdicte marchandise leur est de necessité aler, frequenter et marchander en plusieurs autres royaumes, tant pour y vendre et distribuer de leursdictes denrées et marchandises dont par avanture en nostredict royaume ilz ne pourroient avoir telle ne aussi bonne delivrance, que pour y en acheter d'autres dont plus aisiement et à meilleur pris ilz en pourroient recouvrer, voulons et nous plaist que par tous les royaumes et pays qu'il leur plaira, tant ou royaume d'Angleterre que autre part, ils puissent, au regard des nostres, seurement aler et marchander comme en nostredict royaume, et y porter et en rapporter, soit en leurs navires ou autres quelxconques, reservé sur les navires appartenant à voz anciens ennemis les Anglois, toutes manieres de denrées et marchandises, de quelque espece, à quelxconques personnes, de quelque nacion ou condition qu'elles soyent, reservé lesdicts Anglois, dont ilz pourroient faire et user comme des leurs, sans que cette chose leur puisse par les nostres estre imputée à faute, ne que par eulx aucun arrest, empeschement, doumage, destourbier, soit faict ou donné ès personnes d'eulx et de leur famille, navires, marchandises et autres biens, soit pour cause de marque, contre-marque, donnée et à donner, en quelque manière que ce soit, fors seullement pour leur coulpe, faict ou depte, et non autrement; et lesquelz, à cette cause, nous avons prins et nous prenons et mectons à tousjoursmais, par cesdictes presentes, en nostre garde, seureté et protection especial.

Et d'icelle mesme grace, pleine puissance et auctorité royal, leur avons octroyé et accordé, voulons, octroyons et nous plaist, qu'ilz puissent et leur loise tester et disposer de tous leurs biens toutes les fois que le cas escherra qu'ilz ou aucun d'eulx iroient de vie à trespassement en nostredict royaume, tout ainsy que s'ilz en estoient natifs (1).

---

(1) Ainsi le droit de disposer de leurs biens fut accordé aux marchands de la Hanse Teutonique, par Louis XI, et non pas seulement par Charles VIII comme on le dit dans les Us et Coutumes de la mer, p. 187. Celui-ci ne fit que confirmer ce qu'avait ordonné son père vingt ans auparavant. (Pastoret.)

JUIN 1464.

Et d'abondant, s'il avenoit que aucuns de leurs navires, denrées et marchandises ou autres biens estant en iceulx, perissent ès extremitez de nostredict royaume, parquoy on peust dire qu'il y eust eu naufraige qui nous deust ou peust appartenir, qu'ilz puissent prendre et cueillir ou faire prendre et cueillir leursdicts biens et marchandises, sans pour ce payer, aucun droict de naufraige à nous appartenant.

Si donnons en mandement par cesdictes presentes à nos amez et féaux conseillers les gens de nostre court de parlement à Paris, etc.

Donné, etc. Par le Roy, le sire de la Rosiere present.

N° 69. — ARRÊT *du conseil contenant institution de la poste aux chevaux et aux lettres* (1).

Luxieu, près Doulens, 19 juin 1464. (Collect. Biblioth. du Conseil d'Etat, 1403 à 1472.)

Institution et établissement que le roi Louis XI notre sire veut et ordonne être fait de certains coureurs et porteurs de ses dépêches en tous les lieux de son royaume, pays, terres de son obeissance pour la commodité de ses affaires et diligence de son service et de sesdites affaires.

Ledit seigneur roy ayant mis en délibération avec les seigneurs de son conseil qu'il est moult nécessaire et important à ses affaires et à son état de sçavoir diligemment nouvelles de tous côtés et y faire quand bon lui semblera sçavoir des siennes, d'instituer et d'établir en toutes les villes, bourgs, bourgades et lieux que besoin sera jugé plus commode un nombre de chevaux courans de traits en traits, par le moyen desquels ses commandemens puissent être promptement exécutés et qu'il puisse avoir nouvelle de ses voisins quand il voudra, veut et ordonne ce qui suit :

(1) Que sa volonté et plaisir est que dès à présent et doresna-

---

(1) Cette institution est bien remarquable. Blanchard en parle dans ses tables, mais sans en indiquer la source. M. Pastoret dit n'avoir pu trouver l'original ni copie authentique de cette pièce. C'est peut-être parce que ce n'est qu'un arrêt du conseil depourvu de la signature du roi. Isambert.)

vant il soit mis et établi spécialement sur les grands chemins de sondit royaume de quatre en quatre lieues personnes séables et qui feront serment de bien et loyaument servir le roy pour tenir et entretenir 4 ou 5 chevaux de légère taille bien enharnachés et propres à courir le galop durant le chemin de leur traits, lequel nombre se pourra augmenter, s'il est besoin.

(2) Pour le bien de la présente institution et établissement et générale observation de tout ce qui en dépendra, le roy notre seigneur veut et ordonne qu'il y ait en ladite institution et établissement et générale observation et pour en faire l'établissement, un officier intitulé conseiller grand-maître des coureurs de France, qui se tiendra près sa personne, après qu'il aura été fait établissement, pour ce faire lui sera baillé bonne commission.

(3) Et les autres personnes qui seront par lui ainsi établies de traits en traits seront appellées maîtres tenans les chevaux courans pour le service du roy.

(4) Lesdits maîtres seront tenus et leur est enjoint de monter sans aucun delay ni retardement, et conduire en personne, s'il leur est commandé, tous et chacuns les couriers et personnes envoyées de la part dudit seigneur ayant son passeport et attaches du grand-maître des coureurs de France, et payent le prix raisonnable qui sera dit cy-après.

(5) Porteront aussi lesdits maîtres coureurs toutes dépêches et lettres de sa majesté qui leur seront envoyées de sa part et des gouverneurs et lieutenans de ses provinces et autres officiers, pourvu qu'il y ait certificat et passeport dudit grand-maître des coureurs de France pour les choses qui partiront de la cour et hors d'icelle desdits gouverneurs, lieutenans et officiers, que c'est pour le service du roy, lequel certificat sera attaché audit paquet et envoyé avec un mandement du commis dudit grand sceau du maître des coureurs de France qui sera établi par lui en chacune ville frontière de ce royaume et autres bonnes villes de passage que besoin sera ledit mandement adressant au maître des coureurs pour porter sans retardement lesdits paquets ou monter ceux qui seront envoyés pour le service du roy.

(6) Et afin qu'on puisse sçavoir s'il y aura eu retardement, et d'où il sera procédé, ledit seigneur veut et ordonne que ledit grand maître des coureurs et sesdits commis cottent le jour et l'heure qu'ils auront délivré lesdits paquets au premier maître

coureur, et le premier au second, et aussi semblablement pour tous les autres maîtres coureurs à peine d'estre privés de leurs charges et des gages, priviléges, et exemptions qui leur sont donnés par la présente institution.

(7) Auxquels maîtres coureurs est prohibé et défendu de bailler aucuns chevaux à qui que ce soit et de quelque qualité qu'il puisse être sans le commandement du roy et dudit grand maître des coureurs de France, à peine de la vie, d'autant que ledit seigneur ne veut et n'entend que la commodité dudit établissement ne soit pour autre que pour son service, considéré les inconvéniens qui peuvent survenir à ses affaires, si lesdits chevaux servent à toutes personnes indifféremment sans son sçû ou dudit grand-maître des coureurs de France.

(8) Et afin que notre très-saint père le Pape et princes étrangers avec lesquels sa majesté a amitié et alliance par le moyen desquels le passage de France est libre à leurs courriers et messagers n'ayent sujet de se plaindre du présent réglement, sa majesté entend leur conserver la liberté du passage suivant et ainsi qu'il est porté par ses ordonnances, leur permettant, si bon leur semble, d'user de la commodité dudit établissement, en payant raisonnablement et obéissant aux ordonnances contenues.

(9) Mais pour éviter les fraudes que pourraient commettre les courriers et messagers allans et venans en ce royaume, lesquels pour ne vouloir se manifester aux bureaux dudit grand-maître des coureurs de France et à des commis qui y résideront en chacune ville frontière et autres de ce royaume, passeront par chemins obliques et détournés pour ôter la connaissance de leur voyage et entrée en ce royaume, prenant pour ce faire autre chevaux et guides, S. M. veut et leur enjoint de passer par les grands chemins et villes frontières pour se manifester aux bureaux dudit grand-maître des coureurs et prendre passeport et mandement tel qui sera dit à peine de confiscation de corps et de biens.

(10) Seront lesdits courriers et messagers visités par lesdits commis dudit grand maître auxquels ils seront tenus d'exhiber leurs titres et argent pour connaître s'il n'y a rien qui porte préjudice au service du roy, et qui contrevienne à ses édits et ordonnances dont ledit commis sera bien instruit pour y rendre son devoir et pour ce lui sera donné par le grand-maître des coureurs de France plein et entier pouvoir de ce faire en vertu de celui

qui lui sera attribué par la présente institution et par les lettres de commission qui lui seront expédiées.

(11) Après avoir vu et visité par ledit commis les paquets desdits courriers et connu qu'il n'y ait rien contraire au service du roy, les cachetera d'un cachet qu'il aura des armes dudit grand maître des coureurs et puis les rendra auxdits courriers avec passeport, que sa majesté veut être en la manière qui suit :

« Maîtres tenans les chevaux courans du roy, depuis tel lieu
» jusqu'à tel lieu, montés et laissés passer ce présent courrier
» nommé tel qui s'en va en tel lieu avec sa guide et malle en la-
» quelle sont le nombre de tant de paquets de lettres cachetées
» du cachet de notre grand-maître des coureurs de France, les-
» quelles lettres ont été par moi vues, et n'y ai trouvé rien qui
» préjudicie au roy notre Sire, au moyen de quoi ne lui donnes
» aucuns empêchemens ne portant autre choses prohibées et dé-
» fendues que telle somme pour faire son voyage ; »

Et sera signé dudit commis et non d'autres personnes.

(12) Lequel passeport demeurera ès mains du dernier maître coureur où ledit courrier se sera arrêté, pour icelui être porté au bureau général dudit grand maître des coureurs de France, et des passeports sera fait registre qui sera appellé le registre des passeports.

(13) Lesdits commis seront tenus et leur est enjoint aussitôt que les coureurs étrangers seront arrivés et qu'ils auront seu leurs noms, le sujet de leur voyage, et les pays où ils vont, de faire courir un billet pour en donner avis au grand maître des coureurs qui en avertira sa majesté, si ledit courrier n'allait en cour et prit un autre chemin que celui où seroit ledit seigneur, pour se manifester audit grand-maître des coureurs pour le conduire au roy, soit qu'il soit envoyé vers lui ou non.

(14) Et s'il se trouve aucuns desdits courriers étrangers et autres entrans dans ce royaume et sortans d'icelui par chemins obliques et faux passages détournés, ou chargés de lettres ou autres choses préjudiciables au roy notre sire, lesdits commis les mettront ès mains des gouverneurs ou leurs lieutenans en leur absence, et les lettres ou paquets dont ils auront été saisis seront envoyés par lesdits commis à leur grand-maître des coureurs qui les portera au roy, pour sçavoir sur ce sa volonté et plaisir.

(15) Et d'autant que la charge dudit conseiller grand-maître

des coureurs de France est moult d'importance et requiert avoir fidélité soigneuse, discrétion et sçavoir, et qu'au moyen dudit office et de sadite charge, les articles de l'établissement et institution dessusdite, doivent être bien gardés, entretenus et observés, et étant icelui établissement moult utile au service et à l'intention du roy, il y requiert y avoir bien notables personnes pour le tenir. Ledit seigneur veut et ordonne que nul ne puisse être pourvu dudit office, s'il n'est reconnu fidèle, secret, diligent et moult adonné à recueillir de toutes contrées, régions, royaumes, terres et seigneuries les choses qui lui pourroient contribuer, et pour lui apporter les nouvelles et paquets qui lui adviennent par ambassades, lettres et autrement qui touchent en particulier et en général l'état des affaires du roy et du royaume, et faire de toutes choses requises et nécessaires, vrais mémoires et écritures pour le tout par lui et non autres être rapporté à S. M.

(16) Veut et ordonne que celui qui sera pourvu de ladite charge soit compris de ses conseillers et autres officiers ordinaires, compté et enrôlé en l'état de son hôtel, tout ainsi que l'un de ses conseillers et maîtres d'hôtel ordinaires, et de se trouver partout où le roy sera, sçavoir et entendre au vray ce qui pourra toucher les affaires dudit seigneur, et l'en avertir et servir de ce qui sera nécessaire et touchera ledit état.

(17) Veut et ordonne que ledit grand-maître des coureurs de France ait l'entière disposition de mettre et établir partout où besoin sera lesdits maîtres coureurs, les déposséder si leur devoir ne font, et pourvoir en leur place tel que bon lui semblera, même avenant vacation par mort, résignation ou autrement de leurs charges, luy a donné pouvoir d'y pourvoir et instituer d'autres en leur place, et en délivrer lettres, leur faisant faire serment de fidélité et leur en donner acte sur lesdites lettres.

(18) Veut et ordonne que ledit conseiller grand-maître des coureurs de France, pour l'entretenement de son état, après avoir fait serment au roi, ès-mains de son chancelier, de bien et loyaument servir, ait pour gages ordinaires la somme de huit cents livres parisis, lesquels seront pris sur les plus clairs deniers et revenus dudit seigneur, outre et par-dessus les droits et émolumens ordinaires qu'il prendra comme officier domestique de l'hôtel et maison dudit seigneur, que par autres lettres lui seront ordonnés et payés.

En outre, il aura pension de 1000 livres par autres lettres dudit seigneur, pour sondit office, qui lui sera assignée et ordonnée chacune année.

(19) Veut et ordonne que tous maistres coureurs qui seront par le grand maistre establis, aient aussi pour leur intéressement en leurs états pour gages ordinaires chacun 50 livres tournois, et chacun des commis qu'il aura près sa personne et autres lieux que besoin sera chacun 100 livres pour leur entretenement, et veut que les uns et les autres pendant qu'ils serviront jouissent des mêmes exemptions et priviléges que les commenseaux de sa maison.

(20) Et à ce que les maîtres coureurs ayent moyen d'entretenir et nourrir leurs personnes et leurs chevaux et qu'ils puissent commodément servir le roy; il veut et ordonne, que ceux qui seront envoyés de sa part ou autrement avec son passeport et attache du grand-maître des coureurs de France ou de ses commis payent pour chacun cheval qu'ils auront besoin de mener, y compris celui de la guide qui les conduira, la somme de dix sous pour chacune course de cheval pendant quatre lieues, fors et excepté le grand-maître des coureurs qu'ils seront tenus de monter sans rien prendre de luy ni de ses gens qu'il menera pour son service, allant faire ses chevauchées et son établissement, et pour les affaires de S. M. Ensemble ne prendront rien de ses commis qui voudront courir pour les affaires du roi, au moins trois ou quatre fois l'an.

(21) Et quant aux paquets envoyés par ledit seigneur ou qui lui seront adressés, lesdits maîtres coureurs seront tenus de les porter en personne sans aucun délai de l'un à l'autre avec la cotte cy-mentionnée sans en prendre aucun payement, ainsi se contenteront des droits et gages qui leur sont attribués.

Veut et ordonne les susdits articles et institution dudit grand office de conseiller grand maître des coureurs de France et autres choses dessusdites, soient toujours observés et gardés sans enfraindre.

Par le roi en son conseil.

N° 70. — Décret *qui attribue au parlement la connaissance des régales et du possessoire des bénéfices ecclésiastiques* (1).

Luxieu, près de Doulens, 19 juin 1464. (C. L. XVI, 213.)

N° 71. — Déclaration *contre les transgresseurs de l'ordonnance du parlement, qui défendait la levée des droits prétendus par les collecteurs du pape, sur les successions des ecclésiastiques décédés* (2).

Dampierre, 30 juin 1464. (C. L. XVI, 217.) Reg. au parlem. de Paris, 13 août.

N° 72. — Traité *entre la France et la Bohême.*

Dieppe, 18 juillet 1464. (Corps diplom. p. 315.)

Universis has litteras inspecturis. Nos Hugo de Bournasel Miles, dominus dicti loci de Bournasel, et de Labadie Senescallus Tholosanus et Albigensis, et Rubertus Biote, dominus de la Roque et de Monstreul, magister requestarum hospitii, consiliariique christianissimi domini Ludovici Dei gratiâ francorum regis, domini nostri supremi, commissariique et deputati, pro parte ejusdem domini nostri regis per suas patentes litteras tenore sequenti. (Suivent les pleins pouvoirs donnés par le Roi.)

Et nos Albertus de Postupitz, Marchionatus Lusatiæ advocatus, et Anthonius Marini de Gracioli milites, consiliarii, ambassiatoresque et nuncii serenissimi principis nostri domini Georgii Dei gratiæ Bohemiæ regis similiter ordinati per præfatum serenissimum et illustrissimum regem Bohemiæ cum suis patentibus litteris, quarum tenor sequitur in hæc verba. (Suivent les pleins pouvoirs donnés par le Roi de Bohême à ses ambassadeurs.)

Vigore quarum quidem litterarum et virtute potestatis nobis per eas attributæ, convenientes in unum nos commissarii prædicti, post multas communicationes, matura deliberatione

---

(1) V. ci-dessus l'ordon. du 24 mai 1463.
(2) V. ci-dessus l'édit du 19 février 1463, contre les exactions de la cour de Rome. (Isambert.)

inter nos habita, attendentes et considerantes antiquas ligas, confæderationes et amicitias inter reges et regna Franciæ et Bohemiæ retroactis temporibus, initas, factas, et inviolabiliter observatas, ipsas ad honorem Dei omnipotentis, pro bono et utilitate fidei catholicæ, et totius christianæ reipublicæ, et conservatione regnorum et subditorum regum prædictorum, virtute dictarum nostrarum commissionum, et in quantum nobis per eas concessum est, facimus, ordinamus, concludimus, ac de novo, in quantum opus est, facimus, firmamus et statuimus, promittentes nominibus quibus supra, quod à modo futurisque temporibus, dicti reges inter se invicem, amorem, dilectionem et fraternam charitatem mutuo observabunt erunt que fratres, amici et colligati perpetuis temporibus, tam pro bono, utilitate et honestate regnorum personarumque suarum, quàm fidei catholicæ, et totius reipublicæ christianæ. Et ita nos prædicti commissarii, virtute jam dictarum potestatum pro dominis regibus dictis, eorumque successoribus regibus Franciæ et Bohemiæ, in animam præfatorum regum nos constituentium, et nobis potestatem concedentium, promittimus et juramus ad sacrosancta Dei evangelia, per nos corporaliter tacta, in cujus rei testimonium prædictas litteras, signis nostris manualibus signavimus, et sigillorum nostrorum appensione.

Datum, etc.

N°. 73. — ORDONNANCE *faisant défense de solliciter en cour de Rome des graces expectatives pour évêchés, abbayes ou tous autres bénéfices électifs.*

Rue en Ponthieu, 10 septembre 1464. (G. L. XVI, 244.) Reg. à Paris en vacations de l'ordre des présidens, et publiée *ad fenestram ori palatii regalis*, le 22 septembre, et au parlem. de Toulouse le 27 novembre.

Louis, etc. Notre procureur general nous a faict remonstrer que combien que par les saincts canons et decrets anciens, gardés et observés en l'esglise gallicane, et par les privileges d'icelle, anciennes graces expectatives ne deussent avoir cours ne estre données aux benefices qui seroient dès-lors en avant [...], neanmoins, depuis l'obeyssance par nous faicte à feu Saint-Pere le Pape puis dernierement et n'agueres trespassé, lequel a presidé au saint siege apostolique, ont esté données desdites graces expectatives sur les benefices de notre royaume et Dauphiné, en si grand et excessif nombre et multitude, à toutes manières de gens, tant estrangers et non lectrés que autres personnes quelzconques, que la chose est venue à telle confusion que à peine y avoit homme d'esglise en nostredict royaume et Dauphiné, qui à cause d'icelles graces se peust dire seur en l'assecucion d'aucun benefice, à l'occasion des anteferences et autres clauses et prerogatives qui ont esté mises en icelles graces expectatives, diversité de règles de chancellerie apostoliques et derogatoires à droict commun et autrement, par lesquelles clauses et par les autres subtilités et malices des impetrans d'icelles graces, plusieurs inconveniens et dommaiges se sont ensuis à nous et nostredict royaume et Dauphiné, et à noz subjects, tant en evacuation de pecunes portées en cour de Rome, pour obtenir lesdictes graces, comme pour faire le procès et plaidoiries sur icelles, tant en icelle cour de Rome que ailleurs; et ont plusieurs de nosdicts subjects vendu leurs heritages et baillé les deniers de leurs enfans, parens et amis, pour obtenir lesdictes graces, dont ils sont cheus en grande pauvreté et misere, et sont les auscuns morts en chemin à la poursuite d'iceux, et les autres distraicts de leurs études, et aussy ont esté et sont lesdictes graces et expectatives cause de machine à la mort des personnes des possesseurs desdicts benefices sur lesquelles elles ont esté levées et obtenues; et ont esté et sont nosdicts subgectz, aux causes dessusdictes, grievement et indeuement travaillés et endommaigés en plusieurs et diverses autres manieres; et en outre, combien que par les privileges, lectres, ordonnances royaux, aucun ne puisse obtenir benefice en nostredict royaume, s'il n'est natif d'iceluy (1), et que, pour la seureté de nous et nostre royaume et Dauphiné, nous ayons grant interest que aux ereschés, abbayes et autres dignités et benefices electifs de nostredict royaume et Dauphiné soit pourveu de gens notables et à nous cogneus, agreables, seurs et féables; mesmement, pour ce que ceux qui obtiennent lesdicts benefices, ont à cause d'iceux plusieurs places et forteresses et nous en sont par eulx deubs plusieurs droits et services : toutesfois, nostredict feu Saint-

---

(1) V. l'ord. du 10 mars 1431, le concordat de 1801, et les libertés de Pithou. (Lambert.)

Pere a donné lesdictes graces et autres provisions en si grant nombre, et à toutes manieres de gens, de quelque nation, royaume ou religion qu'ilz fussent indifferemment, que plusieurs, soubz umbre et couleur d'icelles graces et provisions, se sont boutés esdites dignités et benefices electifs de nostredict royaume et les occupent, jaçois ce que plusieurs d'iceulx soyent estrangiers, incogneus et à nous non féables, et qui ne nous pourroient ne voudroient faire les debvoirs et services qu'ilz nous sont tenuz faire à cause desdicts benefices, dont s'en sont ensuis plusieurs autres grans et innumerables maux à nous et à la chose publique de nostredict royaume et Dauphiné, ou très-grant detriment et dommaige desdicts gens d'esglise, diminution du service divin, dissipation des églises, maisons et autres edifices d'iceulx benefices, et à la grande fraude et deception des fondations d'icelles esglises, et seroit plus ou temps advenir se par nous n'y estoit donné provision, ainsy que toutes ces choses et autres nous a faict remonstrer nostredict procureur, requerant humblement que, actendu que ledict saint-siege apostolique est à present vacquant, et que, s'il est permis à chacun aller à Rome querir lesdictes graces expectatives et autres provisions, comme on faisoit par ci-devant, ce pourroit estre chose trop evidemment grevable et prejudiciable à nous, nostredict royaume et Dauphiné et à noz subgectz, il nous plaise sur ce donner provision convenable :

Sçavoir faisons que nous, ces choses considerées, voulant obvier aux inconveniens dessusdicts pour le temps advenir, et sur ce, eu advis et deliberacion avec les gens de nostre conseil, pour les causes dessusdictes et autres justes et raisonnables à ce nous mouvans, avons ordonné et ordonnons estre prohibé et deffendu, et, par ces presentes, prohibons et deffendons à toutes manieres de gens, de quelque estat et condicion qu'ilz soyent,

Que d'ores en avant ilz n'aillent ne envoyent, soit par bulles, lectres de change, ne autres moyens quelzconques, querir, pourchasser ne obtenir en cour de Rome graces expectatives, ne autres bulles ou lectres apostoliques equipollentes à icelles, soit soubz couleur de reservacions generalles ou especialles ne autrement en quelque maniere que ce soit, sur lesdicts benefices de nostredict royaume et Dauphiné;

Et pareillement, prohibons et deffendons, comme dessus, qu'ilz ne auscuns d'eux voyent ou envoyent en ladicte cour de

OCTOBRE 1464.

Rome pour avoir ne obtenir quelque evesché, abbaye, dignité ne autre benefice electif, sans premierement avoir noz lectres et consentement de ce faire, le tout sur peine d'encourir nostre indignacion, de perdre les deniers dont ils, leurs procureurs, facteurs, messagers ou entremecteurs, seront trouvés saisis par bulles, lectres de change ou autrement, pour porter ou envoyer en ladicte cour de Rome, à la cause dessusdicte, et d'amende arbitraire envers nous, jusqu'à ce que par nous en soit autrement ordonné.

Si donnons en mandement, etc.

N° 74. — LETTRES *portant qu'en Languedoc tous les gens d'église, nobles et autres privilégiés payeront la taille, et défense aux juges ecclésiastiques et conservateurs des privilèges d'en connaître.*

Rouen, 16 octobre 1464. (C. L. XVI, 368.)

Loys, etc. Comme il soit venu à nostre cognoissance, à la denonciacion à nous faite par nostre procureur ou autrement, qu'en nostre pays de Languedoc, auquel les habitans contribuent et sont imposez aux tailles, imposts et autres deniers mis sus de par nous, selon l'estime des heritages et possessions rurales qu'ils possedent, y a grand nombre de gens d'esglise, nobles et autres eux disans privilegiez, qui puis aucun temps en çà ont acquis et acquierent chascun jour, tant en leurs noms privez comme aux noms de leurs esglises, plusieurs maisons, rentes, heritaiges et possessions rurales des habitans dudit pays, lesquelles contribuoient, pour raison d'icelles, à nosdicts deniers, avant lesdictes ventes; lesquels gens d'esglise et autres, incontinent qu'ilz ont acquis lesdictes possessions et heritaiges contribuables, les ont par leur auctorité ou autrement indeuement voulu et veulent exempter desdictes contributions; et quand les consuls et habitans des lieux où avoient accoustumé estre contribuables lesdictes possessions, ont taxé et imposé lesdicts heritages et possessions rurales à nosdicts deniers, comme ils faisoient paravant lesdictes ventes et acquisitions, iceux gens d'esglise, nobles et autres, les font citer et convenir par vertu de certains privileges par eulx pretendus, les uns en l'université à Montpellier, à Avignon et autres universités, et les autres devant les officiers et autres juges ecclesiastiques de nostre pays de Languedoc, et illec les mectent et involvent en grandes involucions de procez, et les mectent et font mectre et tenir en sentence d'excommuniement; et s'efforcent lesdicts juges ecclesiastiques et conservateurs desdictes universitez entreprendre, et de faict entreprennent la court et cognoissance, et au moyen des susdicts sont nosdicts subgetz tellement chargez et travaillez, que plusieurs sont morts en sentence, les autres du tout appauvris, et les autres, pour doute desdictes vexations et travaux, en ont delaissé et chascun jour delaissent à poursuivre et soustenir leur bon droit; et sont contraints nosdicts pauvres subgetz à payer ce que lesdictes possessions rurales ainsi acquises par lesdicts gens d'esglise et autres payoient paravant lesdicts acquests faicts d'icelles, qui se monte le quart ou environ desdictes tailles et imposts, lesquelles choses ont esté et sont à la grand charge, foule et destruction de nosdicts pauvres subgects, et pourroit plus estre si la chose estoit tirée à consequence, et provision ne fust par nous donnée, ainsi que dict et remonstré nous a esté:

Sçavoir faisons que nous, ces choses considerées, desquelles avons esté deuement informez, et sur ladicte matiere eu advis et meure deliberacion avec les gens de nostre conseil, voulant obvier à telles fraudes, abus, et equalité estre gardée touchant les payemens desdites tailles, imposts et autres noz deniers, pour ces causes et considerations et autres justes et raisonnables à ce nous mouvans, avons ordonné, voulu et déclaré, voulons et declarons par ces presentes.

Que toutes les maisons, terres, rentes, heritaiges et autres possessions rurales et contribuables, qui ont esté par lesdicts gens d'esglise, nobles, estudians et autres eulx disans privilegiez, et qui seront acquises ou leur adviendront par successions, legats ou donacions de gens laiz, lesquels contribuoient à nosdictes tailles et autres deniers pour raison d'icelles, avant qu'ils les eussent vendues, données et transportées ausdits gens d'esglise, nobles et privilegiez, seront contribuables à nosdicts deniers et imposts:

Et seront les detenteurs et possesseurs d'icelles contraints à payer ce à quoy elles auront esté taxées et imposées, selon ladicte estime, tout ainsi et par la forme et maniere qu'elles faisoient paravant qu'elles fussent és mains desdicts gens d'esglise, nobles, estudians et autres privilegiez

Voulons, en outre, que de ceste matiere la cognoissance et decision en appartienne aux juges souverains par nous d'ores en avant ordonnez à cognoistre, des questions dependans des droits nagueres par nous ordonnez estre levez en nostredict pays de Languedoc, et icelle cognoissance leur avons commise et commectons par ces presentes, sans que nos amés et féaulx conseillers les gens de nostre cour de parlement à Tolose, les generaux sur le faict de la justice en nostre pays de Languedoc, les prelats, les officiaux, ny aussi les conservateurs d'icelles universitez, ny autres juges ecclesiastiques, en cognoissent ne puissent cognoistre pour quelque cause ou en quelque maniere que ce soit, ausquelz et chascun d'eulx nous en avons interdit et deffendons ladicte cour et cognoissance; et si aucuns desdictes gens d'esglise, nobles, privilegiez ou autres, font convenir nosdicts subgectz devant lesdicts juges ecclesiastiques ou conservateurs pour l'occasion dessusdicte, et que lesdicts juges en entreprennent aucune cour ou cognoissance, nous voulons et ordonnons, comme dessus, qu'ils, et chascun d'eulx endroit soy, soient contraincts à le faire reparer et mectre au premier estat et deub, c'est à sçavoir, les gens laiz par prinse et exploitacion de leurs biens en nostre main, arrest et detention de leurs personnes se mestier est, et les gens d'esglise par prinse de leur temporel en nostredicte main, arrest et detencion desdictes citations, monicions et autres procès de cour d'esglise, et par toutes autres voyes en tel cas requises, et toutes fois que le cas le requerra, nonobstant opposicions ou appellacions quelconques.

Si donnons en mandement, etc.

N°. 75. — LETTRES *qui exemptent* (1) *les seigneurs et habitans d'Yvetot de tout espèce d'impôts.*

Rouen, octobre 1464. (C. L. XVI, 271.)

---

(1) On lit au préambule de cette ordonnance : « Comme du temps de feu de
« bonne mémoire et récordation, le premier roi Clotaire, fils du roi Clovis pour
« la reparation de la mort du seigneur d'Yvetot, qui lors se nommait Gaultier,
« que Clotaire avait occis en la chapelle du palais de Soissons, ycelui roi à l'ins-
« tigation et poursuite de notre Saint Père le pape et du collège des cardinaux,
« par délibération de son conseil, a voulu et ordonné que le seigneur d'Yvetot

N° 76. — Déclaration *qui en renouvellant les droits et les prérogatives de la pairie défend d'assigner et de poursuivre le comte d'Angoulême et ses vassaux ailleurs qu'au parlement de Paris* (1).

Amboise, 14 décembre 1464. (C. L. XVI, 278.) Reg. à Paris au parlem. le 7 janvier.

N°. 77. — Ordonnance *sur la juridiction civile et criminelle des élus en premiere instance, et des généraux des aydes en dernier ressort, touchant les impositions.*

Tours, 17 décembre 1464. (C. L. XVI, 280.) Reg. cour des aides 2 janv.

Loys, etc. Comme par les instructions et ordonnances royaux par noz predecesseurs long-temps jà faictes sur le faict de la justice des aydes ordonnés pour la guerre, la congnoissance desdicts aydes, tailles, gabelles, quatriesme, huitiesme, imposition de douze deniers pour livre, impositions foraines, et de tous autres aydes ordonnés pour la guerre, quels qu'ils soyent ne comment qu'ils soyent nommés ou appellés, soyent octroys ou compositions faictes pour ce au lieu des aydes, et autres quelzconques, et des dependances d'iceulx au regard de la justice et des choses qui requierent estre traictées et demenées par justice entre quelques personnes que ce soit, en tous cas criminels et civils appartiennent et soyent commises en general ou en particulier, c'est assavoir, aux eslus sur ce par nous ordonnez, et à chacun d'eulx ordinairement et en premiere instance, en leurs eslections, et en cas d'appel et souveraineté, à noz amez et

---

« et ses successeurs ne seront tenus de faire aucun hommage, et en fut dès lors
« icelle seigneurie exempte.... Pourquoy, après que nous avons fait voir et vi-
« siter par les gens de notre conseil ladicte information, par laquelle nous est
« apparu que ladicte terre a été au temps passé vulgairement appelée royaulme,
« et qu'elle a été tenue franche d'hommage et autres devoirs avec haults jours,
« esquels la matière de justice prenoit fin sans recourir ailleurs. »

Le fait attribué à Clotaire n'est rapporté par aucun des historiens contemporains. V. Mém. de Vertot sur le royaume d'Yvetot, mém. de l'acad. des belles-lettres [...]. (Pastoret.)

(1) [...] l'ord. du 8 octobre 1463.

nosdits conseillers les generaux sur le faict de la justice desdictes aydes, tout ainsy que des causes ordinaires non touchant et concernant les faicts devantdicts, la cognoissance en appartient, en premiere instance, aux prevosts, baillifs, seneschaux et juges ordinaires en nostre royaume, et en cas d'appel et souveraineté, à nostre court de parlement; et soit la cognoissance des aydes devantdictes et dependances ostée, prohibée et defendue à tous lesdicts juges ordinaires ou commissaires particuliers quels qu'ils soyent, sans que ils ne nostredicte cour de parlement en puissent ou doivent cognoistre en aucune maniere: néantmoins, nous avons esté informez que plusieurs, tant privilegiez que autres, au moyen de certaines nos lectres par eux de nous obtenues par importunité de requerans ou autrement, s'efforcent attribuer la cognoissance des aydes devantdicts auxdicts juges ordinaires et en nostre cour de parlement, et illec tenir leurs parties adverses en grandes involutions de procès et somptueux despens, sous umbre de la grande charge des causes ordinaires estant en nostredicte cour, à l'espedition desquelles elle peut en très-grande peine fournir, jaçoit ce que des choses devantdictes, et mesmement des impositions foraines, et des restes qui en despendent, de la composition d'Artois, et aussi des causes d'appel concernant icelles impositions foraines, restes, composition d'Artois, tailles et autres aydes dessusdicts, qui, par la malice ou simplesse des appellans ou autrement, sont introduites en nostredicte court, icelle nostre court, en grand pretermission de l'expedition des procès ordinaires qui y sont dès long-temps introduits, ait voulu, se soit efforcée et efforce de jour en jour d'entreprendre la cognoissance, en faisant deffense et à grandes peines aux parties adverses de ceux qui y ont ainsi leurs causes introduites, qu'ils ne les poursuivent ailleurs qu'en ladicte court, lesquelles choses, actendu les instructions et ordonnances devantdictes, sont et doivent estre reputées nulles et de nul effet, et seroient si sur ce par nous n'estoit pourvu, la totale destruction de nosdicts aydes.

Sçavoir faisons que nous, consideré ce que dit est, et voulans lesdictes instructions et ordonnances royaux estre gardées, entretenues et executées de point en point, selon leur forme et teneur, avons d'abondant, en ensuivant le contenu esdictes ordonnances et instructions, voulu et ordonné, voulons et ordonnons par ces presentes, que lesdicts eslus, chacun ès mectes de sa election, cognoissent ordinairement de toutes causes et de-

bats criminels et civils touchans lesdicts aydes, impositions foraines, restes d'icelles, et autres impositions quatriesme,
huitiesme, tailles, octroys, compositions en lieu d'aydes, soit la
composition d'Artois ou autre, leurs circonstances et dependances, et nosdicts generaux conseillers, en cas de ressort et
souveraineté, entre quelques personnes que ce soit et de quelconques privileiges qu'elles usent; et des choses dessusdictes
avons deffendu et deffendons à nostredicte court de parlement
et à tous autres juges ordinaires et commissaires quelzconques,
toute jurisdiction et cognoissance, et voulons que, si nostredicte court de parlement, juges ordinaires ou autres en avoient
prins ou s'efforçoient d'ores en avant prendre aucune cognoissance ou jurisdiction, soit en premiere instance, en matiere d'appel ou autrement, en quelque maniere que ce soit, et entre
quelzconques personnes, que incontinent et sans delay icelle
nostre court renvoye pardevant noz generaux conseillers en la
chambre des aydes, à certain jour, toutes les causes concernant
et regardant les choses dessusdictes et dependances, qui pardevant elle sont de present et qui ou temps advenir y seroient introduites, nostredicte court préalablement de ce faire par nostre
procureur general des aydes souffisamment requise par escrit
ou autrement deuement, sans plus d'icelles tenir aucune court
ne cognoissance, laquelle, au cas dessusdict, nous leur avons
interdicte et deffendue, interdisons et deffendons du tout par
ces presentes: et pour ce que, par nostredict procureur, icelle
nostre court a suventefois esté requise de faire lesdicts renvoys
quand les cas sont eschus, à quoy n'a esté donné provision, mais
sont demourées les causes en nostredicte court, sans en faire
lesdicts renvoys, nous voulons et ordonnons, comme dessus,
que, ou cas que nostredicte cour de parlement seroit d'ores en
avant aucuns refus ou delays de faire lesdicts renvoys, après la
requeste à elle sur ce faicte par nostredit procureur, soit par
escrit ou autrement deuement, que iceux noz generaux conseillers puissent et leur loise cognoistre, decider et determiner
desdictes causes, leurs circonstances et dependances, et sur
icelles donner et prononcer leurs arrests, lesquels voulons et
autorisons estre valables tout ainsy que si par nostredicte court
avoient esté envoyées pardevant eux, ou que en icelle n'eussent
point esté introduites, en contraignant à ce faire et souffrir tous
ceux qui pour ce seront à contraindre par toutes voyes dues et
raisonnables, nonobstant quelzconques introductions de causes

... en nostredicte court de parlement, les inhibitions et def... qui par icelle nostre court ont esté et pourroient estre ... au contraire, et autres mandemens et ordonnances à ce ...

Si donnons en mandement, par ces mesmes presentes, à nos... generaux conseillers sur le faict de la justice desdicts aydes, ... nostre presente ordonnance ils gardent, etc.

Par le Roy, maistre Estienne Chevalier, tresorier, Guillaume Varie, général, et autres presens.

A. — LETTRES *patentes relatives aux ecclésiastiques qui, après avoir commis quelque délit, se plaçaient sous l'autorité de l'évêque pour échapper à la juridiction ordinaire* (1).

Paris, 6 janvier 1464. (C. L. XVI, 290.)

B. — ORDONNANCE *portant que les marchands acquitteront l'imposition foraine à Paris, et ne seront pas tenus de bailler caution.*

Basilly, près de Chinon, 7 février 1464. (C. L. XVI, 295.)

C. — LETTRES *portant que les appels des jugemens de la chambre des comptes seront décidés par elle avec adjonction des membres du parlement, et sans déplacement des registres* (2).

..., 16 février 1464. (C. L. XVI, 297.) Reg. chamb. des comptes, le 13 mars.

---

(1) Ces lettres constatent que l'ordonnance de Saint-Louis sur la quarantaine... encore en vigueur; elle avait été violée dans une querelle entre des ... de Tournay, et pour ce les délinquans se trouvaient bannis; pour éviter ... s'étaient rendus comme clercs dans les prisons de l'évêque. (Dec.)
(2) Ces lettres remettent en vigueur l'ord. de Philippe-le-Long de janv. 1319, ... suspendue en février 1461.

N°. 81. — Lettre du duc de Berry (1), frère du roi, au duc de Bourgogne, son oncle, concernant sa fuite en Bretagne, et l'intention où il est de parvenir à la réforme des abus des seigneurs.

Nantes, 15 mars 1464. (Monstrelet, vol. 3, f° 110.)

Très chier et amé oncle, je me recommande à vous tant comme je puis : et vous plaise scavoir que depuis aucun temps en ça j'ai eu souventes fois les clameurs de la pluspart des seigneurs du sang, des parents, et autres nobles hommes de ce royaume en tous états, du discord et piteux gouvernement qui partout celui cours, par le conseil des gens étant autour de monseigneur, plains de mauvaisté et iniquité : lesquels pour leur profit et affection singulière et désordonnée ont mis monseigneur en suspection et haine vers vous, moy et tous les seigneurs du royaume : mesme vers le Roi de Castille et d'Ecosse alliez de long-temps à la couronne que chacun scet : au regard comme l'autorité de l'Eglise a été regardée, justice faicte et administrée, les nobles maintenus et leurs droits de noblesse et usaiges, le poure peuple supporté et gardé d'oppression ne vous en escris plus autant, car je sais que assez en êtes informé. Et moi déplaisant des choses susdites ainsi que doy être, comme celui à qui le fait touche de si près comme chacun scet. Et desirant y pourvoir par le conseil de vous, desdits seigneurs et parents et autres nobles hommes qui tous ont promis moi y aider et servir, et sans épargner corps ne biens au bien du royaume et de la chose publique d'iceluy, aussi pour sauver ma personne que je sens en danger, car incessamment et ouvertement mondit seigneur et ceux d'entour luy parloient de moi parolles telles, qui par raison me devoient donner cause de moi douter : je me suis parti d'avec mondit seigneur et venu vers le beau cousin de Bretaigne, lequel m'a fait si bon recueil et si louable, que assez ne m'en sauroye louer ; et est délibéré de moi servir de corps, de biens et de toute sa puissance au bien du dit royaume et de la chose publique.

Et pour ce très chier et très amé oncle, que mon intention et desir est de moi employer avec vous et lesdits seigneurs mes pa-

---

(1) C'est un acte d'insurrection, et le commencement de la guerre dite du bien public. (Isambert.)

... conseil desquels je vueille user et non autrement de ... et adresse dudit royaume désolé, et que je sçay que ... plus grands de ce royaume, à qui le bien et le mal tou... bien autant; et doyen des pers de France, prince renommé, ... eur et de justice ainsi qu'il appere par vos grans faits con... et entretenement de vos grandes seigneuries. Sachant que ... ordre dudit royaume vous a despleu et desplaist comme rai... est, desiroye de tout mon cœur avec vous et les autres sei... mes parens pouvoir assembler, afin de pourveoir par le ... de vous adeux à tous les faits qui par defaute d'ordre, ... et police sont aujourd'hui en tous les états du dit royaume; ... soulagement du povre peuple qui a tant porté que plus ne ..., et mettre tel ordre en tous endroits, qu'elle puisse être à ... plaisante, à l'honneur, félicité et bien du dit royaume et à ... bution d'honneur et louable mémoire perpétuelle de tous ... qui s'y seront employés.

... vous prie très chier et très aymé oncle, qu'en cette matière ... est si grande et pour si bonne fin, vous plaise montrer et as... et employer: et aussi faire employer mon beau frère de ... rolois votre fils à mon ayde, comme je me suis toujours con... ainsi seriez, et affin que vous et moi puissions assembler, ... en la chose que plus désiraye (pour ce que mon intention est ... brief et incontinent entrer en pays, et tenir les champs avec ... autres princes et seigneurs, qui m'ont promis moy y accom... per et ayder) je vous prie qu'il vous plaise mettre sus et tirer ... votre pays en paix vers la France, et en cas que faire ne le ... ez, y veuillez faire tirer mondit beau frère de Charrolois ... bonne puissance de gens. Et avec ce envoyer et faire venir ... vers moy aucun de votre conseil fiable, pour estre et assister ... vous. A ce que lesdits autres seigneurs du sang adviseront ... à faire pour le bien dudit royaume: et par lesquels vous ... toujours estre informé de ma bonne et juste intention: ... elle par vous et lesdits seigneurs du sang, je veuil conduire ... autrement: et ce que par mon dit beau frère en vostre ... ce sera fait et dit pour le bien de la chose publique du ... me et soulagement du pauvre peuple; je le soutiendray et ... tiendray jusques à la mort et de ce pouvez estre certain.

... chier et très amé oncle, faites moi toujours sçavoir s'il ... chose que pour vous puisse: et je le ferai de bon cœur, priant ... qu'il vous doint bonne vie et ce que vous désirez.

N°. 82. — *Lettres portant amnistie en faveur de ceux qui dans un mois abandonneront le parti de Charles de France, duc de Berry.*

Thouars, 16 mars 1464. (C. L. XVI, 307.) Reg. au parlem. de Paris,

Loys, etc. Comme aucuns meuz de mauvais esprit et en dampnable propos, non ayans regard à Dieu, honneur, conscience, la loyaulté qu'ilz nous doivent, et à quoy par serement et autrement ilz sont tenuz envers nous et la couronne de France, ayent fait, conspiré, machiné et pourchassé plusieurs choses très-préjudiciables à nous, à noz subgiez et à la chose publique de nostre royaume (1), eulx efforçans par seductions et autrement troubler et empescher le bon estat du royaume, qui estoit si paisible et en grant transquillité que marchandise couroit franchement par tout, chascun vivoit paisiblement en sa maison, feussent gens d'esglise, nobles, bourgeois, marchans, laboureurs ou autres; toutes manieres de gens estranges ou du royaume povoient seurement et sauvement aler, venir, entrer et yssir par toutes les parties de nostredict royaume avec leurs denrées, marchandises, or, argent et toutes autres choses quelxconques, sans dangier, destourbier et empeschement aucun; et néantmoins, non ayant iceulx seducteurs consideraction aux choses dessusdictes ne aux maulx et inconveniens qui peuvent advenir par leur mauvaise et dampnable conspiraction, ont seduit et suborné nostre frere de Berry, jeune d'asge et non considerant la mauvaise intention de ceulx qui ces trahisons, rebellions, machinacions et conspiracions conduisent, à soy separer d'avec nous, et par leur faulx donné à entendre soubz umbre et couleur de luy et de plusieurs mensonges controuvés pour l'atraire et faire joindre avec eux, et esmouvoir le peuple à l'encontre de nous et à soy separer de nostre obeyssance, ont fait dire, semer et publier par diverses parties de cedit royaume, qu'on vouloit emprisonner nostredict frere et actempter

---

(1) La fameuse ligue qui fut connue sous le nom de Ligue du Bien-Public, nom que lui donnèrent ceux qui la formaient. Elle eut pour principaux chefs le comte de Charolais, fils du duc de Bourgogne, le duc de Bretagne et le duc de Bourbon. Dunois y était entré, ainsi que le duc de Nemours, le comte d'Armagnac, et beaucoup d'autres qui, après avoir rempli les premières places de l'état sous le règne précédent, avaient été éloignés ou destitués par Louis XI.
(Pastoret.)

... personne, ce que onques ne pensasmes; et quant eussions ... aucun qui ung si dampnable cas eust voulu perpetrer, nous ... fait faire telle punicion que ce eust esté exemple à ... les autres; ainçois, pensions et entendions que nostredict ... fust si content de nous, et nous en tenions si assurez que ... estoit, et luy-mesme de sa bouche le nous avoit ainsy dit ... avec tant de belles et honnestes parolles, qu'il estoit ... semblable que ainsy estoit et croyons fermement qu'il avoit ... propos et voulenté, si ne fussent les faulx et mauvais seditieux ... ce l'ont destourbé, et du bon vouloir qu'il avoit à nous ... tourné, et lesquelz en outre ont envoyé par diverses parties ... nostre royaume, pour faire adherer et joindre avec eulx par ... faux donné à entendre et leur mauvaise et dampnable seduc- ... laquelle ilz s'efforcent couvrir soubz couleur du bien de la ... publique, plusieurs princes, prelats, gens d'esglise, barons, ... chevaliers, escuyers, bourgeois, marchans et autres habitans des ... villes et des champs, lesquelz, ignorans la mauvaise et ... dampnable fin à quoy lesdicts sedicieux tendent, qui n'est que ... mectre guerre et division en ce royaume et troubler et empes- ... le bon vouloir que noz bons et loyaulx subgetz ont envers ... comme faire doivent, pourroient peut-estre leur avoir donné ... tement, cuidant bien faire, et leur auroient fait quelque ... de eulx joindre avec eulx et tenir leur parti ou autre- ... desquelles choses, quand ainsy se feroit, est tout cler que ... inconveniens irreparables en pourroient ensuyr à l'exemple des ... passées, et dont à ceste cause est à doubter que nos anciens ... ennemis et adversaires les Anglois, à leur pourchaz ou autrement, ... entrer et descendre en ce royaume, et y faire maulx ... dommaiges innumerables, ainsy que autresfois ilz ont fait, ... tant de sang humain chrestien, tant de ceulx de nostre sang ... comme des autres gens nobles de nostre royaume, à ... espandu, tant d'esglises violées, femmes forcées, pucelles ... et autres pitiez et inhumanitez sont ensuivyes, que ... et douloureuse chose est de les remembrer et raconter; ... quoy se lesdicts princes, gens d'esglise, nobles et autres, ... pensé et en eussent esté advertiz, il ne fault faire aucun ... que jamais ne l'eussent accordé ne consenti; et néanmoins, ... peut-estre que, pour l'adherance qu'ilz ont fait aux ... seducteurs, traytres et rebelles à nous et à la couronne ... nous voulsissions prendre vengeance d'eulx, et pro- ... à l'encontre d'eulx ainsy qu'il est accoustumé contre crimiseulx de crime de leze-majesté, pourroient faire difficulté de se reduire envers nous, et nous recongnoistre et l'erreur à quoy ilz ont esté menés, de peur que ne leur voulsissions donner et impartir nostre grace:

Sçavoir faisons que nous, à l'exemple de nostre sauveur Jesu-Christ, duquel tenons ce royaume et la couronne, qui ne voulut la perdicion de son peuple, mais que chascun se reduisist envers luy pour estre et demourer en sa bonne grace, nonobstant toutes les faultes et erreurs en quoy lesdicts princes, preslaz, gens d'esglise, nobles et autres de quelque estat que ce soit, pourroient estre escheuz et envers nous avoir offensé à cause et par le moyen et pourchaz desdicts seducteurs, traytres, rebelles et desobeyssans envers nous, voulans moustrer, comme prince de misericorde, que nous ne voulons la destruction de nostre peuple, avons disposé de faire advertir tous les subgez de nostre royaume des choses dessusdictes, et pour les assurer que nul ne face difficulté de venir pardevers nous et se reduire, et oster hors de l'erreur en quoy peut-estre ilz seroient escheuz, avons ordonné, dit et déclaré, disons, ordonnons et declairons par cesdictes presentes, que tous ceulx qui vouldront venir et eulx reduire envers nous, dedans un mois ou six sepmaines au plus tart, delaissant et abandonnant le dampnable parti desdicts rebelles et desobeyssans, nous les recevrons benignement et dès à present leur impartons nostre bonne grace, sans que à ceste cause, ores ne pour le temps advenir, on leur impute aucune faulte, crime, blasme, reproche ou deshonneur, à l'occasion des choses dessusdictes, ne que on leur donne ou face aucun destourbier, dommaige, ou empeschement, en leurs corps ne en leurs biens, en maniere quelxconque; et voulons que sitost qu'ilz se reduiront à nous comme à leur souverain et droicturier seigneur, ilz soyent restituez à leur bonne fame et renommée et à tous leurs biens, et que de ces presentes ils se puissent aider et leur puissent valoir tout ainsy que s'ilz avoient lectres espéciales au cas, en eulx reduisant et venant par devers nous et noz lieuxtenans pour faire le serement de nous servir et obeyr comme bons et loyaulx subjectz doivent faire.

Et d'abondant, pour obvier à toutes choses qui pourroient prejudicier à nostre presente grace et abolicion generale, donnons en mandement à tous nosdicts lieuxtenans, connestables, mareschaulx et chiefs de guerre, seneschaulx, baillifz, prevostz, et à tous noz autres justiciers et officiers ou à leurs lieuxtenans, et à chascun d'eulx, que ces presentes et le contenu en icelles ilz facent garder, entretenir et observer de point en point, et icelles publier par les auditoires de leurs jurisdictions et par tous les lieux accoustumés à faire criz et publicacions, et que tous ceulx qui s'en vouldront aider, ilz les en facent joyr et user plainement et paisiblement sans difficulté quelconque, et imposons silence perpetuel à nostre procureur et à tout ce qu'il voudroit dire, alleguer ou proposer au contraire; et voulons que au *vidimus* d'icelles, fait soubz scel royal ou auctentique, foy soit adjoustée comme à l'original.

En tesmoin de ce, nous avons fait mectre nostre scel à cesdictes presentes.

Donné à Thouars, etc. Par le Roi en son conseil, ouquel le Conte du Mayne, les Contes de Comminges et sire de Bois-Menart, Mareschaulx de France, le Conte de Manlevrier, grant Seneschal, les sires du Lau et de Basoges, maistre Jehan Dauvet, premier President de Tholose, les sires de Monstereul et de la Rosiere, maistre Estienne Chevalier, Guillaume de Varie, et autres estoient.

N° 83. — LETTRES *portant permission à Pierre de Médicis et à ses successeurs de porter dans leurs armoiries trois fleurs de lys.*

Mai 1465. (Carton de la Bibl. du roi, n° 131.)

N° 84. — TRAITÉ *entre la France et le peuple de Liége* (1) *révolté contre son souverain.*

Liége, 17 juin 1465. (Corps diplom. p. 328.)

Louis, etc. Comme nagueres avons envoyé nos amez et feaux conseillers et chambellans, le sire de Chastillon, nostre cousin, Aimard de Poisieu, dit Cadorat, nostre bailli de Mante, maistre Jean du Vergier, aussi nostre conseiller et président en nostre cour de parlement de Toulouse, et Jacques de la Royere, nostre secretaire, par devers nos très-chers et grands amis les regent, maistres jurez, conseil et université de la cité de Liege, pour

---

(1) Walter Scott, dans Quentin Durward a cherché à expliquer ces intrigues. Le tableau est un peu chargé, mais il est tracé de main de maître. (Isambert.)

leur dire et communiquer aucunes choses de par nous, lesquels nos conseillers et ambassadeurs, par vertu du pouvoir par nous donné, ont fait pour et au nom de nous, avec lesdits du Liege, les traitez, promesses et appointemens desquels la teneur s'ensuit.

Louis de Laval, seigneur de Chastillon, Aimard de Poisien, dit Cadorat, bailli de Mante, conseillers et chambellans de très-haut, très-excellent et puissant prince Louis, par la grace de Dieu, roi de France très-chrétien; Jean Duverger, aussi conseiller dudit seigneur et président en sa cour de Parlement de Toulouse, et Jacques de la Royère, secrétaire dudit seigneur, et ses ambassadeurs de par lui envoyez en cette bonne cité et païs du Liege, et pour nous Marc, par la grace de Dieu, marquis de Bauden, gouverneur et régent des païs du Liege, duché de Bouillon et comté de Loz; et nous les maistres jurez, conseil et université, généralement de ladite cité, franchise et banlieue dudit Liege, à tous ceux qui ces présentes lettres verront et oiront, salut :

Savoir faisons que pour obvier à la mauvaise et damnable intention, et surprise apparente des ducs de Bourgogne et de Bourbon, du comte de Charolois et de leurs adhérans et complices, lesquels naguères se sont élevez et mis sus en armes à l'encontre du roi leur souverain et le nostre, de nos ambassadeurs dessusdits, et aussi pour pourvoir, le plutôt que faire se pourra, à ce que par eux, ou leur moien, aucun dommage ou inconvénient n'avienne au roi nostredit seigneur, ni à son roiaume, ni semblablement auxdits païs de Liege, de Bouillon, de Loz, ni sujets d'iceux : nous ambassadeurs, régent, maistres, gouverneurs, jurez, conseil et université dessusdits, désirant d'une part et d'autre garder et entretenir inviolablement la bonne et ancienne amitié qui a été continuellement et sans enfraindre gardée et entretenue entre les très-chrétiens rois de bonne mémoire, et la couronne de France et le roi nostredit seigneur, et nous lesdits du Liege, de Bouillon et de Loz, et sujets d'iceux païs, avons tous ensemble, pour donner bon ordre et provision, à ce que dit est traité, appointé, conclu et accordé, les choses qui s'ensuivent :

(1) Et premierement, nous ambassadeurs dessusdits, au nom du roi, nostre souverain seigneur, ayant quant à ce de lui pleine puissance, ainsi qu'il appert par ses lettres-patentes ci-après incorporées; et nous les régent, maistres, gouverneurs, jurez,

conseil et université dessusdits, avons de nouveau traité, appointé, accordé, fermé et conclu, traitons, appointons, fermons, concluons et accordons, ensemble au nom que dessus, toute bonne amitié d'une part et d'autre, au moyen et par vertu de laquelle amitié, nous susdits du Liege, de Bouillon et de Loz, avons promis et promettons de nostre part, servir de nostre puissance, porter et favoriser le roi, nostre seigneur, à l'encontre desdits ducs de Bourgogne, de Bourbon, comte de Charolois, leurs adhérans et complices, et autres adversaires rebelles et désobéissans, sans mal engin.

Et semblablement nous ambassadeurs dessusdits, de la part du roi, nostre souverain seigneur, avons promis et promettons à vous seigneurs régent, maistres, jurez, conseil et université de ladite cité et païs dessusdits, au nom que dessus, que le roi, nostre souverain seigneur, vous aidera, portera, soutiendra et favorisera de toute sa puissance en tous vos affaires, à l'encontre des dessusdits, et de tous vos autres ennemis et adversaires, sans mal engin.

(2) *Item.* Et pour ce qu'il est besoin dès maintenant et promptement soi mettre sus en armes, à l'encontre des dessusdits, et leur faire guerre ouverte, a été traité, appointé, accordé et conclu comme dessus; traitons, appointons et accordons par ces présentes, que pour mieux faire, mener et conduire la présente guerre, le roi, nostredit seigneur, paiera et soudoiera incontinent deux cens lances, à trois hommes et à trois chevaux pour lance, et aura chacune lance par mois quinze livres tournois, durant ladite guerre à l'encontre desdits de Bourgogne, de Bourbon, de Charolois et leurs complices et adhérans, et pour la conduite d'iceux gens d'armes, nous lesdits du Liege, commettrons et élirons tel capitaine idoine, et suffisant que bon nous semblera, lequel aura de par le roi, nostre seigneur, la charge et conduite desdites lances durant ladite guerre, comme dit est, et pourra ledit seigneur, si son bon plaisir est, commettre homme de par lui, pour prendre et recevoir les montres dudit capitaine et desdites lances, et les sermens des gens de guerre de ladite charge, de bien et loialement servir le roi, nostre seigneur, et nous lesdits du Liege, de Bouillon et de Loz, sous la charge dudit capitaine qui à ce sera nommé, commis et élu.

(3) *Item.* Au moyen et par vertu de ladite amitié a été traité et accordé que le roi, souverain seigneur de nous ambassadeurs dessusdits, fera toute diligence à lui possible envers nostre très-

33.

saint pere le pape et les cardinaux, que ledit seigneur régent et gouverneur soit confirmé, et ne prétera icelui roi, nostredit seigneur, obéissance à nostredit saint pere, jusqu'à de tout son pouvoir il se sera emploié de faire faire ladite confirmation; et par ce, sera loisible à nous lesdits du Liege, de Bouillon et de Loz, si bon nous semble, nous joindre et adhérer aux lois, coutumes et ordonnances, réservations et défenses touchant l'état et gouvernement de l'église de France, qui de présent sont au roiaume, ou qui se feront avant que le roi, nostredit seigneur, fasse ladite obeissance, ou en icelle faisant à nostredit saint pere. et avecque ce tiendra et fera tenir le roi, nostre seigneur, nous dudit Liege, en tous nos privileges, libertez, franchises, paix faites, reglemens, usages et coustumes anciennes, et en tout ce que la loi nous sauve et garde, et peut sauver et garder sans mal engin.

(4) *Item*. A été conclu et appointé, comme dessus, que nous lesdits du Liege, ne nous pourrons, ne devrons accorder avec lesdits monseigneur de Bourgogne, comte de Charolois ni de Bourbon, sinon par le gré, volonté, et consentement du roi, nostredit seigneur; et par ce, le roi, nostredit seigneur, ne se devra accorder avec lesdits duc de Bourgogne, comte de Charolois, ni de Bourbon, que nous lesdits du Liege ne soions unis et accordés de nos causes et différences avec les dessusdits. et est en ce entendu, que nous lesdits du Liege ne nous pourrons, ne devrons entremettre des terres et seigneuries mouvans du roi, nostre seigneur, ou étans dedans son roiaume.

(5) *Item*. Qu'au moyen, et par vertu de ladite amitié, nous lesdits du Liege, de Bouillon et de Loz, ne serons tenus servir le roi, nostre seigneur, ni issir hors de la cité de Liege, outre trente lieuës, si bon nous semble.

(6) *Item*. A été appointé et accordé, comme dessus, que le roi, nostredit seigneur, fera fournir et pourvoir à ses depens, par homme, à ce habile et suffisant, tel qu'il plaira, de salpêtre et autres poudres nécessaires pour l'artillerie ou fait de ladite guerre, et avec ce envoiera à ses dépens, à nous du Liege, deux bons maistres pour tirer de l'artillerie, ladite guerre durant.

(7) *Item*. A été traité, conclu et appointé, comme dessus, que le roi, souverain seigneur de nous ambassadeurs dessusdits, sera tenu de sa part entrer ou faire entrer gens d'armes à puissance dedans le pais de Henault, pour faire guerre ouverte audit pais, et auxdits monseigneur comte de Bourgogne, comte de Charolois,

terres et seigneuries, et de leurs adhérans et complices. Et, en pareil cas, nous lesdits du Liège serons tenus de nostre part incontinent que le bon plaisir du roi, nostredit seigneur, sera nous mander et faire savoir le jour de ladite entrée, entrer en armes et à puissance dedans le duché de Brabant, pour faire guerre ouverte auxdits monseigneur de Bourgogne, comte de Charolois et leurs complices et adhérans, et leur faire et porter, et à tous les pays qui les porteront et soustiendront, tout le dommage et nuisance que pourrons, toutes choses entenduës sans mal engin.

Lesquelles amitiez, promesses et appointemens, et toutes autres choses dessus écrites et déclarées, nous ambassadeurs dessus nommez, pour et au nom du roi, nostre souverain seigneur, par vertu du pouvoir par lui à nous donné, avons promis et promettons en bonne foi et loiaument, dol et fraude cessant, tenir, garder et inviolablement observer, sans jamais faire ni venir au contraire, et avec ce que avons promis, et par ces mêmes présentes, promettons de faire rectifier, agréer et approuver et confirmer lesdites ordonnances, accord et appointement par le roi, nostredit souverain seigneur, et iceux corroborer et sceller de son scel roial, en forme duë, dedans le jour, monsieur saint Jacques, prochain venant. Et nous les régent, maîtres et gouverneurs, jurez, conseils et universités dessusdits, pour et au nom desdites cité et païs, de notre part avons promis et promettons en bonne foi tout dol et fraude cessant comme dessus, tenir fermes et stables, garder et accomplir inviolablement les choses dessusdites, sans jamais faire, aller ni venir au contraire, en nulle maniere quelconque, sans mal engin. (Suivent les pleins pouvoirs donnés par Louis XI à ses ambassadeurs.)

N°. 85. — ÉDIT *qui confirme la confrairie des secrétaires du roi, et les réduit au nombre ancien de* 59 (1).

Paris, juillet 1465. (C. L. XVI, 535.) Reg. en chancellerie, 4 sept., au parl. de Paris le 18 novemb., et en la chamb. des comp. le 22 du même mois.

(1) Le roi dit qu'à l'exemple de J.-C. qui avait élu les 4 benoîts évangélistes pour véritablement décrire les saints évangiles en manifestant ses divins secrets et glorieuses opérations; *les rois très-chrétiens, ses progéniteurs ont fait et établi à perpétuité certaines personnes pour rédiger et mettre à perpétuelle mémoire,*

N°. 86. — Lettres *portant destitution de l'office d'un conseiller à la cour des aides* (1) *pour sa déloyauté et à cause de son adhésion au parti du prince.*

Paris, 29 août 1465. (C. L. XVI, 345.)

N°. 87. — Lettres *par lesquelles le roi donne, sa vie durant, à la Sainte-Chapelle de Paris, les régales sur toutes les églises de son royaume.*

Paris, 14 septembre 1465. (C. L. XVI, 347.) Reg. en la chambre des comptes, 6 novembre, avec modification.

N°. 88. — Lettres *patentes portant don à Charles de Bourgogne, comte de Charolais, des villes et forteresses sur la Somme* (2).

Paris, 5 octobre 1465. (C. L. XVI, 355.) Reg. au parlement de Paris, 12 oct. et à la Chamb. des comp., 19.

N°. 89. — Déclaration *portant abolition de tout ce qui a été fait pendant les troubles au nom du duc de Bourgogne et du comte de Charolais, son fils, et extinction de tous les procès commencés et poursuivis de part et d'autre.*

Paris, 8 octobre 1465. (C. L. XVI, 367.) Reg. au parlem. de Paris, le 11 déc. avec la mention, *en tant que touche le droit du roi.*

N°. 90. — Lettres *pour accélérer la rentrée du parlement, à qui les ordres du roi avaient fait suspendre l'administration de la justice* (3).

Paris, 11 octobre 1465. (C. L. XVI, 368.)

---

par écrit et honnête langage, orné, stilé et convenable, les hauts, nobles et notables édits, perpétuels et généraux, styles et etablissemens de justice, lois, chartres, arrêts, constitutions, ordonnances et lettres royaux. (Isambert.)

(1) Son successeur fut reçu sans difficulté par la cour des aides, le 3 septembre. (*Idem.*)

(2) Cette cession eut lieu par suite du peu de succès que Louis obtenait sur ses adversaires dans la guerre du Bien public. (*Idem.*)

(3) A cause de la guerre du Bien public. (*Idem.*)

N° 91. — **Lettres de ratification des accords faits entre le roi et plusieurs princes de son sang** (1).

Paris, 27 octobre 1465. (C. L. XVI, 5-8.) Reg. au parlem. de Paris le pénult. octobre.

Loys, etc. Comme pour la pacification et appaisement des questions et différends qui, depuis aucun temps, se sont meus entre nous, d'une part, et nostre tres-chier, chrétien et très-amé frere, Charles de France, à present duc de Normandie, et aucuns des seigneurs de nostre sang adjoints avec luy et leurs adherens, ayent esté par nous et nostredict frere et lesdicts seigneurs de nostre sang faicts et accordés les traictés et appointements contenus et declarez ez articles desquels la teneur s'ensuit :

Comme monseigneur le duc de Normandie, nagueres duc de Berry, et plusieurs autres des seigneurs du sang joints et adherens avec luy, ayent faict remonstrer au roy qu'ils s'estoient unis et assemblés ensemble pour venir par-devers luy et pour luy faire aucunes remonstrances et requestes touchant le faict et ordre de la justice et bien public du royaulme, ce qu'ils n'ont peu faire ne accomplir, par aucuns rapports à eulx faicts, portans menaces, et à cette cause, et pour la seureté de leurs personnes, s'estoient mis sus en armes et assemblée de gens, sur quoy se sont ensuivies aucunes divisions et voyes de faict, pour obvier auxquelles et aux dommages et inconveniens qui en pourroient advenir, et pour nourrir bonne paix, amour et union, entre le roy et lesdicts seigneurs, affin qu'on puisse mieux vacquer aux choses necessaires pour le bien et utilité de la chose publique du royaulme, ont esté traictées, appointées et accordées entre eulx les choses qui s'en suivent :

Premierement. Que toutes manieres de guerres et voyes de faict d'entre le roy et lesdicts seigneurs, leurs hommes, vassaux et subjects, leurs adherens et alliés, amis et bienveillans, de quelque estat et condition qu'ils soyent, en quelques pays, terres et seigneuries que ce soit, au royaulme ou dehors, à cause desdictes divisions et differends, cesseront d'ores en avant d'une

---

(1) Traité de Conflans et de Saint-Maur. Il fut accordé que l'on nommerait 36 personnes des 3 ordres du royaume, pour travailler à la réforme de l'état.... Le roi avait tout accordé par cette paix, espérant tout ravoir par ses intrigues. *Ext. Abr. Chr.* (Dec.)

part et d'autre, et demeureront en bonne paix, amour et tranquillité; et feront le Roy et lesdicts seigneurs retirer leurs gens de guerre sur leurs lieux, sans faire sejour, au plustost que faire se pourra.

(2) *Item.* Que de quelconques choses qui soyent ensuivies à l'occasion desdictes divisions, d'un costé et d'autre, ne pourra jamais aucune chose estre imputée, reprochée ou demandée, ny molestation faicte par procés ou aultrement, en quelque maniere que ce soit, à aucuns desdicts seigneurs ny des adherens, serviteurs, sujets, alliés, amis et bienveillans, d'une part et d'autre; ainçois demeureront en bonne seureté, quelque part qu'ilz soyent ou demeurent, au royaulme ou dehors, sans que de la part du Roy ny desdicts seigneurs leur puisse, ny à aucun d'eulx, aucune chose estre imputée, reprochée ou demandée.

(3) *Item.* Que lesdicts seigneurs ne feront ne mouveront par eulx ny par autres, à l'occasion des choses passées ne aultrement, guerre ou dommage au Roy, et ne procureront que guerre ou dommage luy soit faict par autres seigneurs ou communautés, et ne bailleront ayde ou secours en quelque maniere que ce soit, pour cause des choses passées ny autres quelconques, ainçois serviront et obeyront au Roy, ainsi que tenus y sont.

(4) *Item.* Aussi le Roy, par luy ny par autre, à l'occasion des choses passées ne aultrement, ne fera ou mouvera guerre ou dommage auxdicts seigneurs ne à leurs adherens, subjets, alliés ou serviteurs, et ne procurera que guerre ou dommage leur soit faict par autres seigneurs ou communautés, et ne baillera ayde ny secours en aucune maniere, pour cause des choses passées ne autres quelconques, ainçois les aydera et secourera comme ses bons parens et subjects, sans toutefois pour ce empescher la voye et poursuite de justice ny l'aucthorité du Roy, és cas et ainsi qu'il appartient selon raison, et autres cas qui n'appartiennent et ne concernent lesdicts differends et divisions.

(5) *Item.* Que lesdicts seigneurs et les hommes vassaux, subjects, serviteurs et adherens, tant du Roy que desdicts seigneurs, qui ont tenu party tant d'un costé que d'autre, retourneront franchement et quittement en leurs maisons, places, heritages, rentes, revenus et biens immeubles, en quelque part qu'ilz soyent, soit au royaulme ou dehors, et sans qu'à ceste cause rien ne leur en puisse estre retenu, querellé ou demandé, le temps advenir, et seront et demeureront, sont et demeurent, par cedict traicté, en leurs jouissances, possessions et saisines, esquelles et ainsi

qu'ilz estoient paravant lesdictes divisions, nonobstant quelconques dons, cessions, transports, occupacions ou empeschemens qui leur ayent esté faicts par le Roy ou lesdicts seigneurs ou par autres, à leurs causes et moyens, soubz couleur de justice ou autrement, depuis lesdictes divisions et à l'occasion d'icelles, lesquels empeschemens sont et seront nuls et de nul effect, comme choses non advenues; et est permis à tous les susdicts d'entrer en leursdicts biens comme devant, de leur aucthorité, sans aucun ministere de justice; et si mestier estoit, en seront baillées lectres à ceux qui les requerreront, telles que besoin sera.

(6) *Item*. Que les biens meubles estant en nature de choses qui ont esté prises et empeschées tant soubz couleur de justice et aultrement que par voye et exploict de guerre, seront delivrés, depeschés et restitués à ceux auxquels ilz appartenoient auparavant lesdictes divisions; et pareillement, seront rendus et restitués tous les biens qui auront esté prins et empeschés durant les treves.

(7) *Item*. Que les villes et communautés qui ont obey et adheré à l'un party ou à l'autre, ne seront pour ce maltraictées, et ne leur sera faict ou donné pour ce aucun trouble, destourbier ou empeschement à leurs droicts, privilleges, actions, franchises et libertés; ainçoys, y demeureront ainsy qu'elles estoient auparavant lesdictes divisions.

(8) *Item*. Et tant par ledict roy que par lesdicts seigneurs seront rendues et delivrées les villes, places, prinses et occupées de l'un party sur l'autre, à cause d'icelles divisions.

(9) *Item*. Le Roy ne contraindra lesdicts seigneurs à venir devers luy, et ne seront tenus d'y venir en leurs personnes, sans toutes fois que par ce iceulx seigneurs soyent exempts des services qu'ilz doivent au Roy à cause de leur fidelité, quand besoin sera pour la deffense et bien evident du royaulme.

(10) *Item*. Et quand le plaisir du Roy sera de venir ès places et maisons desdicts seigneurs esquelles ils seront en leurs personnes, il le leur fera sçavoir trois jours devant sa venue: aussy lesdicts seigneurs ne viendront devers le Roy sans premierement envoyer devers luy, pour sçavoir son bon plaisir et avoir son consentement.

(11) *Item*. Et s'il vouloit imposer ou imputer ausdicts seigneurs ou à leurs adherens ou serviteurs aucuns cas ou malefices, le Roy ne procedera ne fera proceder à l'encontre d'eulx par voye de faict, prinse, arrest ou detencion de leurs personnes, ne aul-

trement, que ce ne soit par bonne et meure deliberacion de conseil, et à bonne et suffisante cause, informacion precedente, et en gardant les droicts, dignités et prerogatives desdicts seigneurs et de leurs personnes; et pareillement lesdicts seigneurs et leurs officiers ne procedderont à l'encontre des serviteurs et adherens du Roy, pour aucun cas et malefice, que l'on leur vouldroit imposer, par voye de faict, prinse, arrest, detencion de leurs personnes ne aultrement, que ce ne soit par bonne et meure deliberacion, et ainsy que dessus a esté dict de la part du Roy.

(12) *Item.* Pour pourvoir aux plaintes et doleances que de la part desdicts seigneurs et de plusieurs subjects du Roy luy ont esté faictes d'aucuns desordres et faultes qu'on dict estre au faict de l'esglise, de la justice, et de plusieurs griefs, exactions et vexations indues, à la grand charge et dommage du peuple ou du bien public de ce royaulme, a esté traité et appointé que le Roy commectroit trente-six notables hommes de son royaulme, et lesquels il a commis, c'est à sçavoir, douze notables gens de conseil et de justice, ausquels le Roy donneroit et a donné plein pouvoir et commission d'iceulx assembler en la ville de ...., et iceulx enquerir des faultes et desordres dessusdicts, et autres choses touchant le bien public et universel dudict royaulme, et d'ouyr et recevoir toutes les remonstrances et advertissemens qui, touchant ce que dict est, leur seront faictes et baillées, et sur toutes les choses dessusdictes, leurs circonstances et deppendances, adviser, deliberer et conclurre les provisions, reparations et remedes convenables au bien du Roy, desdicts seigneurs, de ses subjects, et de la chose publique du royaulme, à la conservacion et bon ordre de justice, des droicts, libertés et franchises de l'Esglise, des nobles, et autres vassaux et subjects, soulagement et descharge du peuple et du royaulme, et à ce que, d'ores en avant, Dieu nostre créateur et saincte Esglise puissent estre reverés, et le divin service faict, justice administrée, marchandise avoir son cours, et tout le peuple du royaulme demeurer en repos, liberté et bonne tranquillité.

(13) *Item.* Lesquels advis et deliberacions et conclusions, ainsy et par la maniere qu'ilz auront esté faicts, accordés et conclus par lesdictes trente-six personnes ou la plupart d'entr'eulx, tant par forme d'ordonnances, edicts perpetuels, declaracions ou aultrement; le Roy veult et ordonne, dès à present comme pour lors et dès-lors comme à present, valoir et sortir leur plein et entier

effect, et estre entretenus et gardés selon (1) leur forme et teneur, comme si luy-mesme en sa personne les avoit faicts; et d'abondant, dedans quinze jours après qu'ilz seront rapportés au Roy, il les auctorisera et approuvera; ainsy et par la forme et maniere que par lesdicts trente-six aura esté advisé et conclud, et en baillera ses lectres patentes, lesquelles lectres seront publiées et enregistrées en la court de parlement et la chambre des comptes, et ès bailliages et seneschaussées royaulx, et les gardera et fera garder en tous leurs poincts; et mandera à sadicte court de parlement, aux baillifs, seneschaux et autres justiciers dudict royaulme, de les garder et entretenir sans enfreindre ne jamais aller au contraire; et dès maintenant veult et ordonne que lesdicts seneschaux, baillifs et justiciers jurent et promectent ainsy le faire; et ne seront baillées lectres par le Roy, en sa chancellerie ne ailleurs, à l'encontre desdicts advis faicts et accordés, comme dict est; ausquelles lectres, si elles estoient baillées par le Roy en sadicte chancellerie ou ailleurs, ne sera en ce cas obey par lesdicts parlement, baillifs, seneschaux et autres justiciers; et pareillement, lesdicts seigneurs seront tenus de garder et entretenir lesdicts advis, deliberacions et conclusions, et de les faire garder en tous leurs poincts par leurs officiers, qui le promettront et jureront comme dict est.

(14) *Item.* Durera le pouvoir et commission desdicts trente-six, deux mois à compter du temps qu'ils commenceront à besongner, et auront puissance de proroger ledict temps quarante jours, pour une fois; et s'il advenoit que les aucuns desdicts trente-six allassent de vie à trespas, fussent malades, ou tellement occupés qu'ilz n'y pussent vacquer ne entendre, en ce cas, les autres y subrogeront d'autres, tels qu'ilz verront en leurs consciences, et commenceront à besonguer le quinziesme jour de decembre prochainement venant.

(15) *Item.* Le Roy et lesdicts seigneurs tiendront, garderont et accompliront entierement et en tous leurs poincts, les traictés, ac-

---

(1) Ainsi on ne réserve pas même la sanction royale; c'est une délégation de la puissance législative; de même les barons anglais, en 1262, avaient été investis de pouvoirs extraordinaires par Henri III, et ils avaient en conséquence rédigé les fameux statuts d'Oxford. Saint-Louis, choisi pour arbitre en 1263 cassa ces articles comme contraires à la prérogative royale, mais il confirma en même temps la grande charte. V. la note p. 299, Ire livraison. Louis XI ne fut pas embarrassé des 36 législateurs; il les empêcha de se réunir. (Isambert.)

cords et autres appoinctemens faicts et accordés entre eulx, tant touchant l'appanage de monseigneur de Normandie que autres choses faictes et accordées ausdicts seigneurs et à chacun d'eulx et autres leurs adherens, sans jamais faire ne procurer, directement ou indirectement, aucune chose au contraire, tout ainsi que si tous lesdicts traictés, accords et appoinctements, estoient nommement et expressement inserés et incorporés en ces presens articles.

(16) *Item.* Et pource que, à cause desdicts differends, le Roy a faict prendre et mectre en ses mains les terres et seigneuries de Partenay, Vouvent, Maireveut, Secondigny, le Coudray-Salbart et Chasteillallon, lesquels au moyen dessusdict, et aussy par le moyen de certains dons et transports que feu le Roy Charles en fist au Roy qui à present est, le Roy en a faict don et transport à monsieur le Comte du Mayne son oncle, lequel en a pris et apprehendé la possession en desappoinctant monsieur le Comte de Dunois desdictes places, terres et seigneuries, qu'il tenoit et possedoit au moyen des don et transport qui luy en avoient esté faicts par ledict feu Roy Charles et depuis confirmés par le Roy qui est à present, dont les lectres avoient et ont esté verifiées et expediées tant à la cour de parlement qu'à la chambre des comptes, a esté appoincté et accordé pour le bien de la paix, en quoy mondict sieur de Dunois s'est grandement employé, que mondict sieur du Mayne delaisseroit, et lequel, dès-à-present, delaisse et renonce entre les mains du Roy à tout le droict qu'il pouvoit et pretendoit avoir esdictes terres de Partenay, Vouvent, Maireveut, Secondigny, le Couldray-Salbart et Chasteillallon, et qu'il en bailleroit ses lectres de renonciacion à mondict sieur de Dunois, ensemble les lectres de dons à luy faicts, et que le Roy confirmeroit et bailleroit ses lectres de confirmacion, de creance, de don faict à mondict sieur de Dunois par le feu Roy son pere, en declarant qu'il veut et ordonne que ledict don sorte son plein et entier effet : et d'abondant, affin que ledict sieur de Dunois ne fust empesché ou molesté soubz ombre dudict don faict au Roy par le feu Roy son pere, que le Roy faict don et transport à mondict sieur de Dunois du droict qui luy pouvoit appartenir au moyen dudict don à luy faict par le feu Roy et aultrement, delaissé et transporté à mondict sieur du Mayne, et qu'à mondict sieur de Dunois soit baillée et delivrée reaument et de faict la possession et paisible jouyssance desdictes terres et seigneuries, laquelle le Roy, tant par luy comme par mondict sieur du Mayne, sera tenu

de bailler promptement et sans delay à mondict sieur de Dunois, et seront baillées et rendues à mondict sieur de Dunois les lectres de don faict par ledict feu Roy qui est à present.

(17) *Item.* Et au regard de mondict sieur du Mayne, pour ce aussy qu'il s'est grandement employé à ladicte pacificacion, et pour la recompense du droict que le Roy luy avoit donné et transporté, le Roy sera tenu de le recompenser et luy donner et bailler pour icelle recompense, la terre et seigneurie de Taillebourg, laquelle le Roy sera delivrer à mondict sieur du Mayne, et fera recompenser ceux à qui elle appartenoit.

(18) *Item.* En faveur de ce present traicté, pour bien de paix et à la très-humble requeste desdicts seigneurs, le Roy a restitué, reintegré et rétabli Antoine de Chabannes, Comte de Dammartin, en ses honneurs, chasteaux et places, terres et seigneuries, rentes, revenues, droicts et autres biens immeubles, ainsy et par la forme qu'icelluy Comte de Dammartin et damoiselle Margueritte de Nanteuil sa femme les tenoient et en joyssoient au temps du trespas de feu le Roy Charles dernierement trespassé, et aussi en ses biens meubles estans en nature de chose, en quelque part qu'ils soyent, nonobstant l'arrest prononcé par la court de parlement à l'encontre dudict Comte de Dammartin, et tous dons, cessions, vendicions, publicacions et verificacions d'iceulx, que le Roy, au moyen dudict arrest, avoit faict ou faict faire desdictes terres, seigneuries et biens ou d'aucunes d'icelles, lesquelles places, terres, seigneuries et biens dessusdicts, seront plainement et quietement delivrés audict Comte de Dammartin, et les directeurs d'iceulx à ce contraincts, sans avoir egard auxdicts arrest, dons, cessions, vendicions, publicacions et verificacions d'iceulx, ni que à luy ou ses hoirs ils portent ou puissent porter prejudice et dommage, et sur ce luy seront baillées lectres telles que besoin sera.

(19) *Item.* Le Roy, de bonne foy, en parole de Roy et par son serment, et aussi lesdicts seigneurs, de bonne foy et par leur serment, promectront et jureront tenir, garder et accomplir et observer toutes les choses dessusdictes en tous leurs poincts, et de les faire garder, accomplir, entretenir et observer par leurs officiers et subjects, sans jamais par eulx ne par autres, directement ne indirectement, couvertement ou en appert, venir au contraire ne souffrir que aultres y viennent en aucune maniere soubz quelque couleur ou occasion que ce soit ou puisse estre; et si le Roy ou lesdicts seigneurs vouloient faire aucune chose au

contraire, ne leur sera obey par leursdicts officiers ou subjec[ts], et aussy aucuns des seigneurs du sang, les connestables; mare[s]chaulx et admiral, comtes, barons et autres notables homm[es] la court de parlement, les prelats et bonnes villes qui sero[nt] nommés de la part desdicts seigneurs, promectront et jur[e]ront de tenir, garder, entretenir et accomplir, en tant qu'à eu[lx] est et sera, les choses dessusdictes, sans jamais venir au co[n]traire par eulx ne par autre, ne souffrir que autre y vienne; [et] que si le Roy ou les dessusdicts seigneurs faisoient ou vouloi[ent] faire aucune chose au contraire des choses dessusdictes, en tou[t] ou partie, ils n'ayderont, serviront ne assisteront, ne feront [ne] donneront aucune ayde, service, faveur ou assistance, e[n] façon et maniere que ce soit, mais feront et procureront de to[ut] leur pouvoir, que toutes choses faictes au contraire soyent rep[a]rées et mises au premier estat et deu, selon le vray entendeme[nt] des choses dessusdictes.

(20) *Item.* Et avec ce le Roy, lesdicts seigneurs et tous l[es] dessusdicts, jureront et promectront que desdictes promess[es], traictés et sermens, ils ne poursuivront, procureront n'y obtie[n]dront dispensacion, relievement ou rescizion, soubz coul[eur] d'aultres promesses, sermens, traictés, pacifications preced[entes] ne d'autre couleur ou occasion quelconque; et s'ils obtenoie[nt] lesdictes dispensacion, relievement ou rescizion, ou qu'ell[es] leur feussent octroyées et accordées, il ne s'en ayderont, et ser[ont] de nul effect et valleur.

(21) *Item.* S'il advenoit qu'aucuns desdicts seigneurs f[ist] ou voulust faire ou entreprendre aucunes choses à l'encontre [du] Roy, outre et au prejudice desdicts traictés et appointemens, [en] ce cas, les aultres seigneurs seront tenuz de servir et ayder le [Roy] à l'encontre de celuy ou ceulx qui auront faict ou voulu fai[re] contraire, comme dict est, sans leur faire ou bailler, audict [ceulx] ayde ou faveur quelconque.

(22) *Item.* Aussy, si le Roy faisoit ou vouloit faire auc[une] entreprise à l'encontre desdicts seigneurs ou aucuns d'e[ulx] contre et au prejudice desdicts traictés et appointemens, ice[ulx] seigneurs pourront ayder les uns les aultres, sans ce que de [ce] leur puisse aucune chose estre imputée.

Sçavoir faisons que nous, de nostre certaine science et p[ar] bonne et meure deliberacion de conseil, avons loué, consenti[, et] approuvé, louons, consentons et approuvons tout le cont[enu] esdicts articles, et iceulx entretiendrons, observerons et ga[rderons]

... et ferons entretenir, observer et garder, selon le contenu en ... , sans aucunement faire ne souffrir estre faict ne venir au ... traire. Si donnons en mandement, par ces mesmes presen-... , à nos amés et féaulx conseillers les gens tenans et qui tien-... nostre parlement à Paris, que ces presentes et le contenu ... icelles, en tous et chascuns leurs points, ils gardent, entre-... ennent et facent entretenir et garder sans enfreindre ne faire ... souffrir estre faict ou venu au contraire. En tesmoignage de ... , nous avons faict mectre nostre seel à ces presentes.

Donné à Paris, etc.

N° 92. — LETTRES *patentes portant accroissance d'apanage pour le duché de Normandie.*

Paris, 29 octobre 1465. (C. L. XVI, 398.) Reg. au parlem. et à la chambre des comptes le pénult. octobre.

N° 93. — LETTRES *portant concession à Charles de France, à titre d'apanage, du duché de Normandie, au lieu du duché de Berry* (1).

Paris, octobre 1465. (C. L. XVI, 394.) Reg. au parlem. de Paris et à la chamb. des comp., pénult. octobre.

N° 94. — DÉCLARATION *concernant les fruits des évéchés vacans en Bretagne, les gardes et sauve-gardes des églises, et le serment de fidélité des évêques.*

Paris, octobre 1461. (C. L. XVI, 402.) Reg. au parlem. de Paris, le pénult. octobre.

N° 95. — LETTRES *portant confirmation du don fait par Charles VII au duc de Bretagne du comté d'Étampes, malgré l'opposition du procureur général, qui réclamait le principe d'inaliénabilité du domaine de la couronne.*

Paris, octobre 1465. (C. L. XVI, 408.) Reg. au parlem. de Paris, le 23 nov. sans préjudice du procès entre les parties pendant en la cour.

---

(1) Il lui cède, entr'autres choses les droits de naufrage, bien que ces droits ... été abolis par ordonnance de Saint-Louis. (V. ci-dessus, tom. 2, p. 238.)

N°. 96. — *Édit portant exemption de logement de gens de guerre, pour les bourgeois de Paris* (1).

Paris, octobre 1465. (C. L. XVI, 425.) Reg. au parlem. de Paris le 31 ...

N°. 97. — *Déclaration portant que le parlement de Paris présentera trois candidats au roi pour l'élection aux places vacantes* (2).

Paris, 12 novembre 1465. (C. L. XVI, 441.)

Loys, etc. à noz amez et féaulx conseillers les gens tenans et qui tendront nostre parlement à Paris salut et dilection.

Comme par les ordonnances anciennes faictes sur la provision des offices de nostre royaulme, et mesmement de nostredicte cour de parlement, eust esté dict et ordonné que pour mieulx et plus seurement pourveoir aux offices de conseillers d'icelle court, quant il viendroit à la cognoissance d'icelle que aucun lieu desdicts officiers vacqueroit, incontinent et le plus bref que faire se pourrait, les officiers d'icelle nostre court, les deux chambres assemblées, et present nostre amé et féal chancelier quant il seroit à Paris et il y vouloit et pouvait estre, esleussent par voye de scrutin, ung, deux ou trois personnes, tels qu'ils verroient estre plus ydoines et souffisans pour l'exercice dudict office, et icelle faicte, nous en advertissent et lequel des esleuz leur sembleroit plus propre pour icelluy exercer, affin que mieulx peust estre pourveu audict office :

Sçavoir faisons que nous, desirans ensuir les bonnes ordonnances faictes par nos predecesseurs et pourveoir aux offices de nostre royaulme, mesmement de nostredicte court, de personnes notables, avons declaré, ordonné, voulons, declairons et ordonnons que d'ores en avant, quant aucun office, soit de president ou conseiller de nostre court, vacquera, vous, en suivant icelles ordonnances, et les deux chambres assemblées, et nostre

---

(1) V. Rép. de Jurisprudence, v° Bourgeois.
(2) Il y a une déclaration semblable pour le parlement de Toulouse, à la date du 16 janvier 1465.
Ce système d'élection réclamé par tous nos grands magistrats, tels par exemple que le président Henrion de Pansey, (Autorité judiciaire), n'existe plus chez nous, aussi la magistrature se recrute-t-elle d'hommes peu éclairés ou sans indépendance, qui dans l'administration de la justice ne sont pas aussi jaloux que leurs prédécesseurs de faire triompher les principes (Isambert.)

conseiller présent, s'il est à Paris, et il y veut estre, eslirez par voyes de scrutin ung, deux ou trois personnes, telz que en voz consciences verrez et cognoistrez estre ydoines et souffisans à exercer l'office qui lors sera vacant, et, ce faict, nous advertirez et certiffiez de ladicte election, et lequel des trois vous semblera plus propre pour icelluy exercer, affin que mieulx puissions avoir advis à pourveoir audict office; car ainsi le voulons et nous plaist qu'il soit faict.

N° 98. — LETTRES *renfermant de nouvelles promesses du roi au duc de Bretagne, pour lui et pour ses sujets, absolution et oubli du passé, alliance pour l'avenir, renonciation à toutes les obligations et à tous les sermens contraires.*

Caën, 23 décembre 1465. (C. L. XVI, 449.)

N° 99. — STATUTS *et ordonnances concernant les barbiers* (1).

Orléans, mars 1465. (C. L. XVI, 467.)

N° 100. — ORDONNANCE *concernant les exécutoires décernés par la chambre des comptes contre les débiteurs du domaine.*

Paris, 5 mai 1466. (C. L. XVI, 479.)

N° 101. — LETTRES *d'abolition générale en faveur de ceux qui ont porté les armes avec les princes contre le roi.*

Lamotte-Despoy, 24 août 1466. (Trésor des Chartres, reg. coté 202, act. 71. Recueil de Colbert, vol. 58, fol. 1225. Man. de la bib. du roi, carton 128.)

Loys. Savoir faisons à tous présens et advenir comme tantost l'appaisement des différends qui ont esté l'année dernièrement passée en cestuy nostre royaume, au moyen de l'assemblée faite par aucuns des seigneurs de nostre sang qui s'estoient eslevés à l'encontre de nous, nous eussions donné nos lettres d'abolition générale à tous, de quelqu'estat qu'ilz fussent de notredit royaume qui les avoient servis et adhérés avec eux de tous cas, crimes, ma-

---

(1) Ils ont été approuvés sur la demande d'Olivier de Mannais, valet de chambre et premier barbier du roi. Il est plus connu sous le nom d'Olivier le Daim ou le Mauvais. (Isambert.)

léfices et délits qu'ils avaient faicts et commis sous ombre et couleur desdictes divisions et assemblées, à l'encontre de nous en quelque manière que ce fust, lesquelles lettres d'abolition nous avons voulu et ordonné être publiées, et gardées en et partout notredit royaume, mais ces choses nonobstant, il est venu à notre connoissance que plusieurs de ceux qui avoient adhéré avec lesdits sieurs pour les grandes fautes qu'ils ont comises craignent à retourner, doutans que ne les veuillons reprendre et tenir en notre grace, et à cette cause en y a plusieurs de divers états qui encore en sont en grand doubte et crainte, et seroient plus se par nous n'y étoit donné plus ample provision ainsy que remontré nous a été.

Pour ce est-il que nous ces choses considérées, voulans user envers nosdits sujets de bénignité et clémence et nosdites lettres d'abolition être gardées et observées, pour ces causes et autres considérations à ce nous mouvans et par l'avis et délibération des gens de notre grand conseil, avons, en ratifiant, et confirmant notredite abolition générale de nouvel et d'aboundant en tant que mestier est quitté, remis, pardonné et aboli, et par la teneur de ces présentes, quittons, remettons, pardonnons et abolissons de grace spéciale, pleine puissance et autorité royale, à tous nos sujets de notre royaume, soit gens d'église, nobles, bourgeois, marchands et autres de quelqu'état et condition qu'ils soient, tous les cas, crimes, offenses et délits qu'ils et chacun d'eulx peut avoir faits, dits, commis et perpétrés à l'encontre de nous, de notre seigneurie et majesté, de la chose publique de notredit royaume et de nos autres sujets, et qui en ont été consentans, participans et adhérens, soit par fait ou par parole durant lesdites divisions et sous ombre et occasion d'icelles en quelque forme et manière que ce soit jusques au jour de la date de ces présentes, nonobstant que lesdits crimes et délits ne soient pas exprimés en cesdites présentes, avec toute peine, amende et offense corporelle, criminelle et civile en quoy ils et chacun d'eux pourroient pour occasion des choses dessusdites et chacune d'icelles être encourues envers nous et justice, sans que aucune chose leur en soit ou puisse être dorénavant imputée ou demandée, ni injure faite, dite ou reprochée ne à aucun d'eulx par notre procureur ni autres quelconques; et les avons restitués et restituons à leur bonne fame et renommée au pays et à leurs biens qui seroient trouvés en nature non confisqués par sentence et déclaration duement faite, en mettant par cesdites présentes au néant leurs procès, appeaulx, défauts, ban, exécutions advenues et autres exploits qui ont ou pour ce pourroient avoir été faits ou commencés à l'encontre d'eulx en quelque juridiction que ce soit, et quant à ce, imposons silence perpétuel à notre procureur et à tous autres : toutefois nous n'entendons pas que Pierre d'Amboise, Charles d'Amboise son fils, et Jean de Dailloit, lesquels autrefois, à la requête de notre très-cher et très-amé nepveu et cousin de Bretaigne, en faisant l'appointement d'entre nous et luy ne povons à notre honneur donner abolition, jouissent du bénéfice de cette présente abolition, ne aussy nos serviteurs ayans gages ou pensions de nous, qui sans eulx déclarer contre nous auront aucune chose délinqué ou machiné à l'encontre de nous ou de notre personne.

Si donnons en mandement par cesdites présentes à nos amez et féaulx les gens de notre parlement, tant à Paris, Toulouze et Bordeaux, les gens qui tendront notre échiquier en Normandie, à tous seneschaux, baillis et autres nos justiciers ou à leurs lieutenans présens et à venir et à chacun d'eulx, si comme à luy appartendra, que nosdits sujets qui voudront être compris en cette dite abolition, et chacun d'eulx, ils fassent, souffrent et laissent jouir et user pleinement et paisiblement d'icelle, et si leurs corps ou biens sont ou estoient pour ce prins et empêchez, si les mettent ou fassent mettre sans delay chacun en droit soy à pleine délivrance, et cesdites présentes fassent registrer et publier en leurs auditoires et autres lieux accoustumés, afin que aucun n'en puisse ou doive prétendre cause d'ignorance.

Donné, etc.

Par le roy, en son conseil, auquel monseigneur le duc de Bourbon, Philippes monsieur de Savoye, vous l'archevêque de Tours, l'évêque de Langres, les sires de Craon, de La Forest et autres plusieurs estoient.

N°. 102. — Lettres *portant création de l'université de Bourges* (1).

Etampes, 24 septembre 1466. (C. L. XVI, 513.)

---

(1) V. l'ord. de déc. 1463. (Isambert.)

N°. 103. — Ordonnance *qui autorise l'exécution à main armée des arrêts rendus par les cours de parlement.* (1)

Bourges, 30 janvier 1466. (C. L. XVI, 546.) Reg. au parlem. de Toulouse 19 février.

Loys, etc. Comme nostre court de parlement de Tholose ait esté jà pieçà ordonnée et instituée pour faire et administrer justice en raison à un chascun ès fins et limites d'icelle, et pour entretenir le pays en bonne paix, union et tranquilité, et donner ordre et provision au faict public d'icelluy ; et soit ainsi que, à cause des guerres et divisions qui n'agueres ont eu cours en nostre royaulme, se sont sours et sourdent chascun jour plusieurs desbatz, questions, rebellions, desobeyssances et esclandes audict pays, ausquelz les gens de nostredict parlement ont vouleu mectre et donner ordre et provision, et sur ce donné plusieurs appoinctemens, jugemens et arrestz ; mais pour ce que ceulx qui ont faict et font lesdicts desbatz, questions, rebellions et desobeyssances, sont communement grandz seigneurs, fors et puissantz, lesdicts appoinctemens, arrestz et jugemens n'ont peu et ne peuvent estre executés par les resistances et desobeyssances que l'on a faictes et faict chascun jour par voye de faict à l'encontre des executeurs d'iceulx, qui sont choses de très-mauvais exemple et dont grand inconvenient et dommage s'en pourroit ensuivre à nous et à la chose publique du pays de Languedoc et autres pays circonvoisins mesmement ressortissans en nostredicte cour, se par nous n'estoit sur ce donnée prompte et convenable provision, ainsi que remonstré nous a esté :

Sçavoir faisons que nous, ce considéré, qui ne voulons telles rebellions et desobeyssances estre souffertes ne tolerées en nostre royaulme, ains bonne justice estre faicte et administrée à un chascun, et les arrestz et jugemens de nostredicte cour executés entierement, à ce que noz subgects puissent vivre ensemble en paix, union et tranquilité, sy avons, pour ces causes et consideracions, et par l'advis et deliberacion des gens de nostre grand consel, vouleu et *ordonné*, voulons et ordonnons par ces presentes, que les appoinctemens, arrestz et jugemens de nostredicte cour de parlement, faicts et à faire, soyent d'ores en avant executés par force et main armée, toutesfois que besoin sera et

---

(1) C'est de cette ordonnance que dérive aujourd'hui la formule exécutoire. Mandons et ordonnons à nos procureurs généraux et à tous commandants de la force armée de prêter main forte. (Isambert.)

que nostredicte cour l'ordonnera, de point en point, selon leur forme et teneur, nonobstant quelsconques lectres ou mandemens à ce contraires, lesquels, audict cas, voulons estre de nul effect et valeur.

Si donnons en mandement, etc.

N°. 104. — ASSEMBLÉE *de la commission souveraine de réformation* (1).

Paris et Etampes, 1466. (Duclos, recherches hist. tome 1er.)

N°. 105. — STATUTS *pour la confrairie des libraires, écrivains, enlumineurs, parcheminiers et relieurs* (2).

Chartres, juin 1467. (C. L. XVI, 669.)

N°. 106. — ORDONNANCE *sur l'organisation des corps de métiers de Paris sous diverses bannières* (3).

Chartres, juin 1467. (C. L. XVI, 671.)

Loys, etc. Sçavoir faisons à tous presens et advenir, comme, pour le bien et seureté de nostre bonne ville de Paris, et pour la

---

(1) On a vu par le traité de Saint-Maur que 36 personnes devaient travailler à la réformation de l'état. Les réformateurs, au nombre de 21 se réunirent à Paris; ils s'assemblèrent sous la présidence du comte de Dunois, qui proclamait les résolutions prises à la pluralité des voix. Rien ne pouvait être mis en délibération, s'ils n'étaient 13 au moins.

L'assemblée fut transférée à Etampes sous prétexte de la contagion qui était à Paris, mais pour la rapprocher du roi qui voulait rendre ses délibérations vaines. Il avait écrit aux ducs de Bretagne, de Bourgogne, d'Alençon et de Nemours, aux archevêques et évêques, aux sénéchaux et baillis et à toutes les villes, de dénoncer les abus. Chevredent l'un des réformateurs fit voir que malgré les ordonnances du roi on avait envoyé à Rome pendant le pontificat de Pie II, 220 mille écus, somme prodigieuse pour cette époque.

La commission au lieu de s'occuper de la législation se mêla de la guerre entre le roi et le duc de Bourgogne, qui était alors un potentat; et l'inutilité de cette intervention fit échouer les projets de réforme.

Il est à croire que Louis XI en corrompit les membres. (Isambert).

(2) Nous n'y avons rien trouvé d'intéressant. La première ordonnance relative à la découverte de l'imprimerie ne date que de Louis XII. (*Idem.*)

(3) Cette ordonnance a une très-grande importance politique. Louis XI avait été battu dans la guerre du bien public par les grands seigneurs. Il se fit populaire.

Cette ordonnance vient après une multitude de chartes particulières pour les divers métiers. C'est une espèce de garde nationale. (*Idem.*)

garde, tuicion et deffense d'icelle, et autres causes et consideracions à ce nous mouvans, nous ayons puis naguaires fait mectre sus et en armes les manans et habitans de tous estatz de nostredicte ville et cité, et ordonné les gens de mestier et marchans estre divisez et partiz en certaines bannieres, soubs lesquelles ilz seront chascun selon la qualité et l'estat dont il est, pour la conduicte et perfeccion de laquelle matiere, et affin que noz subgectz de nostredicte ville ainsi miz en armes comme dict est, puissent estre conduiz en ordre et police, en maniere que aucun inconvenient n'adviegne à cause de ce à nous ne à ladicte ville, ayons faict assembler aucuns notables gens tant de nostre court de parlement que austres gens de nostre conseil, lesquelz, par grande et meure deliberacion, ayent faict sur ce que dit est, certaines ordonnances, statutz et esdicts, contenant la forme qui s'ensuit :

S'ensuit ce qui a esté advisé, faict et ordonné, par les commissaires depputés et commis de par le roy à mectre sus en armes et habillement les manans et habitans de touz estatz de la bonne ville et cité de Paris.

Premierement. Après ce que lesdicts commissaires ont parlé et remonstré l'intencion et bon plaisir du roy ausdictz habitans de tous estatz, sur ce que dict est, et qu'ilz ont dict et respondu qu'ilz sont prestz d'obeyr au roy et de le servir de tout leur pouvoir et eulx mectre en armes et habillement, pour entretenir et maintenir ladicte ville en sa bonne obéysance, a esté advisé par lesdictz commissaires, que, pour donner ordre et conduicte en ceste besongne, les gens de mestier et marchans de ladicte ville seront partiz et divisés en soixante-une bannieres et compagnies, en la maniere qui s'ensuit :

C'est assavoir, tanneurs, baudroyeurs, corroyeurs, ensemble feront une banniere; sainturiers, boursiers, mesgissiers, une banniere; gantiers, esguilletiers (1), sainturiers et pareulx de peaulx, une banniere; cordonniers, une banniere; boulangiers, une banniere; paticiers, musniers (2), une banniere; feures (3),

---

(1) Fabricans d'aiguilles. Dans des statuts que leur donna Henri IV, à la fin du siècle suivant, 15 septembre 1599, on les désigne par communauté des aiguilliers, alesniers, faiseurs de burins, etc. (Pastoret.)

(2) Meuniers. (*Idem*).

(3) Forgerons. (*Idem*).

maréchaulx, une banniere; serpiers, cloustiers (1), une banniere; serruriers, une banniere; coustelliers, gaisniers, esmoleurs (2), une banniere; chandeliers, huilliers, une banniere; cerniers (3), selliers, coffriers, malletiers, une banniere; armuriers, brigandiniers (4), fourbisseurs de harnoys, lanciers, fourbisseurs d'espées, une banniere; freppiers, revendeurs, une banniere; marchans peletiers, courayeurs de paulx, une banniere; marchans fourieulx, une banniere; peigniers, artilliers (5), patiniers et tourneurs de blanc boys, une banniere; bouchers de la grant boucherie (6) et autres boucheries subgectz, une banniere; bouchers des boucheries de Beauvais, Gloriette, Cimetiere-Saint-Jehan et Nostre-Dame-des-champs, une banniere; tixerans de linge, une banniere; foulons de draps, une banniere; faiseurs de cardes et de pignes (7), une banniere; tondeurs de grant forces (8), teinturiers de draps, une banniere; huchiers (9), comprins les varlets besougnans sur les bourgois, une banniere; cousturiers, une banniere; bonnetiers et foulons de bonnets, une banniere; chappeliers, une banniere; fondeurs, chaudronniers, espingliers, balantiers (10) et graveurs de sceaulx, une banniere; potiers d'estain, bibelotiers (11), une banniere; tixerrans de lange (12), une banniere; pourpointiers, une banniere; maçons,

---

(1) Dans des statuts postérieurs, on trouve la communauté de ces artisans composée des maitres cloutiers, lormiers, étameurs et marchands ferroniers. (Pastoret.)

(2) Emouleurs, et aussi taillandiers. (Idem.)

(3) Fabricans de menus ouvrages de fer, mors, éperons, gourmettes, étriers. V. la note 1, ci-dessus. (Idem.)

(4) Les fabricans d'une espèce de cuirasse en usage alors et nommée *brigandine*. On lit dans le roman du Vergier d'honneur: *Ouvriers par faits de forger brigandines*. Les excès commis par des troupes qui portaient cette armure, ont fait donner au mot *brigands* la signification qu'il a aujourd'hui. (Idem.)

(5) Faiseurs d'arquebuses. (Idem.)

(6) Celle de l'apport de Paris, entre le Pont-au-Change et la rue Saint-Denis; celle du cimetière Saint-Jean est aussi qualifiée *grande boucherie* dans des réglemens postérieurs. (Idem.)

(7) Peignes pour la laine. (Idem.)

(8) Grands ciseaux dont on se sert pour tondre les draps. (Idem.)

(9) Faiseurs de huches (armoires). (Idem.)

(10) Balanciers; fabricateurs des divers instrumens dont on se sert pour peser. (Idem.)

(11) Je ne sais ce que *bibelotiers* veut dire: seraient-ce ceux qui fabriquaient des vases à boire? (Idem.)

(12) De laines. (Idem.)

carriers et tailleurs de pierre, une banniere; orfevres, une banniere; tonnelliers et avalleurs (1) de vins, une banniere; peintres, imagers, chasubliers, voirriers (2) et brodeurs, une banniere; marchans de buches, voitturiers par eau, bastelliers, passeurs et faiseurs de basteaulx, une banniere (3); barbiers, une banniere; poullailliers, queulx (4), rotisseurs et saucissiers, une banniere; charrons, une banniere; lanterniers, souffletiers, vanniers (5), ouvriers d'osier, une banniere; porteurs de greve, une banniere; henoards (6), revendeurs de foing et de paille, chauffourniers et estuviers, et porteurs des halles, une banniere; vendeurs et marchans de bestail, vendeurs de poisson de mer, une banniere; marchans de poisson d'eau doulce et pescheurs, une banniere; libraires, parcheminiers, escripvains et enlumineurs, une banniere; drappiers et chaussetiers, une banniere; espiciers et apoticaires, une banniere; deciers (7), tapissiers, teinturiers de fil, de soye et de toiles, tandeurs (8), une banniere; merciers, lunetiers et tapissiers sarasinois (9), une banniere; mareschers, jardiniers, une banniere; vendeurs d'eulx, fromaiges et esgrun (10), une banniere; charpentiers, une banniere; hostelliers et taverniers, une banniere; pigneux et tondeurs (11) de laine, une banniere; vignerons, une banniere; couvreurs de maison et manouvriers, une banniere; cordiers,

---

(1) Qui font la descente des vins dans les caves. (Pastoret.)

(2) Vitriers. (Idem.)

(3) Le registre des bannières du Châtelet dit de plus ici : sauciers, une bannière. (Idem.)

(4) Cuisiniers. La plupart des mots latins qui se terminent en *ocus*, prirent en français la terminaison *eu*; *focus*, *locus*, *jocus*, *coquus*, etc. (Idem.)

(5) Ceux qui font les ouvrages d'osier. (Idem.)

(6) Porteurs de sel. (Idem.)

(7) *Deciers* exprimait les faiseurs de dés à jouer, d'échecs d'or ou d'ivoire, et d'ouvrages semblables; le registre des bannières en donne cette définition, mais ce travail n'aurait aucune analogie avec les métiers désignés immédiatement après; et c'est vraisemblablement à des travaux du même genre, pour lesquels on fait usage du dé à coudre que le mot *deciers* est ici appliqué. (Idem.)

(8) Autre espèce de teinturiers. (Idem.)

(9) Les tapissiers sarrasinois étaient ceux qui travaillaient dans le genre des ouvrages de Perse, de Turquie, etc.; et cette qualification leur était venue du nom donné aux ennemis que les Chrétiens étaient allés combattre. On dut sur-tout aux Orientaux les hautes et basses-lices. (Idem.)

(10) Herbe potagère. (Idem.)

(11) Il y a *cardeurs* dans le registre des bannières du Châtelet. (Idem.)

..........., corretiers et vendeurs de chevaulx, une banniere; ...., potiers de terre, nattiers (1) et faiseurs d'esteuf (2), ... banniere; et notaires, bedeaulx, et austres praticiens en cours d'église, mariés, non estant de mestier, feront aussi une banniere.

(2) *Item*. Et que en chascun desdicts mestiers et compaignies y aura une banniere armoryée et figurée chascune d'une croix blanche au milieu, et de telles enseignes et armoiries que lesdicts mestiers et compaignies adviseront.

(3) *Item*. Et avec ce a esté advisé que, pour la conduicte desdicts mestiers et compaignies, y aura, en chascune desdictes compaignies, deux hommes, dont l'un s'appellera principal et l'autre soubz-principal, lesquelz principal et soubz-principal s'esliront par chascun an, le lendemain de la Saint-Jehan, et devant six jours après ensuivant, par les chefs d'ostel desdicts mestiers et compaignies, en la presence des commissaires du Chastellet qui ont esté ordonnés et distribués à prendre et veoir faire le serement desdicts mestiers et compagnies, lesquelz principaulx et soubz-principaulx ont esté et seront esleuz et depputez pour ceste année presente.

(4) *Item*. Lesquelz principaulx et soubz-principaulx renouvellez pour les années subsequentes, seront tenuz de venir faire le serement ez mains du lieutenant du roy ou de ceulx qui seront les commis de par ledict seigneur, lequel serement contendra la forme qui s'ensuit :

« Vous jurez à Dieu et sur ses saints euvangiles, que vous se-
» rez bons et loyaulx au roy, et le servirez envers tous et contre
» tous qui pevent vivre et morir, sans quelconque personne ex-
» cepter; obeyrez au roy, à ses lieutenans ou commis, en ce qui
» vous sera ordonné, et irez, et vous trouverez ez lieux qui vous
» seront ordonnez, et conduirez voz bannieres et ceux qui se sont
» ordonnez soubz icelles, en armes et habillemens ainsi qu'il
» appartient; et vous employerez de tout vostre pouvoir à
» faire et accomplir tout ce que de par le roy nostredit seigneur,
» sesditz lieutenans ou commis, vous sera commandé et ordonné,
» comme bons, vrais et loyaux subgects, et jusques à la mort ;
» et ne ferez ne procurerez ne souffrerez faire ne procurer aucu-
» nes sedicions, rumeurs, tumultes, commocions, entreprinses

---
(1) On faisoit alors un grand commerce de nattes. (Pastoret.)
(2) Ballons pour jouer à la paume. (*Idem*.)

» ne aultres choses contraires ne prejudiciables au roy ne à
» seigneurie, ne contre son vouloir et entencion; et se vous
» auscunes machinacions, conspiracions, entreprinses, mo-
» poles, tumultes, commocions ou aultres choses que aucuns
» veuillent ou s'efforcent faire contre et au prejudice du roy, de
» sadicte seigneurie et de son vouloir et de son intencion, ils
» reveleront incontinent au roy ou à sesdictz lieutenans ou com-
» mis, sur peine d'en estre pugnis comme rebelles et desobey-
» sans au roy; et avec ce, promectez et jurez que ne assemble-
» ne souffrerez assembler ne mectre en armes ceulx de vostre
» banniere, et ne les menerez ne conduirez, ne ferez mener ne
» conduire en auscuns lieux pour user de quelque voye de faict
» ne aultrement, en quelque maniere que ce soit, sinon que ce
» soit par l'ordonnance ou exprés congié et licence du roy ou
» sesdictz lieutenans ou commis, sur la peine que dessus. »

(5) *Item.* Et se lesdictz principaulx ou soubz-principaulx ont
bien servi leur année, et que ceulx de leur mestier et compaignie
voyent que, pour le bien du roy et de leur conduicte, il soit convenable de les renouveller et continuer pour l'année ensuivant,
faire le pourront.

(6) *Item.* Et ne pourront estre esleuz auscuns en principaulx
et soubz-principaulx, sinon qu'ils soyent chiefs d'hostelz bien
receans, renommez et conditionnez, et qu'ils ayent demouré et
resdé en ceste ville six ans du moins.

(7) *Item.* A esté advisé et ordonné que lesdictz principaulx et
soubz-principaulx prendront le serement, present le commissaire
de tous ceulx qui sont, seront et viendront nouvellement en leurs
mestiers et compaignies et soubz leurs bannieres, tel et en la forme
et maniere qui s'ensuit:

« Vous jurez à Dieu, aux saints euvangiles de Dieu, et sur la
» dampnation de vos ames, que vous serez bons et loyaulx au
» roy, et le servirez envers tous et contre tous qui peuvent vivre
» et mourir, sans nul excepter; et obeyrez à vostre principal et
» soubz-principal en ce qui vous sera ordonné, réservé contre la
» personne du roy ou son certain mandement, et yrez et vous
» trouverez ez lieux qui vous seront ordonnez, et vous condui-
» rez soubz vos bannieres et serez en armes et habillement ainsi
» qu'il appartient, et vous employerez de tout vostre pouvoir à
» faire et accomplir tout ce qui par le roy vous sera commandé,
» et ainsi que par vosditz principal et soubz-principal vous sera
» declairé, comme bons, vrays et loyaulx subgects jusques à la

..., et ne ferez ne procurerez ne souffrerez faire procurer ... sedicions, rumeurs, tumultes, commocions, entre-... ne autres choses prejudiciables au roy ne à sa seigneu-... contre son vouloir et plaisir; et se savez auscunes ma-... cions, conspiracions, entreprinses, monopoles, tumultes, ... ocions ou autres choses que auscuns veuillent ou s'ef-... faire contre et ou prejudice du roy, de sadicte seigneu-... et de son plaisir et vouloir, vous le revelerez incontinent au ... ou à ses lieutenans et commis en ceste partie, sur peine ... estre pugnis comme rebelles et désobéyssans au Roy; et ... tousjours pretz toutes les fois que par vosdictz principal ... soubs-principal sera mandé :

(8) *Item*. Et lesquelz principaulx et soubz-principaulx, avec ... commissaire, ordonneront et enjoindront à tous ceulx de ... bannieres qui ne seront eu habillement souffisant, c'est as-... de brigandines ou jacques, salade, vouge, longue lance ... levraine à main, qu'ilz se mectent en habillement souffi-... selon leur possibilité, dedans la quinzaine après ensuivant, ... peine de soixante solz d'amende, à appliquer, le tiers au roy, ... tiers à la communauté desditz mestiers et compaignies, et ... tiers au principal et soubz-principal, c'est assavoir, les ... pars au principal et la tierce partie au soubz-principal.

(9) *Item*. Que les commissaires de chascun mestier, avecques ... principal et soubz-principal, seront tenuz de faire ung papier ... maniere de registre, ouquel ilz escriront et enregistreront ... qui seront principaulx ou soubz-principaulx, et aussi tous ... qui seront de leur mestier ou banniere, tant chiefs d'ostel ... varletz, et leurs habillemens en quoy ilz seront, et tant ... qui y sont de present comme ceux qui y surviendront ou ... advenir, duquel papier ou registre un double demourra ... devers le principal, et l'autre par-devers ledict commissaire.

(10) *Item*. Et seront tenus tous ceulx qui sont et seront en ba-... ... de garder leursdictz habillemens, sans qu'ilz les puis-... vendre, aliener ne transporter, sur peine de pugnir ceulx ... vendront ou les achepteront ou prendront, d'amende ... ; et pour quelque depte, obligation ou condemnacion, ... pourra prendre lesdicts habillemens.

(11) *Item*. A esté advisé et ordonné que, s'il y a auscuns resi-... et demourans en ladicte ville, tenans feu et lieu, qui ne ... de mestier, marchandise, officier, ou d'oultre estat qui ... compris soubz lesdictes bannieres ou aultres compai-

gnies de ladicte ville, ils seront tenuz, deux mois après qu'ilz auront demouré et resideé en ladicte ville, ou huit jours après que leur aura esté notifié et signifié par auscuns principal et soubz-principal ou commissaire, de eulx faire mectre et enregistrer soubz l'une des bannieres dessusdictes, telles qu'il leur sera ordonné, sur peine d'estre bannis de ladicte ville et faulxbourg, et de cent solz d'amende à appliquer moictié au roy et moictié à la communaulté desdictes bannieres; et est enjoinct aux principaulx, soubz-principaulx, et pareillement à leurs commissaires, qu'ilz se pregnent garde soigneusement et diligemment de ceulx de leurs mestiers, et pareillement d'aultres qui n'auront auscun mestier, pour les faire enregistrer et les contraindre à prendre banniere, sur les peines que dessus.

(12) *Item.* Que, après que auscuns seront mis et enregistrés soubz l'une desdictes bannieres, ilz ne pourront varier ni changer ladicte banniere pour eux mectre ne enregistrer sous d'aultres bannieres sans le congé du roy ou de ceulx qui seront commis et ordonnez de par luy.

(13) *Item.* A esté ordonné que quant auscuns des maistres desdictz mestiers ou marchandises prendront de novel auscuns varletz ou serviteurs, ilz seront tenuz, dedans ung mois après, en advertir le principal et soubz-principal et le commissaire, qui seront tenuz de les enregistrer en leurs papiers et registres; et en cas que lesdictz maistres seroient negligens de le venir declairer dedans le temps dessusdict, ilz en payeront vingt solz parisis d'amende, à appliquer moictié au roy et l'autre moictié à la communaulté de la banniere.

(14) *Item.* Et lesquelles bannieres seront et demourront en la garde desdictz principaulx et soubz-principaulx (1); et sera chascune banniere enfermée en ung coffre ou aultre lieu, soubz trois clefz, dont le principal en aura l'une, le soubz-principal une, et le commissaire l'autre.

(15) *Item.* Et lesquelz principaulx et soubz-principaulx, avec leurdict commissaire, pourront cognoistre, sans forme et figure de procès, des questions et debatz qui surviendront ou pourroient survenir entre ceulx de leurdictes bannieres, à cause de leurs armures, et s'ils seront en bon et souffisant habillement, et en discuter et ordonner; et pour les fautes qu'ilz y trouveront,

---

(1) Il en fut de même en 1815, lorsqu'on organisa les fédérés comme corps auxiliaire de la garde nationale parisienne. (Isambert.)

... en amendes jusqu'à soixante sols et au-dessoubs, ... qu'ilz verront estre à faire, laquelle amende sera deppartie ..., comme dessus.

(16) *Item.* Et si lesdictes questions estoient grosses et qu'il y ... plus grant inquisicion, ou que les parties, ou auscune ..., ne voulsissent acquiescer à l'ordonnance desditz prin... et soubz-principal et commissaire, ilz auront recours au ... ordonné par le roy, en la chambre du conseil, qui en ... sommerement et de plain, ainsi qu'il appartendra.

(17) *Item.* Et pour obvier aux legieres assemblées qui se pour... faire, et à toutes commocions, conspiracions, rumeurs, tu... et aultres inconveniens qui s'en pourroient ensuyvre, a esté ... et ordonné que lesdictes bannieres ne seront tirées ne mi... hors desdictz lieux pour les deployer, sinon que ce soit par ... commandement et ordonnance du roi ou de son lieutenant, ... de celui ou ceulx qui par luy seront à ce commis et ordonnez, ... bon avis et deliberacion.

(18) *Item.* Et ne pourront lesdictz principaulx et soubz-prin... eulx armer ne faire armer ceulx de leurs bannieres, ne ... sembler en armes ne aultrement, et ne les meneront ne ... iront, ne feront mener ne conduire, et ne souffreront qu'ilz ... ment ou assemblent pour user de quelque voye de faict ne ... ment, en quelque maniere que ce soit, sinon que ce soit ... l'ordonnance et exprès mandement du roy, de son lieutenant ... de celuy ou ceulx qui seront à ce commis de par luy, sur peine ... ou aultre telle qu'il appartendra, sur ceulx qui feront le ...

(19) *Item.* Et touteffois et quantes que par le roy, son lieute... ou commis, sera mandé et ordonné auxdictz principaulx et ...-principaulx auscun d'eulx, habiller et faire habiller ... mettre en armes eulx et ceulx de leurs bannieres, et eulx ... et trouver ez lieux qui leur seront ordonnez, ilz seront ... de faire et faire obeyr tout ce qui leur sera commandé et ..., sur peine de puguir ceulx qui feront le contraire, ainsi ... cas appartendra.

(20) *Item.* Et se lesdictz principaulx et soubz-principaulx, ou ... de ceulx de leur bannieres ou aultres, savent auscunes ...racions, monopoles, seductions, rumeurs, tumultes ou ... choses qu'on face ou veuille faire contre le bien du Roy et ... dicte ville de Paris, ilz seront tenus de le venir reveler in... au Roy ou à ses lieutenans ou commis, ainsy qu'ilz

doivent et qu'ilz ont promis et juré de faire, sur peine c[apital]
au aultre telle qu'il appartendra.

(21) *Item.* Et pourront lesdictz principaulx et soubz-princip[aulx]
et aultres desdictes bannieres, porter dagues, touteffois que [leur]
leur semblera, et aussi leurs gusarmes et aultres habille[ments]
de guerre, aux dimanches et aultres festes, pour eulx exer[cer]
et esbattre, et jusques au bon plaisir du Roy; touteffois leur [est]
ordonné et enjoinct qu'ilz se gardent de frapper et de mesfai[re]
mespreindre aucune chose, sur peine d'estre pugnis ainsi q[ue]
au cas appartiendra, et tellement et si griefvement que ce s[oit]
exemple à tous aultres.

(22) *Item.* Et feront lesdictz principaulx ou soubz-principa[ulx]
chascun les monstres de ceulx de leurs mestiers et bannier[es]
une foiz l'an, le lendemain de leurs confrairies, à telle he[ure]
qu'ilz verront estre à faire; et ceulx qu'ilz verront non estre [en]
bon et suffisant habillement, les contraindront à eulx y mectr[e]
dedans huit jours après, sur peine de soixante solz d'amende, [et]
enregistreront lesdictz monstres en leurs registres et papier[s; et]
seront tenuz de notiffier leurdicte monstre avant qu'ilz la fac[ent]
aux lieutenans et commis du Roy.

(23) *Item.* Et au regard des gens et officiers du Roy tant e[n la]
court de parlement que en la chambre des comptes, des genera[ux]
de la justice, des monnoyes, du tresor, des esleuz, et aussi [du]
Chastellet et de la prevosté de Paris, de l'ostel de la ville, prev[os-]
té des marchands et eschevinage de ladicte ville, et des me[mbres]
deppendans et suppostz d'iceulx, tous lesquelz, en obeyssant [au]
Roy et à ce qui leur a esté dict et remonstré de par luy par [ses-]
diotz commissaires, ont dict et respondu qu'ilz se mectroient [et]
feroient mectre leurs gens et serviteurs en estat et habilleme[nt le]
mieulx et au plus grand nombre de gens qu'ilz pourroient, p[our]
servir le Roy à la defense de ladicte ville de tout leur pouvoir, [et]
toutes les fois que par le Roy ou son lieutenant ou commis [il]
seroit mandé et enjoinct, et jà ont baillé, par declaracion p[ar]
devers lesdictz commissaires, le nombre d'eulx et de leurs [gens]
qu'ilz entendent mectre en armes et habillement; a esté a[dvisé]
que, pour la conduite des dessusdictz, les chiefs desdictes c[ourts]
et chambres, c'est assavoir, pour ladicte court de parleme[nt]
soubz laquelle sont comprins les greffiers, huissiers, adv[ocatz,]
procureurs, les chambres des requestes de l'ostel et du palais [de]
la justice, du tresor, les notaires et secretaires du Roy et a[utres]
gens et officiers desdictes chambres et de la chancellerie, e[t]

[...] deçà, les presidens de ladicte court de parlement en auront [con]duite; et seront tenuz tous les suppostz et ceulx qui sont [com]prins soubz ledict corps de parlement, d'obeyr à ce qui leur [sera] mandé et enjoinct par lesdicts presidens.

(14) Item. Et pareillement les presidens de la chambre des [com]ptes et autres qu'ilz ordonneront, seront les chiefz et auront [con]duite de ladicte chambre et desdictes chambres des gene[ra]ux de la justice, des aydes, des monnoyes et des esluz; et sem[bl]ablement, pour le Chastellet soubz lequel sont comprins tous [of]ficiers dudict Chastellet, c'est assavoir, les commissaires, [n]otaires, les auditeurs, greffiers, sergens et aultres officiers [et] suppostz dudict Chastellet, le prevost de Paris et ses lieutenans [en] auront la conduicte; et semblablement, de ceulx de l'ostel de [la] ville, de la prevosté et eschevinage d'icelle, soubz lesquelz [sont] comprins les quarteniers, les cinquanteniers et les diseniers, [les] arbalestriers et archers, les officiers de ladicte ville, ensemble [les] francs-bourgois et les marchans qui tiennent ouvrouer ne [bou]tique, les prevost des marchans et eschevins en auront la [con]duicte; et obeyront tous ceulx desdictes chambres et compai[gn]ies à leurs chiefs et à ce qui sera par eulx ordonné et commandé.

(15) Item. Et tous lesquelz chiefz feront les sermens dessus de[clar]és es mains desdictz commissaires du Roy qui sont à present [mi]s; et ce faict, lesdictz chiefs feront faire serement à tous ceulx [qui] seront soubz eulx et de leurs chambres et compaignies, tel et [tel]que dessus est déclairé.

(16) Item. Et seront tenuz lesdictz chiefs de faire papiers et [rol]les de tous ceulx qui sont et seront soubz eulx et de leur [gouverne]ment, et de les faire entretenir en bons et suffisans habill[em]ens, et à ce les contraindre, ainsi que au cas appartiendra.

(17) Item. Et seront tenuz lesdictz de parlement, des comptes, [du] Chastellet et de l'ostel de la ville, tant chiefz que aultres, [obe]yr à ce qu'il leur sera commandé et enjoinct de par le Roy [ou] ses lieutenans ou commis, et ne feront aucunes assemblées [n]e user de quelques voyes de faict ne aultrement touchant le [cas] dessusdict, sinon que ce soit par l'ordonnance et comman[demen]t du Roy ou de ses lieutenans ou commis, et entretiendront [et ga]rderont en tout et par-tout les ordonnances dessusdictes, sur [les pei]nes dessus declairées.

[Les]quelles ordonnances, edits et statutz cy-dessus escriptz, nous [sont] agreables, et icelles louons, ratiffions et approuvons par [ces presen]tes, et voulons sortir effect et estre entretenues et observées comme loy et edict royale, perpetuellement et à toujours.

Si donnons en mandement, par cesdictes presentes, à nos amez et féaux conseillers du Roy les gens tenans et qui tiendront notredicte court de parlement à Paris, aux prevostz de Paris, des marchans et eschevins de nostredicte ville, et à tous autres justiciers, present et advenir, ou à leurs lieutenans, si comme il appartiendra, que nostre ordonnance, edict, statut et loy, et contenu en ces presentes, ilz facent enregistrer et publier, tenir, entretenir, garder et observer sans enfreindre.

Et affin que ce soit ferme chose et stable à tousjours, nous avons faict mectre nostre scel à ces presentes, sauf en autres choses nostre droict et l'autruy en toutes.

Donné à Chartres, etc. Scellées du scel de nostre chancellerie, à Paris, par nostre ordonnance. Par le Roy, l'Evesque d'Evreux et le sire de Loheac presens.

N° 107. — Lettres portant rétablissement des collations en faveur du pape (1).

Etampes, 14 juillet 1467. (C. L. XVII, 1.)

Loys, etc. sçavoir faisons à tous presens et advenir, que nous considerans estre vray filz d'Esglise et très-chrestien Roy, voulans obeyr au Saint-Siege apostolique, et complaire de tout nostre povoir à nostre Saint-Pere le Pape, et luy souffrir et laisser ce qui luy apartient comme raison est (2), et sur ce, eu advis et deliberacion avec plusieurs des seigneurs de nostre sang et gens de nostre grant conseil, icelles noz lectres et le contenu en icelles ensemble les publications qui s'en estoient ensuies, et aussi toutes aultres ordonnances que pourrions avoir faictes au contraire à l'autorité de nostredict Saint-Pere le Pape et du Saint-Siege apostolique,

Avons revoqué et adnullé, revocquons, cassons et adnullons par ces presentes, en permettant à tous nosdicts subgetz et habitans de nosdicts royaulme et Daulphiné, par cesdictes presentes, qu'ilz puissent aller ou envoyer en ladicte court de Rome devers

---

(1) La politique de Louis XI n'était pas réglée par des principes. Elle changeait selon les circonstances. (Isambert.)

(2) Les conciles sont supérieurs au pape. V. ci-dessus les remontrances du parlement sur l'ordon. de 1461. (Idem.)

…dict Saint-Pere le Pape, querir et obtenir collacions et provisions de benefices, soit qu'ilz soyent collectifs ou aultrement, et icelles collacions et provisions faire mectre à execution selon leur forme et teneur, tout ainsi et par la forme et maniere qu'ilz faisoient ou povoient faire auparavant nosdictes ordonnances et publicacion d'icelles, sans ce que aucunement, en ce faisant, ilz ne aucuns d'eulx puissent encourir les peines indictes et declarées en nosdictes ordonnances en auscune maniere, et comme se nosdictes lectres dessus transcriptes n'eussent par nous esté octroyées, leues et publiées comme dict est.

Si donnons en mandement, etc.

N°. 108. — LETTRES *portant que les conseillers au parlement ne seront pas payés de leurs gages pendant leur absence.*

Etampes, 26 juillet 1467. (C. L. XVII, 2.)

N°. 109. — LETTRES *pour la fabrication de la monnaie appelée liard de France de trois deniers.*

Paris, 18 septembre 1467. (C. L. XVII, 13.)

N°. 110. — LETTRES *sur l'inamovibilité des offices de magistrature et autres* (1).

Paris, 21 octobre 1467. (C. L. XVII, 25.) Reg. au parlement de Paris, le 23 novembre et à la cour des monnaies le 27 octobre.

Loys, etc. Comme depuis nostre avenement à la couronne, plusieurs mutations ayent esté faictes en noz offices, laquelle

---

(1) Cette loi est devenue une des plus célèbres de Louis XI. Elle a été l'objet de beaucoup de discussions, et les anciens magistrats l'ont souvent invoquée. Le principe qu'elle établit, et que Louis XI lui-même avait violé tant de fois avant de la consacrer (ainsi qu'on le voit par plusieurs lettres du commencement de son règne), se trouve dans les Capitulaires de la seconde race, dans un Capitulaire, entre autres, de l'an 844 du règne de Charles-le-Chauve.

Quia vero debitum esse cognoscimus ut a quibus honorem suscepimus, eos juxta dictum Dominicum honoremus, volumus ut omnes fideles nostri certissime tenant, neminem cujuslibet ordinis aut dignitatis deinceps, nostro in … *libitu aut alterius calliditate vel injustâ cupiditate, promerito honore debere privari, nisi justitiæ judicio et ratione atque æquitate dictante.*

chose est en la pluspart advenue à la poursuite et subjection d'aucuns, et nous non advertiz duement; par quoy, ainsy que entendu avons et bien cognoissons estre vraysemblable, plusieurs de noz officiers, doubtant cheoir audict inconvenient de mutation et de destitution, n'ont pas tel zele et ferveur à nostre service qu'ilz auroient se n'estoit ladicte doubte; sçavoir faisons que nous, considerant que en noz officiers consiste, soubz nostre auctorité, la direction des faicts par lesquelz est policée et entretenue la chose publicque de nostre royaume, et que d'icelluy ilz sont les ministres essentiaulx, comme membres du corps dont nous sommes le chief; voulans extirper d'eulx icelle doubte et pourveoir à leur seureté en nostredict service, tellement qu'ilz ayent cause de y faire et perseverer ainsy qu'ilz doivent, statuons et ordonnons par ces presentes, que desormais nous ne donnerons aucun de noz offices, s'il n'est vaquant par mort ou par resignation faicte de bon gré et consentement du resignant, dont il apperre duement, ou par forfaicture préalablement jugée et declairée judiciairement et selon les termes de justice, par juge competant, et dont il apperra semblablement (1); et s'il advient

---

Legem verò unicuique competentem, sicut antecessores sui tempore nostrorum praedecessorum habuerunt, in omni dignitate et ordine, favente Deo, me duraturum perdono.

Honor, office, était alors bien distinct de charge, *onus*; le sens de ces deux mots s'est ensuite rapproché. Le premier supposait une dignité, l'exercice de quelques droits; il s'appliquait aux plus hautes fonctions de l'État, et en particulier aux ducs et aux comtes, chargés, au nom du prince, de l'administration de la justice. Il n'était guère resté dans notre langue, de cette signification primitive, que le titre d'*honoraire*, pour ceux qui conservaient les prerogatives de l'office qu'ils avaient eu, quoiqu'ils l'eussent vendu ou cédé à un autre; et encore pourrait-on lui trouver une autre origine.

Dans la paix faite en 860, entre Charles-le-Chauve et Louis-le-Germanique, son frère, Louis demanda que l'on conservât ou que l'on rendît leurs places, leurs dignités, leurs offices, *honores*, à ceux qui s'étaient prononcés pour lui; Charles ne donne, à cet égard, qu'une promesse vague et conditionelle. V. encore les Capitulaires, tome II, p. 144 et 785. (de Pastoret.)

Le principe d'inamovibilité pour les magistrats, est dans la Charte, pour les officiers ministériels, dans la loi du 28 avril 1816, art. 91, ce qui a été consacré dans l'affaire Lecomte, avoué à Joigny, et dans l'affaire des avoués de la ration. (Isambert).

(1) *Nemo honore suo privetur, nisi competente judicio*, disait la maxime ancienne, confirmée ici par Louis XI. On peut voir, outre les Capitulaires, les Formules de Marculfe: et Marculfe remonte à la première race: son ouvrage est dédié à Landry, évêque de Paris, qui vivait dans le VII° siècle. (Pastoret.)

..., par inadvertance, importunité de requerans ou autrement (1), nous facions le contraire, nous, dès maintenant pour lors, le revocquons et adnullons, et voulons que aucunes lectres n'en soient faictes ne expediées, et si faictes estoient, que à icelles ne à quelzconques autres que l'on pourroit sur ce obtenir de nous, aucune foy ne soit adjoustée, ne que pour ce (2) aucun soit destitué de son office ne inquiesté en icellui.

Si donnons en mandement à nostre amé et féal chancellier, à noz amez et féaulx les gens de nostre parlement, les gens de noz comptes, tresoriers, maistres des requestes de nostre hostel, aux prevost de Paris, bailly de Vermandois, et à tous noz aultres justiciers (3) et officiers ou à leurs lieuxtenans, presens et advenir, et à chascun d'eulx si comme à lui appartendra, que noz presens statut, ordonnance et voulenté, ilz entretiennent et gardent inviolablement, et les facent publier et enregistrer en leurs cours et auditoires, sans faire ne souffrir faire aucune chose au contraire, car ainsy nous plaist-il estre faict (4); au *vidimus* desquelles, faict soubz scel royal, voulons pleine foy estre adjoustée, comme à ce present original, auquel, en tesmoing de ce, nous avons fait mectre nostre scel.

Donné à Paris, etc.

Par le Roy, le sire de la Forest, maistre Pierre Doriolle, Nicolas de Louviers, et autres presens. (5)

---

(1) C'est encore ce que nous venons de lire dans les Capitulaires. Les mêmes expressions se retrouvent dans les lettres de Philippe de Valois, indiquées ci-après. (Pastoret.)

(2) En vertu d'icelles. *Code Henri*. (*Idem.*)

(3) Nous lisons dans la table des Ordonnances de la cour des aides, p. 178, v°, une note sur ce que les generaux des finances et de la justice des aides ne sont pas nommés dans ce mandement : « Sans doute, elle leur aura été adressée en particulier, dit l'auteur de cette note; l'ordonnance s'adresse à *tous justiciers*, et, par consequent, elle regarde lesdits generaux comme les autres. » (*Idem.*)

(4) Par ces présentes; registre E du parlement, registre F de la Cour des Monnaies, Fontanon, table des ordonnances de la Cour des aides. (*Idem.*)

(5) Philippe de Valois avait rendu, le 17 mars 1337, une ordonnance qui a beaucoup de rapport avec celle-ci, quoique l'objet en soit moins précis et moins étendu. Elle est rappelée dans un mandement donné par le même prince, le 9 juillet 1341. V. aussi lettres de Charles V, alors régent, du 28 mai 1359.

Henri II, par un édit du mois de mai 1554, accorda aux officiers de sa maison, de ne pouvoir être destitués que dans les cas exprimés par cette ordonnance. (Ce principe a été changé pour la maison du roi par une ordonnance de 1820).

Louis XI, dans ses instructions à Charles VIII, son fils, insiste sur le principe

Au dos : Lecta, publicata et registrata Parisius, in Parlamento, xxiij°. die Novembris, anno Domini millesimo CCCC LXVII. et à la cour des monnoies, le 27 Octobre.

N°. 111. — ORDONNANCE *portant rétablissement du comte du Perche dans les honneurs et les biens de ses ancêtres; réintégration assurée au duc d'Alençon* (1) *lui-même, aussitôt qu'il sera rentré dans l'obéissance du roi.*

Au Mans, 20 janvier 1467. (C. L. XVII, 58.)

N°. 112. — LETTRES *d'abolition en faveur de René d'Alençon, comte du Perche, tant pour lui que pour son père, qui sont remis en possession de tous leurs biens, terres et seigneuries, nonobstant les arrêts intervenus contre ce dernier* (2).

20 janvier 1467. (Manus. de la Bibl. du roi, monum. histor., cart. 155.)

N°. 113. — ORDONNANCE (3) *au sujet des troupes.*

Montils-lès-Tours, avril 1467. (C. L. XVII, 82.)

Premierement. Les monstres se feront de trois mois en trois mois par les mareschaulx ou les commis, en tel lieu que chacun puisse retourner en son logiz le jour de la monstre, dont lesdicts mareschaulx en feront deux en l'an, presens les cappitaines; et

---

qu'il établit dans cette loi; il lui recommande d'entretenir tous ses officiers, tant de judicature que autres, en leurs charges et offices, « sans aucunement les emper- « changer, descharger ne desapoincter, ne aucun d'eulx, sinon toutesfois qu'il « fust ou estoit trouvé qu'ilz ou aucun d'eulx fussent ou soient autres que bons et « loyaulx, qu'il en appere bien et deuement, et que bonne et deue declaracion « en soit faicte par justice, ainsy qu'en tel cas appartient. » Instructions du 21 septembre 1482, art. 3. (Pastoret.)

(1) Condamné à mort comme criminel de leze-majesté, par arrêt de la cour des Pairs, du 10 octobre 1458. Il avait été gracié et réintégré dans ses biens par des lettres de 1461. Par autres lettres données à Tours, en décembre 1465, cette grâce avait été annulée pour cause d'alliance du duc d'Alençon avec le duc de Bretagne. (Decrusy.)

(2) Nous avons donné beaucoup de lettres semblables. (Isambert).

(3) Cette pièce n'est pas en forme, quoique la copie sur laquelle on a imprimé soit authentique. (de Pastoret.)

sera la premiere commencée le lundy d'après Quasimodo, par lesdicts mareschaulx; et de chacune compaignie sera faicte ladicte premiere monstre en ung lieu seullement; et sera fait le payement à chacun en personne, et ne sera baillé aux cappitaines lors seullement leur soulde et leur estat; et auront les notaires qui recevront les quictances, tel prouffit que du temps du feu Roy, que Dieu absoille; et il n'y aura pour chacune lance, que six hommes et six chevaux; et seront logiez ès villes clauses ou ès grosses bourgades où il y a justice et marché.

(2) *Item.* Seront logiez et fourniz d'ustencilles par les commis, selon les ordonnances faictes en Normandie, c'est assavoir, pour chacune lance fourni une chambre à cheminée, trois lits garnis de trois couvertures et six paires de draps, deux nappes, douze escuelles, quatre plats, deux pots d'estain, une paelle d'arain et une de fer, estable à mectre six chevaulx, et lieu à mectre provision tant pour les personnes comme pour les chevaulx, pour trois mois, en payant, par ceulx qui sont payez à forte monnoye, trente solz, et monnoye de Normendie, quarante solz, par mois, et ne sera aucun en ung logeiz, sans le voulloir de l'hoste, plus de six mois, mais luy sera pourvu d'autres logeiz par la justice des lieux et lesdicts commis.

(3) *Item.* Que les juges des lieux cognoistront de toutes questions, hors fait de guerre, comme entre privées personnes; et leur seront par le chief de chambre bailliez les delinquans ou debiteurs pour en faire justice, et ce, sur peine de perdre leur ordonnance, s'ils en sont requis: toutes-voyes, s'il y avoit delit qui requist mort, lesdicts juges pourront proceder à la caupcion du delinquant sans le chief de la chambre, pour doubte de l'absence; et en tout, sera appelé ledict chief de chambre ou son commis; et par celui qui fera le payement sera satisfait aux interests, et en passera l'homme de guerre quictance.

(4) *Item.* Pourront lesdicts cappitaines donner congié à la cinquiesme partie de leur charge, quant le Roy ne voyagera, pour trois mois seullement; et se, depuis le mandement fait, aucuns veullent quicter leur ordonnance, ilz perdront harnois et chevaulx au prouffit du cappitaine, et seront tenus en prison jusques à restitution de la soulde d'ung an; et se ceulx qui auront congié ne sont à leur monstre, si pourront-ilz passer quictance vaillable au tresorier des guerres.

(5) *Item.* Des questions mouvans entre les gens de guerre, on en cognoistra d'ores en avant selon les ordonnances royaulx, et

ainsy que l'on a usé du temps du feu Roy, cuy Dieu pardoint, et ne se pourra aucun mectre soubz autre cappitaine que le sien, sans le congié de son cappitaine, sur peine de perdre chevaulx et harnois, et d'estre mis hors de l'ordonnance; et ne pourra aucun passer soubz deux cappitaines à la moustre, sur peine de la hart.

(6) *Item*. Ne prendra aucun desdicts cappitaines sur les gens de sa charge, par don, emprunt ne autrement, quelque chose que ce soit, sans le bon plaisir du Roy, sur peine d'estre privé de sadicte charge et d'estre contraint à restituer ce qu'il aura receu.

(7) *Item*. Quant aucun qui longuement aura servy sera cessé par impotence, les mareschaulx et commissaires le feront mectre en l'ordonnance des petites payes, en tel lieu qu'ilz adviseront, et sera payé du quartier ouquel il sera cessé.

(8) *Item*. Ne souffriront lesdicts cappitaines à ceulx de leur charge prendre auscuns vivres des bonnes gens, par don, emprunt ne autrement, sans le payer, sur peine d'estre cassés de l'ordonnance; et ne souffriront tenir chiens, oiseaulx ne furetz; sur la peine que dessus.

(9) *Item*. Quant lesdicts gens d'armes chevaucheront, ilz ne pourront logier en ung lieu, plus hault d'une nuyt, excepté dymence ou aultre grant feste; et payeront tout ce qu'ilz prendront, au pris du pays, excepté paille, boys et logeiz; et de ce ne se fournira aucun, fors par la main de son hoste; et quant ilz yront à leurs affaires, du congié que dessus, ils se logeront hostelleries et non ailleurs, et payeront ce qu'ilz prendront, sur peine d'estre arrestez par la justice des lieux et de confiscacion de leurs chevaulx; et ne prendront les chevaulx ne les jumens des bonnes gens pour porter leurs harnois et autres bagues, comme ilz ont accoustumé de faire, sur les peines que dessus.

(10) *Item*. Se auscuns sont trouvés tenant les champs, soyent de l'ordonnance ou autres, les gens d'armes estans logiez au pays les pourront destrousser et appliquer à eux la defferre, en livrant les corps à justice, pour en faire faire telle pugnicion qui appartendra; et s'il n'y a gens d'armes logiez, le bailly, seneschal, ou leurs lieutenans, appelez ceulx qu'ilz verront estre à faire, les pourront prendre et pugnir en la fourme que dessus, sans toutesvoyes, en ce faisant, faire aucune commocion de peuple.

(11) *Item*. Que par cette presente ordonnance n'est entendu

...ement deroger aux ordonnances de la guerre, precedant ces presentes, autrement que contenu est ès articles cy-dessus escripts.

Ensuit le serment fait par les Capitaines.

Je promets et jure à Dieu et à Nostre-Dame, ou qu'elle me puist nuyre en tous mes affaires et besoings, que je garderay justice et feray garder par ceulx dont j'ay la charge, et ne souffriray faire aucune pillerie, et pugniray tous ceulx de madicte charge que je trouveray avoir failly, sans y espargner personne et sans aucune affection, et feray faire repparacion des plaintes qui vendront à ma congnoissance, à mon povoir, avec la pugnicion desusdicte; et promets faire faire à mon lieutenant, semblable serment que dessus.

N°. 114. — PROCÈS-VERBAL (1) *de l'assemblée des États-généraux présidée par le roi.* (2)

Tours, 6—14 avril 1467 — 1468. (Recueil des États-généraux, IX, 204.)

Registre de ce qui a été fait, remontré, conclu et délibéré en l'assemblée tenue par le roi, et les gens des trois états, en la ville de Tours, en la grande salle de l'hôtel archiépiscopal, le sixieme jour d'avril l'an 1467, avant Pâques, et autres jours ensuivans, jusques au quatorzieme jour dudit mois inclus. Ledit registre fait par maître Jean le Prevost, notaire et secrétaire du roi notredit seigneur, et commis par lui et lesdits états à faire le greffe de ladite assemblée.

Et premierement s'ensuit l'ordre et la maniere de l'assiette du roi, les gens desdits trois états, qui étoit telle: c'est à savoir que en ladite salle y avoit trois parquets, clos de bois, d'environ la

---

(1) C'est un des monumens les plus précieux de notre droit public. Les états firent très peu de chose pour le bien de la France, et ils en manquèrent l'occasion: ils remplacèrent les états permanens, par une commission, toujours facile à corrompre.

On suppose à tort, dans le Recueil des états généraux, qu'il a été tenu une nouvelle assemblée en 1468, présidée par le roi de Sicile et le cardinal Labalue. Il est évident à la simple lecture que c'est la même. (Isambert.)

(2) Le roi ne présida qu'à la séance d'ouverture. Il devait se retirer. (*Idem.*)

hauteur d'un homme chacun, à l'huisserie ; c'est à savoir le premier pour le roi, lequel étoit au haut bout de ladite salle, et comprenoit toute la largeur d'icelle ; auquel parquet convenoit monter trois marches de degré. Le second parquet pour les seigneurs du sang, connétable, chanceliers et prélats, lequel étoit au milieu de ladite salle, près de celui du roi, et étoit plus long que large, et y convenoit monter une marche de degré. Le tiers parquet pour les nobles, comtes, barons, gens du conseil du roi, et gens envoyés de par les bonnes villes. Lequel parquet étoit grand et spacieux, et environnoit de trois côtés celui desdits seigneurs du sang.

Item, audit premier parquet, étoit assis le roi en une haute chaire, en laquelle falloit monter trois hauts degrés : laquelle chaire étoit couverte d'un velours bleu, semé de fleurs de lys, enlevées d'or, et y avoit ciel et dossier de même : et étoit le roi vêtu d'une longue robe de damas blanc, broché de fin or de Chypre bien dru, boutonnée devant de boutons d'or, et fourrée de martres sobelines, un petit chapeau noir sur sa tête, et une plume d'or de Chypre. Et aux deux côtés du roi y avoit deux chaires à dos, loin de la sienne, chacune de sept à huit pieds, l'une à dextre, et l'autre à senestre, toutes deux couvertes de riche drap d'or sur velours cramoisi. Esquelles chaires étoient, c'est à savoir, en celle de main dextre, le cardinal de Sainte-Susanne, évêque d'Angers, paré d'une grande chappe cardinale : et en celle de main senestre, le roi de Jérusalem et de Sicile, duc d'Anjou, vêtu d'une robe de velours cendré, fourrée de martres. Et étoit gardé l'huis dudit parquet, répondant en la salle, par les sires de Blot et du Bellay ; et l'autre huis, répondant en l'hôtel d'un des chanoines de l'église, qui avoit été fait pour la venue du roi, étoit gardé par le capitaine et archers de la garde dudit seigneur, et Guerin le Groin.

Item, joignant et aux côtés de la chaire du roi notredit seigneur, étoient debout, c'est à savoir, du côté senestre, messieurs de Nevers et d'Eu, et du côté dextre, monsieur le prince de Navarre, comte de Foix ; et devant ledit comte de Foix étoit assis sur une des marches de ladite chaire, le prince de Piémont, jeune enfant ; et derrière le roi de Sicile, étoit assis assez loin, sur une petite selle, le comte de Dunois, grand chambellan de France, lequel étoit si goutteux, qu'il le convenoit porter à force de gens.

Item, audit parquet, étoient plusieurs autres seigneurs, tous

..., c'est à savoir, monsieur le vicomte de Narbonne, ... dudit comte de Foix, le sire de Pennebroc, frère du roi d'Angleterre, messieurs de Tancarville, de Châtillon, de ... et de Longueville, Pierre de Laval, les sires de Laigle, de Crion, de Crussol, de la Forest, et plusieurs autres en grand nombre.

Item, audit second parquet, y avoit deux hauts bancs, parés de riche tapisserie; esquels bancs étoient assis, c'est à savoir, au banc de la main senestre, M. le marquis de Pont, M. le comte du Perche, M. le comte de Guise, M. le comte de Vendôme, M. le comte Dauphin, et M. de Gaure, comte de Montfort, vêtus de velours, et parés moult richement; et en l'autre banc à la main dextre, étoient assis M. le comte de Saint-Pol, connétable de France, au plus haut bout: et joignant de lui, M. de Treignel, chancelier de France, vêtu de robe de velours cramoisi: et plus d'environ quatre doigts, et au banc même, M. le patriarche de Jerusalem, évêque de Bayeux, M. l'archevêque de Tours, MM. les évêques de Paris, Chartres, Perigueux, Valence, Limoges, Senlis, Soissons, d'Aire, d'Avranches, d'Angoulême, de Lodeve, de Nevers, d'Agen, de Comminge, de Bayonne, et autres qui comparurent par procureurs.

Item, et audit parquet, devant mesdits seigneurs, étoient maître Jean le Prevost, notaire et secrétaire du roi notredit seigneur, et greffier d'iceux trois états, assis sur une selle, et un buffet devant lui. Et aux pieds d'iceux seigneurs du sang, connétable, chancelier, patriarche, archevêques et évêques, étoient assis les autres notaires et secrétaires du roi notredit seigneur. Et étoient commis à garder l'huisserie dudit parquet, les sénéchaux de Carcassonne et de Quercy, vêtus de robes longues de velours noir.

Item, entre ledit parquet du roi, et celui de mesdits seigneurs du sang, connétable, chancelier, prélats et autres y avoit deux autres bancs parés de tapisserie, regardant vers la face du roi, esquels étoient assis, c'est à savoir, en celui de la main dextre: M. l'archevêque et duc de Rheims, premier pair de France, (1) l'évêque et duc de Laon, l'évêque et duc de Langres, l'évêque et comte

---

(1) Juvénal des Ursins, qui prononça une harangue plate, qu'on trouve au Recueil des Etats généraux, t. IX, p. 251. (*Idem.*)

de Beauvais, et l'évêque et comte de Châlons, tous pairs de France: et en l'autre banc étoient M. le comte de Dampmartin, grand-maître d'hôtel, les sires de Lohéac et du Boismenart, maréchaux, et le sire de Torcy, grand-maître des arbalêtriers de France: et après vint le bâtard de Bourbon, amiral de France, qui fut au rang d'eux, et le dernier assis.

Item, et au tiers parquet, étoient derriere le banc desdits seigneurs du sang, les comtes, barons, nobles et seigneurs, desquels les noms s'ensuivent. Et premierement, les sires de Montiay, d'Illiers, d'Estouteville, de Ferrieres, de Bonestable, de Clere, de Gaucourt, de Moy, le vidame d'Amiens, le Comte de Nelle, le comte de Boussy, les sires de Gruly, de Renel, de Tournoelle, de la Fayette, de Treignac, de Monteil, de Soubise, de Dampierre, de Rochechouart, de Bressure, de la Flocelière, de Mortemart, de la Greve, de Ruffec, de Pruliy, de Crissé, de Thussé, et autres en grand nombre, qui comparurent par procureurs.

Item, et audit parquet même, derriere le banc desdits connétable, chancelier et prélats, étoient les gens du conseil du roi, et ambassadeurs qui s'ensuivent: c'est à savoir, les sires de Taillebourg, de Maupas, de Moy et de Monstereul; maître Pierre d'Oriolle, Jean de Poupaincourt, Charles de la Vernade, Adam Fumée, Guillaume Compains, Pierre Clutin, Jean Viger, Jean Choart, Jean de Langlée, Mathurin Baudet, et plusieurs autres en grand nombre, tous conseillers du roi notredit seigneur, les chanceliers ou gardes des sceaux du roi de Sicile et du duc d'Orléans, et autres ambassadeurs, tant dudit duc d'Orléans que du comte d'Angoulême.

Item, au bout d'en-bas dudit parquet, y avoit plusieurs selles et formes, où étoient assises plusieurs notables personnes, tant gens d'église, bourgeois, nobles, qu'autres, qui là étoient venus garnis de pouvoir suffisant, faisant et représentant la plus grande et saine partie des bonnes villes et cités en ce royaume, desquelles villes les noms s'ensuivent: et premierement la ville de Paris, Rouen, Bourdeaux, Toulouse, Lyon, Tournay, Rennes, Troyes, Orléans, Angers, Poitiers, la Rochelle, Bourges, Limoges, Montpellier, Tours, Narbonne, Beauvais, Laon, Langres, Châlons, Sens, Chartres, le Mans, Noyon, Evreux, le Puy, Clermont en Auvergne, Nevers, Meaux, Carcassonne, Beziers, Bayonne, Rhodez, Alby, Nismes, Senlis, Saintes, Angoulême, Saint-Flour, Mende, Acqs, Tulles, Cahors, Pérgueux, Soissons, Agen, Condom, Compiègne, Dieppe, Saint-Lo, Falaise, Vire, Carentan, Vallognes, Monferrant, Saint-Pourçain, Brioude, Yssouduu, Niort, Saint-Jean-d'Angely, Blois, Saumur, Milhau: et de chacune ville il y avoit un homme d'église et deux laïcs (1).

Item, le roi assis en sadite chaire, et lesdits roi de Sicile et cardinal, ensemble mesdits seigneurs du sang, messieurs les pairs ecclésiastiques, prélats, nobles, gens des bonnes villes, et autres dessus dits, assis en leurs chaires et sièges, chacun par ordre, comme dit est, se leva M. le chancelier de son siège, et alla devers le roi notredit seigneur, et s'agenouilla à son côté dextre. Et quant icelui seigneur lui eût dit aucunes paroles, s'en revint séoir en soudit lieu et siége. Et fit une très-belle proposition, en remontrant aux gens desdits Etats illec présens plusieurs choses. Et entre les autres les grands, nobles et louables faits des rois de France ses prédécesseurs, les dons de grace, les victoires qu'ils ont eues, les loyautés que les trois états de ce royaume ont eues envers eux, et les services qu'ils leur ont faits, au moyen desquels les ennemis et adversaires de cedit royaume, ont été par plusieurs fois reboutés et expulsés: la grande volonté que le roi dès son jeune âge a toujours eue et a encore d'augmenter et de croître le royaume et la couronne: les divisions qui ont été en ce royaume depuis trois ans en ça, le grand danger qui serait si la duché de Normandie étoit séparée de la couronne, et plusieurs autres points longs à réciter, tendant et concluant que les gens desdits états lui donnassent sur ce leur bon avis et conseil (2).

Et ce fait, se départirent le roi notre seigneur et autres dessus-dits, après aucuns remercimens faits à icelui seigneur par lesdits des trois états.

Et depuis se rassemblèrent lesdits des trois états en ladite salle par plusieurs et diverses journées, jusques au quatorzieme jour

---

(1) Il y avait donc 192 députés du Tiers-Etat; on ne sait pas s'ils furent choisis par le Roi ou élus librement. (Isambert.)

(2) On voit que ces Etats étaient assemblés par le roi pour dégager la promesse que les princes confédérés lui avaient arrachée en faveur du frère du roi, chef de la coalition dite du bien public. Le prince était absent; il avait tort de ne pas réclamer la place due à son rang, et de ne pas soumettre à l'assemblée les griefs de la nation. Le moyen était légal et bien trouvé: un roi qui a à se plaindre de coalitions doit en rendre son peuple juge en appellant les états. (*Idem.*)

dudit mois d'avril : et tellement débattirent les matieres pour lesquelles ils étoient assemblés, et opinerent sur ce, qu'ils condescendirent à une opinion conforme et unique, telle qu'il s'ensuit.

Sur les matières proposées de par le roi, par la bouche de monseigneur le chancelier, en la présence de très-haut et puissant prince, le roi de Jérusalem et de Sicile, duc d'Anjou, de très-révérend pere en Dieu, et très-redouté seigneur M. le cardinal, de nos très-redoutés seigneurs messeigneurs du sang, de très-révérends et révérends peres en Dieu, messieurs les patriarche, archevêques, évêques, pairs de France ecclésiastiques, et autres prelats, et gens d'église, de MM. les nobles et gens des cités et bonnes villes, faisant et représentant les trois états généraux de ce royaume : et esquelles choses le roi a demandé à mesdits seigneurs leur bon avis et conseil.

Après que les matieres ont été bien au long débattues.

Réunion des États.

(1) Premierement, en tant qu'il touche le premier point principal de la proposition : c'est à savoir que le roi, pour la grande amour, affection et fiance qu'il a à mesdits seigneurs dessus nommés, il les a bien desiré avoir ensemble, et à cette cause les a fait convoquer, et lui a été grand plaisir et grande consolation de voir si grande et si notable assemblée, et que comme à ceux en qui il a entiere et singuliere confiance, et qui ont si loyaument servi le roi son pere, lui, et la couronne, comme chacun sait, et dont il se repute bien tenu à eux ; il avait deliberé de leur communiquer les grandes affaires et celles de son royaume, pour avoir sur ce leur bon avis et conseil.

Il semble à tous mesditz seigneurs des états, et sont tous demeurés en une opinion conforme et unique, les choses ouïes, entendues et débattues, et toutes les grandes et notables raisons qui ont été dites, récitées et alléguées, qu'ils doivent remercier le roi très-humblement de ce qu'il lui a plu les convoquer et assembler ainsi, et pour les causes que dessus, et de l'amour, affection, fiance et bénignité qu'il a montré avoir envers eux ; et que de leur part ils sont disposés, conclus et déliberés de le servir et obéir envers tous, et contre tous, sans nul excepter, et d'y employer leurs corps, leurs biens, et tout ce qu'ils ont sans rien y épargner, jusqu'à la mort inclusivement ; et lui supplient qu'il les veuille tousjours avoir et tenir en sa bonne grace et recommandation, comme ses bons et loyaux parens, serviteurs et sujets, lesquels ils sont, et tousiours veulent être et demeurer.

Fidélité des États.

(2) *Item*, quant au second point, qui est des remontrances que le roi a fait faire à mesdits seigneurs des états dessus nommés. Premièrement, en tant que touche les trois considérations que le roi a fait remontrer par forme de remontrance, afin que mesdits seigneurs des états y eussent regard pour les affaires du temps advenir; c'est à sçavoir des singuliers dons de grace que Dieu notre créateur a faits aux très-chrétiens rois et royaume de France plus que à nul autre roi ou nation. Secondement, des grands et notables faicts que les rois de France et les François ont faits le temps passé à l'honneur de Dieu, à l'exhaltation, augmentation et défense de la foi, au bien de l'église, et du saint-siège apostolique, et de toute la chrétienté, et à l'honneur, louange et renommée desdits rois, et de toute la nation de France, ainsi qu'il a été dit, récité et déclaré par plusieurs manieres. Tiercement de la loyauté des Français qu'ils ont toujours eu envers la couronne, qui leur a été bien au long déduit et remontré.

L'opinion de tous mesdits seigneurs a été et est, que chacun a bien entendu les trois notables considérations dessus dites, et connoissent bien tous mesdits seigneurs qu'elles sont véritables, et que le roi a été saintement, justement et prudemment meu de les avoir fait si grandement et amplement remontrer et réciter : et leur a été grande joie et consolation, et en remercient le roi très-humblement, et en auront bien mémoire et souvenance, et sont délibérés chacun en son endroit de ne faire pas pis que leurs nobles prédécesseurs, mais sont disposés, comme imitateurs de leursdits prédécesseurs de bonne mémoire, de servir, aider, conforter et secourir le roi, et toute la chose publique du royaume, et n'y épargner corps, ne biens, comme dessus, à l'honneur de Dieu, à la louange et renommée du roi et du royaume, à faire chose qui soit agréable au roi, et salutaire pour le royaume, et en acquittant leurs loyautés envers ledit seigneur, comme ils doivent et sont tenus de faire.

Refus des États sur l'érection de la Normandie en duché indépendant.

(3) *Item*, au regard des autres points qui ont été touchés ès remontrances faites par mondit seigneur le chancelier; c'est à

çavoir des différends qui sont entre le roi, et M. Charles son frère, pour le fait de la duché de Normandie, et de l'appanage dudit M. Charles : pareillement des grands excès et entreprises que le duc de Bretagne a fait contre le roi, en prenant ses places et sujets, en lui faisant guerre ouverte, et à cesdits sujets, et prenant les finances ordonnées pour le fait de la guerre, et autrement en plusieurs manieres. Tiercement, de l'intelligence et appointement qu'on dit qu'il a avec les Anglois, pour les faire descendre en ce royaume, et pour leur bailler en leurs mains les places qu'il tient en Normandie.

Tous mesdits seigneurs des états ont été et sont d'opinion, sans nulle contrariété ou difficulté quelconque, que, en tant qu'il touche ladite duché de Normandie, elle ne doit et ne peut être séparée de la couronne en quelque maniere que ce soit, mais y est et doit être et demeurer unie, annexée et conjointe inséparablement; tant parce que le roi, selon Dieu, raison et conscience, ne le peut, ne doit faire, en regard au serment solennel qu'il fit à son sacre pour garder les droits de sa couronne, qui est juste, licite et raisonnable, et ne peut raisonnablement ne licitement venir au contraire. Pareillement aussi par les ordonnances et notables constitutions des nobles progeniteurs du roi; et tiercement par l'exemple des choses passées, au temps que ladite duché a été séparée de la couronne: et pour doute des inconvéniens que chacun voit et connoît à l'œil, qui en adviendraient si elle en étoit séparée, pour les causes et par les raisons qui ont été déclarées plus au long (1).

Inaliénabilité du domaine de la couronne.

(4) *Item*, ont été tous d'opinion, que pour ôter les questions et débats qui ont été le temps passé, sont encore de présent et est à douter de venir à cause de ladite duché; que le roi en ensuivant, confirmant et renouvellant les notables statuts et ordonnances de ses nobles progeniteurs rois de France, doit faire édit et statut solennel, que ladite duché de Normandie soit et demeure inséparablement unie, conjointe et annexée à la couronne, et que jamais n'en soit départie, séparée ne démembrée en quelque maniere, ne pour quelque cause que ce soit; en ordonnant et décernant pour le temps présent et adve-

---

(1) Cette résolution est on ne peut plus sage. (Isambert.)

, et par constitution solemnelle, que tout ce qui serait fait contraire seroit nul, et de nul effet et vertu.

Et que pour ôter mondit sieur Charles de l'erreur et opinion où ceux qui le conseillent l'ont mis et le tiennent touchant le fait de ladite duché de Normandie, attendu qu'il a plu au roi condescendre à ce que certaine journée et convention se tiennent à Cambray pour trouver pacification sur les différends qui sont entre lui et mondit sieur son frère, il soit là remontré et signifié à mondit sieur Charles, ou à ses gens, de par lesdits états, l'avis et délibération de ceux desdits états touchant le fait de Normandie, et la conclusion qui sur ce a été prise (1).

Taux des apanages des fils de France.

(5) *Item*, pour ce qui a plu au roi, en montrant sa douceur et bénignité envers ceux desdits états, en voulant de sa grace communiquer avec eux, tant sur le fait de l'apanage de M. Charles, que pour le fait de la justice du royaume, laquelle il désire être mise en bon ordre; et qu'il a plu au roi déclarer touchant le fait dudit appanage, que en suivant les ordonnances de Charles-le-Sage, et la commune observance des rois du temps passé, il est content de asseoir à mondit sieur Charles douze mille livres tournois par an, en la forme et maniere que le roi l'a plus à plein déclaré. Et combien que selon les susdites ordonnances, il suffise de bailler aux enfans des rois titre de comté; ce que le roi est bien content de faire selon la teneur desdites ordonnances, ne à plus largement n'est tenu. Il est maintenant d'accord et content, en asseant ou faisant asseoir lesdits douze mille livres tournois par chacun an, ainsi et en la maniere que dessus est dit, si mondit sieur Charles n'est content dudit titre de comté, et que les terres qu'il lui baillera ne soient en duché, de lui ériger cesdites terres en titre de duché : et outre plus, de lui bailler outre lesdits douze mille livres tournois par an, ainsi et en la forme que dit est dessus, vingt, vingt-cinq, trente, quarante, et jusqu'à quarante-huit mille francs par chacun an pour entretenir son état, qui est en somme toute soixante mille francs par an (2) :—

---

(1) Il est évident en effet que la nation par ses représentans avait droit d'intervenir réellement pour s'opposer à une telle séparation. (Isambert.)
(2) Dans les derniers temps, les apanages des enfans de France de la branche des Bourbons étaient fixés à 200,000 fr. de revenu. V. discussion sur la loi du 8 janvier 1825, relative à la liste civile, au commencement du règne de Charles X. (*Idem.*)

laquelle offre est bien grande et bien raisonnable, et passe beaucoup l'appanage ordonné et constitué par ledit roi Charles-le-Sage.

Tous mesdits seigneurs ont été et sont d'opinion, que lesdites offres et ouvertures faites par le roi sont bien grandes, et plus beaucoup que lesdites ordonnances ne portent, et que le roi est tenu selon la teneur d'icelles, et que mondit sieur Charles s'en doit bien contenter.

Et vu que si le semblable étoit tiré à conséquence pour les autres enfans mâles, qui, si Dieu plaît, descendront de la maison de France, grande diminution en pourroit advenir à la couronne, et grande charge à tout le royaume : posé qu'il plaise au roi rendre sa libéralité envers mon dit sieur Charles en cette partie, ils lui supplient qu'il ne soit point tiré à conséquence pour les autres au temps advenir : Et aussi, quand lesdites offres seront faites à mondit sieur Charles, où il ne s'en voudra contenter, mais voudroit attenter aucune chose, dont guerre, question et débat pût advenir au préjudice du roi, ou du royaume, ils sont tous délibérés et fermes de servir le roi en cette querelle à l'encontre de mondit sieur Charles, et de tous autres qui en ce voudroient porter et soutenir : Et dès-à-présent pour lors, et de lors pour maintenant lesdits des trois états, pour ce qu'ils ne peuvent pas si souvent rassembler, accordent, consentent et promettent de ainsi le faire, et de venir au mandement du roi, le suivre et le servir en tout ce qu'il voudra commander et ordonner sur ce. (1)

Demande d'adhésion au duc de Bourgogne comme pair de France.

(6) *Item*, aussi sont d'opinion, qu'il doit être remontré par lesdits trois états à M. de Bourgogne, lequel on dit qu'il doit être à ladite journée de Cambray, l'avis et délibération desdits états touchant les choses dessus dites : et qu'il lui plaise, attendu la proximité de lignage dont il attient au roi, qu'il est aussi pair de France, et qu'il doit garder les droits de la couronne, et s'employer au bien du royaume, qu'il se veuille adhérer avec lesdits trois états en cette partie, et soi employer envers mondit sieur Charles, à ce qu'il se veuille contenter des choses dessus dites

---

(1) Cette résolution est encore très louable. (Isambert.)

AVRIL 1467.

et ensuivre l'opinion desdits états, ainsi et en la forme que dessus (1).

On ne doit souffrir que les grands feudataires fassent la guerre.

(7) Item, en tant que touche M. de Bretagne, il a semblé à tous que à tort, indûment et contre raison il a occupé, detenu et détient les places du roi en Normandie, et fait guerre audit sieur; et que en ce il a grandement offensé, mépris et délinqué, et que le roi ne le doit souffrir, permettre, ne endurer, et que par main forte et puissance, si métier est, et autrement, il doit mettre peine de recouvrer lesdites places, et réparer lesdits excès : toutefois si le duc se vouloit réduire et redresser envers le roi, ainsi qu'il appartient, et lui rendre ses places, et lui faire le devoir qu'il est tenu de faire, ils voudraient bien supplier au roi, pour obvier aux périls et dangers qui peuvent advenir de guerre, qu'il plût au roi le reprendre en sa bonne grace, et oublier toutes choses passées. Aussi, s'il ne le veut ainsi faire, ils offrent au roi, outre les (2) ligences et fidélités qu'ils lui doivent, le servir en cette querelle contre le duc de Bretagne, et ses adhérans, de corps et de bien, comme dit est dessus.

Défense aux grands feudataires de se liguer avec les princes étrangers (3) sous peine de crime.

(8) Item, au regard des alliances et appointemens que on dit que le duc a prises avec les Anglais pour les faire descendre en ce royaume, tous mesdits seigneurs des états ont été d'opinion que c'est une chose damnable, pernicieuse, et de très-mauvaise conséquence, et qui n'est pas à permettre, souffrir, ne tolérer en aucune maniere, et que si le roi en a claire connoissance, il y doit obvier et pourvoir à puissance, et autrement, en toutes les meilleures formes et manieres qu'il sera possible. Et que quand il y voudroit persévérer, ne soi départir desdites alliances et appointemens, dès à présent pour lors, et dès-lors pour

---

(1) Ce duc était si puissant que les Etats n'osèrent prendre à son égard une résolution digne d'une grande nation ; on parle bien sur un autre ton au duc de Bretagne. (Isambert.)

(2) C'est ce que les anglais appellent *l'allégeance*. (Idem.)

(3) Le roi autorisa le contraire avec le duc de Bourgogne, en 1468, le 14 octobre, par le traité de Péronne. V. ci-après. (Idem.)

maintenant, les états connoissent le grand crime, faute et délit qui seroit en la personne dudit duc; offrans au roi outre les ligences et fidélités que dessus, de nouveau et d'abondant en cette cause et querelle, le servir à l'encontre dudit duc, et de ses adhérans, de corps et de biens, et de tout ce qu'ils pourront faire, jusqu'à la mort inclusivement.

Engagement des États envers le Roi contre les princes; et pouvoirs accordés pendant l'intervalle des réunions.

(9) *Item*, outre plus ont conclu lesdits états, et sont fermes et déterminés, que si mondit sieur Charles, le duc de Bretagne, ou autres faisoient guerre au roi notre souverain seigneur, ou qu'ils eussent traité ou adhérance avec ses ennemis, ou ceux du royaume, ou leurs adhérans, que le roi doit procéder contre ceux qui ainsi le feroient, ainsi que par raison et justice, et selon les anciens statuts et ordonnances du royaume faire se doit en tel cas pour la tranquillité et sûreté du royaume.

Et dès maintenant pour lors, et dès-lors pour maintenant, toutes les fois que lesdits cas écherroient, iceux des états ont accordé et consenti, accordent et consentent que le roi, sans attendre autre assemblée ne congrégation des états, pour ce que aisément ils ne se peuvent pas assembler (1), y puisse procéder à faire tout ce que ordre de droit et de justice, et les statuts et ordonnances du royaume le portent : Promettant et accordant tous iceux états de servir et aider le roi touchant ces matières, et en ce lui obéir de tout leur pouvoir et puissance, et de vivre et mourir avec lui en cette querelle, comme bons et loyaux sujets avec leur souverain seigneur.

Remerciement au Roi.

(10) *Item*, pour fin et conclusion esdites matières, tous ont été et sont délibérés et fermes en cette opinion, qu'ils remercient Dieu de leur avoir baillé un si sage, si prudent, si vertueux et si notable roi; et en après remercient le roi de l'amour et fiance qu'il lui a plu leur montrer pour eux, et tous les autres

---

(1) Ici les États abandonnent leurs droits, et livrent les libertés de la nation à la discrétion des monarques corrompus. Louis XI en profita.

Philippe de Commines atteste, qu'il n'y eut sous ce règne qu'une assemblée d'États, et son témoignage vaut mieux que tous les indices contraires. On confond d'ailleurs les États généraux avec des réunions de notables. (Isambert.

la royaume, et des bonnes, notables et tant douces et gracieuses paroles qu'il lui a plu leur dire de sa bouche, et faire dire par le chancelier, et autres notables gens de son conseil.

Et comme à leur roi, leur souverain, naturel et droiturier seigneur, ils lui offrent; c'est à savoir, MM. de l'église, prières et oraisons, et tout ce qu'ils pourront faire touchant le service divin (1) : et en après tous les autres ensemble, tant MM. du sang, susdits sieurs d'église, MM. les nobles, et gens des cités et bonnes villes, offrent pour eux, et tous les autres absens habitans, incoles et demeurent en ce royaume, leurs corps, leurs biens, et tout ce qu'ils pourront finer, et de le servir et obéir envers tous, et contre tous, sans nul excepter, jusqu'à la mort inclusivement.

Nomination d'une commission pour la réforme des abus.

(11) *Item.* Il a plu au roi, de sa grace (2), dire à mesdits sieurs des trois états, que sur toutes choses il desire que justice ait lieu et regne en son royaume, et que c'est la plus grande joie et plus grand plaisir qu'il peut jamais avoir, que ainsi fût ; et que s'il y a eu aucun déroy, il ne vient point de sa faute, mais par les traverses et entreprises qu'on a faites sur lui et contre lui, et est très-déplaisant que justice n'a pu être gardée ainsi qu'il appartient. Et pour ce qu'il veut et desire que bon ordre y puisse être mis, et en la police du royaume, il a ouvert que l'on élise gens notables pour donner ordre et provision en ces matieres, et que ce qu'ils feront et ordonneront ait lieu, et soit gardé entièrement, soit en tant que touche le fait des gens d'armes, la justice commune de souveraineté, de baillis, sénéchaux et autres juges ; des exactions aussi qui se font sous ombre desdits gens d'armes ; des exploits de justice ; de lever les deniers du roi, et autrement, dont tant de grands inconvéniens viennent à la chose publique de ce royaume.

Mesdits sieurs des états en remercient très-humblement le roi, et lui supplient qu'il lui plaise toujours continuer en son bon et

---

(1) MM. du clergé exceptent les biens et prétendent à la franchise des impôts, c'est une prétention insoutenable et qui a cessé en 1789. (Isambert.)

(2) Comme si la justice n'était pas un devoir, une obligation ; et comme si les États ne devaient pas concourir à la confection des lois nécessaires. *Lex consensu populi fit et constitutione regis.* (*Idem.*)

sain propos touchant cet article : et pour obéir à ses bons commandemens, ont élu ceux qui s'ensuivent: M. le cardinal, M. le comte d'Eu, M. le comte de Dunois, le patriarche de Jérusalem, l'archevêque et duc de Rheims, l'évêque et duc de Langres, l'évêque de Paris, M. de Torcy, un des gens du roi de Sicile, un de la ville de Paris, un de Rouen, un de Bordeaux, un de Lyon, un de Tournay, un de Toulouse, un des deux sénéchaussées de Beaucaire et Carcassonne, et un de la basse-Normandie, pour élire et aviser ceux qui sembleront être convenables pour ladite matière.

Et pareillement pour remontrer à mondit sieur Charles, M. de Bretagne, ou leurs gens, et là où il appartiendra, les choses qui ont été avisées.

Supplient et requierent au roi, qu'il lui plaise donner pouvoir et faculté auxdits élus d'aviser avec les autres qu'il lui plaira ordonner, de regarder et aviser à toutes les choses qui seront utiles et profitables pour le fait de ladite justice; et les provisions et remedes qu'il leur semble qui s'y doivent mettre, et icelles garder et faire garder, entretenir et observer, ainsi que par eux sera avisé.

Réception des doléances et requêtes.

(12) *Item*, en tant que touche le bon vouloir que le roi a montré avoir au soulagement de son pauvre peuple, et que chacun peut connoître que la charge ne vient point par lui ne à son occasion, et qu'il est disposé, sitôt qu'il pourra avoir obéissance, comme il appartient au roi de mettre toutes choses en bon ordre, et de faire aviser au soulagement de son pauvre peuple, le mieux, plutôt, et plus convenablement que faire se pourra; mesdits sieurs des états l'en remercient très-humblement, et lui supplient qu'il lui plaise avoir souvenance que le plutôt que faire se pourra, son plaisir soit y faire donner provision, et aussi commettre et ordonner telles gens qu'il lui plaira, pour recevoir les supplications et requêtes particulieres que aucuns de ceux des pays ont à bailler, et dont ils se sont complaints, selon la charge qui leur en a été baillée par ceux de par qui ils ont été envoyés, et qui requierent prompte provision, et sur ce leur faire donner telle provision que son bon plaisir sera.

Et pour ce qu'il leur a été dit, que le roi, de sa grace, a ordonné mondit sieur le chancelier, et aucuns de son conseil pour recevoir lesdites supplications, et y donner provision; mesdits sieurs des états l'en remercient très-humblement.

Fait à Tours, ès lieux, jours, et an dessus premiers dits.

___

N° 115. — LETTRES *pour la répression des fraudes relativement à la gabelle du sel.*

Amboise, 6 juin 1468. (C. L. XVII, 87.)

N° 116. — LETTRES *concernant la fixation à 14 du nombre des huissiers au parlement.*

Meaux, 6 juillet 1468. (C. L. XVII, 103.)

N° 117. — DÉCLARATION *portant qu'il n'y aura ni appel au parlement* (1), *ni recours du roi* (2) *des jugemens rendus par les lois principales du comté de Flandres, Gand, Bruges, Ypres et Hainault.*

Péronne, 14 octobre 1468. (C. L. XVII, 126). Reg. au Parlem., le 2 mars.

Loys, etc., sçavoir faisons, à tous presens et advenir, comme de la part de nostre très-chier et très-amé frère et cousin le duc de Bourgoigne, aux journées et convencions tenues par aucuns ses depputez de nostre part et les siens d'autre, pour l'apaisement de plusieurs questions et differends estant entre nos officiers et les officiers de nostredict frere, pour raison et à cause des droicts de ressort au comté de Flandres et autrement, nous ait esté remontré que ledict comté de Flandres soit une partie ancienne de nostre royaume, noblement tenue par icelluy nostre frere, en grans droicts, prerogatives, libertez et franchises, et en laquelle conté ont accoustumé de hanter et frequenter et resider gens de toutes nacions pour faict de marchandise, sur lequel faict de marchandise le pays de Flandres est principalement fondé, et aussi

___

(1) C'est ce qui donna lieu plus tard, en 1686, à l'établissement du parlement de Douai en Flandres, lorsque ce pays rentra sous la domination française. (Id.)

(2) Louis XI renonçait au droit de souveraineté, puisqu'il est évident qu'un juge qui n'a pas à craindre la cassation de ses arrêts, peut ouvertement méconnaître les droits de la puissance législative. Louis XI sentait sans doute cette vérité, mais il était alors comme prisonnier à Péronne, dans les états du duc de Bourgogne. (*Idem.*)

que ledict pays est d'autre langue que françoise, et que les gens y residens sont singuliers en maniere de vivre ou faict de polices, d'administration, de justice, et qu'ilz sont differens aux autres pays, provinces et contrées de notre royaume, et que, par ces consideracions, ledict pays de Flandres a esté d'ancienneté et doit estre gouverné en toute autre maniere que les autres pays de nostredict royaume, et mesmement au regard des droicts de ressort, et de la cognoissance des causes et procès que noz officiers, assavoir, la court de nostre parlement, noz bailliz royaulx et autres, par nos lectres de commission et autrement, entrepreghent journellement oudict pays, en astrayant à eux la cognoissance par appellacion, reformacion et autrement, des causes, procès, leurs ordonnances, griefs, sentences, arrestz de personnes et de biens, exploitz et autres appoinctemens que font et donnent les quatre principales lois de Flandres, assavoir, bailly et eschevins des deux bans de Gand, bailli, escoutete, bourgmaistres, eschevins et conseil de Bruge, bailli, escoutete, advoé et conseil d'Yppre, et bailli, euboudre, bourgmaistres et eschevins du Franc; par quoy les estrangiers, les marchans et frequentans et les habitans oudict pays sont traveillez et empeschez par longs et sumptueux procès en ladicte court de parlement et ailleurs, et contrains à ceste cause de abandonner leurs besoignes et affaires et delaisser la frequentacion dudit pays, tant pour ce que ceulx de nacions estrangieres, qui n'ont affaire en dict pays que pour leur marchandise, ne sont point gens de procès et ne s'y cognoissent, comme pour ce que les auscuns n'y pevent hanter sans sauf-conduit ou seurté; requerrant icelluy nostre frere et cousin, que veuillons entretenir et garder ledict conté de Flandres en ses franchises et libertez par lui pretendues en ceste partie, touchant l'exempcion dudict ressort, et avoir regard aux choses dessusdictes, et en tant que mestier est, sur ce impartir nostre grace.

Pour ce est-il que nous, ces choses considérées, en faveur du faict de marchandise, qui est le bien commun de nostredict royaume, pour l'augmenter et accroistre, et que ledict conté de Flandres soit entretenu en sesdictes libertez et franchises, attendu qu'il est assis en l'extremité d'icelluy nostre royaume, propice et necessaire pour la deffense d'icelluy, ayant aussi regard et consideracion aux grans services, plaisirs et curialitez que avons receuz de la maison de Bourgoigne, et en faveur de nostredict frere et cousin et de la paix et reunion que nous avons faicte et jurée à cejourd'huy, de nostre certaine science, puissance et autorité royal, eu sur le tout bon et meur advis et deliberacion de conseil, avons pour nous, noz hoirs et successeurs, roys de France, ordonné et declairé, ordonnons et declairons, que, perpetuellement et à tousjours, lesdictes quatre lois principales de Flandres, c'est assavoir, les bailliz, escoutetes, bourgmaistres, eschevins, advoé et conseil de Gand, de Bruges, d'Yppre et du terroer et pays du Franc, estre franches, quictes et exemptes de nous, de nostredicte court de parlement et de tous autres noz officiers quelzconques, et que, par droict de ressort, soit par voie d'appellacion, supplicacion, reformacion, evocacion, ou par quelque autre voie que ce soit, à la requeste de partie ou autrement, lesdictes lois et les personnes d'icelles ne pourront et ne devront d'ores en avant estre actraiz ne evocquez devant nous en ladicte court de parlement ne ailleurs en nostredict royaume.

Et de nostre plus ample grace, par privillege especial, perpetuel et irrevocable, avons remis et quicté, remectons et quictons à nostredict frere et cousin et à ses hoirs et successeurs, contes et contesses de Flandres, à toujours, tout et tel droict de ressort et de recours que povoit, peult, et doit) à nous et à nostredicte court et autres noz officiers appartenir, touchant les jugemens, griefs, sentences, appoinctement, treuves et ordonnances desdictes quatre lois, en tous cas et pour quelque cause que ce soit, sans y rien retenir de nostre part, et avecques ce, voulons et de nostre autorité royal ordonnons, que lesdites quatre lois et les personnes particulieres d'icelles lois soyent et demeurent, seront et demeureront subgets à nostredict frere et cousin, et à ses successeurs contes et contesses de Flandres, seul et pour le tout, sans appel ou reformacion à nous, à nostredicte court de parlement ne à quelzconques autres noz juges de nostredict royaume, en donnant à nostredict frere et à sesdits successeurs contes et contesses de Flandres, auctorité et povoir de tenir, et par toutes les voies et manieres que bon et expedient luy semblera, faire tenir en justice lesdictes quatre lois et les personnes d'icelles lois, et de faire executer tous jugemens, appoinctemens de chiefs, de sens, toutes sentences, arrestz de personnes et de biens, exploicts, treuves et ordonnances qui seront prononcées, faictes, ordonnées par lesdictes lois, et sans ce que nostredict frere ou sesdits successeurs puissent en ce estre empeschez ou delayez à requeste de partie ou autrement, par appellacions, recours, reclamacions, reformacion ou evocacion à faire à nous et à nos successeurs roys de France et à ladicte court de parlement ne à autres officiers de nostredict royaume, de quelque auctorité que ce soit; voulons en oultre et consentons que se aucunes lettres en forme d'appel, de supplicacion, de reformacion ou autre provision quelle que puist estre, estoient obtenues de nostredicte court de parlement ou d'autres juges de nostredit royaume, contre et ou prejudice du contenu en cestes, qu'il ny soit aucunement obey ne obtemperé: et lesquelles provisions dès maintenant pour lors avons declairé et declairons nulles et de nulle valeur, et non devoir estre obeies ne sortir effect; et avons aboly et mis, abolissons et mectons au neant tous les procès meuz en nostredicte court de parlement, procedans des sentences et appoinctemens desdites lois, ou qui sont pour l'execucion d'icelles, soit par voie de supplicacion, appellacion, reformacion, evocacion ou autrement, et voulons les parties estre renvoyées pardevant les lois desquelles lesdictes appellacions ont procedé pour mectre à deue execucion lesdictes sentences.

Si donnons en mandement, etc.

Donné à Péronne, etc.

Ainsi signé : Par le roy, en son conseil.

N°. 118. — TRAITÉ *entre le roi et le duc de Bourgogne* (1).

Péronne, 14 octobre 1468. (C. L. XVII, 198.) Reg. au parlement de Paris le 18 mai.

Loys, etc. Comme depuis certain temps en-çà, plusieurs debats, questions et differends, se soient mûs entre nous et nostre très-chier et très-amé frere et cousin, le duc de Bourgogne, tant au moyen de ce que nostredit frere et cousin disoit, que plusieurs troubles et empeschemens lui avoient esté faicts et donnez par nous et nos Officiers, à l'encontre des transports que nous lui

---

(1) On sait qu'à cette époque le roi était en quelque sorte privé de sa liberté. (Decrusy).

Cet acte rend le duc de Bourgogne à peu près independant. Il l'avait été precedemment sous Charles VI ; aussi a-t-on écrit l'histoire séparée de la couronne et de la maison de Bourgogne. V. l'ouvrage de M. de Barante.

Les Etats, en 1467—1468 s'étaient élevés contre des attributions si exorbitantes à l'égard du duc de Bretagne. (Isambert.)

avons faicts par le traicté de Conflans, depuis icelui traicté, et autrement; et mesmement, que le traicté de paix faict à Arras, entre feu nostre très-chier seigneur et pere et feu nostre oncle Philippe duc de Bourgogne que Dieu pardonne, n'avoit pas esté par nous entretenu et accompli en aucuns points, tellement qu'à l'occasion des choses dessusdictes et autres moyens et rapports tenus et faicts, les courages de nous et de nostredict frere et cousin, ont esté esmus et en desfidence, et ont causé rumeur de guerre et d'hostilité parmi le royaulme, entre nous et nostredict frere, en telle maniere que nos sujects n'ont osé converser ès pays de nostredict frere, ni les siens ès nostres, et à ce moyen, et autrement, ont esté faictes grandes assemblées de gens de guerre, tant de nostre part que de la sienne, et si avant y a esté procedé, et les choses si prestes et preparées, qu'elles étoient disposées à toute guerre, si ce n'eust esté la grace de Dieu, et que pour obvier aux grands maulx, dommages et inconveniens, qui s'en fussent peu ensuir de part et d'autre, plusieurs nobles et notables hommes de nostre royaulme, de tous estats, se sont travaillez et entremis envers nous et nostredict frere et cousin, de trouver aucuns bons moyens pour faire cesser toutes voyes de faict et d'appoincter et appaiser lesdictes questions et differends, et par ce moyen conclurre, nourrir et entretenir, et garder bonne, seure, parfaicte, finale et perpetuelle paix entre nous, nos pays et sujects, et nostredict frere et cousin, ses pays et sujects, à laquelle fin, et pour à ce que dict est, parvenir, nous ayons envoyé, au mois de septembre derrenier passé, Ambassadeur en la ville de Ham en Vermandois, auquel lieu nostredict frere ait pareillement envoyé de ses gens et Ambassadeurs, lesquels, de sa part, ont mis avant les doleances qu'il avoit touchant lesdicts traitez d'Arras et de Conflans, et les transports, et autres remontrances, desquelles nostredict frere et cousin se douloit, complaignoit et requeroit y avoir provision;

Sur quoi plusieurs communicacions ont esté tenues et bonne et grande ouverture faicte, par lesdicts Ambassadeurs d'un costé et d'autre, et ladicte journée continuée et remise en cette ville de Peronne en laquelle nous et nostredict frere nous sommes trouvez, auquel lieu derechef par ceulx de nostre Conseil, lesdictes doleances, remontrances et requestes de nostredict frere et cousin, avec aucuns de son Conseil, ont esté debatues bien à plain; et finalement, avons sur icelles donné et accordé les provisions et reponses telles, en la forme et maniere que particulierement sont contenues sur chascune doleance, remonstrance et requeste de nostredict frere et cousin, escriptes à la fin de ces presentes.

Savoir faisons, que nous desirant de tout nostre cœur, obvier aux grands esclandres, dommages et inconveniens qui eussent peu et pourroient advenir au moyen desdictes differences et defiances d'entre nous et nostredict frere, voullant pourvoir à ce que nos sujects puissent vivre en bonne paix, repos et tranquillité sous nous, considerant aussi la proximité de lignaige et d'affinité en quoi nous attient nostredict frere et cousin, et pour la grande et singuliere affection que nous avons et desirons avoir à lui et le bon et parfaict desir, vouloir et affection, que nous savons et connoissons que semblablement il a de nous complaire et faire service, ainsi que de sa propre bouche il nous a dict, avons aujourd'huy, avec nostredict frere et cousin, faict, conclu, accordé, promis, et juré sur la vraye croix, ès mains de nostre très-chier et feal amy, le Cardinal d'Angers, et en la presence de plusieurs de nostre sang et lignaige et d'autres nobles et notables hommes, tant de nostre part que de nostredict frere et cousin, et par la teneur de ces presentes, promectons et jurons Bonne paix, amour, union et concorde perdurablement, et demeurer à tousjours esdictes paix, amour, union et concorde, sans jamais par quelque voye, moyen, querelle ou occasion que ce soit, faire, donner, procurer par nous ni par autre, guerre, mal, deplaisir, grief, prejudice ni dommaige à nostredict frere et cousin, ses pays et sujects; et en oultre, avons promis et juré solennellement, et sur ladicte croix promectons et jurons, par cesdictes presentes, d'entretenir, garder et observer à tousjours ledict traicté d'Arras, le contenu en icelui, ledict traicté de Conflans, et tout ce qu'il contient, en tant que toucher peut à nostredict frere et cousin, et tous les dons et transports, que lors et depuis lui avons faicts, lesquels traictez d'Arras et de Conflans, en tant qu'icelui de Conflans peut toucher à nostredict frere et cousin, et aussi lesdicts dons et transports, nous tenons et voulons estre tenus pour ici repetez, connoissant et affirmant savoir et avoir d'iceulx traictez et dons, et de tout le contenu ès lettres qui en sont faictes, vraye et bonne souvenance; promectons aussi et jurons entretenir et garder toutes les provisions et responses faictes et données sur lesdictes doleances, remonstrances et requestes de nostredict frere et cousin, declarées en la fin de ces presentes, comme dict est, et icelles et chascune d'icelles faire mectre à due execucion, le tout selon leur forme et teneur.

OCTOBRE 1468.

Et non obstant cette presente paix et reunion et le contenu esdicts traictez d'Arras et de Conflans, nous, à la requeste de nostredict frere et cousin, avons de nostre certaine science, consenti et accordé, consentons et accordons par la teneur de ces presentes, pour nous, nos hoirs et successeurs, que nostredict frere et cousin puisse tant et si longuement qu'il lui plaira, garder et entretenir et faire garder et entretenir par tous ses vassaux et sujects, toutes les alliances et aussi les traictez de treve, et l'entre-cours de la marchandise, qu'il a faicts et passes avec le Roi Edouard, nostre ennemi et adversaire (1), et le royaulme d'Angleterre, pour la defense et seureté de sa personne, de son estat, de ses successeurs, de ses pays et sujects, et aussi icelles alliances et traictez que nostredict ennemi et le royaulme d'Angleterre ont faites avec nostredict frere et cousin, sans que nostredict frere et cousin, sesdicts successeurs ou sesdicts sujects, en puissent estre repris, blasmez ni reprochez; mais neanmoins, nostredict frere ne donnera ayde ausdicts Anglois, ayde en leurs querelles, pour envahir ou endommager nous et nos sujects en nostre royaulme, ni aussi nos pays ou royaulme, et ne baillera faveur de passer par ses pays, pour guerroyer, grever, ou nuire à nous, nos pays et sujects, en aucune maniere; et par cesdictes paix, avons declaré et declarons toutes entreprises, voyes de faict, et autres choses perpetrées, advenues de tout le temps passé, à cause des differends qui ont esté entre nous et nostredict frere et cousin, tant par les citez et villes de nostredict royaulme, comme par nos serviteurs et sujects, et ceulx de nostredict frere et cousin, de ses alliez, et de leursdicts serviteurs et sujects, ou qui ont servi ou tenu le parti d'icelui nostre frere et cousin, ou de sesdicts alliez, qui seront et voudront estre compris en cette paix, pour non faictes et pour non advenues, et sans qu'à l'occasion d'icelles, aucune chose en puisse estre demandée, querellée ou imputée, ores ni pour le temps à venir en quelque maniere que ce soit, mais en tant que metier seroit, lesdictes choses, avons abolies et abolissons par ces presentes.

---

(1) Entretenir des liaisons avec un état en guerre avec le nôtre, est un crime de haute trahison. Mais dans le droit feodal, les grands barons jouissaient de toutes les prérogatives de la souveraineté; ils avaient souvent le droit de paix et de guerre, même contre de roi; et quand ils étaient vaincus, ils n'étaient pas condamnés comme rebelles. V. ci après la condamnation du connétable de Saint-Paul. (Isambert.)

consentant et accordant en oultre par ce present traicté, que toutes et chascune les seigneuries, places, terres, heritages et possessions quelzconques, prises, occupées, saisies ou empeschées d'une part et d'autre, et autres choses perpetrées et advenues du temps passé à l'occasion desdictes differences, sont et seront rendues et restituées pleinement, franchement et quittement, à ceulx à qui elles appartiennent, lesquels y pourront entrer, les prendre et apprehender de leur propre autorité, sans aucune œuvre ou mystere de justice, ni autre consentement avoir ou requerir de nous ni de nostredict frere et cousin;

Et avec ce, ferons bailler et expedier nos lectres de main-levée et d'abolition, particulierement pour les sujects de nostredict frere, et pour ceulx qui l'ont servi ou tenu son parti, ou de sesdicts alliez, qui voudront les avoir: et specialement à la requeste de nostredict frere et cousin, voulons et consentons, qu'à nostre très-cher et amé frere et cousin, Philippe de Savoye, seront rendues et delivrées, les places et chasteaux, villes et terres, qui de par nous et nos gens ont esté prises et empeschées ès Comté de Baugé, pays de Bresse, et autres terres et seigneuries appartenantes à nostredict frere et cousin, Philippe de Savoye, où à ses serviteurs et sujects, et iceulx ses serviteurs et sujects, pris et empeschez, ou mis à rançon par la guerre, delivrez francs et quittes d'icelle rançon; et seront nostre très-cher et très amé frere et cousin, le Duc de Savoye, lequel Duc et maison de Savoye nous tenons aussi pour nostre allié, et nostre très-chere et très-amée sœur la Duchesse de Savoye, et nos très chers et amés freres et cousins, l'Evesque de Geneve, ledict Philippe, le Seigneur de Romont, et tous les autres alliez de nostredict frere et cousin de Bourgogne, leurs sujects, ceulx qui les ont servis ou tenu leur parti, compris en cette presente paix et traicté, si compris y veulent estre, auquel cas, si compris y veulent estre, lesdicts alliez tenuz seront de faire declaracion endedans le terme d'un an, et ils et chascun d'eulx jouiront de l'effect de ce present traicté et du contenu en ces presentes;

Si toutefois nos alliez, ou ceulx de nostredict frere et cousin, ou aucun d'eulx, ne voulussent en ladicte paix estre compris, nous neanmoins et nostredict frere et cousin, et chascun de nous, demeurons en iers en toutes nos alliances, lesquelles nous avons reservées et reservons par ces presentes, sans par ce present traicté à icelles, en tant qu'à nous ou à lui toucher peut, prejudicier aucunement; laquelle paix lesdicts traictez d'Arras et de

Conflans, entant qu'icelui de Conflans à nous et nostredict frere et cousin toucher peut, les dons et transports par nous à lui faicts, ensemble nos provisions et reponses par nous données et octroyées sur les doleances, remontrances et requestes de nostredict frere et cousin, et tout le contenu en cestes, nous avons promis et juré, promectons et jurons de bonne foy, sur nostre honneur et en parole de Roy, et sous l'obligacion de tous nos biens presens et advenir, pour nous, nos hoirs et successeurs, entretenir, garder et accomplir à nostre loyal pouvoir, sans jamais ores ni pour le temps advenir, faire ni venir, ni souffrir faire ni venir au contraire, directement ou indirectement, en maniere quelconque;

Et avec ce, au cas que par nous ou par aultre, de nostre sçeu ou consentement, directement ou indirectement, ladicte paix seroit enfreinte ou contrevenu au contenu en ces presentes et esdicts traictez d'Arras et de Conflans, en tant qu'à nostredict frere et cousin icelui traicté de Conflans peut toucher, ou esdicts transports, dons et provisions par nous faicts à nostredict frere et cousin, ou que fussions refusans ou en demeure de faire mectre nostredict frere et cousin en possession paisible et jouissance des choses contenues et declarées esdicts traictez et ès lectres desdicts transports et dons, ou de tout, en tant qu'à nous peut toucher, et ce qui est accomplissable de nostre part, executer ou faire executer duement, selon la forme et teneur de ces presentes et des lectres sur lesdictes provisions à nous aujourd'hui octroyées, ou que par nous fust faict ou donné aucun destourbier ou empeschement à l'encontre et au contraire desdicts traictez, transports, dons, provisions et autres choses ou l'une d'icelles, en ces presentes declarées, nous avons consenti, traicté et accordé, consentons, traictons et accordons à nostredict frere et cousin, pour lui, ses hoirs et ayans cause, que ils, leurs vassaux et sujects, soyent et demeurent quittes et absous perpetuellement et à tousjours, des foy et hommage, services et sermens de fidelité, de toute obeyssance, sujecion, ressort et souveraineté, qui par lui, ses hoirs et ayans cause et sesdicts vassaux et sujects, nous sont et seront dus à cause des duché, comtez, pays, terres et seigneuries, qu'il tient ou tiendra ci-après de nous, à cause de nostre couronne et de nostre royaulme, et sous la dessusdicte peine, à savoir, que nostredict frere et cousin, ses hoirs et successeurs, ses feaulx et sujects qu'il a et aura en nostredict royaulme, seront quittes et absous perpetuellement desdictes foy et hommage, services et sermens de fidélité, d'obeyssance, ressort et souveraineté;

Nous avons promis et juré, promectons et jurons, que les provisions par nous accordées à nostredict frere et cousin, ci-apres declarées, qui sont en prompte et preste execucion, desquels de date d'aujourd'hui, avons faict expedier nos lectres, nous ferons icelles nos lectres verifier et enteriner par ceulx et où il appartiendra et sans aucun delai, et tout le contenu en icelles deuement executer; et par ceulx de nos officiers qu'il appartiendra mectre nostredict frere et cousin en paisible possession et jouyssance des choses contenues et declarées esdictes reponses et lectres de provision, accordées sur les doleances et remonstrances de nostredict frere et cousin; et au regard des autres provisions, qui ne se peuvent mectre prestement à execucion, fors que par delivrance des lectres, lesquelles aussi nous avons faict expedier de la date du jourdhui, nous avons promis et promectons, sous la mesme peine, de faire enteriner lesdictes lectres, en tant que metier est, et de faire et procurer estre faict de nostre part et en tant qu'à nous toucher peut, que en dedans de trois ans ensuivant la date de cestes (lequel temps, nous et nostredict frere et cousin pourrons concordablement et de l'assentement de nous et lui prolonger), les procez et differends desquels est faicte mencion esdictes reponses, provisions et lectres, seront appointez, decidez et determinez à fin due par les commissaires, arbitres et superarbitres, ou autres qu'il appartiendra, selon la forme et teneur d'icelles reponses, provisions et lectres.

Et sera appointé, jugé et determiné, d'entretenir, accomplir, garder et observer si avant que nous touchera et toucher pourra, et ce que appointé, jugé et decidé sera, executer dans six mois et pour tous delais, apres le jour et ensuivant le jour de la prononciacion desdicts jugemens, decisions ou appointemens; et aussi, executer ou faire executer, accomplir, entretenir, garder et observer tout ce que nous sommes tenus, devons et avons promis de faire, contenu et declaré esdicts traictez, transports, dons et provisions, et en ces presentes, sans de nostre costé, en tant qu'à nous touche ou peut toucher, y faire donner, ou souffrir faire ou donner aucun destourbier ou empeschement; et si par nos officiers ou aultres, pour et au nom de nous, aucun destourbier, retardement ou empeschement est donné à nostredict frere et cousin es choses dessusdictes ou aucunes d'icelles, nous, et sous la mesme peine, promectons et

, que dedans un an apres que de la part de nostredict frere et cousin en serons requis et sommez, le ferons reintegrer et reparer, et le tout remectre en estat du et tel qu'il appartiendra, selon la forme et teneur desdicts traictez, transports, dons, et lectres desdictes provisions.

Et outre plus, avons consenti et accordé, consentons et accordons, que les Princes de nostre sang, tels que voudra nommer et avoir nostredict frere et cousin, jureront et promectront sur leur foy et honneur, d'entretenir et garder ladicte paix et tout le contenu en cestes, sans rien faire ni souffrir faire au contraire, et qu'ils et chascun d'eulx assisteront et serviront nostredict frere et cousin à l'encontre de nous en leurs personnes, de toute leur puissance, et de leurs pays et sujects, au cas que par nous ou par aultre, de notre sceu et consentement ladicte paix soit enfreinte ou contrevenu au contenu en cestes, et dès maintenant, leur commandons et expressement enjoignons d'ainsi le faire et en bailler leurs lectres et scellez, en forme due, à nostredict frere et cousin, sans delai, contredict ou difficulté, et declarons qu'au cas de ladicte infraction et du contrevenement à ces presentes, lesdicts Princes seront et demeureront quictes, absous et exempts envers nous et nosdicts successeurs, de tous sermens, devoirs et services, qui par eulx ou leursdicts sujects nous sont dus, et dès maintenant audict cas, les en quictons, absolvons et exemptons, et leur commandons et ordonnons par la teneur de cestes, qu'ils sans mesprendre envers nous et nosdicts successeurs servent audict cas nostredict frere et cousin contre nous, comme dict est, et desquels consentement, ordonnance, absolucion ou quittance, nous promectons bailler nos lectres à nostredict frere, pour chacun desdicts Princes qu'il nommera, requerra ou voudra avoir pour sa seureté;

Et pour l'observacion, entretenement et accomplissement des choses dessusdittes et de chacune d'icelles, nous avons renoncé et renonçons par ces presentes à tous privileges donnez à nous, aux hoys et à nostre royaulme de France, et dont pourrions user, pour non estre contraincts par les censures de l'esglise ou aultrement, et aussi à toutes dispensacions que pourrions obtenir de nostre Sainct Pere, des Saincts Conciles generaux ou d'autres constitucions, edicts royaulx ou ordonnances quelzconques, faicts et à faire, contraires ou prejudiciables à ces presentes ou aucunes d'icelles, et à toutes excepcions que nous ou nos successeurs pourrions alleguer, tant de faict comme de droict ou aultrement, et mesmement à l'excepcion du droict qui dict que la generale renonciacion ne vaut, si la speciale ne precede, et tout, sans fraude, barat, ou mal-engin;

Et avec ce, nous avons soumis et soumectons, nous, nos hoirs et successeurs, nos biens et les leurs, à la jurisdiccion et cohercion ecclesiastique, à savoir, de nostre Sainct Pere, du Sainct Siege Apostolique, des Saincts Conciles generaux à venir, pour par nostre Sainct Pere, ledict Sainct Siege et Conciles generaux, et par chacun d'eulx, estre contraints par toutes censures d'esglise, à savoir, d'excommuniement, agravacion, reagravacion, interdict en nostredict royaulme et autres nos terres et seigneuries, et plus avant en la forme et ainsi que la censure d'esglise se pourra etendre, lequel nostre Sainct Pere et ses successeurs, nous avons eslu, eslisons et acceptons pour nostre juge, pour connoistre et decider tous differends qui pourroient estre à cause de ce present traicté.

(S'ensuivent les doleances, remonstrances et requestes de nostredict frere et cousin, avec les provisions et reponses par nous à lui accordées sur chascune d'icelles.)

Ce sont les remonstrances et doleances faictes par les Ambassadeurs de Monsieur le Duc de Bourgogne, et les responses faictes de la part du Roy, à la journée tenue à Ham en Vermandois, le mercredi vingt-uniesme jour du mois de septembre, l'an mil cccc lxviij; et entretenue jusques au jeudi xxixe jour dudit mois ensuivant, et depuis continuée et remise en la ville de Peronne, en ce present mois d'octobre audict an soixante huit.

Et premierement touchant les fiefs et hommaiges des comtés de Ponthieu et autres, etc.

Toutes les provisions et reponses sur chascun article, ainsi que cy-devant sont escriptes, specifiées et declairées, ont esté accordées et acceptées par le Roy et Monsieur le Duc de Bourgogne, eulx deux estans en la ville de Peronne, le quatorziesme jour d'octobre l'an mil cccc soixante huit.

Sy donnons en mandement à noz amez et feaulx chancellier et gens de nostre grant conseil, les gens de nostre parlement, gens de nos comptes, tresoriers de France, generaulx de la justice, baillys, seneschaulx et à tous aultres nos justiciers et officiers quelzconques, presens et advenir, leur lieuxtenans, et à chascun d'eulx en droit soy et si comme à lui appartiendra que le contenu en ces presentes et aussi ès articles et appointemens cy-dessus specifiez et declairez, ils entretiennent, gardent observent et accomplissent, et à ceulx qu'il appartiendra facent entretenir, garder, observer et accomplir de poinct en poinct, inviolablement et sans faire ne souffrir faire aucune chose ou contraire; et mesmement ausdicts gens de nostre grant conseil et ausdicts gens de nostre parlement, gens de nos comptes, tresoriers et generaulx de la justice, que cesdictes presentes et tout le contenu en icelles et esdicts appointemens ils publient et enregistrent, et les facent publier et registrer partout où il appartiendra, nonobstant quelzconques ordonnances par nous faictes ou à faire de non aliener ne mectre hors de nos mains le domaine de nostre couronne, les peines et astrinccions indictes et seremens faicts par les gens de nostredict parlement, lesdits gens des comptes et autres nos officiers quelzconques, et lesquels ils ont pu faire en general et en particulier soubz quelzconques formes de parolles qu'elles soyent faictes ou escriptes, par lesquelles l'on vouldroit ou pourroit empescher l'effect, accomplissement et entretenement de cesdictes presentes et desdicts appointemens, lesquelles ordonnances, restrinccions, promesses, obligacions et seremens, nous, pour bien de paix, ne voulons deroguer ne prejudicier aux choses dessusdictes, et desdictes promesses, seremens ou autres obligacions que nosdicts officiers pourroient avoir envers nous au contraire de ce qui dict est, nous les tiendrons et tenons par cesdictes presentes et en accomplissant le contenu en icelles, pour quittes et souffisament deschargez, etc.

Par le Roy en son Conseil:

N°. 119. — LETTRES *portant exemption de service personnel pour la défense du royaume, en faveur des vassaux, sujets et serviteurs du duc de Bourgogne.*

Péronne, 14 octobre 1468. (C. L. XVII, 145.) Reg. au parlem. de Paris, 2 mars.

N°. 120. — LETTRES *portant reconnaissance de noblesse et réintégration de celui qu'on avait troublé dans l'exercice de tous ses droits pour dérogeance* (1).

Montils-lès-Tours, 7 janvier 1468. (C. L. XVII, 174.)

---

(1) Il avait fait le métier de pratique et de percepteur de tailles. V. notes sur une ordonnance semblable du 20 janvier 1820, supplément au Bulletin des Lois, 1814, p. 54, et la lettre de M. Ternaux à ce sujet. (Isambert.)

N°. 121. — Ordonnance *qui autorise tous les habitans de Tournay à tenir table d'usure* (1).

6 mars 1468. (Manusc. de la bibl. du roi, monum. histor. carton 155.)

N°. 122. — Lettres *portant concession de la Guyenne, pour apanage* (2), *au frère du roi.*

Amboise, avril 1469. (C. L. XVII, 209.) Reg. au parlem. le 27 juil. — Lettres de jussion à la chamb. des Comptes, du 10 juillet.

N° 123. — Lettres *contenant amnistie pour ceux qui ont suivi le parti du duc de Guyenne.*

Baugé, mai 1469 (C. L. XVII, 214). Reg. au parlem. de Paris le 27 juillet.

Loys, etc. Sçavoir faisons à tous presens et advenir, que, comme depuis le temps que nostre très-chier et très amé frere Charles, à present Duc de Guyenne, à la suggescion d'aucuns, se partit de nostre ville de Poictiers pour aller en Bretaigne et s'esloigna de nous et de nostre compaignie, plusieurs grandes differands et divisions se soyent meues en nostre royaulme, durant lesquels differands, plusieurs des seigneurs et princes de nostre sang se sont joincts avec nostredict frere et plusieurs de noz officiers, tant gens de conseil, gens de guerre, capitaines et gardes de places, francs archiers, gens de noz ordonnances et autres noz hommes, vassaulx et subjectz, et semblablement plusieurs qui ne sont pas de noz subjects ayent adheré avec nostredict frere et lesdicts seigneurs, leur ayent donné obeyssance ès villes et places où ilz estoient et aucunes d'icelles ayent livré et baillé, consenti, traicté et pourchassé delivrer et bailler entre leurs mains, et ont tenu aucunes contre nous sans nous en vouloir faire ouverture ne obeyssance, quelque sommacion qui leur en aict esté faicte, ont servi nostredict frere et lesdicts seigneurs en la guerre qu'ilz ont faicte à l'encontre de nous, induict et sortraict aucuns de noz gens d'armes pour les y servir, ayent offensé en prenant sans nostre congié et licence plusieurs de nos deniers, tant de ceulx

---

(1) C'est-à-dire à prêter à intérêt. Cette ordonnance ne se trouve pas indiquée dans la table de Blanchard. (Isambert).

(2) Cette ordonnance qualifie l'apanage de droit de partage. V. notes sur la loi du 15 janvier 1825, art. 4 relatif à l'apanage. Cette ordonnance exprime que l'apanage de la Normandie était trop considérable; c'est ce qu'on a voulu insinuer en 1825 à l'occasion de l'apanage d'Orléans. V. aussi la sage opinion des États généraux de 1467—1468, au sujet des apanages. (*Idem.*)

qui estoient ordonnez pour la soulde et payement desdicts gens de guerre que autrement; aussi, ont donné plusieurs faveurs, conseilz, tant paravant ladicte ouverture de guerre que depuis, touchant plusieurs matieres qui ont esté traictées et pourchassées contre nous et en nostre prejudice, et les aucuns d'eulx ayent emmené nostredict frere à nostre desceu hors de nostre compaignie, et le sollicité et faict solliciter de adherer contre nous avec lesdicts seigneurs et princes.

Sur quoy nostredict frere nous aict requis que tous les dessusdictz et autres quelzconques, de quelque estat ou condicion qu'ilz soyent, qui ont adheré avec luy et lesdicts seigneurs et princes ou se sont mis en leur service, soyent et demourent quictes et deschargés perpetuellement et à toujours de toutes les choses quelzconques qu'ils pourraient avoir faictes, delinqué, commis, perpetré, pourchassé, conspiré, conseillé, consenti, soustenu et recelé contre nous et en nostre prejudice par maniere de guerre ou autrement en quelque maniere que ce soit ou puisse estre durant lesdictes differances ou paravant icelles, et que toutes lesdictes choses soyent et demeurent abolies, sans ce qu'il soit besoing autrement les exprimer et declairer.

Pourquoy nous voulans et desirans en ce complaire à nostredict frere, de nostre grace especiale, plaine puissance et auctorité royale, tous les cas dessus declairez et autres quelzconques, dont tous les dessusdictz et autres qui ont adheré avec nostredict frere et lesdictz princes seroient et pourroient estre trouvez chargez, avons aboly et abolissons et mectons du tout au neant en oubly, et voulons qu'ilz soyent tenuz et reputez comme non faictz et non advenuz par quelque personne qu'ils ayent esté commis, sans ce qu'il soit besoing autrement exprimer ne declairer lesdicts cas ne les personnes qui les auroient commis, et sans ce que jamais il leur puisse tourner à aucun blasme ne reproche ne que on leur puisse aucune chose imputer ne demander en corps n'en biens soubz couleur de justice ne autrement en quelque maniere que ce soict.

Et avec ce, avons voulu et voulons que tous ceulx qui seroient ou se tiendroient chargés des choses dessusdictes ou d'aucunes d'icelles, puissent retourner à tous et chacuns leurs biens-meubles estant en nature de chose, immeubles, heritaiges, benefices ecclesiastiques et possessions quelzconques, tout ainsi et au point et estat qu'ilz estoient au temps du partement de nostredict frere de nostre ville de Poictiers, et que d'eulx ilz le puissent faire sans aucune solemnité ou ministere de justice; et sy les places, chasteaulx, forteresses, maisons, et autres édifices avoient esté ou estoient demoliz, abatuz et desemparez par nostre commandement, ordonnance ou autrement, soubz umbre desdictes divisions et durant icelles, nous voulons qu'ilz et chascun d'eulx les puisse refaire, ramparer et reddifier tout ainsi qu'ilz estoient et qu'ilz eussent peu faire paravant lesdictes divisions, et aussi, joissent des droitz de seigneurie, guet et autres droitz et prerogatives qui leur appartenoient à cause desdictes choses.

Et en oultre, voulons et nous plaist, que tous adjournemens, deffaulx, procez, baunissemens, execucions, sentences, adjudicacions de decret, declaracions, arrestz de nostre court de parlement, jugemens, confiscacions, commissions de fiebz (1) ou autres exploitz de justice et autres empeschemens quelzconques qui auroient ou pourroient avoir esté faicts contre tous les dessusdictz et chascun d'eulx leurs heritaiges, terres, possessions, beneficez et biens quelzconques, pour absence ou deffault d'avoir deffendu ou produit durant lesdictes divisions en quelque maniere que ce soit contre et en leur prejudice, soyent de nul effect et valeur, et tant que mestier est, les avons cassez, adnullez, cassons, adnullons et mectons du tout au neant par ces presentes, sans ce qu'on leur puisse obicer aucune prescripcion ou laz de temps encouru durant lesdictes divisions et jusques à present; et aussi, que tous les dessusdicts et chascun d'eulx puissent resider et demourer seurement en quelque lieu que bon leur semblera, soict en nostre royaulme ou dehors, sans ce que par nous, noz gens, justiciers et officiers, leur puisse estre donné, à cause des choses dessusdictes, aucun empeschement ou destourbier; et les avons receuz et recevons en nostre grace, et voulons yceulx estre tenus et reputez comme noz bons et loyaulx subjects; et avec ce, les avons prins et mis, prenons et mectons en nostre proteccion et sauve-garde, en imposant surtout silence perpetuel à nostre procureur et à tous autres; et se au temps advenir aucuns leur en disoient ou improperoient aucune chose, nous voulons qu'ilz en soyent puniz comme transgresseurs de edict royal, infracteurs de traicté de paix et de nostredicte sauve-garde.

---

(1) Le fief servant était dévolu au seigneur dominant, par la transgression des sermens faits à ce seigneur, et de la fidélité qui lui était due. C'est ce qu'on appelait *commise* ou *commission du fief*. C'était une véritable confiscation. (Pastoret.)

Et se soubz couleur desdictz differans ou autrement nous avons faict aucuns dons, transportz ou alienacions de biens-meubles, immeubles, ou possescions d'aucuns des dessusdictz, nous voulons lesdictz dons ne sortir aucun effect, et les avons cassez, revoquez et adnullez cassons, revoquons et adnullons par ces presentes, et que iceulx et chascun d'eulx en joyssent ou se puissent ou leurs heritiers bouter en leursdicts biens-meubles qui seroient en nature de chose, et immeubles quelque part qu'ilz soyent, sans aucun mystere de justice, tout ainsi que si lesdictz dons n'avoient esté faictz; et quelque empeschement qui pourroit avoir esté faict par justice ou autrement à l'occasion des choses dessusdictes, voulons estre levé et osté, et l'ostons et levons par ces presentes, non obstant lesdictz dons et quelzconques autres declaracions ou execucions par nous ou noz justiciers faictes en corps ou en biens de ceulx qui en avoient esté trouvez chargez ou accusez soit en général ou en particulier, et quelzques autres choses faictes au contraire.

Si donnons en mandement, etc.

Et pour ce que plusieurs pourroient avoir à faire de cesdictes presentes, nous voulons que au *vidimus* d'icelles, faict soubz scel royal, foy soit adjoutée comme à l'original, et que ledict *vidimus* leur vaille comme se ung chascun d'eulx avoit de nous nos lectre particuliere. Et affin que ce soit chose ferme et estable à toujours, nous avons faict mectre nostre scel à cesdictes presentes, sauf nostre droict et l'autruy en toutes choses.

Donné à Baugé, etc.

Par le Roy en son conseil.

N° 124. — LETTRES *qui ordonnent la translation du parlement de Bordeaux à Poitiers* (1).

Amboise, juillet 1469. (C. L. XVII, 251.)

N° 125. — LETTRES *contenant institution des statuts de l'ordre de Saint-Michel* (2).

Amboise, 1ᵉʳ août 1469. (C. L. XVII, 256.)

Loys, etc. Sçavoir faisons à tous presens et advenir, que pour

---

(1) Elle est motivée sur ce que la Guyenne avait été donnée en apanage au frere du roi. (Isambert.)

(2) Cet ordre existe encore; c'est le plus ancien. V. notes sur le sacre de

la tres-parfaicte et singuliere amour que avons au noble ordre et estat de chevalerie, dont par ardant affection desirons l'onneur et augmentacion, à ce que, selon nostre entier desir, la saincte foy catholique, l'estat de nostre mere saincte Esglise, et la prosperité de la chose publique, soyent tenues, gardées et deffendues ainsy qu'il appartient, nous, à la gloire et louenge de Dieu, nostre createur tout puissant, en reverance de sa glorieuse mere, et à l'onneur et reverence de monsieur Sainct-Michel archange, premier chevalier, qui pour la querelle de Dieu victorieusement batailla contre le dragon, ancien ennemy de nature humaine, et le tresbuchia du ciel, et qui son lieu et oratoire appellé *Mont-Sainct-Michel*, a toujours seurement gardé, preservé et deffendu, sans estre pris, subjugué, ne mis ès mains des anciens ennemis de nostre royaulme; et afin que tous bons, haults et nobles courages soyent incitez et plus esmeuz à œuvres vertueuses, le premier jour du mois d'aoust, l'an de grace mil quatre cens soixante-neuf, et de nostre regne le neufiesme, en nostre chastel d'Amboize.

Avons constitué, créé et ordonné, et par ces presentes constituons, créons et ordonnons ung ordre et fraternité de chevalerie ou amiable compaignie de certain nombre de chevaliers, lequel ordre nous voulons estre nommé l'ordre de Sainct-Michel, et soubz la forme, condicion, statuz, ordonnances et articles ci-après escriptz.

Premierement. Avons ordonné et ordonnons que en ce present ordre aura trente-six chevaliers gentilzhommes de nom et d'armes, sans reproche, dont nous serons le chef et souverain en nostre vie, et après nous nos successeurs Roys de France, et lesquelz freres et compaignons de l'ordre, à l'entrer d'icelluy, seront tenuz de laisser et laisseront tout aultre ordre, se aucun en avoient, soit de princes ou de compaignie, exepté Empereurs, Roys et ducs, qui avec ce present ordre pourront porter l'ordre dont ilz sont chiefs, moyennant lectres et consentement de nous et de nos successeurs souverains et des freres d'icelluy ordre, et en cas semblable, nous et nos successeurs souverains dudict or-

---

Charles X; supplément au Bulletin des Lois, année 1825. Il y a un recueil imprimé en 1782, des statuts de l'ordre de Saint-Michel. On appelle le cordon de cet ordre, le Cordon Bleu.

Cette institution avait pour but de dissoudre le parti des princes toujours remuant. (Isambert.)

dre, pourrons, s'il nous plaist, porter l'ordre d'ung dessusdictz Empereurs, Roys ou ducs avecque le nostre, pour plus grande demonstrance de vraye amour l'ung à l'autre, et pour l'esperance en bien qui en pourra advenir.

(2) *Item.* Pour ce que nous desirons que en ce present ordre ait des plus grans, mieulx renommez, plus vertueulx et notables chevaliers, dont nous avons cognoissance, tant de ceulx de nostre sang et lignage que aultres de nostre royaulme et de dehors, nous, bien informez des bons sens, vaillances, prudommies, et aultres grandes et louables vertuz estans ès personnes des chevaliers cy-dessoubz escriptz, et par ce confians plainement de leur grande et entiere loyaulté, et esperans la continuacion et perseverance d'iceulx de bien en mieulx en toutes haultes, dignes et vertueuses euvres, iceulx avons nommez et nommons en nos freres et compaignons dudict ordre, duquel nous et nos successeurs Roys de France serons souverains comme dessus est dict; c'est assavoir:

Nostre très-cher et très-amé frere, Charles, duc de Guyenne;

Nostre très-cher et très-amé frere et cousin, Jehan, duc de Bourbonnois et d'Auvergne.

Nostre très-cher et très-amé frere et cousin, Loys de Luxembourg, comte de Sainct-Pol, connestable de France (1);

André de Laval, sieur de Loheac, mareschal de France;

Jehan, comte de Sancerre, sieur de Beuil;

Loys de Beaumont, sieur de la Forest et du Plessis-Macé;

Jean d'Estouteville, sieur de Torcy;

Loys de Laval, sieur de Chastillon;

Loys, bastard de Bourbon, comte de Roussillon, admiral de France;

Antoine de Chabannes, comte de Dampmartin, grant-maistre d'ostel de France;

Jehan d'Armaignac, comte de Cominge, mareschal de France, gouverneur du Daulphiné;

George de la Trimoilhe, sieur de Craon;

Gilbert de Chabannes, sieur de Curton, seneschal de Guyenne;

Loys, sieur de Crussol, seneschal de Poictou;

Tanguy du Chastel, gouverneur des pays de Roussillon et de Serdaigne;

---

(1) Décapité le 19 décembre 1476, pour crime de haute trahison. (Isambert.)

Et le surplus pour parfaire le nombre desdicts trente-six chevaliers de ce present ordre, reservons estre mis par l'eslection de nous et de nosdicts freres au premier chapitre et convencion que nous et nosdicts freres ferons; ou ainsy que par nous et les dessus nommez ou la plus grant partie d'yceulx sera advisé aux chapitres ou convencions ensuivans (1).

(3) *Item.* Et pour donner cognoissance dudict ordre et des chevaliers qui en seront, nous donnerons pour une fois à chacun desdicts chevaliers ung collier d'or fait à coquilles lassées l'une à l'autre d'un double laz, assises sur chainectes ou mailles d'or, au millieu duquel sur ung roc aura ung image d'or de monsieur Sainct-Michel, qui reviendra pendant sur la poictrine, lequel collier nous et nosdicts successeurs souverains et chacun desdicts chevaliers de l'ordre seront tenus de porter chacun jour autour du col à découvert, sur peine de faire dire une messe et donner pour Dieu le tout jusques à la somme de sept sols six deniers tournois, laquelle chose se fera en conscience par les defaillans, chacun jour qu'ils fauldront à le porter, excepté en armes, où il souffira porter seulement ledict image Sainct-Michel pendant à une chainecte d'or ou lasset de soye qui ainsy faire le vouldra: et pareillement, quant ledict souverain, ou aucun desdictz chevaliers, iront par pays ou seront en leurs maisons à privée maisnie, en chasses ou en autres lieux où il n'y auroit aucune compaignie ou assemblée de gens d'estat, ne seront point abstrains de porter le grant collier, fors seulement ledict image de l'ordre, en la façon que dict est.

(4) *Item.* S'il falloit aucune chose reparer audict collier, pour ceste cause pourra estre mis en main d'orfevre; et jusques à ce qu'il soit mis à poinct, le chevalier à qui sera ledict collier ne sera pour ledict temps, tenu d'aucune chose pour ce payer; aussy, se en loingtain voyage ou autre cas où laisser le convenist, ils le laissent à porter pour seureté de leurs personnes, faire le pourront; lequel collier sera du poix jusques à deux cens escuz d'or et au-dessoubz, sans estre enrichy de pierres ny autres choses; et ne leur pourront lesdicts chevaliers donner, vendre, engager ne aliéner, pour quelque necessité ou cause ne en quelque ma-

---

(1) Nous ne connaissons pas le nom des chevaliers qui furent nommés pour completer le nombre de trente-six. (Pastoret.)

que ce soit, ains demourera, sera et appartiendra toujours
audict ordre.

(5) *Item*. Et à l'entrée dudict ordre, les chevaliers d'icelluy
promettront avoir bonne et vraye amour à nous, et à nos successeurs souverains dudict ordre, et l'un envers l'autre, et nous envers eulx; vouloir pourchasser et accroistre à leur pouvoir l'onneur et proffit, et eschever le deshonneur et dommaige de ceulx
dudict ordre; et que s'ilz oient aucune chose dire qui soit contre
l'honneur et bien d'aucun d'icelluy ordre, ilz seront tenuz de les
excuser par la meilleur maniere que faire pourront, et si le disant vouloit publiquement perseverer en ses parolles, ilz seront
tenuz de remonstrer que par le serment ilz sont tenuz de reveler à leurs freres et compaignons ce qu'ilz orroient proferer contre
leur onneur et bien; et après ladicte remonstrance, se le disant
veult perseverer, seront tenuz de le signiffier au chevalier duquel
telles parolles seront dictes et proferées contre son onneur et son
bien comme dict est.

(6) *Item*. Se aucun s'efforçoit grever ou porter dommaige de faict
à nous ou à noz successeurs chefs et souverains de l'ordre, ou en
nostre royaulme, vassaulx et subjects, ou que nous et iceulx noz
successeurs chefz dudict ordre feissions armes ou entreprises pour
la deffense de la foy chrestienne, estat, restablissement et liberté de l'église de Dieu, entretenement de la couronne de France
et de la chose publique de nostre royaulme, et contre noz anciens ennemis, ou autres justes querelles, en ce cas les chevaliers dudict ordre, les puissans en leurs personnes, seront tenuz
de nous servir personnellement, et les non-puissans de faire servir
moyennant à gaiges raisonnables, sinon en cas de loyal essoine
et evident empeschement, auquel cas se pourront excuser devers le souverain dudict ordre.

(7) *Item*. Et pour montrer la grant affection et amour que avons
et voulons ad ce avoir à nosdicts freres et compaignons dudict ordre, et pour iceluy mieux et plus fermement estre entretenu en
parfaicte union, nous et nosdicts successeurs chefs et souverains
dudict ordre, promectons solempnellement par serment à l'entrer d'icelluy, garder, deffendre, maintenir et entretenir tous
iceulx chevaliers, officiers et suppostz de l'ordre, et chacun d'eulx,
en tous leurs estaz, dignitez, preheminences, prerogatives, pays,
terres, seigneuries et autres droitz, et les deffendre contre tous
autres qui voudroient aucune chose entreprendre contre eulx,
et les garderons comme noz propres droiz à nostre povoir, tant

que bonnement selon Dieu et raison faire le pourrons, tout ainsi que bon chief et souverain doit faire à ses bons freres et compaignons et officiers dudict ordre.

(8) *Item.* N'entreprendrons aucunes guerres ne aultres et ponderouses (1) besoignes, sans le faire sçavoir avant à la plus grant partie des chevaliers, pour sur ce avoir et user de leur bon conseil et adviz, sauf toutes voyes et excepté en matieres et entreprises hastives et qui requereroient celerité, dont le reveler pourront estre prejudiciable et dommageur ausdictes entreprises; et lesdicts chevaliers freres de l'ordre promectront et jureront de ne reveler les entreprises du souverain ne autres choses qui seront mises en conseil devant eulx, en recognoissance de l'obligation que ledict souverain leur faict de n'entreprendre aucune grant chose sans leur conseil.

(9) *Item.* Pareillement les chevaliers de l'ordre noz féaulx vassaulx et subgects, ne se mectront en aucunes guerres ne loingtains voyages sans nostre congé et licence ou de nos successeurs souverains de l'ordre; mais pourtant, nous n'entendons pas lesdicts chevaliers estre empeschez ne astrains que au regard des terres qu'ils tiendront d'auteur, ils ne puissent entrer en guerre et servir comme ils eussent peu faire avant la creation de ce present ordre, et semblablement, les non subgects de nous ou de nosdicts successeurs chefs et souverains dudict ordre ne puissent servir en armes et faire voyages à leur plaisir en le nous faisants sçavoir paravant, se le peuvent sans prejudice de leurs entreprises ou voyages.

(10) *Item* Se aucun debat ou contens sourdoit entre aucuns chevaliers et officiers de l'ordre à cause de leurs personnes seulement, dont vraysemblablement on peust doubter que voye de faict se peust ensuir, la chose venue à la cognoissance du souverain et chef de l'ordre, deffendra par ses lettres aux parties toutes voyes et euvres de faict; et au prochain chapitre lesdicts debats seront vuidez par ledict souverain et ses freres chevaliers, lesdictes parties ouyes en ce qu'elles vouldront dire l'une contre l'autre, et seront tenues lesdictes parties d'y comparoir, ou procureurs pour elles, et obtemperer à l'appoinctement qui sur ce sera faict par ledict souverain et lesdicts chevaliers, sauf partout le droict et haultesse de nostre justice et auctorité royale et de nos successeurs.

---

(1) Ceci est important. (Isambert.)

(11) *Item*. Se aucun presumoit oultrager ou grever de corps aucun ou aucuns desdicts chevaliers ou officiers de l'ordre, tous les autres qui seroient presens, ou qui faire le pourroient, seront tenuz d'y secourir, obvier et remedier, et de tout leur povoir le deffendre.

(12) *Item*. Se aucun non vassal ou subgect du souverain de l'ordre faisoit grief, violence ou injure à aucun chevalier ou officier de l'ordre subgect dudict souverain, lequel par justice ne peust avoir reparation, et que ledict chevalier ou officier grevé se voulsist soubzmectre à l'ordonnance dudict chef et souverain, et sa partie adverse le refusast, en ce cas lesdicts souverain et compaignons de l'ordre seront tenuz de faire audict chevalier leur frere et compaignon ou audict officier, toute assistance et faveur possible; et au regard des chevaliers estrangers non subgectz dudict souverain qui soubzmectre se vouldront, et leur partie le reffuseroit, lesdicts souverain et compaignons de l'ordre en icellui cas luy seront telle assistance et faveur que bonnement faire pourront.

(13) *Item*. Se il avoit en nostre present ordre, ores ou le temps advenir, chevaliers, freres et compaignons non subgectz de nous ou de nos successeurs, et qu'il advensist que nous ou nosdicts successeurs souverains dudict ordre eussions à mouvoir et mener guerre au seigneur naturel d'aucuns desdicts chevaliers et freres de l'ordre estrangers, ou à ses pays dont ils sont natifs, nous, pour nous et nosdicts successeurs chefs dudict ordre, declarons que, oudict cas, iceulx chevaliers non subgectz dudict chef et souverain pourront defendre leurdict naturel seigneur et sesdicts pays sans encourir blasme ne charge de leur honneur, ne mesprendre envers ledict chef et souverain; se leurdict seigneur naturel vouloit mouvoir et faire guerre audict chef de l'ordre, son royaulme et subgect, ilz, attendu la fraternité et affection dudict ordre, se devroient excuser d'y servir; toutesvoyes se leurdict seigneur ne les y vouloit recevoir, ains les voulsist astraindre audict service, servir le pourroient sans pour ce forfaire en honneur ne autrement, au cas que leurdict seigneur y soit en personne et autrement, et que paravant ils le signifient par leur scellé oudit souverain de l'ordre.

(14) *Item*. S'il advenoit que aucun desdicts chevaliers de l'ordre alast en voyage ou services d'armes de seigneur estrangier, il le devra advertir que se aucun de ses freres et compaignons dudict ordre estoit pris en bataille ou guerre, il seroit son loyal devoir de à son dict frere et compaignon sauver la vie; et s'il estoit pres

de sa main lui quitteroit sa foy et franchement le delivreroit, sinon que ledict chevalier prisonnier fust chef de la guerre; et si ledict seigneur ne vouloit ainsy consentir, icelluy chevalier de l'ordre ne se pourroit par honneur armer pour luy, ains devroit delaisser son service.

(15) *Item*. Les chevaliers freres et compaignons dudict ordre, de la condiction dessusdicte, qui y auront esté receus, en serout et demourront le cours de leurs vies, s'ils ne forfaisent ou commectent cas reprochable parquoi ils en deussent estre privez et deboutez, lesquels cas nous declarons tels que cy-après sont escriptz; c'est assavoir, se aucun desdicts chevaliers estoit (que jà n'aviegne) convaincu ou actaint de heresie ou erreur contre la foy catholique, ou avoit pour ce souffert aucune peine ou punicion publique; *item*, s'il estoit actaint ou convaincu de trahison; *item*, s'il se departoit ou fuyst de journée ou bataille, soit avecque son seigneur ou autres, où bannieres fussent deployées, et qu'on eust assemblé et procedé jusqu'à combattre; pour lesquels trois cas dessus prochainement declairez, affin que l'ordre et compaignie ne soit par la faulte et coulpe d'aucun diffamée, ains demeure nette et honorée, comme il appartient, ordonnons que le chevalier qui seroit trouvé chargié, actaint ou convaincu ou des deux ou de l'ung d'iceulx, sera, par le jugement du souverain et compaignons de l'ordre ou de la pluspart d'iceulx, osté, privé et debouté d'icelluy ordre, après ce qu'il aura esté oy en ses deffenses sur le cas, s'il s'en veut aucunement deffendre ou excuser, ou qu'il aura esté sur ce appelé, sommé et souffisamment attendu; et s'il commectoit aussy aucun autre villain, enorme et reprochable cas, par ledict souverain et compaignons de l'ordre, et à leur dict et jugement, y sera procedé comme dessus, et pour autre cas n'en pourra estre privé ne debouté; mais si le souverain faisoit grief, tort ou violence à aucun ou aucuns des chevaliers de l'ordre, dont après ce que icelluy ou iceulx chevaliers auront souffisamment requis et sommé icelluy souverain et les compaignons de luy en faire raison et justice, et qu'il l'auroit deuement attendue, et ne la porroit obtenir, et que par lesdicts freres et compaignons pour ce assemblez ou la greigneur partie d'iceulx seroit faicte declairacion dudict tort et reffus de justice, en ce cas, et non paravant, ledict chevalier ainsy grevé pourra rendre ledict collier, et soy departir de l'ordre, sans forfaire ne charge d'onneur, en prenant toutes voyes honnorable congié, et pareillement pour autres licites et raisonnables causes, selon l'adviz,

determinacion et jugement du souverain et compaignons dudict ordre ou de la pluspart d'iceulx.

(16) *Item.* Et pour oster toutes rigueurs, doubtes, scrupules et difficultez qui pourroient venir touchant la priorité ou posteriorité des honneurs, estaz et degrez d'entre lesdicts freres et compaignons de l'ordre, attendu que vraye et fraternelle amour ne doit point avoir regard à telles choses, nous voulons et ordonnons que tant en aler et venir, seoir en l'eglise, en chappitre et à table, nommer, parler et escrire, et en tous autres faiz et choses quelzconques dependans, regardans et touchans la situation en l'ordre present, les freres et compaignons d'icelluy ayent et tieignent maniere, lieu et ordre, selon que avant ou après ils auront receu l'ordre de chevalerie; et se plusieurs en y avoit qui en ung mesme jour eussent esté faiz chevaliers, ordonnons que le plus ancien d'eulx ait premier lieu en ce que dict est, et les autres ensuivant; et quant à ceulx qui cy-après seront mis en l'ordre par eslection du souverain et des freres de l'ordre, ordonnons qu'ils auront leur lieu selon le temps qu'ils seront entrez en l'ordre, et se plusieurs en y avoit d'ung mesme jour, ils l'auront selon leur age, comme dict est, exceptez empereurs, roys et ducz, lesquels, pour la grandeur et haultesse de leurs dignitez, auront lieu en cest ordre selon le temps qu'ils auront receu l'ordre de chevalerie, sans en autre avoir regard à noblesse de lignaige, grandeur de seigneuries, offices, estaz, richesses ou puissances.

(17) *Item.* Chacun chevalier dudict ordre, à sa reception, payera au tresorier quarante escus d'or courant, ou la valleur, pour convertir en joyaux, vestemens et aournemens pour le service divin du college dudict ordre.

(18) *Item.* Chacun desdicts chevaliers de l'ordre sera tenu de bailler ou envoyer audict tresorier, quant aucun desdicts chevaliers trespassera, sitost que ledict trepas sera venu à cognoissance desdicts chevaliers, argent pour faire chanter vint messes, et six escus d'or pour donner pour Dieu pour l'ame des chevaliers trespassez en l'ordre, lequel argent ledict tresorier sera tenu d'employer en ce que dict est, au lieu de la fondation pour ce faicte ou autres lieux où se pourront tenir lesdicts chappitres et conventions, ainsi que par le souverain et compaignons de l'ordre sera advisé.

(19) *Item.* Pour la très-singuliere confience et devocion que avons à Monsieur Sainct-Michel, premier chevalier, qui pour

la querelle de Dieu victorieusement batailla, et qui son lieu et oratoire a tousjours gardé et deffendu sans estre pris ne subjugué des anciens ennemis de la couronne de France, et est invincible, et soubz le nom et tiltre duquel est par nous ce present ordre fondé et institué, nous avons ordonné que tous divins services et autres cérémonies ecclesiastiques, bienfaits et fondacions que entendons faire et qui se feront tant par nous que par nos successeurs souverains de l'ordre et les frères et chevaliers d'icelluy, se feront et celebreront au lieu et eglise dudict Mont-Saint-Michel, lequel lieu nous elizons et ordonnons tant pour les choses dessusdictes que autres, ainsi que après sera declaré.

(20) *Item*. Au cuer de ladicte eglise seront ordonnez sieges esquels seront le souverain et lesdicts chevaliers de l'ordre, quant ils seront illec assemblez, et au-dessus desdicts sieges contre le mur, premierement dessus le siege du souverain sera mis et afiché l'escu de ses armes, et dessus son heaulme et tymbre, et subsequamment de chacun desdicts chevaliers, en gardant l'ordre de preferance dont dessus a esté touché.

(21) *Item*. Pour le bien, honneur et exaltation dudict ordre, ordonnons avoir ung chancellier, et pour ce que l'office est grande et requiert bien avoir notable personne, voulons et ordonnons que nul ne soit à icelluy pourveu, s'il n'est constitué en prelature ecclesiastique, comme archevesque, evesque, ou dignité notable en cathedrale ou collegiale eglise, et s'il n'est docteur en théologie ou en decret, ou à tout le moins licentié en l'une desdictes facultez.

(22) *Item*. Ledict chancellier aura en garde le seel qui sera faict et ordonné pour ledict ordre, duquel icelluy chancellier ne pourra seeller aucunes lectres touchant l'onneur d'aucun chevalier, sinon par l'ordonnance du souverain et de six compaignons dudict ordre qui seront presens et soubzscripts en la signature desdictes lettres; et aura le chancellier charge de proposer et porter le langage tant aux chappitres que en autres lieux et matières touchans l'ordre, bien, proffit, l'onneur et augmentation d'icelluy, toutes les fois que mestier sera et que par ledict souverain ordonné luy sera.

(23) *Item*. Sera la charge de l'office dudict chancellier d'enquerir aux chappitres, des chevaliers de l'ordre qui là seront, de l'estat et gouvernement d'un chacun d'iceulx hors dudict chappitre, et les opinions et repons desdicts chevaliers revellera

et recitera, pour en estre faicte et prise conclusion audict chappitre, laquelle soit tendante à fin de recommendacion et louenge ou correccion, punicion ou peine, ledit chancellier proposera et prononcera sur le chevalier qui ce pourra toucher.

(24) *Item.* Audict ordre aura ung autre officier appellé greffier, lequel sera tenu de faire deux livres en parchemin, en chacun desquels sera escripte la fondation de ce present ordre et les statuz, causes et ordonnances d'icelluy, au commencement desquels livres sera faicte une histoire de la réputation du souverain et desdicts quinze chevaliers premierement mis et nommez par nous audict ordre, ci-dessus nommez, lesquels livres seront enchainez, l'ung au cuer de l'eglise où sera ladicte fondacion, l'autre au chappitre, devant le siege dudict souverain ; et seront lesdicts livres enclos en deux coffres dont le tresorier de l'ordre aura la clef, et lesquels ne seront veuz ne ouverts sinon ausdits chappitres et convencions ou par l'ordonnance dudit souverain, quant et ainsy que mestier sera : et sera tenu icelluy greffier rediger par escript en ung autre livre toutes les proesses louables et haulx faiz que ledict souverain et les chevaliers auront faiz par cy-devant et aussy depuis la fondacion dudict ordre, dont il sera informé par le herault de l'ordre, et sera icelluy greffier tenu de rapporter et monstrer la minute de sesdicts escripts au chappitre ensuivant, pour estre vue et corrigée, et après grossoyée et leue avec la minute de l'œuvre subsequent.

(25) *Item.* En ung autre livre escrira ledict greffier les appoinctemens, conclusions et actes des chappitres ordinaires, les faultes commises par les chevaliers de l'ordre dont ils auront esté blasmez et repris en chappitre, les correccions, punicions et peines à eulx pour ce indictes et ordonnées, et leurs contumaces et deffaulx, quant ils n'auront comparu et obey, ou remonstré leurs excusations et essoines deuement.

(26) *Item.* Ordonnons avoir audict ordre ung tresorier qui aura en garde toutes chartes, privileiges, lectres, mandemens, escriptures et enseignemens touchans la fondacion de cedict ordre et ses appartenances et deppendances, et aura aussy la garde de tous joyaulx, reliques, aournemens et vestemens de l'église, tapicerie et librairie appartenant audict ordre, et pareillement des manteaulx des chevaliers servans à l'estat et ceremonie ordonnée audict ordre, lesquels aux chappitres et convencions il delivrera ausdicts chevaliers, et après, iceulx il recouvrera et gardera jusques à l'autre chappitre ou convencion ; mais les habits des

officiers demoureront devers eulx, et seront leurs pour user à leur volonté.

(27) *Item.* Après le trespas ou privation d'aucun desdicts chevaliers, ledict tresorier fera oster l'escu des armes, heaulme et tymbre du chevalier trespassé ou privé de la place où il estoit, pour iceulx mectre et afficher en autres lieux pour ce esleuz en ladicte eglise, ausquels lieux pareillement seront mis tous les escus, armes et tymbres des chevaliers trespassez et privez, c'est assavoir des trespassez à part, et des privez à part, et y seront mises les causes de leur privation pour donner congnoissance et memoire perpetuelle de leurs noms et faiz; et quant ung autre chevalier sera esleu au lieu dudict trespassé ou privé, ses armes, heaulme et tymbre seront penduz et affichez au cuer de ladicte eglise, au-dessus et droit du siege qui audict chevalier esleu sera deu et ordonné.

(28) *Item.* Ledict tresorier fera la recepte de la dotation et fondacion dudict ordre, et des dons faiz, emolumens et bienfaiz d'icelluy, et payera les fondacions, pensions et charges ordonnées selon l'ordonnance sur ce faicte par ladicte fondacion, et fera aussy toutes autres missions et fraiz necessaires et convenables pour le faict de l'ordre, par le commandement dudict souverain ou de son commis; et de tout sera tenu de rendre bon et loyal compte chacun an au chappitre ordinaire, pardevant ledict souverain ou sondict commis ou ceulx qu'il deputera, auquel compte le chancellier dudict ordre sera present; et de tous les dons, laiz, augmentacions et bienfaiz qui seront donnez et faiz à l'ordre, ledict tresorier sera tenu de faire livre et les escripre en icelluy avec l'inventoire desdits joyaulx, reliques et aournemens, desquels par ledict inventoire il fera ostencion à chacun chappitre, et nommera par nom et surnom audict chappitre tous ceulx qui y auront aucune chose donné et bien faict, en declarant lesdictes choses données, affin d'avoir memoire desdicts bienfaicteurs, et de prier pour eulx, et pour donner exemple de tousjours y bien faire; et en oultre sera icelluy tresorier tenu de faire livres des chartes, privileiges, fondacions, augmentacions, acquestz, lectres et enseignemens dudict ordre, lesquelz seront collationnez aux originaulx et approuvez par notaires, et scellez auctentiques, desquels livres l'ung demourra en ladicte eglise, et l'autre sera mis au tresor de nos chartes à Paris, et y sera foy adjoustée comme aux originaulx, affin d'y avoir recours si d'aventure ils estoient perduz ou adirez aucunement.

(29) *Item.* Aura oudict ordre ung autre officier, c'est assavoir ung herault roy d'armes, appellé *Mont Sainct Michel*, lequel sera homme prudent et de bonne renommée, souffisant et expert à l'office, auquel baillerons ung esmail qui sera dudit ordre, et le portera chacun jour tant qu'il vivra, et après son trespas ses hoirs seront tenus de le rendre audict tresorier de l'ordre, sinon qu'il eust esté perdu en aucun voyage ou faict honorable (auquel cas lesdicts hoirs en demourront quictes; mais se ledict herault en revenoit vif, le souverain de l'ordre en fera faire ung autre semblable. Et aura icelluy herault roy d'armes doze cens francs de pension qui lui seront payez chacun an, et chacun desdicts chevaliers luy donnera demy-marc d'argent à chacun chappitre ordinaire. Et aura icelluy herault roy d'arme charge de porter ou faire porter les lectres du souverain aux freres de l'ordre, et ailleurs où il lui plaira, signiffier à icelluy souverain le trespas des chevaliers de l'ordre, porter les eslections aux chevaliers esleuz, rapporter leur reponse, et generalement faire toutes messaiges et choses deues, qui par ledict souverain ou officiers de l'ordre seront ordonnées; et sera tenu aussy d'enquerir des proesses, haulx faiz et honnorables dudict souverain et desdicts chevaliers de l'ordre, dont il fera veritable rapport audict greffier pour en faire registre comme dessus est dict.

(30) *Item.* Iceulx quatre officiers de l'ordre, c'est assavoir, chancellier, greffier, tresorier et herault, leurs personnes, biens et chevances, et leurs serviteurs et familles, seront et demourront, à cause de leurs dicts offices, tant qu'ils vivront, et leurs successeurs esdicts offices, perpetuellement en la protection et sauve-garde du souverain de l'ordre; et se aucune injure, force, violence, leur estoit faicte ou appert estre à faire par ledict souverain ou aucun chevalier de l'ordre ou autre subgect ou non subgect d'icelluy souverain, et s'ils s'en veullent soubsmectre au jugement du souverain de l'ordre, ledict souverain et les compaignons de l'ordre seront tenuz de les y recevoir et leur administrer raison; et se la partie ne s'y vouloit soubzmectre, en ce cas lesdicts souverain et compaignons seront tenuz de porter et favoriser leursdicts officiers tant que en droit et equité gardant faire pourront.

(31) *Item.* Ordonnons que le jour de la feste de Sainct Michel, qui est le penultiesme jour du mois de septembre, sera tenue une feste solennelle, chappitre, convencion et assemblée generale de nous souverain et des chevaliers freres et compaignons

de l'ordre, et dores en avant à semblable feste chacun an, sauf que s'il y avoit ou survenoit autres grandes matieres ou affaires en nostre royaume, pour lesquelles, selon l'adviz et opinion du souverain et d'une bonne grande partie desdicts chevaliers, il fust advisé estre bon de prolonger lesdicts chappitre, feste et assemblée, en ce cas ledict souverain pourra proroguer ladite solennité, chappitre et convencion, à ung an, ou deux après, ou autre temps, selon et au lieu qui sera advisé pour le mieulx. ausquelles festes, chappitres et convencions, iceluy souverain et lesdicts compaignons tous y seront tenuz d'estre et comparoir personnellement, et ledict souverain sera tenu de leur faire sçavoir ledict temps et lieu paravant, par temps et terme competant; mais nous voullons et ordonnons que se par maladie, raison, peril de guerre, dangers de chemins, ou aultres raisonnables causes, ledict souverain ou aucuns desdicts compaignons de l'ordre ne povoient venir personnellement et comparoir ausdicts chappitre, feste et convencion, en ce cas celuy qui aura tel empeschement notoire et excusacion recevable, sera tenu d'envoyer pour luy procureur honneste, selon la faculté du personnaige, c'est assavoir ledict souverain, un commis pour presider, et les frères pour assister et comparoir, dire les causes de leur excusacion et essoine, et faire aultres choses que lesdicts souverain et freres feroient en personne se presens y estoient.

(32) *Item*. Dès la vigille de ladicte feste Sainct-Michel, tous les chevaliers de l'ordre venuz audict lieu de l'assemblée se vendront presenter devers le souverain en son palais ou hostel devant heure de vespres, et il les recevra honnorablement et benignement, comme au cas appartiendra; lequel jour de ladicte vigille, ledict souverain et les freres de l'ordre partiront ensemble du palais ou hostel dudit souverain, tous vestuz pareillement de manteaulx de draps de damas blancs, longs jusques à terre, autour et par la fente d'iceulx bordez d'or fraiz, brodez richement à coquilles d'or semées et lacetz sur ladicte bordeure. et seront iceulx manteaulx fourez d'ermines; et auront en la teste ou sur le col, ainsi que bon leur semblera, chapperons de velouf cramoisy à longue cornette, tous d'une longueur et façon; lesquels manteaulx et chapperons ledict souverain et lesdicts chevaliers feront faire à leurs propres fraiz et dépens, et en cest estat iront à ladite eglise par ordre deux à deux, et le souverain seul et derrenier, mectront chacun en son siege ; et après avoir oy le divin service retourneront à l'ostel dudict souverain en

l'ordre et maniere que dessus, les officiers dudict ordre alans devant lesdicts chevaliers chacun selon son degré et estat, lesquels officiers seront habillez de robes longues de camelot de soye blanc, fourées de menu vair et chapperons d'escarlatte, et landemain de robes longues noires et chapperons de mesme.

(33) *Item.* Le lendemain, jour de ladicte feste Saint Michel au matin, lesdicts souverain et compaignons de l'ordre, en habillement et ordonnance que dessus, iront à ladicte eglise, et à l'offertoire de la grant messe qui sera solennellement celebrée, sera par ledit souverain et chacun desdicts frères et compaignons, ou procureurs des absens, offerte une pièce d'or de forme et de valleur à la dévocion du chevalier offrant; et le service accomply, retourneront en la maniere devant dicte en l'ostel dudict souverain qui les recevra à sa table, et festoyera honnorablement ou fera recevoir par son commis à ce par lui ordonné.

(54) *Item.* Ledict jour, à heure de vespres, icelluy souverain et ses compaignons, par ordre, comme dict est, partiront de l'ostel dudict souverain en longs manteaulx de drap noir, sangles et chapperons de mesme, excepté celui dudit souverain qui sera d'escarlatte morée, et iront à ladicte eglise ou vigilles des trespassez, et le lendemain de ladicte feste, oudict habit et ordonnance, iront oyr la messe et service des trespassez, à l'offertoire de laquelle messe, le souverain et chacun desdicts chevaliers presens, et les procureurs des absens, offeront un cierge d'une livre de cire, armoré des armes de celuy pour qui offert sera, à laquelle offertoire par le greffier dessusdict sera leu ung roole des noms et surnoms et tiltres des souverains et chevaliers dudict ordre trespassez, pour les ames desquels et des autres deffunctz celui qui celebrera la messe dira d'abondant à la fin dudict offertoire un *De Profundis* et une oraison des trespassez.

(55) *Item.* Le jour ensuivant ladicte feste, le souverain et chevaliers de l'ordre, vestuz de tels habits que bon leur semblera, iront à l'eglise oyr la messe qui sera solennellement celebrée de l'office de Nostre-Dame; et ledict jour, iceulx souverain et freres de l'ordre, se bon leur semble, pourront commencer leur chapitre en tel lieu que par ledict souverain ordonné sera; mais les eslecions et corrections desdits chevaliers se feront au chappitre de l'eglise où aura esté faict ledict service, se chappitre y a convenable, et sinon en tel lieu qu'il plaira au souverain, auquel lieu lesdicts souverain, chevaliers et officiers, auront leursdicts

manteaulx blancs, auquel chappitre par ledict souverain ou son commis, ou par ledict chancelier, de l'ordonnance d'icelluy, sera commandé et enjoint à tous les frères chevaliers, procureurs des absens, et officiers de l'ordre là-presens, de tenir secretz les conseilz dudit chappitre, mesmement les corrections faictes sur les freres de l'ordre, sans en rien reveller, fors les procureurs des absens qui en pourront rapporter à leurs maistres ce qui leur en touchera seullement.

(36) *Item.* En icelluy chappitre entre autres choses par ledict chancellier sera en general touché ce qui luy semblera estre à remonstrer et persuader pour la correccion et extirpacion des vices et à perseverence et accroissement de vertu, pour tous ceulx de l'ordre, affin qu'ils travaillent à vivre vertueusement et donnent exemple de vie louable et vertueuse à tous autres chevaliers et nobles qui de ce pourront avoir cognoissance ; et ce faict, là mesmement par icelluy chancellier, ou nom dudit ordre, sera dict et enjoinct au derrenier en siege desdicts freres que il ysse dudict chappitre, et attende au-dehors jusques à ce qu'on l'appellera pour y rentrer, lequel chevalier ainsy party et estant dehors ledict chappitre, ledict souverain, ou son commis, ou ledit chancellier ou nom d'icelluy souverain, demandera par serement solennel et grant à tous lesdictz freres, et mesmement audict souverain de l'ordre et à chacun d'eulx particulierement, en procédant du derrenier siege jusques au premier, qu'ilz disent s'ils savent ne ont oy dire à personnes dignes de foy que leurdict frere et compaignon, yssu dudict chappitre, ait dict, faict ou commis chose qui soit contre honneur, renommée, estat et devoir de chevalerie, mesmement contre les statuz, poincts et ordonnances de l'ordre, et dont icelluy ordre peust estre diffamé ou mesprisé aucunement.

(37) *Item.* S'il est trouvé par le rapport et dict des freres et compaignons de l'ordre ou de souffisant partie d'eulx, que leurdict frere et compaignon ait commis aucun vice, ou ait offendu contre l'onneur, devoir et estat de chevalerie et noblesse, mesmement contre les statuz et ordonnances d'icelluy ordre, es autres cas que ceulx qui emportent privation, il lui sera, par ledict souverain ou sondict commis, ou par ledit chancellier, remonstré bien à poinct, en l'admonestant, de soy corriger et vivre en telle maniere que tous blasmes et parolles diffamatoires mal sonnans sur personnes de tel et si noble estat doyent et que dores en avant les compaignons dudict ordre ayent

de luy meilleur rapport ; et quant aux peines, lesdicts souverain et freres de l'ordre en appoincteront ainsy qu'ilz verront estre à faire selon le cas, à quoy devra obeir ledict chevalier, et les correccions et peines sur lui mises sera tenu d'endurer, porter et accomplir : et après subséquemment sera faict de tous lesdicts chevaliers l'un après l'autre, ensemble des procureurs des absens, en montant jusques au chef et souverain dudict ordre.

(38) *Item*. Pour les raisons dessus touchées, et affin que ladicte compaignie et amiable fraternité se puisse mieulx entretenir et garde en equalité, pour ce que des plus grands doit par raison procéder le meilleur exemple, voulons que l'yssue et examen se face dudict souverain comme des autres, et la correccion, peine et punicion à l'adviz des freres de l'ordre, si le cas y eschiet.

(39) *Item*. Si le chevalier yssu dudict chappitre estoit par le tesmoignage des autres freres repputé de louable renommée et vie vertueuse, entendu à haulx faiz de chevallerie et de noblesse, il en sera par l'adviz dudit souverain et de sesdicts freres, en la presence d'icelluy chevalier et par la bouche dudict chancellier, fait recitation congratulatoire à l'onneur de sa personne, le exortant à perseverer de bien en mieulx pour avoir dignes merites de louenge, et estre bon exemple aux autres de bien faire ; et semblablement sera dict aux autres chevaliers dont bon et louable rapport sera illec faict.

(40) *Item*. Se audit chappitre venoit à la cognoissance du souverain de l'ordre que aucun des freres et chevaliers d'icelluy eust commis cas ou crime par quoy il en deust estre privé selon les statuz de ce present ordre, et ledict chevalier estoit à tenir ledit chappitre, le souverain y fera mectre son cas en termes ; et luy oy en ses deffenses, se aucune chose veult dire ou prouver en sa descharge et excusacion, luy sera faict droict par lesdicts souverain, freres de l'ordre, ou la plus grant partie d'iceulx ; et se la chose venoit à la cognoissance du souverain, le chappitre non seant, il signifiera par ses lectres ou patentes, scellées du seel de l'ordre, qu'il envoyera par ledict herault Mont-Sainct-Michel ou autre au chevalier blasmé et chargé du cas, qu'il vieigne au chappitre prochain, pour estre procedé en sa matiere selon raison ; et se le temps dudict prochain chappitre estoit trop brief, en regard à la distance du lieu et demeure dudict chevalier chargé, l'assignacion sera faite au subséquent chappitre, ou intimacion ; qu'il vieigne ou non, lors on procedera en ladicte

matiere, non obstant son absence, comme se present y estoit.

(41) *Item*. S'il estoit trouvé que ledict chevalier eust commis cas reprochable et digne de privacion de l'ordre, il, par le souverain, freres et compaignons d'icelluy ordre ou de la plus grant partie d'icelluy, en sera osté, privé et debouté, comme dessus est dict; et pour eschever tout scandalle, blasme et diffame de l'ordre, par sa coulpe, en sa personne, luy sera interdict et deffendu de jamais porter le collier dudit ordre ne autre semblable, et luy sera en oultre enjoinct, sur les seremens par lui faiz à l'entrer en l'ordre, que ledict collier incontinent il rende ès mains du souverain ou du tresorier de l'ordre; et si ledict chevalier n'estoit present à ce, lui seront envoyées lectres patentes seellées du seel de l'ordre, contenans la privacion, sentence, condempnacion, deffense, interdict, inhibitions, commandemens et choses dessusdictes; et se le chevalier ainsy souffisamment sommé estoit reffusant de rendre ou envoyer ledict collier, ledict souverain, s'il estoit son subgect, procedera par voye de justice à le contraindre à ce, et s'il n'estoit subgect au souverain, il y procedera selon qu'il trouvera par l'adviz et conseil des freres et compaignons de l'ordre.

(42) *Item*. Quant aucun des compaignons de l'ordre ira de vie à trespassement, ses hoirs seront tenuz de renvoyer dedens trois mois après, au plus loing, le collier du deffunct au tresorier de l'ordre; lesquels hoirs, en ayant cedulle de recepissé dudict tresorier, seront tenuz quictes dudict collier, autrement non.

(43) *Item*. Se aucun desdicts chevaliers, par guerre et faict honorable, perdoit ledict collier, ou en poursuite d'aucun faict d'onneur fust prisonnier, parquoy icelluy collier fust perdu, le souverain de l'ordre sera tenu en ce cas d'en donner ung autre audict chevalier; mais se icelluy chevalier perdoit son collier autrement, il seroit tenu d'en faire faire ung autre semblable à ses depens, et le porter dedens deux mois après, ou le plustot que bonnement faire le pourroit.

(44) *Item*. Quant aucun lieu vacquera par le trespas d'aucun des freres d'icelluy, ou autrement, eslection sera faicte d'ung autre chevalier des condictions devant touchées par le plus grant nombre de voix des souverain et freres de l'ordre, lesquels bailleront leurs cedulles closes qui seront receues audict chappitre par le chancellier en un bassin d'argent; en laquelle eslection et toutes autres choses, conclusions et délibérations touchans ledict ordre, la voix dudict souverain aura lieu, et sera comptée pour

deux et non plus, sinon qu'ilz fussent deux esluz qui eussent autant de voix l'un que l'autre; auquel cas, quant le chancellier qui recueilly aura par les cedulles des chevaliers ledict nombre de voix, aura dict au souverain que lesdicts deux chevaliers esluz ont nombre de voix esgal, lors ledict souverain, d'abondante autorité, pourra prononcer et donner sa tierce voix à celui desdicts deux esluz, que bon lui semblera, ou s'il ne le veult ainsi faire, on renoncera à ladicte eslection, et nouvelles cedulles seront baillées, et faict comme paravant, afin que ladicte eslection soit la plus juste et moins scrupuleuse que faire se pourra, les cedulles des absens toutes voyes demourans en leur vertu; de laquelle eslection faicte bien loyaument et justement lesdicts souverain et chevaliers à l'entrée dudict chappitre seront tenuz de faire serement solennel, sans avoir regard à haine, amitié, faveur, lignage ne à autre occasion qui peust desmouvoir le jugement de l'ome, de loyal conseil et de véritable et non suspecte eslection; lesquels seremens se feront ès mains dudict souverain par lesdicts chevaliers l'ung après l'autre, à commencer du dernier siege au premier.

(45) *Item*. Et pour procéder au faict de ladicte eslection, après ce que ledict herault Mont-Sainct-Michel aura signifié au souverain le trespas d'aucun desdicts chevaliers, ainsy que par le devoir de son office tenu y est, ledict souverain le signifiera à tous lesdits compaignons, en les advisant qu'ilz viegnent au prochain chappitre tous disposez de eslire ung autre chevalier pour estre mis au lieu du deffunct; et si le temps estoit trop brief, par l'advis et ordonnance dudict souverain, ladicte eslection pourra estre remise à l'autre subsequent chappitre; et se par accident ou essoine raisonnable, aucuns desdicts chevaliers de l'ordre, mandez, n'y pouvoient estre, ils seront pour celle fois receus par procureur portant leurs cedulles eslectives, closes et seellées de leurs seaulx.

(46) *Item*. Est assavoir que, avant que on procede à faire ladicte eslection, laquelle se fera au temps et lieu du chappitre ordinaire et non autrement, par ledict greffier de l'ordre sera leu ce qui luy aura esté rapporté par ledict herault des haults faicts et merites du chevalier trespassé, à sa louenge et recommendacion.

(47) *Item*. Toutes les cedulles et voix receues, et faite comparaison du nombre d'icelles voix par le chancellier, il prononcera ledict nombre; lors ledict souverain, ou son commis, reprendra

le plus de voix, et prononcera et nommera celuy qui les a, en disant, tel par la plus grant partie de voix des electeurs en ce present chappitre estans presens, ou par les cedulles des absens, est esleu en nostre frere et compaignon de ce present ordre, laquelle eslection ainsy faicte sera par ledict greffier enregistrée en ung livre servant à ce expressement.

(48) *Item.* Se le chevalier esleu n'estoit au lieu, ledict souverain lui escrira lectres seellées du seel de l'ordre par ledict herault roy d'armes, ou autrement luy signifiant ladicte eslection, en le requerant de agreablement recevoir icelle, et accepter amiablement son ordre et vocation à l'ordre, de statuz et ordonnances duquel, avec lesdictes lectres, luy sera envoyé le double, pour sur ce prendre son adviz, en lui faisant scavoir que se ladicte eslection et accompaignement à l'ordre lui est agreable, il vienne vers ledict souverain au jour contenu esdictes lectres, pour faire les seremens, recevoir le collier de l'ordre, et pour toutes autres choses à ce pertinens, et que ledict chevalier ainsy esleu vueille sur ce declarer son entencion audict porteur et par ses lectres en certifier ledict souverain.

(49) *Item.* Se le chevalier qui sera esleu estoit grant seigneur ou tel personnage qui eust et peust avoir autres grandes occupacions, affaires ou voyages loingtains, par quoy il ne peust, obstant icelles choses, comparoir devers le souverain personnellement au temps deu et pour ce requis, en ce cas, s'il semble expedient audict souverain, il pourra bailler audict herault ou porteur de ses lectres et des ordonnances de l'ordre, ung collier d'icelluy ordre, pour après que icelluy chevalier esleu aura accepté ladicte eslection, et non autrement, lui presenter et bailler de par le souverain, parmi ce que ledict chevalier baillera ses lectres d'accepcion et reception de ladicte eslection et collier, audict porteur qui les rendra audict souverain, par lesquelles ledict chevalier promectra de venir au prochain chappitre, se faire se peult bonnement, et sinon à l'autre subsequent, ou devers ledict souverain, pour jurer les poincts et constitucions de l'ordre, et generalement faire tout ce à quoy il sera tenu comme ung des autres chevaliers et compaignons de l'ordre.

(50) *Item.* Icelluy chevalier ainsy esleu et qui aura accepté, comme dict est, ladicte compaignie et fraternité, venu devers le souverain, à sa venue et presentation, dira telles ou semblables parolles ; Sire (ou monsieur, s'il est du sang), j'ai veu par vos lettres comment de la grace de vous et des très-honnorez freres

et compaignons du digne et honnorable ordre de monsieur Saint-Michel, j'ai esté esleu à icelluy ordre et compaignie amiable, dont je me tiens très-grandement honnoré, lequel j'ay reveremment et agreablement receu et accepté, et vous en mercie tant et le plus que faire puis; et me presente et offre prest de obtemperer, obeir, et faire touchant icelluy ordre tout ce que je devray et pourray. A quoy sera rendu par ledict souverain, ou de par lui accompaigné du plus grand nombre de chevaliers de l'ordre que faire se pourra : Nous et nos freres et compaignons de l'ordre, pour la bonne renommée que avons de vos grands biens, vertuz et merites, esperans que y persevererez et les augmenterez à l'honneur de l'ordre et recommendacion et louenge de vous, vous avons esleu à estre perpetuellement (se à Dieu plaist) frere et compaignon d'icelluy ordre et amiable compaignie, parquoy avez à faire les seremens qui s'ensuivent; c'est assavoir que, à vostre loyal povoir, vous ayderez à garder, soustenir et deffendre les haultesses et droitz de la couronne et majesté royal, et l'aucterité du souverain de l'ordre et de ses successeurs souverains, tant que vous vivrez et serez d'icelluy.

(51) *Item.* De tout vostre povoir vous employerez à maintenir ledict ordre en estat et honneur, et mectrez peine de l'augmenter, sans le souffrir descheoir ou admoindrir, tant que vous y pourrez remedier ou pourveoir.

(52) *Item.* S'il advenoit (que Dieu ne veuille) que en vous feust trouvé aucune faulte, parquoy selon les constitucions de l'ordre en fussiez privé, et sommé et requis de rendre ledict collier, vous, en ce cas, le renvoyerez audict souverain ou au tresorier de l'ordre, sans jamais après ladicte sommation porter ledict collier; et toutes peines, correccions et punicions, qui pour autres moindres cas vous pourroient estre enjoinctes et ordonnées, porterez et accomplirez patiemment, sans avoir pour et à l'occasion desdictes choses, haine, malveillance ne rancune envers le souverain, freres et compaignons, et officiers de l'ordre.

(53) *Item.* Que vous viendrez et comparoistrez aux chappitres, convencions et assemblées de l'ordre, ou y envoyerez selon les statuz et ordonnances dudict ordre; et au souverain et à ses commis obeirez en toutes choses raisonnables touchans et regardans le devoir et affaires d'icelluy ordre, et de vostre loyal povoir accomplirez tous les statuz, poincts, articles et ordonnances de l'ordre que vous avez veuz par escript, et oy lire; et les promectez et jurez en general, tout ainsy comme se particulierement et sur

chacun poinct en aviez faict serement especial; lesquelles choses ledict chevalier promectra et jurera ès mains du souverain sur sa foy et serement, et sur son honneur, sa main touchant la croix et les sainctes evangiles de Dieu.

(54) *Item.* Ce faict, ledict chevalier esleu se mectra reveremment devant le souverain, qui prendra le collier de l'ordre, et lui mectra autour du col, en disant ou faisant dire semblables parolles : L'ordre vous reçoit en son amiable compaignie, et ensuite de ce vous donne ce present collier; Dieu veuille que longuement le puissiez porter, à sa louenge et service, exaltation de saincte eglise, accroissement et onneur de l'ordre et de vos merites et bonne renommée, ou nom du Pere, du Filz et du Sainct-Esperit. A quoy ledict chevalier respondra : *Amen*, Dieu m'en doint la grace. Et après ce, le chevalier du premier siege qui lors sera present, menera ledict chevalier nouvellement receu devers le souverain en son siege, et icelluy souverain le baisera en signe d'amour perpetuelle, et pareillement le feront par ordre les autres chevaliers presens.

(55) *Item.* Se ledict chevalier esleu s'excusoit de accepter ladicte eleccion, le souverain le signifiera aux compaignons de l'ordre, en leur mandant et requerant qu'ils soient appareillez de proceder à l'eslection d'un autre, au temps et en la maniere qu'il appartiendra.

(56) *Item.* Les chevaliers par nous ci-devant nommez, appelez freres et compaignons de l'ordre, et chacun d'eulx, feront les seremens en la forme et maniere devant escripte.

(57) *Item.* Quant l'office de chancellier de l'ordre vacquera dores en avant, l'eslection d'icelluy sera faicte par le souverain et compaignons de l'ordre en la maniere devant dicte à ung notable personnage de la condicion et qualité que dessus; et si ledict esleu à chancellier s'excusoit; jusques à ce qu'il y soit pourveu par ladicte eslection, par l'adviz et auctorité du souverain et freres de l'ordre, y sera commis ung autre jusques à ce que audict office par la voie des susdits soit pourveu.

(58) *Item.* Ledit chancellier esleu, et qui aura accepté l'office, fera ès mains du souverain ou de son commis les seremens qui s'ensuivent; c'est assavoir, qu'il comparoistra aux chappitres et assemblées de l'ordre en personne, sinon que par maladie ou autre essoine ou cause recevable faire ne le peust, ouquel cas, il sera tenu de le faire sçavoir audict souverain par ses lectres, lequel souverain, en son lieu et absence, pour cette

..., commectra homme notable, des condicions dessusdictes, ... qu'il lui plaira.

(59) *Item.* Qu'il ne scellera du seel de l'ordre aucunes lectres touchans l'honneur des chevaliers de l'ordre, sinon du commandement du souverain, presens à ce six chevaliers de l'ordre du moins, et mesmement ne scellera aucunes lectres pour sommer et requerir aucun des chevaliers de la restitucion de son collier, sinon du commandement du souverain et des compaignons de l'ordre, et que conclusion en soit prise en plain chappitre et assemblée de l'ordre.

(60) *Item.* Que pour amour, crainte, haine, faveur ou affection aucune, il ne laissera de loyaument et deuement à son povoir dire et proposer èsdicts chappitres et assemblées de l'ordre toutes choses qui luy seront chargées par le souverain, et que les conclusions prises ès chappitres touchans les correccions d'aucuns chevaliers ou autrement, il dira où il appartiendra, et ainsy que ordonné luy sera au chappitre de l'ordre chacun an, se estre y peut, comme dict est, present à oyr les comptes dudict tresorier de l'ordre, tiendra secretz les conseils d'icelluy, et generalement à son povoir exercera bien et deuement ledict office.

(61) *Item.* Quant l'office de greffier de l'ordre vacquera dores en avant, par le souverain et huit des chevaliers et compaignons de l'ordre à tout le moins, sera esleu un autre greffier de la condicion devant touchée, laquelle eslection se fera au chappitre, ou autre jour au plaisir dudict souverain; lequel greffier esleu qui ledict office aura accepté, fera ès mains du souverain ou de son commis les seremens qui s'ensuivent; c'est assavoir, que veritablement et diligemment à son povoir il mectra par escript et en registre les haults et louables faiz des chevaliers de l'ordre qui par le herault d'icelluy ordre lui seront rapportez, et pareillement redigera loyaument par escript à son povoir les peines et correccions données à aucuns des chevaliers de l'ordre aux chappitres et assemblées, enregistrera les actes desdits chappitres, et s'acquitera et fera son devoir en toutes choses et escriptures touchans l'office, tendra secretz les conseils de l'ordre, et icelluy office de greffier exercera bien et deuement à son povoir.

(62) *Item.* Sera faicte eslection du tresorier de l'ordre, quant le cas y escherra, comme du greffier, et fera ledict tresorier les seremens qui s'ensuivent; c'est assavoir, que bien et deuement il gardera, conservera et gouvernera, à son povoir, les joyaulx, meubles, cens, rentes, revenus et biens quelzconques de l'or-

dre qu'il aura en gouvernement, sans en rien distribuer, fors à
usaiges à quoy ilz seront par le souverain de l'ordre appliquez et
ordonnez; que bien et loyaument distribuera aux gens d'eglise
qui leur sera ordonné pour le divin service aux offices de l'ordre
pour l'exercice de leurs offices, et à autres personnes, ainsy que
par le souverain sera ordonné; et de ce fera diligence sans en rien
retenir ne retarder, et rendra bon et loyal compte tant des rentes et revenues appartenans audict ordre, comme des dons, laiz,
biensfaiz et largesses qui faiz y seront, sans rien en receler ne
retenir; et en toutes choses exercera bien, deuement et loyaument, ledict office de tresorier à son povoir.

(63) *Item*. A l'eslection du herault de l'ordre nommé *Mont-Sainct-Michel*, on procedera par la maniere que dict est des
greffier et tresorier, et fera les seremens qui s'ensuivent; c'est assavoir, qu'il enquerra diligemment des haults faiz des chevaliers
de l'ordre, et sans faveur, amour, haine, dommage, proffit, ou
autre affection, en fera veritable rapport au greffier de l'ordre,
pour estre mis en cronique ou registre, comme faire se devra;
et quant aucun desdicts chevaliers trepassera, il le fera diligemment sçavoir au souverain de l'ordre, et que bien et diligemment
il fera faire les messageries qui luy seront ordonnées, obeira au
souverain, freres et officiers de l'ordre en toutes choses raisonnables, touchant ledict ordre, tiendra secret ce qui sera à celer,
et generalement executera le faict de son office en toutes choses
loyaument et diligemment à son povoir.

(64) *Item*. Et s'il advenoit que après le décès du souverain de
l'ordre, celui qui en ce lieu devra succeder estoit moindre d'aage,
parquoy ne fust puissant de demener et traicter les faiz de l'ordre, ordonnons que en ce cas les freres et compaignons de l'ordre facent une convencion et assemblée, en laquelle par oppinions de la plus grant partie et nombre de voix elisent l'ung d'entre eux pour presider, conduire et traicter les affaires et besoignes de l'ordre, au lieu du mineur, et à ses dépens, jusques qu'il
sera en aage et chevalier; auquel ainsi esleu voulons et ordonnons durant ledict temps estre obey ès besoignes d'icelluy ordre
comme au souverain.

(65) *Item*. Et pour ce que ce present ordre, comme dessus est
dict, est une fraternité et compaignie amiable, en laquelle se
soubzmectront volontairement les freres et chevaliers d'icelluy,
et la promectront et jureront garder et entretenir sans enfraindre,
ordonnons et establissons et determinons ledict ordre avoir ce-

[...] et court souveraine ès cas qui le touchent et peuvent [toucher], et sur les freres, compaignons et officiers d'icelluy, et [que toutes] sommations, peines, corrections, punicions, priva[cions], appoinctemens, sentences, jugemens, arrestz et choses [...], faictes et decretées par ledict ordre ès cas qui le touchent [et peuvent] toucher, et sur les freres chevaliers et officiers d'icelluy, soient executoires, valables et intimées, comme de court souveraine, sans que pour les empeschemens l'en puisse ou doye [ailleurs] recourir par complaincte, supplication, appel, ne autrement, en quelque maniere que ce soit.

Tous lesquels poincts, condicions, articles, ordonnances, constitucions et choses dessusdictes, et chacune d'icelles, nous pour nous, nos hoirs et successeurs roys de France, chefs et souverains de nostre present ordre et amiable compaignie de monsieur Sainct Michel, promectons tenir, garder et accomplir à nostre povoir entierement, inviolablement et à tousjours maiz, en reservant à nous et à nos successeurs chefs et souverains de l'ordre, que se èsdictes choses ou aucune d'icelles avoit ou chéoit difficulté, oscurité ou doubte aucun, à nous et à nosdicts successeurs en appartendra la declaracion, solucion, determinacion et interpretation, et y pourrons ou nosdicts successeurs chefs de l'ordre, eu l'advis et conseil desdicts freres et compaignons, adjouster, esclercir, immuer, changer ce que verrons bon estre, excepté des choses contenues ès articles cy-dessoubz escripz, c'est assavoir, au premier article faisant mention du nombre et de la condition desdicts chevaliers; en l'article disant que chevalier dudict ordre devront, icelluy receu, estre de nul autre; l'article de l'amitié que le souverain et compaignons devront avoir l'ung envers l'autre, et garder l'onneur l'ung de l'autre; l'article du service que les chevaliers de l'ordre seront tenuz de faire au souverain; l'article par lequel le souverain de l'ordre promect et jure entretenir et garder les compaignons et officiers d'icelluy en leurs estaz, dignitez, terres et seigneuries; l'article comme le souverain devra proceder pour appaiser les debaz, se aucuns en sourdent entre les freres et suppotz de l'ordre, à cause de leurs personnes; l'article en quel cas les chevaliers de l'ordre non subjectz du souverain pourront servir à l'encontre de luy sans charge d'onneur; l'article contenant quelle courtoisie les chevaliers de l'ordre devront faire à leurs compaignons, s'ils estoient pris en guerre ou en bataille où ils fussent; les trois articles touchans le [cas] pourquoy privacion se devroit faire de l'ordre, et autres pour lesquels les chevaliers s'en pourront despartir; l'article de la maniere et ordre qui se devra tenir en aler, venir, escrire, seoir, et autres choses touchans la situation des chevaliers en l'ordre dessusdict; l'article faisant mention de l'eslection à faire quand le lieu vaquera, en quoy le chief de l'ordre aura deux voix; l'article de la recepcion du chevalier esleu; ensemble les articles faisans mention des seremens (1) que devront faire les chevaliers et officiers de l'ordre ès cas dessusdicts; lesquels articles ci-dessus exceptez, voulons demourer fermes et entiers, sans y estre par nous, ne nos successeurs souverains de l'ordre, faite variacion, restrinocion, ne mutation aucune.

Et voulons que au *vidimus* de ces presentes, faict soubz seel royal et le seel dudict ordre, plaine foy soit adjoustée comme à l'original.

N°. 126. — LETTRES *portant révocation* (2) *des dons faits et des privilèges accordés par le roi à plusieurs villes de Guyenne, depuis son avènement au trône.*

Coulanges-les-Réaux, 18 septembre 1469. (C. L. XVII, 257.) Reg. au parlem. de Paris, le 4 décembre.

N°. 127. — LETTRES *closes du roi au parlement, sur la nomination et la réception aux offices vacans dans cette cour* (3).

Orléans, 22 octobre 1469. (C. L. XVII, 260.) Reg. 14 novembre.

DE PAR LE ROY.

Nos amez et féaulx, pour ce que sommes memoratifz que plusieurs personnes nous ont requis d'avoir le premier office de conseillier qui sera vacant en nostre court de parlement, et que ne sçavons bonnement se, par importunité de requerans ou autrement, en avons faict aucun don; aussi que nous desirons, quant ladicte vacation escherra, y estre pourveu de gens souffisans et à nous feables; nous vous mandons, et neantmoins deffendons,

---

(1) Charles X a modifié ses sermens à son sacre à Reims, mai 1825. (Is.)
(2) Elle n'eut d'autre motif que le bon plaisir, mais elle fut rendue sur la requête du duc de Guyenne. (Decrusy.)
(3) Le système de présentation ou de candidature est aboli par ce mandement. (Isambert.)

qu'audit office de conseillier qui premier sera vacant en nostredicte court, vous ne recevez aucun, quelque don que en pourrions avoir faict paravant ladicte vacation, s'il n'a nouvel don ou provision de nous touchant iceluy office depuis ladicte vacation advenue, et gardez qu'en ce n'ait faulte; et oultre voulons que ces presentes soient enregistrées au greffe de nostredicte court, afin que en soit memoire quant le cas y escherra (1).

Donné le xxij°. jour d'Octobre (2).

N°. 128 — LETTRES (3) *qui maintiennent le chapitre d'Amiens dans l'exercice du privilège qu'il avait de ne pas recevoir des bâtards pour chanoines.*

Amboise, octobre 1469. (C. L. XVII, 262.)

N°. 129. — LETTRES PATENTES *qui ordonnent au parlement de Paris d'enregistrer celles qui avaient donné le duché de Guyenne, pour apanage au frère du roi, quoiqu'elles ne soient pas signées d'un secrétaire des finances.*

Amboise, 8 novembre 1469. (C. L. XVII, 263.) Reg. au parlem. de Paris, le 4 décembre.

---

(1) Transcrit sur le registre intitulé *Conseil*, coté 22, fol. 2, registres du parlement, section judiciaire des archives du royaume. Ce registre commence ainsi : *In nomine illius à quo recta consilia procedunt, incipit registrum consultationum seu consilii serenissimi principis domini nostri Ludovici, Francorum regis, regni ejusdem anno nono, die lunæ XIII novembris, anno millesimo CCCC LXIX, inceptum per*, etc. (Pastoret.)

(2) L'année d'auparavant, il s'était élevé aussi à la Cour des aides quelques discussions relatives à des nominations de nouveaux conseillers. On en trouve le détail et l'objet spécial dans les registres de cette compagnie, sous les dates des 13 et 14 juillet 1468, et du 9 septembre de la même année. (*Idem.*)

(3) La fin de ces lettres manque au registre du Trésor des Chartres, d'où elles sont tirées. (*Idem.*)

N°. 130. — Lettres *qui ordonnent au parlement d'enregistrer et de publier celles qui avaient été accordées à l'université de Bourges* (1).

Montils-les-Tours, 6 décembre 1469. (C. L. XVII, 263.)

Loys, etc. noz amez et féaulx conseillers les gens tenans nostre parlement à Paris, salut et dilection.

Nos chiers et bien-amés les gens d'esglise, bourgois et habi-

---

(1) V. tome 10, p. 477, de quelle manière le parlement avait enregistré les premières lettres de Louis XI pour l'établissement d'une université à Bourges. Par un arrêt du 27 novembre précédent, le parlement de Paris, sur une opposition formée par les universités de Paris et d'Orléans à l'exécution des lettres qui érigeaient une université à Bourges, avait défendu cette exécution jusqu'à ce que l'opposition fût jugée. Le jeudi, 14 du même mois de novembre, l'affaire avait été discutée à l'audience, comme on le voit au registre des plaidoiries, dont voici les termes :

« Au commencement, » c'est le défenseur de l'université qui parle, « furent ordonnées seulement quatre universités; la première, l'estude de Paris; la seconde, en Angleterre; la tierce, en Italie; et la quarte, en Espagne; et sembla bien lors que pour le royaume de France y avait assez de l'université de Paris, car quand on est ensemble la vertu est plus forte. Fut au temps passé une erreur de dire que *animæ beatorum non videbant Deum* : on voulut faire publier cette erreur en France; mais l'université dit que c'estoit erreur, et la corrigea. Y eust un pape qui appela un roi de France *filium perditionis*, parquoi le roi assembla le parlement et l'université de Paris, et feut le messager reçu et les bulles pendues à son col, et eschaffaudé, et lui semble que, ostés de Paris le parlement et l'université, serait peu de chose de Paris.

« Dit qu'il y a eu et est advenu que aucuns qui sont trop presomptueux ont tasché multiplier l'université, et s'il y avoit université à Bourges, y aura clers qui rien ne sauront, et s'en ensuivra beaucoup d'inconveniens : fust anciennement ordonné que la faculté des loix qui estoit à Paris seroit pour certaines causes tenue à Orleans, qui n'est pas à deux journées de Bourges.

« Dit que leurs lectres sont fondées *in nativitate Regis, ex bono œre et super utilitate reipublicæ*. Est bien petite la raison *ex utilitate regis*; car si le roi estoient nez à Sainct-Ouyn, à Gentilly ou en autre lieu, y faudrait-il université ? Dit que le lieu de Bourges n'est lieu convenable pour faire université, car les quatre elemens y defaillent; premierement, la terre y est bien pauvre, joignant de Sologne; secondement, n'y a qu'une petite riviere pareille à celle de Sainct-Marcel, ainsi y default l'eau; tiercement, y a entour Bourges marescages qui font l'air mauvais, ainsi y default l'air; et quartement, y default le feu, car n'y a bois que par charrois, et le faut aller chercher bien loing. Dit que autres fois l'université de Paris et autres ont esté receus opposition à l'encontre de l'enterinement des lectres de parties adverses, et pour ce sont venus les recteur et autres docteurs ici presens, requerir la cour qu'il luy plaise les ouïr en leursdictes causes d'opposition. »

de nostre ville et cité de Bourges, nous ont faict exposer que, puis aucun temps en çà, nostre Sainct-Pere le Pape, à nostre priere et requeste, de nostre consentement, a créé, statué, ordonné et establi université en nostre ville et cité de Bourges et depuis, avons voulu et octroié icelle université y estre erigée et d'ores en avant maintenue et exercée selon la creacion de nostredict Sainct-Pere, et que les docteurs, regens, escoliers, officiers et supposts d'icelle, joyssent de tels et semblables privileges, libertez, preeminences et prerogatives, dont joyssent et ont accoustumé joyr les autres universités de nostre royaume, ainsi qu'il est plus à plain contenu et declairé en nos lectres patentes dudict octroy en forme de chartes, en laz de soie et cire vert, par nous sur ce octroyées, ausquelles ces presentes sont attachées soubz nostre contre-scel, lesquelles nos lectres ont esté bien et deuement verifiées, entherinées et publiées par nostre bailly de Berry ou son lieutenant, auquel l'entherinement en a esté commis ; et ont aussi lesdicts supplians presenté et encores ont intencion presenter icelles nosdictes lectres ci-attachées en nostredicte court de parlement, et vous en requerir la verificacion, entherinement et publicacion ; mais ils doubtent que vous differiez ou faciez difficulté d'icelles enteriner, verifier et publier, obstant ce qu'elles ne sont adreçant à nostredicte court, qui seroit ou très-grant grief, prejudice et dommaige desdicts exposans, humblement requerans nostre grace leur estre sur ce impartie. Pourquoy nous, ces choses considerées, voulans l'octroy par nous sur ce fait avoir et sortir son plain et entier effet sans aucune difficulté, vous mandons, commandons et expressement enjoignons que nosdictes lectres d'octroy cy-attachées vous verifiez et enteriniez, et icelles faictes publier, lire et enregistrer en nostredicte court, et lesquelles nous y voulons estre enterinées, verifiées, leues, publiées et enregistrées, tout ainsy et par la forme et maniere que si elles avoient esté ou estoient à vous adreçant, car ainsy nous plaist-il et voulons estre faict, et ausdicts exposans l'avons octroyé et octroyons de grace especiale par cesdictes presentes, non obstant que nosdictes lectres d'octroy cy-attachées ne soient à vous adreçant, pour lesquelles choses ne voulons estre en ce differé en aucune maniere, et quelzconques lectres subreptices impetrées ou à impetrer à ce contraires. Donné aux Montils-lès-Tours, etc.

Par le Roy, le sire de la Forest, maistres Pierre Doriole, general, et autres presens.

N°. 131. — Lettres *qui autorisent une transaction avec le duc de Nemours et l'abolition et de ses crimes envers le roi.*

Tours, 8 décembre 1469. (C. L. XVII, 266.)

Loys, etc. Comme, tantost après nostre nouvel advenement à la couronne, nous eussions prins et recueilly en nostre service nostre cousin Jacques d'Armignac, Duc de Nemours, et luy eussions donné ladicte duchié de Nemours, grant pension, et faict et imparty d'autres grans biens, dons et liberalitez, et baillé la principale charge et entremise des grans affaires de nostre royaume, neantmoins iceluy de Nemours, meu de mauvais et dampnable courage, eut de tout son pouvoir induict et seduict aucuns princes et seigneurs de nostredict royaume d'eulx eslever à l'encontre de nous; et au commencement des divisions qui ont esté en iceluy nostre royaume, ledict de Nemours, faingnant nous vouloir servir, envoya devers nous par plusieurs fois, et nous fist dire, promectre et jurer qu'il nous serviroit à l'encontre de tous ceulx qui nous vouldroient invader; et nous estans en Bourbonnois, iceluy de Nemours vint devers nous, et nous fist serement, sur la vraye Croix de monsieur Saint-Charlesmaigne, qu'il nous serviroit loyaument: et depuis, faingnant s'employer à la pacification desdictes divisions, suborna et atray à lui aucuns de nos plus principaulx et plus familiers serviteurs, et avec eux conspira et machina en nostre personne, à nous destituer de nostre auctorité et seigneurie et nous desmectre de nostre liberté et franchise, et de fait firent ensemble plusieurs mauvaises et dampnables entreprises contre nous; et après, nonobstant ledict serement, s'esleva ledict de Nemours et mist sus en armes avec nos adversaires rebelles et desobeissans à l'encontre de nous; tous lesquels grans cas, crimes et delicts nous luy pardounasmes, esperant que dès lors en avant il nous feust bon et loyal parent, vassal, subgect et serviteur, ainsi que faire devoit et que tenu y est, moyennant et parmy ce qu'il promist et jura sur la precieuse coronne de nostre Sauveur Jesus-Christ, sur le fust de la vraye Croix et sur aultres sainctes reliques de la saincte chapelle du Palais royal à Paris, que d'ores en avant il nous serviroit loyaument envers et contre tous nosdicts adversaires rebelles et desobeissans, et contre tous autres qui peuvent vivre et mourir, sans quelconque personne vivant excepter, n'auroit ou prandroit aucun traictié, praticque ou intelligence, avec aucuns d'eulx, et ne consentiroit à aucune machinacion ou conspiracion que feust ou puisse estre faicte à l'encontre de nous, noz royaume, païs, seigneuries et subgects: ains, s'aucune chose venoit à sa cognoissance, qu'il le nous reveleroit sans nous en rien celer, et neantmoins y obvieroit et resisteroit de tout son pouvoir; et pour plus grant fermeté, nous en bailla en plege nostre très-chier et très-amé frere le Duc de Bourbonnois et d'Auvergne, et avec ce nous en bailla son scellé.

Nonobstant tous lesquelz scellez, seremens, seuretez et promesses, et en venant directement contre iceulx, ledict de Nemours a derechief contendu par tous moyens à luy possibles de substituer nouvelles divisions et mectre sedition en nostredict royaume par plusieurs dampnables moyens, comme ce est assez notoire, mesmement de faire eslever plusieurs des seigneurs de nostre royaume à l'encontre de nous, et pour y cuidier parvenir, a envoié devers eulx plusieurs messaiges et eu plusieurs lectres et messaiges d'eulx, desquelles choses il ne nous a pas adverty ainsy qu'il estoit tenu et qu'il avoit promis et juré de faire, mais aydé à les conduire à l'encontre de nous de tout son povoir; et avec ce a adheré et eu intelligence avec Jehan Comte d'Armignac aux grans fautes, infidelitez, desobeissances, crimes et delicts, qu'il a faiz et commiz à l'encontre de nous, et à invader, piller et rober nos païs, officiers, serviteurs et subjects, et qui plus est, a iceluy de Nemours pourchassé de nous destituer (1) de nostre seigneurie, et mectre toute la chose publicque de nostre royaume en trouble et division; et oultre, depuis les derniers traictiez et appoinctemens faiz sur les deppendances desdictes derrenieres divisions, ledict de Nemours a derechief donné conseil, aide, faveur et support audict d'Armignac, lequel il savoit et cognoissoit certainement que par mauvais et detestables moyens nous estoit rebelle et desobeissant; au moyen desquelz cas, offenses, crimes et delicts dessusdicts commis et perpetrez par ledict de Nemours, nostre procureur general contendoit, à l'encontre dudict de Nemours, qu'il avoit confisqué envers nous son corps et toutes et chascune ses terres et seigneuries et tous

---

(1) L'expression est remarquable. La royauté est donc un office, une magistrature. (Isambert.)

ses autres biens meubles et immeubles, et avoit requis nostredict procureur que pugnicion feust faicte d'iceluy de Nemours, selon la exhigence des cas dessusdicts telle qu'il appartenoit, et que toutes sesdictes terres et seigneuries et autres biens meubles et immeubles fussent declairez à nous appartenir au moyen de la confiscation d'iceluy de Nemours; depuis lesquelles choses eussions envoié en nostre païs de Languedoc et autres païs adjacents nostre très-chier et amé cousin le Comte de Dampmartin, grant maistre d'ostel de France, nostre lieutenant general, devers lequel ledict de Nemours se feust tiré et luy eust faict plusieurs requestes, remonstrances et offices, le requerant que nous en voulsist advertir, et sur ce eussent nostredict cousin de Dampmartin et ledict de Nemours envoié devers nous pour nous advertir desdictes requestes, offres et remonstrances, afin de sur ce declairer nostre bon plaisir.

Savoir faisons que nous, considerans les grans, notables, vertueux, louables et recommandables services que de longtemps nostredict cousin de Dampmartin a faiz à feu nostre très-chier seigneur et pere, que Dieu absoille, à nous et a toute la chose publique d'iceluy nostre royaume, tant ou faict de guerres comme ès autres grans affaires d'iceluy où il s'est tout son temps employé; confians à plain de ses grans sens, vaillance, loyaulté, preudomie, diligence et grande experience, à iceluy nostre cousin de Dampmartin avons donné et octroyé, donnons et octroyons par ces presentes, pleine puissance, auctorité, commission et mandement especial, de et sur toutes les questions, poursuites et demandes faictes et que pourroit faire nostre procureur à l'encontre dudict de Nemours, transiger, pacifier, appoincter, traictier, conclure et accorder, pour et ou nom de nous avec iceluy Jacques d'Armignac, Duc de Nemours, de luy quicter, abolir, remectre et pardonner toutes faultes, crimes, delicts et offences passées, le reprandre et remectre en nostre bonne grace, luy rendre et restituer toutes sesdictes terres, seigneuries et biens meubles et immeubles quelzconques, et generalement de faire telz accords, transactions, traictiez, promesses et convenances, et besongner en tout ce que dit est et les deppendances, pour et au nom de nous, avec iceluy Jacques d'Armignac, Duc de Nemours, et en passer telles lectres, transactions, contraux et promesses, et prendre telles seuretez d'iceluy de Nemours qu'il verra estre licites, utiles et convenables, et soubz telles peines et censures qu'il verra bon estre, et tout ainsi et par la propre forme et manière que nous ferions et faire pourrions, si presens y estions en nostre propre personne; promectans en parole de Roy, par la foy et serement de nostre corps et soubz l'obligacion de tous et chascun noz biens, avoir et tenir ferme et agréable tout ce que par nostredict cousin le Comte de Dampmartin sera faict, passé, transigé, pacifié, convenu, composé et accordé (1), sans jamais aler au contraire en quelque forme et maniere ne pour quelque cause et occasion que ce soit, et en bailler noz lectres patentes de ratifficacion en forme authentique et vallable, sitost et dès lors que requis en serons. En tesmoing de ce, etc.

Donné à, etc.

Par le Roy, Vous, maistre Jehan le Boulengier, president, Pierre Doriole et Jehan Hebert, generaulx, et autres presens.

N°. 132. — Ordonnance sur la police des gens de guerre.

Amboise, 13 mai 1470. (C. L. XVII, 293.)

Loys, etc. Comme nous ayons esté advertiz que les gens de guerre de nostre ordonnance ont faict et font chascun jour de grans maulx, pilleries et roberies, vivent et tiennent les champs à la grant charge et foulle de nos subjects, et pour ce que desirans de tout nostre povoir soullager noz subjects, et les garder de forces, violences et oppressions, et obvier aux grans maulx, dangiers et inconveniens qui en peuvent advenir à nous et nosdicts subgectz, et mectre si bon ordre et pollice ou faict de nosdicts gens de guerre, que nosdicts subgects puissent aller et ve-

---

(1) L'acte fut en effet conclu et signé à Saint-Flour, le 17 janvier suivant. Des lettres patentes du roi, de la même époque, le confirmèrent. Le duc de Nemours y soumet à la confiscation de ses duchés et comtés, s'il venait à manquer de fidélité au roi, et consent à ce qu'il fût procédé contre lui comme contre un citoyen ordinaire, renonçant à tous honneurs et droits de pairie. (Pastoret.)

Une telle renonciation était illégale, vu que l'hérédité de la pairie a été établie, non dans l'intérêt des titulaires, mais en celui de l'institution. Le maréchal Ney fut ainsi réputé avoir tacitement renoncé à la pairie, et jugé, non à raison de sa qualité de pair, mais à raison de la nature du crime (en novembre 1815). Le duc de Nemours fut décapité plus tard, en 1476, en vertu d'arrêt du parlement, et chose atroce, ses enfans furent par ordre du roi placés sous l'échafaud. (Isambert.)

nir par-tout nostre royaulme, et vivre en leurs maisons en bonne paix et seureté, nous, par l'advis et deliberacion de plusieurs princes et seigneurs de nostre sang, gens de nostre grant conseil, capitaines et gens de guerre, avons faict, conclud, deliberé et ordonné les ordonnances et articles qui s'ensuivent :

Ce sont les ordonnances faictes, deliberées et concluses par le Roy, en la présence de plusieurs princes et seigneurs de son sang, cappitaines et chiefs de guerre, et autres de son grant conseil, touchant les logeis, utencilles, maniere de vivre, conduicte, ordre et pollice des gens de guerre de son ordonnance, et

(1) Le Roy a ordonné que les logeis desdicts gens de guerre soient faicts dedans les villes closes, où il y ait justice.

(2) Et que, en faisant le logeis, les commissaires pour ce ordonnez permectront aux hommes d'armes tenir ung cheval seulement en leurs garnisons, oultre le nombre contenu es ordonnances autrefois faictes touchant lesdicts gens de guerre, pour leur aider à porter leurs nécessitez.

(3) Et pour ce qu'il y a plusieurs desdicts gens de guerre qui tiennent chiens, oiseaulx, furetz, filetz et autres engins de chasse, et peschent les estangs, qui est venir contre les ordonnances royaulx, et dont, à l'occasion d'iceulx plusieurs grans maulx, pilleries et outrages, s'en ensuivent, le Roy deffend ausdicts gens de guerre de non plus les tenir, sur peine d'estre cassez, privez de leur ordonnance, et pugniz selon le contenu esdictes ordonnances royaulx.

(4) Et en chascune ville, pour la bande qui y sera logée, sera commis un homme de façon, chief de chambre, de par les cappitaines, qui aura la charge totale d'icelle bande et dont il respondra; et n'en pourra partir aucun d'icelle bande pour aller à ses affaires ne ailleurs, sans avoir certificacion dudict chief de chambre, du jour qu'il partira, et du nombre des gens et chevaulx qu'il menera avec lui; et deffend le Roy ausdicts gens de guerre, que depuis qu'ilz seront en leurs garnisons, qu'ilz ne mectent leurs chevaulx ne harnois hors d'icelle, pour aller en leurs maisons ne autre part, en quelque lieu que ce soit, sur peine de estre cassez de ladicte ordonnance.

(5) Veult et entend le Roy que lesdicts gens de guerre qui auroient droict d'aller à leurs affaires ou ailleurs de par leursdits cappitaines ou chiefs de chambre, partans de leurs garnisons, voisent loger par les hostelleries, et payent leurs escotz comme

les marchands et autres gens des pays, sur les peines contenues èsdictes ordonnances royaulx.

(6) Le Roy deffend à tous lesdicts gens de guerre de ne prendre ne faire prendre par leurs serviteurs ne autres, aucuns vivres ne autres choses hors lesdictes villes où ils seront logez, ne dedans icelles, sinon ès marchez et foires publiques, sans le consentement d'iceulx à qui seront les marchandises et denrées.

(7) Et s'il advenoit que ès lieux où lesdicts gens de guerre seront logez, n'eust foires et marchez, et que l'on ne admenast aucuns vivres et provisions, en ce cas les gens de la justice desdicts lieux seront tenuz leur en faire delivrer et administrer, au pris du pays, pour leur argent.

(8) Et s'aucuns desdicts gens de guerre n'avoient de quoy payer leurs vivres après le quartier à eulx deu de leurs gaiges escheuz et passés, les justiciers des lieux où ilz seront logez, leur en feront delivrer, ainsi qu'ilz verront estre pour le mieulx, en prenant obligation et seureté desdicts chiefs de chambre de ce qui leur aura esté délivré pour leursdicts vivres, pour en faire le paiement aux créanciers par le clerc qui payera les gaiges desdicts gens de guerre, des premiers deniers de leurs gaiges, et avant qu'ilz en reçoivent aucune chose.

(9) Et pour ce que souventesfoiz plusieurs desdicts gens de guerre treuvent moiens et façons d'eulx faire avancer leurdits gaiges avant le quartier escheu, le Roy deffend au tresorier des guerres et à sesdicts clers de non faire payement ausdicts gens de guerre de leursdicts gaiges, que premièrement et avant tout œuvre leursdicts vivres et autres debtes qui par lesdictes villes leur auront estez administrez ne soient payées, et ce sur peine de le recouvrer sur lesdicts clercs, lesquelz seront à ce contraings par les mareschaulx de France ou les commissaires depputez à faire les monstres desdicts gens de guerre, en leur absence, et comme pour les propres debtes du Roy.

(10) Et s'il y a aucuns desdicts gens de guerre qui enfraignent les choses dessusdictes, et viennent contre les ordonnances royaulx pieça faictes sur le faict et gouvernement desdicts gens de guerre, le Roy permect, veult et ordonne aux bailliz, seneschaulx, seigneurs chastellains et autres justiciers des lieux où lesdicts gens de guerre seront logez, qu'ilz preignent les malfaicteurs et délinquans, et iceulx mectent ou facent mectre en prison fermée, et facent leur procès; et ledict procès faict, appelé avecques eulx le cappitaine ou chief de la chambre desdicts gens

de guerre, en l'absence des mareschaulx, à qui la cognoissance en appartient, lequel, se bon lui semble, fera jugement dudit procès, et après ilz procedent à la correction et pugnicion d'iceulx malfaicteurs, selon lesdictes ordonnances royaulx.

(11) Et s'il vient aucune plainte desdicts gens de guerre ou d'aucuns de leurs serviteurs, la justice des lieux se informera desdictes plaintes; et se par informacion ilz sont trouvez coupables, tous les fraiz et despenses qui par la justice auront esté faicts, seront prins sur les gaiges desdicts malfaicteurs, s'ils sont à gaiges, et, s'ils n'ont gaiges, sur les gaiges de leur maistre; et ne seront excusez lesdicts maistres de desavouer leursdicts serviteurs, et n'en tiendront iceulx gens de guerre aucuns en leurs logeis ne autrement, fors le nombre à eulx ordonné par lesdictes ordonnances royaulx.

(12) Feront lesdicts mareschaulx en personne la monstre generalle desdicts gens de guerre de chacune compaignie, ou quartier de juillet prouchain venant, par-devant lesquelz se trouveront les baillis, prevost, autres justiciers ou leurs lieuxtenans des pays et seigneuries où iceulx gens de guerre seront et auront esté logez, pour rapporter par eulx les plaintes d'iceulx gens de guerre, s'aucunes en y a, lesquelles plaintes seront par lesdicts mareschaulx corrigées et pugnies selon l'exigence des cas et lesdictes ordonnances, comme dict est.

(13) Pour ce que plusieurs varletz qui ont laissé leurs mestier ou autres, qui ne veulent vivre que de vie oizeuse, se mectent sur les champs, ès pays où les gens d'armes sont logez, et font, soubz umbre desdicts gens de guerre, plusieurs roberies et maulx à la charge du povre peuple, et donnent esclande à nosdicts gens de guerre, le Roy, pour y obvier, ordonne que chascun cappitaine ou chief de chambre baillera à la justice du lieu où il sera logé, les noms de ses hommes d'armes, et chascun homme d'armes les noms de ses varlets, afin qu'on puisse plus aisément congnoistre les abuseurs.

(14) Et seront tenuz lesdicts cappitaines, ou leurs lieuxtenans en leur absence, après que lesdicts gens de guerre seront logez, aller de logeis en logeis pour les contraindre de faire vuider les sons et chevaulx qu'ilz tiennent oultre leur nombre, et semblablement chiens, furetz, filletz et oyseaulx, pour esviter les maulx et inconveniens qui à cause de ce pourraient advenir; et s'il y avoit aucuns gens de guerre desobeissans ad ce, lesdicts cappitaines ou lieuxtenans en feront ou feront faire justice, et les cas-

*** et priveront de leur ordonnance, ou autrement les pugni-
*** selon l'exigence du cas.

(15) Et pour ce que lesdicts gens de guerre ont prins par usage, *** rompant et venant contre les ordonnances royaulx, quant ilz *** *** ou chevauchent en armée, de prendre chevaulx, *** et charrectes des pouvres gens pour porter leurs affaires, *** et autres bagaiges, et aucunes foiz vivres de logeiz à autre, *** *** autres pilleries qu'ilz exigent par force sur le pouvre *** , et aussi prennent robes, couvertures, linceulx et autres *** des bonnes gens, pour gaiges, pour les rançonner à vivres *** argent, le Roy deffend ausdicts gens de guerre, sur peine de *** hart, de plus eulx avancer à ce faire, mais vivront, en alant *** venant, ainsi qu'il est contenu par lesdictes ordonnances ; et *** aucun est trouvé faisant le contraire, seront tenuz lesdicts cap- pitaines, leurs lieuxtenans ou commis, faire incontinent pren- dre les malfaicteurs, et les mener à justice à la plus prouchaine ville d'illec, pour y estre procedé selon lesdictes ordonnances, appellez à ce les cappitaines, leurs lieuxtenans, chiefs de cham- *** ou autres commis, en absence des mareschaulx, leur pre- *** ou lieutenant, à qui les cognoissances en appartiennent.

(16) Et pour ce que les gens des villes se doulent qu'ils ne peuvent estre payez desdicts gens de guerre, des logeis et uten- cilles, le Roy veult et ordonne que le payement desdicts uten- cilles se face à chacune foiz que lesdicts gens de guerre seront payez, et que lesdicts gens de guerre et autres y soient contraings en la forme et maniere qu'il est contenu èsdictes ordonnances royaulx.

(17) Que nul cappitaine ne puisse d'ores en avant suborner, recueillir ne prendre aucun des compaignies les ungs des autres, sans le congié et consentement du cappitaine soubz qui il sera, et qu'il en appaire par certification signée de la main dudict cappi- taine ; et se ainsi est que aucun desdicts gens de guerre preigne congié de son cappitaine cauteleusement, soubz couleur d'aller en sa maison, de ne vouloir plus servir ou autrement, en quel- que maniere que ce soit, et après se veuille mectre soubz aultre cappitaine, nul desdicts cappitaines ne le recevra, et sera à tou- *** privé de toutes les ordonnances du Roy; et se aucun des- dicts cappitaines le requiert, il perdra sa charge, et l'omme d'ar- mes ou archer, chevaulx et harnois, et le corps à la voulenté du Roy.

(18) Et affin que, à l'honneur du Roy et bien de son royaulme,

et sollagement de son bon et leal peuple, lesdictes ordonnances soient gardées, le Roy veult et ordonne que chascun desdicts cappitaines les tienne et face garder sans enfraindre ne souffrir estre enfraintes, sur peine de perdre sa compaignie; et quant aucuns desdicts gens de guerre feront aucuns maulx, pilleries et leur cappitaine en aura la plaincte et cognoissance, il sera tenu d'en faire faire la restitucion et pugnicion; et se ainsi ne le faict, il perdra sadicte charge, et reparera et payera à ses deppens lesdicts maulx, pilleries et roberies.

Si donnons en mandement, etc.

Donné à Amboise, etc.

Par le Roy en son Conseil, où estoient les Comtes de Dampmartin et de Sancerre, les sires de Torcy, de Craon, de Chastillon, de Crussol et de Bressuire, maistre Pierre Doriole, general, et autres présens.

N°. 133. — LETTRES *qui ordonnent au parlement de mettre un procès au néant* (1).

Amboise, 15 juin 1470. (C. L. XVII, 306.)

---

(1) Voici les lettres que le roi écrivit à ce sujet au premier président du parlement de Paris :

« Président, j'ai sceu le procès pendant en ma court de parlement entre les prevots et jurez de Tournay, d'une part, et mes officiers au bailliage de Tournay et Tournesis, d'autre, lequel est en état de juger; et pour ce que, comme savez, j'ay grand interest à bien entretenir ceulx de ladicte ville, veu la grande loiauté qu'ils m'ont tousiours gardée et gardent, et que pour rien je ne vouldroye souffrir frapper quelque coup sur leurs privileiges, et que je veil bien estre informé au vray des mérites dudict procès, aussi que j'ay mandé aucuns de mes principaulx officiers dudict Tournay venir devers moy, gardez, sur tant que me voulez servir et complaire, que incontinent, cestes veues, m'envoyez ledict procès par ce porteur; car mon entencion est de faire appoincter ladicte question, se faire se peut, ou sinon, de vous renvoier ledict procès pour en faire ainsi que verrez estre affaire par raison. Président, vous savez la fiance que j'ay en vous; et pour quelconque chose que ce soit, gardez bien qu'il n'y ait point de faulte que ne m'envoyez ledict procès.

« Donné à Nostre-Dame de Selles, le xxvi° jour d'avril. *Sic signatum:* LOYS. »

Le roi escrivit une seconde lettre, le premier président n'ayant pas obtempéré à la première.

JUILLET 1470.

N° 134. — Lettres *patentes portant décharge d'hypothèques, privilèges, et de tous droits royaux, sur Villemonble, pour faits de l'exercice de la charge de maistre de l'artillerie, possédée par le président, propriétaire de cette seigneurie.*

Angers, 13 juillet 1470. (C. L. XVII, 315.) Reg. au parlem. de Paris, 17 août.

A nostre amé et féal conseiller et premier Président en nostre Court de parlement, maistre J. Dauvet.

« President, naguères vous ay escript que m'envoyissiez le procès d'entre ceulx de la ville de Tournay et Tournesis, ce que avez differé de faire soubz aucunes petites couleurs que m'avez escriptes. Je vous envoye escript bien au long les causes qui me mouvoient et comme je vouloye mectre en paix ma ville de Tournay; mais vous n'en avez tenu compte, et entens bien que peu vous chaudroit se je perdoye ma ville de Tournay, et amez mieulx me mectre en dangier de la perdre et soustenir ung procès, que ne feriez qu'il y eust bonne paix et amour entre mes officiers et ceulx de la ville, et ne cuydoye pas que m'eussiez reffusé de m'envoyer ung procès. Vous avez esté à Tournay, et cognoissez la situation; et comme la ville est au millieu des pays de monsieur de Bourgongne, et savez qu'il m'est bien besoing les entretenir, et pour ce, President, se jamais voulez que j'aye seureté ne fiance en vous, gardez que incontinant, ces lectres veues, vous m'envoiez ledict procès par ce porteur, lequel j'envoye pour ceste cause devers vous, avec maistre Pierre de Cerisay, auquel j'en ay dict bien à plain ma volonté pour la vous dire : et me semble bien que quant vous voiez que les choses me touchent de si près, que ne deussiez faire telles difficultez, car il m'en pourroit advenir plus de mal que vous, et ceulx qui les font, ne sauraient reparer.

Donné à Amboise, le xxe jour de mai. *Sic signatum* : LOYS.

Nous trouvons encore dans le même registre la lettre suivante, du même jour :

A nos amez et féaulx conseillers les présidens de la grant'chambre et des enquestes de nostre Court de parlement.

DE PAR LE ROI.

« Nos amez et féaulx, nagueres avions escript à nostre premier président que, pour certaines grans causes qui à ce nous mouvoient, il nous envoiast un procès pendant en nostre court de parlement, entre nos tres-chiers et bien-amez les bourgois, manans et habitans de nostre bonne ville et cité de Tournay, et nos officiers ou bailliage de Tournay et Tournesis; ce qu'il n'a faict soubz umbre d'aucunes difficultez qu'il nous a escriptes, et dont nous avons esté advertiz par nostre amé et féal conseiller en nostredicte court de parlement, maistre Pierre de Cerisay, qui sur ce avait charge, de par vous, de nous en parler; et pour ce que, non obstant quelque chose que vous aiez faict dire, et aussi ce que nostredict premier president nous a escript, nostre plaisir est que ledict procès nous soit apporté, affin que mieulx et plus convenablement puissions faire appointer les parties pour obvier à plusieurs inconveniens qui, par la rigueur dudict procès,

N°. 135. — Traité entre la France et les Suisses, par lequel, en cas de guerre offensive ou défensive entre le roi et le duc de Bourgogne, les Suisses promettent de n'assister le duc ni de leurs forces, ni de leurs conseils (1).

13 août 1470. (Corps diplomat.)

N°. 136. — Lettres portant défense de faire aucun commerce sur les terres du duc de Bourgogne, à cause des menées de ce duc, et des confiscations de marchandises qu'il avait faites (2).

Montils-lès-Tours, 8 octobre 1470. (C. L. XVII, 332.)

N°. 137. — Lettres portant amortissement général pour les églises de Normandie, et anoblissant tous les possesseurs de fiefs (3).

Montilz-lès-Tours, 10 novembre 1470. (C. L. XVII, 341.)

---

se pourroient ensuir, lesquels, ensemble les causes qui nous meuvent à ce faire, nous avons dictes bien à plain audict maistre Pierre Cerisay, nous voulons et vous mandons très-expressement, et sur tant que nous desirez obeir et complaire, que, incontinent ces lectres veues, vous nous envoyez ledict procès par ce porteur, lequel pour ceste cause envoions devers nous avecques ledict Cerisay; car nous desirons de tout nostre cuer l'appoinctement d'entre les parties, et que nos officiers et lesdicts bourgeois et habitans de Tournay soient unis, et qu'ils vivent en bonne paix, amour et union ensemble, et est nostre entencion, vous renvoie ledict procès ou cas où entre lesdictes parties ne se trouverait appoinctement, et veuillez sur ce croire ledict Cerisay de ce qu'il vous en dira comme se nous mesmes le vous disions.

Donné à Amboise, le xx° jour de may. *Sic signatum*: LOYS.

Le parlement ordonna, par un arrêt du 4 juin, que ledict procès serait clos et scellé, et porté au roi, conformément à ce que le seigneur roi avait mandé et écrit au parlement. C'est dommage que la résistance du parlement n'ait pas été jusqu'au bout, ce serait un fait à citer dans les annales de la magistrature. (Isambert.)

(1) V. le traité du 10 janvier 1474.

(2) Au contraire, le duc de Bourgogne par des lettres données à Saint-Omer, le 24 juillet 1470 avait, nonobstant des plaintes analogues, ordonné la continuation des relations commerciales. (Isambert.)

(3) Une ordonnance du mois de novembre, ibid. p. 337, anoblit tous les possesseurs de fiefs. On voit ce que c'est que la noblesse qui n'est pas fondée sur de grands services rendus à l'état. (*Idem.*)

N° 158. — **Déclaration** *contenant les griefs contre le duc de Bourgogne, rendue sur l'avis des princes du sang et des notables assemblés à Tours, par laquelle le roi est déchargé des obligations du traité de Péronne* (1).

Amboise, 3 décembre 1470. (C. L. XVII, 353.)

Louis, etc. à tous ceux, etc. Pour ce que de la part de nostre procureur général, et des princes et seigneurs de nostre sang, gens d'esglise, nobles, marchands et austres personnes de divers estats de nostre royaume, nous a esté remonstré que, depuis aucun temps en çà, nostre cousin le duc de Bourgongne, mauvaisement et comme désobéissant, et entreprenant grandement à l'encontre de nous et de nostre souveraineté, a mis sus plusieurs gens en armes, et à tout grand nombre de gros navires garnis d'habillemens de guerre faict partir de ses pays et venir ès Havres en nos pays et duché de Normandie, où ils se sont efforcez faire diverses invasions et voyes de faict contre nous, nos subjects et bienveillans, en proférant les plus rudes, injurieuses et outrageuses paroles qu'ils pouvoient de nostre personne, sans eux en vouloir deporter pour quelque requeste ou remonstrance qui leur fust faicte, mais, en continuant leurs mauvaises et damnables entreprises, descendirent à terre à banières eslevées et desployées, et par grande hostilité, armez et embastonnez, vindrent courir sus à nos gens et subgects, bouterent le feu ès navires et maisons, et tuerent et meurtrirent les aucuns, et les autres prirent et firent prisonniers, en intencion de vouloir appliquer et usurper à eux la seigneurie et tous le pays, si nos loyaulx et féaulx, à l'aide de nostre-seigneur, n'y eussent resisté.

Et avec ce nous a esté remonstré comment ledict duc de Bourgongne, en demonstrant de demeurer nostre perpetuel ennemy et de la couronne, a pris la jaretière et ordre de nostre ancien

---

(1) Nous donnons cet acte à cause de sa forme singulière, et de la composition de l'assemblée.

Par suite de cette déclaration, selon Philippe de Commines, le duc de Bourgogne fut cité à comparaitre à la cour des pairs; mais entre deux princes aussi puissans, une pareille querelle ne pouvait se terminer que par les armes. Elle finit en 1471; enfin, en 1476 Charles-le-Téméraire, duc de Bourgogne, étant mort, et partie de ses états ayant été réunie à la France, nos rois n'eurent plus de grands feudataires à craindre. (Isambert.)

ennemy Edouard de la Marche, Anglois, et porte son seigne qui est la croix rouge, et avec lui faict et contracté diverses alliances indués et à luy non permises (1), et contraint nos subgects ses vassaux à luy faire serrement et promesse de le servir envers et contre tous, sans vouloir que en ce aucunement nostre personne fust exceptée ; et qui plus est, avoir escript ledict duc de Bourgongne à ceux de Calais certaines lectres par lesquelles il déclare évidemment le mauvais, damnable et detestable vouloir qu'il a dès pieça eu et a de present à nous et à la couronne de France, et la grande et singuliere amour et affection qu'il a eue ausdicts Anglois, affin que toujours ils prosperassent.

Nous a esté aussi par les dessusdicts exposé que sans cause raisonnable ledict duc de Bourgongne, en contrevenant à la sûreté par lui baillée à tous venans à la foire d'Anvers, a faict prendre réaument et par œuvre de faict les biens, deniers, denrées et marchandises que on a peu trouver que nos subgects avaient menez et achetez à ladicte foire d'Anvers, et ailleurs en ses pays ; et depuis encore, sans cognoissance de cause, et sans demander ne faire demander justice à nous ne à nos juges, ainsi qu'il est tenu de faire comme nostre vassal justiciable et subgect, a donné, et contre toute forme de justice, lectres de marque à un nommé Jacques de Saveuses, chevalier, sur nosdicts subgects, a mandé vendre et adenerer leurs marchandises pour restituer ledict de Saveuses de certains biens qu'il disait estre demeurez en la ville de Blois, de la succession de feu Jean de Saveuses, laquelle il maintient luy devoir appartenir, jaçoit ce que à cause de icelle succession soit procez pendant indecis aux requestes de nostre palais à Paris, et desdicts biens l'on ne peut pretendre quelque querelle sur les biens de nosdicts subgects à qui la matiere ne touche en rien, avec plusieurs autres entreprises sur les droicts et autoritez de la couronne de France et nostre seigneurie ; et en ce et autrement traictant et pourchassant par maintes mauvaises et iniques voyes, plusieurs maux, seditions, guerres, rebellions et desobéissances contre nostredict royaume et la chose publique d'icelui, et dont, si provision n'y estoit donnée, s'ensuivroient inconveniens irréparables et la subversion de la justice et de toute la paix et tranquillité d'icelui royaume ; et avec ce, ledict duc de Bourgongne n'a faict, tenu ne

---

(1) Cela était permis par le traité de Péronne. (Isambert.)

...ply plusieurs choses que par traitez il estoit tenu de faire et qu'il avoit solemnellement promises et jurées; parquoy raisonnablement nous et tous les princes et seigneurs de nostre sang sont quictes et desliez du tout de l'effet et contenu esdicts traictez; requerans, et pour donner exemple à tous autres, que par nous fust ... pourveu de remede convenable, et tel qui au cas appartient.

Et combien qu'après lesdictes remonstrances ayons longuement differé, et patiemment toleré lesdicts outrages, toutesfois, parceque de plus en plus les plaintes se continuoient, au moyen que de la part dudict duc de Bourgongne les detestables maux se multiplioient et accroissoient de jour en jour, avons, pour en ces matieres proceder par grande et meure deliberacion de conseil, faict assembler en nostre ville de Tours aucuns des princes et seigneurs de notre sang, prelats, comtes, barons et autres nobles et gens notables et de conseil, (1) c'est assavoir, nostre très-chier et très-amé oncle le roi de Sicile, nostre très-chier et très-amé frère et cousin le duc de Bourbon, nostre très-chier et très-amé fils et cousin le marquis du Pont, nostre très-chier et amé cousin le comte d'Eu, nostre très-chier et amé cousin l'archevesque et comte de Lyon, nos très-chiers et amez cousins les comtes de Guise et du Perche, baron de Beaujeu et comte dauphin d'Auvergne; nostre très-chier et amé cousin le comte de Saint-Paul, connestable de France; le chancelier, nostre très-chier et amé cousin le comte de Dunois, et nos amés et féaulx cousins et conseillers l'evesque et duc de Langres, pair de France, les evesques d'Avranches, de Soissons et de Valence; le comte de Vandemont, le comte de Dampmartin, grand maistre d'hostel; le sire de Rohan, les sires de Loheac et de Gamaches, mareschaux de France; le comte de Roussillon, admiral de France; les sires de Chastillon, de Craon, de la Forest, de Briquebec, de Maulevrier, grand seneschal de Normandie, de Cursol, du Lude; maistre Jean le Boulanger président; Jean de Lorraine, Gaston du Lion, seneschal de Toulouse; Guy Pot, chevalier, bailly de Vermandois; Jean de Sallzart, chevalier, sire de Saint-Just; Guillaume Cousinot, chevalier, seigneur de Monstreuil; Selehadin d'Anglure seigneur de Nogent.... N... de Beaumont, sieur de Bresuire; Jean du Fou, grand eschanson; Olivier de Brou, seigneur de Ma-

---

(1) Ce ne sont donc pas des états-généraux, mais une assemblée plénière. (Lambert.)

raudsye ; Tristan l'Ermite, chevalier, prevost des mareschaux; [...] de Houlfort, bailly de Caen ; maistre Jehan de Ladriesche, president de nos comptes et trésorier de France ; Pierre Dori[...] et Jehan Hebert, généraux de France; Jehan de Ponpaincourt president desdicts comptes: Pierre Poignant, Jacques de Bater[...], Renault des Dormans, Adam Fumée, Simon Davy et Jehan G[...], maistres des requestes ordinaires de nostre hostel ; Guillaume Compains, Pierre Salac, Pierre Gruel, president du Dauphiné ; Aube[...] de Vailly, rapporteur de notre chancellerie ; Jean Chouart, lieutenant civil; Bernard Laureti, nostre advocat en notre court de parlement à Toulouse ; Louis Astales, Jean du Moulin, Charles Asta[...], chevalier, et Guillaume de Cerisay, greffier de nostre court de parlement à Paris, ès presence desquels bien au long particulierement, et à la vérité, lesdictes désobéissances, maux, entreprises, griefs forces et malveillances ont esté recitées, et à toutes fins longuement et grandement debatues et arguées, ainsi que selon droict et raison apartient, et tellement et si evidemment, que d'iceulx nul n'en pouvoit avoir ou pretendre ignorance.

Et ce faict et les matieres entendues, et ce que à icelles servir pouvoit, comme traictez, lectres, scellez et appoinctemens, veu et leus publiquement, demandée opinion à un chascun de ce que selon Dieu, raison et justice, touchant les choses dessusdictes, nous devions et estions tenus de faire, et consideré que desdicts faicts en la graigneur partie la vérité est sceue et cognue par notorieté de faict, et parce qu'il en est fame publique et commune renommée, et que plusieurs des opinans ont à l'œil veu et cogneu partie desdictes entreprises, invasions, voyes de faict, desobéissances, infidélitez et outrages, et semble à tous concordablement et sans discrepance ou diversité aucune, et ainsi l'a dict chacun par son opinion et en sa conscience, que, par disposicion de tout droict et aussi par honneur et selon raison, nous étions et sommes quictes et deschargez de toutes promesses et autres choses dont au-moyen des traitez de Peronne et autrement ledict duc de Bourgongne pourroit dire, pretendre ou maintenir nous avoir esté tenu et obligé, et qu'il avoit envers nous très-grandement mespris et offensé en faisant les hostilitez, desobeissances, invasions, voyes de faict, entreprises indues, et autres griefs et torts par luy perpetrez, et que à l'occasion d'iceulx toutes ses terres et seigneuries sont et doivent à nous estre forfaictes et acquises; et que pour tant, nous qui sommes le chef et souverain et protecteur de la couronne de France et des desdicts royaux, veu les sermens que nous avons faicts comme Roy à nostre sacre, ne pouvons ne devons honnestement dissimuler ne différer d'en faire punition, mais à icelle proceder vigoureusement et à puissance et autorité royale, comme contre rebelles, desobeissans et malveillans à nous et à la couronne de France, appartient; offrant d'eulx mesmes, et sans requeste aucune, nosdicts oncle roy de Sicile, duc de Bourbon, frère, et autres nos cousins, barons et seigneurs, chacun particulierement et en son endroict, veu l'énormité des outrages desdicts, nous y servir, aider et secourir de leurs personnes et de toutes leurs puissances :

Laquelle opinion et délibéracion concordable pardevers nous rapportée, nous considerans que en consistoire publique et ès presence l'un de l'autre, elle avoit esté faicte et déclarée, pour de plus en plus et mieux en mieux estre conseillé en celle partie, et nous y conduire par très-meur et parfait adviz et conseil, requismes à tous ceux qui de cette délibéracion estoient, que derechef voulsissent penser à la matiere, et après que encores y auroient meurement pensé, retourner chacun à part luy, et de son liberal arbitre, et devant tabellions publics, en dire ce que en honneur et conscience et sans faveur quelzconque leur sembleroit, et que nous voulsissent loyaument conseiller de ce que nous aurions à faire.

Et depuis, par divers intervales, en presence desdicts tabellions, ont dict, opiné, deliberé, et nous conseillé comme dessus, et sans varier et changer en aucune maniere, comme par lesdicts tabellions nous a esté relaté et rapporté :

Ouy lequel rapport, pour ce que estions souvenans que, de nostre congé, par nosdicts oncle, frère, neveu et cousins et autres, certains scellez avaient esté baillez audict duc de Bourgongne, mesmement par nosdicts oncle, frère et neveu, nous, pour de toutes part honneur garder, et nous mettre en devoir, et en la presence de nostredict oncle roy de Sicile, à qui le cas touchoit, ordonnasmes que conseil et délibéracion fussent tenus, à nostredict oncle, nostredict frère de Guyenne, nostredict neveu de Bretagne, et autres nos frères et cousins, estoient quictes des scellez qu'ils, par nostre sceu, avaient baillez audict duc de Bourgongne.

Et afin d'y déliberer heurement et sainement, nous fimes plus averer et meurement debattre ladicte matiere que n'avions nostre faict propre, lire et exposer le contenu desdicts scellez par le double d'iceluy, et iceux tous, et par opinion unique et d'un commun accord et deliberacion, dirent, opinerent, delibererent et sur leurs consciences, presents nostredict oncle le roy de Sicile et lesdicts tabellions, que iceluy nostre oncle, nostre frere de Guyenne, nostre neveu de Bretagne et autres, estoient, par honneur et selon raison, quittes, francs, desliez, delivrez et deschargez de leurdicts scellez, et en leur entier et liberal arbitre, comme ils estoient devant iceulx baillez, desquelles deliberacions, advis et consaulx, ont esté ces presentes lectres octroyées, ausquelles nous avons faict mectre et apposer nostre scel. Donné à Amboise, etc.

N°. 139. — Déclaration *portant réglement général pour le cours des monnaies étrangères.*

Montils, 4 janvier 1470. (C. L. XVII, 363.)

N°. 140. — Lettres *de naturalité accordées à Antoine Seguier.*

Février 1470. (Biblioth. du Roi, monum. histor. cart. 134.)

N°. 141. — Lettres *qui accordent entr'autres choses aux maire et échevins d'Amiens le droit de prendre pour les fortifications de la ville, tous les terrains qui leur conviendront, moyennant raisonnable indemnité en argent comptant.*

Beauvais, mars 1470. (C. L. XVII, 401.) Reg. au parlem. 2 septembre 1480.

N°. 142. — Lettres *par lesquelles le roi accorde aux Écolâtres d'Amiens, pour les pauvres clercs et étudians, une certaine quantité de sel, sans payer de droits de gabelle ni d'autres droits que celui de marchand.*

Amiens, avril 1471. (C. L. XVII, 415.)

N°. 143. — Lettres *interprétatives de celles du mois de novembre précédent, sur la possession des fiefs en Normandie, et qui confirment le don de noblesse à la postérité de ceux qui les possédaient alors.*

Ham, mai 1471. (C. L. XVII, 422.)

N°. 144. — LETTRES *qui autorisent la ville de Troyes à s'administrer elle-même.*

Amboise, mai 1471. (C. L. XVII, 426.)

N°. 145. — LETTRES *qui annullent une ordonnance des commissaires du roi en Languedoc, d'après lesquelles le parlement et la cour des aides devenaient ambulatoires.*

Montilz-lès-Tours, 20 septembre 1471. (C. L. XVII, 442.)

N°. 146. — ÉDIT *sur l'exploitation des mines* (1).

Montilz-lès-Tours, septembre 1471. (C. L. XVII, 446.) Reg. au parlem. de Paris, 27 juil. 1475; au parlem. de Toulouse, 26 février.

LOYS, etc., sçavoir faisons, etc., que comme nous avons esté deuement advertis et informés que en nos royaume, Dauphiné, comtés de Valentinois, Diois, Rossillon, Sardaigne et ès montagnes de Catalogne et ès marches d'environ, y a plusieurs mines d'or et d'argent, de cuivre, de plomb, estain, pottin, azur et aultres mestaux et matieres, lesquelles, par deffaut de conduite d'ouvriers et d'autres gens experts et connoissans en telles matieres, et des edicts et constitutions et ordonnances convenables et necessaires pour l'entremectement d'iceulx, sont et demourent en chommage et de nul effet et valeur; et nous ait esté remonstré que si voulons faire besogner esdictes mines, ainsy qu'on faict en plusieurs autres royaumes et parties de la chrestienté, comme au pays d'Allemagne, ès royaumes de Hongrie, Boheme, Poulogne, Angleterre et ailleurs, et faire esdicts, ordonnances et constitutions pour mectre sus et entretenir ledict ouvraige, ainsi qu'il est esdicts royaumes et contrées, il en pourroient advenir plusieurs grans biens, utilités et prouffit à nous, nosdicts royaume, Dauphiné et autres par-dessus nommez et subjects d'iceulx, et que, en deffaut, de pourvoir à ces choses, nous et nosdicts subjects y avons de

---

(1) V. notes sur l'ordonnance du 30 mai 1413, p. 386, 4ᵉ livraison. Celle-ci fut confirmée sous Charles VIII, en février 1483, et sous Louis XII, juin 1498. V. aussi l'ordonnance de la fin du règne de Louis XI.
Les modifications apportées au parlement sont importantes sous le rapport de la propriété et de la juridiction. (Isambert.)

grands dommaiges, et se vuide chascun jour l'or et l'argent de nosdicts royaume, Dauphiné, pays et lieux dessusdicts, sans y retourner, dont se pourroit ensuir la totalle ruine et destruction d'iceulx, si provision n'estoit à ce par nous donnée, par quoy l'or et l'argent ainsy transporté puisse retourner en nosdicts royaume, Dauphiné et autres pays dessus nommés, et l'utilité publicque d'iceulx et preservacion des dommages et interests que ont souffert jusqu'à cette heure par deffaut de ladicte provision toutes manieres de gens, tant d'esglise que nobles, bourgeois, marchands, gens mecaniques, laboureurs et autres demeurans esdicts pays, laquelle chose, comme avons esté en oultre informés, ne se peut mieux ne par meilleur moyen reduire que par faire ouvrer esdictes mines, qu'elles soient ouvertes, que l'ouvraige se continue ainsy que en tel cas appartient, et que faisions certains esdicts, constitutions et ordonnances pour ce convenables et necessaires, et, en ce faisant, l'or et l'argent en seroit et se recouvreroit évidemment en plus grande quantité sans comparaison en nosdicts royaume, pays et seigneuries, qu'il ne faict à présent, et si auront nos monnoyes, qui sont la pluspart en chommaige, largement à besoigner, et s'espandroit l'or et l'argent par les bourses, et y auraient tous et chascun en son endroit grande utilité et prouffit, pour lesquelles choses et laquelle matiere avoir et sortir son effect, soit besoin de faire lesdictes constitutions et ordonnances notables, telles que la matière le requiert, qui soient solemnellement criées par nosdicts royaume, Dauphiné, Valentinois, Diois, Roussillon, Sardaigne, pays et lieux devant dicts, à ce que nosdicts subjects et aussi les estrangiers ayent connoissance de nostredicte volonté et intention en celte partie, et comme chascun en son endroit se y aura à gouverner.

Pour ce est-il que nous, voulans par effet pourvoir aux choses dessusdictes, par l'advis et deliberation des gens de nostre grant conseil et autres notables hommes expers et connoissans en telles matieres, et pour le bien et utilité de nosdicts royaume, Dauphiné, pays et lieux que dessus et des sujects d'iceulx, avons faict, constitué et estably, et, par la teneur de ces présentes, faisons, ordonnons, constituons et establissons par esdict solemnel, les statuts, ordonnances et declarations qui s'ensuivent.

(1) Premierement. Que tous les marchands et maistres qui fairont ouvrer lesdictes mines à leurs propres cousts, frais et despens, et fairont feu, lieu et residence sur lesdictes mines

et martinet (1), ou leurs députés, ou les fondeurs et affineurs, et tous aucuns ouvriers mineurs, et autres qui se mesleront de faire la manœuvre desdites mines en quelque espece que ce soit, estrangiers et non natifs de nos royaume, Dauphiné, Valentinois, Diois, comté de Rossillon, Sardaigne, et lieux devant dicts, qui viendront ou sont jà demourans de nosdicts royaume, Dauphiné et lieux devant dicts, et se employeront, besongneront et continueront lesdictes marchandises et ouvraiges, seront tous et demourront quictes, francs et exempts, pendant et durant le temps qu'ils besongneront esdictes mines, d'icy à vingt ans entiers, à compter du jour et datte desdictes presentes, de toutes tailles, aydes, subsistances, impositions, francs archiers, guet, garde, porte de ville, et autres charges et subventions quelzconques.

(2) *Item.* Et avec ce, voulons et nous plaist, et ausdicts estrangiers avons octroyé et octroyons par cesdictes presentes, qu'ils joyssent de tels priviléiges, franchises et libertés, soient comme naturalisés, facent testament, acquisitions de biens meubles ou immeubles, donations, transports et dispositions d'iceulx biens, et que leurs enfants et plus prochains lignaiges puissent succéder et recueillir leurs successions soit testats ou intestats, comme s'ils estoient natifs de nosdicts royaume et pays de Dauphiné, Valentinois, Diois, Rossillon, Sardaigne et autres lieux devant dicts, ou qu'ils eussent graces et lectres de naturalité de nous en la forme et maniere accoustumées en tel cas, verifiées et expediées ainsy qu'il appartient, sans ce qu'ils soient tenus de prendre de nous ne d'autres nos officiers autres lettres de naturalité et grace, ou en requerir l'enterinement ne verification, fors seulement le *vidimus* de ces presentes faict soubs soel royal, avec la certification du general maistre gouverneur et visiteur desdites mines ou son lieutenant, appelé à ce nostre procureur, lesquelles leur voulons valoir et sortir leur plein effect en toutes les choses dessusdictes, tout ainsy que si eulx et un chascun d'eulx avoient lesdictes lettres de naturalité et grace de nous verifiées et expediées, ainsy qu'en tel cas appartient de faire.

(3) *Item.* Et en oultre, pour plus grande seureté d'iceulx et

---

(1) **Martinet** doit indiquer ici le moulin où l'on ouvre les métaux extraits de mines. (Pastoret.)

de chascun d'eulx, leur avons octroyé et octroyons par ces présentes qu'ils puissent être et demourer seurement en nosdict royaume et pays de Dauphiné, Valentinois, Diois, Roussillon, Sardaigne, montagnes de Catalogne et ès marches d'environ, pour les causes que dessus, nonobstant quelzconques guerres ou divisions qui puissent sondre entre nous et les seigneurs, pays et communautés dont ils seront natifs, et eux en retourner quand bon leur semblera, pourveu qu'ils ne seront ne pourchasseront ne seront trouvés avoir faict ou pourchassé aucune chose prejudiciable à nous, à la chose publicque de nostre royaume ou à nos pays et subjects, et qu'ils aient congé de justice et dudict general maistre gouverneur et visiteur desdictes mines, ou de son lieutenant, pour ce faire.

(4) *Item.* Avons ordonné qu'il sera crié solempnellement faict commandement de par nous à tous ceux qui ont cognoissance des mines estans en leurs territoires et heritaiges, que, après quarante jours après ledict cry et publication, ils viennent reveler et denoncer au general maistre gouverneur et visiteur desdictes mines ou à son lieutenant estant esdicts territoires, et aux bailliss, seneschaux, gouverneurs et autres nos officiers de la juridiction desquelles lesdits territoires sont, les mines qui seront en leursdicts territoires et quelles elles sont, en peine de perdre le prouffit qu'ils en pourront avoir jusques à dix ans, ou autrement telle amende ou peine que par nosdicts officiers et ledict maistre et gouverneur et visiteur desdictes mines ou son lieutenant sera advisé. lequel general maistre gouverneur et visiteur desdictes mines ou son lieutenant y pourra sommer gens idoines et suffisans, un ou plusieurs ainsy que le cas le requerra et qu'il verra estre à faire, et au surplus comme lesdictes mines se pourront mieux conduire à nostre prouffit et au bien d'iceulx, et que la chose pourroit toucher la chose publicque de nostredict royaume, Dauphiné et pays que dessus.

(5) *Item.* Et que auxdicts denonciateurs, s'ils viennent audict maistre general ou à son lieutenant ou à nosdicts officiers, en obeissant au cry et commandement dessusdict, si ainsy est que d'eux mêmes ils veuillent entreprendre la conduite de besongner esdictes mines (1) et à y faire ce qui appartient par l'advis et de

---

(1). Le proprietaire de la surface doit avoir la préférence, art. 5 de la loi 12 juillet 1791; c'est le gouvernement qui est juge de la préférence, art. 16 loi du 21 avril 1810. (Isambert.)

SEPTEMBRE 1471.

libération dudit general maistre ou de son lieutenant ou de nosdicts officiers, et que eux seuls ou autres personnes soient recevables ou suffisant par reputation pour le pouvoir faire et conduire, sera donné terme de trois mois (1) après les quarante jours dessusdicts, pour faire leurs preparations de ce qu'il leur faudra pour le faict desdictes mines, sans que pendant ledict temps aucune vexation, travail ou dommaige, leur soit donné pour non avoir besongné jusqu'audit temps esdictes mines.

(6) *Item*. Et si ainsy est que aucuns de ceux à qui sera trouvé appartenir le territoire auquel seront ou jà ont esté trouvées lesdictes mines, ne soient riches et puissans, (2) par quoy à leurs dépens ils puissent faire et conduire ledict travail et manœuvre desdictes mines, ou que par autre cause ils ne voudroient pas prendre la charge de ce faire, et qu'ils n'auroient pas revelé les dessusdictes mines dedans quarante jours, ainsy que dessus est ordonné, nous voulons et ordonnons en outre esdicts cas et à chacun d'eux, que ledict maistre general, ou son lieutenant, ou autres nos officiers qui pour ce seront à appeler, puissent, saulve l'indemnité de celuy ou de ceux auxquels appartiendra ledict territoire (3), ordonner et commectre gens notables, experts et connoissans esdictes matieres de mines, pour voir, chercher et trouver icelles mines, et savoir quelles elles sont et quel metal elles porteront, et l'utilité et proffit que vraysemblablement en peut advenir, et, ce faict, et le rapport ouy desdicts commissaires, lesdicts general maistre ou son lieutenant, appellés nosdicts officiers et autres qui sur ce seront à appeler, pourront faire manœuvrer et besongner esdictes mines et les bailler à gens receans et solvables tels qu'ils adviseront estre à faire pour les faire proffiter au mieux que possible sera, en nous payant nostre dixiesme pour le droit de nostre souveraineté (4).

---

(1) Ce délai était de 6 mois, art. 10, loi de 1791. (*Idem.*)
(2) Ils doivent justifier de leurs facultés, art. 9, loi de 1791, art. 16, 21 avril 1810. (*Idem.*)
(3) Aujourd'hui la propriété du très-fond est séparée de celle de la surface; on ne doit d'indemnité au proprietaire de la surface, qu'en cas où l'exploitation serait nuisible, ou pour rechercher la mine. Art. 10 et 15, loi de 1810. V. cependant l'art. 43. (*Idem.*)
(4) Ce droit royal était aussi ancien en France que la monarchie. (Pastoret.)
Droit royal est ici par opposition à droit seigneurial; car par le droit naturel les princes n'ont d'autres droits que ceux qui leur ont été formellement concédés pour l'avantage des sujets. (Isambert.)

et aux seigneurs treffonciers (1) leur portion qu'ils verront estre à faire, soit d'un dixième, demy-dixiesme, ou autre somme plus grande ou plus petite, selon la quantité et valeur desdictes mines (2).

Toutefois, nous entendons et declarons par cesdictes presentes, que ceux qui n'auront revelé et denoncé les mines qui sont en leurs territoires dedans les quarante jours, ainsy que dessus est dict, perdront le proufit que leur en pourra advenir, pour le temps qui sera advis, prononcé et tauxé par lesdicts maistre general ou son lieutenant, nostre procureur à ce appelé.

(7) *Item.* Et si ainsy estoit que, après ladicte denonciation faicte et lesdicts quarante jours et temps dessus declairés passés, touchant les mines qui seront ès territoires des gens particuliers, ceux à qui sont lesdicts territoires n'y voudront ou auront puissance d'y besongner, ainsy que dessus est dict, et qu'il y aura aucun seigneur feodal ou souverain à qui sera ledict territoire qui vienne prendre la charge de conduire ledict ouvraige et manœuvre desdictes mines comme eust pu faire celuy à qui est ledict territoire, en iceluy cas nous voulons, consentons et accordons ausdicts seigneurs que, trois mois après lesdicts quarante jours, ils se puissent presenter ou faire presenter devant ledict maistre general ou son lieutenant ou autres officiers dessusdicts, pour requerir d'estre subrogés en la place et au droit touchant lesdictes mines de son vassal et subject, et lequel y voulons estre recen et subrogé par ces presentes, moyennant que lesdicts ainsy subrogés garderont et observeront l'effet et contenu de ces presentes ordonnances, et qu'ils s'obligeront d'entretenir et continuer ledict ouvraige, et manœuvrer comme eussent faict et deub faire ceux à qui lesdicts territoires sont et appartiennent (3).

(8) *Item.* Et en tant que touche les territoires qui sont à nous nuement, esquels lesdictes mines seront ou jà ont esté trouvées, nous voulons et ordonnons que icelles mines soient faictes,

---

(1) Les seigneurs du fonds, du territoire. (Pastoret.)

(2) Charles VI n'avait ni reconnu ni toléré le droit reclamé à cet égard par les seigneurs. V. l'ord. du 30 mai 1413. (*Idem.*)

Aujourd'hui l'impôt se perçoit au profit de l'état, et il est reglé par la loi de finances. Le gouvernement peut faire remise du droit proportionnel, art. 38, loi de 1810. (Isambert.)

(3) Aujourd'hui c'est le gouvernement qui décide de la préférence, art. 15, loi de 1810; il ne concède pas les mines d'or et d'argent. (*Idem.*)

... et manœuvrées, et qu'on les baille au plus offrant et ... encherisseur, au mieux et le plus prouffitablement à ... prouffit et adventage que faire se pourra.

(9) *Item*. Et pour ce qu'il conviendra faire plusieurs frais et ..., tant au seigneurs fonciers comme aux marchands et ... qui prendront la charge et conduite des susdicts ouvraiges ... manœuvre desdictes mines, et que bien souvent y adviennent ... encheoient plusieurs grands dangiers, perils et dommaiges, nous ... que l'ouvraige et manœuvre desdites mines soit conduit ... entretenu, et qu'il y soit soigneusement, et en grande cure ... diligence, œuvré et manœuvré, et que lesdicts fonciers et ... marchands ayent plus grand vouloir, affection et vou... d'y besoigner, vacquer, et entendre, et pareillement ... general maistre, son lieutenant et autres nos officiers qui ont et auront la charge de besongner et faire besongner ... matières, esquelles faudra plusieurs voyages et despen... à ceste cause soient plus enclins à eux employer esdictes ma... et y vacquer diligemment et entendre, et nos droits garder esdictes mines, nous avons, de nostre plus ample grace, octroyé et octroyons par cesdictes presentes, que tout le prouffit qui nous pourroit compéter et appartenir, du jour et date de la publication de cesdictes presentes, de nostre dixiesme desdites mines pour le deub de nostre souveraineté, jusqu'à douze ... prochain venant, soit et vienne au prouffit dudit general maistre et visiteur desdictes mines pour ses gaiges, salaires, voyages et despenses qu'il y faudra faire, et à son lieutenant general et autres ses lieutenans particuliers, nos procureurs, gardes et officiers desdites mines, et autres qui s'y employeront par l'ordonnance desdicts maistre et visiteur general et ses lieutenans et autres officiers, à faire les diligences qu'il faut et qu'il conviendra faire pour mectre sur lesdictes mines, et semblablement pour en departir aux seigneurs fonciers, marchands, et autres qui auront la charge et dependance pour faire ledict manœuvrage, selon que ledict maistre et visiteur general desdictes mines ou son lieutenant advisera estre à faire, eu regard à l'ouvraige qu'ils feront, et aux frais, mises et despenses que à ceste cause leur conviendra faire.

(10) *Item*. Voulons et ordonnons, en oultre, qu'il soit permis et loisible audict general maistre et visiteur, ou son lieutenant et commis, et pareillement aux maistres et ouvriers besongnans et continuans ledict ouvraige, de querir, ouvrir et chercher

mines par tous les lieux et contrées de nosdicts royaume, Dauphiné, Valentinois, Diois, comtés de Roussillon, Sardaigne, montagnes de Catalogne et ès marches d'environ et ailleurs, soient en nostre territoire mesmement et de nos sujects où ils penseront en trouver, et icelles ouvrir sans faire indemnité aux propriétaires, et y faire manœuvrer au prouffit de ceux à qui il appartiendra, selon la teneur de ces presentes ordonnances, sans qu'il soit besoin à nosdicts officiers, maistres, ouvriers et besongnans esdictes mines, en demander congé et licence ausdicts propriétaires treffonciers ne à autres quelzconques, ne que par eux leur soit ou puisse estre donné aucun destourbier ou empeschement, pourveu que quand lesdicts maistres mineurs et ouvriers auront trouvé lesdictes mines, ils seront tenus, avant qu'ils commencent le voyage pour ouvrer et manœuvrer en icelles, le notifier et signifier ausdicts maistre general gouverneur et visiteur esdictes mines, ou son lieutenant ou commis, nosdicts procureurs et gardes, et aux seigneurs fonciers auxquels lesdicts territoires appartiendront, affin qu'en icelles choses nostre droict et celuy des parties y soit gardé.

(11) *Item*. Voulons et ordonnons que nosdicts officiers et aussi les hauts, moyens et bas justiciers, soubs la jurisdiction et seigneurie desquels lesdictes mines auront esté trouvées et sont assises, baillent et delivrent auxdicts ouvriers, marchands et maistres desdictes mines, moyennant et par payant juste et raisonnable prix, chemins, voyes, entrées et issues par leurs terres, prés, bois, rivieres et autres leurs jurisdictions, et toutes autres choses necessaires auxdicts maistres et ouvriers pour faire ledict ouvraige, ainsy que par iceux maistres et ouvriers pour la necessité dudict ouvraige leur sera requis sans contredict ou difficulté aucune; et si question ou debat s'esmouvoit entre nosdicts officiers et lesdicts seigneurs et treffonciers d'une part, et lesdicts ouvriers, marchands ou maistres, d'autre part, pour les causes cy-dessus, ou pour la précaution de l'interest des parties, ledict maistre general ou son lieutenant, eu sur ce l'advis de nostre bailly, seneschal ou son lieutenant, ou autre nostre plus prochain juge du territoire ou autre chose dont pourrait estre question à la cause dessusdicte, en appoincteront comme en pourroit faire en cour souveraine, sans ce que de ce l'on puisse appeler ou reclamer en aucune maniere.

(12) *Item*. Et affin que lesdictes ordonnances puissent estre mieux entretenues et gardées, et que à toutes les choses qui

qui et seront necessaires pour trouver lesdictes mines, icelles faire ouvrir, procurer les ouvraiges, commencer les ouvertes, entretenir les eaux et autres empeschemens qui y peuvent survenir, faire vuider et oster, entretenir aussy et garder les privileges des maistres, officiers et ouvriers qui y vacqueront et besongneront, et appaiser, accorder, appoincter par la voye judiciaire et amiable, se faire se peut, tous les debats et questions qui pourront estre et survenir entre les parties, soubs quelque couleur ou occasion que ce soit, nous voulons et nous plaist, et par ces presentes l'avons ainsy ordonné, qu'il y ait un maistre general qui soit gouverneur, visiteur et maistre ordinaire desdictes mines et leurs deppendances (1), et lequel par ces mesmes presentes nous faisons, créons, establissons et constituons maistre, visiteur et gouverneur et juge de toutes les questions et debats qui se pourroient mouvoir entre quelconques personnes à cause desdictes mines, soit en matiere civile ou criminelle non requerant punition corporelle jusqu'à la mort inclusivement, sans ce qu'autre qu'iceluy, sinon est de sa faute et par sa demeure, depuis que le cas seroit venu à sa connoissance, en puisse avoir ou pretendre cour ou connoissance, soit au cas de battures, vilaines injures, ou autre debat entre icelles parties, ou en matière civile pour le debat qui pourroit estre entre lesdictes parties à cause du territoire ou du bail et prix desdictes mines, ou de nostre droict ou de celuy que les parties pourroient pretendre, soit à cause de l'ouvraige ou du territoire ou du seigneur foncier, ouvriers ou autrement, en quelque maniere que ce soit, sans que d'iceluy maistre general et gouverneur ou son lieutenant puisse estre appelé ne reclamé en aucune maniere, et que, se appelé en estoit, voulons et deffendons qu'aucun ajournement en cas d'appel en soit baillé; et s'il estoit ainsy qu'on le baillast, voulons qu'il ne sortisse son effect et qu'il s'y soit obey ne obtemperé en aucune maniere et sans amende, excepté toutesfois des causes et matieres qui pourroient toucher la propriété des seigneurs fonciers, s'aucun debat s'esmouvoit entre eux à cause des treffonds, et lesdicts cas et crimes requerans punition corporelle jusqu'à la mort inclusivement, dont voulons que la connoissance demeure à nos baillifs, seneschaux

---

(1). Aujourd'hui il y a une administration spéciale, mais elle n'a pas jurisdiction. (Lambert.)

et aux juges ordinaires, ainsy qu'il estoit auparavant, pourveu toutesfois que, se question ou debat s'esmouvoit entre lesdicts seigneurs pour les causes que dessus, l'ouvraige n'en soit pas retardé ni discontinué; auquel cas, pour y faire ouvrer deuement, sans le prejudice du droict des parties et des procès, nous donnons pouvoir audict maistre general visiteur et gouverneur desdictes mines, ou son lieutenant commis ou à commettre, appellé ledit juge ordinaire, d'y faire ouvrer et besongner ainsy qu'ils verront estre à faire au bien de nous et de la chose publique de nostre royaume et pays que dessus, et nonobstant lesdicts procès qui pourroient estre entre lesdictes parties à cause desdicts treffonds et quelzconques oppositions ou appellations faites ou à faire au contraire, auxquelles en ce cas ne voulons aucunement estre obey ne obtemperé comme dessus.

Si donnons en mandement par ces mesmes presentes, à nos amez et feaulx conseillers les gens de nos cours de parlement de Paris, Toulouse, Poictiers (1), Grenoble et Perpignan (2), aux gouverneurs du Languedoc, Dauphiné et Roussillon, les gens de nos comptes et tresoriers et generaux conseillers par nous ordonnez sur le faict et gouvernement de toutes nos finances tant en Languedoc comme en Languedoil, aux prevost de Paris, baillifs de Vermandois, d'Amiens, de Senlis, de Rouen, Caen, Evreux, Gisors, Constantin, Chartres, Touraine, Sens, de Saint-Pierre-le-Moustier, de Montferrand, de Lyon, et des montagnes d'Auvergne, seneschaux de Poictou et de Limosin, de Toulouse, Carcassonne et Beaucaire, et à tous nos autres justiciers et officiers ou à leurs lieutenans, presens et advenir, et à chascun d'eux si comme à luy appartiendra, que nos presens statuts, ordonnances et declaration et tout le contenu ès articles cy-dessus incorporés ils enterinent, verifient et enregistrent, et facent enteriner, observer et garder de point en poinct sans enfraindre, en les faisant publier par les ministres de leurs jurisdictions ès lieux où on a accoustumé de faire cry et publication et ailleurs où il appartiendra, affin que aucun n'en puisse pretendre cause d'ignorance, et à ce faire et souffrir contraignent et facent contraindre reaument et de faict tous ceux qu'il appartiendra par toutes voyes et manieres deues et requises en

---

(1) Pour Bordeaux. (Isambert.)
(2) Cette cour était donc instituée. (Idem.)

et ce., nonobstant oppositions ou appellations quelzconques.

Et pour ce que de ces presentes on pourra avoir à faire en plusieurs lieux, nous voulons que au *vidimus* d'icelles, faict soubz scel royal, foy soit ajoustée comme à ce present original.

Et affin que ce soit chose ferme et estable à tousiours, nous avons faict mectre nostre scel à ces presentes, sauf en autres choses nostre droict et l'autruy en toutes.

Donné, etc. Par le roy en son conseil.

Modifications par le Parlement de Paris.

Primus articulus. Touchant l'exemption de tous subsides; pourveu que ce soit sans fraude et que soient gens qui ne se meslent d'autre mestier ou marchandise, durant le temps qu'ils vacqueront au faict desdictes mines.

(2) Touchant le *deuxiesme*, que les estrangiers puissent tester et leurs heritiers succeder sans prendre autres lectres fors cestes et la certification du maistre, à ce appellé le procureur du roy; pourveu qu'ils ayent continué lesdictes mines un an du moins.

(3) *Tertius.* Qu'ils puissent partout demourer, nonobstant les guerres; pourveu que ce soit en l'obéissance du roy en faisant serment qu'ils ne procureront chose prejudiciable au roy ne au royaume et pays, et s'en pourront retourner en ayant congé du roy.

(4) *Quartus.* Que ceux qui auront connoissance des mines le viendront denoncer dans quarante jours au maistre general, sur peine de perdre le prouffit pour dix ans, ou à ses commis ou au plus prochain juge ou greffier royal, en dedans quatre mois apres que les proprietaires en auront esté deuement advertis, et sans autre peine que d'estre privés du prouffit de ladicte mine pour dix ans.

(5) *Quintus.* Pourveu que le temps de trois mois octroyé aux tresfonciers pour besongner auxdites mines sera prorogé d'autres trois, quels gens que ce soient pauvres ou riches, *à tempore scientiæ*, et le pourront denoncer au plus prochain juge ou greffe royal, si le ministre general ou ses commis n'estoient sur les lieux.

(6) *Sextus.* Se le proprietaire n'est puissant pour y faire besongner ou ne l'auroit revelé, que le général maistre ou autres officiers y puissent faire besongner, sauf l'indempnité qui sera taxée par le maistre ou par le juge ordinaire, appellé l'un des

conseils du maistre general s'il est present, et *in absentia* le procureur du roy, touchant celui qui aura revelé dedans les quatre mois *à tempore notitiæ*, et pareillement touchant celui qui ne l'aura pas revelé, pour en jouir après ces dix ans passés, et sans que en ladicte peine soient compris prisonniers, mineurs d'ans, gens occupés pour la chose publicque ou autre necessités.

(7) *Septimus*. Que *dominus fœdalis subrogabitur loco vassalli*; pourveu qu'il soit haut justicier du lieu et qu'il ayt autant de temps que le propriétaire, après que le temps du propriétaire sera passé ou qu'il aura declaré non y vouloir ou pouvoir besongner.

(8) *Octavus*. Que celles qui seront en la terre du roy, *tradantur ultimo incaritatori*, sauf les baux jà faits à heritaiges et à toujours, et aussy à temps jusqu'à ce que leur terme soit expiré.

(9) *Nonus*. Que le prouffit du dixiesme appartiendra au maistre jusqu'à douze ans pour en departir aux seigneurs fonciers et ailleurs; pourveu que ce soit sans prejudice de ceux qui ont droict ès mines par cy-devant ouvertes, ou des dons faicts par avant par le roy ou ses successeurs et autres.

(10) *Decimus*. De ouvrir toutes mines par-tout sans congé des proprietaires; pourveu que ce ne soit en terres labourables, vignes, prez, jardins, bois, pasturages, terres portant fruits industriaux, et sans le consentement du propriétaire, ou par l'ordonnance du juge ordinaire; *partibus auditis*, mais en lieux deserts, non hantés; en friches et steriles, où n'y a labour, fruits venans par labour et industrie: la cherche et ouverture se fera par l'ordonnance du maistre general, à ce appellé le procureur du roy et le propriétaire, par lequel maistre et procureur du Roy sera disputé de l'indemnité du propriétaire.

(11) *Undecimus*. Pourveu que aucun prix ne soit mis aux vivres; et ne sera baillé passage par terres labourables, vignes, prez, jardins, bois, maisons ou heritaiges portant fruits par industrie, sans le consentement du propriétaire ou par l'ordonnance du juge ordinaire, le propriétaire appellé et ouy, et quand par autre lieu non dommaigeable ne pourroit estre trouvé passaige.

(12) *Duodecimus*. Le maistre general n'aura que la cognoissance des causes civiles et personnelles sur les officiers, ouvriers et manœuvriers desdictes mines, quand ils auront à faire l'un contre l'autre pour le faict desdites mines ou contrats faicts entre eux et nonobstant appellations, et pareillement des criminelles,

... pour lesquels escherroit mort et perdition ou absci-
... de membre, et en gardant au surplus les ordonnances
... touchant le faict desdites mines.

Datum in Parlamento, etc.

N°. 147. — TRAITÉ *entre le roi et le duc de Bourgogne* (1).

Au Cretoy, 3 octobre 1471. (Corps diplomat., 440.)

N°. 148. — LETTRES *portant permission au grand pannetier de construire des forteresses dans ses terres.*

Amboise, janvier 1471. (C. L. XVII, 463.)

N°. 149. — LETTRES *qui autorisent les habitans de Fontenay-le-Comte à élire les autorités pour le gouvernement de leur ville.*

Au Plessis-du-Parc-les-Tours, mars 1471. (C. L. XVII, 470).

N°. 150. — LETTRES *qui accordent aux étrangers habitans Toulouse la permission de tester et de disposer de leurs biens, avec exemption d'aubenage.*

Laval, 20 avril 1472. (C. L. XVII, 478.)

N°. 151. — LETTRES *de rémission accordées pour avoir tué un individu en révolte contre la justice* (2).

Paris, avril 1472. (C. L. XVII, 481.)

Loys, etc., sçavoir faisons etc., nous avoir receue l'humble application de Jean de Boez, drapier et fouleur de draps, demeurant en nostre ville de Chartres, chargé de femme et enfans

---

(1) Les querelles entre le roi et ce grand feudataire, cessèrent au décès du duc de Bourgogne, qui arriva bientôt après. (Isambert.)

(2) N'eût-il pas mieux valu dire qu'on n'en avait pas besoin. Ce n'est pas un bon moyen d'encourager à l'exécution des décisions de justice, que de supposer le besoin de lettres de rémission. (Decrusy.)

contenant que feu nostre très-chier seigneur et pere, que [Dieu] absoille, par la deliberation des gens de son grant conseil, [don]na et octroya ses lectres aux manans et habitans de ladicte [ville] pour faire ou pouvoir faire la riviere d'Eure navigable jusque [à] Nogent-le-Roy, et de Nogent jusqu'à la riviere de Seine, et [os]ter les empeschemens au contraire, et pour ce faire fust com[mis] le bailly de Chartres ou son lieutenant; sur lesquelles lectres [nous] ayons baillé nos lectres d'attache pour icelles mectre à execu[tion, au moyen desquelles ladicte riviere a esté faicte naviga[ble] depuis ledict lieu de Chartres jusque audict lieu de Nogent, [sans] aucun empeschement, jusque à nagueres que Jean Mohier, che[va]lier, soydisant seigneur de Villiers-le-Mohier, a mis ou fa[ict] mectre un batardeau ou autre empeschement nostre procure[ur] audict bailliage et le procureur des manans et habitans de ce[ste] ville obtindrent commission dudict bailly de Chartres, laquel[le] fust presentée à Thomas Porchier, nostre sergent audict bailli[age], lequel et nostredict procureur ou son substitut et le procure[ur] desdicts habitans se transporterent au lieu de Chaudier, en [la]dicte riviere, où estoit ledict empeschement, pour icelle com[m]ission mectre en execution, et, en ce faisant, oster ledict em[ ]peschement, et faire passer un bateau chargé de marchandis[es] estant en icelle riviere; et après que ledict empeschement [fut] osté, survindrent audict lieu un nommé Grand-Guyart et quat[re] compaignons de guerre, serviteurs dudict sieur de Villiers, en[tre] lesquels estoit un nommé Michaut, palfrenier dudict sieur de Villiers, enbastonnez de vouges et d'espieus, l'un desque[ls] s'efforça de frapper d'un vouge ledict substitut de nostre procu[]reur, et pareillement l'un d'iceulx cuida frapper en la po[i]trine d'un espieu le procureur desdicts habitans, lequel se [dé]tourna, et passa le coup par dessous son bras, et tellement qu'i[ls] furent contraints d'eux enfuir, autrement estoient en danger de leurs personnes; et aussi, battirent et mutilerent enorm[e]ment trois pauvres compaignons manouvriers qui, par le cu[m]mandement de nosdicts officiers, avoient osté ledict batarde[au], et, non contens de ce, firent des trous audict bateau, prindre[nt] les marchandises qui estoient dedans et les chevaux qui le con[]duisoient, et le tout emporterent où bon leur sembla.

A l'occasion desquels exces, informations procedant, ledict bail[ly] de Chartres ou son lieutenant, à la requeste de nostredict procu[]reur et desdicts habitans, bailla sa commission pour prendre [au] corps lesdicts delinquans, et iceux mener prisonniers audict lie[u] de Chartres, laquelle nostredict procureur et celuy desdicts habitans presenterent audict Thomas le Port, et autres sergeans dudict bailliage, pour icelle mettre à execution, lesquels differerent de faire ladicte execution s'ils n'estoient accompagnez de gens puissans, à l'occasion des grandes desobeissances que faisoient ledict de Villiers ou ses gens; et pour ce fust faict commandement par ledict bailly de Chartres ou son lieutenant à certains compaignons d'icelle ville, jusqu'au nombre de vingt-cinq, entre lesquels estoit ledict suppliant, qu'ils accompagnassent lesdicts sergeans pour faire ladicte execution, en obeissant auquel commandement se transporterent avec lesdicts sergeans audict lieu de Villiers, et illec preindrent et constituerent prisonniers deux desdicts delinquans, et les chevaux avec le vallet du maistre dudict bateau, lesquels vallet et chevaux ledict sieur de Villiers ou ses gens avoient prins et destenoient prisonniers, comme dict est; lesquels sergeans amenerent lesdicts deux delinquans prisonniers jusque à deux lieues et demie de Chartres ou environ, que lors accoururent après eux, à course de cheval, vingt-cinq ou vingt-six hommes de guerre, armés et enbastonnez, qui commencerent à crier, *Demourez, demourez, à mort, à mort!* lesquels de faict et de force recouvrerent lesdictes personnes; battirent et mutilerent enormement et midrent en dangier de mort aucuns desdicts sergeans et autres de leur compaignie, osterent quatre ou cinq des arbalestres que avoient ceux qui accompagnoient lesdicts sergeans, et, non content de ce, le palfrenier dudict sieur de Villiers, qui estoit l'un des vingt-cinq ou vingt-six malfaicteurs, vint à un nommé Matry Sifler qui estoit de ceux qui accompagnoient lesdicts sergeans, et le frappa plusieurs coups d'un espieu ou autre ferement sur la teste jusque à grand effusion de sang, et s'efforçoit de lui couper la gorge, lequel Matry commença à crier très-fort, comme il avoit la gorge coupée; et lors, voyant ledict suppliant le grand dangier de mort en quoy estoit ledit Matry, tira une vire et en frappa par le dos ledict palfrenier, duquel coup iceluy palfrenier alla de vie à trespas, comme l'on dict, à l'occasion des quatre coups et navreures que fist ledict palfrenier audict Matry tant au-devant qu'il fust frappé de ladicte vire, comme après icelui Matry cheut comme tout mort de dessus son cheval, et à grand peine fust amené en icelle ville de Chartres, où il a esté pour long-temps en mains de medeciens et cirurgiens en grand dangier de mort. Et combien que ledict suppliant ne cuide en ce avoir delinqué, attendu que par mandement de justice il fust contraint d'aller avec lesdicts sergeans exploicter par justice, auxquels furent faicts les grand excez et desobeissances dessusdictes, et tels que luy et ceux de sa compaignie furent en dangier de leurs personnes, et mesmement ledict Matry, qui fust ainsi navré par ledict suppliant, neanmoins il doute que en rigueur de justice on luy en veuille aucune chose obicer ou impugner au temps advenir, requerant sur ce nostre grace et pardon.

Pourquoy nous, ces choses considerées, etc.

Donné etc.

N° 152. — Édit *portant que l'or* (1) *de paillole, trouvé dans les rivières, ruisseaux, etc., appartient au roi.*

Paris, 23 mai 1472. (C. L. XVII, 486.)

Loys, etc. Comme à nous compete et appartienne de faire loix, esdictz, statutz et ordonnances generalles touchant la pollice, estat et gouvernement de nostre royaume, de la chose publicque d'iceluy et de noz subgectz, mesmement touchant l'or et l'argent dont on faict les monnoyes, desquelles la chose publicque de nostredict royaume est entretenue et gouvernée; et aussi, à nous seul et non à autres compete et appartienne de mectre sus et imposer, ou de donner congié aux seigneurs spirituelz ou temporelz de nostredict royaume, de mectre et imposer sur leurs subgectz et les nostres, à cause de la temporalité, tributz, subcides, peaiges, taulaiges, grasselaiges, quars, quinctz, dixmes, impostz ou autres subvencions quelzconques, sans ce qu'il soit loisible ne permis à aucuns de nostredict royaume de mectre sus ou imposer de leur auctorité privée les tributz, peaiges, subvencions et autres choses dessusdictes; neantmoins, ainsi qu'avons esté advertiz et deuement informez, plusieurs seigneurs tant spirituelz que temporelz et aultres de nostre pays de Languedoc, de leur auctorité privée, sans nostre congié, permission ou licence, depuis aucun temps en ça, se sont efforcez et efforcent

---

(1) Cette ordonnance prouve que l'or appartient au roi. Il y a un mandement sous la même date pour faire restituer ceux qui avaient recueilli l'or, au préjudice du roi. (Isambert.)

chascun jour de mectre sus et imposer tributz, peaiges, subcides, truaiges, grasselaiges, quars, quinctz, dixmes et autres subvencions sur les habitans de nostredict pays de Languedoc, et mesmement sur ceulx qui cueillent et amassent l'or de paillolle es fleuves, rivieres, graviers du Rospe, Heraud, Ceze, Tarn, Garon, Olt, et autres fleuves ou rivieres, graviers morts de nostredict pays de Languedoc, et qui plus est, quant lesdicts habitans cueillans et amassans ledict or ne se veullent prendre congié d'eulx ou de leurs juges de cueillir et amasser ledict or, lesdicts seigneurs spirituelz et temporelz, ou leurs officiers pour eulx, les executent réaument et de faict, en leur ostant leurs engins ou instrumens necessaires audict mestier, prennent et emportent leur robbes ou vestemens, les constituent ou font constituer prisonniers, les traveillent par procès de nouvelleté et autres, en condempnant aucuns en grosses amendes honorables et prouffitables, et les chassent et mectent hors d'icelles rivieres, en leur faisant plusieurs grans excès, tellement que lesdicts pouvres habitans ou la pluspart d'iceulx, mesmement ceulx qui ne veullent payer lesdicts truaiges et autres impostz, ont delaissé et delaissent de cueillir et amasser ledict or, dont ilz souloient vivre, nourrir et allimenter leurs femmes et enfans, et payer noz tailles, aides et subcides, au grant prejudice et dommaige de nous et de la chose publicque de nostredict royaume, d'iceulx pouvres habitans, et au grand retardement de l'ouvraige de noz monnoyes, esquelles ledict or de paillolle estoit porté et ouvré à nostre proffit.

Pour ce est-il que nous, ces choses considerées, voulans donner et mectre ordre et police, touchant le faict dudict or de paillolle qu'on treuve esdictes rivieres, graviers morts, terres labourables ou desertes, montaignes et autres lieux de nostredict pays de Languedoc, et ailleurs en nostredict royaume, et pour obvier à telles entreprinses et à la vexacion des pouvres habitans qui le cueillent et amassent, et aussi affin que ledict or, qui vient par forme de manne et de grace de Dieu, ne soit et ne demeure perdu, avons voulu, statué, decerné et ordonné, et, par la teneur de ces presentes, voulons, statuons, decernons et ordonnons par esdict perpetuel et general, de nostre certaine science, plaine puissance et auctorité royale, par l'advis et deliberacion des gens de nostre grant couseil, et des generaulx maistres de noz monnoyes.

Que toutes gens, de quelque estat ou condicion qu'ilz soient,

41.

puissent cueillir et amasser ledict or de paillolle ès fleuves, rivieres, graviers morts de nostredict pays de Languedoc, et ailleurs en nostredict royaume, sans ch demander congié ou licence aux seigneurs particuliers, ecclesiastiques ou seculiers, par les seigneuries desquelz passent lesdictes rivieres, et esquelles sont situées et assises lesdictes terres et graviers morts; que pareillement lesdicts habitans et chascun d'eulx pourront d'ores en avant cueillir et amasser ledict or en toutes montaignes, pierreries, rivieres et ruisseaulx, terres infertilles et non labourées, sans en payer aucun droict ou devoir à nous ne à autres seigneurs ausquelz appartiendront lesdictes terres, rivieres et ruisseaulx; et au regard des terres fertilles qu'on laboure chascun jour, jardins ou pierreries, lesdicts cueilleurs et amasseurs seront tenuz de convenir et accorder aux seigneurs utiles et proprietaires d'icelles terres, et de leur payer leur indempnité, ou de acheter lesdictes terres, champs, jardins, vignes et prez pour pris raisonnable, au dit de gens de bien, si en iceulx ilz veullent cueillir et amasser ledict or, lequel or qui sera ainsi cueilly et amassé, ceulx qui le cueildront seront tenuz le bailler et livrer en noz plus prouchaines monnoyes des lieux où il sera ainsi par eulx cueilly et amassé, et ne le pourront ne autres transporter hors nostre royaume, sur peine de confiscacion de corps et de biens; et s'ils ne le peuvent porter et livrer en nosdictes monnoyes, ilz seront tenuz le bailler (1).

N°. 153. — LETTRES *ordonnant nouvelle réunion de La Rochelle au domaine de la couronne* (2).

Bourgneuf, 24 mai 1472. (C. L. XVII, 480.)

Loys, etc. savoir faisons à tous presens et advenir, que comme,

---

(1) La suite de ces lettres est perdue. (Isambert.)

(2) Elle avait été constituée en apanage au duc de Guyenne, frère du roi, mais celui-ci venait de faire alliance avec les anglais, et il soutenait les révoltés contre l'autorité du roi. La réunion à laquelle les habitans de la ville ne se rendirent que par suite des menaces du roi en personne et de son armée, est motivée sur ce que La Rochelle est un des plus beaux et principaux ports de mer du royaume, où peuvent venir, arriver, gens de toutes nations, et sur la crainte que le prince apanagiste ne la livrât aux anglais. Le frère du roi est mort le 12 de mars, on croit que Louis le fit empoisonner. Il y a aux monuments historiques, carton 154, lettre écrite le 18 mai, par le roi au grand maitre de Chabannes, sur la prochaine mort du frère du roi. (*Idem.*)

en faisant par nous à nostre frere Charles, Duc de Guienne, son partaige et appanaige, nous lui eussions, entre autres choses, baillé, transporté et delaissé la ville et gouvernement de la Rochelle (1), en quoy faisant nos chiers et bien-amez les maire, eschevins, conseillers et pers de ladicte ville, desirans obvier que icelle ville et gouvernement ne fussent disjoincts, separez ne desmembrez de nostre couronne et dommaine, nous eussent, sur ce, faict dire et remonstrer plusieurs causes et raisons, et mesmement les grans inconveniens et dommaiges qui se pourroient ensuyr au temps advenir, au prejudice de nous et de nostre royaume, se ladicte ville estoit aussi transportée et baillée à nostredict frere, aussi que d'ancienneté elle avoit esté et estoit chambre de Roy, unye inseparablement à nostredicte couronne, laquelle ville, à ceste cause, et par previlleige exprès donné ausdicts de la Rochelle par nos predecesseurs Roys de France, (2) et par nous confermé, ne pouvyons ne devions desmembrer, separer ne desjoindre de nostredicte couronne, ne lesdicts de la Rochelle contraindre à recognoistre autre seigneur naturel que nous, par appanaige ne autrement, et pour les faire condescendre audict bail et transport, leur eussions, sur ce, faict de bouche plusieurs grans et exprès commandemens en la personne du maire et de plusieurs desdicts eschevins, conseillers et pers d'icelle ville, lesquels, pour ceste cause, avons mandé venir devers nous, et d'abondant leur eussions faict faire en ladicte ville lesdicts commandemens, par vertu de nos lectres patentes sur ce données, et par nostre amé et féal conseiller et chambellan le sire de Crussol, seneschal de Poictou, sur peine de rebellion et de desobeyssance envers nous; et finablement, craignans lesdicts maire et eschevins, conseillers et pers, encourir lesdictes peines et nostre indignacion perpetuelle, cognoissans aussi le grant, singulier et entier vouloir, desir et affection, que nous avions de retirer à nous nostredict frere, l'entretenir en bonne amour et fraternité, et pour du tout paciffier et appaiser les divisions qui, quatre ou cinq ans paravant, avoient eu cours en nostredict royaume, et remectre et entretenir icelluy nostre royaume et nos subgects en bonne paix, union et tranquillité, après plusieurs remonstrances à eulx par nous sur ce faictes, se

---

(1) Charles V, au mois de janvier 1372, avait déjà prononcé cette réunion. V. l'art. 3 de ses lettres, t. V, des Ordonnances, p. 572. (Pastoret.)
(2) Louis IX, entre autres, en 1227, et Charles V, en 1372. (Idem.)

fussent consentis, accordez et condescendus audict bail et transport desdictes ville et gouvernement de la Rochelle, protestans toutesvoyes que, en ce faisant, ils n'entendoient pas que, ou cas advenoit qu'ils fussent réunis et adjoincts à icelle nostre couronne, leurdict consentement deust tourner à culx ne à leursdicts successeurs à consequence, ne que par ce l'on eust occasion, ou temps advenir, de ne jamais en faire aucune autre separacion, laquelle protestacion leur eussions accordée, et ce octroyé nos lectres en forme de charte à perpetuelle memoire, depuis lequel bail et transport par nous ainsi faict, ladicte ville et gouvernement aient esté tenuz et possidez par nostredict frere jusqu'à present que nous, considerans que ledict bail et transport fust faict soubz condicion que toutes et quanteffoiz que nous acquerrions, baillerions et transporterions à nostredict frere le comté de Comminges, toutes et quanteffoiz que, pour le bien, prouffit et utillité de la chose publicque, tuicion et deffense du royaume, il semble bon aux souverains qui les font, aussi, que, depuis certain temps en çà, nostredict frere, sans avoir regard à la singuliere et fraternelle amour que nous avions et demonstrions avoir par effect envers luy, en le retirant ainsi à nous et luy faisant ledict partaige et appanaige, et plusieurs autres bienffaiz et dons, ne au serement de fidelité qu'il nous avoit faict, ne aux autres grans et solennels seremens par luy faiz sur les sainctes reliques de la vraye croix, de Saint-Lo d'Angiers, de jamais faire, pourchasser ne procurer chose qui feust prejudiciable à nous, nos royaumes, pays et subgects, ne prendre ou faire prendre alliance ne avoir intelligence avec nos ennemys et adversaires les Angloys ne autres nos rebelles et desobeyssans, ne faire aucune chose à l'encontre de nous et de nostre couronne, et mesmement de non pourchasser ne faire pourchasser le mariage de luy et de la fille de nostre cousin le Duc de Bourgoigne, se ce n'estoit par nostre congié et licence, et de nostre bon gré et consentement, ait, ce neantmoins, en venant contre sesdicts seremens, envoyé ambassadeurs et messagiers exprès en Angleterre, par l'inhortement et induction d'aucuns qui ont auctorité et gouvernement à l'entour de luy, et qui ne tendent que à subvertir et destruire nostre royaume, tendans seulement à leur bien particulier, pour prendre et avoir avecques iceulx Angloys alliance et intelligence à l'encontre de nous, et pareillement pourchassé et faict pourchasser de tout son povoir ledict mariage de luy et de ladicte fille dudict Duc de

[...]pagne, et avec luy et aucuns autres nos rebelles et desob[eyssans] prins et faict alliance aussi à l'encontre de nous, ainsi [qu'il est] tout notoire.

Pour lesquelles causes, et veue aussi la situacion de nostredicte ville de la Rochelle, en laquelle est l'un des plus beaux et principaulx ports de mer de nostredict royaume, et où à ceste cause peuvent venir, arriver et frequenter, chascun jour, gens de toutes nacions, au moyen de quoy, veu les choses dessusdictes, elle ne peu estre baillée et livrée ès mains de nosdicts adversaires ou de nosdicts rebelles et desobeyssans, dont se feust peu en[s]uyr inconveniens irreparables à nous, à nostre couronne et à toute la chose publique de nostredict royaume, et mesmement la totalle destruction d'icelle ville, nous, desirans, de tout nostre cueur, obvier ausdicts inconveniens, soyons venuz en ses marches près de ladicte ville, et après plusieurs grans sommacions de par nous faictes ausdicts maire, eschevins, conseillers et pers, de reduire et remectre en nostre obeyssance eulx et ladicte ville, sur peine d'estre à tousiours tenuz et reputez saulz, traistres, desloyaulx, rebelles et desobeyssans envers Dieu premierement, nous et ladicte couronne de France, avec intimacions et communicacions que, se ainsi ne le faisoient, nous estions deliberes de les reduire et y proceder rigoureusement par main armée et en manière que ce seroit exemple à tous autres, iceulx maire, eschevins, conseillers et pers se soient reduiz et venuz pardevers nous, et aient faict serement en nos mains, pour eulx et leurs successeurs en ladicte ville, d'estre et demourer perpetuellement bons et loyaulx envers nous et nos successeurs Roys de France, et de servir nous et eulx envers tous et contre tous qui peuvent vivre et mourir, sans nul en excepter, et garder ladicte ville pour nous et nos successeurs Roys de France, jusques à la mort inclusivement. Pourquoy nous, ces choses considerées, et affin que ladicte ville, qui est chambre de Roy, comme dict est, et ledict gouvernement, ne puissent jamais tomber en l'inconvenient qui y eust peu advenir à l'occasion des choses dessusdictes, reduisans aussi à memoire la grant, vraye et entiere loyaulté et obeyssance que ceulx de ladicte ville ont de tout temps inviolablement gardée envers nosdicts predecesseurs, nous et ladicte couronne de France, sans varier, ne faire chose que bons, vrays, loyaulx et obeyssans subgects ne doient et soient tenuz de faire à leur Roy souverain et naturel seigneur, dont eulx et les leurs sont dignes de louange perpetuelle et singulière recommandacion, icelle ville et gouvernement de la Rochelle, avecques toutes leurs deppendances, avons, pour ces causes et autres plusieurs justes et raisonnables à ce nous mouvans, reprins, réuny et adjoint, reprenons, réunissons et adjoignons de nostre certaine science, plaine puissance et auctorité royal, par la teneur de ces presentes, à nostredicte couronne, comme de nostre vray dommaine et patrimoine, sans ce que le bail qui par nous en a esté ainsi faict à nostredict frere, puisse jamais nuyre, prejudicier ne porter aucune consequence ausdicts de la Rochelle, ne que par ce on puisse dire ou alleguer icelle ville et gouvernement de la Rochelle povoir estre desjoints, separez ne desmembrez de nostredict couronne et dommaine, en quelque maniere que ce soit, et lequel bail nous avons revocqué, cassé et adnullé, revocquons, cassons et adnullons, et mectons du tout au neant, par cesdictes presentes; et en louant, ratiffiant, approuvant et confermant tous et chacun les previlleiges, franchises, libertés, statuz, usances et longues observances, dons et octroys, par nos predecesseurs, nous et nostredict frere, faix ausdicts de la Rochelle, avons promis et juré, promectons et jurons de bonne foy, et en parole de Roy, pour nous et nosdicts successeurs, d'entretenir, garder et maintenir ladicte ville de la Rochelle, lesdicts maire, eschevins, conseillers et pers, bourgois, manans et habitans et leursdicts successeurs en icelle, et leurdicts previlleiges, franchises, libertez, dons, octroys, usances, statuz et longues observances, et tant de leur colliege, garde de ladicte ville, juridicion, deniers, revenus, noblesse, preeminences, prerogatives, que autres droiz quelconques, et les en souffrir et laisser joyr et user plainement et paisiblement, sans aucune chose faire, aetempter ou innover, ne souffrir actempter ou innover au contraire, en quelque maniere que ce soit. Et en oultre, promectons et jurons, comme dessus, de non jamais aliener ne mectre hors de nos mains ladicte ville de la Rochelle, gouvernement et ressors d'icelle, soit par eschange, appanage, mariage de nos enfans ne autres, pour prison et detention de nostre propre personne, de nosdicts enfans et successeurs, ou par la dellivrance d'iceulx, ne autrement, pour quelque cause ou occasion que ce soit ou puisse estre ; et au cas que nous et nosdicts successeurs ferions le contraire, dès maintenant le declairons estre nul et de nul effect et valleur, et ne voulons que lesdicts de la Rochelle ne leursdicts successeurs soient aucunement tenuz de y obeyr ne obtemperer, ales que eulx et leursdicts successeurs audict cas y puissent resister et prendre et advouer tel autre seigneur que bon leur semblera, sans ce qu'ils en puissent estre aucunement notez, chargez, reprins ou accusez du crime de leze-majesté ne d'aucune autre offense envers nous ne nosdicts successeurs Roys de France; et se, au temps advenir, ladicte ville estoit assiegée ou invadée d'aucuns ennemys, nous avons de rechief promis, et juré, promectons et jurons, ainsi que dessus, secourir et aider ladicte ville et le pays d'environ en personne, et de tout nostre pouvoir et puisance, jusques à la mort inclusivement.

Si donnons en mandement, etc.

Donné à etc.

N° 154. — ORDONNANCE *qui accorde aux habitans de La Rochelle la liberté de trafiquer en tous temps avec l'étranger, même quand on serait en guerre avec lui* (1).

La Rochelle, 26 mai 1472. (C. L. XVII, 492.)

Loys, etc., sçavoir faisons etc., que, comme en reprenant, réunissant et adjoingnant à nostre couronne et domaine nostre ville et gouvernement de la Rochelle, qui, entre autres villes, terres et seigneuries, en avoit esté par nous separée et desmembrée, pour raison de l'appanaige et du partaige par nous faict à nostre frere Charles, Duc de Guienne, noz chers et bien-amez les maire, eschevins, conseillers et pers de nostredicte ville de la Rochelle, nous ayent, entre autres choses, faict dire et remonstrer que, en ladicte ville, qui est située et assise sur port de mer, et en pays steril de tous biens, reservé de vins qui y croissent en grande quantité, affluent, viennent, conversent, et ont accoustumé venir, affluer, et converser par mer et par terre, chascun jour, plusieurs marchans estrangiers de diverses contrées et nacions, et aussi lesdicts maire, eschevins, conseillers, pers et autres bourgois, marchans et habitans de ladicte ville et baulieue de la Rochelle, quelques guerres, divisions ou differences qui ayent eu cours en nostre royaume, ont accous-

---

(1) C'est ce qu'on appelait des licences pendant le blocus continental; ceci prouve que la liberté du commerce pourrait être respectée, même pendant la guerre, à l'exception des marchandises de contrebande. (Isambert.)

tumé mener, et faire mener et conduire par leurs facteurs et serviteurs, leursdicts vins et autres marchandises en plusieurs diverses contrées, provinces et pays, tant estrangiers que autres pour le bien et utilité de la chose publicque et la continuacion du faict et exercice de marchandise, ne pouvant icelle ville et banlieue, veue leurdicte situacion et assiete, sans cela estre entretenue et peupplée, ne lesdicts habitans y demourer ne vivre, en nous requerant iceulx maire, eschevins, conseillers, pers, que, actendu ce que dict est, nostre plaisir soit ordonner que d'ores en avant, quelques guerres, divisions ou differences qui ayent ou puissent avoir cours en nostredict royaume, il soit loisible et permis à tous marchans, de quelque pays, nacion ou contrée que ce soit, soient Angloys ou autres noz ennemys, adversaires, rebelles ou desobeyssans, qu'ilz puissent d'ores en avant, seurement et sauvement, venir et frequenter marchandement, par mer et par terre, esdictes ville et banlieue de la Rochelle, et pareillement lesdicts maire, eschevins, conseillers et pers, bourgois et habitans d'icelles ville et banlieue de la Rochelle et leurs successeurs, facteurs et serviteurs, aller semblablement et frequenter marchandement, sans fraude, par terre et par mer, esdicts pays, nacions et contrées de nosdicts ennemys, adversaires, rebelles et desobeyssans, et sur ce leur impartir nostre grace.

Pourquoy nous, ces choses considerées, inclinans à la supplicacion et requeste desdicts maire, eschevins, conseillers et pers, en faveur et contemplacion de la bonne, vraye et grant loyaulté et obeyssance qu'ilz ont tousiours gardée envers nous et la couronne de France, desirans aussi ledict faict, exercice et entier cours de marchandise estre continué, entretenu et augmenté esdictes ville et banlieue, pour le bien et entretenement d'icelles et de la chose publicque, et autres consideracions à ce nous mouvans, avons voulu et ordonné, voulons et ordonnons de nostre certaine science, grace especial, plaine puissance et auctorité royal, par ces presentes, que d'ores en avant tous marchans, de quelque nacion, pays et contrée que ce soit, soient Angloys ou autres noz ennemys, adversaires, rebelles et desobeyssans, et leurs facteurs et serviteurs, puissent et leur loise, en prenant de nous ou de nostre admiral saufconduit, venir et frequenter marchandement et sans fraude, par mer et par terre, en ladicte ville et banlieue de la Rochelle, toutes et quanteffois que bon leur semblera, seurement et sauvement, quelques guerres ou divisions qui à present et le temps advenir ayent et puissent avoir cours en nostredict royaume, et y venir en telz navires et de telz port et equipaige que bon leur semblera, chargez ou non de quelzconques denrées et marchandises ou autres que ce soient, et iceulx biens, denrées et marchandises descharger, vendre, troquer ou eschanger, bailler en garde en nostredicte ville de la Rochelle, et en recharge des autres telles, licites et non deffendues, qu'ils y pourroient recouvrer, et les mener et conduire en Angleterre ou en autre quelque royaume, pays, party et obeyssance que bon leur semblera, et pour ce faire par tant de foiz qu'il leur plaira, comme dict est, aller, venir, passer, repasser, sejourner et retourner d'un party en autre, de jour et de nuyst, par mer, par eaue doulce et par terre, et par les greves à pié et à cheval ou sur autre monteure, portans ou non or, argent monnoyé ou à monnoyer, bagues, joyaulx, vaisselle, et autres biens meubles quelzconques, dagues, espées, lectres, cedules, obligacions et autres escriptures non prejudiciables; et semblablement, voulons et ordonnons que lesdicts maire, eschevins, conseillers, pers, bourgois, marchans et habitans de ladicte ville et banlieue de la Rochelle, et leursdicts successeurs, facteurs et serviteurs, puissent aussi aller et frequenter marchandement, toutes et quanteffois qu'il leur plaira, esdicts pays et contrées desdicts Angloys et d'autres noz ennemys, rebelles et desobeyssans, et aussi quelques guerres ou divisions qui ayent de present et puissent avoir cours en nostre royaume, et pareillement y mener et conduire telles denrées et marchandises licites et non deffendues que bon leur semblera, en payant les droiz et devoirs accoustumez d'estre payez pour les congiez et licences d'aller ès pays contraires, et y obtenir telles lectres de sureté et saufconduit qu'ils y pourront recouvrer, et eulx en aider, sans ce que aucune chose leur en puisse estre imputée, reprouchée ou demandée en quelque maniere que ce soit.

Sy donnons en mandement etc.

Donné à etc.

Par le Roy, le sire Dure, gouverneur de la Rochelle, et maistre Guy Pierres, presens.

N°. 155. — LETTRES *qui ordonnent la restitution aux habitans de Saintes des biens dont on les avait dépossédés pendant les divisions intestines, et qui annullent les dons que le roi pourrait en avoir faits.*

Saintes, mai 1472. (C. L. XVII, 507).

N°. 156. — LETTRES *portant rétablissement à Bordeaux du parlement qui avait été transféré à Poitiers.*

Saintes, 1ᵉʳ juin 1472. (C. L. XVII, 511.)

N°. 157. — LETTRES *de provision à l'office de chancelier de France, en faveur de Pierre Doriole.*

Ile Notre-Dame de Bebuart, près Angers, 26 juin 1472. (C. L. XVII, 516.) Reg. au parlem., 10 juillet 1473.

Loys, etc. Sçavoir faisons que, pour consideracion des grans, louables, continuelz et recommandables services que nostre amé et féal conseiller, maistre Pierre Doriole, general de noz finances, a par cydevant faiz à feu nostre très-chier seigneur et pere, que Dieu absoille, au service duquel il a par long-temps et jusques à son trespas esté continuellement en son conseil et en plusieurs grans et pesantes charges, tant de faict de justice que de finances, et autres touchant ses plus grans et especiaulx affaires; ayans aussi à mémoire les grans et louables services qu'il nous a faiz depuis nostre advenement à la couronne en maintes manieres, tant en plusieurs voyages et ambaçades que autres charges de partie de nos plus grandes et poisantes matières où l'avons employé, en quoy il s'est très-loyaument et vertueusement gouverné et conduict en nostre service, faict et continue de faire chascun jour en grant cure et diligence, et avons esperance que encores plus face au temps advenir; considerans que par la longue continuacion des services qu'il a faiz tant à nostredict feu seigneur et pere que à nous, et pour les grandes matieres à la consultacion desquelles il a esté appelé et dont bien grant partie sont passées par ses mains, il a entre autres cogneu et manyé, peu cognoistre, veoir et entendre des faiz de nostre royaume, autant que personne de sa qualité qui ait esté de bien long-temps, par quoy, tant en faict de justice que autrement, il nous peut mieulx, plus grandement et fructueusement servir en nosdictes affaires et au bien et utilité de la chose publicque de nostredit royaume; duement acoutenues par longue experience de ses vertus, loyauté, grant sens, litterature, souffisance, prudomie et bonne diligence, à icellui maistre Pierre Doriole.

Pour ces causes et autres à ce nous mouvans, et par l'advis et deliberacion de plusieurs seigneurs de nostre sang, et lignage et gens de nostre grant conseil, avons donné et octroyé, donnons et octroyons, de grace especiale, par ces presentes, l'office de nostre chancelier, que nagueres souloit tenir et exercer feu Guillaume Jufenal des Ursins, en son vivant chevalier, seigneur de Treignel, dernier possesseur dudict office, vaccant à present par son trepassement; pour icellui office de chancelier avoir, tenir et d'ores en avant exercer par ledict maistre Pierre Doriole, aux honneurs, auctoritez, prerogatives, prééminences, libertez, et aux gaiges de quatre mille livres parisis par an, et autres dons, pensions, droiz, prouffiz et esmolumens accoustumez et qui audict office appartiennent, telz et semblables que les chanceliers de France doivent et ont accoustumé d'avoir à cause dudict office, et tout ainsi et par la forme et maniere que les avoit et prenoit ledict feu de Treignel, dernier possesseur dudit office, à iceulx gaiges, dons, pensions et autres droiz, avoir et prendre sur les plus clers et premiers deniers de l'esmolument du scel de ladicte chancellerie, par la simple quictance dudict maistre Pierre Doriole, et sans qu'il lui en conviengne lever descharge du changeur de nostre tresor ne autres acquicts quelx conques.

Si donnons en mandement, etc. Donné, etc.

N°. 158. — LETTRES *qui exemptent de tous droits et impôts les marchandises et denrées apportées ou achetées à la foire de Saint-Denis* (1).

Notre-Dame de Celles, juin 1472. (C. L. XVII, 522.)

---

(1) Fondée par Dagobert, ainsi que l'abbaye de Saint-Denis. (Pastoret.)

N°. 159. — Lettres *qui permettent aux étrangers habitans Bordeaux de tester et de disposer de tous leurs biens sans payer finances.*

Saint-Florent-lès-Saumur, juin 1472. (C. L. XVII, 524.)

N°. 160. — Lettres *en faveur de l'université de Cahors.*

La Guerche, août 1472. (C. L. XVII, 535.)

N°. 161. — Lettres *qui ordonnent la réception et l'homologation du concordat* (1).

Amboise, 31 octobre 1472. (C. L. XVII, 548.) (2)

Loys, etc. Comme nous eussions envoyé pardevers nostre Saint-Pere le Pape nos amez et féaulx conseillers le patriarche d'Antioche, evesque de Valence, et le sire du Chasteauneuf, mareschal du Dauphiné, maistre Jean l'Huillier, doyen de Paris, Bernard Lore, nostre conseiller et advocat en nostre cour de parlement à Toulouse, et autres nos ambassadeurs, pour faire et rendre l'obeissance deue et telle que nous et nos predecesseurs avons accoutumé faire à nostre Saint-Pere, au Saint-Siege apostolique, à la nouvelle assomption de chacun Pape; et à cause de la pragmatique sanction et autres ordonnances royaux, se fussent engendrez grands procez, et plusieurs preslatures et benéfices de nostre royaume fussent en danger de tomber en ruine, pour les grandes involutions desdicts procez esquels ils estoient cheus; aussi, que de la part de nostredict Saint-Pere nous eut esté exposé que sa puissance et auctorité apostolique estoit fort troublée et empeschée par le moyen des diversitez qui estoient sur le faict desdicts benefices; et à ceste cause, eussions donné charge et plaine puissance à nosdicts ambassadeurs d'appoincter et accorder les differends, troubles et empeschemens qui estoient survenus à cause des choses dessusdictes et autrement, et pour trouver aucuns bons moyens de faire cesser toutes telles voyes indeues et pourveoir à la pacification des consciences de

---

(1) Comparez ceux de 1516, de 1802 et 1817. (Isambert.)
(2) V. les remontrances du parlement de Paris sur les matières qui font l'objet des présentes lettres. (Pastoret.)

... subgects, et oster lesdicts troubles et empeschemens qui pourroient d'ores en avant survenir, se lesdicts differends n'estoient du tout acoordez; pour lesquels acoorder et pacifier nostredict Saint-Pere eust commis et deputé de sa part aucuns cardinaux, prelats et autres notables et grands personnaiges, pour communiquer avec nosdicts ambassadeurs sur les choses dessusdictes; lesquels ensemble, d'un commun avis et opinion, eussent pourparlé et traicté certains chapitres et articles, et les eussent rapportez en la presence de nostredict Sainct-Pere le Pape et du saint college des cardinaux; sur lesquels nostredict Saint-Pere nous ait envoyé par nosdicts ambassadeurs sa bulle plombée de ratification desdicts concordats, contenant en effet et substance les points et articles qui s'en suivent:

(1) Que nostre Saint-Pere aura six mois commençant au mois de janvier, et les ordinaires autres six mois, alternativement, ausquels ils pourront conferer, eslire, presenter et autrement deuement pourvoir ausdicts benefices qui lors vacqueront, comme s'il n'y avoit aucune expectative, excepté toutesfois les benefices qui sont reservez, *reservatione clausâ in corpore juris*, ou par aucune des constitutions de Jehan et de Benoist, *Romanorum Pontificum*, qui commencent *Ad regimen* et *Execrabilis*, ou par les regles de la chancellerie jà faites.

(2) Est ordonné que, ès six mois de nostre Saint-Pere, d'ores en avant, il octroyera à ceux du royaume et autres seigneuries estans en l'obeissance du Roy et non autres, en chacune collation du royaume ou Dauphiné, et autres terres et seigneuries du Roy, six expectatives tant seulement, demeurans en leur efficace celles qui sont jà octroyées, desquelles six en seront données deux en chascune collation aux nommez par le Roy, la Reine, M. le Dauphin et les cours des parlemens, qui auront toutes prerogatives *ad instar familiarium Papæ*; et accomplies icelles six expectatives, en seront baillées et octroyées autres six en la forme et maniere dessusdictes.

(3) Est ordonné que les benefices des familiers des cardinaux, qui sont leurs continuels commensaux durant leur familiarité, seront reservez, laquelle reservation expirera six ans après le trespas desdicts cardinaux.

(4) Que les benefices de ceux qui seront promeus aux dignitez consistoriales, s'ils sont promeus aux mois de nostre Saint-Pere, il les conferera; et s'ils sont promeus aux mois des ordinaires,

les ordinaires en disposeront, sinon qu'ils fussent reservez en la forme que dict est.

(5) Les benefices des protonotaires seront reservez, de ceux tant seulement qui publiquement et continuellement porteront l'habit de protonotaire.

(6) Est ordonné que toutes les causes beneficiales seront en premiere instance commencées en France ou Dauphiné et autres terres estans en l'obeissance du Roy, devant juges competens, jusques à sentence deffinitive inclusivement, de laquelle ne sera receue appellacion, sinon qu'elle fust irreparable en definitive; les autres instances seront traictées et terminées en cour de Rome.

(7) Et au regard des causes beneficiales pendantes en cour de Rome entre les familiers des cardinaux demeurans en cour de Rome, ou absens pour cause de legation ou recreation, ou officiers de cour de Rome, ou courtisans qui auront suivi la cour par six mois, et autres leurs competiteurs, ayans titres des ordinaires, seront determinées en cour de Rome; toutes les autres causes semblablement beneficiales seront commises au royaume, et seront evoquées *in statu* de cour de Rome.

(8) Et pour ce que en plusieurs desdictes causes beneficiales qui sont produites de present, pendant procez au possessoire au royaume, Dauphiné et autres seigneuries du Roy, devant plusieurs juges, et en cour de Rome au petitoire, est ordonné que les procez du petitoire pendant de present en cour de Rome, avec toutes les censures, seront mis en suspens jusques à deux ans, dedans lesquels sera procedé esdictes cours du royaume au dit possessoire, et, finies ou passées lesdictes deux années, sera permis aux parties proceder sur le petitoire devant le juge apostolique, qui procedera et finira la cause du petitoire dedans autres deux années, lesquelles finies, le procez sera du tout estaint; et le juge apostolique qui par malice aura differé le procez, sera excommunié et privé de ses benefices, et ne pourra obtenir absolution, sinon à l'article de la mort, ou par nostredict Saint-Pere.

(9) Est ordonné que touchant les vacances des benefices sera gardée la taxe du Pape Jean XXII, et les excès seront corrigez. Et pour ce que, à cause des guerres et tribulations du royaume, plusieurs esglises sont grevées ès taxes reformées au concile de Constance et reduites à la moitié, est ordonné que icelles vacances et les menus services seront payés selon la vraye valeur des fruits d'une année, c'est à sçavoir la moictié tant seulement.

(10) Et aussi nous ait octroyé nostre Saint-Père, par un bref *sub annulo piscatoris*, qu'il ne pourvoyra aucunes personnes des dignitéz consistoriales de nostredict royaume, Dauphiné et autres nos terres et seigneuries, sans avoir sur ce prealablement nos lectres, pour y pourvoir de personnes à nous seures, feables et agréables.

Sçavoir faisons que nous, voulans obvier aux differends qui pourroient survenir à cause des choses dessusdictes, desirans aussi de tout nostre pouvoir liberalement complaire à nostredict Saint-Père, et estre envers luy en l'amour et affection, comme son vray et devost fils et du Saint-Siege apostolique, pour les causes dessus touchées, avons accordé et accordons, ratifié et ratifions par ces presentes, tous les chapitres et articles cy-dessus incorporez et contenus, et avons mandé et commandé par nos lectres patentes à nos cours de parlement de Paris, Toulouse, Bordeaux et Dauphiné, et à tous nos autres justiciers, officiers et subgects de nosdicts royaume et Dauphiné, que lesdicts concordats et chapitres ils gardent et observent, et facent inviolablement garder et observer de poinct en poinct, selon leur forme et teneur, nonobstant toutes lesdictes ordonnances et pragmatique sanction et autres lectres à ce contraires, car tel est nostre plaisir. En tesmoin de ce, etc.

Par le roy, monseigneur le duc de Bourbon, les sires de Craon, du Lude, de Montagu, Patrix, Folcart, senechal de Xaintonge, M. Bernard Loret, et autres presens.

« Sixtus episcopus, servus servorum Dei, ad futuram rei memoriam. Ad universalis ecclesiæ regimen, divina disponente clementia, vocatis, nichil pro commissorum nobis populorum votiva dilectione occurrit præstantius, quam exorta inter ecclesiasticas personas, principis tenebrarum astutia, discordiarum fomenta, nostræ sollicitudinis accursu protinùs extinguere, ut, cujusvis altercationis salubriter evulsis seminibus, pacis et tranquillitatis dulcedinem inter creditos nobis populos, divina nobis assistente gratia, imponere et conservare valeamus.

« Cupientes itaque ut, suscitata retroactis temporibus discordia (proh dolor!) in regno Franciæ, Delphinatu, aliisque terris et dominiis charissimi in Christo filii nostri Ludovici Francorum Regis illustris, inter nonnullas ex eisdem personis,

---

(1) Malgré ces lettres et l'homologation du roi, ces concordats restèrent sans exécution : ils étaient contraires au droit commun, aux conciles de Bâle et de Constance ; mais ils l'étaient sur-tout à la volonté reelle et au caractère de Louis XI, à ses intérêts et à ses droits. Le parlement de Paris refusa de laisser publier la bulle de Sixte IV, comme étant attentatoire à la couronne.

(Pastoret.)

occasione cujusdam constitutionis quæ in eodem regno diutius inolevit, quam personæ predictæ *Pragmaticam Sanctionem* vocant, ne, si (quod absit) majora sibi fomenta sumeret, damna pariter et graviora scandala pericula subsequerentur, fine debito claudatur et totaliter secludatur; authoritate apostolicâ et ex certa scientia, de fratrum nostrorum consilio, omnibus et singulis prælatis et aliis ecclesiasticis personis regni, Delphinatûs, terrarum et dominiorum eorumdem, ad quos dignitatum aliorumque beneficiorum ecclesiasticorum collatio, provisio, præsentatio, electio seu quævis alia dispositio pertinent, quibusvis dignitatibus, personatibus, administrationibus, officiis, canonicatibus et præbendis, necnon aliis beneficiis ecclesiasticis, cum cura et sine cura, secularibus et regularibus, ad eorum collationem, provisionem, præsentationem, electionem seu quamvis aliam dispositionem pertinentibus, quæ deinceps februarii, aprilis, junii, augusti, octobris et decembris mensibus futuris, perpetuis temporibus, vacare contigerit, dummodo dispositioni apostolicæ ex aliqua generali reservatione in corpore juris clausa, aut per alteram ex constitutionibus felicium recordationum Benedicti XII quæ incipit *Ad regimen*, aut Joannis XXII, Romanorum Pontificum, prædecessorum nostrorum, quæ incipit *Execrabilis*, seu constitutiones et regulas cancellariæ apostolicæ per nos super hoc editas, generaliter reservata non existant, perinde ac si aliquæ a Sede Apostolica vel ejus legatis expectativæ gratiæ non emanassent, libere disponendi facultatem concedimus per præsentes: et quia isti summi Pontifices prædecessores nostri consueverunt se in concessionibus gratiarum expectativarum personis ex meritis exhibere liberales, nostræ intentionis est et existit concedere in regno, Delphinatu, terris et dominiis Regis hujusmodi, ultra gratias expectativas per nos in eisdem regno, Delphinatu, terris et dominiis concessas, quibus in aliquo præjudicare non intendimus per præsentes, quasque in suo robore permanere volumus, sex personis idoneis regnicolis alias sex gratias expectativas ad quamlibet collationem, provisionem, præsentationem seu quamvis aliam dispositionem singulorum ex prælatis et aliis personis præfatis; ex quibus quidem sex gratiis duæ gratiæ expectativæ concedentur duobus clericis regnicolis idoneis pro quibus Rex ipse et charissima in Christo filia nostra Regina, ac dilectus filius nobilis Carolus Delphinus Viennensis, nec non magistri et præsidentes ac officiarii in aliquo ex parlamentis Regis ejusdem regni, nobis super hoc unanimiter supplicabunt, qui duo nominati per Reginam, Delphinum, magistros, præsides et officiarios præfatos, gaudeant prærogativis ad instar familiarium continuorum commensalium nostrorum; ipsisque sex gratiis consumptis, alias sex similes gratias aliis sex personis idoneis, modo et formâ præmissis, concedere intendimus. Volumus autem, ac eisdem authoritate et tenore præsentium decernimus et declaramus, beneficia quæ venerabilium fratrum nostrorum sanctæ Romanæ Ecclesiæ cardinalium familiares, continui commensales eorum, familiaritate durante, in regno, Delphinatu, terris et dominiis præfatis, obtinent et in posterum obtinebunt, dispositionis apostolicæ in posterum censeri reservata, quatenus duntaxat cardinales prælati vitam duxerint in humanis, ac post eorumdem cardinalium obitum per sex annos continuè sequentes, quibus quidem sex annis elapsis, alii ad quos eorumdem beneficiorum collatio, provisio, præsentatio, electio seu quævis alia dispositio pertinet, de beneficiis familiarium hujusmodi in regno, Delphinatu, terris et dominiis præfatis consistentibus, in prædictis mensibus disponere valeant, hujusmodi reservatione non obstante.

« Concedimus etiam quòd beneficiorum quæ promovendi per nos ad dignitates beneficia consistorialia tempore provisionum per nos de eorum personis facien- obtinebunt, ac in quibus et ad quæ jus eis quomodolibet competit aut petere poterit, per promotionem ad dignitates et alia beneficia consistorialia dicta, aut munus consecrationis eisdem promovendis impendendum, seu lap- temporis de consecrandis episcopis à sanctis canonibus definiti, vacatu- si promotiones ipsæ in aliquo ex supradictis mensibus fiant, nisi beneficia essent alia dispositioni apostolicæ, ut præfertur, reservata, ad prælatos et cas supradictas; si autem in aliis mensibus promotiones easdem fieri con- ad nos et Romanos Pontifices successores nostros collatio, provisio et amoda dispositio pertineat;

Et quoniam Sedis Apostolicæ notariorum magnus reperitur numerus, eandem notariorum qui habitum per ejusdem sedis notarios gestari solitum sire et continue gestant et in posterum gestabunt, beneficia in eisdem regno, rhinatu et terris consistentia, duntaxat censeantur reservata;

Quodque omnes et singulæ causæ beneficiales, in partibus, coram judicibus pretentibus usque ad diffinitivam inclusive, in prima duntaxat instantia, in nulli ante diffinitivam sententiam liceat appellare, nec appellatio, si fuerit sa, debeat admitti, nisi ab interlocutoria vel a gravamine negotium princi- minime concernente, quod non possit per appellationem diffinitivâ sententiâ rari; in aliis verò instantiis, in Romana curia tractentur, cognoscantur et fine ito terminentur.

Causæ verò beneficiales pendentes in dicta curia inter nostros ac dictorum italium familiares, continuos commensales, ipsis cardinalibus in ea dicta præsentibus seu in aliqua legatione aut recreationis causâ secedentibus, non præfatæ sedis officiales officia sua exercentes, aut alios a præmissis, per sex menses curiam prædictam continuè secuti sunt et sequuntur de præ- curiles et quoscumque alios, eorum adversarios, super quibusvis benefi- eisdem adversariis authoritate ordinariâ collatis, per illos quibus commissæ erantur, seu alios per nos ad id deputatos seu etiam deputandos judices, ntur; cognoscantur, decidantur sineque debito terminentur, ac executioni demandentur; cæteræ verò beneficiales causæ inter alios quoscumque dentes et quæ quibusvis judicibus seu auditoribus commissæ reperientur, ali- judicibus competentibus in regno Franciæ, authoritate apostolica, com- antur audiendæ, cognoscendæ, decidendæ et fine debito terminandæ, cum saria earumdem causarum advocatione,

Præterea quia aliquæ ex supradictis causis in eadem Romana curia super pe- et in diversis curiis ipsius regni super possessorio tractantur, volumus quod in causis, in diversis curiis, super petitorio et possessorio, unico et eodem te pendentibus, suspenso petitorio, et censuris super hoc latis, in posses- in curiis eorumdem judicum coram quibus causæ possessorii pendent, de ati procedatur, causæque ipsæ super hujusmodi possessorio intra biennium scantur et finiantur; alioquin, dicto biennio elapso, liceat partibus ipsis edere super petitorio, aut, hujusmodi biennio elapso, altera partium liti- san coram judice competenti authoritate apostolicâ deputato, poterit jus suum qui, ipseque apostolicus judex infra aliud biennium causam in petitorio are teneatur, quod si non fecerit, causa ipsa ab eodem evocata, et lis extincta censeatur.

Et si forsan aliquis eorumdem judicum cujusvis sibi commissæ causæ expedi- maliciose prorogare aut differre præsumpserit, excommunicationis et omnium beneficiorum suorum privationis pœnas ipso facto incurrat, à qua excommunicationis pœna absolvi nequeat, nisi à nobis et successoribus Romanis Pontificibus, præterquam in mortis articulo, quodque, de cætero, in expediendis in regno Franciæ, Delphinatu, terris aliisque dominiis serventur taxæ super hoc editæ per Joannem XXII Papam præfatum, et si qui fuerint, corrigantur.

« Et quia, propter assiduas guerras et novitates quæ continuè vigent in dicto regno, prætenditur ecclesias, dum vacant, gravatas in taxa etiam reducta in concilio Constantiensi, quæ reducta est ad medietatem antiquæ taxæ, gravatus in eadem taxa prælatus promovendus solvat communia et minuta quæ plures ex Gallis *annatam* vocant, tantùm pro vera æstimatione fructuum ecclesiæ aut monasterii ad quæ sit promotus, eaque in dicta cancellaria et camera apostolica inviolabiliter observari mandamus.

« Et quia, in supradictis concessionibus, prædictum regnum et Regem eximiâ sumus charitate complexi, credendum est, non immeritò, ut se reddant obedientes erga sanctam Romanam Ecclesiam exhibeant. Quare volumus, eisdem authoritate et tenore statuimus, quòd præfatus Rex, intra quatuor menses, præmissa acceptare et observare, ac in regno, Delphinatu et dominiis hujusmodi observari facere, necnon, intra alios duos præfatos quatuor menses sequentes menses, super acceptatione, et observatione, a iisque præmissis omnibus et singulis, per suas patentes litteras nos et præfatam sedem certificare teneatur; alioquin, præsentes litteræ et inde secuta quæcumque, sint eo casu irrita, nulliusque roboris et momenti. Nos enim ex tunc irritum decernimus illud, si secus super his à quoquam, quâvis authoritate, scienter vel ignoranter contigit attentari. Nulli ergò omninò hominum liceat hanc paginam nostræ concessionis, intentionis, voluntatis, constitutionis, declarationis, indulti, mandati et statuti infringere, vel ei ausu temerario contraire. Si quis autem attentare præsumpserit, indignationem omnipotentis Dei, ac beatorum Petri et Pauli apostolorum ejus, se noverit incursurum.

« Datum Romæ, apud Sanctum Petrum, anno incarnationis Domini 1472 idibus augusti [13 août], pontificatûs nostri anno primo.

N°. 162. — LETTRES *qui permettent aux habitans des Sables d'Olonne de faire clorre leur ville de tours, murailles et fortifications, afin d'en faire un lieu de sûreté pour les marchandises venant au port. — Qui nomment des commissaires pour surveiller lesdites clôtures. — Qui accordent 500 l. pour aider aux dépenses, et le droit d'élire un prévôt et jurés d'après le mode déterminé* (1).

Sables-d'Olonne, 10 novembre 1472. (C. L. XVII, 557.)

---

(1) L'historien Philippe de Commines était propriétaire des Sables d'Olonne, et Louis XI étant aux Sables fit cette concession à son féal conseiller et chambellan, autrefois conseiller intime de son adversaire, de Bourgogne. (Isambert.)

1472.

163. — LETTRES qui accordent la tutelle des petits enfans du comte de Foix, neveux du roi, à Madeleine, leur mère, laquelle prête serment de bonne et fidèle administration, entre les mains du roi.

Plessis-du-Parc-lès-Tours, 26 février 1472. (C. L. XVII, 558.) Reg. au parlem. 30 juillet 1473.

164. — LETTRES qui lèvent, au profit des petits enfans du comte de Foix, la main mise du roi sur les terres et seigneuries dudit comté, pour garantie de l'hommage lige dû au roi.

Plessis-du-Parc-lès-Tours, 26 février 1472. (C. L. XVII, 560.) Reg. au parlem. 12 juillet 1473.

165. — LETTRES qui constatent la prestation du serment de fidélité et obéissance, fait par les personnes y dénommées, au nom des petits-enfans du comte de Foix, en attendant qu'à leur majorité cesdits enfans prêtent foi et hommage comme vassaux et hommes liges de la couronne.

Plessis-du-Parc-lès-Tours, 27 février 1472. (C. L. XVII, 562.) Reg. au parlem. 13 juillet 1473.

166. — LETTRES portant fondation en faveur d'un pauvre à Saint-Martin de Tours, dont le roi était abbé (1), et amortissement des sommes données à cet effet.

Plessis-du-Parc-lès-Tours, mars 1472. (C. L. XVII, 571.)

167. — LETTRES qui défendent de s'opposer aux collations des bénéfices faites par l'envoyé du pape.

1472 (2). (C. L. XVII, 554.)

---

(1) Comme Hugues Capet, chef de la deuxième race. De plus il était protonotaire de Notre-Dame de Cléry, d'après une bulle du pape de 1470, rapportée aux preuves de l'histoire de Charles VIII, et il obtint pour lui et ses successeurs le droit d'assister au chœur, et de porter la chappe et l'aumusse. (Isambert.)

(2) Le manuscrit de ces lettres n'indique ni le jour, ni le lieu, ni l'année. L'année est indiquée en marge à la première page. (Pastoret.)

N°. 168. — LETTRES *qui permettent aux marchands de drap* *de Paris d'acheter et vendre toutes sortes de draps bons* *loyaux, marchands, pressés ou aisselés, par eux ou par* *autres, pourvu qu'avant ils aient été tondus à fin* (1).

Amboise, 22 mai 1473. (C. L. XVII, 575.)

N°. 169. — LETTRES *portant permission aux religieuses de* *Cucy de faire reconstruire une place forte, avec concession* *du droit de guet* (2).

Exmes, près Chinon, mai 1473. (C. L. XVII, 575.)

Loys, etc.; sçavoir faisons à tous, nous avoir receue l'umble supplication de noz bien-amées les religieuses, abbesse et couvent de Cucy; contenant que lesdictes suppliantes, à cause de leur monastere et esglise, sont dames justicieres et censivieres du lieu et terre de la Prugne, situé et assis au ressort de nostre prevosté de Cucy, auquel lieu elles ont tout droict de justice et juridicion haulte, moyenne et basse, et y souloit avoir, de si grant ancienneté qu'il n'est memoire du contraire, belle place et maison forte que l'on appelloit vulgairement au pays *la place* *du Chastellart*, en laquelle elles et leurs subgects audict lieu souloient, en temps de guerre et hostilités, quand ladicte place estoit en estat, faire le retraict et reffuge d'eulx et de leurs biens; mais, au moyen des guerres et divisions qui ont eu cours en nostre royaume et autrement, ladicte place et maison forte est cheute, tombée et venue en ruyne et desolacion, tellement qu'elle est à présent comme inhabitée, et n'y apparoist fors les carales des murailles et foussez seullement, laquelle place et maison forte lesdictes suppliantes, tant pour le bien et entretenement de leurdicte terre et seigneurie de la Prugne que pour la tuicion et garde de leurs personnes et biens et retraict de leursdicts subgects, aient entencion de faire réédiffier et mectre en estat

---

(1) Il faut voir dans M. Chaptal, de l'*Industrie française*, combien les reglemens relatifs aux manufactures ont été nuisibles aux progrès des arts, et combien au contraire la liberté lui a été favorable. (Isambert.)

(2) Elles avaient droit de haute, moyenne et basse justice, parce que ces justices étaient patrimoniales, et que toutes les parties de la puissance publique avaient été usurpées, sur la fin de la deuxieme race. (Isambert.)

moyennant nostre plaisir, congié et licence, en nous humblement requerant iceulx; et aussi, que, pour leur ayder à faire ladicte réédification, en quoy leur conviendroit beaucoup frayer il nous plaise nous octroyer qu'ilz puissent joyr dès à present du droit de guet, qui d'ancienneté souloit appartenir à ladicte place et maison forte, avant la demolicion d'icelle, et sur ce leur impartir nostre grace.

Pourquoy nous, ces choses considerées, inclinans à la supplication et requeste desdictes suppliantes, à icelles, pour ces causes et autres à ce nous mouvans, avons donné et octroyé, donnons et octroyons, de nostre certaine science, grace especial, plaine puissance et auctorité royal, par ces presentes, congié et licence de faire réédifier, bastir et construire de nouveau ladicte place et maison forte du Chastellart, et la fortiffier de murailles, tours, porteaulx et machicollis, pont-leveiz, boulevars, foussez et autres fortifficacions et emparemens propices et necessaires à place forte, au lieu où elle estoit d'ancienneté construite, ou ailleurs, en tel autre lieu de ladicte terre et seigneurie de la Progne qu'elles verront estre à ce faire plus avantageux et convenable; et, de nostre plus ample grace, leur avons en oultre octroyé et octroyons, affin qu'elles ayent mieulx de quoy fournir auxdicts frais et despenses que faire leur conviendra pour la réédification et fortificacion dessusdictes; qu'elles joyssent dès à present, plainement et entierement, dudict droict de guet appartenant d'ancienneté à ladicte place et maison forte, et tout ainsi qu'elles feroient et pourroient faire s'elle estoit en estat qu'on y peust faire ledict guet, nonobstant quelxconques ordonnances, mandemens ou deffences à ce contraires.

Sy donnons en mandement, etc.

Donné à Exmes, etc.

N° 170. — LETTRES *qui attribuent aux maire et jurés de Bordeaux la police et juridicion sur tous les navires qui viendront au port et hâvre de cette ville.*

Amboise, mai 1473. (C. L. XVII, 577.)

N° 171. — **Lettres** *portant concession de privilèges aux F[emmes] et Filles de la ville de Beauvais* (1).

Amboise, juin 1475. (C. L. XVII, 58..)

Loys, etc. Sçavoir faisons, etc., que nous, réduisans à mémoire la très-grant, entière, vraye et parfaite loyaulté que eue de toute ancienneté et inviolablement conservée et mon... par effect envers noz predecesseurs Roys de France, nous nostre couronne, à l'encontre de tous les ennemis et advers... de nous et de nostredict royaume, sans varier, les gens d'egl... maire, eschevins, pers, bourgeois, manans et habitans de nos... bonne ville et cité de Beauvais, tellement qu'ils sont et ten... putons dignes de tous les droiz, privilleiges, libertez, exempt... et franchises, qui par cy-devant, tant par noz predecesseurs Roys de France que par nous, naguères leur ont esté donné... octroyez à ceste cause, avec louange, memoire et recommen... cion à tousiours; et non seullement les hommes, mais p[are]il... ment les femmes et filles de ladicte ville, lesquelles voyan... l'ueil, l'année derniere passée, au-devant d'icelle ville, l'arm... illicite et effrenée multitude des Bourguignons, noz rebelles et desobeissans subgects, par fourme de siege et hostilité, ca... de grosse artillerie, et les très-outrageux, presomptueux et... petueux assaulx et batteries de murailles qu'ilz y firent et re... terent par plusieurs foiz et journées, cuidant la gaingner et souhzmectre à leur obeissance, invocation par elles devotem... faicte au nom de Dieu, nostre benoist createur, et des merit... intercessions de madame Saincte Agadresme, en l'aide et de... fense de ladicte ville, de laquelle, à leur intercession, le... glorieux corps et reliquaire y reposant fut lors porté en pr... sion solempnelle par le clergié d'icelle ville, se rendirent com... tous aux creneaulx et à la deffense de la muraille de ladicte v... et illec en très-grant audace, constance et vertu de force, la... ment, oultre existimacion du sexe feminin, mirent la main... besoingne, à l'imitation des hommes noz bons et loyaulx subg... d'icelle ville, et leur furent en aide tellement, que lesdicts B... guignons finalement furent reboutez et se despartirent tous... tensement de au-devant de ladicte ville, et qu'elle demou... fut conservée et est demourée en nostre obeissance.

(1) Il ne s'agit pas encore de Jeanne Hachette. (Isambert.)

Pourquoy nous, ces choses considerées, qui sont comme toutes notoires et desquelles avons esté à plain informez, desirans d'icelles, de tout nostre cœur et intention, graces et louanges solempnelles à tousiours estre faictes et rendues, chascun an, à Dieu, nostre benoist createur, et à ladicte très-glorieuse Saincte Agathesme, avons voulu, decerné et ordonné, voulons, decernons et ordonnons par ces presentes, que d'ores en avant, par chascun an, le jour et solempnité de ladicte très-glorieuse Saincte soient faiz et celebrez perpetuellement et à tousiours, aux despens de nostre recepte et domaine, de ladicte ville, une procession, messe et sermon solempnels, en laquelle soit déférée et singulierement priée et exorée ladicte Saincte et très-devost requaire d'icelle, à ce qu'elle nous soit à tousiours en aide et au bien de nostre royaume, et, par especial, preserve ladicte ville de tous nos ennemis et adversaires; et en perpetuelle memoire de ladicte procession ainsi faicte par les femmes de ladicte ville pendant et durant ladicte hostillité, et de leur bonne constance, vertu et obeissance, avons en outre voulu et ordonné que icelles femmes aillent d'ores en avant en la procession, ainsi par nous ordonnée, incontinent après le clergié, et precedent les hommes icelluy jour, et que ainsi le facent à l'offrande qui se fera en la messe par nous ordonnée comme dessus; et en oultre, que toutes les femmes et filles qui sont à present et seront cy-après en ladicte ville, se puissent et chacune d'icelles à tousiours, le jour et solempnité de leurs nopces, et toutes autres foiz que bon leur semblera, parer, vestir et aourner de tels vestemens, atours, paremens, joyaulx et aornemens que bon leur semblera, et dont elles pourront recouvrer, sans ce que, pour raison de ce, elles ne aucune d'elles en puissent être aucunement notées, reprinses ou blasmées, pour raison de quelque estat ou condicion qu'elles soient ne autrement.

Si donnons en mandement, etc. Donné à Amboise, etc.

Par le Roy, le Comte de Dunois, le vicomte de Narbonne, le sire de Linieres, Guyot Pot, bailli de Vermandois, et autres presens.

N°. 172. — LETTRES *qui accordent pendant 10 ans à la Hanse Teutonique* (1), *la plus grande liberté de commerce en France.*

Mont-Saint-Michel, 25 août 1473. (C. L. XVII, 585.)

N°. 173. — LETTRES *qui permettent à l'Hôtel-Dieu de Paris, de recevoir, par acte entre vifs ou testamentaires jusqu'à la valeur de 200 livres parisis de rentes* (2).

Sarblé, septembre 1473. (C. L. XVII, 589.)

N°. 174. — LETTRES *qui ordonnent la continuation des audiences de relevée du parlement* (3).

Clery, 17 octobre 1473. (C. L. XVII, 593.)

N°. 175. — ÉDIT *portant création d'un office d'huissier à la chancellerie et au grand conseil, et règlement de ses fonctions, droits, etc.*

30 octobre 1473. (Hist. de la Chancellerie, 1,—54.)

N°. 176. — MANDEMENT *qui défend de procéder, sans permission du roi, à aucune élection de bénéfices possédés par le cardinal évêque d'Alby.*

Denée, 30 novembre 1473. (C. L. XVII, 596.)

Loys, etc., à nostre amé et féal conseiller en nostre cour de parlement à Bordeaux, M°. Bertrand de Brossa, salut et dilection.

Comme il soit venu à nostre cognoissance que puis peu de jours en ça le cardinal d'Alby (4) soit allé de vie à trepas, et au moyen de ce, tous et chacuns les benefices qu'il tenoit à nostre

―――――

(1) Association connue de cités commerçantes de diverses parties de l'Europe. Il ne reste de cette association que les villes particulièrement désignées par le nom de villes anséatiques. (Pastoret.)

(2) V. notes sur la loi du mois de mai 1825, sur la capacité des couvents de femmes de recevoir jusqu'à concurrence de 10,000 fr. (Isambert.)

(3) V. art. 26, ordon. d'avril 1453. (*Idem.*)

(4) Geoffroi, d'abord évêque d'Arras. Il devint cardinal pour avoir secondé de tout son pouvoir le desir qu'avait le pape de faire révoquer par Louis XI la pragmatique sanction de Charles VII. (Pastoret.)

royaume soient vacans et destitués de pasteur, et par les droits, privileges, prerogatives et preeminences de nostredict royaume, il ne soit loisible ne permis à aucun de faire aucune election, mesmement des benefices estant en fondation royal, sans premierement le nous faire sçavoir, ou avoir de nous congé ou licence sur ce; desquels droits nous avons jà tousjours joui et encore jouissons de present:

Pour ces causes, vous mandons, commandons et expressément enjoignons que, incontinent et sans delay, vous faictes ou faictes faire, de par nous, inhibition et deffense, sous certaines et grandes peines à nous à appliquer, et sur peine d'encourir nostre indignation, aux religieux et chapitre de l'abbaye de Bonnecombe, qu'ils ne procedent à faire aucune election de futur pasteur sans avoir de nous nostredict congé et licence, et en outre, pour ce que sommes protecteur general de l'Eglise gallicane, et que, pendant ladicte vacation, les biens, droits et possessions de ladicte abbaye, pourroient estre dissipés, degastés et usurpés par les vassaux et subjets d'icelle et autres, et aussi, qu'en ladicte abbaye a plusieurs places et lieux forts, esquels est bien requis avoir, de par nous, gardes à nous féables; voulons que tous et chacuns les biens de ladicte abbaye qui de droit doivent appartenir au futur pasteur et abbé d'icelle, que aussi le temporel de ladicte abbaye, vous prenez et mectez en nostre main, et sous icelle les faictes regir et garder par bons et suffisans commissaires qui en sachent et puissent rendre bon compte *et reliqua*, quand et à qui il appartiendra et que par nous ordonné sera, en prenant et exigeant le serment d'eulx en tel cas accoustumé, et à ce faire et souffrir contraignez ou faictes contraindre tous ceulx qui pour ce seront à contraindre réaument et de faict, tout ainsi qu'il est accoustumé de faire pour nos propres affaires, non obstant oppositions ou appellations quelconques, pour lesquelles ne voulons estre différé, et quelque commission ou garde qui par nos seneschaux de Rodés, Rouergue ou autres, pourroit avoir esté mise esdicts temporel ou places de ladicte abbaye, de ce faire vous donnons plein pouvoir, auctorité, commission et mandement special; mandons et commandons à tous nos justiciers, officiers et subjects, que à vous et chacun de vos commis et deputés, en ce faisant, obeissent et entendent diligemment.

Donné, etc.

N°. 177. — ARRÊT *de la Cour des aides qui déclare nulles des lettres de rémission accordées par le roi, et condamne les coupables, malgré ces lettres, à un bannissement perpétuel, et des amendes envers les parens du mort, etc.*

Paris, 20 décembre 1473. (C. L. XVII, 602.)

N°. 178. — ORDONNANCE *sur le cours des monnaies de France et de quelques monnaies étrangères.*

Chartres, 28 décembre 1473. (C. L. XVII, 597.) Pub. au Châtelet, 8 janv.

N°. 179. — LETTRES *qui exemptent des tailles, g. et des gardes des portes, Jeanne Laisné et son mari, en récompense de la conduite de cette femme au siège de Beauvais.*

Senlis, 22 février 1473. (C. L. XVII, 585.)

N°. 180. — ÉDIT *par lequel le roi intervient dans des querelles philosophiques et théologiques contre les nominaux* (1).

Senlis, 1er mars 1473. (C. L. XVII, 607.)

LUDOVICUS, etc. Et si regalis providencie populum auctoritati sue divinâ dispensatione creditum, fidei et religionis titulo, ingenuisque moribus et disciplinis, ac verâ et sanâ clarorum virorum doctrinâ, institui facere atque ornari maxime interest, nos tamen, qui regno christianissimo, divine propiciacionis permissione, prefecti sumus, id potissimum curare tenemur, ut fidei puritas in Galliis, que sole errorum seu hereseum monstris caruerunt, inconcussa atque omni prorsus erroris caligine intacta permaneat; ob cujus quidem integerrimam deffensionem clare felicisque memorie Francorum Reges liliati predecessores nostri

---

(1) Ceci prouve l'ignorance des vrais principes du droit public et de la raison. (Isambert.)

Quel est l'objet de la dialectique? Sont-ce les choses? Sont-ce les paroles? Les défenseurs de la première opinion furent désignés par *réalistes*; les défenseurs de la seconde, par *nominaux*. Dès le XIe siècle, la France fut sourdement agitée par ces misérables disputes; des hommes distingués par leur talent et leur savoir s'y laissèrent même entraîner. Les injures, les sophismes, les déclamations, les accusations les plus insensées, duraient depuis quatre siècles dans les écoles et hors des écoles, quand Louis XI porta cette loi, dont il modifia l'exécution quelques années après, comme on le verra dans une des notes suivantes. Est-

qui christiane semper religionis et catholice veritatis fuerunt ferventissimi zelatores, merito Christianissimi vocati sunt. Sic Karolus Magnus, Rex et Imperator gloriosissimus, studiosos quidem viros, Bedam scilicet; Rabanum, Strabum, Alcuinum (1) aliosque complures famosissimos atque eruditissimos ex urbe Romana ad inclitam urbem nostram Parisiensem idcirco transduxit, quo illic generale ex omni nacionum lingua studium institueret. Qui profecto doctores suis preclaris moribus, doctrina et disciplinis idem studium ita refertum reliquerunt, ut eorundem predecessorum nostrorum, Francorum Regum, ope atque auxilio, in hanc usque diem, non modo celeberrimum, verum etiam fructuosissimum atque florentissimum ubique terrarum habitum sit, ab omnique supersticionis et heresis macula alienum : quod ita sane contigisse minime ambigimus propter doctrine sinceritatem quam iidem ipsi auctores ibidem, aliique clarissimi regentes atque doctores, plantare ac serere curaverunt, heresim (2) inde et errorum spinas atque tribulos funditus evellentes, abjicientesque et penitus resecantes periculosas ac inutiles, et ad perniciosa scandala potius quam ad fidei edificacionem declinantes doctrinas superfluas quoque questiones omnino prorsus rescindentes precipue clara Theologorum Facultas, que, velut sydus quoddam fulgentissimum, suorum claritate radiorum, non solum regnum nostrum, sed etiam universum orbem accendit atque illustrat, utiliores semper doctrinas amplectens, minusque utiles penitus abscindens. Sic namque, priscis temporibus, illud antiquissimum nominatissimumque Atheniense studium, quod jam olim omnis Grecia universusque terrarum orbis coluit, doctrinam Socratis et Platonis doctrine Thaletis Milesii, Biantis, ceterorum que quos Greci sapientes appellabant, quoniam ex et fructus uberiores provenirent, preponere non dubitavit. Sic deinde Gregorius ille Magnus, olim Pontifex maximus, sacrarum litterarum doctissimus interpres, verbique divini maximus preco, Marci Tullii Ciceronis libros, miro dicendi lepore refertos quoniam juvenes, ejusdem auctoris mira suavitate sermonis illecti, sacrarum litterarum studium omittentes, majorem etatis sue florem in eloquencie Tulliane studio consumebant, quoad potuit, diligentissime suppressit. Quo fit ut nos quoque, eorumdem pre-

---

(1) V. Brucker, Hist. critiq. de la philosophie, périod. 2, part. II, liv. II, c. 2, § 12 et suiv., p. 577 et suiv. (Pastoret.)

(2) Les sectateurs des deux opinions s'accusaient mutuellement d'hérésie. (Id.)

decessorum nostrorum vestigia sequentes, summopere niti deceat quo predictum Parisiense studium, in quo fidei lumen semper maximè claruit, ingenuisque quidem moribus sanâque disciplinâ, ac summorum Realiumque auctorum doctrinâ (1) ceteris quibuscumque minùs necessariis doctrinis penitùs sublatis, deinceps perpetuò, nostris potissimùm temporibus, ad Dei omnipotentis laudem, ecclesie sue sancte edificacionem et fidei orthodoxe incrementum, feliciter illustretur. Cùm itaque à quibusdam quorum erga nos, predictamque filiam nostram carissimam Universitatem Parisiensem, totamque rempublicam nostram, maximis in rebus fides comprobata est, nobis, his diebus, nunciatum exstiterit, saluberrimas leges atque statuta à summis olim Pontificibus eorumque legatis ac eciam à predecessoribus nostris Francorum Regibus rite debitèque sancita, ac in eadem Universitate publicata, minimè aut parùm per complures ejusdem Universitatis studentes esse observata; verùm, quoniam iidem ipsi studentes, exempla ingenuosque patrum mores imitari dedignantes, vite dissolutiori corruptisque moribus assiduè insistunt, quamplurima in dies vicia pullulant; necnon etiam alios quosdam, suo nimiùm ingenio fretos, aut rerum quidem novarum avidos, steriles doctrinas minùsque fructuosas, omissis eorumdem patrum Realiumque doctorum solidis salubrioribusque doctrinis, quamquam eas ipsas steriles doctrinas, in toto aut in parte, eorumdem statutorum tenore dogmatizare prohiberentur, palàm legere ac sustinere non vereri.

Nos autem id, ut Regem Christianissimum decet, egrè molestèque ferentes, signanter quòd aurum virtutis sacrorumque morum in viciorum scoriam convertatur, et preterea, quòd steriles aut minùs fructuose seu erroribus proximiores doctrine in preclaris inserantur ingeniis, cupientesque ideo, ut ne unde virtutum, sapiencie atque doctrine fulgor elucescere atque emanare deberet, inde viciorum errorumque tenebre proveniant, iis scilicet incommodis salubri nostris presertim diebus remedio ocurrere, dilectum et fidelem consiliarium nostrum et confessorem, episcopum Abrincensem, predicte Universitatis alumpnum,

---

(1) On peut voir, sur les réalistes et les nominaux et leur doctrine, le tome III de l'Histoire critique de la philosophie par Brucker, périod. 2, part. II, liv. II. et le discours préliminaire du tome VII de l'Histoire littéraire de la France. (Pastoret.)

sacrarumque litterarum eximium professorem Parisius, apud eamdem Universitatem destinandum censuimus, qui tandem, posteaquam de hujusmodi oberracionibus ei debite constitit, convocavit sibique jussu et mandato nostro ascivit quamplurimos sacre theologic professores, ejusdemque et ceterarum facultatum et nacionum ipsius Universitatis doctores atque magistros, vite et morum integritate, litterarum peritia, summa etiam virtute et rerum gerendarum experiencia comprobatos. quorum nomina sunt hec : et primo, facultatis theologie, magistri Guillelmus Bouylle, decanus ejusdem, Donatus de Puteo, Guillelmus de Castro-Forti, Ursinus Tyboult, Thomas Troussel, Anthonius Ursi, Johannes Patin, Petrus Caros, Jo. Vatat, Lucas de Molendinis, Jo. Bavent, Stephanus Gervasii, Bardinus. Heredis, Jo. De Rocha, Berengerius Mercatoris, Petrus Martini, Jo. Cossart, Matheus Sanquet, Stephanus Grandis, Jo. De Lapide, Amator Chetart, omnes predicte facultatis theologie doctores; facultatis autem decretorum, magistri Stephanus Parvi, alias de Veteri-Villa, decanus ejusdem, Robertus Tulleu et Guillelmus de Castillon, omnes ipsius facultatis decretorum doctores; facultatis vero medicine, magistri Johannes Basin, decanus ejusdem, Guillelmus de Algia, Jo. Avis, Jo. Roris et Rassa Madidi, omnes dicte facultatis medicorum doctores; facultatis autem arcium, et primo nacionis Francie, magistri Johannes de Martiniaco, procurator ejusdem, Johannes Pluette, Johannes Rorerii, Yvo Calvi, Jo. Colini, Petrus Scissoris et Petrus Gratias, nacionis vero Picardie, Petrus Caronis, procurator ejusdem, Gaufridus Normanni, Jo. Benedicti, Jo. Hanen et Jo. Remigii; nacionis quidem Normannie, magistri Robertus Laloigne, procurator ejusdem, Jo. Vailes, Radulphus de Monsignet, Petrus Succuribilis et Nicholaus Murdrac; et nacionis Alemannie, magistri Franciscus de Butezlaidem, procurator ejusdem, Jacobus Hoult, Jo. Scriptoris et Nicholaus Tinctoris, omnes in dicta arcium facultate regentes seu magistri; quibus omnibus, cum eodem consiliario et confessore nostro, post ingentem ejusdem rei consultacionem, uno animo unoque consensu, nemine penitus ipsorum discrepante seu contradicente, visum est quod pro eorumdem scolarium et studencium vite, morum et discipline reformacione, statuta jam olim et pluries in eadem Universitate, tam per nonnullos apostolicos legatos in regno nostro specialiter deputatos quam eciam per eamdem Universitatem et maxime per arcium facultatem facta, edita et publicata, satis abundeque sufficere

videntur, dummodo rite et inviolabiliter observentur, hoc uno
duntaxat excepto, quod artium temptatores (1), qui novissime
scilicet millesimo quadringentesimo quinquagesimo-secundo
annuales effecti sunt, unde predicte oberraciones aliique complures abusus atque deffectus provenerunt, continuabuntur per
cancellarios Beate Marie et Sancte Genovefe Parisiensium, presentes et futuros, ad tale longum tempus quod eis sanctius videbitur faciendum, prout et quemadmodum ante predictum tempus id erat fieri consuetum, annuente et assenciente beatissimo
patre nostro summo Pontifice; qui quidem cancellarii viros moribus sanaque doctorum Realium inferius nominatorum doctri.
eruditos in hujusmodi temptatorum officiis preficere et instituere
tenebuntur. Visum est eis rursus doctrinam Aristotelis, ejus commentatoris Averroys, Alberti Magni, Sancti Thome d. Aquin.
Egidii de Roma, Alexandri de Hallis, Scoti, Bonaventure, aliorumque doctorum Realium, que quidem doctrina retroactis
temporibus sana securaque comperta est, tam in facultate artium quàm theologie, in predicta Universitate deinceps more con-
sueto esse legendam, dogmatizandam, discendam et imitandam,
ac eamdem ad sacrosancte Dei ecclesie ac fidei catholice edificacionem, juvenumque studencium erudicionem, longe utilio-
rem esse et accommodaciorem quàm sit quorumdam aliorum
doctorum renovatorum doctrina, ut puta Guillelmi Okam (2), mo-
nachi Cisterciensis, de Arimino, Buridani, Petri de Aliaco,
Marsilii, Adam Dorp, Alberti de Saxonia, suorumque similium,
quia nonnulli, ut dictum est, ejusdem Universitatis studentes,
quos Nominales seu Terministas vocant, imitari non verentur.

Quapropter nos, qui nihil, humanis in rebus, ad predicte
ecclesie decus et fidei orthodoxe tuicionem, verâ clarissimorum
sanctissimorumque virorum sentenciis comprobatâ doctrinâ esse
salubrius existimamus, desiderantes ideo ut scolares in eamdem
Universitatem optimarum videlicet artium discendarum gratiâ
confugientes, iis potissimùm moribus, disciplinâ et litteris ins-
truantur atque imbuantur, que non modò sibi ipsis, verum eciam

---

(1) Examinateurs, juges de la capacité des élèves qui se présentent pour
des grades. (Pastoret.)

(2) V. sur ce philosophe, sa doctrine, ses écrits en faveur des rois contre les
papes, etc., Brucker, *dicto loco*, t. III, p. 846 et suiv. Brucker parle de la plupart des autres qu'on désigne ici, dans le même volume, période 2, part. II,
liv. II, c. 3, sect. 2, *de Scholasticis*. (Idem.)

saluti totius populi christiani maximè prodesse valeant, auditâ et attentè cum magni consilii nostri gentibus consideratâ deliberacione predictâ, statuendum duximus et expressè edicendum, presenciumque tenore, de nostre regie potestatis et auctoritatis plenitudine, certâque scientiâ, statuimus et edicimus quòd, pro eorundem scolarium et studencium à recta veraque via, moribus et disciplinâ oberrancium reformatione, statuta jam pridem, ut dictum est, per legatos apostolicos, per dictamque Universitatem et arcium facultatem, facta et edicta, ritè ac inviolabiliter de cetero observentur, hoc uno duntaxat, ut supra dictum est, excepto, quòd dicti arcium temptatores à dictis Beate Marie et Sancte Genovefe cancellariis, presentibus et futuris, usque ad tale longum tempus quod eis melius et commodius videbitur faciendum, continuari suisque in officiis manuteneri poterunt et debebunt, annuente et consenciente summo Pontifice, modò superius declarato.

Et ulteriùs statuimus et edicimus quòd predicta Aristotelis doctrina, ejus commentatoris Averroys, Alberti Magni, Sancti Thome de Aquino, Egidii de Roma, Alexandri de Hallis, Scoti, Bonaventure, aliorumque Realium doctorum, quorum doctrina, ut dictum est, retroactis temporibus, sana securaque comperta est, tam in sacre theologie quàm arcium facultatibus, in predicta Parisiensi Universitate deinceps more solito legatur, doceatur, dogmatizetur, discatur et intimetur; alteram autem predictorum Nominalium, tam expressatorum quàm aliorum quorumcumque sibi similium, in eadem Universisate nec alibi quoquoversùm in regno nostro, deinceps, palàm nec occultè, aut quovismodo nullatenus esse legendam, docendam et dogmatizandam aut aliquatenus sustinendam, expressè decernimus. Et ut illa, tanquam folium ex tritico divellitur, ab eodem regno nostro evanescat et eliminetur, universis predicte Universitatis collegiorum prefectis, pedagogis, regentibus et magistris presentibus et futuris, prohibendum duximus, ac ex nunc presencium tenore prohibemus, ne, sub penis inferiùs expressatis, eamdem ipsam doctrinam suis in scholis, nec aliàs quovismodo, publicè nec occultè, dogmatizent, doceant, legant nec studeant. Que omnia et singula predicta, ut firmiter observentur, suumque debitum sortiantur effectum, ulteriùs statuimus et edicimus quòd predicte Universitatis rector modernus, decani facultatum theologie, decretorum et medicine, ac eciam quatuor nacionum procuratores, in facie tocius Universitatis, presentibus dilectis et fidelibus consiliariis nostris, curie Parlamenti nostri presidentibus, et preposito Parisiensi aut ejus locumtenente, quos et eorum quemlibet ad hec et alia infrà scripta exequenda expressè committendos deputavimus et deputamus, omnes autem et singuli doctores, collegiorum prefecti, pedagogi, regentes et magistri, ceterique omnium predictarum facultatum scolares, tam seculares quàm religiosi, cujuscumque gradùs, statùs, ordinis et professionis existant, in manibus predicti rectoris corporaliter jurabunt hoc presens statutum et edictum nostrum se inviolabiliter observaturos (1), quorum quidem nomina qui sicut dictum est jurabunt, inscribi volumus in libro rectorio ejusdem Universitatis; et quòd omnes et singuli predicti rectoris moderni in eodem rectorio officio successores, in nova eorumdem creacione, idem jusjurandum, preter cetera que fieri solita sunt juramenta, prestare tenebuntur; insuper, quòd predicti Beate Marie et Sancte Genovefe cancellarii, presentes et futuri, neminem penitùs ejusdem Universitatis studentem ad quamvis cujuscumque facultatis licenciam neque gradum admittere nec recipere possint aut debeant, nec eciam predicti procuratores aliquos scolares ad baccalariatùs gradum admittant, nisi priùs, una cum aliis juramentis prestari solitis, suis in manibus predictum prestiterint juramentum.

Quocirca predictis Parlamenti nostri presidentibus, prepositoque Parisiensi aut ejus locum tenenti, presentibus et futuris, et eorum cuilibet in solidum, harum serie precipiendo mandamus quatinus, predictis rectore, doctoribus, collegiorum prefectis, pedagogis, magistris tam regentibus quàm non regentibus predicte Universitatis, uno in loco, ut fit, invicem sollemniter congregatis, has presentes edicti et statuti nostri litteras legi et publicari, ac ipsas in ceterorum edictorum ac statutorum regiorum rectorio et facultatum ac nacionum predicte Universitatis cathalogis seu libris inscribi, idemque statutum et edictum inviolabiliter observari faciant, inhibendo seu inhiberi faciendo, ex parte nostra, omnibus ibi tunc assistentibus et aliis quibus fuerit inhibendum, sub pena privacionis, non modò à predicta Universitate et privilegiis ejusdem, verùm eciam à tota civitate

---

(1) Peu de jours après l'édit de Louis XI, il y eut une assemblée générale de l'université, pour prêter le serment prescrit. Il ne fut refusé par aucun de ses membres; seulement, dans la faculté de théologie, quelques personnes ne voulurent le faire que conditionnellement. (Du B. p. 710; mais voyez la note 1 de la page suivante.) (Pastoret.)

Parisiensi, ne quis ipsorum contra presencium tenorem quicquam moliri aut actemptare palàm nec occultè quoquomodo presumat; si quis autem ordinacionem ipsam inobedienter sustinuerit, non solùm eum ejusdem pene declaratione, sed eciam, ut ceteris de se spectaculum prebeat, cedatque in exemplum, usque ad bannimentum seu potiùs tocius regni nostri perpetuum exilium, et alias arbitrarias penas, secundùm delinquentis persone qualitatem et sui criminis et inobediencie gravitatem, esse multandum atque plectendum expressè declaramus, preter tamen nostre regie majestatis indignacionem, quam eumdem ipsum delinquentem casu predicto incursurum, ex nunc prout ex tunc, decernimus per presentes. Preterea, ne predicta Nominalium doctrina quicquam non modò vigoris, sed nc fomitis quidem, in hoc regno in posterum habere possit, mandamus insuper primo predicti Parlamenti nostre curie presidenti, eidem specialiùs committentes, quatinus omnes et singulos ipsius Universitatis libros et apud ejusdem Universitatis supposita existentes, ex quibus eadem ipsa Nominalium doctrina procedit, in manu nostra realiter et de facto capiat seu capi faciat (1), sub facto ex eis debite inventario custodiat, quousque libros ipsos per viros litterarum peritia comprobatos atque expertos fecerimus visitari, de eisdemque, quod fuerit racionis, extiterit ordinatum. Ad id autem faciendum et ad libros ipsos in predicti presidentis manus afferendum, eique ac suis in hac parte deputatis parendum volumus, ab eoque suisque deputandis omnes et singulos quos opportunum fuerit, veluti nostris pro rebus et negociis est fieri consuetum, viriliter cogi ac districtiùs coarctari, eidemque ac suis deputatis, ab omnibus et singulis justiciariis et officiariis nostris, quoad hec, pareri efficaciter et intendi jubemus per presentes, quarum transsumpto seu vidimus, uno aut pluribus sub sigillo regio confectis, fidem indubiam, veluti huic originali, ubique adhiberi volumus.

---

(1) On avait seulement envoyé au premier président un exemplaire des ouvrages condamnés par l'édit du roi. On demanda que tous les exemplaires qu'on en serait lui fussent remis. L'université envoya une députation au roi, qui accorda ce qu'elle demandait. D'autres modifications furent successivement mises aussi à l'exécution de l'édit. Les anathèmes cessèrent, les livres furent rendus, et le roi permit d'étudier ce qu'on voudrait. L'université reçut avec joie et reconnaissance cette nouvelle décision royale, qu'elle même avait provoquée. V. du Boulay, t. V, p. 710 et suiv., 739 et suiv. (Pastoret.)

In quorum omnium premissorum fidem et testimonium, nostrum presentibus litteris fecimus apponi sigillum.

Datum Per Regem, domino Duce Borbonii, Episcopo Albiensi, dominis de Argentonio, de Genlyaco, magistro Johanne de Ambasia et aliis presentibus.

N°. 181. — LETTRES *qui nomment l'évêque d'Alby président des états de Languedoc, et qui déterminent ses pouvoirs* (1).

Senlis, 6 mars 1473. (C. L. XVII, 615.) Reg. au parlem. de Toulouse, le 18 mai 1474.

Loys, à tous ceulx, etc. Comme nous ayans toujours accoustumé par cy-devant ordonner, commectre et establir en nostre pays de Languedoc aucun notable personnaige et de grande authorité, à nous seur et féable, pour presider, assister et resider en nostredict pays, en l'absence de nostre très-chier et très-amé frere et cousin le Duc de Bourbon et d'Auvergne, nostre lieutenant general et gouverneur en icelluy nostre pays de Languedoc, tant aux assemblées et conventions des trois états qui y ont accoustumé estre faictes, et y avoir l'authorité et prééminance, et ès autres grandz, principaux et urgens affaires d'icelluy nostre pays, soit pour le faict et gouvernement de la police et le bien de la chose publicque d'icelluy et autres choses qui peuvent et pourroient survenir en icelluy pays, et qui ait la principale conduite, charge et adresse en chef de par nous, en et sur tous nos faitz et affaires de la chose publicque de par de-là, tant pour nos droitz et les fins et mectes d'icelluy, que aussi pour les tailles et imposts et equivalans aux aydes, et semblablement pour pourvoir aux plaintes et doleances qui peuvent survenir en icelluy, et pour entretenir les habitans d'icelluy pays en bonne amour, douceur et vraye obeissance envers nous, et en ensuivant la manière de ce faire qui a accoustumé estre gardée audict pays du vivant de feu nostre très-chier seigneur et pere, que Dieu absolve, et pareillement depuis nostre advenement à la couronne, par aucuns notables et grandz personnaiges à ce commis et depputez, tant de part icelluy nostre feu seigneur et pere que de par nous, à ce que, par default d'y mectre et donner bon ordre et provision, aucun dommaige, prejudice et inconvenient n'en advenist à nous

---

(1) Tout ce qui touche à la représentation nationale est important. (Is.)

se à la chose publicque de nostredict pays de Languedoc, et aussi de nostredict royaume :

Sçavoir faisons que nous, desirans singulierement nostredict pays de Languedoc et les habitans et demourans en icelluy estre toujours de bien en mieux traictés en toute douceur et entretenus en bonne police, ordre et justice, par personnes notables et à nous seures et féables, confians entierement des grandz sens, science, prudence, loyauté et grande diligence de nostre chier et féal cousin et conseiller Louis d'Amboize, evesque d'Alby, icelluy, pour ces causes et autres à ce nous mouvans, avons, de nostre propre mouvement, plaine puissance et authorité royale, faict, constitué, ordonné et estably, faisons, constituons, ordonnons et establissons, par ces presentes, nostre president esdicts trois estatz et autres nos grandz et urgentz faicts et affaires, et à tous nos consaulx qui y seront tenus et faicts d'ores en avant en la maniere devant dicte soit pour le faict de la police dudict pays et de la chose publicque, soit pour le faict de nos finances et autres affaires generaux, communs et particuliers, en quelque maniere que ce soit (1), pour icelle charge de president faire et exercer par icelluy nostre cousin et conseiller, par la maniere que dessus, aux honneurs, prerogatives, privileiges, franchises et libertés qui y appartiennent, tant qu'il nous plaira; et auquel en outre nous avons donné et donnons, par cesdictes presentes, pouvoir, authorité et faculté de octroyer sur ce et donner les provisions des cas urgens, et où il seroit besoin donner prompte provision pour la seureté du pays et de la justice.

Et pour certaines causes à ce nous mouvans, nous, par ces presentes, avons deschargé et deschargeons nostre amé et féal cousin et conseiller l'evesque du Puy, de la charge et administration qu'il avoit par cy-devant audict pays, touchant nos affaires, soit par commission de nous ou autrement, en quelque maniere que ce fust; et avesque ce, avons, par cesdictes presentes, donné et donnons à nostredict cousin et conseiller l'evesque d'Alby pouvoir d'user de sadicte presidence et authorité comme dessus, en nostre pays de Perpignan, Roussillon et Cerdaigne, et aussy en nos pays de Bourdelois et de Guienne; et avecques ce, de de-

---

(1) Les deux autres commissaires nommés par le roi, pour l'assemblée des états de Languedoc, furent Imbert de Varey, général des finances, et Antoine Bayard, receveur et général des finances dans cette province. (Pitaval.)

cider et avoir la connoissance du faict des navires estrangiers venans et arrivans par mer et autrement ès fins et limites d'icelluy pays; et avecques ce, de contraindre et faire contraindre tous et chascun nos officiers dudict pays de Languedoc sur le faict de nos aydes ou esquivalans au lieu d'icelles, dont les aucuns sont demourans en nostre ville de Montpellier, les autres au Puy, et les autres à Narbonne et ailleurs audict pays, et ne font pas la residence que faire doivent ès mectes et lieux de leurs offices, pourquoy nostre justice a esté moins que duement exercée, et nos subjectz et autres qui avoient affaires par-devant eux, souventesfois molestez et travaillés par deffaut d'avoir expedition de bonne justice, à faire leur residence et demourance en nostredicte ville de Montpellier ou ailleurs en nostredict pays, ainsi que par icelluy nostre conseillier sera advisé et ordonné, et qu'il verra estre à faire pour le mieulx et pour le prouffit et utilité de nous et de la chose publicque dudict pays, et generalement de faire et faire faire, touchant les choses dessusdictes et les dependances, tout ainsy que ferions et faire pourrions, combien que la chose requist ou requiere commission plus especialle.

Sy donnons en mandement, etc.

Donné à, etc. Par le Roy, le gouverneur du Dauphiné, le seigneur d'Argenton et autres presens.

N°. 182. — LETTRES *portant suppression des offices d'examinateurs au Châtelet, qui excèdent les 16 créées par les précédentes ordonnances.*

Ermenonville, mars 1473. (C. L. XVII, 621.)

N°. 183. — ÉDIT *qui casse les quatre prudhommes administrateurs de la ville de Bourges, à cause d'une rebellion, et lui nomme un maire et 12 échevins, sujets à être renouvellés chaque année* (1).

Senlis, 27 mai 1474. (C. L. XVIII, 10.)

---

(1) Des lettres de Charles VIII, en 1483, réduisirent ce nombre de 12 à 4. (Pastoret.)

N° 184. — LETTRES *sur le gouvernement municipal de la ville de Sens* (1).

Senlis, juin 1474. (C. L. XVIII, 16.)

Loys, etc. Comme, entre les autres choses moyennant lesquelles les grans, notables et anciennes citez de l'universal chrestianité de tout le monde aient esté entretenues, accreues et augmentées, il ait esté ordonné et establi principalement certain nombre des plus notables, prudens, experimentez en affaires touchant le bien, regime, police, gouvernement et administration de la chose publicque d'icelles, par le bon et grant adviz, seur conseil, meure deliberacion, grant sollicitude et continuelle diligence desquels elles ont esté souventeffoiz tellement augmentées, eslevées et exaulcées, que à tousiours il en a esté, est et sera perpetuelle memoire; et posé que aucunes d'icelles, par fortune de guerre ou autre grief et sinistre meschief ou inconvenient, aient esté presque du tout subverties et disruptes, touteffoiz elles ont depuis esté par le moyen que dict est, plus que par armes et exploits de guerre, tellement restaurées, repeuplées et refaictes, qu'elles sont parvenues à beaucoup plus magnifique et grant prosperité que par avant; et se d'avanture y avoit eu d'aucunes qui fussent tombées en totale ruine et desolacion, ce auroit esté plus par faulte de bonne police, bon gouvernement et de grant conduite, et par mauvaises, intestines et inciviles dissensions, debasz, controverses et discors, que par autre maniere; et ont tousiours esté dictes et reputées très-eureuses, et non sans cause, celles qui ont esté et sont gouvernées par gens saiges et prudens, et les autres au contraire; et pour ce, soit du tout notoire que, pour le bien et augmentation de toutes villes et citez, soit besoing et requis très-necessairement que elles soient tousiours regies et gouvernées par bon conseil, union et police: sçavoir faisons à tous presens et advenir, que nous, aians regard aux choses dessusdictes, et à ce que nostre ville et cité de Sens, qui est le chief, à cause de la dignité archiepiscopale, de nostre pays de France, et l'une des plus anciennes et notables citez de nostredict royaume, et laquelle, tant à l'occasion des guerres que autrement, et mesmement, que, depuis

---

(1) Cette pièce nous a paru assez importante pour être copiée. (Isambert.)

certain temps en ça, en icelle n'a esté amplement usé de leur droit de communauté, combien que d'ancienneté y eust en droit de communauté en ladicte ville, à esté et est très-fort diminuée et appouvrie, et les fossez, murailles, portaulx, bolevers et autres emparemens et communs affaires d'icelle si mal traictez, regis, gouvernez et conduitz, que, si ordre et provision n'y estoit mise et donnée, grant inconvenient, que Dieu ne veuille, y pourroit survenir, au très-grant prejudice de nous et desdicts habitans de tout le pays d'environ et de la chose publicque de nostre royaume; reduisans aussi à memoire la très-grant, parfaite, vraye et singuliere loyaulté et obeissance que ceulx de ladicte ville et de tout le pays, tant gens d'esglise, nobles, noz officiers, que autres, ont tousiours inviolablement gardée, et sans aucune discontinuacion, envers noz predecesseurs Roys à la couronne de France, avons, pour ces causes et consideracions, et par l'advis et deliberacion des gens de nostre conseil, voulu, ordonné et declairé, voulons, ordonnons et declairons, que d'ores en avant, pour l'entretenement de la police, les poins et articles cy-après declairez soient tenuz et observez en icelle nostre ville et cité de Sens, en la maniere qui s'ensuit:

Et premierement. Que par les habitans de ladicte ville et cité, en assemblée generale qui se fera de deux ans en deux ans, seront nommés seize ou dix-huit personnaiges des plus notables et propices, les noms desquelz nous seront envoyés par roolle clos, signé et scellé, pour en choisir et eslire unze telz qu'il nous plaira, et qui, pour lesdictes deux années, seront par nous establis et instituez à regir et gouverner ladicte ville et police d'icelle; duquel nombre se fera ung maire, quatre eschevins et quatre conseillers, ung procureur qui se nommera clerc de ladicte ville, ung receveur des deniers communs d'icelle.

(2) *Item.* Lesquels, ainsi esleuz, nommez et instituez comme dict est, seront contraincts, par nostre bailly dudict lieu ou son lieutenant, et par prise de corps et de biens, et autres voyes deues et raisonnables, nonobstant opposicions ou appellacions quelzconques, d'accepter ladicte charge, s'ils ou aucun d'eulx n'y avoient esté deux ans continuelz, precedans sans moyen la nomination ou eslection derreniere, ou qu'il y eust autre legitime excusation evidente et necessaire.

(3) *Item.* Et au cas que l'ung desdicts maire, eschevins et autres desdicts ainsi nommez et instituez que dict est, yroient de vie à trespas pendant lesdictes deux années, nostredict bailly

JUIN 1474.

ou son lieutenant, par le conseil et adviz desdicts maire et eschevins, y pourra pourveoir et subroguer un autre en son lieu.

(4) *Item*. Et auront lesdicts maire, eschevins et conseillers povoir et auctorité plainiere de adviser, deliberer, decider et conclure tout ce qu'ils verront estre expedient pour le bien, utilité
et prouffit de la chose publicque d'icelle ville et cité, tant pour
l'entretenement des murs, fossez, pavez, chaussées, pons, garde
et seureté de ladicte ville, et autres choses concernans l'onneur
et prouffit d'icelle comme autrement, sans qu'ils soient tenus
assembler plus grant nombre de gens, sinon que, pour aucune
matiere grande, pesante ou difficile, feust expediant d'appeler
noz officiers illec, ou autres notables gens d'icelle ville.

(5) *Item*. Et aura ledict maire qui sera pour lesdictes deux années la presidence, prééminence et prerogative sur lesdicts personnaiges, de mectre en deliberacion les matieres, demander
opinions, conclure, laquelle conclusion il sera tenu executer ou
faire mectre à execution.

(6) *Item*. Et, pour ce faire, pourront lesdicts maire et eschevins choisir et prendre deux de noz sergens, ausquels ils assigne-
ront gaiges raisonnables, tant pour executer lesdictes conclusions, que pour signiffier les assemblées qui se feront, assister à
icelles, et faire autres choses qui leur seront commandées par
ledict maire.

(7) *Item*. Et seront tenues toutes personnes demourans en ladicte ville et cité, gens d'eglise et autres, obeyr ausdicts maire
et eschevins et conseillers, en toutes choses qui par eulx auront
esté deliberées et conclues, touchant le faict de la communaulté
et chose publicque.

(8) *Item*. S'aucuns se rendoient rebelles ou desobeissans au
contraire, ou que par parolles feussent trouvés murmurans, de-
bectans ou mal parlans des gouverneurs ou du gouvernement
de ladicte ville, ledict maire les pourra prandre ou faire prandre
et constituer prisonniers, et incontinent les amener ou envoyer
en noz prisons, en signifiant à noz officiers les causes de ladicte
prise et emprisonnement, et leur administrant tesmoings, pour
iceulx estre punis selon l'exigence des cas.

(9) *Item*. Que lesdicts maire, eschevins et conseillers seront
tenus eulx assembler ordinairement deux fois la sepmaine du
moins, en l'hostel de la ville, aux jours de mardi et jeudi, à
heure de deux heures après midi, pour traicter et communiquer
les negoces et affaires de ladicte ville, et pour oyr les requestes,

doleances ou remonstrances qui se feront ou pourront faire par les habitans de ladicte ville, pour y pourveoir ainsi qu'ils verront estre à faire par raison, et que de tout ce qui sera faict et appoincté par eulx, s'en faira registre, qui sera signé par ledict clerc, ou l'un desdicts conseillers en son absence.

(10) *Item.* Et au cas qu'ils ou aucun d'eulx ne compareront à heure ordonnée pour tenir leur eschevinaige, les defaillans seront enregistrés, et le registre baillé au receveur d'icelle ville par roolle, pour estre par luy rabattu pour chascun default douze deniers tournois sur les gaiges de chascun defaillant, et audict maire le double, s'il n'y a cause raisonnable par quoy ilz doivent estre excusez, laquelle ledict defaillant sera tenu faire sçavoir auxdicts lieu et heure par exoinateur, qui affirmera ladicte exoine, et icelle receue et admise par ledict maire.

(11) *Item.* Et en l'absence des defaillans pourront ceulx qui seront presens à ladicte heure, jusqu'au nombre de cinq, besoigner et conclure en ce qu'ilz verront estre à faire.

(12) *Item.* Que lesdicts maire et eschevins ne pourront commander ne faire faire assemblée generale sans le congé de nostre bailly ou son lieutenant, ne icelle assemblée faire sans la presence dudict bailly ou son lieutenant et noz officiers estans audict lieu.

(13) *Item.* Que, en toutes les choses qui toucheront noz faiz et affaires, lesdicts maire et eschevins seront tenus appeller nosdicts officiers, qui presideront à ladicte assemblée.

(14) *Item.* Que, les dessusdicts maire et eschevins et autres officiers auront et prendront leurs gaiges et salaires des deniers communs de ladicte ville, et auront, chascun an, les sommes qui s'ensuivent : c'est assavoir, ledict maire, douze livres tournois, et chascun desdicts eschevins huit livres tournois, et le receveur vingt livres tournois, et le clerc, vingt livres tournois, et chascun desdicts conseillers, quatre livres tournois, desquelz ledict receveur fera mise ordinaire, et luy seront allouez en ses comptes.

(15) *Item.* Ne seront lesdicts officiers ne aucun d'eulx, au moyen de leurs services, s'ils n'ont de nous especial previlleige d'affranchissement sur ce, francs de noz tailles et subsides.

(16) *Item.* Et ne pourront lesdicts maire et eschevins exempter ni affranchir ou moins imposer aucun de leurs contribuables de ladicte ville, soubz couleur d'aucuns voyages et services qu'ilz auroient faicts pour ladicte ville ou communaulté, mais, en ce cas, pourront tauxer les salaires de celui ou ceulx qui auroient

ainsi faiz lesdicts voyaiges et services, et les faire payer des deniers communs de ladicte ville.

Et du contenu en iceulx articles voulons que lesdicts maire et eschevins joyssent et usent à tousiours-mais, et aussi leurs hoirs et successeurs venans en leur lieu, ensemble des droictz, honneurs, libertez et franchises dessus declarés, et tout ainsi que font les autres maires et eschevins ayant mairie et eschevinaige, ès autres bonnes villes et citez de nostredict royaulme. Et affin que lesdicts eschevinaiges soient et puissent mieulx estre entretenus et continués, et pour leur ayder à entretenir l'orloge, le guet et autres choses necessaires d'icelle ville, et fournir aux frais et despenses que à ceste cause faire convient et conviendra, avons octroyé et permis ausdicts maire et eschevins, qu'ilz puissent disposer et faire de la riviere, laquelle d'ancienneté est appelée *la riviere franche*, appartenant à ladicte ville, ce qu'ilz verront estre bon à faire pour le prouffit et utilité d'icelle ville et communaulté, et avec ce, que d'ores en avant ils puissent prandre et lever sur chascun pain du poix de chapitre, vendu en ladicte ville et faubourgs, obole tournois, et demi-obole sur chascun pain de chasse, ainsi que de long-temps ont accoustumé de faire, pour les deniers qui en viendront et ystront, ensemble des deniers venans de tous autres aydes par nous à eulx octroyez et à octroyer, convertir et employer ès choses devant dictes et ès reparacions, fortifficacions et autres affaires necessaires de ladicte ville, par le conseil, advis et deliberacion desdicts maire, eschevins et conseillers d'icelle ville. Si donnons en mandement, etc.

Donné à Senlis, etc.

Par le Roy, le sire de Beaujeu, le grant maistre, le sire de Montagu, maistre Guillaume de Cerisay, et plusieurs autres presens.

N°. 185. — LETTRES *portant attribution exclusive de jurisdiction à la cour des aides, sur les aides et gabelles, avec pouvoir d'interpréter les ordonnances.*

Au Plessis du Parc, 29 juillet 1474. (C. L. XVIII, 32.)

Loys, etc. A nos amez et féaulx les generaulx conseillers sur le faict de la justice de noz aides et gabelles ordonnées pour la guerre, salut et dilection. Comme de tout temps et ancienneté, en ensuyvant les ordonnances royaulx sur ce faictes, la cognoissance d'iceulx aides et gabelles et des deppendances vous ait esté commise, ensemble l'interpretation desdictes ordonnances, sans ce que nostre court de parlement ne autres juges ou commissaires quelzconques en puissent ne doivent entreprendre aucune court, jurisdiction ne congnoissance au contraire, soit par commission de nous ne autrement en quelque maniere que ce soit, excepté toutesvoyes les esleuz et greneliers desdictes aides et gabelles qui en peuvent cognoistre en premiere instance et de partie à partie; neantmoins plusieurs eulx disans noz commissaires s'efforcent, en venant directement contre les choses dessusdictes et la teneur desdictes ordonnances, de cognoistre, decider et determiner desdictes aides et gabelles et des abuz qui s'y peuvent commectre de jour en jour, en coudempnant ceulx qu'ilz dient avoir transgressé lesdictes ordonnances pour avoir usé du sel non gabellé et autrement, en telles amendes que bon leur semble, et à icelles amendes paier les contraignent et font contraindre nonobstant opposicions ou appellacions quelzconques, tout ainsi que faire le pourriez en usant de vostre autorité et souveraineté, à la grande foulle et charge de nostre peuple, esclandre et derision de justice, et en très-grant mesprins de la congnoissance et souveraineté qui vous en est commise.

Pourquoy nous, ces choses considérées, et aussi, que mieulx et plus jurisdiquement les corrections et pugnicions de ceulx qui transgressent les ordonnances se peuvent faire par vous et chascun de vous, parce que d'icelles ordonnances vous estes à plain informez, et aussi de l'usaige communement observé en telles matieres, tant par les registres estans devers vous que autrement en maintes manieres, vous mandons et commandons et expressement enjoignons, et neantmoins commectons, que incontinent vous faictes exprès commandement de par nous, et sur grans peines à nous à appliquer, à tous juges et commissaires, de quelque pouvoir et auctorité qu'ilz usent, qui se sont entremis des choses dessusdictes ou pour le temps advenir s'en vouldroient entremectre en aucune maniere, que incontinent et sans delay ilz vous portent et envoient à leurs despens toutes les informations, condempnations et autres enseignemens qu'ilz en auront par-devers eulx, pour en estre par vous ordonné comme de raison, ensemble les commissions, mandemens et pouvoirs de ce faire, lesquelles commissions dès à present nous avons revocquées et revocquons, et les mectons du tout au neant par ces presentes, et à ce faire les contraignez et toutes autres que verrez estre à

...re, et à cesser de plus en cognoistre, par adjournemens per-...nelz, declaracion de peines et autrement, nonobstant oppo-...ons ou appellacions quelzconques, pour lesquelles ne vou-... estre par vous aucunement differé.

Vous mandons, en oultre, que si pour le temps advenir, par ...portunité de requerans ou autrement, nous octroyons aucunes ...tres, mandemens ou commissions contre la teneur de cesdites ...sentes, que ne permectez y estre obey en aucune maniere, ... faire toutes et chascunes les choses dessusdictes vous donnant ...ouvir, auctorité et mandement especial. Mandons et comman-...ons à tous nos justiciers, officiers et subjects, que à vous et à ...chascun de vous, voz commis et deputez, en ce faisant, obeis-...ent et entendent diligemment et vous prestent et donnent con-...il, confort, aide et prisons, se mestier est et de par vous requis ...en sont.

Et pour ce que de cesdictes presentes on pourra avoir affaire en ...sieurs et divers lieux, nous voulons que au *vidimus* d'icelles, ...ict soubz scel royal, foy soit adjoustée comme à l'original. ...Donné au Plessis-du-Parc, etc. Par le Roy, Michelet Gaillart, ...athurin Baudet et autres presens.

N° 186. — ORDONNANCE *pour la formation d'un port et château fort à la Hogue (Normandie).*

Chartres, août 1474. (C. L. XVIII, 35.)

Loys, etc. Sçavoir faisons à tous present et avenir, nous avoir ...ceue l'umble supplication de nostre très-chier et amé filz et ...cousin Loys, bastard de Bourbon, Conte de Rossillon, Baron de ...la Bogue de Saint-Vast, et amiral de France, contenant que dès ...le vivant de feu nostre très-chier seigneur et pere, que Dieu ab-...solle, fut à icelluy nostre feu seigneur et pere remonstré que en ...nostre royaume, et mesmement en nostre païs et duchié de Nor-...mandie, n'avoit seur accez pour recueillir et mectre à seureté les ...navires de quelques païs et contrées qu'elles fussent, pour venir ...seurement descendre et sejourner marchandement à la part de ...nostre royaume, mais seulement avoit en aucunes contrées d'i-...celluy nostre païs, sur les rivaiges de la mer. certaines ances de ...mer qui deux foiz le jour demeurent à sec, ausquelles bonne-...ment les navires ne povoient venir ne demourer sans dangier ...d'estre cassées et rompues, et les marchandises peries et perdues;

parquoy en nostredict païs n'affluoient que très-peu de marchans et marchandises en grant detriment et discontinuacion de la traffique de la marchandise de nostre royaume; à laquelle cause furent dès-lors plusieurs de nostre sang et autres gens du grant conseil de nostredict feu seigneur et pere ordonnez et deputez pour visiter tous les ports, havres, ances de mer, entrées de rivieres, rades et autres lieux propres et convenables pour faire et construire ung havre seur et auquel les navires peussent estre à seureté, entrer et issir de toutes marées, et distribuer et vendre, revendre et eschanger leurs marchandises pour le bien de nous et la chose publicque de nostredict royaume; et après que lesdicts deputés eurent sur ce l'advis et oppinion de plusieurs pour ce assemblez en grant nombre en ce cognoissans, trouverent que ledict lieu de la Hogue de Saint-Vast estoit le plus propre, meilleur et seur à faire havre que autre lieu de nostre païs de Normandie. Et soit ainsi que nostredict filz et cousin ait naguers acquis ladicte terre et seigneurie de la Hogue, auquel lieu est situé, près et joignant de la mer, un très-beau roc de bonne haulteur et environné de trois pars de la mer, faisant abry au havre dudict lieu près et joignant icelluy, parquoy, s'il estoit fortiffié et emparé de ville et chastel, les marchans de nostre royaume et autres marchans extranges y converseroient et habiteroient très-souvent pour la seureté de leurs navires, biens, denrées et marchandises, et illec se y vendroient et distribueroient et tellement que plusieurs royaumes et seigneuries extranges, à l'occasion de la traffique de la marchandise, vouldroient et requerroient estre aliez et unis à nous et à nostredict royaume, dont pourroient advenir totalement à nous et à toute la chose publicque de nostre royaume grans honneurs, prouffitz et avantaiges à la fole, grant crainte et subgection de noz ennemis, adversaires, rebelles et desobeissans, en nous humblement requerant nostredict filz et cousin suppliant, qu'il nous plaise lui donner povoir, congié et faculté de y construire, bastir et edifier ville et chastel, place forte et defensable, et y avoir tout droict de chastel et chastellenie, avec puissance de y mectre et establir en subgection de guet six vingt paroisses prochaines dudict lieu de la Hogue, non subgectes de faire le guet ailleurs que ès places et seigneuries à luy appartenans et qu'il acquerra cy-après, et de unir et joindre au corps de ladicte baronnie jusques à six mille livres tournois de rente des terres qu'il a acquises, et que luy et sesdicts hoirs acquerront ou pourront acquerir ès bailliages de

Caen et Constantin, tenus de nous jusques à ladicte somme, et creer et luy donner en ladicte baronnie fiefs, terres et seigneuries que nostredict filz et cousin, que luy et ses hoirs acquerrant, haulte justice, moyenne et basse, et que à icelle soient subgects et tenus respondre tous les hommes et tenans d'icelle baronnie qui sont et seront adjoints, tant en fief que arriere-fief, et dont le ressort de plain droit sortisse en nostre eschequier de Normandie et non ailleurs, et avec ce, d'y commectre telz juges qu'il advisera et regardera estre expedient; et que, pour l'entretenement des marchans et marchandises foraines illec affluans, puisse avoir audict lieu ung maire pour cognoistre de leurs questions, et douze eschevins, lesquelz ensemble, ou la plus part d'iceulx, aient puissance, sommairement et de plain, de cognoistre et decider de tous cas civils, debatz et controverses qui se susciteront entre lesdicts marchans pour raison de leurs marchandises; et, afin que ladicte ville et chastel puisse estre plustost habitée et peuplée, octroyer que tous ceulx qui y sont et seront demourans, soient tenus quictes et exempts de toutes tailles, aides, subsides, imposicions, quatriesmes et autres subsides jà imposés ou à imposer quelxconques, avec faculté et puissance de y mectre et establir trois jours de marchié, par chascune sepmeine, à telz jours que nostredict filz et cousin regardera pour le bien de ladicte ville et de noz subgectz, et oultre octroyer que toutes nacions extranges de nostre alyance, confederacion et benevolence, y puissent avoir bourse et facteurs residans et demourans, ainsi que par nostredict filz et cousin et ses hoirs sera advisé estre expedient pour le bien de nous et de nostre royaume, et sur ce luy impartir nostre grace.

Pour ce est-il que nous, ce que dict est consideré, deuement acertenez du bien, utilité et prouffit qui, à cause de la construction et edification des villes et chastel dudict lieu de la Hogue, peuvent advenir à nous et à nostredict royaume, et que, à l'occasion des choses dessusdictes, la traffique de la marchandise de nostredict royaume en sera grandement augmentée et entretenue au bien et utilité de nostredict païs de Normandie et de noz subgects et habitans en icelluy, voulans augmenter et eslever nostredict filz et cousin en biens, honneur et chevance, pour consideracion des très-grans, louables et recommandables services qu'il a par ci-devant faictz et faict chascun jour à nous et à toute la chose publique de nostredict royaume, en grant soin, cure et diligence, en resistant de tout son povoir aux entreprinses que font et s'efforcent faire chascun jour sur nous, noz royaume et subgects, noz ennemis et adversaires rebelles et desobeissans, à icelluy nostre filz et cousin; pour ces causes et autres à ce nous mouvans, avons, de nostre grace especial, plaine puissance et auctorité royal, donné et octroyé, donnons et octroyons par ces presentes, congié, puissance et faculté de faire construire et edifier ville et chasteau audict lieu de la Hogue, au lieu qu'il avisera, pour, par luy, ses hoirs et ayans-cause, en joyr à tousiours, comme de leur pur et vray heritaige; et aussi, de unir et joindre au corps d'icelle baronnie des fiefs nobles, tenus de nous, qu'il a acquis et acquerra cy-après, ès bailliages de Caen et Constantin, jusques à ladicte somme de six mille livres tournois de rente par chascun an, avecques tout droict de haulte justice, moyenne et basse, pour le corps de ladicte baronnie, et ès fief en fiefs qui dès à present sont ou seront, pour le temps advenir, joincts et unis au corps d'icelle, et des arriere-fiefs d'iceulx, lesquelz, dès maintenant pour lors, nous avons joincts et unis, joignons et unissons par lesdictes presentes, et luy avons donné et donnons en oultre puissance et faculté d'y commectre cappitaines et telz autres officiers pour sa justice qu'il advisera, et desquels ne sera doulu, provoqué ne appelé, sinon en nostre eschequier de Normandie, et non ailleurs. Et afin que lesdictes ville et chastel soient plus promptement et à grant diligence habitez, et que les marchans d'extranges nacions soient plus enclins à y venir converser et habiter, avons ordonné et declaré, declarons, voulons et nous plaist que toutes gens, de quelques estat ou condicions qu'ils soient, y puissent converser, habiter, y edifier et bastir maisons, ainsy que nostredict filz et cousin advisera estre bon et utile pour nous et nostredict royaume, et que tous ceulx qui ainsi habiteront et demourront audict lieu de la Hogue, soient et demeurent francs et quictes et exempts de toutes tailles, aides, subsides, imposicions, quatriesmes et autres subvencions mises et à mectre sus en nostredict royaume, et que, pour cognoistre des questions ou debats des marchans et marchandises foraines, nostredict filz et cousin et sesdicts hoirs y puissent commectre maire et douze eschevins qui sommairement et par briefves intervalles cognoistront desdictes questions et en decideront et jugeront en leur conscience, et ce qui sera dict et sentencié par eulx, ou la plus part, sera tenu, sans que de leurdicte sentence soit aucunement provoqué ne appelé en aucune maniere, et que, pour briefve expedicion et descharge desdictes marchandises, les extranges nacions estans de nostredicte alyance et confederacion yaient bourse et facteurs pour eulx demourans et residans, ainsi que par nostredist filz et cousin ou ses hoirs sera advisé pour le bien de nous, de noz subgects, de nostredict royaume et de la chose publicque d'icelluy. Et, de nostre plus ample grace, avons créé, ordonné et establi, creons, ordonnons et establissons par cesdictes presentes audit lieu de la Hogue un marchié pour y estre tenu par trois jours la sepmaine telz que nostredict filz et cousin advisera, pourveu toutesvoyes que nostredict cousin et sesdicts hoirs et successeurs seront tenus faire à nous et à noz successeurs Roys de France les foy et hommaige à cause de ladicte baronnie de la Hogue, et des fiefs, arriere-fiefs et seigneuries qui seront joincts et unis à icelle, par la maniere devant dicte.

Si donnons en mandement, etc.

Donné à Chartres, etc. Par le Roi.

N°. 187. — LETTRES *portant autorisation à un notaire, secrétaire du roi, de changer sa griffe et son nom* (1).

Boutigny, août 1474. (C. L. XVIII, 40.)

N°. 188. — MANDEMENT *portant nomination de commissaires à l'effet d'informer secrètement contre les receveurs des deniers royaux qui les détourneraient, ou percevraient plus qu'il n'est dû.*

Au Bois-Malesherbes, 10 août 1474. (C. L. XXIII, 42.)

N°. 189. — LETTRES *confirmatives de l'affranchissement d'un serf, lequel était ecclésiastique* (2).

Chartres, août 1474. (C. L. XVIII, 48.)

Loys, etc. Nous avoir receue l'humble supplicacion de nostre

---

(1) D'après la loi de germinal an XI, ces permissions s'accordent encore aujourd'hui en chancellerie, et il a été jugé par la cour de cassation que les tribunaux ne pouvaient autoriser à cette substitution celui qui avait été institué légataire à cette condition. V. ci-après les lettres en faveur d'Olivier le Daing, octobre 1474. (Isambert.)

(2) Les canons ne permettaient pas de recevoir dans les ordres, les personnes de condition servile. Tout ce qui tient à la liberté naturelle est important parce que la servitude est une violation de la loi divine. (Idem.)

bien-amé Dommanche Colconet, prebtre, chanoine en l'église cathédrale de Chaalons, natif de nostre pays de Champaigne, contenant que, puis aucun temps en çà, il a esté pourveu desdites chanoinie et prebende de Chaalons, et à ceste cause s'est du tout retiré audict lieu de Chaalons, en espérance de y faire sa residence toute sa vie; mais, pour ce qu'il est issu de serve condicion et qu'il a esté manumis par seigneurs naturels tant seulement, par quoy, selon la coustume de nostredit pays de Champaigne, il est retourné envers nous en semblable servitude qu'il estoit envers lesdicts seigneurs naturels, paravant ladicte manumission; il doubte que, après son trespaz, on veuille, à ceste cause, mectre et donner empeschement en ses biens, et les prendre de par nous, comme à nous advenuz et escheuz, au moyen dudit retour de servitude, se nostre grace ne lui est sur ce impartie, comme il nous a faict dire, en nous humblement requerant icelle.

Pourquoy nous, ces choses considérées, inclinans liberalement à la requeste dudict suppliant, en faveur de nostre amé et féal conseiller M. Jehan de Paras, qui sur ce nous a requis, audict suppliant, pour ces causes et autres à ce nous mouvans, avons octroyé et octroyons, voulons et nous plaist, de grace especial, plaine puissance et autorité royal, par ces presentes, qu'il puisse acquerir en nostre royaume tous et tels biens meubles et immeubles qu'il y en pourra licitement acquester, et d'iceulx, ensemble de ceulx de son patrimoine et qu'il y a jà acquis ordonner et disposer par testament et autrement, ainsi qu'il luy plaira, et que ses parens luy puissent succeder, tout ainsi que s'il estoit né et extrait de franche lignée, ou que s'il avoit esté ou estoit par nous manumis du tout et racheté du lien de servitude; et quant à ce, l'avons habilité et habilitons, et de nosdictes grace et autorité, par ces mêmes presentes, sans ce que aucun empeschement luy soit ne puisse estre mis ne donné au contraire, ne que ledit suppliant soit pour

---

(1) La manumission faite par le vassal n'éteignait pas entièrement le servage. La condition de l'homme de corps devenait envers le roi la même qu'elle avait été envers le seigneur. La manumission s'achetait ordinairement par une somme d'argent. (Pasquier.)

(2) La coutume de Châlons en particulier ne permettait pas aux gens de condition servile de disposer par testament d'une somme au-delà de cinq sous tournois; art. 17. (Idem.)

SEPTEMBRE 1474.

ce tenu paier à nous ou aux autres aucune finance, laquelle finance, à quelque somme qu'elle puisse monter, nous luy avons donnée et quictée, donnons et quictons de nostre plus ample grace, par ces mesmes presentes, signées de nostre main.

Sy donnons en mandement; etc.

Donné à Chartres, etc. Par le roy.

N° 190. — Édit *portant que les arrêts du parlement de Paris seront exécutés dans tout le royaume sans pareatis* (1). *et inflige des peines à ceux qui s'opposeraient à cette exécution.*

Péroneux, 2 septembre 1474. (C. L. XVIII, 49.) Reg. au parlem. de Paris, le 7 avril 1474.

Loys, etc. Comme nostre procureur general nous ait faict remonstrer combien que des sentences, arrestz, jugemens, condamnacions et appointemens tant de nostre court de parlement à Paris que des requestes de nostre palais audict Paris, et de l'execution d'iceulx, leurs circunstances et dépendances, ne soit loisible et n'appartienne à autres noz courts de parlement et juridictions quelzconques, interpreter ne entreprendre court ou congnoissance en aucune maniere, soubz umbre que aucunes parties, pour fouyr et delayer, relievent pardevant eulx, ou qu'ils soient des limites de nosdictes courts de parlement, et n'en doie l'execucion pour ce estre retardée ou empeschée, neantmoins, puis n'agueres, noz conseilliers tenans nostre court de parlement seant à Bordeaulx ont voulu et se sont efforcez et efforcent interpreter et entreprendre court et juridiccion sur l'execution des arrestz et condamnacions de nostredict parlement de Paris, et, qui plus est ont faict défense à tous les seneschaulx et juges des limites d'icelui parlement de donner obeissance ne souffrir executer aucuns arrestz de nostredict parlement de Paris ne sentences desdictes requestes de nostre palais, sans premierement avoir lectres de *pareatis* d'iceulx seneschaulx et juges ou d'icelle court; et mesmement, puis aucun temps en çà, à la poursuite et instance de Loys Méhée et Denis Grant, qui en certains procès autreffoiz intentez contre le seigneur de Taillebourg et eulx, et depuis devoluz audict parlement de Paris, ont esté

---

(1) Ce principe existe aujourd'hui en France à l'égard de tous les actes émanés des juges. (Isambert.)

44.

condempner enviers nous en troys amendes, de soixante livres parisiz, iceulx noz conseillers dudict parlement de Bordeaulx, soubz umbre des appellacions que dient pour ce y avoir relevé iceulx Mehée et Grant, et aussi pour ce qu'ils sont des limites dudict parlement de Bordeaulx, ont voulu entreprendre juridiction et congnoissance de l'execution desdites troys amendes et desdicts arrestz du parlement de Paris, au moyen de quoy ont esté faictes à l'encontre d'aucuns noz sergens, executeurs d'icelles amendes, arrestz et condempnacions, plusieurs grans exces, rebellions et désobeissances, tellement que en aucuns la mort s'est pour ce ensuye, et ès autres, grans bateures, mutillacions et violences oultrageuses, et, par ce, n'ont peu ne peuvent estre nosdites amendes executées ne l'execucion d'iceulx sentences et arrestz sortir leur plein effect, et par ce sont et demeurent illusoires, lesquelles choses sont en grant esclande, mespris et lesion de nous et de justice, et, se provision n'estoit par nous sur ce donnée s'en pourroit ensuyre, ou temps avenir, autres grans maulx et inconveniens irreparables entre noz sugetz.

Scavoir faisons que nous, les choses dessusdictes considérées, et en sur ce l'advis et deliberacion des gens de nostre grant conseil, avons voulu, ordonné et declaré, et par Edict general et irrevocable, de nostre pleine puissance et autorité royale, voulons, ordonnons et declairons par ces presentes.

Que tous arrestz, jugemens, condempnacions et appoinctemens de nostredict parlement de Paris et sentences des requestes de nostredict palais, tant du temps passé que du temps advenir, leurs circonstances et deppendances, soient entierement mis à execucion en tous les lieux et contre toutes les personnes qu'il appartiendra, tant ès limites du parlement de Bordeaulx, Thoulouse, que ailleurs, sans prendre lectres de *pareatis*, ne demander obeissance, en defendant et interdisant auxdicts conseillers desdicts parlemens, seneschaulx et autres juges estans ès fins et limites d'iceulx, et autres quelzconques, et chascun d'eulx, sur peine de privacion de leurs offices et de cent marcs d'or et autre amende arbitraire à nous à appliquer, que desdicts arrestz, jugemens, condempnacions de nostredict parlement de Paris et sentences desdictes requestes du palais, ne des executions d'iceulx, leurs circonstances et deppendances, ilz n'entrepreignent ne retiennent court, juridiction ne congnoissance en aucune maniere, et aux parties sur semblables peines et de perdicion de ce dont sera question entre elles, de non poursuivre l'une l'autre, pour raison de ce que dit est, ailleurs que audict parlement de Paris, soit soubz umbre de relever par aucuns les appeaulx devant eulx, ou que les parties soient des limites et institucions desdicts parlemens de Bordeaulx et Thoulouse, ou autrement, en quelque maniere que ce soit; ainçois tout ce que seroit ou aurait esté faict au contraire, nous, dès maintenant pour lors et dès lors pour maintenant, l'avons revoqué, cassé et adnullé, et par ces dictes presentes le revoquons, cassons et adnullons, et mectons du tout au néant et declairons nul et de nul effet et valeur et comme non fait et advenu. Si donnons en mandement, etc.

Donné à Puiseaux, etc. Par le roy.

N° 191. — LETTRES *de restitution au descendant d'un seigneur exécuté sans forme de procès* (1) *sous le roi Jean, des biens confisqués, et rentrés au domaine.*

Sacré en Gastinois, septembre 1474. (C. L. XVIII, 52.) Reg. au parlem. de Paris, le 29 décembre.

Loys, etc. sçavoir faisons à tous presens et advenir, que comme, puis n'aguere, nous avons esté advertis par nostre chier et féal cousin le seigneur de Montagu, fils de nostre chier et féal cousin Jehan, seigneur de Graville, que, en l'an mil trois cent cinquante-cinq, le cinquiesme jour d'avril avant Pasques, du vivant de feu de bonne memoire le roy Jehan nostre predecesseur roi de France, il, pour aucuns rapports qui luy avoient lors esté faictz, se fust transporté en nostre ville de Rouen, en laquelle il eust trouvé le roy de Navarre, qui pour lors estoit duc de Normandie, lequel roy de Navarre il fist prendre et constituer prisonnier, ensemble lesdicts comte de Harcourt et seigneurs de Preaulx et de Graville, et autres, et depuis cedict jour, sans garder ordre et forme de justice, fist executer lesdicts comte de Harcourt, seigneurs de Preaulx et de Graville; et au regard dudict roy de Navarre, il fist mener, transporter et detenir prisonnier où bon lui sembla; et le cinquiesme jour du moys de juing lors present ensuivant, que l'on disoit l'an mil trois cent cinquante-six ou environ, ledict roy Jehan donna à la comtesse

---

(1) On aime à voir un roi despote comme Louis XI flétrir les actes d'une injustice revoltante, commis par un de ses predecesseurs, envers plusieurs de ses *****. (Isambert.)

d'Alençon sa tante et à ses enfans qui pour lors estoient, les terres et seigneuries qui avoient compecté et appartenu audict feu seigneur de Graville ainsi executé, comme à luy appartenans par confiscation; et aucun temps après, c'est assavoir en l'an mil trois cent cinquante-sept ou environ, que les dessusdicts qui avaient ainsi esté executez furent mis et enterrez en l'eglise de Rouen, fût fait certain traicté et appoinctement entre ledict roy Jean nostre predecessor et le roy de Navarre, par lequel, entre autres choses, iceluy Roy Jean, considerant que par faulx et sinistres rapports, et sans avoir regardé ordre de justice ne oyr lesdicts comte de Harcourt, seigneurs de Preaulx et de Graville, qui des cas à eulx imposez se fussent bien justifiez, il avoit fait executer les dessusdicts comte de Harcourt, seigneurs de Preaulx et de Graville, et autres, et aussi prendre ledict roy de Navarre, leurs biens, terres et seigneuries estant en nostre royaume et appliequer à luy comme confisqués, et partie desquelz, comme dessus est dict, il avoit desià donné, voulut et ordonna que tous les biens, terres et seigneuries du roi de Navarre et pareillement de ceulx qui avaient esté avecque luy et tenu son parti, qui avaient esté saisiz et empechez, leur fussent renduz et restituez ou à leurs hoirs et ayans-cause, et non obstant quelques dons qui en auroient esté faits; et par ce moyen, les terres et seigneuries de Bernay, Seez et autres, situées et assises en la duché d'Alençon, qui estoient du propre heritage dudict seigneur de Graville, en toute bonne raison luy doivent estre delivrées, dues et restituées, et de present audict seigneur de Graville, pere de nostredict cousin Montagu, qui a succedé audict seigneur de Graville son ayeul, executé en la maniere que dit est, sans ce que le duc d'Alençon ne autres, soubz couleur d'aucuns dons qui en pourroient avoir esté faits par le trespas dudict defunct de Graville, tel que dessus est dit, peussent ne deussent pretendre aucun droit sur icelle; neantmoins, les comtes et duc d'Alençon qui lors et depuis ont esté, soubz couleur dudict don ainsi fait par ledict roy Jehan nostre predecesseur, se sont efforcés de joyr et de fait ont joy des terres et seigneuries de Bernay, Seez et appartenances, qui ainsi avaient appartenu audict feu seigneur de Graville, et n'en put au lit temps faire poursuite le feu seigneur de Graville, fils dudict defunt qui ainsi avait esté executé, pour ce que lors il estoit mineur, et aussi pour le grant autorité, port et puissance des comtes, ducs et duchesses d'Alençon, et aussi pour les guerres et divisions qui depuis ont eu cours en nostre royaume, et que lesdictes terres et seigneuries ont esté longuement detenues et occupées par les Angloys, noz anciens ennemis; et à ceste cause, ont prins et apprehendé lesdicts comtes et duchesses d'Alençon les fruits desd. et s terres et seigneuries de Bernay et Seez, et toujours joy jusques à ce que Jehan d'Alençon qui à present est, pour ses demerites a esté puis naguerres déclaré criminel de leze-majesté, et tous et chascun ses biens declairés acquis et confisqués envers nous, pour lequel cas ledict duché d'Alençon, ensemble toutes les terres et seigneuries que tenoit et possedoit ledict Jehan d'Alençon ont esté saisies, prises et mises en nostre main, et, entre autres, lesdictes terres de Bernay, Seez et leurs appartenances :

Parquoy nostredict cousin de Montagu nous a fait remonstrer les choses dessusdictes, et que lesdictes terres et seigneuries de Bernay et Seez sont le propre heritage de ses predecesseurs, qu'il est filz dudict seigneur de Graville qui à present est et son heritier presomptif seul et pour le tout, auquel, en toute bonne raison, lesdictes terres et seigneuries competer et appartenir, en nous humblement requerant que, attendu ce que dit est et que de present lesdictes terres et seigneuries de Bernay et de Seez sont en noz mains, comme aians appartenu audict Jehan d'Alençon, et que en icelles terres et seigneuries, en ensuivant le traité et appointement dudict roy Jehan nostre predecesseur, le voulsissions restituer et remettre en la joyssance et possession d'icelles au lieu de sondict pere, qui à present est prisonnier en Angleterre, et sur ce luy bailler noz lectres au cas appartenans.

Pourquoy nous, inclinans à la supplicacion de nostredict cousin, considerant le traicté dont dessus est faict mencion, lequel nous avons fait voir et visiter bien au long par aucuns des gens de nostre grant conseil, avons restitué et restituons iceluy nostre cousin de Montagu, pour et au lieu de sondict pere, esdictes terres et seigneuries de Bernay, Seez, et generalement en toutes les terres et seigneuries qui estoient du propre heritage dudict feu seigneur de Graville, situées et assises au duché d'Alençon, detenues et occupées par les comtes, ducs et duchesses d'Alençon, et qui de present sont en nostre main, et en toutes leurs dignités, prerogatives, appartenances et appendances quelzconques, soient fiefs, arrierefiefs, hommes, hommages, vassaulx et subgects, patronages ou collacions d'eglises ou chapelles, prez, bois, buissons, forests, terres, maisons, fours, moulins, justice, cens, rentes, et generalement tous autres droits et devoirs, qualités et esmolumens quelzconques, qui ausdictes terres et seigneuries et chascune d'icelles appartienent et ont appartenu d'ancienneté et y peuvent et doivent appartenir en quelque manière que ce soit ou puisse estre, et en quelque valeur et estimacion qu'elles soient, pour d'icelles joyr et user par nostredict cousin de Montagu, ses héritiers, successeurs et aians cause, au temps à venir, et en prendre, recevoir et percevoir les fruiz, prouffits, revenus et esmolumens, ainsi et par la forme et manière que faisoit ledict defunt seigneur de Graville au temps de son trespas et execucion et paravant iceluy, en nous faisant la foy et hommage telle et par la maniere qu'elle avoit coustumée estre faicte aux comtes et ducs d'Alençon.

Et pour ce que on vouldroit et pourroit dire que, veu la longue joyssance desdicts ducs et comtes d'Alençon, ils auroient prescript lesdictes terres et seigneuries de Bernay et Seez et autres qui appartindrent audict feu seigneur de Graville, et que par ce aucune restitution ne cherroit en la matiere, et que lesdittes terres de Bernay et Seez nous appartiendroient par le moyen de la forfaicture et confiscation dudict Jehan d'Alençon, nous, en tant que mestier est, de nostre certaine science, grace special, plaine puissance et autorité royal, pour les bons, haults, louables et recommandables services que nostredict cousin de Montagu nous a par cy-devant faicts, tant à l'entour de nostre personne où il est continuellement occupé au faict de nos guerres que autrement, et espérons qu'il face ou temps advenir, à iceluy nostre cousin, pour ces causes et autres à ce nous mouvans, avons donné, cedé, quicté et transporté, et par ces presentes donnons, cedons, quictons, transportons et delaissons par pure, vraye et irrévocable donacion, pour luy, ses hoirs ou aians-cause, lesdictes terres et seigneuries de Bernay et Seez, et aultres qui furent et appartindrent audict feu seigneur de Graville ainsi executé, en toutes leursdictes prerogatives, preeminences, droiz, appartenances et appendances quelzconques, et d'iceulx avons cedé, quicté, transporté et delaissé à nostredict cousin de Montagu et les siens tout tel droit, nom, raison, action, proprieté, possession et seigneuries que nous avons et avoir pouvons, et qui nous peuvent compecter et appartenir esdictes terres et seigneuries, leurs appartenances et appendances, soit par confiscation ou forfaicture dudict Jehan d'Alençon ou autrement, en quelque maniere ne à quelque titre que ce soit ou puisse estre, sans y reserver ne retenir, fors seulement le ressort et souveraineté, et les foy et hommage qui nous

... ne peuvent estre dus à cause desdictes terres et seigneuries, non obstant que delivrance soit et esté faicte desdictes confisca- tions et forfaictures, que soubz couleur de ce on voulsit dire les- dictes terres et seigneuries, à nous advenues par declaracion et confiscacion, estre venues à nostre couronne, à icelle annexées, et estre de nostre domaine, et les ordonnances sur ces faictes par noz predecesseurs roys et nous, que ne voulons, quant à ce, avoir lieu ne prejudicier au contenu et effect de ces presentes.

Si donnons en mandement etc.

Donné à Naucré en Gastinois, etc. Par le roy.

N°. 192. — LETTRES *d'annoblissement et de changement de nom en faveur d'Olivier-le-Mauvais* (1), *barbier, valet-de-chambre et favori du roi.*

Chartres, octobre 1474. (C. L. XVIII, 58.) Reg. au parlem. de Paris, le pénult. janvier.

Loys, etc.; sçavoir faisons à tous presens et avenir, que, nous recordans comme puis aucun temps, par noz autres lectres pa- tentes en forme de charte et pour les causes dedans contenues, nous avons anobli nostre chier et bien-amé varlet de chambre maistre Olivier-le-Mauvais et sa posterité, lignée née et à nais- tre en loyal mariage, sans ce que lui ayions donné ne ordonné aucunes armes pour enseigne, ce que lui est necessaire d'avoir pour porter en signe et demonstrance dudict estat de noblesse perpetuel à lui et aux siens descendans de lui en loyal mariage ; considerans aussi les bons, grans, louables, continuels et recom- mandables services qu'il nous a par cy-devant et dès long-temps faiz à l'entour et auprès de nostre personne, et autrement, en plusieurs et maintes manieres, fait et continue de jour en jour, et esperons que encores plus face, voulans aucunement les re- cognoistre, et exaulcer et decorer lui et les siens en honneurs et prerogatives, à icelui maistre Olivier, pour ces causes et con- siderations et autres à ce nous mouvans;

Avons octroié et octroyons de nostre propre mouvement, grace special, plaine puissance, certaine science et auctorité royal, et,

---

(1) Ou le Diable. Il conserva sa faveur jusqu'à la mort de Louis XI, et fut pendu sous Charles VIII. (Pastoret.)

par ces presentes, voulons et nous plaist, que lui et sadicte posterité et lignée née et à naistre en loyal mariage puissent, comme nobles, porter les armes cy-painctes, figurées et armoriées, en tous lieux et en toutes contrées et regions, d'ores en avant, perpetuellement et à tousjours, tant dans nostre royaulme que dehors, et tant en temps de guerre comme de paix, et qu'ilz en jouyssent et usent, leur vaillent et servent à la decoracion d'eulx, tout ainsi et par la forme et maniere que s'elles leur estoient advenues et eschues de droit, estoc et ligne.

Et avecque ce voulons et nous plaist que lui et sadicte posterité et lignée soient d'ores en avant surnommez *le Daing* en tous lieux, et tant en jugement que dehors, et en leurs actes et affaires; et lesquelles armes, surnom nous avons donné, octroyé et transmué, donnons, octroyons et transmuons audict maistre Olivier et à sadicte posterité et lignée, sans ce que soit loisible à aucuns de plus les surnommer dudict surnom de *Mauvais*, lequel nous leur avons osté et aboly, ostons et abolissons par cesdictes presentes, par lesquelles nous donnons en mandement à nos amez et feaulx conseilliers les gens de nostre court de parlement, au prevost de Paris, et à tous noz autres justiciers et officiers, ou à leurs lieuxtenans ou commis, presens et avenir, et à chascun d'eulx si comme à lui appartiendra, que de noz presens grace, don, transmutacion et octroy et de tout le contenu en cesdictes presentes, facent, souffrent et laissent ledict maistre Olivier le Daing, ensemble sadicte posterité et lignée, joyr et user plainement et paisiblement, sans leur faire ne souffrir ores ne pour le temps à venir, aucun destourbier ou empeschement au contraire; ainçois, se fait, mis ou donné leur estoit, l'ostent, reparent et mectent, ou facent oster, reparer et mectre, incontinent et sans delay, au premier est et deu.

Et afin que du contenu en cesdictes presentes aucuns ne puissent pretendre cause d'ignorance, nous voulons et leur mandons qu'ilz facent icelles lire et publier par tous les lieux de leurs juridictions qu'il appartiendra, et dont ils seront requis, car ainsi nous plaist-il estre fait.

Et afin que ce soit chose ferme et estable à tousiours, nous avons fait mectre nostre scel à ces presentes, sauf en autres choses nostre droit et l'autruy en toutes.

Donné à Chartres, etc. Par le Roy, etc.

DÉCEMBRE 1474.

N°. 193. — Édit *pour assurer l'approvisionnement de Paris* (1) *et la réduction des péages à leur taux primitif.*

Dompmartin, décembre 1474. (C. L. XVIII, 63.) Reg. au parlem., de Paris, le 19.

Loys, etc.; sçavoir faisons à tous presens et advenir, comme nous aions esté advertiz par nostre amé et féal conseillier et chambellan le sire de Gaucourt, nostre lieutenant général et gouverneur de nostre bonne ville et cité de Paris, et de l'Isle de France, et noz chiers et bien-amez les prevost des marchans, eschevins, bourgeoys et habitans de nostredicte ville, noz predecesseurs Roys de France, de grant ancienneté, avoir icelle douée de plusieurs droiz, previleiges, prerogatives et preéminences, tant pour le faict de la provision de vivres et autres necessitez desdicts bourgeoys, manans et habitans, comme autrement, et tellement previlegiée, entre autres choses, que tous vivres et marchandises tenez, achetez ou menez à chemin, pour estre amenez pour icelle, par eaue ou par terre, n'ont peu et ne peuvent estre par aucun retardez ne empeschez pour quelque cause que ce soit, mais sont tenuz tous marchans et autres de les amener sans delay en nostredicte ville de Paris, sur certaines grans peines contenues esdiz et ordonnances sur ce faiz, par lesquelz aussi lesdictes marchandises et autres biens n'ont esté et ne sont redevables d'aucuns treuz, aides ou subsides, nouvelles hausses, ne autres paiages ou subvencions quelzconques, fors seullement de paiages et coustumes anciens; et neantmoins, puis nagueres, plusieurs noz officiers, capitaines et autres, ont faict crier, publier et defendre, en plusieurs lieuz et villes de nostre royaume, que aucun ne transportast hors de leurs mectes aucuns blez, par quoy les blez, grains et vins, achetez en intencion d'estre amenez en nostredicte ville de Paris et dont les aucuns estoient menez à chemin, ont esté arrestez, levez, prins, vendus et debitez en plusieurs noz autres villes, oultre le gré et volunté des marchans et autres à qui appartenoient lesdicts blez, grains et vins, au très-grant prejudice et dommage de nostredicte ville de Paris, et des bourgeoys, manans et habitans d'icelle; et, qui plus est, s'efforcent lever de jour en jour plusieurs grans

---

(1) V. la fameuse ordonnance de 1672, dite de la ville, encore en vigueur, art. 16, et la loi du 28 mars 1790 sur la révision des péages. (Isambert.)

et excessifs aides, truages, subsides; hanses nouvelles, coustumes et subvencions sur lesdicts blez, grains, vins et toutes autres denrées, marchandises et biens venans, tant par eaue que par terre, en icelle nostre bonne ville de Paris; et tellement que, ces causes, le cours de la marchandise est du tout delaissé discontinué, et par ce n'y a de present en nostredicte ville aucune garnison de blez, grains ne vins, qui peust fournir pour ung moys, et y pourroit encourir grant chierté de vivres, si aucune affaire de guerre y survenoit, par quoy ne pourroit estre advitaillée ne secourir à noz autres villes, ainsi que par cy-devant elle a tousiours faict, dont pourroient advenir plusieurs inconveniens, au très-grant prejudice et dommage de nous, de nostredicte bonne ville et cité de Paris, et de toute la chose publicque de nostre royaume.

Pourquoy nous, les choses dessusdictes considerées, voulans et desirans les drois, previleges, esdits et ordonnances de nostredicte ville de Paris, estre entierement gardez, entretenuz et observez de poinct en poinct, sans aucunement les enfraindre, et icelle, comme ville capital de nostre royaume, estre preferée devant tous autres en previleges, prerogatives et preminences; bien recors et memoratifs que en noz plus grans et principaulx affaires de guerre survenuz en nostredict royaume, tant par la darniere entreprise de plusieurs à nous rebelles et desobeissans, comme pour occasion des sieges mis et assis par le Duc de Bourgoigne devant les villes d'Amiens, Beauvais et autres villes et places de nostredict royaume, lesdicts bourgeoys, marchans, manans et habitans de nostredicte ville de Paris, en gardant leur loyaulté envers nous, emploierent et exposerent leurs corps, biens et artillerie, tant à la conservacion de nostre personne, nous estans en nostredicte ville de Paris, durant la division d'entre nous et lesdicts Princes noz rebelles et desobeissans, comme de nostre armée, lors estant illec; et tant à ceste cause, comme au moien de la bonne provision de vivres qui pour occasion de leurs previlleiges et bonne police y estoit, n'y fut trouvée aucune chierté, mais très-grant habundance de vivres, tellement que la renommée estoit que provision de blez et vins estoit en ladicte ville pour deux ans, parquoy nostre armée y fut entretenue au bien et conservacion de nostre personne et nostredict royaume, et à la confusion de l'entreprinse de nosdicts rebelles et desobeissans.

Voulans aussi obvier aux inconveniens irreparables en quoy pour

choir et encourir nostredicte ville de Paris par faulte de
[...], à ce aussi qu'elle puisse mieulx supporter les charges de
[...]ifications et artillerie d'icelle, en sur ce l'advis et grande et
[...]ure deliberacion des gens de nostre consell, avons, de nostre
[...]aine science, plaine puissance et auctorité royal, ordonné,
[...]erné et declairé, et par la teneur de ces presentes, Ordonnons,
[...]ernons et declairons, par Édict perpetuel et irrevocable, tous
[...]icts cris, defenses et publicacions faiz et à faire, en quelcon-
[...] lieu de nostre royaume que ce soit, de non laisser lever,
[...]eter, transporter et mener aucuns blez, grains, vivres et
[...]res provisions en nostredicte bonne ville de Paris, cesser et
[...]re nulz et de nulle valeur et effect, et les avons aboliz, revo-
[...]uez, cassez et adnullez, abolissons, revoquons, cassons et ad-
[...]ullons, et mectons, ores et pour le temps advenir, du tout au
[...]ant par cesdictes presentes, ensemble tous aides, truages,
[...]sides, hanses nouvelles, et autres subvencions quelzconques,
[...]i puis trente ans en çà ont esté mis, imposez ou acreuz, tant
[...]r nous que pour quelzconques autres personnes ou villes, et
[...]s quelque couleur ou occasion que ce soit, sur les biens,
[...]rées et marchandises qui seront prinses et levées pour estre
[...]enées en nostredicte ville de Paris, soit par eaue ou par terre,
[...] tant du creu de nosdicts bourgeois, marchans et habitans,
[...]me de leur achat et autrement; et defendons bien expres-
[...]ment, par ces mesmes presentes, à tous, de quelque aucto-
[...]té ou condition qu'ilz soient, que d'ores en avant ilz ne mec-
[...]t ou imposent, facent ou souffrent mectre ou imposer ne
[...]ver aucuns nouveaulx aides, truages, hanses, subsides, pea-
[...]es, travers, coustumes ou autres quelconques subvencions en
[...]stre royaume, fors les anciens seullement, sur les biens, den-
[...]es, marchandises, vaisseaulx, charroiz et chevaulx venans en
[...]stredicte bonne ville de Paris, et sans ce que nosdicts bour-
[...]oys, marchans, manans et habitans d'icelle soient pour ce te-
[...]uz ne contrains à bailler aucune caucion, mais voulons iceulx
[...] leurs facteurs estre creuz par leur sermens de ce qu'ilz affir-
[...]eront estre pour eulx et pour les amener en icelle nostre ville
[...] Paris, sur peine de perdicion des terres et drois des infrac-
[...]eurs de nostredict present esdict et ordonnance, et de telle
[...]tre punicion qu'il appartiendra par raison.

Et s'il advenoit que aucun desdicts habitans ou autre voulsist
faire aucune traicte de blez de nostredicte ville de Paris, que, par
vertu de quelques lectres de congié de ce faire, par importunité

inadvertance ou autrement, il pourroit avoir obtenu de nous ou d'autres soydisant avoir puissance de le donner, faire ne le pourra, se ce n'est du consentement de nostredict lieutenant general, s'il est en ladicte ville, ou desdicts prevost et eschevins; et lesquelles lettres de congié, en tant que mestier seroit, nous, dès maintenant pour lors, entendons estre nulz et de nulle valeur et effect.

Si donnons en mandement etc. Donné à Dampmartin, etc.

Par le Roy, Messeigneurs l'Archevesque de Lyon et le Conte de Beaujeu, les Contes aussi de Dampmartin et de Paillas, les sires de Genlis, d'Argenton et autres presens.

N°. 194. — TRAITÉ *entre la France et les cantons Suisses.*

10 janvier 1474. (Corps dipl., p. 465.)

Nous, bourgmaistres, advoyers, ammans, conseils et communautez des villes et provinces de Zurich, Berne, Lucerne, Ury, Switz, Underwald, Zoug et Claris, de la grande ligue de la Haute-Allemagne; ensemble les advoyers et conseils des communautez de Fribourg et Soleurre, à tous ceux qui ces presentes lettres verront, sçavoir faisons que pour ce qu'à cejourd'hui il y a encore une feable charité et dilection, voire perdurables intelligences entre très-chrestien et serenissime seigneur et maitre, à nous très-gracieux par-dessus tous autres, nous avons passé et conclu en nous mesmes d'affermir et accroitre ces mesmes intelligences et amitiez mutuelles, esperant que de ce fondement l'estat et commoditez des deux parties en acquerra une grande et durable solidité, à l'occasion de quoi nous avons traité et accordé avec ledit seigneur roi cette intelligence et union de sincere et inviolable foi, en la manière qui s'ensuit:

En premier lieu, qu'icelui seigneur roi en toutes et chacunes nos guerres, et specialement contre le duc de Bourgogne et tous autres, il nous doit fidelement donner aide, secours et défense à ses depens;

Outre plus, tant qu'il vivra, il nous fera tenir et payer tous les ans, en sa ville de Lion, en témoignage de sa charité envers nous, la somme de vingt mille francs, sçavoir cinq mille francs à chaque quartier d'année pour estre distribuez également entre nous parties susdictes. Et si ledict seigneur roi en ses guerres et armées avoit besoin de nostre secours, et d'icelui nous requeroit, dès-lors nous serons tenus lui fournir à ses depens tel nombre de soldats armez qui nous semblera honneste, et que le pour-nous faire; c'est à sçavoir au cas que nous ne fussions point occupez en nos propres guerres: et sera la paie de chaque soldat de quatre florins et demi de Rhin par mois, comprenant douze mois en l'an;

Quand ledict seigneur roi voudra nous demander tel secours, il fera tenir dans l'une des villes de Zurich, Berne ou Lucerne, la paie d'un mois pour chaque soldat de la levée qui lui sera accordée, et pour les autres deux mois suivans en la cité de Geneve, ou autre lieu qui nous sera commode, à nostre choix et volonté;

Du jour que les nostres seront sortis de leurs maisons commencera la paye desdits trois mois, ils jouiront de toutes les franchises, immunitez et privileges, desquels les sujets du roi jouissent, et si en quelque tems que ce soit nous requerions ledict seigneur roi de nous prêter secours en nos guerres contre le duc de Bourgogne, et que pour autres siennes guerres, il ne pût nous secourir, dès-lors afin de pouvoir soustenir nosdictes guerres, ledict seigneur roi nous fera delivrer en sa ville de Lion, tant et si longuement que nous les continuërons à main armée, la somme de vingt mille florins de Rhin par quartier, sans préjudice de la somme ci-dessus mentionnée;

Et quand nous voudrons faire paix ou treves avec le duc de Bourgogne, ou autre ennemi du roi ou de nous, nous devons et sommes tenus de reserver spécifiquement icelui roi: et lui semblablement comme nous doit, en toutes ses guerres avec le duc de Bourgogne et autres, pourvoir que faisant paix ou treves (ce qui lui sera aussi loisible, nous soions specifiquement et singulierement reservez comme lui;

En toutes ces choses, nous reservons de nostre part, nostre saint père le pape, le saint empire romain, et tous ceux avec lesquels nous avons jusques aujourd'hui contracté alliance, union, intelligences ou obligations par lectres scellées. Le même sera de la part du roi, hormis le duc de Bourgogne, à l'endroit duquel l'un et l'autre nous nous comporterons ainsi que dit a esté;

Et si selon que les choses se trouvent disposées, il arrive que nous soions maintenant enveloppez de guerre avec le duc de Bourgogne, dès-lors et à l'instant icelui roi doit mouvoir puissamment et serieusement la guerre contre ledict duc, et faire les choses accoustumées en guerre, qui soient à lui et à commodes et profitables, le tout sans dol et fraude aucune;

Et pour autant que cette amiable union doit estre de bonne foi gardée, ferme et inviolable, et à icelle satisfait durant la vie d'icelui roi (laquelle Dieu par sa bonté lui doint longue et heureuse), à cette cause nous avons à icelui roi fait delivrer ces presentes, scellées des sceaux, desquelles nous usons dans nos villes et païs, aiant receu de Sa Majesté les semblables, scelées et confirmées de son sceau.

Et de nostre part, nous susdites communautez de Fribourg et Soleurre, confessons et advoüons tout ce que dessus, et le renouvons et avons pour agréable, en temoignage de quoi nous avons fait attacher nos sceaux à ces presentes.

Donné le dixieme jour du mois de janvier de l'an 1474.

N°. 195. — ORDONNANCE *de l'avis des États-généraux* (1), *sur l'habillement et l'entretien des francs archers.*

Paris, 12 janvier 1474. (C. L. XVIII, 72.)

Loys, etc., à tous ceulx qui ces presentes verront, salut. Comme plusieurs plaintes et doleances nous aient esté faites des grans et aucuns innumerables maulx, dommages, pilleries, concussions, exactions, qui ont esté par cy-devant et encores sont chacun jour fais, commis et perpetrez en diverses manieres au faict et entretainement de nos francs-archers, et soubs umbre et à l'occasion d'iceulx, à la très-grande foule, charge et oppression de nos subgetz et habitans de nostre royaume; et à cette cause, nous, desirans de tout nostre cuer reprimer et du tout abatre et oster lesdicts maulx, pilleries et autres malefices deffendus, et nosdicts subjets relever des charges et oppressions indeues, ayons, par l'advis et deliberation de plusieurs seigneurs de nostre sang, de nos chefs de guerre, des gens de nostre royaume, de nostre grand conseil de nos finances, faict les ordonnances qui sont suivant:

Et premierement. Nous deffendons à tous capitaines generaux

---

(1) L'ordonnance ne dit pas comment l'avis des gens du royaume a été pris, ni comment ils furent convoqués. (Isambert.)

et particuliers desdicts francs-archers, que, pour nouvelle réception et mutation de franc-archer, ils ne preignent ou fassent prendre aucunes choses, et qu'ils ne baillent aucune commission pour mectre sus aucune somme de deniers sur nos subgets pour le faict desdicts francs-archers, en quelque maniere que ce soit; ainçois, s'aucunes en ont et sont données par eux ne par autres, nous les avons revoquées et adnullées, revoquons et adnullons, ensemble tout le pouvoir que lesdicts capitaines ou autres quelconques pourront avoir de nous de ce faire, par ces presentes, et voulons que aucunement n'y soit obey, fors seulement à nos mandemens patens, signez de l'un de nos secretaires seans en finances.

(2) *Item.* Que lesdicts capitaines generaulx et particuliers ne facent plus faire ne contraignent nos subjects à payer les hocquetons desdicts francs-archers, ne aussi à prendre ne achepter d'eulx ne d'autres par eulx, à leur faire plaisir et voulenté, picques, voulges ne autre habillement de guerre pour l'habillement desdicts francs-archers, ainsi qu'ils ont fait par cy-devant; ainçoys voulons que, quand il adviendra que aucun franc-archer sera nouvellement mis sus, nosdicts subgetz feront faire lesdicts hocquetons, et achepteront lesdictes piques et voulges, brigandines et autres habillemens de guerre où bon leur semblera, et n'auront lesdicts francs-archers hocquetons que deux ans en deux ans, quand les leurs seront gastez, pour porter sur leur harnois seulement, et du pris de vingt sols tournois la piece et au-dessoubs.

(3) *Item.* Et après que lesdicts francs-archers seront une fois suffisamment habillez, nous voulons que, dès-lors en avant, aucune chose ne leur soit baillée pour harnois ou autre habillement quelconque, sinon toutes voyes que en exploict de guerre ilz eussent perdu leur habillement de guerre ou partie d'iceluy, auquel cas ilz seront tenus de rapporter certification de leurs capitaines de la perte dudict harnoys; autrement, si lesdicts francs-archers perdent, vendent, engagent ou desgastent lesdicts harnoys ou partie d'iceulx, qu'ilz soient contraints par lesdits capitaines et esleuz reaument et de fait, par prinse de corps et de biens, à restituer lesdicts harnoys.

(4) *Item.* Voulons et ordonnons que les habitans des paroisses fourniront charettes à leurs depens pour mener les habillemens desdicts francs-archers quant ils iront en guerre, c'est assavoir une charette pour quinze francs-archers se faite n'est, et lesdicts

quinze francs-archers seront tenuz de achepter et fournir à leurs depens chevaulx et harnoys pour mener lesdictes charettes, ensemble le chartier pour les conduire; et au regard des francs-archers des pays et duchez de Normandie et de Guienne, ilz ne meneront lesdictes charettes avec eulx, s'ils ne vont en guerre hors desdicts duchez et pays.

(5) *Item*. Deffendons que plus ne soit laissé ès mains ne en la possession desdicts francs-archers, eulx estans en leurs maisons et en temps de paix, espées, voulges, picques, arbalestres, traits, brigandines, hocquetons, ny autres choses quelconques servans à leur habillement de guerre; mais voulons que les habitans des paroisses qui les habillent en ayent la garde, et que le tout soit mis en lieu seur pour l'avoir prest toutes et quintes fois que lesdits francs-archers seront mandez pour aller aux monstres et en la guerre.

(6) *Item*. Deffendons en outre ausdicts capitaines generaulx et particuliers, aux esleuz et à leurs commis, et autres juges quelz qu'ilz soient, qu'ilz ne contraignent et ne facent contraindre nosdicts subjects à bailler ausdicts francs-archers quand ils seront envoyez à la guerre ne autrement, en quelque temps que ce soit ung escu pour homme, ne autre somme, ne pareillement prepoints, chausses, chemises, chapeaux, bonnets ne austres vetements quelconques, fors seulement à chacun franc-archer la somme de six livres tournois, qui leur sera baillée et payée, chacun an, tant en temps de guerre que de paix, par nosdicts subjects, à quatre termes et payemens l'an, c'est assavoir, à chacun terme trente sols tournois, pour leur entretennement, compris l'exemption et franchise qu'ilz ont de nous de non payer nos tailles et autres aydes et subsides.

Si donnons en mandement, etc.

Et pour ce qu'on pourra avoir à besoing de ces presentes en divers lieux, nous voulons que au *vidimus* d'icelles, fait soubz scel royal, foy soit adjoustée comme à ce present original. En tesmoing de ce, nous avons fait mectre nostre scel à ces presentes.

Donné à Paris, etc.

Ainsy signé dessus le replis: Par le Roy.

JANVIER 1474.

N° 196. — LETTRES *portant confirmation de l'affranchissement* (1) *des serfs de Maroilles en Champagne.*

Paris, janvier 1474. (C. L. XVIII, 79.)

Loys, etc. : sçavoir faisons à tous presens et advenir, nous avoir receue l'umble supplicacion des povres manans et habitans du villaige de Maroilles, ès bailliage et prevosté de Chaumont, contenant que, puis naguerres, lesdicts supplians qui estoient subgects et taillables à voulenté, de condicion de main-morte, de forsfuyans (2) et d'autres condicions serves, ont esté par noz chiers et bien-amez Symon de Monstereul, escuyer, et Ysabelle Dorges, damoiselle, sa femme, sieur et dame dodict lieu de Maroilles, manumis, quictez et affranchiz, et chascun d'eulx, ensemble leur posterité née et à naistre, en descendant d'hoirs en hoirs, legitimement procréés de leurs corps, avec tous ceulx et celles qui d'ores en avant se viendront asseoir pour demourer oudict lieu de Maroilles, de toutes tailles volentaires et autres, de toutes lesdictes main-mortes, forsfuyances et formariage (3), en quoy iceulx habitans d'ancienneté estoient tenus ausdicts sieur et dame, à leurs predecesseurs et à leurdicte seigneurie dudict Maroilles, et aussi de toutes autres servitudes, réelles et personnelles, en quoy iceulx hommes et leurs femmes et autres natifs et subgects de ladicte seigneurie, demourant audict lieu, estoient auparavant lesdicts affranchissement et manumission, tenus et tenez d'ancienneté envers lesdicts sieur et dame et leurdicte seigneurie, pour succeder les ungs aux autres ; comme franches personnes, et eulx marier et aler où bon leur semblera, sans ce que jamais iceulx seigneurs les puissent dire estre de main-morte,

---

(1) Elles sont motivées, pour les relever, sur la pauvreté et misère où sont lesdits habitans. C'est un fait prouvé dans les pays à esclaves de l'Amérique, que la chose publique est six fois plus forte ainsi que la population, la où les artisans sont libres. Mais il est bon d'avoir l'aveu du 15e siècle sur cette vérité de fait. Les seigneurs de Maroilles, en affranchissant leurs serfs faisaient un bon calcul, ainsi que le roi, par les tributs et services qu'ils en tirèrent depuis leur affranchissement. (Lambert.)

(2) On appela *fors-fuyance* un droit que le seigneur avait sur la succession des biens acquis hors de sa seigneurie par ceux qui, y étant nés, étaient allés s'établir ailleurs. (Pastoret.)

(3) Rétribution pécuniaire que le serf devait à son seigneur, s'il voulait épouser une personne libre, ou qui habitât une autre seigneurie. (Idem.)

forfuyance et formariage, ne tailler ou charger d'aucunes tailles ou autres redevances quelzconques, soubz les reservacions, condicions, restrinctions et en la maniere qu'il est plus amplement contenu ès lectres de contract sur ce faictes et passées par lesdicts sieur et dame de Maroilles.

Parquoy, et par la coustume anciennement gardée en nostre païs de Champaigne, où est situé ledict lieu de Maroilles, lesdicts supplians ainsi manumis et affranchis sont retournez envers nous en semblable servitude qu'ilz estoient envers lesdicts sieur et dame de Maroilles auparavant ladicte manumission et affranchissement, en nous humblement reperans lesdicts supplians que, en ayant consideracion de leur tresgrant povreté, il nous plaise semblablement les manumectre, quicter et affranchir, et leurdicte posterité née et à naistre, des choses dessusdictes et chascune d'icelles, et sur ce leur impartir et eslargir benignement nostre grace.

Pour ce est-il que nous, ce consideré, et mesmement les causes qui ont meu lesdicts sieur et dame de Maroilles à octroyer et faire lesdictes manumissions et affranchissemens, qui sont, comme l'on dict, pour consideracion de la grant pouvreté desdicts supplians et de la grant ruyne et desolacion en quoy est à present ledict lieu de Maroilles et afin que ledict lieu se puisse mieulx repeupler et habiter, inclinans pour ce à leur supplication et requeste, iceulx manans, habitans et communaulté dudict Maroilles supplians et chascun d'eulx, ensemble leurdicte posterité née et à naistre, descendans d'hoirs en hoirs, legitimement procréées, avec tous ceulx et celles qui d'ores en avant se vouldront asseoir et demourer audict lieu, avons semblablement manumis, quicté et affranchi, et par la teneur de ces presentes, de grace especial, plaine puissance et auctorité royal, manumectons, quictons et affranchissons, à tousiours perpetuellement, de toutes lesdictes tailles voluntaires, main-mortes, forfuyances dessusdictes, et aussi de toutes autres servitudes reelles et personnelles en quoy ilz sont tumbez, tenuz et liez envers nous, depuis et au moyen desdictes manumission et affranchissement à eulx faicts, donnez et octroyez par lesdicts sieur et dame de Maroilles, dont dessus est faicte mencion, et voulons qu'ilz puissent d'ores en avant succeder les ungs aux autres, comme franches personnes, et eulx marier et aler où bon leur semblera, sans ce que on les puisse jamais dire ne maintenir estre d'ores en avant de condicion de main-morte, forfuyance et formariage, en nous payant pour ceste fois finance

modérée, telle que de raison. Sy donnons en mandement etc.
Donné à Paris, etc.
Ainsi signé: Par le Roy.

N° 197. — LETTRES *sur le gouvernement municipal de la ville d'Angers* (1), (*en 29 art.*)

Paris, février 1474. (C. L. XVIII, 86.)

N° 198. — LETTRES (2) *qui autorisent la ville de Blois à lever un droit de servage pour l'entretien des ponts et chemins.*

Paris, 1er mars 1474. (C. L. XVIII, 99.)

N° 199. — ORDONNANCE (3) *sur la levée, la solde, l'armement et les obligations des francs-archers* (4).

Paris, 30 mars 1475. (C. L. XVIII, 110.)

Loys, etc. Sçavoir faisons que, comme par feu nostre treschier seigneur et pere, que Dieu absoille, eussent esté faictes plusieurs ordonnances sur le fait de l'entretation et entretenement des francs-archers de nostre royaume, et semblablement, depuis nostre arrivée à la couronne, en ayons fait, et mesmement, puis nagueres, pour aucunes complaintes et doleances que avons eues des exactions et pilleries qu'ils faisoient sur nos subjects à cause de l'entretennement desdicts francs-archers, ayons fait certaines declarations et ordonnances, mais depuis icelles nous ayent esté faites plusieurs complaintes et remontrances, tant par les capitaines generaulx et plusieurs par-

---

(1) V. ci-dessus les lettres sur le gouvernement municipal de la ville de Sens.

(2) Il est de droit commun, dit l'ordonnance, que chacun soit tenu de contribuer aux soustenemens et réparation des ponts et pavés qui sont ouvrage piteux, et qu'à ce faire, toutes gens de quelque condition qu'ils soient, soient tenus d'y contribuer.
Le roi dit qu'il est protecteur et défenseur des ponts et pavés, et de tous chemins et ouvrages piteux, c'est-à-dire grand voyer. V. l'introduction de notre traité de la voirie. (Isambert.)

(3) Cette ordonnance n'est pas comme la précédente du mois de janvier 1475, de l'avis des Etats, elle leur est plus favorable, parce que la guerre avec le duc de Bretagne avait alors éclatée. (*Idem.*)

(4) Créé en 1448, par Charles VII. (Pastoret.)

ticuliers que de la part desdicts francs-archers, du contenu en icelles ordonnances, disans que, par la maniere et forme qu'elles estoient faites, il seroit comme impossible que lesdits francs-archers se peussent entretenir, et aussi y avoit aucunes choses qui n'estoient pas assez clarifiées, en nous requerant que icelles, et semblablement les autres faites auparavant, nous voulsissions veoir et faire visiter à nostre conseil, et s'il y avoit aucune chose où ils connussent plus ample declaration d'ediffication ou augmentation, que le voulsissions faire et y donner telle provision que iceulx frans-archers puissent raisonnablement estre entretenus quand besoing seroit : sçavoir faisons que nous, voulant donner ordre et police sur la matiere de l'entretennement desdicts francs-archers et oster toutes les pilleries qui y pourroient estre, et garder nos subjects de charges indeues, après que avons fait veoir par les gens de nostre conseil, en nostre presence, plusieurs ordonnances faites sur le fait desdicts francs-archers, et mesmement celles qui ont esté faites en nostre ville de Paris au mois de janvier dernier passé, et, sur le tout, eu l'advis et deliberation des gens de nostre grand conseil et de nos finances, en corrigeant les ordonnances faites auparavant du jour d'hui sur le faict desdicts francs-archers, qui pourraient derroger à ces presentes, avons fait sur la maniere de leur entretennement les ordonnances qui s'ensuivent :

Premierement. Que la monstre desdicts francs-archers soit presentement faite, se faite n'a esté de nouvel, par les capitaines generaulx ou leurs commis, par les elections et vicomtes, et au plus aisé lieu que faire se pourra, et à icelles monstres se trouveront lesdicts francs-archers en leurs habillements, et avecques eulx, pour se presenter à ladicte monstre seulement, un homme de chacune cinquantaine ; et s'il est necessaire de faire aucun amendement soit à la brigandine, salade, haucqueton et habillements de guerre d'iceulx francs-archers, il sera ceste fois reparé et mis en estat suffisant aux despens de ladicte cinquantaine, et sera fait commandement par ledict capitaine general ou son commis, ou celluy qui viendra pour ladicte cinquantaine, y faire besongner en toute diligence ; et ne seront tenu lesdicts habitants mettre en estat ne bailler ausdicts francs-archers aucun pourpoint, chausses, bonnets, ne autre chose, sinon vrays habillemens de guerre et haucquetons.

(2) *Item.* Et après qu'ils seront ainsy habillez et mis en estat,

les francs-archers seront dès-lors en avant tenuz eulx entretenir en tous habillemens souffisamment.

(3) *Item.* Pour ayder à porter leurs armes et habillement, ainsy que autres fois a esté ordonné, lesdicts francs-archers quand ils yront dehors en guerre, auront pour les quinze une charrette ferrée et attelée de trois chevaulx, qui pour celle première fois seront fourniz et payez sur les deniers qui ont esté cueilliz pour cette cause, et après, ladicte charrette sera entretenue aux depens des habitans qui feront lesdicts quinze francs-archers, et sera au retour de chacun voyage ramenée par lesdits francs-archers et baillée en garde à telle personne que les habitans qui l'auront fournye adviseront ; mais les chevaulx, colliers, traitz et autres choses necessaires pour mener ladicte charrette seront trouvées et fournies par lesdicts quinze francs-archers et à leurs depens, sans ce que iceulx habitans ayent aucun travail et paine de les garder, ne faire diligence aucune pour iceulx chevaulx, colliers, ne autres habillements desdicts chevaulx.

(4) *Item.* Et affin que iceulx francs-archers se puissent mieulx entretenir en habillement et aussi desdicts chevaulx, lesdicts habitans de chacune cinquantaine paieront pour chacun an d'ores en avant à leur franc-archer, soit en temps de paix ou de guerre, la somme de neuf livres tournois aux deux moustres qui se feront deux fois l'an, et non plus, au temps et ainsy que par le capitaine general sera ordonné ; et, moyennant icelle somme, lesdits habitans ne seront tenuz bailler ne fournir aucuns habillemens de guerre, pourpoints, chausses, argent pour voyage de moustre ne autres choses quelzconques : mais, moyennant lesdictes neuf livres tournois, après que lesdits francs-archers auront esté fourniz, comme dit est, des habillemens de guerre, lesdicts habitans seront tenuz quictes de toutes mises et depost pour lesdicts francs-archers, sauf pour l'entretennement de ladicte charrette. Toutesfois, s'il advenait que, par fortune de guerre, aucun franc-archer perdist habillement de guerre ou partie d'icelluy, en ce cas, par la certification dudict capitaine general de ladite perte, par son commandement, iceulx habitans seront tenuz de faire bailler à leurs depens au franc-archer ce qui auroit esté perdu ainsi dezdicts habillemens de guerre ; mais, s'ils estoient perdus par mal-garde ou autrement, lesdicts francs-archers les fourniront à leurs depens, et à ce seront contraints par lesdits capitaines generaulx, réaulment et de fait par prinse de corps et de biens.

(5) *Item.* Pour subvenir ausdicts francs-archers et leur ayder à vivre et entretenir quand ils seront mandez pour aller à la guerre, le capitaine general ordonnera, s'il voit que bon soit, que sur ladicte somme de neuf livres tournois soit baillé à chacun franc-archer à son partement jusques à trente sols tournois, pour venir et soy entretenir sur-le-champ, en attendant que ayons pourveu et ordonné de leur payement.

(6) *Item.* Et, en quelque lieu que lesdicts francs-archers soient demourans, supposé que ce ne soit ez paroisses pour lesquelles ils sont francs-archers, il seront tenuz francs de tailles et joyront de toutes franchises de francs-archers, pourveu que ce ne soit hors de l'eslection dont ils seront francs-archers, sans que les habitans desdites paroisses ayent aucun recours ou retour, à cause de leur demeure, sur les habitans pour lesquieulx ils sont francs-archers; et aussi, en faisant les assiettes particulieres de la taille, les esleuz auront regard à bailler taux et portion raisonnable aux habitans des paroisses où iceulx francs-archers seront demourans.

(7) *Item.* Deffendons ausdicts capitaines generaulx qu'ils ne souffrent par les capitaines particuliers muer ou changer aucun franc-archer pour y en mettre d'autres, ne que eulx mêmes en mettent aucun nouveau, sinon et quand le cas adviendra qu'il ait aucun lieu vacant pour quelque cause que ce soit, les capitaines generaulx et particuliers les y mettront et non autres, chacun à sa charge, sans aucune chose prendre desdicts francs-archers ne des habitans.

(8) *Item.* Quand le temps adviendra de la vacation d'aucun lieu de franc-archer, le capitaine general choisira ledict franc-archer et le prendra en la cinquantaine ou ailleurs en l'eslection tel qu'il verra bon estre, pourveu qu'il soit personne habile pour servir de franc-archer, dont, pour la lettre de retenue, ledict cappitaine general ou particulier ne autre n'auront aucune chose.

(9) *Item.* Et après que ledict franc-archer aura ainsy esté choisy, il lui sera fait bailler et delivrer tout le harnois en bon estat que avoit celuy qui estoit auparavant, et a ce sera contraint le precedent ou ses heritiers par le capitaine, se il n'estoit perdu en fait de guerre, auquel cas, et non autrement, les habitans le fourniront d'habillement de guerre seulement pour la premiere fois, et après l'entretiendra comme dit est.

(10) *Item.* Deffendons ausdicts cappitaines tant generaulx que

articuliers qu'ils ne preignent ne facent prendre aux monstres
desdicts francs-archers ne des habitans aucune chose pour droit
de flesche ne autrement.

(11) *Item*. Et semblablement deffendons ausdicts cappitaines
que ils ne reçoivent aucuns francs-archers à bailler hommes
pour eulx aller à la guerre, mais voulons que ceulx qui seront
ordonnez pour francs-archers y aillent en personne, se ils ne
ont en nécessité de maladie; et, se autrement estoit fait, nous
voulons et commandons par ces presentes, qu'ils soient assiz à
taille pour les paroissiens et puniz par les cappitaines generaux
et privés de plus être francs-archers, et que lesdicts esleux en
certifient incontinent lesdicts cappitaines generaulx pour en faire
faire telle et si griefve pugnition que ce soit exemple à tous
autres.

(12) *Item*. Et quand il adviendra que lesdicts habitans auront à fournir aucunes choses pour lesdicts francs-archers par la
maniere que dit est, soit habillement de guerre ou haucquetons,
ils les pourront achepter ou faire faire la où bon leur semblera et
où ils en auront le meilleur marchié, sans ce que lesdicts cappitaines en ayent aucune entremise, ne que par leur main ils
soient delivrez; toutesvoyes, se lesdicts habillemens n'estoient
bons et suffisans, lesdicts cappitaines pourront faire contraindre
lesdicts habitans et paroissiens, et aussi lesdicts francs-archers,
quand le cas y escheoira, à en bailler d'autres bien souffisans.

(13) *Item*. Quant lesdicts francs-archers yront en la guerre,
ils ne s'en pourront partir sans avoir congé du cappitaine general, sur peine de la hart; et se aucuns sont trouvez faisans
ou avoir fait le contraire, que les baillys et juges des lieux les
facent prendre et constituer prisonniers et les detiennent prisonniers jusques à ce qu'ils en ayent adverty le cappitaine general
soubz la charge et conduitte duquel ils seront, pour en faire faire
la pugnition ainsi que dessus est dit.

(14) *Item*. Quant il aura aucuns desdicts francs-archers qui,
par impotence, mutilation et meschef à eulx advenu en expedition de guerre, ou par vieillesse, ne pourront plus servir et
seront ostez et mis hors de ladicte ordonnance de francs-archers, en ayant certification de leur cappitaine general des bons
services qu'ils nous auront fait, ils auront leurs lettres de franchise telles que avons ordonné ausdicts francs-archers, et les
leur baillera le secretaire de nos finances, ainsy que avons commandé.

Si donnons en mandement, etc.

Donné à Paris, etc.

Par le roi, le sire de Beaujeu, le sire de Curton, maistre Guillaume Curton, général des finances, et plusieurs autres présents.

N°. 200. — LETTRES *qui accordent une exemption de droit d'aubaine en faveur de deux habitans de Mayence, inventeurs de l'imprimerie, pour encourager cet art* (1).

Paris, 21 avril 1475. (C. L. XVIII, 114.)

LOUYS, etc. De la part de nos chers et bien-amés Courart Hanequis et Pierre Scheffre, marchands bourgeois de la cité de Mayence en Allemagne, nous a esté exposé qu'ils ont occupé grant partie de leur temps à l'industrie, art et usage de l'impression d'escriture, de laquelle, par leur cure et diligence, ils ont fait faire plusieurs beaux livres singuliers et exquis, tant d'histoires que de diverses sciences, dont ils ont envoyé en plusieurs et divers lieux, et mesmement en nostre ville et cité de Paris, tant à cause de la notable université qui y est, que aussi pour ce que c'est la ville capitale de nostre royaume, et ont commis plusieurs gentz pour iceulx livres vendre et distribuer, et, entre autres, depuis certain temps en ce commirent et ordonnerent pour eux un nommé *Herman de Stathoen*, natif du diocèze de Munster en Allemagne, auquel ils baillerent et envoyerent certaine quantité de livres pour iceulx vendre là où il treuverait, au profit desdits Courart Hanequis et Pierre Scheffre, ausquels ledit Stathoen seroit tenu d'en tenir compte, lequel Stathoen a vendu plusieurs desdicts, dont, à l'heure de son trespas, il avoit les deniers par-devers luy, et pareillement avoit par-devers lui plusieurs livres et autres qu'il avoit mis en garde tant en nostredicte ville de Paris que à Angiers et ailleurs en divers lieux de nostredict royaume, et est iceluy Stathoen allé de vie à trespas en nostredicte ville de Paris; et pour ce que, par la loy generale de nostre royaume, toutes fois que aucun estran-

---

(1) Voici le premier encouragement donné en France à l'imprimerie. La première ordonnance sur le fait de l'imprimerie est de Louis XII.

Cette ordonnance prouve aussi que par le droit général du royaume, les biens des étrangers non naturalisés, décédés en France, appartenaient au domaine. (Isambert.)

ger et non natif de iceluy nostre royaume va de vie à trespassement, sans lettres de naturalité et habitation et puissance de nous de tester, tous les biens qu'il a en nostredict royaume, à l'heure de sondit trespas, nous competent et appartiennent par droit d'aubenage, et que ledict Stathoen estoit de la qualité desusditte, et n'avoit aucunes lettres de naturalité ne puissance de tester, nostre procureur ou autres nos officiers ou commissaires furent prendre, saisir et arrester tous les livres et autres biens qu'il avoit avec lui et ailleurs en nostredict royaume, à l'heure de sondit trespas, et depuis et avant que personne se soit venu comparoir pour les demander, iceux livres et biens ou la pluspart ont esté vendus et divertys, et les deniers qui en sont venus, distribuez, après lesquelles choses ledit Conrart Hanequis et Pierre Scheffre se sont tirés par-devers nous et les gens de nostre conseil, ont fait remonstrer que combien que lesdicts livres fussent en la possession dudict Stathoen à l'heure de sondit trespas, toutesfois ils ne luy appartenoient point, mais veritablement apartenoient et apartiennent auxdits exposants, et, pour ce prouver et monstrer, ont exhibé le testament dudict Stathoen avec certaines cedulles et obligations, et produit aucuns tesmoins et autres choses faisant de ce mention, en nous requerants les faire restituer desdicts livres et autres biens, ou de la valeur et estimation d'iceux, lesquels ils ont estimé à la somme de deux mille quatre cens vingt-cinq escus d'or et trois sols tournois.

Pourquoy nous, les choses susdites considérées, et mesmement pour consideration de ce que très-haut et très-puissant prince, nostre très-cher et très-amé frere, cousin et allié, le roi des Romains, nous a escrit de cette matiere, aussi que lesdits Hanequis et Scheffre sont sujets et des pays de nostre très-cher et très-amé cousin l'archevesque de Mayence, qui est nostre parent, amy, confederé et allié, qui pareillement sur ce nous a escrit et requis, et pour la bone amour et affection que avons à lui, desirant traiter et faire traiter favorablement tous ses sujets, ayant aussi consideration de la peine et labeur que lesdits exposants ont prins pour ledit art et industrie de l'impression, et au profit et utilité qui en vient et peut venir à toute la chose publique, tant pour l'augmentation de la science que autrement, et combien que toute la valeur et estimation desdits livres et autres biens qui sont venus à nostre cognoissance ne montent pas de grand chose ladite somme de deux mille quatre cent vingt-cinq escus et trois sols tournois, à quoy lesdits exposans les ont estimés, neantmoins, pour les considerations susdittes et autres à ce nous mouvants, nous sommes liberalement condecendus de faire restituer ausdits Conrart Hanequis et Pierre Scheffre ladite somme de deux mille quatre cens vingt-cinq escus et trois sols tournois, et leur avons accordé et octroyé, accordons et octroyons par ces presentes, que sur les deniers de nos finances ils ayent et preunent la somme de huit cens livres pour chacun an, à commencer la première année au premier jour d'octobre prochain venant, et continuer d'an en an d'illec en avant jusques à ce qu'ils soient entierement payés de ladite somme de deux mille quatre cent vingt-cinq escus et trois sous tournois. Si vous mandons, etc.

Par le roy, l'evesque d'Evreux et plusieurs autres presens.

N° 201. — LETTRES *qui permettent au prince d'Orange, par suite de la cession momentanée de sa principauté au Dauphiné, avec réserve aux habitans de leurs libertés et franchises, de s'intituler prince par la grâce de Dieu, de battre monnaie et faire remission* (1)

Rouen, juin 1475. (C. L. XVIII, 121.)

N° 202. — ÉDIT *portant suppression sur la demande des états de Languedoc du droit d'aubaine* (2).

Dieppe, juillet 1475. (C. L. XVIII, 124.) Reg. au parlem. de Toulouse, le 16 août.

Loys, etc. Nous avons receue l'umble supplication des gens des trois estaz de nostre pays de Languedoc, contenant que, en nostredict pays de Languedoc, lequel est principalement fondé sur le fait de la marchandise, a afflué, le temps passé, plusieurs notables marchans et autres personnes estranges, gens de mestier mechanique et de pratique, ausquelz pour toujours les attraire et leur donner vouloir et affection de eux habituer en nos pays

---

(1) Voir la note sur son jugement.
(2) Cet édit est determiné par les mêmes considerations qui ont dicté les loi de 1791 et 1819, abolitives de ce droit de confiscation, contraire au principe que la propriété est de droit naturel, rapport de M. Portalis à la chambre des pairs sur la loi d'indemnité, 27 avril 1825. (Isambert.)

et obeissance, affin de repeupler ledict pays, et remectre suz le fait et entrecours de la marchandise en icelluy, a esté par cy-devant donné par nos predecesseurs Roys de France plusieurs belles exemptions et prerogatives, esquelles ilz ont esté; du temps de nosdicts predecesseurs, toujours bien et duement entretenus, tellement que les aucuns d'eux se y sont habitués et mariés, et y ont acquis des biens en intention de faire leur residence actuelle en nosdicts pays et obeissance toute leur vie, sans ce que aucun empeschement ayt esté mis ne donné à aucun de leurs enfans et heritiers en la jouissance de leurs biens après qu'ilz ont esté decedez, soubz couleur de ce qu'ilz n'estoient pas natifz de nostredict royaume ne habilitez par nosdicts predecesseurs à disposer de leursdicts biens ne de leursdicts heritages, pour à eux succéder; mais il est advenu, puis nostre advenement à la couronne, que, quand aucuns desdicts estrangers sont allés de vie à trespas, nos officiers et commissaires ont prins ou fait prendre et saizir tous leurs biens, tant meubles que heritages, pour les appliquer à nous et à nostre domaine, comme à nous advenus, ainsy que maintiennent nosdicts officiers, par droit d'aubenage, à l'occasion duquel saizissement et des molestes et vexations indues quy ont esté et sont encore chacun jour faictes et données, aux causes devant dictes, ausdicts estrangers ainsy habitués audict pays de Languedoc, plusieurs de leurs enfans et heritiers ont esté et sont du tout dessaisis et privés de la succession et hoirie desdicts estrangers decedés, pour laquelle cause lesdicts marchans estrangers, doubtans par telles voyes eux et leurs enfans et heritiers estre au tempz advenir inquietés et maltraités, n'ont pas eu et ne ont de present telle ferveur et dezir de eux habituer en nostredict pays de Languedoc comme ilz avoient auparavant, ainçois se sont à ladicte cause absentés et absentent de jour en jour, et le fait de leur marchandise ont distrait de nostredict pays de Languedoc; tellement que la trafique de ladicte marchandise y est tout à present comme discontinuée et interrompeue, et nos subgects et habitans en icelluy, ausquels convient porter et soustenir le taux et portion de nos tailles et deniers, que iceux estrangers portaient et payoient, tomberoient en grant pauvreté et necessité, et seroit plus se nostre grace et liberalité ne leur estoit sur ce benignement eslargie, comme nous ont fait dire et remonstrer lesdicts des trois estaz, supplians, en nous humblement requerant icelle.

Pour ce, est-il que nous, desirans de tout nostre cœur

principum, aut alterius eorum, alligatos et confœderatos, tempore quo se declaverint in dictis treugis comprehendi velit et ipsa declaratio antedictis principibus notificata fuerit; sic tamen, quòd ipsi alligati qui in ipsis treugis velint comprehendi taliter se declarent principi cum quo confœderantur, et tempore princeps cui sic declaratur alteri principi suis litteris id notificet infra tres menses post datam præsentium proximè sequentes, et quòd ab hac eadem die durent usque ad finem septem annorum proximè sequentium inclusivè, sic quòd finiant in vicesimo quarto die mensis augusti, post solis occasum ejusdem diei qui erit in anno Domini millesimo quadringentesimo octogesimo secundo.

(2) *Item.* Quòd, durante dicto septennio et treugis prædictis, bella, guerræ et hostilitates quæcunque inter præfatos Franciæ et Angliæ principes, utriusque eorum heredes, successores, vassalos, subditos et confœderatos quoscunque, qui in dictis ipsis treugis, ut præmittitur, velint comprehendi, necnon inter dicta inclitissima Franciæ et Angliæ regna, patrias, et dominia suacunque, ubique locorum, per terram, mare et aquas dulces, omnino cessabunt.

(3) *Item.* Quòd omnes et singuli utriusque dictorum principum, aut eorum alligatorum in iis treugis comprehensorum, vassalli et subditi, sive sint archiepiscopi, episcopi, duces, comites, barones, mercatores, aut cujusvis status conditionisve existant, durantibus treugis antedictis ubivis locorum sese mutuis officiis prosequantur et honesta affectione pertractent, possintque liberè, tutè et securè, absque alterius ejusve subditorum offensa, sine impedimento, ubique perlustrare terram, per mare navigare hinc indeque ad portus, dominia et districtus quoscunque utriusque ipsorum principum citra et ultra mare, dum taxat ultra numerum armatorum centum simul non accedant, in eisque quamdiu volent morari, mercari, merces, mercimonia, arma et jocalia quæcunque emere, vendere, et ut eis placet ab illinc ad partes proprias, vel alibi liberè, quoties duxerint abeundum, abire cum suis aut conductis aut commodatis navigiis, plaustris, vehiculis, equis, armaturis, mercimoniis seu aliis bonis et rebus suis quibuscunque, absque ullo impedimento, offensa, arrestatione, ratione marchæ, contramarchæ, repressariarum, aut alia restrictione quacunque, tam in terra quàm in mari et aquis dulcibus, quemadmodum patriis in propriis hæc omnia facerent aut eis facere liceret, ita quòd nullo alio salvo conductu generali aut speciali indigeant.

(4) *Item.* Quòd munera sive onera ab aliquo dictorum principum in cujusvis eorum patriarum sive dominiorum partibus à duodecim annis citrà imposita, mercatoribus et subditis alterius principis nociva, penitùs extincta sint et rejecta, et quòd talia aut consimilia, durantibus his treugis, amodo non imponantur, salvis tamen semper quoad alia omnibus regionum, urbium et locorum, aliis legibus statutis et consuetudinibus, quibus nihil, quoad eorum jura, per præmissa censetur derogatum.

(5) *Item.* Quòd si infra dictos septem annos, durantibus ipsis treugis, aliquid contra vires et effectus earumdem treugarum et abstinentiarum guerrarum, per terram, mare aut aquas dulces, per aliquos ipsorum principum, hæredes, successores subditos, vassalos aut alligatos utriusque eorum in his treugis comprehendi se velle, ut prædicitur, fuerit attentatum, actum sive gestum, quòd omnia gesta sic attentata, per conservatores ipsarum treugarum ab ipsis principibus seu saltem à principe eorum sic damnificantium nominatos, infra mensem post requisitionem super inde confectam, unà cum expensis sic damnificati aut damnificatorum, restaurentur, reficiantur et reparentur, sic quòd, propter nulla, durante harum treugarum termino, in contrarium attentata, hujusmodi treugæ rumpentur nec terminentur, sed in suis viribus usque ad finem dictorum septem annorum permaneant, et pro ipsis attentatis solummodo puniantur ipsi attentantes et damnificantes, et non alii.

(6) *Item.* Pro matura et inviolabili harum treugarum, abstinentiarum guerrarum, ligarum et confæderationum observantia et conservatione, electi et nominati sunt ex parte Christianissimi Franciæ Regis conservatores, carissimus frater et consanguineus suus Comes de Bellojoco, et Joannes bastardus de Borbonio, admirallus Franciæ, et ex parte dicti illustrissimi principis Angliæ regis, carissimi fratres sui dux Clarenciæ et dux Glocestriæ, cancellarius Angliæ, custos privati sigilli, custos quinque portuum in Anglia, præfectus sive locum tenens dicti regis, tales pro tempore existentes. Qui quidem conservatores dictorum principum ac utriusque eorum, ex parte saltem principis subditorum damnificantium, si qui sint, sic nominati nominatusve, autoritatem et potestatem habeant et habeat ipsos damnificantes puniendi, attentata et damna contra vires harum treugarum illata, unà cum expensis damnificatorum, reficiendi et reparandi. Et si contingat ipsos conservatores per ipsos principes, ut præmittitur, nominatos, super reformationem aliquo-

rum attentatorum fore discordes, et inter eos super inde concordare non valentes, quòd ex tunc causa illa referatur consilio principis subditorum sic damnificatorum, aut, si opus sit, utriusque principis, dum tamen causa illa summariè et de plano coram eis examinetur et felici morte terminetur.

(7) *Item.* Quòd in præsentibus treugis, abstinentiis guerrarum, ligis et confœderationibus, comprehenduntur alligati et confœderati hinc inde postea nominati, si in eis comprehendi velint, videlicet, pro parte christianissimi Franciæ regis, rex romanorum, sacri imperii electores, rex Castilliæ et Leonis, rex Scotiæ, rex Daciæ, rex Hierusalem et Siciliæ, rex Hungariæ, duces Sabaudiæ, Mediolani, et Mantuæ, et Lotharingiæ, episcopus Metensis, dominium et communitas Florentiæ, dominium et communitas villæ Bernensis, et eorum alligati et confœderati, item illi de liga altæ Allemaniæ, et illi de patria Leodiensi, qui se declaraverint pro dicto Franciæ rege et in ejus obedientiam se retraxerint;

Et, ex parte dicti illustrissimi regis Angliæ, serenissimus et illustrissimus princeps semper augustus rex Romanorum, rex Castilliæ et Leonum, rex Scotiæ, rex Portugaliæ, rex Hierusalem et Siciliæ citra farum, rex Aragoniæ, rex Siciliæ ultra farum, rex Daciæ, rex Hungariæ, potentissimique duces Burgundiæ et Britanniæ, necnon communitas et societas de Hensa Teutonica.

Qui quidem alligati utriusque dictorum principum teneantur declarare principi cum quo confœderantur, se in his treugis velle comprehendi, si in eis comprehendi velint, et idem princeps alteri teneatur referre principi, ut præmittitur, infra tres menses proximos post datam præsentium sequentes.

Quas quidem treugas principes antedicti et eorum uterque promiserunt et promisit, in verbo principis et bona fide, juxta vires manutenere et inviolabiliter observare, observarique facere.

In quorum omnium et singulorum præmissorum fidem et testimonium, his præsentibus litteris nostris manu propriâ subscriptis, magnum sigillum nostrum apponi fecimus.

Datum in civitate nostra Ambianensi, vigessimo-nono die mensis Augusti, anno Domini 1475, et regni nostri decimoquinto.

N° 205. — **Trèves marchandes** *pour neuf ans entre la France et le duché de Bourgogne.*

Septembre 1475. (Léonard, Recueil de Traités, p. 154.)

N° 206. — **Lettres** *portant publication du traité avec le duc de Bretagne.*

Victoire-lès-Senlis, 9 octobre 1475. (C. L. XVIII, 138.)

N° 207. — **Lettres** *portant nomination du duc de Bretagne comme lieutenant-général du royaume, avec délégation des pouvoirs royaux* (1).

Victoire lès Senlis, 16 octobre 1475. (C. L. XVIII, 142.)

Loys, etc. Comme nous, reduisans à memoire la bonne et grant loyauté que les barons, vassaulx et subgects du pays de Bretaigne ont de tout temps eu à la couronne de France, et les grans, louables et recommandables services qu'ils y ont faiz, tant au faict des guerres que autrement, en plusieurs manieres, à l'encontre de noz anciens ennemis et adversaires : et à ceste cause, considérant l'amiable fraternité et traitié de paix nagueres prins et faiz entre nous et nostre très-chier et très-amé neveu et cousin le duc de Bretaigne, qui de grant et pure affection s'est de tous poins deliberé soy employer, avec sesdicts barons, vassaulx et subgects, au bien, profit, honneur et utilité de nostre royaume et de la chose publique d'icelluy, sans aucune chose y espargner.

Par quoi, confians à plain de sa grant fidelité, amitié et bienveillance, icelluy, pour ces causes et autres considerations à ce nous mouvans, avons, de nostre certaine science, plaine puissance et auctorité royal, faict et ordonné, faisons et ordonnons par ces presentes nostre lieutenant general par tout nostre royaume, et luy avons donné et donnons, en ce faisant, plain pouvoir et autorité d'y faire et faire faire en toutes choses comme nous-mesmes ferions et faire pourrions, se presens y

---

(1) On ne conçoit pas les motifs de cette délégation de la part d'un prince aussi jaloux de son pouvoir que Louis XI, en faveur d'un prince aussi puissant, qui naguère s'était ligné avec ses ennemis. (Isambert.)

estions en personne; laquelle chose nous promectons avoir agreable par cesdites presentes signées de nostre main, posé ores qu'il y eust chose qui requist mandement plus special. En tesmoing de ce, nous avons faict mectre nostre scel à cesdites presentes. Donné à la Victoire-lez-Senlis, etc.

Par le roy, l'archevesque de Lyon, les sires de Curton, de Gié, du Lude, d'Achon, de Grantmont, de l'Isle, et autres presens.

N°. 208. — LETTRES d'abolition en faveur de Charles, duc de Calabre, comte du Maine.

La Victoire, près Senlis, octobre 1475. (Trésor des Chartes, reg. coté 201, act. 65. Recueil de Colbert, vol. 61, fol. 531. Manuscrits de la bibl. du roi, carton 137.)

Loys, etc. Savoir faisons à tous presens et advenir, nous avoir receue l'umble supplicacion à nous presentée par nostre tres-chier et tres-amé cousin, Charles, duc de Calabre, comte du Maine, de Mortain et de Gien, vicomte de Chastelleraud, contenant que dans les dernieres divisions qui ont eu cours en nostre royaume, pendant lesquelles aucuns des seigneurs de nostre sang se sont elevés en rebellion et desobeissance contre nous, et autres, reduits et divertis pour adherer auxdictes rebellions, et mesmement en l'année derniere passée, iceluy nostre cousin suppliant, qui lors estoit allé au pays de Provence, devers nostre tres-cher et tres-amé oncle et cousin le roy de Sicile, après ce que, pour aucunes choses dont avions esté advertis, et pour certaines causes qui à ce nous mouvoient, nous eusmes faict prendre et mectre en nostre main les ville et chastel d'Angiers, nostredict oncle en parla à nostredict cousin de Calabre, suppliant, en lui demandant qu'il luy sembloit qu'il avoit à faire, lequel nostre cousin suppliant lui dit qu'il convenoit envoyer devers le connestable, comte de Saint-Pol, son oncle, pour sçavoir ce qu'ils avoient à faire, et lors y envoyerent François de Luxembourg, nepveu dudict comte de Saint-Pol, et avant qu'il fust retourné s'en partit nostredict cousin du pays de Provence, pour venir devers nous, et en s'en venant rencontra ledict François, près de Roussillon ou Dauphiné, lequel lui dit qu'il avoit charge de part ledict connestable, s'il le trouvoit encore en Provence, luy dire qu'il n'en partist point et qu'il étoit en dangier de sa personne, s'il venoit devers nous, et avec ce luy dit seul à seul que les seigneurs de nostre royaume devoient envoyer en un certain lieu, en Savoye ou en Bresse, chacun leur scellé, et que s'il vouloit y envoyer le sien, qu'il y envoyast audict jour; et lors ledict suppliant luy dit qu'il s'en allast devers sondit oncle, le roy de Sicile, luy dire lesdites choses, et que au regard de luy, il n'envoyeroit point audit lieu, mais que sondit oncle avoit puissance de tout faire pour luy ce qui luy plairoit, et luy semble que ledit François luy dit que Hector de l'Escluse estoit jà audit lieu de Savoye ou de Bresse, de par ledit connétable, pour attendre les ordres, et que les gens du duc de Bourgogne y estoient ou se trouveroient de brief; et aussy qu'il avoit passé par Moulins, et qu'il avoit dit toutes ces choses à nostre tres-chier et tres-amé frère le duc de Bourbonnais et d'Auvergne, de par ledit connestable, et lors s'en partist ledict François, et ne le vit depuis nostre cousin le suppliant, et depuis ce nostre cousin suppliant étant èz marches de par deçà, nostredit oncle de Sicile luy manda qu'il luy envoyât trois blancs scellés, pour en faire ce qu'il adviseroit; ce que nostredit cousin suppliant fist, et les luy envoyast, desquels il n'a depuis esté adverti par sondit oncle ne autres qu'il a esté fait desdits seellez, et au passer par Moulins par nostre cousin suppliant, parla audit duc de Bourbon des choses dessusdites, auquel il pria qu'il oubliast toutes les questions du temps passé, et qu'ils fussent dès lors en avant amys et alliés, en luy offrant son scellé, à quoi ledit duc de Bourbon respondit qu'il estoit content, et qu'il envoyeroit un homme après luy, dont depuis il ne oyt parler, et que ledit connestable avoit bien mandé à nostredict cousin suppliant que le duc de Nemours étoit de la bande des autres, mais que jamais n'a rien escrit, ne fait sçavoir audit duc de Nemours, ne ledit duc de Nemours à luy : et avec ce ledit connestable fist sçavoir à nostredit cousin suppliant, luy estant dernierement à Paris par devers nous, qu'il se retirast en ses pays et qu'il estoit en dangier de sa personne s'il sejournoit par devers nous, et à ceste cause, s'en partist à haste de devers nous, combien qu'il eust charge expresse, de par nostre oncle de Sicile, de nous servir et suivre, obeir et complaire plus que jamais n'avait fait, et de poursuir les besognes de nostredit oncle envers nous, et que en outre nostredit cousin retournoit en sondit pays du Maine, ledit connestable lui fist sçavoir par plusieurs fois qu'il se donnast garde de sa personne, et qu'il fist reparer ses places et les gardast bien, et que avant qu'il fust peu de temps nous avions à besongner de luy; combien que iceluy nostre cousin fust deliberé venir par-devers nous, nonobstant toutes les choses dessusdites, et les rigueurs que on luy tenoit pour le fait de Guillaume de Roquemaure et la prinse de sa nef à La Rochelle, et le soustenement des habitans de Mortaing, à l'encontre de luy, et tantost après se departist du Mans, iceluy nostre cousin suppliant, et s'en allast à Sables, auquel luy fut rapporté que nous transportions au mont Saint-Michel et à Nostre-Dame de Beluart, et que nous faisions mener avec nous sept ou huit cents lances pour le prendre de toutes ses places;

Pour laquelle cause, et aussi que le connestable luy avoit mandé qu'il envoyast en Bretagne, delibera d'y envoyer Regnaut de Veloirs, pour sentir du duc de Bretagne qui lors estoit en guerre avec nous, s'il le recueilleroit en son pays quant en auroit mestier, et s'il le secourroit quand en auroit à besogner, luy offrant luy et ses places pour la doute qu'il avoit de sa personne; et lors ledit de Veloirs envoyast trois hommes devers Gilbert de Grassay, à Nantes, et luy escrivit qu'il vouloit bien parler à luy, et qu'il luy fist sçavoir où il le pourroit trouver, et se rendirent à Martigny; et cependant nostredit cousin suppliant s'en alla à Mayenne, en attendant la response dudit Renaut, lequel luy dit son retour audit Mayenne, que Gilbert de Grassay se faisoit fort de faire telle avance avec ledit duc de Bretagne qu'il voudrait, et après ce que de Veloirs et son homme eurent esté par plusieurs fois par-devers ledit duc de Bretagne, fust appoincté de bailler leurs scellez l'un à l'autre, c'est à sçavoir nostredit cousin suppliant audit duc, et ledit duc à nostredit cousin; et avant que lesdits scellez fussent baillez, nostre cousin suppliant luy escrivit de sa main, comme s'il estoit bien joyeux de ce qu'il luy offroit le recueillir et luy aider en ce qu'il pourroit, et ledit duc pareillement; et tantost après fust faict le scellé, promettant l'un à l'autre d'aider et secourir de leurs gens et de leurs places, et pour ce que ledit scellé contenoit compris amis et alliez;

Nostredit cousin suppliant dit expressement audit Regnaut, pour dire aux gens dudit duc, qu'il entendoit excepter les Bourguignons et Anglais; qu'il ne vouloist estre ne Bourguignon ne Anglais; et après plusieurs debats sur ce entre eux et les gens dudit duc, se accorderent et fut dit que nostredit cousin n'auroit que faire que au duc, et non point à ses amis bienveillans ne alliez, et aussi pour ce qu'il y avoit audit scellé un mot qui disoit nommé ment contre nous, nostredit cousin Callabre commanda au chappelain, messire Pierre, qui escrivait que ce mot fut osté, et qu'il ne sçait si depuis il fust osté ou non, et au regard du scellé dudit duc, nostredit cousin suppliant et ledit de Veloirs le brûlèrent, nostredit cousin estant à Alaye, et quand le duc de Bretagne sçut que nostredit cousin suppliant venoit pardevers nous, ledit duc de Bretagne luy manda audit lieu de Mayenne, qu'il faisait bien de venir devers nous, et qu'il le quittoit; luy envoya un brevet non signé, lequel nostredit suppliant a, et lequel il montrera quant nostre plaisir sera;

Et après ce vint par-devers nostredict cousin suppliant, un nommé Jean Le Verrier, pendant ce que le bastard du Maine, et le bastard de Harcourt estoient par-devers nous à Compiègne, lequel Verrier dit à nostredit cousin suppliant que les anglais estoient à Dortems, et que luy mandions qu'il estoit temps qu'il vensist devers nous, pour nous servir, et que avions commandé à maistre Girault et aux Rousselets, qu'ils fissent ce que nostredit cousin suppliant luy commanderoit, et qu'il estoit le grand maistre du mestier, dont iceluy nostre cousin fut despit, pour ce qu'on luy offrit la maistrise de nostre artillerie, se luy sembloit, à quoi il respondit qu'il n'avoit point d'argent, et plusieurs autres paroles mal sonnantes, qu'il ne devoit pas dire, desquelles il n'est à present recors, et que seulement un nommé Marbery vint par deux fois par-devers nostredit cousin, et que à l'une des fois il apporta lettres de par ledit connestable, par lesquelles il luy mandoit ledit Marbery, pour remettre en son hostel, combien qu'il vensist pour luy apporter lettres de par ledit connestable, et luy dit à ceste fois, comme les Anglois sans point de faulte venoient, et que pour en sçavoir encore mieux s'en alloit en Normandie, et delà en Bretagne, devers le duc, pour luy dire les nouvelles dudit connestable et desdits anglais, et qu'il repasseroit par-devers nostredict cousin suppliant, pour sçavoir s'il vouloit rien mander audit connestable, pour ce que nostre cousin ne se fioit pas trop dudit Marbey, ne manda aucune chose par luy, fors qu'il se recommandoit à luy, et qu'il luy prioit qu'il luy fist sçavoir toujours des nouvelles; et depuis par plusieurs fois ledit connestable a fait sçavoir audit suppliant que s'il vouloit qu'il mist de ses gens d'armes en sa place de Guise, et qu'il la luy garderoit bien, et qu'elle n'estoit pas seurement, et qu'il doubtoit que nous la prinssions; ce que nostredit cousin suppliant luy a toujours accordé, mais ce neantmoins a toujours différé de ce faire, et n'y a voulu mettre autres gens que les siens, et que par plusieurs fois il a fait sçavoir par le Piccart audit connestable, comme il se fie en luy, et que s'il avoit à besongner de gens pour Guise, il prendroit des siens, et luy prioit qu'il luy fist sçavoir toujours des nouvelles, et aussy manda à Guillaume de Verves qu'il allast souvent devers ledit connestable, pour sçavoir des nouvelles et luy en faire sçavoir; et que à une autrefois et entre les autres, ledit connestable manda à nostredit cousin suppliant, par ledit Piccart, qu'il estoit forcé qu'il print de trois partis l'un, ce fut, devant que les Anglais vinsissent en nostre royaume, l'un qu'il feignist se tirer par-devers nous, et qu'il tirast tout-à-coup à Saint-Quentin ou à Guise, et que de ses gens d'armes et de ce qu'il avoit, il seroit aussi bien maistre que luy; l'autre, qu'il tirast devers ledit duc de Bourbon, et de là s'en entrast dans la Bourgongne, ou en Provence, et l'autre qu'il s'en tirast en Bretagne, et qu'il fust seur du duc, et que là il luy feroit sçavoir de ses nouvelles, et qu'il luy envoyeroit sauf-conduit des Anglois et des Bourguignons, et deux galères dudit duc de Bourgongne, pour le mener en Flandre, pour delà se retirer par-devers le connestable, et avec ce manda ledit connestable à iceluy nostre cousin le suppliant, par ledit Piccart, qu'il sentist si ledict duc seroit bon pour eux, ou s'il prendroit parti avec nous; et que après qu'il eust senti par ceux qui menoient les traittez desdits scellez, fist sçavoir audit connestable, par ledit Piccart, qu'il pensoit que oy, et que en tant que touche le chastel d'Angiers, que iceluy nostre cousin suppliant a bien fait venir aucuns du Puy du Mans, lesquels il ne connoist, et qu'on disoit qu'ils avoient des parens audit chastel d'Angiers, et leur demanda s'il y avoit remède de faire parler à eux, et leur dit qu'ils fissent des promesses de par luy; lesquels y allèrent depuis, leur firent response qu'ils n'avoient rien peu faire, et que à cette cause nostredit cousin suppliant ne fist depuis autre poursuite.

Et en tant que touche le duc de Milan et la duchesse de Savoye, que iceluy nostre cousin suppliant a bien eu paroles à eux, et a esté requis de par eux de s'entr'ayder l'un à l'autre, à garder ledit pays, mais de scellé n'en a point esté baillé par nostredit cousin suppliant.

A l'occasion desquels cas dessus declarez, ainsy faits et commis par nostredict cousin suppliant, et autres dont il n'est à present mémoratif, ainsy advenus dans ledit temps desdites divisions, iceluy nostre cousin suppliant, d'autant qu'il en fust au temps

avoir reproché par nous ou autres, nous a humblement fait supplier et requerir que, attendu les moyens dessus declarez par moyen desquels il les a ainsi commis et perpetrez à son jeune aage, qui est de 27 à 28 ans, en quoy il est encore à present constitué, et qu'il a bon vouloir de nous desormais obeir, servir et complaire en toute obeyssance, humilité et amour, il nous plaist y impartir nos grace, pardon et abolition de tous les cas et autres, ainsy par luy commis durant le temps desdites divisions, et jusqu'à present humblement requerant iceux.

Pourquoy nous ces choses considerées, et mesmement la proximité du lignage, en quoy nous atteint nostredit cousin suppliant, et ledit jeune aage, en quoy il est encore à present constitué, comme dit est, à iceluy pour les causes et considerations et autres à ce nous mouvans, avons quitté, remis, pardonné et aboly, remettons, quittons, pardonnons et abolissons de grace speciale, pleine puissance et auctorité royale, par ces presentes les fais et cas dessus declairez, ensemble tous autres que pourroit avoir faits et commis iceluy nostre cousin suppliant à l'encontre de nous et de nostre auctorité et majesté royale, et lesquels nous tenons cy pour expressement declarez, avec toute peine, amende et offense corporelle, criminelle et civile, en quoy, à l'occasion d'iceulx, et de chacun d'iceulx, il pourroit estre encourru envers nous, nostredite auctorité et justice, et l'avons restitué et restituons à la bonne fame et renommée en nostredit royaume, et à ses biens, honneurs, terres et seigneuries, et quant à ce imposé et imposons silence perpetuel à nostre procureur general et à tous autres, en mettant au néant tous procès, defaus, ban, et appeaus, s'aucuns s'en sont, ou estoient pour ce ensuys.

Si donnons en mandement, etc.

Donné, etc.

Par le roy en son conseil, vous l'evesque d'Evreux, les sires du Lude, gouverneur du Dauphiné, d'Argenton, et aultres estoient.

N° 209. — LETTRES *portant que le roi n'accordera de graces ni remission aux faux-monnoyeurs, et qui défend d'y avoir égard.*

Notre-Dame de la Victoire, 2 novembre 1475. (C. L. XVIII, 148.) Publiées par les carrefours de Paris, le 23 decembre.

N°. 210. — **Arrêt** *interlocutoire du parlement de Paris dans l'affaire du connétable de Saint-Paul.*

Du lundi qui suit le mardi 24 novembre 1475, en la grande chambre. (Mss. de la cour de cassation, vol., côté 25.)

Ce jour, les chambres assemblées et aucunes des requestes de l'hostel, après que messire Pierre Doriole, chevalier, chancelier de France, a dit et exposé à la cour que lui et les autres *commissaires députés par la Cour* avoient interrogé le comte de Saint-Paul, prisonnier à la Bastille à Paris, sur les cas pour lesquels il était prisonnier, et avaient redigé sa confession par écrit, et falloit lui retirer la confession en la présence de toute la cour, mais combien qu'il n'y ait si grand seigneur du royaume, excepté le roi et monsieur le dauphin, qui ne doive venir et comparoir en la Cour quand elle l'ordonne, toutefois il doubtoit fort de faire amener en ladicte Cour ledict comte de Saint-Paul, pour ce que ceux qui le gardent ont dit auxdits commissaires, qu'ils ameneraient bien au matin ledict comte, en ladite cour, mais ils doubtoient de le ramener de grand jour en ladicte Bastille, que parce que ledict comte ne vouloit point estre veu publiquement, et a mis en deliberacion si on feroit venir et amener en ladicte cour ledict comte, ou si la cour iroit en ladicte Bastille pour oyr lire sadicte confession.

Deliberé a esté par la court, que la Court ira en ladite Bastille pour oyr lire en la presence dudict comte sa confession.

N°. 211. — **Serment** *du roi en faveur du duc de Bretagne* (1).

Au Plessis-lès-Tours, 20 décembre 1475. (C. L. XVIII, 142.)

Je Loys, par la grace de Dieu à present roy de France, jure à François à present duc de Bretaigne, mon cousin remué de germain, par la vraie croix ci-presente, que, tant qu'il vive, je ne le prendrai ne tuerai, ne consentirai qu'on le prenne ne qu'on le tue, ne le souffrirai de mon pouvoir prendre ne tuer

---

(1) Ce serment est très-curieux par les protestations qu'il renferme, et qui prouvent que les rois n'étaient pas à l'abri du soupçon d'assassinat. (Lambert.)

personne vivant, sans nul excepter; et si je sais que personne le veuille faire, l'en advertirai et l'en garderai à mon pouvoir, comme je ferois ma propre personne.

Item. Jure audit François, à présent duc de Bretaigne, par ladite vraie croix, que tant qu'il vive, par quelconque occasion que ce soit ou puisse estre, je ne lui encommencerai guerre ne à son duché de Bretagne, ne soustendray creature vivant, sans nul excepter, à la lui faire.

Item. Jure (comme dessus) que si personne vivant, sans nul excepter, lui fait guerre en sondit duché de Bretaigne, pour quelque occasion que ce soit ou puisse estre, que je le secoureray et ayderai comme mon propre royaume, et me declareray pour lui et contre ceulx qui la lui feront, sans quelconque fainte, leur ennemy en guerre ouverte, et ne serai jamais appointement à ses ennemis et aux miens contre lesquels il se sera declairé, se n'est de son consentement, mais ferai la guerre jusques au bout de tout mon pouvoir, sans jamais l'abandonner : et du serment dessusdit renonce à toute dispense.

Fait au Plessis du Parc-lès-Tours, le xxe jour de decembre, l'an m. cccc lxxvi.

N°. 212. — ARRÊT *d'une commission du parlement qui condamne le connétable de Saint-Paul à mort.*

26 décembre 1475. (Manuscrits de Lancelot, in-f°, des archives du royaume, vol. 8431 (1).

Vu par la cour (2) le procès fait à l'encontre de messire Louis de Laxembourg, chevalier comte de Saint-Pol, connestable de

---

(1) Le conseil du roi, présidé par Pierre Doriole, chancelier, renvoie la cause du connétable à la cour du parlement, et ordonne qu'en attendant la décision le connétable restera à la Bastille.

Le 28 du même mois, il subit un interrogatoire; il déclare n'avoir eu guères de communications avec les gens du duc de Bourgogne; qu'à la vérité l'un d'eux essaya de le gagner et de le faire se déclarer pour le duc, mais qu'il répondit toujours qu'étant serviteur du roi, il ne ferait rien contre son honneur et les devoirs de son office; mais qu'il servirait le duc par tous les moyens qui ne repugneraient pas à sa délicatesse. Il convient n'avoir point instruit le roi de ces communications, et qu'il avait eu des pourparlers avec les gens du duc de Calabre, mais qu'il ignorait l'objet des entretiens de ce duc avec le duc de Bourbon; il n'a pas voulu se rendre auprès du roi, parce qu'il avait été informé des

France, ensemble sa confession volontaire par lui faite...

menaces que le roi avait proférées contre lui ; il avait dû dire qu'il se vengeroit bien du connétable et qu'il lui feroit voler la teste ; au fort, que ce ne seroit pas lui, mais que ce seroit les vilains de Paris, qui le feroient faire aux halles.

Le 4 décembre suivant, interrogé de nouveau, il convint avoir eu des relations avec le roi de Sicile et le duc de Calabre au sujet du château d'Angers que le duc voulait garder contre le roi, mais qu'il ne donna aucun conseil contre son souverain ; que du reste il a été informé des démarches du roi de Sicile auprès du duc de Bourgogne ; qu'au surplus il s'était toujours opposé à la venue du duc de Calabre, sachant que le roi était irrité contre lui : le duc de Bourgogne lui fit diverses propositions pour le déterminer à prendre son parti ; il les accepta conditionnellement et s'engagea par écrit à servir le duc de Bourgogne et à employer tous ses efforts pour lui faire avoir Saint-Quentin, mais cependant il avait bien entendu qu'il ne devait jamais prendre les armes contre le roi : il convient des conseils qu'il a donnés au duc de Calabre, et dont on a vu la teneur plus haut dans les lettres d'abolition accordées au duc ; il avait envoyé auprès du duc de Bourbon pour s'informer s'il était content ou mécontent et de ce qu'il se proposait de faire, son but ainsi que celui des autres était qu'il y eust tant d'affaires au royaume qu'on les eust laissé tranquilles. Il convient que si le complot réussissait, et que si le duc de Bourgogne avait l'autorité en France, *on mectroit le roi quelque part, et qu'on sçauroit de luy de quoy il se contenteroit, et qu'on osteroit tous ceux qui estoient de costé lui, et y mectroit-on d'autres qui auroient l'auctorité, et gouverneraient les choses, ainsi qu'on a accoustumé es temps passez.* Dans le partage de la France, qui devait être le résultat du succès de l'entreprise, le connétable devait avoir pour lui les villes de Compiègne et de Noyon ; il traite depuis avec le roi d'Angleterre.

Le 11 décembre le connétable confirma tous les aveux contenus dans ses interrogatoires ; le lendemain il en subit un nouveau dans lequel il déclara qu'il avait eu des communications avec le duc de Guyenne, à qui il avait promis de le servir, notamment de négocier son mariage avec la fille du duc de Bourgogne. Dans un autre interrogatoire, subi le 25 du même mois, il convint que l'engagement qu'il avait pris envers le duc de Bourgogne, portait envers tous et contre tous, mais pas nommément contre la personne du roi : qu'il était expressément stipulé que le connétable demeurerait en son office, que le duc promit de ne jamais l'abandonner, que ce fut pour cela qu'il se rangea de son parti ; au surplus la convention qu'il fit avec le duc de Guyenne n'avoit pour objet que le bien public.

L'arrêt fut prononcé le 26 du même mois de décembre.

Quoiqu'il soit mentionné que cet arrêt a été prononcé en parlement, il ne se trouve pas sur les registres. (Isambert.)

(2) C'était une commission composée du chancelier de France, du premier président du parlement de Paris, des présidens, des maîtres des requêtes ordinaires et conseillers clercs et laïcs du parlement, des procureurs et avocats du roi en icelle cour ; de Lhuillée, capitaine de la Bastille, et de deux conseillers et maîtres d'hôtel du roi, dont un rapporteur à la chancellerie, ainsi qu'il resulte du préambule de ce procès, en date du 27 novembre 1475. *Idem.*

celle envers quoi il a toujours persévéré, par laquelle appert les conspirations et machinations par lui faites pour induire, faire, inciter et commouvoir plusieurs des princes et seigneurs de royaume et autres d'eux, élever, faire traité et baillier ses scels au duc de Bourgogne et autres ennemis de ce royaume, à l'encontre du Roi, duquel duc de Bourgogne, ledit de Luxembourg avoit déjà pris les scels et baillé le seing par lequel il a promis et s'est obligé audit de Bourgogne de le servir envers et contre tous, sans excepter le Roy, et par ledit scellé dudit duc de Bourgogne, il a promis audit Luxembourg, d'entretenir à tous les princes et seigneurs de ce Royaume, tout ce que par lui, au nom dudit duc de Bourgogne, leur seroit promis, ensemble les lettres de croyance par lui écrites au roy d'Angleterre, par Loys de Xainville, auquel de Xainville il avoit expressément chargé dire audit roy d'Angleterre, telle creance de par lui que ledit duc de Bourgogne lui ordonneroit, et plusieurs autres grands cas et crimes de leze majesté, dont en sa derniere confession est plus à plain fait mention, le tout par lui fait reconnu depuis le scellé par lui baillé au roy, à Farnesses, le 14° jour de mai l'an 1475, par lequel seul il avoit promis et juré servir le roy, envers et contre tous, sans avoir égard à autres que à luy, et sans prendre intelligence avec Anglais, Bourguignons et autres ennemis du Roy, par scellés ne autrement en quelle maniere que ce fût combien que à ce il fut obligé par subjection et adstriction de fidélité, à cause de sa personne (1) dudit office de connestable et de foy et hommage qu'il avait fait au roy de plusieurs de ses terres et seigneuries tenues et mouvantes survenant de la couronne.

Tout considéré, ce qui fut à voir et considérer à grande et

---

(1) Jusqu'alors c'était un principe de droit public que les grands feudataires avaient le droit de faire la guerre au roi, sans encourir la peine capitale; on en a la preuve dans les guerres continuelles de Charles, duc de Bourgogne, et du duc de Bretagne.
Louis de Luxembourg était connétable, et cette fonction lui imposait sans doute des devoirs particuliers, mais il n'en était pas moins un très-haut baron. Il ne s'attendait pas au sort qu'il éprouva, et il paraît que ses aveux lui furent arrachés sous la promesse d'une grace, et il se plaignit après la lecture de la sentence qu'on l'eût violée. Le peuple de Paris fut lui-même consterné, quoiqu'il n'aimât pas le connétable : du reste il n'eut pas de défenseur, et son procès fut fait à huis-clos. Il fut décapité le même jour. Louis XI abandonna une grande partie de ses terres au duc de Bourgogne qui l'avait livré. (Isambert.)

mure délibération, il sera dit que ladite cour a déclaré et déclare ledit M° L. de Luxembourg, criminel de crime de lèze-majesté, et comme tel l'a privé et prive dudit office de connestable de France et de tous ses autres offices, honneurs et dignités, et outre, pour punition desdits cas, ladite cour l'a condamné et condamne à souffrir mort et être décapité en la place de Grève à Paris, et a déclaré tous et chacun de ses biens meubles et immeubles être confisqués et appartenir au roy.

Et combien que vu l'énormité des grands et exécrables crimes de lèze-majesté par lui commis, ledit messire de Luxembourg doit être écartelé et ès quatre membres pendus en voye publique et le corps gibet, neautmoins par aucune considérations à ce mouvans la cour même, son dernier mariage, dont est issu enfans et autres causes, icelle cour a ordonné que après l'exécution publique faite de sa personne, ainsi que dit est, sera inhumé en terre sainte.

Prononcé au parlement par M° Pierre Doriolle, chevalier chancelier de France (1).

N°. 213. — Traité *entre la France et l'Empire.*

Dernier décembre 1475. (Corps diplomat., 520.) Ratifié le 17 avril.

Fredericus, divina favente clementia, Romanorum imperator semper augustus, Hungariæ, Dalmatiæ, Croatiæ, etc.; rex Austriæ, Stiriæ, Karinthiæ, etc.; Carnoliæ dux, comesque Tirolis; et nos Ludovicus, dei gratia Francorum rex, recognoscimus, et notum facimus universis, pro nobis, successoribus

---

(1) Voici une protestation de quelques juges, du 19 décembre 1475. (*Ibid.*) Nous Jean le Beauvoisin, Jacques Jaire (*) et Jehan Bourgoing, conseillers du roi, nostre sire, en sa court de parlement, persistons par-devant M° Gilles-Brunel et Gilles Anthoine, notaires et secrétaires du roi, nostre sire, et les quatre notaires de ladicte court, que ilz ne sont ou seront en la prononciation de l'arrêt ou sentence criminelle, qu'on doit proférer contre messire Louis de Luxembourg, aultresfois connestable de France : *Per omdum consilii, auxilii, accelerationis, consensus seu approbationis.*

(*) Celui-ci est le seul qui figure parmi les noms des conseillers à l'ouverture de la session du parlement. Les deux autres étaient donc des commissaires. Bourgoing se retrouve sur la liste des conseillers du parlement de 1476. (Isambert.

...bus nostris, quòd nos animadvertentes sanè veterem benevolentiam, amorem et amicitiæ vinculum, quibus predecessores nostri domini Romanorum imperatores, ac reges, sacrumque romanum imperium, et serenissimi reges, inclitum que regum Francorum, à temporibus divæ memoriæ sancti Caroli, Romanorum imperatoris, se mutuo colebant, et invicem confœderabantur; nostram salutari eorum fœdere moti, studentesque predecessorum nostrorum vestigia imitari, ad laudem omnipotentis Dei, et ad exaltationem Christiani nominis, pacemque et tranquillitatem terrarum, et dominiorum nobis subjectorum, et ut hujusmodi fœdus amicitiæ, ac amoris et benevolentiæ vinculum inter nos continuetur, et in dies magis ac magis augeatur et stabiliatur, utriusque nostrum imperium, regna et status in suis dignitatibus et honoribus conserventur, et incrementum accipiant, et subditi nostri felici otio, ac pace gaudeant et tranquillitate fruantur, pro renovatione pristini fœderis, benevolentiæ, et amoris, nos invicem univimus, confœderavimus et colligavimus animos, confœderamus et colligamus per presentes, et ita ut taliter.

Quod ex nunc in futurum, perpetuo et mutuo, ac invicem uniti, confœderati et collægati erimus, et cum personis, imperio, regnis, principatibus, dominiis et subditis omnibus, quos nunc tenemus, et concedente Deo, in futurum acquiremus, et possidebimus, indissolubilem, perpetuam, firmam, christianam, sinceram et mutuam pacem et amicitiam constanter et inviolabiliter et servabimus et tenebimus, nec clàm, nec apertè, nobis invicem adversabimur, neque ullus nostrûm alteri, neque imperio, regnis, principatibus, terris, dominiis, neque subditis suis bellum, aut damna inferet, neque à subditis suis inferri patietur, sed nos mutuo consilio et auxilio fideliter et sincerè adjuvabimus, et invicem assistemus, in omnibus incrementum imperii, regnorum, statuum, dignitatum et honorum nostrorum concernentibus et promoventibus, nullusque nostrûm ad alterius imperium, regna, principatus, terras, dominia, subdictos, dignitates aut honores, quos modò tenemus, et largiente domino, in futurum possidebimus, seu ad quos, et quæ alteri nostrûm, ac ejus imperio, ac regnis jus competit, in alterius prejudicium aspirabit, anhelabit, recipiet, acceptabit, manutenebit, neque ejus adversarios, et rebelles tuebitur, neque favorizabit, nec quiquam clam, vel apertè faciet quod alteri nostrûm, ac ejus imperio, regnis, et subditis adversari, et damnosum esse possit; sed unusquisque nostrûm alterius bonum et commodum procurabit, et damna pro posse suo avertet.

Si quis vero cujuscumque conditionis, status, aut honoris existat, solo domino nostro sanctissimo, ac sede apostolica demptis, nobis aut alteri, nostrûm, imperio, regnis, aut subditis nostris, aut alterius nostrûm bellum inferre voluerit, aut honorem, dignitatem, imperium, regna, terras, domania, aut subditos nostros, aut alterius nostrûm in toto, aut ex parte sibi usurpare, et vendicare contenderet; aut si unus nostrûm pro recuperatione earum, quæ sibi, aut ejus imperio, ac regno ablata sunt, aut alia necessitate exigente alicui bellum indixerit, aut si, quod Deus avertat, ab aliquo nostrûm subditi sui defecerint, aut rebellaverint, in quibus casibus quibuscumque unus nostrûm alterum super hoc requisierit, nos mutuo, fideliter et constanter adjuvabimus et auxiliabimur, prout super hujusmodi juvamine et auxiliis conveniemus, et per nos super hoc fuit concordatum.

Præterea, si unus nostrûm cum aliquo, aut pluribus concordiam, pacem, treugas, belli sufferentias, aut fœdus inibit, faciet aut acceptabit, illud cum alterius scitu et voluntate facere, et cum sibi expediet, et ipse hoc desideraverit, una secum in his includere et comprehendere debet, nec quoquomodo ab his excludere, nisi voluntas ejus ad hoc accesserit. Nolumus etiam per quascumque ligas, intelligentias, confœderationes et inscriptiones per nos ante hanc nostram ligam, intelligentiam, confœderationem et inscriptionem cum quibusque, nemine dempto, factas, aut quas in futurum faciemus, faciemus huic ligæ, confœderationi et unioni nostræ, in aliquo præjudiciari, antiquitatibus tam pro pace utriusque sacri Romani imperii, quam regni Francorum hactenus observatis, et per omnia in suo robore durationis. quibus per hanc nostram ligam, confœderationem et unionem, nolumus in aliquo derogari, dolo et fraude semotis quibuscumque.

In cujus rei testimonium, nos imperator prædictus has litteras sub utriusque majestatum nostrorum sigillorum appensione fecimus muniri, in Andernaco, die ultima mensis decembris anno domini millesimo quadringentesimo septuagesimo quinto, imperii vicesimo-tertio, Hungariæ vero decimo-sexto.

Et nos Ludovicus, rex Francorum prædictus, easdem litteras Prisiis sigillari fecimus, die 17° mensis aprilis, anno domini 1475°, et regni nostri XV°.

JANVIER 1475.

N° 214. — LETTRES *au sujet d'un traité de commerce* (1) *conclu avec l'Angleterre.*

Au Plessis-lès-Tours, 8 janvier 1475. (C. L. XVIII, 160.)

Loys, etc. Comme naguere, en prenant la treve d'entre nous et nostre très-amé cousin le roy d'Angleterre, ait esté par exprès dit et declaré par icelle treve, entre autres choses, que tous marchands et autres, tant d'une part que d'autre, pourroient, durant le temps d'icelle treve et amitié, aller et venir seurement et sauvement de l'un royaume à l'autre, marchandement et autrement, sans qu'il soit besoin d'en avoir et obtenir sur ce aucunes lettres de sauf-conduit, au moyen de laquelle treve plusieurs marchands et autres gens du royaume d'Angleterre sont venus, tant par mer que par terre, pour faire fait de marchandises en celui nostre royaume, et mesmement au port et havre de Bordeaux, lesquels ont intention d'y frequenter et venir forès en avant plus souvent qu'ils n'ont fait par ci-devant; et à cette cause le roy d'Angleterre nostre cousin, considerant le bien et utilité qui peut venir à cause desdits marchands, ait presentement envoyé par-devers nous Thomas de Montgommeri, chevalier, son conseiller et chambellan, et Thomas Galle d'Ortenne, du pays d'Angleterre, ses ambassadeurs, lesquels nous ont fait plusieurs remontrances touchant le fait et entretenues de ladite marchandise, et sur ce nous ont baillé plusieurs articles par maniere de remontrance, desquels articles, aussi de la reponse par nous sur ce faite sur chacun d'iceulx, la teneur s'ensuit :

Ce sont les articles et remontrances que messire Thomas de Montgommeri, chevalier, conseiller et chambellan du roy d'Angleterre, et Thomas Galle d'Ortenne, ses ambassadeurs, ont baillé au roy notre sire, touchant les marchands qui frequentent marchandises en ce royaume pour l'entretenement d'eux et de la treve prise entre lesdits deux roys, ausquels articles et remontrances a été faite reponse en la maniere ci-après declarée.

Premierement. Sur ce que lesdits ambassadeurs ont remontré

---

(1) Cette pièce est plus importante que les traités relatifs à l'occupation des places fortes. (Isambert.)

qu'il convient avoir ausdits marchands sauf-conduit de l'admiral de France, lequel n'etoit valable en la duché de Guyenne, pour lequel sauf-conduit ils payent pour chascun tonneau que le navire pourroit porter, deux francs et demi bourdelois.

Item. Pour le *vidimus* d'icelui sauf-conduit, deux francs bourdelois.

Item. Et aussi convient avoir ausdits marchands un sauf-conduit de l'admiral de Guyenne, qu'ils dient ne leur estre valable sur la mer, et pour lequel avoir ils payent pour chacun tonneau deux francs et demi bourdelois.

Item. Pour le *vidimus* d'icelui sauf-conduit, deux francs bourdelois.

Le roy, en faveur et contemplation du Roy d'Angleterre, son beau-frere et cousin, ne veut point que aucuns sujets du roi d'Angleterre soient d'ores en avant contrains à prendre aucuns saufs-conduits, ne pour et au lieu d'aucuns d'iceux payer aucun droit, et a deffendu le roi que d'ici en avant n'en soit levé aucune chose.

Item. Et quand lesdits marchands entrent dedans la riviere de Gironde, devant Nostre-Dame, à quinze lieues de Bordeaux, il leur convient là leur arrester et tenir à l'ancre, et envoyer leurs bastons à Bordeaux, pour avoir leur congé et licence de venir avec leurs navires et biens devant ladite ville de Bordeaux, pour lesquels congé et licence payent pour chacun tonneau quatre hardis bordelois.

Item. Et après ce que iceux marchands avoient leursdits congé et licence, il leur convient veiller jusques à Blaye, distant à dix lieues de Bordeaux, où ils ont accoustumé d'attendre à l'ancre jusqu'à ce qu'on ait envoyé à eux chercher leurs navires pour sçavoir s'ils sont gens de guerre ou marchands, laquelle cherche couste à chacun navire, sans autres frais et dons, quatre francs bordelois.

Item. Et que la pluspart du temps lesdits marchands sont là tergez, et demeurent à l'ancre un mois, ou plus, avant qu'ils puissent estre cherchez, et qu'on leur ait permis de venir devant ladicte ville de Bordeaux.

Item. Et quand lesdits marchands sont cherchez, on les contraint de mettre à terre tous leursdits harnois d'artillerie, et autres habillemens de guerre, en une maison audit lieu de Blaye, jusques à ce qu'ils retournent dudit lieu de Bordeaux, et pour eux en retourner sont contraints de payer quatre hardis, pour chacun tonneau que leur navire porte.

Le plaisir du roi est que, combien que le contenu en ces quatre articles precedens prochains soient chose accoustumée de tout temps et d'ancienneté, et qu'il ait esté et soit introduit par lettre et juste cause, neanmoins le roi nostre seigneur, qui desire complaire au roi d'Angleterre, son bon frere et cousin, a accordé que d'ici en avant pendant ladite treve lesdits sujets du roi d'Angleterre ne seront contraints à eux arrester à l'entrée de Gironde à Nostre-Dame, ne pareillement devant Blaye, mais pourront aller tout droit devant ladite ville de Bordeaux, faire et exercer leur fait de marchandise ainsi qu'ils aviseront pour le mieux.

Item. Quand leurs navires viennent devant ladite ville de Bordeaux, iceux marchands sont tenus que chacune personne, soit homme ou enfant, ait billet du maire de Bordeaux, avant qu'ils osent descendre à terre, sur peine d'estre prisonniers et payer rançon, pour lequel billet chascun maistre de navire a de coustume de payer deux francs bordelois.

Item. Pour chacun marchand chef, deux francs bordelois.

Item. Chacun boursier, deux francs bordelois.

Item. Pour chacun marchand, autre quarante hardis bordelois.

Item. Chacun marinier et chacun enfant, dix hardis bordelois.

Lesquels billets ne durent que un mois; et si le navire et gens dedans demeurent un jour seulement après le mois passé, il leur convient chercher d'autres billets pour un autre mois, ou autrement ils demeurent prisonniers, et payent autant comme pour le premier billet, et pour le retardement du jour après ils sont contraints que chacun ait un autre billet, et qu'ils en payent autant que pour le mois entier.

Le plaisir du roi est que, combien que les choses contenues en ces articles prochains precedens soient anciens droits du maire et autres officiers de Bordeaux, et que de tout temps ils ont accoustumé de lever, neanmoins le roi nostre sire, qui desire et veut singulierement faire traiter les sujets du roi d'Angleterre, son bon frere et cousin, en aussi grande douceur et faveur comme les siens propres, a exprès ordonné et commandé à tous ses officiers, que d'ores en avant, pendant ladite treve, n'en soit levé aucune chose.

Item. Et pour ce que dès toujours, quand lesdits marchands

sont arrivés et entrez dedans ladite ville de Bordeaux, on a accoustumé leur bailler logis par un fourier ou hebergeur à ce faire ordonné, lequel coustoit à chacun marchand, pour estre logé en seureté de lui et de ses biens, deux francs bordelois, le roi ne veut point qu'il y ait fourier ni autre qui leve tribut pour loger les sujets du roi d'Angleterre, son bon frere et cousin, mais ainçois veut et ordonne le roi nostre sire, que lesdits marchands se logent ès hostelleries, aux hostels desdits marchands et autrement, ainsi que bon leur semblera, tout ainsi que les propres sujets du roi et sans difference aucune.

Item. Ont accoustumé lesdits marchands, que, quand ils sont venus devant ladite ville de Bordeaux, ils sont tenus de montrer leur sauf-conduit au maire, lequel en prend la copie, dont ils etoient contraints de payer pour chacun sauf-conduit deux francs bordelois.

Par la treve ils ne sont tenus avoir aucun sauf-conduit : ainsi ils ne seront contraints à en montrer aucun.

Item. Et aussi que si les navires avoient esté par l'espace de quinze jours ou trois semaines devant ladite ville de Bordeaux, et que lesdits marchands n'avoient encore vendu les denrées qu'ils avoient amenées, ni aussi acheté vins, ni aussi autres marchandises pour recharger leurs navires, le maire de ladite ville leur commande soudainement partir de ladite ville, ni plus y sejourner sur peine d'y forfaire leurs navires, biens et personnes, dont par plusieurs fois iceux marchands sont contraints faire grande perte, et aussi d'acheter les vins et autres choses à trop grand prix, parquoi et pour obvier leur convient souventesfois composer avec le maire de ladite ville pour avoir de lui nouvelle licence et congé, en quoi ils sont grandement interressez et endomagez.

Le roi veut et ordonne que les navires des sujets du roi d'Angleterre soient devant ladite ville tant qu'ils voudront, et facent leur fait de marchandises tout ainsi que bon leur semblera.

Item. Que chacun navire au-dessous de cent tonneaux a accoustumé de payer au prevost de Bordeaux la somme de quatre francs bordelois.

Le roi a ordonné que d'ores en avant ledit prevost ne prenne que cinq sols tournois pour navire du port de cent tonneaux et le reste prorata.

Item. Et qu'il n'est permis à nul navire anglois de venir contremont ladite riviere de Gironde, jusqu'à ce que le maire

...flot de ladite riviere, qui couste à chacun navire à la raison de cent tonneaux de vin, cinquante hardis, nonobstant que les maistres desdits navires soient suffisans pour en faire eux-mêmes la conduite.

S'ils veulent des hommes, ils en prendront au meilleur marché qu'ils pourront, et ne seront point contraints d'en avoir s'il ne leur plaist.

Aussi est ordonné en ladicte ville de Bordeaux, que nul anglois ne parte de son logis au matin, jusqu'à ce que la cloche de ladite ville ait sonné, qui ne sonne communement qu'à sept heures du matin ; et si aucun d'eux est trouvé faisant le contraire, il sera prisonnier et paiera rançon ; et pareillement, sont contraints de retourner à leurdit logis à cinq heures de vespres ; et si aucun est trouvé hors de son logis après le son de ladite cloche, il sera semblablement prisonnier et payera rançon, nonobstant son sauf-conduit.

Le plaisir du roi a été, que les sujets du roi d'Angleterre, son bon frere et cousin, soient en pleine liberté à Bordeaux, tout ainsi que ses propres sujets.

Item. Quand les navires sont chargés de vivres ou autres marchandises, que lesdits marchands ont payé leurs coustumes, et sont prests de voiler bas ladite riviere, ils sont sujets de demeurer jusqu'à ce que chacun navire ait une branche de ciprès, laquelle couste à la raison du port du navire, pour chacun cent tonneaux que le navire pourra porter prorata, douze francs bordelois.

Le roi entend que d'ores en avant on ne prendra que cinq sous tournois pour chacun cent tonneaux, au lieu desdits douze francs.

Item. Et si aucun navire part avant qu'il ait ladite branche et qu'il ait payé pour icelle, il perdra le navire et biens, et tous les marchands et mariniers seront prisonniers.

Pour ce que de tout temps, et mesmement du temps que le pays de Guyenne estoit en obéissance du roi d'Angleterre, cet article a eu toujours lieu pour les inconvéniens qui s'en pourroient ensuivre, il demeurera comme il a esté de toute ancienneté ; car il ne seroit pas licite ni honneste que lesdicts navires partissent sans avoir ladite branche.

Item. Ceux de ladite ville de Bordeaux ont ordonné et constitué un homme à mesurer et auner les draps, lequel prend si grand mesure, qu'il n'y a drap contenant vingt-quatre verges ou aunes qui ne fasse deception de deux verges ou environ et mis...

douzaine de draps devers le frest d'Angleterre, contenant douze verges ou aunes bonnes mesures, où ledit auneur ait mesuré, et en fasse plus de dix verges, sans ce que lesdits marchands en payent moins à la coustume que après la qualité d'Angleterre.

Item. Le roi a commandé et ordonné faire lettres à ceux de Bordeaux, en quoi leur sera cet article enclos, et leur sera mandé qu'ils fassent auner bien et loiaument; et au cas que lesdits marchands anglois ne seront contens du premier aunage, seront en liberté de le faire auner une autre fois par le premier auneur ou autre juré, et sera payée la coustume selon la mesure qui sera trouvée.

Item. Et si les dits marchands aportent aucune quantité de fer hors d'Espagne en aucun navire d'Espagne ou en leurs navires, et ils le veuillent envoyer au royaume d'Angleterre, pour l'abitage de leurdit navire, les coustumiers contraignent de payer coustume pour ledit fer, combien qu'ils n'aient jamais mis ni descendu ledit fer à terre, ni exploité en vente.

Le roi veut et ordonne que si lesdits marchands ne descendent ledit fer à terre, ils n'en payeront rien.

Item. Au temps de paix et sous sauf-conduit, on ne veut souffrir ausdits marchands de partir hors de ladite cité de Bordeaux à charier leurs marchandises, ni charier aucuns vins en aucun autre pays, contrée ou place, fors en ladite cité de Bordeaux.

Le roi veut que les sujets du roi d'Angleterre, son bon frere et cousin, puissent aller et venir par-tout, pourveu que ce en soit au temps accoustumé.

Item. Et en tant que touche la grande coustume ordonnée au temps du roi Charles, que Dieu absolve, qui est de douze deniers tournois pour livre, de toutes et chacunes les marchandises entrans et saillans au pays de Guyenne, le roi a ordonné, veut et declare, que les sujets du roi d'Angleterre ne payeront d'ores en avant que la moitié, qui est de six deniers tournois pour livre, et l'autre moitié leur a donné en contemplation et faveur du roi d'Angleterre, son bon frere et cousin.

Item. Aussi, en tant que touche la grande coustume des vins qui se tient hors de Guyenne, sur quoi le roi a accoustumé prendre sur chacun tonneau de vin du pays d'amont, vingt sols tournois, et sur chacun tonneau de vin de Gascogne, vingt-cinq sols tournois, le roi a voulu et ordonné que d'ores en avant les sujets du roi d'Angleterre, son bon frere et cousin, ne payesont pour tonneau de vin qu'ils chargeront pour tirer et mener hors du pays de Guyenne, soit du haut ou bas de Gascogne, que douze sous tournois pour tonneau; au regard de la petite coustume, qui est de quatre deniers pour tonneau, elle se levera, ainsi que de toute ancienneté elle a été levée.

Item. La coustume de Royen, qui est de deux deniers obole pour tonneau, se levera ainsi qu'on a fait par-devant.

Item. La coustume de la Tour Cordouan, qui est pour l'entretenement de la lanterne de ladite tour, se levera neuf sols tournois pour une fois comme il a été toujours fait par ci devant.

Item. Et afin que les marchands et les sujets du roi n'entreprennent rien sur les franchises du roi d'Angleterre, et que par ce moyen ladite treve se puisse mieux entretenir et garder, le roi de sa part fera publier par tous les havres de son royaume, que, durant ladite treve, nul ne soit si hardi de faire aucunes prises ou destrousses ès franchises du roi d'Angleterre. Et aussi le roi d'Angleterre sera tenu de sa part de le faire semblablement publier ès havres d'Angleterre, afin que le roi soit entretenu aussi en ses franchises, et ce sur peine de confiscation de corps et de biens aux infracteurs.

Item. Et que si aucun navire d'Espagne, tenant le parti du fils du roi d'Aragon, est pris au large de la mer hors les franchises du roi d'Angleterre par les François, icelui roi d'Angleterre consent que la prise soit bonne, et qu'il n'en fera ou fera faire poursuite. Et pareillement, quand lesdits navires d'Espagne retourneront d'Angleterre ou d'ailleurs, pourvu qu'ils soient hors desdites franchises, seront semblablement de bonne prise, et toutes les marchandises qu'ils porteront, ores qu'il y eust des marchandises des anglois.

Item. Et a esté par exprès dit et accordé par les ambassadeurs du roi d'Angleterre, que, durant ladite treve, les marchands et sujets de ce royaume ne porteront ne rapporteront dudit royaume d'Angleterre aucunes marchandises en Angleterre, sinon ès navires de France ou d'Angleterre; et semblablement, ceux d'Angleterre ne rapporteront dudit royaume d'Angleterre aucunes marchandises en Angleterre, sinon ès navires de France ou d'Angleterre, sur les peines de confiscation de corps et de biens; en quoi ne sont en rien compris ni entendus les navires de Bretagne, de Flandres ni d'autres, sinon ceux qui sont duement en obeissance desdits deux rois.

Lesquels articles et le contenu en iceux, avec les reponses sur ce par nous faites, lesdits ambassadeurs de nostredit cousin ont requis que les voulussions corroborer et confirmer par nos lettres patentes, et les faire publier, si mestier est, en nostre ville de Bordeaux et ailleurs où mestier est, en maniere qu'aucun ne puisse prétendre cause d'ignorance.

Sçavoir faisons que nous, voulant lesdits articles et reponses sur ce faites estre entretenues et gardées sans enfreindre, pour le bien de la marchandise, avons, pour ces causes et autres à ce nous mouvans, et en faveur de nostredit cousin le roi d'Angleterre, les articles dessusdit incorporez et le contenu en iceux, avec les reponses et subsecutives, ratifiez et approuvez, louons, ratifions et approuvons par ces presentes, et que le contenu en iceux soit entretenu et gardé de point en point durant ledit temps de ladite treve et amitié que nous avons à nostredit cousin le roi d'Angleterre, sans fraude.

Si donnons et mandons, etc.

Donné au Plessis du Parc-lès-Tours, etc.

Par le roi en son conseil, auquel M. l'archevesque de Lyon, l'amiral, les sires de Montagu, d'Argenton, du Bouchage, et autres estoient.

N° 215. — LETTRES *pour la réunion à Lyon du concile général qui doit se réunir de cinq en cinq années* (1) *pour la réforme des abus.*

Au Plessis-les-Tours, 8 janvier 1475. (C. L. XVIII, 166.) Reg. au parlement à Paris, le 25, et à Toulouse, le 26 février.

Loys, etc. à noz amez et féaulx conseillers les gens de nostre court de parlement à Paris, salut et dilection. Comme au dernier concille de l'Esglise universal, qui fut tenu en la ville de Constances en Allemaigne, auquel furent convoquez et assemblez plusieurs grans princes, prelatz, gens d'esglise et autres notables personnes de diverses nacions de la chretienté, lequel fut confirmé par nostre Saint-Pere le Pape qui lors estoit et le col-

---

(1) Il semble y avoir depuis près de deux siècles un accord tacite entre le pape et les rois catholiques de ne plus réunir de conciles. Il en résulte que le gouvernement de l'Eglise est devenu absolu, et qu'on n'y connait plus que le bon plaisir. (Lambert.)

des cardinaulx, eust, entre autres choses, esté expressement dit, ordonné et accordé, que toutes et quanteffoiz que nous vouldrions et verrions estre expedient, pourrions demander et requerir de faire concille et assembler l'Esglise universal de cinq ans en cinq ans, et que nostre Saint-Pere le Pape et le colliege des cardinaulx seroient tenuz le consentir, et les princes, seigneurs et gens d'esglise de la chretienté y obeir et comparoir; et sur ce qu'il a jà long-temps que aucun concile ne fut tenu, et que nous avons esté advertiz que les infideles s'efforcent de tout leur povoir de inuader et destruire la chretienté, abolir et mectre au neant la foy chrestienne, et aussi que, au prejudice de nostre mere saincte Esglise, se suscitent et mectent sur plusieurs scismes, et se font et commectent de grans simonies, faultes et abbuz, esquelz est besoing mectre et donner provision, pour le bien et entretenement de la foy, ce qui ne se pourroit bonnement faire sans l'assemblée de l'Esglise universal, pour laquelle cause ayons vouloir et entencion de requerir en brief nostredict Saint-Pere de ordonner et establir ledict concille, au moins de le consentir, ainsi qu'il est tenu de faire, par quoy nous sera besoing convoquer et appeller les archevesques, evesques, abbez, prelatz et autres notables clercs de nostredict royaume, pour assister audict concille, lesquelz, s'ilz n'estoient advertiz de nostre vouloir et entencion sur ce, se pourroient absenter ou eulx excuser de non y aller, qui seroit à nostre grand prejudice de l'Esglise gallicane et retardement dudict concille: pourquoy nous, voulans de ce les advertir, eu sur ce advis et deliberacion avec plusieurs des seigneurs de nostre sang et lignage, prelatz et gens de nostre conseil, vous mandons et commandons par ces presentes que les choses dessusdictes vous faictes publier et assavoir en nostredicte court, ainsi que verrez estre à faire et qu'il est acoustumé en tel cas, et en maniere que aucun n'en puisse pretendre cause d'ignorance, en enjoignant de par nous audicts archevesques, evesques, abbez, prelatz et autres tenans dignitez de l'Esglise en nostredict royaume, qu'ilz s'apprestent et se tiennent pretz et apparcillez pour aller et comparoir audict concille, en nostre ville de Lyon ou autre lieu et place où il sera ordonné, toutes et quanteffoiz que signifié et mandé leur sera, en maniere que, pour leur faulte ou negligence, la matiere ne chée en rompture, car ainsi nous plaist-il et voulons estre fait.

Donné au Plessiz du Parc-lès-Tours, etc.

Par le Roy en son Conseil, auquel estoient l'Archevesque de

Lyon, les sires de Beaujeu, de Montagu, d'Argenton, du Bouchage, maistre Jehan Bourre, tresorier, et autres presens.

N°. 216. — Lettres *qui obligent les prélats et autres bénéficiers à la résidence* (1), *sur peine de saisie de leur temporel.*

Au Plessis lès-Tours, 8 janvier 1475. (C. L. XVIII, 163.) Reg. au parlem. de Paris, le 25, et à Toulouse, le 20 février.

Loys, etc. à nos amés et féaux conseillers les gens de nostre cour de parlement à Paris, salut et dilection. Comme nous ayons esté advertis que plusieurs archevesques, evesques, abbés et autres gens d'esglise, tenans dignités et preslatures en nostre royaume, sont continuellement absens et hors de nostredit royaume, sans faire aucune residence sur leurs benefices, ainsi qu'il sont tenus de faire selon les saincts canons, decrets anciens et ordonnances de l'Esglise gallicane, et, à ceste cause, le divin service qui deust estre fait et celebré, ès esglises d'iceux benefices est discontinué, et en aucunes totalement delaissé; et avec ce, les maisons et edifficces desdits benefices ne sont entretenus, ains vont du tout à ruine et desolacion, au grand detriment des ames des fondateurs d'iceux benefices; et qui plus est, quand aucunes questions ou differens nous surviennent, tant sur le faict de l'Esglise de nostredict royaume que autres nos affaires, nous qui deussions à eux avoir recours, n'en pouvons estre secoureus et aydés ou conseillés pour leur absence, et nous et la chose publique avons souvent grant interest : pourquoy nous, voulans à ce donner provision, en suivant lesdicts saincts canons et ordonnances, avons, par l'advis et deliberation de plusieurs des seigneurs de nostre sang et lignage, preslats et gens de nostre conseil, voulu, ordonné et declaré, voulons, ordonnons et declarons par ces presentes, que tous archevesques, evesques, abbés, preslats et autres tenans dignités en nostre royaume, qui sont demourans et residans hors les fins et metes d'icelui et de nostre obeissance, viennent et se retirent dedans cinq jours après la publication des presentes, sur leurs

---

(1) Cette loi est toujours subsistante; à defaut de temporel, on devrait, aux prélats de cour, suspendre le paiement du traitement. (Isambert.)

benefices estans en nostredict royaume ou sur aucun d'iceux si plusieurs y en ont, et y facent residence continuelle, pour illec faire et continuer le divin service, ainsy qu'il appartient et tenus y sont, et aussy, afin que nous nous en puissions servir et ayder en nos conseils et ailleurs au bien de nous et de la chose publique de nostre royaume quand besoin sera, et ce sur peine de privation du temporel de leursdits benefices.

Si vous mandons et commectons par ces presentes, que nostre presente volonté, declaracion et ordonnance, vous faictes signifier et publier en nostredite cour, ainsy que verrés estre à faire et qu'il est accoustumé en tel cas, et en maniere que aucun n'en puisse pretendre cause d'ignorance, en procedant ou faisant proceder, en cas de deffaut et desobeissance, ledit temps et terme passé, comme les deffaillans et desobeissans, par arrest et detention du temporel de leursdits benefices en nostre main, sans en faire ne souffrir estre fait aucune delivrance jusqu'à ce qu'ils ayent obey, ou que par nous autrement en soit ordonné, nonobstant oppositions ou appellations quelconques, car ainsy nous plaist il estre faict.

Donné au Plessis du Parc lès-Tours, etc.

Par le Roy en son conseil, auquel estoient l'archevesque de Lyon, les sires de Beaujeu, de Montagu, d'Argenton, de Bouchaige, maistre Jehan Bourre, et autres presens.

N° 217. — LETTRES *portant nomination d'un commissaire pour rechercher et vérifier les bulles du pape, contraires aux droits du prince et aux libertés gallicanes qui ne sont pas vérifiées* (1).

Au Plessis-lès-Tours, 8 janvier 1475. (C. L. XVIII, 169.)

Loys, etc. à nostre amé et féal conseiller et chambellan le sire de Gaucourt, salut et dilection. Comme nous avons esté advertis que plusieurs messagers et autres gens de divers estats ont apporté et apportent chascun jour en nostre royaume et ès fins et

---

(1) Les bulles et constitutions des papes ne pouvaient être publiées qu'après vérification par lettres du roi, enregistrées au parlement. Aujourd'hui la vérification s'en fait dans le secret du conseil d'etat, qui n'a rien de ce qu'il faut pour défendre les libertés gallicanes. (Pastoret.)

mettes d'iceluy plusieurs bulles, lettres et autres pieces et escritures de cour de Rome grandement contraires et prejudiciables à nous et aux franchises et libertés de l'Esglise gallicane; pourquoi nous, voulans à ce pourvoir, ayons, par l'advis et deliberation de plusieurs seigneurs de nostre sang et lignage et gens de nostre conseil, advisé, conclud et deliberé, de mettre en aucunes bonnes villes d'icelui notre royaume aucunes personnes notables et à nous seurs et feables, auxquels toutes manieres de gens, de quelque estat et condition qu'ils soient, tenans de ladite cour de Rome, seront tenus monstrer et exhiber les lettres, bulles et autres escritures qu'ils porteront, pour estre veues et visitées et savoir si elles peuvent tourner à aucun prejudice ou dommage à nous et aux privileges, franchises et libertés de ladite Esglise gallicane: savoir vous faisons que nous, desirant nostredicte deliberacion estre mise à execution et sortir son plein et entier effet, confians à plein de vos sens, prud'hommie, loyauté, experience et bonne diligence, vous avons commis, ordonné et deputé, commettons, ordonnons et deputons commissaire de par nous en notre ville d'Amiens, et vous avons donné et donnons par ces presentes plein pouvoir, autorité, mandement, faculté, commission et puissance especiale, de contraindre toutes les personnes que trouverés et sçaurés venans de ladicte cour de Rome, passans par notredicte ville d'Amiens et autres lieux voisins, portant lettres closes ou patentes, bulles ou autres escritures, à les vous montrer et exhiber, et icelles voir et visiter pour savoir si elles sont aucunement contraires et prejudiciables à nous et à ladicte esglise gallicane; et au cas qu'en trouverés aucunes qui y fussent contraires ou prejudiciables, prenés-les et retenés par-devers vous, et les porteurs arrestés, et les constitués prisonniers, si vous voyés que la matiere y soit subjecte, et du contenu esdictes lettres nous advertirés ou les nous envoyerés à toute diligence pour y donner le remède necessaire et tel que le cas le requerra.

Et, afin que aucun ne puisse pretendre cause d'ignorance du contenu en ces presentes, faites les lire, crier et publier en nostredicte ville d'Amiens et autres lieux voisins où verrés estre expedient et necessaire; et s'aucuns, après ladicte publication, sont trouvés faisant le contraire, faictes en ou faictes faire telle punition que le cas requerra, et que ce soit exemple à tous autres, car ainsi nous plaist-il estre faict, nonobstant oppositions ou appellations quelsconques, pour lesquelles ne vous estre différé en aucune manière. Mandons et commandons à tous nos justiciers, officiers et subjects, que à vous, vos commis et deputés, en ce faisant, obeissent et entendent diligemment, prestent et donnent conseil, confort, ayde et prisons, si mestier est et requis en sont.

Donné au Plessis du Parc-lès-Tours, etc.

Par le roy, en son conseil, auquel estoient l'archevesque de Lyon, les sires de Beaujeu, de Montaigu, d'Argenton, de Bouchaige, maistre Jean Bourre, tresorier, et autres presents.

N°. 218. — LETTRES *de noblesse en faveur d'une femme.*

Lyon, avril 1476. (C. L. XVIII, 192.)

LUDOVICUS, etc. Probitatis merita, nobiles actus, gestusque laudabiles et virtutum insignia quibus persone decorantur et ornantur, meritò nos inducunt ut eis juxta opera, proprio Creatoris exemplo, tribuamus, et eos eorumque posteritatem favoribus congruis et nobilium honoribus, ut nomen rei consonet, actollamus, ut ipsi hujusmodi prerogativâ letentur, ceterique ad agenda que bona sunt ardentiùs aspirent, et ad honores, suffragantibus virtutum bonorumque operum meritis, adipiscendos alliciantur et advolent.

Notum igitur facimus universis, presentibus et futuris, quòd nos, actendentes vitam laudabilem, morum honestatem, fidelitatemque, et alia quamplurima virtutum merita que in dilecta nostra Johanna de Faveras vidua deffuncti Johannis Louan, commorante in villa nostra Blesis, nonnullorum fide dignorum testimonio, noscuntur suffragari, pro quibus non immeritò gratam apud nos se reddidit et acceptam, nos personam et prolem ipsius honorare volentes, sic ut sibi et posteritati sue ac proli perpetuum cedere valeat ad honorem, eamdem Johannam de Faveras cum tota ejus posteritate et prole utriusque sexûs in legitimo matrimonio procreata, et eorum quemlibet, de nostre regie potestatis plenitudine et speciali gratia, nobilitavimus per presentes, nobilesque facimus et habiles reddimus ad omnia et singula quibus ceteri nobiles regni nostri utuntur ac uti possunt et consueverunt, ita quòd dicta Johanna de Faveras ejusque posteritas et proles masculina, in legitimo matrimonio procreata, à quocumque milite voluerint cingulo militie valeant decorari; concedentes ulteriùs eidem Johanne de Faveras universeque posteritati sue et proli, ex legitimo matrimonio procreate, quòd ipsi in judicio et extrà pro nobilibus et ut nobiles ab omnibus de cetero teneantur et in perpetuum pociantur, quibuslibetque nobilitatibus, privilegiis, prerogativis, franchesiis, honoribus, libertatibus et juribus quibus ceteri nobiles dicti regni nostri gaudere possunt et utuntur, pacificè, liberè et quietè utantur et gaudeant. et quòd ipsa Johanna de Faveras ejusque posteritas et proles de legitimo matrimonio procreata, feuda, retrofeuda nobilia, aliasque possessiones nobiles, quecumque sint et quacumque prefulgeant auctoritate, acquirere possint, acquisitaque et jam habita per eam ejusque posteritatem et prolem, ac in futurum acquirenda et habenda, perpetuò retinere, habere et possidere licitè valeant atque possint, ac si fuissent vel essent ab antiquo originaliter nobiles et à personis nobilibus ex utroque latere procreati, absque eo vel eas aut aliquas earum in parte vel in toto vendere vel extra manum eorum ponere, nunc vel quomodolibet in futurum cogantur; et hoc, mediante certà financià quam dicta Johanna de Faveras nobis solvit et tradidit in manibus nostris realiter et de facto, ex quà tenuimus et tenemus pro contento et benè satisfacto, et absque eo quòd dicta Johanna nec sui aliquam aliam financiam nobis nec successoribus nostris solvere teneantur nunc nec quomodolibet in futurum.

Quocirca dilectis et fidelibus gentibus compotorum nostrorum et thesaurariis, baillivo nostro Carnotensi, ceterisque justiciariis et officiariis nostris aut eorum loca tenentibus, presentibus et futuris, tenore presentium damus in mandatis, quatinus eamdem Joannam et ejus posteritatem et prolem utriusque sexûs, in legitimo matrimonio procreatam, nostris presentibus nobilitacione, graciâ et concessione, uti et gaudere faciant et permictant, pacificè et quietè, nec ipsos aut eorum aliquem contra presentem tenorem nullatenus inquietent aut molestent, nunc vel quomodolibet in futurum. Quod ut firmum et stabile perpetuò perseveret, sigillum nostrum presentibus duximus apponendum, salvo in aliis jure nostro et in omnibus aliis quolibet alieno.

Datum Lugduni, etc.

N°. 219. — *Lettres portant publication du traité d'alliance fait entre le roi et l'empereur, contre le duc de Bavière.*

Paris, 17 avril 1476. (C. L. XVIII, 191.)

N° 220. — LETTRES d'abolition en faveur d'un serviteur du roi, qui avait autrefois pris parti contre lui dans la guerre dite du bien public.

Lyon, 1ᵉʳ mai 1476. (C. L. XVIII, 194.) Reg. au parlem. de Paris, le 5.

N° 221. — LETTRES portant défenses à tous bénéficiers de s'adresser en cour de Rome, autrement que par l'entremise du cardinal-légat accrédité par le roi.

Lyon, 15 juin 1476. (C. L. XVIII, 196.)

N° 222. — ARRÊT du parlement qui condamne le duc de Nemours à être décapité.

4 août 1476. (Mémoires de Jean de Troyes.) (1).

N° 223. — LETTRES de naturalisation, en faveur d'un anglais de la garde du corps du roi (2).

Condé, 14 août 1476. (C. L. XVIII, 199.)

N° 224. — LETTRES sur le gouvernement municipal de Saintes, pour 25 pairs ou échevins perpétuels.

Condé, août 1476. (C. L. XVIII, 200.)

N° 225. — ORDONNANCE portant défense aux abbés, princes et religieux de se rendre hors du royaume, aux chapitres des abbayes de Citeaux, Cluny ou autres, sous peine de bannissement, et de voir jetter hors du royaume, tous les religieux de l'ordre, auquel appartiendront les contrevenans.

Selommes, 3 septembre 1476. (C. L. XVIII, 204.) Reg. au parlem. le 7.

Loys, etc. A nos amez et féaulx conseillers les gens tenans et qui tiendront nostre court de parlement, aux prevosts de Paris, baillifz de Vermandoys, de Troyes, de Sens, de Chaumont, de

---

(1) V. ci-dessus l'ordon. du 8 décembre 1469. (Isambert.)
(2) V. les détails assez exacts donnés par Walter Scott dans Quentin Durward, sur les privilèges de ces étrangers. (Idem.)

Senlis, Meaux et Melun, ou à leurs lieuxtenans, salut et dilection.

Comme par cy-devant les abbez de Cysteaulx, de la Chartreuse et de Cluny, les generaulx, provinciaulx et ministres des Jacobins, Carmes, Augustins et freres mineurs de tous les trois ordres, ayent fait termer et tenir leurs chapitres en divers lieux, hors de nostre royaume et obeissance, et y ayent convoqué et fait comparoir par monicions, censures et fulminacions, les religieux desdictes religions estans en nostredit royaume et obeissance, à l'ocasion de quoy se soient ensuiz de grans maulx, inconveniens et dommages à nous et à la chose publique de nostre royaume, ainsi qu'il a este trouvé et cogneu par vraye experience, parce que plusieurs religieux, ainsi allans et retournans dehors de nostredit royaume et obeissance, ont esté trouvez saisiz de plusieurs lectres, et ayans charge de faire divers messages, contre le bien de nous et de nostredit royaume, à quoy est bien requis donner prompte et convenable provision.

Nous, ces choses considerées, vous mandons, commandons et expressement enjoignons, en commeçant où il appartient, que vous faictes cryer et publier à son de trompe et cry publique, par les carrefours de nostre bonne ville de Paris et par tous les autres lieux accoustumés à faire cryz et publications en vosdites prevostés et bailliages, que nul abbé, prieur, religieux ou autre de quelque estat, qualité, nacion ou condicion qu'il soit, ne soit tant osé ou hardi d'aller au chapitre desdites abbayes de Cysteaulx, Cluny, la grant Chartreuse, ne à aucuns des autres chapitres generaulx ou provinciaulx, hors de nosdits royaume et obeissance, et ce sur peine, c'est assavoir, ausdits religieux de Cluny et de Cysteaulx, de non avoir ne savenrs obtenir, ne posseder aucun benefice en nostredit royaume, de bannissement de nostredit royaume, lequel bannissement dès à present pour lors nous avons declairé et declairons à l'encontre de ceux qui seront le contraire, et ausdits religieux mendians sur peine dudit bannissement et de extirper, de gecter et mectre hors de nostredit royaume tous les religieux de l'ordre de ceulx qui seront le contraire. Et ceste presente nostre ordonnance faites enregistrer és registres de nostredite court de parlement, et aussi és registres de vosdites prevostés et bailliages; et s'aucuns, après la publication de cesdites presentes, s'efforçoient de faire le contraire, faictes-en telle punicion que ce soit exemple à tous autres. De ce faire, à nosdits prevosts et bailliz, et à leursdits lieuxtenans ou commis, avons donné et donnons plain povoir, auctorité, commission et mandement especial, nonobstant oppositions ou appellations, pour lesquelles ne voulons estre differé.

Donné à Selommes, etc.

Par le roy, le Patriarche de Bayeux, les sires d'Argenton, de Montagu, de Saint-Pierre, Boffils, visroy en Roussillon, maistre Guillaume de Cerysay, et autres presens.

N°. 226. — LETTRES *portant confirmation des statuts des pêcheurs de poisson d'eau douce à Paris* (1).

Au Plessis-lès-Tours, novembre 1476. (C. L. XVIII, 214.)

(1) 1° Nuls ne pourront aller en rivière pour pescher, mettre ou lever nuls engins, quels qu'ils soient, depuis samedy, soleil couchant, jusqu'au lundy soleil levant, ne pareillement aux festes d'apostres, de Nostre-Dame, et quatre festes solemnelles, et jouir de la confrairie du mestier; si ce n'est qu'en caresme, ou autre temps, pour y avoir faute de poisson, ou deux ou trois festes suivantes, pendant lesquels les engins mis en l'eau se pourroient gaster et pourrir, l'on eust obtenu congé et permission des maistres et gardes dudit mestier, de mener, tendre et lever lesdits engins auxdites festes, excepté toutesfois les dimanches et quatre solemnelles, sur peine de vingt sols parisis pour la première fois, quarante pour la seconde, et d'amende arbitraire pour la troisieme et quatrieme fois.

2° Nul ne pourra pescher au bucheret ne herbée, devant le premier jour d'aoust, sous peine de vingt sols parisis d'amende.

3° Nul ne pourra mener que cinq douzaines de verveux pour navée, sans recouvrir autre navée, le lendemain.

4° Nul ne pourra mettre verveux aux samedys après disner, depuis la my-may jusqu'à la my-aoust, s'il n'est vigile le jeudy ensuivant.

5° Si aucuns pescheurs sont en rivière à la prinse d'un coup ou autrement, à quelque engin ou harnois que ce soit, ils seront tenus de garder le run les uns des autres, ainsy que de toute ancienneté est accoustumé, sur peine de cent sols parisis d'amende.

6° Si aucun pescheur est trouvé saisy, et ayt pris des engins ou poissons de ses compagnons en rivière, ou hors, si ce n'etoit pour le sauver, et il le garde plus d'une nuit, sans le rendre, s'il sçayt à qui il est, et s'il ne le sçayt, qu'il ne l'annonce aux maistres et gardes du mestier, il payera amende arbitraire; si les apprentis, valets ou aydes, les apportent en l'hostel de leurs maistres, et ils le recelent à leur escient, ou qu'ils ne l'annoncent dedans le temps et comme dessus est dit, et ils en seront punis comme s'ils avoient fait et commis le cas en leurs personnes. (Pastoret.)

N°. 227. — STATUTS (1) *de l'ordre de Saint-Michel, avec institution du prévôt des cérémonies.*

Au Plessis-du-Parc-les-Tours, 22 décembre 1476. (C. L. XVIII, 212-274.)

Loys, etc. Sçavoir faisons à tous presens et advenir, que, pour la très-parfaicte et singuliere amour que avons à l'ordre Saint-Michel, lequel, par grande devotion, avons institué et mis sus, dont par ardente affection desirons l'honneur et augmentation d'icelluy, et ad ce qu'il soit deuement et reveremment entretenu, les statutz, constitutions et louables cerimonies gardées, et de poinct en poinct observées sans aucune interruption et transgression, n'ōa-, à la gloire et louange de Dieu, nostre createur tout-puissant, reverense de la glorieuse mere, et commemoration et honneur de monseigneur Saint-Michel Archange, avons meurement voué à Dieu establir et faire ung colleige, et icelluy douer et bien fonder pour celebrer, chanter et dire l'office divin, et faire les prieres condignes à obtenir la très-benigne grace de Dieu, nostre Sauveur et Rédempteur, au moyen de la très-vertueuse intercession de mondict seigneur Sainct-Michel, qui continuellement sans intermision a conduict nos affaires et de nostre royaulme; et ad ce que mieulx et plus aisement et deuement par continuelle observance ledit ordre soit honorablement entretenu, lequel, par deffault de bonne police deuement gardée et observée, pourroit cheoir en decadence, nonchaloir et mespris, qui seroit esclandre et charge de conscience, d'honneur, et ravallement de nostre regne, du noble estat de chevalerie, et dommaige de toute la chose publique, voulans de tout nostre pouvoir ad ce que dit est pourveoir, et eviter toutes variations et indemnitez, et que les haultz faicts de nous et desdicts chevaliers freres dudict ordre puissent, vuillent et soient la vérité redigez en veritable escripture, dignes d'estre en cronique, et mis au tresor de l'ordre, ainsi qu'il est dit par ladite institution d'icellui, et que les faultes qui, par humanité fragille, soudainement peuvent advenir, contraires à l'observance desdicts statuts de l'ordre, ainsi qu'il est dit, se puissent promptement, doulcement et honestement representer à nous comme chef et souverain, ausdits chevaliers, freres et suppotz dudit

---

(1) V. l'ordonnance d'institution ci-dessus, p. 578.

ordre, pour le tout amender et corriger facilement et amiablement à l'honneur dudit ordre, et garder et observer les louables serimonies requises et ordonnées par la decoration et exaltation dudit ordre ; nous a esté remonstré par lesdits chevaliers nos freres dudit ordre, qu'il est convenable, très-necessaire et expedient de creer, ordonner et instituer ung office audit ordre, oultre les quatre offices institués à l'institution dudit ordre, et à celui office exercer, mettre un prudent, sage, vertueux et experimenté chevalier, garny de preudhommie et vertu de verité, lequel ait expresse et speciale charge des choses ci-après specifiees et declairées, contenues en certains articles, lesquels, pour lesdites causes et autres ad ce nous mouvans, nous, comme chef et souverain dudit ordre, par meure deliberation et advis desdits chevaliers nos freres dudit ordre, avons establis, instituez et ordonnez comme s'ensuit.

Premierement. Pour le bien et seur entretenement des statuz, constitutions, institutions et louables serimonies et generale observance de toutes choses touchans et regardant nostredit ordre Sainct-Michel, nous voulons et ordonnons avoir audit ordre ung office intitulé *Prevost-maistre des serimonies dudit ordre Sainct-Michel*, lequel aura charge expresse et especiale des choses ci-après declairées et instituées.

2. *Item.* Pour ce que ledit office, par le contenu de sa charge, est de grant importance et requiert avoir soigneuse diligence, discretion et prudence, et que, au moyen dudit office, statuts et constitutions dessusdites seront bien gardées, entretenues et observées, et ledit ordre grandement exaulcé, il y requiert bien avoir notable personne, voulons et ordonnons que nul ne puisse estre esleu ne pourveu dudit office, s'il n'est chevalier, prudent et experimenté.

3. *Item.* Et sera mis ledit office et compris au nombre des autres quatre officiers ordonnez et instituez en l'institution et creation faicte par nous dudit ordre, et seront à present et au temps advenir cinq officiers ordinaires dudit ordre, c'est assavoir, l'office du chancellier, l'office de prevost-maistre des serimonies, l'office du greffier, l'office de tresorier, et l'office de herault-roy-d'armes de l'ordre de Sainct-Michel, lesdits cinq offices perpetuels, ainsi qu'il est contenu en l'article desdits offices de l'ordre.

(4) *Item.* Ordonnons ledit office de prevost de semblable institution, serment, election, perpetuité, à la vaccation et provision

que l'un desdits autres offices, et selon le contenu des statuts et constitutions dudit ordre.

(5) *Item.* Ledit prevost-maistre des scrimonies sera tenu de pourchasser l'expedition des choses par nous ordonnées et à ordonner pour la fondation dudit colleige et creation des chanoines, vicaires, clercs, officiers et autres ad ce necessaires, pour l'accomplissement et fournissement dudit colleige ordonnez, selon nostre intention, voulloir et ordonnances, tant envers nostre Saint-Pere le Pape, evesques, prelatz, et autres, et par-tout où il sera besoing, et nous en advertir pour y estre pourveu par nous comme il appartiendra.

(6) *Item.* Sera tenu ledit prevost pourchasser, tant envers nous que par-tout où il appartiendra, la provision et expedition de faire reduire le revenu des deniers par nous donnez, ordonnez, à donner et ordonner, estre cueilliz, receuz et levez par les mains de celluy ou ceulx qui par nous sera ordonné, pour estre employez audit colleige et ailleurs sur ce par nous ordonné selon le contenu des lectres de ladite nostre fondation, et à ce que besoing sera pour faire le divin office et autres choses necessaires et par nous ordonnées.

(7) *Item.* Fera toute diligence de faire mectre à effect et accomplissement tous les edifices par nous ordonnez et à ordonner necessaires estre faitz au lieu où nous avons nostre devotte affection de fonder ledit colleige, et generalement de tout ce que par nous sur ce sera ordonné, ensemble du logis des dignitez, offices, chanoines, vicaires, clercs et autres ad ce necessaires declairez en ladite fondation.

(8) *Item.* Pour iceulx lieux edifier, ledit prevost sera tenu prendre ou faire prendre garde que aucune ruine ou demolition ne viegne par faulte de reparacion ausdits lieux; mais il y sera pourveoir, ainsi que par ceulx à qui il appartiendra.

(9) *Item.* Sera tenu songneusement prendre garde que l'office divin qui y sera ordonné de jour et de nuit, temps et heure esti fait, ne soit varié, delayé, ne aucunement interrompu.

(10) *Item.* Prendra garde que, par quelque maniere ou façon que ce soit, aucun abus, enfraincte ou rompture ne soit faict contre et ou prejudice des statutz et constitutions dudit ordre; mectera toute diligence secrete de enquerir et savoir au vray tout ce que se fera à l'encontre, pour après nous en advertir et des chevalliers freres dudit ordre deffaillans et derogeans ausdits statutz

(11) *Item.* Sera tenu dire doulcement et secretement la faulte faicte ausdits defaillans, si la faulte est legere et ne soit de grande importance, et telle que lesdits deffaillans ou defaillant la puisse de soi reparer, sans qu'il faille que ledit prevost le face registrer par ledit greffier dudit ordre, pour la representer en chapitre quant l'estat et chapitre dudit ordre sera par nous mandé et tenu.

(12) *Item.* Quant aucun desdits chevalliers ou officiers dudit ordre ira de vie à trespas, ledit prevost sera tenu avoir veritable certification de la mort et trespassement, du jour, du mois et an, par quel inconvenient naturel ou autre accident, et de l'estat de sa derreniere fin, pour le tout remettre en veritable escripture et nous en advertir, pour faire le service du trepassé tel qu'il appartient estre fait, et après le redigera en veritable escript et le fera enregistrer par ledit greffier de l'ordre.

(13) *Item.* Quant aucun chevallier sera esleu pour remplir le nombre des chevaliers et freres dudit ordre, selon le contenu des statuts et institutions, serimonies et solemnitez dudit ordre, ladite reception de fraternité et amiable compaignie, don de collier et revetement, et l'habit dudit ordre, se fera en l'eglise qui par nous sera designée; et à tous les chevalliers, freres et officiers dudit ordre, qui lors se trouveront presens au lieu où nous serons, et à chacun d'eulx ledit prevost, par le herault dudit ordre ou autre en l'absence dudit herault, fera savoir, de par nous, de eulx trouver au lieu, jour et heure, pour assister entour nous, à recevoir ledit chevallier esleu, auquel lieu, jour et heure seront tenus eulx presenter sans y faillir, s'il n'y a legitime cause et excusacion, laquelle le chevallier et frere qui s'en vouldra excuser et exonier, sera tenu de faire savoir audit prevost, lequel prevost a nous dira et recitera en presence desdits autres freres et chevalliers; autrement ledit chevallier defaillant et non faisant savoir son excusacion et cause legitime, sera mis en amende, et le fera enregistrer ledit prevost par ledit greffier.

(14) *Item.* Nous et lesdits chevalliers venuz audit lieu de par nous ordonné, et chacun desdits chevalliers et freres mis en leurs sieges selon les statutz ludit ordre, desquels sieges lesdits chevaliers, s'il en est besoing, pourront estre advertiz et assavantez par ledit prevost, se commencera la grant messe en solemnité, laquelle sera celebrée par le chancellier dudit ordre, s'il y est present, ou par autre ordonné de par nous.

(15) *Item.* Durant ladite messe, le collier et habit, le manteau

et chaperon du chevallier et frere esleu sera preparé et mis devant nostre siege, sur honeste parement de satin ou de taffetas rouge pendant aux deux costez, lesquels collier et habit seront aromatisez de l'encens, après que le prestre aura incensé l'autel.

(16) *Item.* Après nostre offerte faite à Dieu, ledit prevost conduira le premier des chevalliers et freres de l'ordre, et ira querir ledit chevallier esleu, et iceluy chevallier frere de l'ordre mener offrir son offrande à Dieu, et après, lesdits autres chevalliers et freres lors presens offriront, l'un après l'autre, chacun une piece d'or, selon le contenu desdits statuts dudit ordre, declaire par le faict de l'offrande.

(17) *Item.* Après ladite messe et office, ledit chevallier esleu sera mené par-devers nous, ainsi que dit est dessus, pour faire le serrement et recevoir le collier et habit de l'ordre.

(18) *Item.* Le serment fait par ledit chevallier, et le collier par nous donné selon lesdits statuts, ledit prevost sera tenu porter en ses mains l'habit, manteau et chaperon, habits designez aux dits statuts, et le nous presenter et bailler, et iceluy sera mis par nous sur ledit chevallier, en disant par nous, ou faisant dire par ledit prevost telles paroles: *L'ordre vous revest et couvre de l'amiable compaignie et union fraternelle, à la exaltacion de nostre foy catholique, au nom du Pere et du Fils et du Saint-Esperit;* à quoi ledit chevallier repondra: *Au nom et louange de Dieu et honneur dudict ordre soit faict. Amen.*

(19) *Item.* Après ladite reception dudit collier et habit, et le serment faict ainsi qu'il appartient selon lesdits statuts, ledit chevallier revestu sera derechef mené par ledit premier chevallier de l'ordre pardevant l'autel faire son oraison à Dieu, et, ladite oraison faicte, ledit prevost devestera ledit chevallier dudit habit, et iceluy habit sera remettre ès mains du tresorier de l'ordre ou de son commis.

(20) *Item.* Ledit chevallier, en signe de toute liberalité, nouvelle creation, pureté de cueur et charité, se devestera de tout son vestement qu'il aura vestu le jour de ladite reception, et sera et appartiendra audit prevost pour les droits de son office, et sera tenu ledit chevalier le livrer, bailler ou envoyer audit prevost.

(21) *Item.* A celle fin que les haultz faicts de nous et de nosdits chevalliers nos freres se puissent au plus près de la verité rediger en vraye escripture, sans aucune dissimulation, ledit prevost sera

...igence de mectre en escript tout ce qu'il pourra voir, savoir et entendre de ce qu'il appartient estre faict memoire, à l'honneur de l'ordre, de nous et de nosdicts freres et compaignons, au plus seur et veritable que faire se pourra; et, à ceste cause, sera tenu ledit herault dudit ordre preallablement faire son rapport audit prevost de tout ce qu'il saura, aura veu et entendu, voyageant, sejournant et autrement, touchant les haultz faicts de nous et de nosdits freres et compaignons, pour accorder leurs memoires et escriptures, sans les trouver en variacion, pour icelles mectre au tresor, comme dit est.

(22) *Item.* Sera tenu ledit prevost mectre en ung petit livre tout ce qui aura été faict touchant ledit ordre, le long de l'année, et en bonne et deue forme veritable le rediger, et le nous bailler à la fin de ladite année, pour y estre par nous pourveu à tout ce que besoing sera pour l'entier entretenement dudit ordre.

(23) *Item.* Pour ce qu'il n'est si certain que de veue, et que de toutes contrées, regions, royaulmes, terres et seigneuries, nous adviennent souvent nouvelles par ambassades, lectres, ou autrement, qui touchent aucunes fois, en particulier ou en general, l'estat de noz haultz faicts et desdits chevalliers nos freres dudit ordre, qui sont chose necessaire et requise à mectre en vraye memoire et escripture, pour le tout estre mis au tresor dudit ordre et registré par le greffier de l'ordre selon les statutz et constitucions d'icelluy, et qu'il est bien seant et convenable chose que entour nous ordinairement, à l'honneur de monseigneur Saint-Michel, soit ung des officiers de l'ordre, nous voulons et ordonnons que ledit prevost soit et sera comprins de nos conseillers et officiers ordinaires, compté et enrollé en l'estat de nostre ostel, tout ainsi que l'un de nos autres officiers et maistres d'ostel ordinaires, à soi trouver par-tout où nous serons, pour savoir, veoir et entendre au vray ce qui pourra toucher nosdits haultz faicts et estat dudit ordre, et nous advertir en ce que necessaire sera et touchera ledit ordre.

(24) *Item.* Voulons et ordonnons que ledit prevost, pour l'entretenement de son estat, ait pour gaiges ordinaires la somme de six cens livres parisis, lesquelz seront prins sur les deniers et revenus de la fondacion que avons deliberé faire pour l'estat dudit colleige et entretenement dudit ordre, oultre et pardessus les droits et esmolumens ordinaires qu'il prendra comme officier ordinaire domesticque de nostredit ostel et maison, qui par aultres nos lectres lui seront ordonnez et payez.

(25) *Item.* Et cependant, pour ce que les deniers de ladite fondacion dudit colleige et ordre ne sont encore remis, delivrez, receuz, ne employez à ladite fondacion dudit colleige et ordre, ledit prevost aura pension de milles livres tournois, laquelle, par aultres nos lectres que de son office, lui sera par nous assignee et ordonnée, chacune année.

(26) *Item.* Voulons et ordonnons que tous les autres officiers dudit ordre ayent pour l'entretenement de leur estat, gaiges ordinaires, c'est assavoir, au chancellier, huit cens livres parisis; au prevost, six cens livres parisis; au tresorier, six cens livres parisis, au greffier, quatre cens livres parisis; au heraut-roi d'armes, deux cens cinquante livres parisis; lesquels gaiges dessusdits seront prins et payez sur le revenu par nous ordonne et à ordonner pour la fondation desdits colleige et ordre, et seront payez par les mains du tresorier de l'ordre ou autre par nous ordonné.

(27) *Item.* Voulons et ordonnons que, pour et à cause de l'amiable fraternité et compaignie, laquelle a été faite et instituée principalement sur la grant vertu de charité, et qu'elle soit continuellement entretenue, accrue et augmentée en tout amour cordial, nous et nos successeurs Roys, chefs et souverains dudit ordre, seront tenus d'entretenir lesdits chevalliers nos freres en tout loyal amour, et à chacun d'eulx, selon leurs qualitez, eslargir et donner pensions compectentes et raisonnables, et les preferer devant tous autres aux honneurs, offices et charges de nous et de nostre royaulme, et, selon leurs merites et services, les accroistre, augmenter et remunerer deuement et liberallement.

(28) *Item.* Tous lesdits chevalliers et nos freres de l'ordre, en tout bon et loyal devoir, selon leurs qualitez, et chacun d'eulx, seront tenuz à nous et à nosdits successeurs, chefs et souverains dudit ordre, complaire à nos requestes, plaisirs et vouloirs raisonnables, et en toute doulceur et cordialle amour eulx employer d'accomplir nos bons et honnestes plaisirs, sans prejudicier à leurs honneur et conscience.

(29) *Item.* S'il advient que aucun desdits chevalliers nos freres soit complaignant d'aucune chose par nous commandée et ordonnée, ou par aucun rapport indeuement faict, et que ledit chevallier eust quelque scrupule ou syndereze au cueur, dont malcontentement se peust concevoir, et par traict de temps inconvenient ensuivir, le complaignant chevalier frere dudit ordre, pour deuement proceder, secretement et seablement pourra dire audit

prevost maistre des serimonies, s'il est present au lieu, et, s'il est absent, lui faire savoir par lectres signées de la main dudit complaignant, ou par creance donnée à aucun sien serviteur feable; et ledit prevost sera tenu le nous dire ou faire savoir, pour y estre pourveu par nous comme il appartiendra à la conservation dudit ordre et amiable campaignie.

(30) *Item.* Voulons et ordonnons lesdits articles et institutions dudit office de prevost-maistre des serimonies, poincts et autres ordonnances dessusdites estre adjoinctes, annexées, registrées, mises es livres du tresorier de l'ordre et es lieux contenuz aux premiers statutz et ordonnances dudit ordre, sans en faire aucune separation, et à toujours estre observées et gardées sans enfraindre.

Tous lesquels poincts, condicions, ordonnances, constitutions, articles et institutions dudit office de prevost-maistre des serimonies, et choses dessusdites et chacune d'icelles, nous, pour nous, nos hoirs successeurs Roys de France, chefs et souverains de nostredit ordre et amiable compagnie de monseigneur Saint-Michel, jurons et promectons tenir, garder et accomplir entierement et à toujours, sans y estre faicte par nous et nos successeurs souverains dudit ordre aucune restrinction, mutacion ne diminucion. Et voulons et ordonnons que au *vidimus* de ces presentes, faict soubz scel royal, plaine foy soit adjoustée comme à l'original.

Et, affin que ce soit chose ferme et estable à toujours, nous avons faict apposer nostre scel à ces presentes, etc.

Donné au Plessis du Parc-lez-Tours, etc.

N°. 228. — Lettres *pour la réception d'un légat à latere en France* (1).

Au Plessis-les-Tours, 4 janvier 1476 (C. L. XVIII, 225).

Loys, etc. Comme puis n'aguieres, en la partie de nostre trescher et grant amy l'evesque de Modesne, nous ait esté remonstré que nostre Saint-Pere le Pape Sixte, pour certaines grands causes et matieres, l'ait envoyé par-devers nous et lui ait donné pleine puissance de legat *de latere* (1), et plusieurs autre specia-

---

(1) V. les actes relatifs à l'exécution du concordat de 1801. (Isambert.)
(2) Les légats *à latere*, les premiers de tous pour le rang comme pour la puis-

les facultez, lesquelles toutesfois il ne voudroit et ne pretend devoir user sans notre vouloir, plaisir et consentement, ne en rien derroger à nos droiz, prerogatives et preeminences, ne aux droiz, privileges et libertez, coustumes et observance de l'eglise de notre royaulme et Daulphiné (2), en nous suppliant et requerant que le voulsissions recevoir et luy souffrir et permettre user des puissances et facultez à lui données par nostredit Saint-Pere en nosdiz royaume, pays du Daulphiné et autres seigneuries.

Sçavoir faisons que nous, desirans tousjours honorer et reverer nostredit Saint-Pere et le Saint-Siege appostolique, et lui complaire en toutes choses non derogans à nos droiz, prerogatives, preheminences, privileges, franchises, libertez, coustumes et usage de l'eglise de nostredit royaulme et Daulphiné et autres seigneuries, après ce que ledit evesque de Modesne nous a promis et baillé ses lettres de non user desdites puissances et facultez en nostredit royaulme et Daulphiné, contre ne au prejudice de ce qui dit est, mais seulement selon les modifications et restrictions acceptées par ledit evesque de Modesne touchant les choses dessusdites, lesquelles lettres dudit evesque de Modesne avons envoyées en notre court de parlement à Paris.

Nous, pour l'honneur et reverence de nostredit Saint-Pere, avons permis et permectons, pour cette fois seulement, que ledit evesque de Modesne se puisse nommer legat et messager de nostredit Saint-Pere, pour seulement joyr et user desdites puissances et facultez à lui baillées par nostredit Saint-Pere, sans en rien

---

sance, n'ont jamais pu être envoyés en France sans une permission préalable du roi. On ne leur a même jamais permis d'exercer leurs pouvoirs, sans que la bulle de leur nomination eût été présentée au parlement, qui modifiait, s'il y avoit lieu, par son enregistrement, les dispositions contraires aux droits anciens et toujours conservés de l'église de France. (Pastoret.)

(1) Le légat prêtait le serment suivant : *Juro et promitto in verbo cardinalis, per sacros ordines meos, manibus ad pectus positis, me legati munere non usurum, nec facultatibus mihi à sancta Ecclesia concessis usurum, nisi quod in regno ero et Suæ Majestatis Christianissimæ placuerit, adeo ut, certior factus de illius voluntate, illi convenienter legati nomen et jus continuo sim depositurus; simulque, omnium quæ gerentur à me, legatione finita, rationem redditurum in manibus ejus quem voluerit Sua Christianissima Majestas; omnes leges et statuta et consuetudines regni servaturum; nec ullo modo auctoritati jurisdictioni regiæ, juribus, libertatibus et privilegiis Ecclesiæ Gallicanæ et Universitatum derogaturum. In quorum testimonium, has præsentes manu mea subscripsi, ac præterea sigillo meo muniendas curavi.* (Idem.)

aroger ne prejudicier à nos droiz, prerogatives, preheminences, ne aux droiz, privileges, franchises, libertez et usages, coustumes et observances de l'Eglise de nostredit royaulme, du Dauphiné et autres de nos seigneuries, et soubz les restrinctions et modifications sur ce faictes, et dont il a baillé lesdictes lectres, comme dit est (1).

Si donnons en mandement, etc. Pourvu toutesfois, ce dont avons fait expresse protestation, que nostre present consentement ne puisse estre traict à consequence, ne donner ou acquerir quelque droit ou possession contre nous, nos successeurs Roys de France, nos droitz, prerogatives et preheminences, previleges, franchises, libertez, usaiges et coustumes de l'Eglise de France, ne du Daulphiné. En tesmoing de ce, nous avons fait mectre nostre seel à cesdictes presentes.

Donné au Plessis du Parc, etc.

Par le Roy, le sire de Lude, maistre Gacien Faure, president de Thoulouse, Jean Bourre, Philibert Boutillac, tresoriers de France, Jacques Louuet, maistre des requestes, et aultres presents.

N°. 229. — LETTRES d'abolition (2) et restitution des biens confisqués en faveur des habitans de la Bourgogne.

Selommes, 19 janvier 1476. C. L. XVIII, 226.

N°. 230. — DON par le roi René à la France, du comté de Provence.

7 mars 1476. (Corps diplomat., 526.)

A tous ceux qui ces presentes lettres verront, Philippe Bouer, licencié en loix, garde-scel établi aux contrats de la prevosté de

---

(1) Lors de la vérification de la bulle du cardinal Caprara, on stipula que les actes de la légation seraient déposés aux archives. (Isambert.)

(2) Cet acte avait pour objet de préparer la réunion à la couronne de la souveraineté véritable de la Bourgogne, aliénée depuis le roi Jean, et qui avait eu quatre princes, dont le dernier, Charles-le-Téméraire, venait de perir à la bataille de Nancy, le 5 janvier.

Cette réunion, au reste, était l'effet de la clause de retour, en cas d'extinction de la race masculine. Charles ne laissait qu'une fille. (Pastoret.)

Bourges, et procureur général du roi, nostre sire, en Berry, salut :

Sçavoir faisons, qu'en la présence de Jacquet Compaing, et Guillaume de Brielle, clercs-jurés et notaires du roi, nostre sire, usans de nostre autorité et pouvoir, et de Guillaume Robin, et David Ouvre, clercs-notaires apostoliques, pour ce personnellement établis, très-haute et très-puissante dame Marguerite, fille de très-haut et très-puissant prince, René, roi de Sicile et de Jerusalem, duc d'Anjou et de Bar, et comte de Provence, et de feue Isabelle de Loraine, jadis sa femme, en son vivant duchesse de Lorraine, icelle dame Marguerite, veuve de feu Henri, en son vivant roi d'Angleterre, étant de ses droits; considérant les grans plaisirs, curialitez, courtoisies, ensemble les grands et somptueux depens que le roi, nostredit sire, duquel elle est cousine germaine, a fait et soutenu pour elle, tant pour le recouvrement du royaume d'Angleterre, pour ledit feu roi Henri, son mari, et le prince de Galles, son fils, en faveur et contemplation singuliere de ladite reine Marguerite. Et aussi la grande aide, secours et confort, que le roi notre sire a donné ausdits defuns, et pareillement à ladite dame Marguerite ; et les grands dangers, inconvéniens et périls ausquels ladite dame Marguerite s'est trouvée audit royaume d'Angleterre, après la mort desdits defuns, parce qu'elle était ès-mains et en la puissance du roi Edouard d'Angleterre, leur ennemi, et pour la racheter et mettre hors des dangers dudit roi Edouard, qui la tenoit comme prisonniere. Et que le roi en continuant le bon vouloir qu'il avoit envers elle, afin de la mettre en sa franchise et liberté, et la mettre hors des dangers où elle étoit, à la grande priere et requeste de ladite dame Marguerite, et de son consentement, a paié et baillé audit roi Edouard la somme de cinquante mille escus d'or, et par ce moien l'a fait venir et defendre en France, ainsi que desirait la dame Marguerite : laquelle de sa certaine science, sans aucune contrainte, ains de sa franche liberté, connoissant les choses dessusdites estre vraies, non voulant estre reprise du vice d'ingratitude, mais voulant et desirant de sa part reconnaistre envers le roi nostredit seigneur, lesdits grands plaisirs et dépenses, et aussi estre et demourer quitte envers le roi nostredit seigneur, de ladite somme de cinquante mille escus, et de tout ce que le roi lui eût pû demander à l'occasion des choses dessusdites, pour, et en acquit, solution et paiement de ladite somme de cinquante mille escus; ensemble lesdits frais, plaisirs, courtoisies, frais, impenses et somme dessusdite, ladite dame Marguerite s'est et tient pour contente, et en a quitté et quitte le roi, nostredit seigneur, et l'en a relevé et deschargé de toute preuve, a ladite dame Marguerite, donné, cédé, quitté, transporté et du tout en tout perpétuellement delaissé, purement et simplement par donation mure, simple, pure et irrévocable, faite solennellement entre-vifs, et sans aucune condition ou espérance de jamais le revoquer ni venir au contraire, au roi nostredit seigneur, ses hoirs, successeurs et aians-cause, combien qu'il soit absent :

Nous garde et procureur dessusdits, presens avec lesdits notaires, stipulant et acceptant pour le roi nostredit seigneur, sesdits hoirs, successeurs et aians cause, tout tel droit, nom, raison, action, propriété, seigneurie, vrai domaine, possession et saisine, que ladite dame Marguerite a pu et peut avoir, et qui lui compéte et appartient, peut et doit compéter et appartenir à cause de la succession de sadite feue mère, en son vivant duchesse de Lorraine, tant audit duché de Lorraine, et en toutes et chacunes les appartenances et appendances d'icelui duché, que autres terres et seigneuries à elle avenues et écheues à cause et par le trepas de sadite feue mere. Et avec ce a icelle dame Marguerite donné, cédé, quitté, transporté et perpétuellement delaissé au roi nostredit seigneur, ses hoirs, successeurs et aianscause, tous et chacuns les droits, noms, raisons, actions, vrai domaine, propriété et seigneurie qui lui pourront et devront compéter et appartenir ès-duchié d'Anjou et de Barrois, et en la comté de Provence, tant après le decès et trepas dudit roi de Sicile, son père, que autrement, par quelque cause, titre, ou moien que ce soit ores, ou pour le temps à venir, sans aucune chose y retenir ni à elle reserver, voulant et consentant ladite dame Marguerite que le roi nostredit seigneur puisse, et lui soit loisible dès à présent prendre, aprehender, retenir, conserver et garder de sa propre autorité lesdits droits, parts et portions écheues et avenues à ladite dame Marguerite, à cause de la succession de sadite feue mère. Et en tant que touche la succession dudit roi de Sicile, son père, ladite dame Marguerite a voulu et consenti, veut et consent que le roi nostredit seigneur, incontinent après le decès dudit roi de Sicile, père de ladite dame Marguerite, puisse et lui loise de sa propre autorité prendre, apprehender, retenir, conserver et garder la possession et saisiné réelle, actuelle et corporelle de tous et chacun lesdits droits, part et portion qui appartiendront, pourront et devront compéter et appartenir à ladite dame Marguerite, au moien de la succession à venir dudit roi de Sicile, son père, que autrement est dit, duché d'Anjou, de Bar et comté de Provence; promettant, ladite dame Marguerite, par sa foi pour ce baillée corporellement, ès-mains desdits notaires, et convenant exprès que contre lesdites donations, bail, cession, transport et autres choses dessusdites, ou aucunes d'icelles, elle ne viendra, ne venir fera par elle, ne par autre en aucune manière, aide, faveur ou occasion de jamais contrevenir, ains promis ladite dame Marguerite garantir, défendre et délivrer au roi, nostredit seigneur, ses hoirs, successeurs ou aians cause, lesdits droits et autres choses dessusdites, ainsi par elle cédées et transportées, que dit est, en tant que touche et pourra toucher le fait d'icelle dame Marguerite seulement, et avec ce a promis ladite dame Marguerite, rendre, retourner et ressortir au roi, nostredit seigneur, sesdits hoirs ou aians-cause, tous coûtils, intérêts, dommages et dépens que le roi, nostredit seigneur, sesdits hoirs et aians-cause pourront avoir, encourir et loïaument soutenir pour faute d'accomplissement, et observance des choses dessusdites ; et quant aux choses dessusdites, et chacune d'icelles faire, tenir, garder et accomplir en la manière que dit est, a obligé et oblige ladite dame Marguerite, au roi, nostredit seigneur, à ses hoirs et successeurs, elle, ses hoirs, et tous et chacuns ses biens, meubles et immeubles, presens et avenir, qu'elle a pour ce soumis et supposez à la jurisdiction, force, correction, compulsion et contrainte dudit scel roial de ladite prevosté de Bourges, et des cours de la chambre apostolique et de l'auditeur général, viçauditeur, lieutenant et commissaire d'icelle, et de toutes autres cours ecclesiastiques, renonçant en ce fait ladite dame Marguerite, en toutes actions et exception de dol, de mal, de fraude, de barat, d'erreur, lesion et circonvention ès-choses dessusdites, à l'exception desdites donation, bail, cession, transport et autres choses dessusdites n'avoir esté faites, dites, passées, consenties et accordées en la maniere que dit est, et que plus ou moins ait esté dit, que écrit, que dit, à la relaxion de foi et serment, au benefice d'enterine, restitution à tout aide de droit écrit et non écrit, canon et civil, et par special, au benefice du senatus-consulte velleian, et à tout autre privilege et benefice introduit et à introduire en la faveur des femmes, et au droit, disant que paction ou transport fait de future succession ne vaut rien; et généralement à toutes et singulieres autres actions, exceptions, oppositions, appellations, allégations, raisons et defenses, cauteles, et cavillations de fait et de droit quelconques, qui contre les choses dessusdites, ou aucunes d'icelles, pourroient estre alleguées, objicées, dites ou proposées, et au droit disant générale renonciation non valoir, si la spéciale n'est avant mise.

Et c'est à savoir que incontinent et sans delai, les choses dessusdites, ainsi faites, consenties et accordées, ladite dame Marguerite de sa certaine science, pure et franche volonté, par la meilleure forme et maniere qu'elle a mieux peu et deu, tant de droit que de coustume, a fait, constitué, créé, établi et ordonné, et par ces presentes fait, constitue, crée, établit et ordonne, ses procureurs generaux et certains messages speciaux, en telle maniere que la specialité ne deroge à la généralité, ne au contraire, tous ou chacun les procureurs et notaires des cours de la chambre apostolique, de l'auditeur général, vicauditeur, lieutenant et commissaire d'icelle, et de toutes autres cours ecclésiastiques quelles et où que elles soient, en laquelle ou esquelles il adviendra ce present contrat ou instrument estre exhibé, produit, porté, montré et chacun d'eux seul et pour le tout, pire ou meilleure de l'autre; mais tout ce que par en telle maniere que la condition de l'un d'eux ne soit l'un d'eux aura esté encommencé, l'autre puisse poursuivre et mener à fin, specialement et expressement à comparoir pour ladite dame Marguerite, constituante, et en son nom, en tout temps, à toujours, à toutes heures, feriez et non feriez, toutes et quantes fois qu'il plaira au roi, nostredit seigneur, devant lesdits auditeur, vicauditeur, lieutenant, commissaire, et devant tous autres juges, officiers ordinaires et extraordinaires, deleguez, sousdeleguez et commissaires des cours dessusdites, et à connoistre et confesser une fois ou plusieurs, ladite dame Marguerite, constituante, aurait de son bon gré fait les donations, cessions, transports, promesses, obligations et autres choses ci-dessus en ce present contrat ou instrument, contenües, declarées et écrites à vouloir et consentir ladite dame Marguerite, estre par lesdits auditeur, vicauditeur, lieutenant, commissaire, juges officiaux, ordinaires, extraordinaires, deleguez, sous-deleguez, et chacun d'eux, estre condamnée et contrainte par censure ecclésiastique, à garder et entretenir les donations, cessions, transports, promesses, obligations et autres choses dessusdites selon la forme et teneur d'icelles, à acquiescer et consentir aux condamnations et commandement qui pour ce, par lesdits auditeur, vicauditeur, lieutenant, commissaire, juges officiaux ordinaires, deleguez, sous-deleguez, et chacun d'eux, seront faites et données, et à souffrir, par icelle dame Marguerite, constituante, et en son nom, tous commandemens, toutes condamnations et monitions sous censures ecclésiastiques, qui pour les choses susdites seront par les susdits auditeur, vicauditeur, lieutenant, commissaire, juges officiaux, ordinaires, extraordinaires, deleguez, sous-deleguez, et chacun d'eux, faits, proferez et donnez, ou faites, proferées ou données, et à soumettre et resoumettre ladite dame Marguerite, constituante, quant à observer et entretenir toutes et chacunes les choses dessusdites, sans enfreindre, à la juridiction et compulsion de chacune des cours dessusdites, et generalement à dire, faire, procurer et exercer pour icelle dame Marguerite, constituante, et en son nom, toutes et chacune les autres choses, qui seront en et pour les choses dessusdites necessaires, et opportunes à faire, et que ladite dame Marguerite, constituante, ferait et faire pourrait, si presente y étoit en sa personne, donnant et octroiant, ladite dame Marguerite, constituante, à sesdits procureurs, et à chacun d'eux seul, et pour le tout, plein pouvoir, autorité et mandement special, en et pour toutes et chacunes les choses dessusdites, promettant neantmoins, ladite dame Marguerite, constituante, par sa foi et serement, pour ce corporellement baillez en la main desdits notaires dessus nommez, stipulant et acceptant pour, et au profit de tous et chacun d'eux, qui en ce ont et pourront avoir interest, en quelque maniere pour le temps à venir, sous l'hipotheque et obligation de tout et un chacuns, ses biens meubles et immeubles, presens et à venir, et sous toute renonciation et caut ele de droit et de fait, à ce necessaire; elle dès maintenant avoir agreable, ferme et stable, tout ce que par sesdits procureurs, et chacun d'eux seul, et pour le tout, sera ou aura esté fait, dit, voulu, consenti, soumis, confessé, acquiescé, et autrement exercé et procuré es choses dessusdites, et en chacune d'icelles, leurs circonstances et dependances, et paier l'adjugé contre elle, si mestier est, et les relever, et dès maintenant les releve de toutes charges de satisfaction, si comme nous garde dessusdit, avons vu et oy avec les notaires et temoins dessus, et ci-après nommez, toutes et chacunes les choses dessusdites, par ladite dame Marguerite, estre faites, dites, passées, voulues, consenties et accordées.

En témoing desquelles choses nous avons mis et aposé à ces presentes lettres le scel dessusdit, avec les seings et souscriptions desdits notaires apostoliques dessus nommés, le 5me jour du mois de mars, l'an de grace 1475, nobles et honorables hommes et

..., messire Jean de Hangert, chevalier, seigneur de Janly; maistres François Gaultier, Pierre de Breuh, licentié en loix, et Jean Lallement, bourgeois et marchand de Bourges, témoins à ce present requis et appelez. Fait et donné comme dessus.

N° 231. — Acte des états de Bourgogne qui se remettent en garde à Louis XI.

Arras, 18 mars 1476. (C. L. XVIII, 249.)

Loys, etc. Savoir faisons que comme, par le trespas de feu nostre cousin Charles, en son vivant duc de Bourgogne, nos treschers et bien-amez les gens d'eglise, nobles et gens du commun estat, representans le corps et communauté des trois estats de nos pays et duché de Bourgogne à nous advenuz et échuz par ledit trespas, desirans de leur cuer estre, demourer, vivre et mourir soubz nous et en nostre obeissance, se soient liberalement et de très-grant volonté reduitz et remis en noz mains en nous cognoissant en toutes choses leur naturel et souverain seigneur; et à ceste cause, nous ayent fait le serment en tel cas accoustumé ès mains d'aucuns nos especiaulx officiers et serviteurs à ce par nous commis et envoyez esdits pays et duché, et depuis se soyent les deleguez desditz troys estatz tirez devers nous, et entre autres requestes qui nous ont esté faictes, ayons esté justement requis par eulx que nostre plaisir fust avoir agreables, confermer, ratifier et approuver, les articles qui par nosditz officiers et commis leur ont esté accordés, en nous faisant ladite obeissance; desquels articles l'on dit la teneur estre telle :

Premierement. Que, l'obeissance faicte au roy desditz pays, mesditz seigneurs les commis feront vuider hors d'iceux tous les gens de guerre qu'ilz y ont amenez et fait venir, sans y faire ne souffrir estre fait par eulx forces, injures et oppressions aux subjectz desditz pays, presens et absens, en leurs personnes ne en leurs biens, et, s'aucune chose en estoit faicte ou se fist ci-après, les entierement amender, ainsi qu'ilz ont promis de faire et que le roy le veult et mande par ses lectres.

(2) *Item.* Et que mesditz seigneurs les commis procureront par effect devers le roy, que abolicion generalle soit par lui faite, pour tous les subgectz desditz pays, tant en general comme en

particulier, et pour tous autres manans et habitans desdits pays et terres enclavées et encloses en iceulx, qui ne tiendront party contraire au roy, quelque part et en quelque lieu qu'ilz soyent demourans, qui ont servi ledit feu Charles de Bourgoigne, de tous cas, offenses et forfaitures qu'ilz pourroient avoir encouru envers luy par tout le temps passé, tant soubz umbre des guerres et divisions comme autrement; et seront rappelez tous bannissemens et confiscacions faictes et declairées à l'occasion des choses dessusdictes, pourveu qu'ilz seront bons et loyaulx au roy d'ores en avant; et avec ce, toutes choses receues touchant meubles, debtes, fraiz et levées d'heritages par ses subgects dudit feu Charles de Bourgoigne, au moyen des dons et recompenses à eulx par lui faictes durans les guerres et divisions, seront et demoureront vallables au proffit des subgects d'icelui feu de Bourgoigne, et semblablement, les choses donnees et receues au moyen que dessus, par les subgectz du roy, et retourneront chascun à son heritage d'un costé et d'autre, quelque donacion que le roy et ledit feu duc de Bourgoigne en aient faicte par cydevant à autre, par maniere de recompense et autrement, excepté ceulx qui auroient machiné et conspiré la mort du roy et de monseigneur le dauphin de Viennois par poison ou autre maniere, lesquelz ne seront aucunement compris audit traité.

(3) *Item.* Que tous les habitans et subgects des pays dessusdiz seront et demourront soubz la main du roy en leur entier, de leurs personnes et de leurs biens, quelque part qu'ilz soient assiz et situez, tant audit duché que ailleurs es pays du roy, en suppliant très-humblement au roy de vouloir entretenir les officiers desditz pays chascun en son estat et office.

(4) *Item.* Que ladicte duché, ensemble les pays devant diz, tant en general comme en particulier, pour les subgectz et habitans en iceulx, c'est assavoir, gens d'eglise pour eulx, leurs eglises et leurs biens, les nobles pour eulx, leurs terres et seigneuries, et les villes et autres terres subjectes en icelui pays, autres, pour elles et leurs habitans, seront et demourront à toujours en toutes leurs droictures, franchises, libertez, prerogatives et coutumes, redigées par escript et auctorisées par le duc Phelippe de Bourgoingne et ses predecesseurs, et en tous les privileges qu'ilz avoient et dont ils jouissoient au temps du trespas dudit feu Phelippe de Bourgoingne.

(5) *Item.* Que toutes pencions données et octroyées par ledit feu Phelippe et par le duc Charles, soient à leurs officiers ou

...res personnes demourans esdits pays et ailleurs en obeissance ...roy, sans tenir party à luy contraire, seront entretenues selon ...forme des lectres qu'ils ont de feu lesdits ducz Phelippe et Char-...s de Bourgoingne.

Pour ce est-il que nous, ce consideré et mesmement le grant ...voir et affection que lesdits trois estats ont de demourer à ...jours soubz nous et en nostre obeissance et de nous servir et ...ir en toutes choses comme nos bons, vrais et loyaulx subjects, ...clinans par ce favorablement à leurs requestes, lesdits articles ...ssus transcripts et incorporés, lesquels nous avons fait veoir ...eu au long par les gens de nostre grant conseil, et tout le con-...u en iceulx, avons eu et avons aggreables, et, en tant que ...tier est ou seroit, les avons, par l'advis et deliberation des ...s gens de nostre grant conseil, louez, consentis, ratifiez et ...prouvez, louons, ratiffions, consentons et approuvons, de ...ce special, plaine puissance et auctorité royal, par ces pre-...ntes, et voulons que lesditz des trois estats joyssent de tout le ...tenu en iceulx, plainement et paisiblement, sans aucun con-...redit ou difficulté, et, s'aulcun empeschement leur estoit en ce ...is et donné au contraire, nous voulons qu'il soit incontinent ...paré et mis au premier estat.

Si donnons en mandement, etc.

Donné en nostre cité d'Arras, etc.

Par le roy, monseigneur le cardinal de Bourbon, le conte de ...aujeu, Vous, le conte de Marle, mareschal de France, et ...tres presens.

252. — LETTRES *portant création du parlement de Bour-gogne* (1).

Arras, 18 mars 1476. (C. L. XVIII, 252.)

Loys, etc. Comme tantost après le trespas de feu nostre cousin Charles, en son vivant nagueres Duc de Bourgogne, nos tres-...hiers et bien-amez les gens d'eglise, nobles et du commun estat ...e nos pays et duchié de Bourgogne, comté de Charolois, terre

---

(1) C'était une conséquence de la stipulation des Etats de Bourgogne à l'épo-...e de la reunion. (Isambert.)

de Noyers et autres terres enclavées en iceulx, à nous advenues et eschus par ledict trespas, desirans estre, demourer, vivre et mourir soubs nous et en nostre obeissance, se soient liberallement et de très-grant vouloir reduits et remis en nos mains et obeissance, et nous recognoissans leur naturel et souverain seigneur, et à ceste cause nous ayent fait le serment en tel cas accoustumé entre les mains d'aulcuns nos officiers et speciaulx serviteurs par nous commis et envoyez esdits pays, et depuis se sont lesdits des trois estats, ou les principaulx d'entre eulx, en bon et souffisant nombre, tirez devant nous, en nous suppliant très-humblement que notre plaisir soit, pour le bien, seureté, conduite et entretenement de la justice, de nos autoritez et droits desdits pays, duchié et comté, support et soulaigement de nos subgets et habitans en iceulx, ordonner et establir en nostredit duchié de Bourgogne, comté de Charolois, baronnie de Noyers, et es terres enclavées dudit duchié, une cour souveraine qui soit censée, ditte et intitulée *Cour de parlement*, fondée et garnie de president, douze conseillers et autres officiers, gens notables, convenables et nécessaires pour l'exercice et entretenement de cour souveraine, en tel nombre de conseillers et officiers qu'il y avoit au parlement de Beaulne, qui se souloit nommer *les grans jours du duchié de Bourgogne*, et qu'elle soit de telle preeminence et auctorité touchant fait et audicature et juridicion souveraine, comme nostre cour de parlement seant à Paris, en laquelle lesdits grands jours souloient ressortir; et nous ont en outre supplié que nous voulsissions entretenir les Parlemens de Dôle et de Saint-Lorens pour les comtés de Bourgoigne, d'Auxone et autres terres d'oultre Saone, esquelles d'ancienneté y a toujours eu cour souveraine, pour icelle exercer en la forme et maniere que l'on a accoustumé faire le tems passé.

Savoir faisons que nous, ce consideré, et mesmement le très grant desir et affection que lesdits des trois estats ont monstré par effet de demourer et estre toujours soubs nous et en notre obeissance, et nous servir et obeir en toutes choses comme bons, vrais et loyaulx subgetz; considerans aussi que lesdits duchié et terres dessusdits sont de grant estendue et loingtaines de nostre bonne ville de Paris, en laquelle ils ont esté de toute ancienneté ressortissans en tout droit de souveraineté, pourquoy nos subjets demourans en iceulx duchié et pays adjacens seroient fort travaillez et endommaigez de y ressortir et y querir, pourchasser ou envoyer soubstenir les provisions et remedes en dernier ressort et souveraineté

ces causes et autres grans considerations à ce nous mouvans, *avons*, de grace special, pleine puissance et auctorité royal, par *ces* presentes, creé, institué, Ordonné et establi, instituons, *créons*, ordonnons et establissons esdits duchié et pays dessusdits *et* adjacens, court et jurisdiction souveraine, pour y estre tenue *dores* en avant et à toujours, dicte, censée et intitulée *Parlement et Court souveraine*, ayant tout droit de ressort et souveraineté, au lieu desdits grands jours.

Et, avec ce, avons ordonné que lesdits Parlemens de Dôle et Saint-Lorens seront d'ores en avant entretenus souverains, selon *que* par cy-devant ils ont esté de toute ancienneté, et se tiendront lesdits Parlemens en la maniere declairée en nos autres lettres *patentes* sur ce octroyées ausdits des etats, et voulons que toutes *les* causes d'appel et autres dont court et jurisdiction souveraine *peut* et doit cognoistre en dernier ressort et autrement, qui ont *esté* et seront meues et suscitées entre nos subgets et habitans *desdits* pays, duchié et comté et terres, y soient decidées, determinées et mises à fin deue, comme ès autres cours souveraines de nostre royaume, sans ce que des septences, arretz diffinitifs *et* interlocutoires qui y seront donnez et prononcez, on puisse *provoquer* et appeller et reclamer en autre court souveraine de *nostredit* royaume, pour quelconque cause que ce soit.

Et, pour exercer le fait de ladite justice et jurisdiction souveraine, l'entretennement et soutennement des preeminences, prerogatives, auttorité et droits de nous et d'icelle court, avons ordonné et ordonnons par cesdites presentes, que d'ores en avant *y* aura en icelle court, avec nostredit president, deux chevaliers, *douze* conseillers en la maniere accoustumée, et aussi deux advocatz, ung procureur fiscal et ung greffier en chascun desdits Parlemens, et cinq huissiers ordinaires, intitulez en office en *chief*, faisant et qui feront le corps, tant en chief que en membres, de ladite court souveraine, tels et à tels gaiges que par nos autres lettres patentes leur seront tauxés et ordonnez, auxquels *nous* avons donné et donnons pouvoir d'exercer en ycelle court et *ailleurs*, par toutes les limites desdits pays, duchié et comté, *tous* faiz, executions et exploicts de jurisdiction souveraine.

Et pour ce que, par faulte de clere expression et ample declaration des pays et limites que n'entendons ressortir audit Parlement, se pourroient susciter et nourrir cy-après de jour en jour plusieurs pertes, debats et controverses, entre nos subgets, tant *de* nosdits duchié et comté, que d'autres pays de nostre royaume, marchissans et circonvoisins desdits pays de Bourgoigne nous avons voulu et ordonné, voulons et ordonnons comme dessus, que tous nosdits pays, duchié et comté de Bourgoigne, comté de Charrolois, terre de Noyers et autres terres qui, à l'heure du trepas de nostredit feu cousin Charles de Bourgogne, ressortissoient esdits grands jours de Beaune et de Saint-Lorens, et tous nos autres subjets et habitans en yceulx, ressortiront directement par appel et autrement en nostredit court de parlement de Bourgoigne, et non ailleurs.

Si donnons en mandement par cesdites presentes à noz amez et féaulx conseillers les gens de nostre court de parlement à Paris, au gouverneur de nosdits pays et duchié, et à tous nos autres justiciers et officiers ou à leurs lieutenans, presens et avenir, et à chascun d'eulx sur ce premier requis et comme à lui appartiendra, que nos presens creation, institution et establissement, et tout le contenu en ces presentes, ils entretiennent, gardent et facent entretenir et garder de point en point, et ces presentes facent publier, enteriner et enregistrer en leurs cours, auditoires et jurisdictions, se mestier est, afin que aucun n'en puisse pretendre cause d'ignorance, car tel est nostre plaisir.

En tesmoing de ce, etc.

Donné en nostre cité d'Arras, etc. Par le Roy, Mons. le Cardinal de Bourbon, le Comte de Beaujeu, Vous, le Comte de Marle, mareschal de France, et autres presens.

N°. 233 — LETTRES *sur les privilèges des habitans de la Bourgogne* (1).

Arras, mars 1476. (C. L. XVIII, 244-249.)

Loys, etc., comme tantost après le trespas de feu nostre cousin Charles, en son vivant Duc de Bourgoingne, noz très-chers et bien-amez les gens d'esglise, nobles, gens du commun estat de nos pays et duché de Bourgogne, comté de Charolois et terre de Noyers, à nous advenues et escheues par ledit trespas, desirans de tout leur cuer estre, demourer, vivre et mourir soubz nous en nostre vraye obeissance, se soient liberallement et très-gra

---

(1) Le 11 janvier, Louis XI avait réclamé le duché; le 19, les états de Bourgogne prêterent le serment sous la condition de l'observation de leurs droits et privilèges. (Pastoret.)

Ces ordonnances formèrent la charte des libertés de cette province, jusqu'à 1789. Ces lettres furent ratifiées par Charles VIII. (Isambert.)

vouloir reduiz et remis en noz mains et obeissance en nous recongnoissant leur naturel et souverain seigneur, et, à ceste cause, nous ayent fait le serement en tel cas acoustumé ès mains d'aucuns noz especiaulx officiers et serviteurs à ce par nous commis et envoyez esditz pays et duché; et depuis se soient tirez devers nous les deleguez et ambassadeurs desditz pays, et nous aient faict plusieurs supplicacions et requestes touchant le gouvernement, police et entretenement d'iceulx pays, en nous requerant très-humblement qu'il nous plaise veoir et faire veoir leursdictes requestes, et le contenu en icelles leur accorder et octroyer, au bien, prouffit, utilité, seureté et entretenement de nosditz pays et de nos subjectz et habitans en iceulx, et sur ce leur impartir et eslargir nostre liberalité et grace : pour ce est-il que nous, ces choses considerées et mesmement le très-grant desir et affection que lesditz des trois estatz ont montré avoir par effet de demourer soubz nous et en nostre vraye obeissance, et de nous servir et obeyr en toutes choses comme nos bons, vrays et loyaulx subgectz, desirans à ceste cause eulx et leurs faiz et affaires estre favorablement traitez, eu sur ce l'advis et deliberacion des gens de nostre grant conseil, par lesquelz avons fait voir et visiter toutes lesdictes requestes, pour ces causes, consideracions et autres à ce nous mouvans, avons accordé et octroyé, accordons et octroyons, de grace especial, plaine puissance et auctorité royal, par ces presentes, ausditz gens des trois estatz, les choses qui s'ensuivent :

Et premierement. Avons voulu et ordonné, voulons et ordonnons que la justice desdicts pays et duché de Bourgogne, comté de Charolois, terre de Noyers et autres enclavées en iceulx, sera gardée, conduicte et gouvernée par bailliz, gouverneur de chancellerie et gruyers, lesquels congnoistront et pourront congnoistre des matieres dont congnoisssance leur apppartient ès lieux et ressors acoustumez et par la maniere qu'il a esté fait par le temps passé, sans innovacion aucune.

(2) *Item.* Que desditz juges et auditeurs l'on appellera en la cour de parlement establie esditz pays ; et au regard des auditeurs qui souloient estre, pour ce que de present, les bailliz étant juges royaulx, il n'en est plus besoing, avons ordonné et ordonnons que la court desditz auditeurs cessera d'ores en avant.

(3) *Item.* Que esditz pays aura un parlement et une court souveraine, laquelle se tiendra trois mois par chascun an, c'est assavoir, octobre, novembre et decembre ; et une année, se tiendra

à Beaune et au ressort de Saint-Laurens qui est en nostre pays et duché de Bourgoingne, et, l'autre année, à Dole, pour nostre pays et comté de Bourgoingne, ainsi et par la forme et maniere que en noz autres lectres de l'institucion d'icellui parlement, sur ce octroyées, est plus expressement contenu et declairé.

(4) *Item.* Que en ladite cour de parlement seront congneues et decidées par arrest, de toutes matieres concernans le fait d'iceulx pays et les habitans en iceulx, tant en general que en particulier, sans ce que des arrestz qui y seront prononcez et renduz, l'on en puisse provoquer ne appeler et faire poursuivre ailleurs ne en autre cour que en nostredit parlement, se n'estoit allegacion d'erreur (1) qui se y pourra proposer par la maniere qu'il est accoustumé de faire en noz autres parlemens.

(5) *Item.* Que les presidens, conseillers et autres officiers qui sont et seront par nous establiz en ladite court, seront appointez et assignez de leurs gaiges et droiz sur nos finances tant ordinaires que extraordinaires de nosditz pays.

(6) *Item.* Que en nostre ville de Dijon aura un scel establi de par nous, pour la garde duquel scel y aura homme commis, et aussi maistre Jehan Bude, qui à present est audiencier de nostre chancellerie, et les autres qui par le temps advenir seront audienciers de ladicte chancellerie de France; semblablement, les controlleurs de ladicte audience commettront chascun un homme de par eulx, pour recevoir et tenir le conte des deniers qui viendront dudit scel, ainsi qu'il est acoustumé de faire en noz autres chancelleries.

(7) *Item.* En laquelle chancellerie, qui sera tenue à Dijon et aux parlemens des duché et conté de Bourgoingne, comme dit est, ne se expedieront quelques lectres fors les provisions de justice ordinaires ès limites des pays ressortissans ausdits parlemens, et non ailleurs; aussi servira ledit scel pour sceller les arrestz desditz parlemens de Beaune et de Dole, ausquelz lieux icellui qui aura la garde dudit scel, se transportera, touteffoiz que lesditz parlemens se tiendront; et audit scel ne se pourront depescher graces, abolicions, privilleges, ne choses qui se expedieront en cire verte, ne autres quelzonques, fors les provisions de justice ordinaire et esdites limites, comme dit est, et le tout sans prejudicier aux juges ordinaires desditz pays.

---

1) C'est le recours en cassation et en revision de procès. V. le président Henrion de Pansey, de *l'Autorité judiciaire*. (Isambert.)

(8) *Item.* Que toutes les places et villes enclavées et encloses dans les mectes desditz pays, qui souloient ressortir nuement sieges des bailliages de Sens et de Mascon et autres baillaiges royaulx, d'ancienneté, soient de nostre domaine ou autres, ressortiront d'ores en avant aux plus prochains de nos ressorts iceux duché de Bourgoingne, conté de Charolois et autres pays dessusditz, et de là en ladicte court de parlement, et non ailleurs.

(9) *Item.* Et attendu que les bailliages desditz payz sont à present bailliages royaulx, les ressors des sieges, chastellenies, prevostez et bailliages de Sens, Mascon et de Saint-Pierre-le-Moustier ou d'autres semblables, cesseront en tous lesditz pays, duché de Bourgoingne, conté de Charolois et autres dessus nommez.

(10) *Item.* Que toutes provisions de justice, soient en matiere d'appel ou autres, seront obtenues par les subgectz desditz pays ès juges et auditeurs establiz en iceulx, en la maniere ci-devant declairée et non d'autre, s'elles n'estoient obtenues de nous ou de nostre chancellerie.

(11) *Item.* Que nous tiendrons, garderons et ferons tenir et garder tous nosditz pays et subgectz d'iceulx en leurs franchises et libertez raisonnablement tenues et gardées, sans y faire aucune nouvelleté, et avecques ce y ferons tenir et garder bonne et vraye justice si haultement et convenablement, que lesditz habitans seront maintenus et gardez en bonne paix et seureté.

(12) *Item.* Que les gens et subgectz de nosditz pays ne pairont de chartres et graces perpetuelles qui seront scellées de nostre scel, que ung marc d'argent pour le scel, dont la moitié sera à la chapelle de Dijon, et le surplus sera à nous appliqué et receu par ledit audiencier de nostre chancellerie, comme dit est, et sur ce prendra le chauffecire son droit.

(13) *Item.* Que en nostredicte ville de Dijon auront continuellement gens ordonnez sur le fait de nostre domaine et comptes d'iceulx pays.

(14) *Item.* Que pour nous ou pour autre de nostre sang, ne pour les garnisons de nos hostelz ou d'aulcuns d'iceulx, ne seront prins ne arrestez par nos gens ou par autres esditz pays, ne sur aulcuns des habitans en iceulx, blez, vins ne autres biens quelzconques, se n'est moyennant juste et loyal pris, qui sera incontinent paié à ceulx de qui lesditz biens seront prins.

(15) *Item.* Que toutes assemblées de gens de guerre qui se feront en nosditz pays, se feront soubz nostre mareschal de Bourgoingne, ainsi qu'il estoit acoustumé de faire du temps de noz predecesseurs ducz de Bourgoingne.

(16) *Item.* Que l'on ne pourra assembler les trois estatz de nosditz pays, se non par vertu de noz lectres patentes.

(17) *Item.* Que l'on ne pourra lever ni cueillir sur iceulx nos pays et duché, aydes ne subsides à nostre prouffit ou d'autres, se non que lesdites aydes ayent esté octroyées, accordées et consenties par lesditz gens des trois estatz.

(16) *Item.* Toutes et quantesfoiz que lesditz estatz seront mandez comme dessus, l'on ne pourra faire execution civille contre ceux qui yront à l'assemblée desditz estatz, en allant, sejournant et retournant ès lieux de leurs domicilles.

(19) *Item.* Que l'ordonnance que nous faisons tenir sur la collacion des benefices, tant electifs que autres, aura d'ores en avant lieu en iceulx nos pays et duché, ainsi qu'elle a cours par tous les autres pays de nostre royaume, et sur ces matieres seront baillées toutes provisions à ceux qui besoing en auront par ladite chancellerie establie comme dessus, lesdictz parlemens seans, et autres noz chancelleries, quand ils viendront, ainsi et par la forme que l'on a acoustumé faire en tel cas aux autres subgectz de nostredit royaume.

(20) *Item.* Que toutes charges par nous mises sur les vins et autres marchandises que l'on mene des pays de Bourgoingne en France et de France en nosditz pays de Bourgoingne, depuis trespas de feu nostre cousin Phelippe, en son vivant duc de Bourgoingne, derrenier tresppassé, sont et demeurent abolies et rebatues.

(21) *Item.* Que les sentences et jugemens ou appoinctemens qui auroient esté donnez, soient aux jours generaulx de Beaune que on appelle *Parlement*, aussi au parlement de Dole ou ailleurs, par les juges et officiers de feu nostredict cousin de Bourgoingne, ès procès dont toutes les deux parties estoient de son obeissance, sortiront leur effect selon leur forme et teneur, se non touteffoiz que des matieres sur lesquelles lesdictes sentences ou jugemens auroient esté donnez, y eust, par avant, procès pendant en nostre court de parlement à Paris ou en autre de noz cours et jurisdicions royalles, ou que par lesdictes sentences ou jugemens y eust quelque chose declairée contre noz droitz, ausquelz lesdictz appoinctemens, sentences ou jugemens, ne pour-

roient derroguer ne porter aucun prejudice, ou aussi, que lesdictz sentences, jugemens ou appoinctemens, feussent desrogeans ou contraires à aucuns jugemens, sentences ou arrestz, par avant faiz et donnez sur lesdictes matieres en nostredicte court de parlement ou autres nos jurisdicions, esquelz cas lesdictes parties pourront se bon leur semble, poursuivre leurs droits tout ainsi qu'ilz eussent peu faire au temps que les divisions et la diversité des obeissances commencerent.

Et, au regard des procès intentez et des sentences, jugemens et appoinctemens donnez durant la diversité des obeissances entre lesdictes parties, dont l'une auroit esté de nostre obeissance, et l'autre de l'obeissance d'icellui duc de Bourgoingne, actendu qu'il n'estoit pas permis aux parties d'aller poursuivre leurs droiz de l'un parti en l'autre, nous avons voulu et ordonné, voulons et ordonnons, que chascunes des parties, tant celles de nostre obeissance que celles qui ont tenu le parti de nostredict cousin de Bourgoingne, pourront poursuivre leurs droiz et actions tout ainsi et en la forme et maniere qu'ilz eussent peu faire au commencement de la diversité desdictes obeissances, nonobstant quelque prescripcion ou laps de temps qui seroit encouru durant la diversité desdictes obeissances, aussi nonobstant lesdicts procès faiz, sentences, jugemens ou appoinctemens donnez durant icelle diversité, soient que lesdictz jugemens, sentences ou appoinctemens ayent esté donnez durant icelle diversité; soient que lesdictz jugemens, sentences et appoinctemens aient esté donnés par nostre court de parlement ou autres noz jurisdicions ou par lesdictes cours de parlemens de Beaulne, Dole et Saint-Laurens ou autres jurisdicions qui s'exerçoient soubz nostredict cousin de Bourgoingne, se non toutes voyes que les parties de leur consentement y voulsissent acquiesser, auquel cas le faire pourront; sauf surtout que là où nostre procureur auroit interest pour nostre droit esdites matieres, il n'y sera en rien derrogué par le consentement desdictes parties, mais pourra nonobstant icellui, faire poursuite de nostredict droit touchant ycelles matieres.

Et en tant que touche les causes qui estoient pendans esdictes cours de parlemens de Beaulne, Dole et Saint-Laurens, sur lesquelles sentence ou jugement n'a encore esté donné, toutes celles qui estoient introduites par appellacions s'en yront en l'estat où elles sont ès parlement que à présent nous instituons, pour estre jugées et determinées ainsi qu'il appartiendra par raison.

Et voulons et entendons que la conté de Charolois, baronnie

de Noyers et autres terres enclavées esdicts pays et duché, ressortissent audit parlement de Bourgoingne, tant qu'elles seront en nostre main et de noz successeurs roys de France ou d'autres, de nostre vouloir et consentement, et au cas que, par autre moyen, elles sortiroient de nostredicte main ou de nosdictz successeurs, nous voulons et entendons qu'elles ressortissent en nostre court de parlement à Paris.

(22) *Item*. Entre autres choses, avons confirmé et confirmons par ces presentes tous les privilleges qui ont esté octroyez à nosdictz subgects d'iceulx pays, tant par feuz nos predecesseurs roys de France que par les ducz de Bourgoingne, et mesmement le privillege qui leur a esté octroyé par ledict duc Phelippe touchant le fournissement des greniers à sel desdictz pays, pour iceulx bailler et delivrer aux plus ravalans; voulons et octroyons, de nosdictes grace et auctorité, par cesdictes presentes, que de toutes les choses dessusdictes lesdictz gens des trois estatz joyssent plainement et paisiblement à toujours, sans aucun destourbier ou empeschement.

Si donnons en mandement, etc.

Donné en nostre cité d'Arras, etc.

Par le roy, monseigneur le cardinal de Bourbon, le conte de Beaujeu, Vous, le conte de Marle, mareschal de France, et autres presens.

N°. 254. — LETTRES *de jussion au parlement de Paris, pour l'enregistrement d'un don fait au mareschal de Rohan* (1).

Bapaume, 18 mai 1477. (C. L. XVIII, 263.)

N°. 255. — LETTRES *portant création sur la demande des Etats de Bourgogne, d'une chambre du conseil* (2) *à Dijon, pour entendre aux officiers du pays avec pouvoir de rendre la justice par commission.*

La Victoire, mai 1477. (C. L. XVIII, 268.)

---

(1) Le parlement avait enregistré, mais avec exclusion des droits royaux et décimaux aliénés par le roi. Le parlement persista dans son refus, et le roi lui adressa de nouvelles lettres le 20 mai. (Isambert.)

(2) Cet établissement ne fut pas durable; rien ne pouvant empêcher le roi, en son conseil, de disposer généralement sur les affaires du duché, à moins que les Etats n'eussent exercé un *veto*. (*Idem*.)

N° 236. — LETTRES *conférant au sénéchal de Normandie le pouvoir de réprimer une sédition du peuple occasionée par le nouvel ordre de choses à Dijon, avec pouvoir de bannir, destituer, assembler les États.*

Arras, 6 juillet 1477. (C. L. XVIII, 276.)

N° 237. — ARRÊT *du parlement de Paris, garni de commissaires, qui condamne J. d'Armagnac, duc de Nemours à être décapité, pour crime de haute trahison* (1).

Paris, 10 juillet 1477. (Manus. de Dupuy, vol. 646, bibl. du roi.)

Vu par la cour, président en icelle, commis lieutenant du roi, nostre sire, representant sa personne, et à ce par lui commis, le

---

(1) Le chancelier Doriole fut d'abord commis avec le seigneur de Montaigu, le premier président du parlement, le seigneur de Saint-Priest, Boisjoly, vice-roi du Roussillon, deux maîtres des requêtes, le seigneur de l'Ile, huit conseillers au parlement, et un visiteur de lettres de chancellerie pour rapporteur. Le duc abandonna sa dignité de pair de France. Pour éviter la question, il fit des déclarations à la charge de plusieurs personnages. Il écrivit une lettre au roi, demandant merci; le roi fit joindre cette pièce au dossier.

Louis, indisposé par les représentations du chancelier, le révoqua, et changea les membres de la commission, puis il renvoya l'affaire au parlement qui s'adjoignit ces commissaires. Le duc invoqua alors le privilège clérical. On passa outre, disant qu'on ne pouvait s'y arrêter en matière capitale. Le roi transféra le parlement à Noyon, et le fit présider par le sire de Beaujeu; celui-ci s'abstint d'opiner, ainsi que plusieurs. On adjoignit de nouveaux commissaires, enfin le procès fut achevé, les biens du condamné furent distribués à ses juges; Philippe de Commines l'historien en eut sa part. Les malheureux enfans du duc furent placés sous l'échafaud pour être arrosés du sang de leur père. Le duc, avant de mourir, avait rétracté ses aveux. Après le jugement trois conseillers du parlement furent cassés par le roi. Le parlement fit des remontrances, le roi répondit par cette lettre:

« Je pensais, vu que vous êtes sujets de la couronne de France et y devez
« vostre loyauté, et que vous ne voulussiez approuver que l'on fist si bon marché
« de ma peau, et parce que je vois par vos lettres que si faites, je connois main-
« tenant qu'il y en a encore qui volontiers seroient machineurs contre ma per-
« sonne; et afin d'eux garantir de la punition, ils veulent abolir l'horrible peine
« qui y est: par quoi sera bon que je mecte remede à deux choses; la première,
« expurger la cour de tels gens; la seconde, faire tenir le statut que j'ai une fois
« j'en ay fait, que nul en ça ne puisse alleger les peines de crimes de leze-
« majesté. »

Il n'y avoit point encore de loi en France contre ceux qui ayant eu connaissance d'une conspiration, n'en avaient pas dénoncé les auteurs. Louis, effrayé par la découverte de tant de complots, vrais ou supposés, porta cette loi fameuse qui

comte de Clermont, seigneur de Beaujeu, les charges et informations, confrontations et procez faits à l'encontre de messire Jaques d'Armagnac, duc de Nemours, ses confessions et autres choses qui faisoient à voir touchans plusieurs factions, conspirations, grans et énormes crimes, delicts et malfaiz par lui commis et perpetrez contre le roy et monseigneur le dauphin, son fils, et au grant detriment, prejudice, dommage, destruction et subversion de la chose publique du royaume, et discongnoissant plusieurs grans biens, grans pardons et remissions que le roy lui avoit faits, et tout ce faisoit à voir et considerer en ceste partie, à grave et meure deliberacion :

Dict a esté, et la court a declaré et declare iceluy Jaques d'Armagnac estre convaincu du crime de leze-majesté, et comme tel l'a privé et prive de tous ses biens, dignitez et prerogatives; l'a condamné et condamne à recevoir mort, et estre decapité et exécuté par justice ; et a declaré et declare nostre court tous et chacun ses biens estre confisquez et appartenir au roy.

Faict en parlement, etc. (1).

N°. 238. — Traité *entre la France et l'Angleterre.*

Amiens, 21 juillet 1477. (Corps diplomat., pag. 2.)

Universis et singulis, ad quorum notitiam præsentes litteræ pervenerint, Robertus Wolton Wallensis, Guillielmus Dunelmensis, episcopi, Guillielmus Arundell et Henricus Essex, comites, Joannes Dudley, dominus de Dudley, Durham, dominus de

---

ordonne de regarder comme complices tous ceux qui ayant eu connaissance d'une conspiration contre la personne du roi, de la reine ou du dauphin, n'en ont pas dénoncé les auteurs, et les soumet aux peines décernées par les lois contre les criminels de lèze-majesté. (Isambert.)

(1) Cet arrêt fut exécuté le 4 août 1477. Il n'assista aucun pair au procès. On trouve dans les manuscrits de Colbert, à la bibliothèque du roi, vol. 67, p. 80, une lettre que le duc de Nemours aurait écrite au roi le 31 janvier 1478, mais elle n'a rien d'authentique.

Commines dit que Louis XI se repentit sur la fin de ses jours d'avoir fait mourir le duc de Nemours.

Le duché de Nemours ne fut rendu à ses enfans par Charles VIII d'abord que par provision : il le fut ensuite définitivement par lettres du 29 mai 1491, mais par forme de don. (*Idem.*)

ḍurhan; Joannes Hourand, dominus de Hourand; dominus Joannes Morton, rotulorum cancellariæ angliæ custos; Joannes Gunterpp, capellæ regiæ et ecclesiæ cathedralis Wellanensis decanus, et Joannes Winfeld, milites illustrissimi principis, metuendissimi domini nostri supremi Eduardi quarti, Dei gratia Angliæ et Franciæ regis, et domini Hiberniæ commissarii procuratores, et ad infrà scripta deputati, salutem :

Sciatis quod cum nonnulli summæ prudentiæ viri disertissimi ducis status Angliæ et Franciæ, regnorumque zelatores præcipuè, et magnopere appetunt, anhelantque treugas inter ipsorum regnorum principes non antehac initas, pauloque posthac parituras, longiora ad tempora, ne res eorum publicæ luctuosa bellorum calamitatibus jacturam patiatur prorogari, ipsique prorogatione assentire nostrum principem sæpe numero interpellationis, nos ejusdem invictissimi principis nostri Angliæ regis, earum interpellationibus inclinari voto obtemperantes pro eo ejusque nomine auctoritate ipsius per suas litteras patentes nobis commissas, quarum tenor sequitur et est talis :

(*Suivent les pleins pouvoirs d'Édouard, donnés à Weser le 10 juillet, et de Louis XI, donnés à Cambray le 1ᵉʳ juin.*)

(1) *In primis* convenimus, contraximus et conclusimus, et per præsentes convenimus, contrahimus et concludimus, quod treugæ et bellorum abstinentiæ per septem annos, à tempore inceptionis earumdem duraturæ, inter dictos Franciæ et Angliæ principes his superioribus diebus in civitate Ambianensi conventæ, initæ et conclusæ, quemadmodum in litteris inde confectis, quarum data est 29 die mensis augusti 1475, pleniùs continetur, ad ipsorum principum vitam et unum annum post mortem alterius ipsorum primo decedentis, extendantur, continuentur et prorogentur; iisque easdem treugas, et bellorum abstinentias ad dictorum principum vitam, et per unum annum integrum post mortem alterius ipsorum decedentis, autoritate nobis in hac parte commissâ extendimus, continuamus et prorogamus, ita quod hujusmodi treugæ et guerrarum abstinentiæ cum singulis in earum capitulis contentis et inclusis inter principem illustrissimum nostrum Angliæ regem, et serenissimum principem Ludovicum Franciæ, fratrem suum antedictum, subditos vassalos, patrias et dominia sua atque alligatos et confœderatos utriusque eorum, nec non Angliæ et Franciæ regna à data præsentium, ad terminum vitæ ipsius regis Angliæ et fratris at-

que consanguinei sui Franciæ antedicti, et per unum annum integrum post mortem alterius eorum primo decedentis in omnibus et per omnia, et sub eisdem modo et forma, prout in antedictis litteris cavetur. durent, extendantur et prorogentur; sic tamen quod uterque dictorum Angliæ et Franciæ principum suos alligatos et confœderatos in dictis treugis civitate Ambianensi alias specificatas. si quos eorum in his treugis prorogatis comprehensos nominare voluerint, infra quatuor menses præsentium litterarum datam proxime sequentes ipsorum alteri principum nominabit, et ipsi alligati et confœderati sint nominati. si in his treugis prorogatis comprehendi voluerunt principi cum quo confœderantur, in eisdem treugis comprehendi velle declarabunt. Et iidem principes qui sic declarantur alteri principi infra decem menses præsentium datam proxime sequentes, referet et notificabit, ea vero modificatione adhibita quod ipsarum præfata obligatio treugarum et guerrarum abstinentiæ in civitate Ambianensi inter prædicatos principes, ut præmittitur, conclusa, hac earum prorogatione minime tollatur, innovetur; sed suo in robore, secundum dictarum litterarum, super inde confectarum tenorem maneat et effectum.

(2) Insuper promittimus et eumdem principem nostrum Angliæ reges per præsentes potestate, ut præmittitur nobis commissa, obligamus, quod idem princeps noster omnia et singula præmissa ratificabit, auctorisabit et confirmabit, eaque realiter et cum effectu exequetur et faciet quæ præmissorum tenor exigit et requirit, suasque litteras patentes subinde debite confectas magno ejus sigillo munitas, illustrissimo principi, fratri et consanguineo suo Franciæ antedicto, cum ad hoc requisitus fuerit, declarabit, declararique faciet, salvis aliis intelligentiis, promissionibus et obligationibus quibuscumque inter nostrum principem Angliæ, ejusque fratrem et consanguineum, Franciæ antedictum, nominibus eorum antea initis.

In quorum omnium et singulorum præmissorum fidem et testimonium his præsentibus, manibus propriis subscriptis, sigilla nostra apposuimus. Data in civitate Ambianensi, 21 die mensis julii, anno 1477.

Article additionnel.

Qua facultatum copia, quantis opibus et divitiis, regna, provinciæ et dominia in quibus tutus mercium intercursus, atque securus mercatorum habitur accessus, cæteris bello lacessitis præstans atque nominantur, ut amicitia igitur inter potentissimos Franciæ et Angliæ principes non longe ante divinitus contracta successus habere queat feliciores, cujuslibet occasio rupturæ penitus evitetur eorumdem principium oratoribus et deputatis perutile, imo necessarium inter eos conveniendi, statuendi que fore videbitur, quod subditi serenissimi principis Franciæ, secumque alligati et confœderati, quos infrà annum proximè sequentem nominavit, tam etsi præfati illustrisssimi principis, Angliæ hostes et inimici fuerint per terram, mare et aquas dulces in Franciam, cæterasque patrias et dominia omnia et singula ejusdem Franciæ, principis absque molestia, impedimento, aut gravamine prætacti invictissimi principis Angliæ, suorumque subditorum, suorumque alligatorum, atque confœderatorum, quod infrà annum, de quo modo nominabunt, cum eorum mercibus in Galliam curatis, navibus propriis aut alienis, modo mercatorio, et non hostili, quiete, tuto, et secure venire, inibi morari, et ab illinc, quo voluerint, durantibus eorumdem principium treugis, venire et redire valeant et possint.

Et versa vice quod subditi invictissimi principis Edoardi, regis Angliæ, secumque alligati et confœderati, quos infrà annum proxime à data præsentium sequentem nominabit, tametsi præfati illustrissimi principis Ludovici regis Franciæ hostes fuerint, per terram, mare et aquas dulces in Angliam, Calesiam, cæterasque provincias, absque molestia prætacti serenissimi principis Franciæ, suorumque subditorum, secumque alligatorum, quos infrà annum, à quo modo nominatum, cum eorum mercibus in Galeis, curratis navibusque propriis aut alienis, modo mercatorio, secure venire, inibi morari, et ab illinc, quocumque voluerint absque ullo impedimento durantibus treugis antedictis pariter, tute, libere et secure ire et redire valeant et possint.

In quorum fidem et testimonium omnium et singulorum præmissorum nos oratores dicti illustrissimi principis Eduardi quarti regis Angliæ subscripti, nomina nostra manibus propriis subscripsimus.

Datum in civitate Ambianensi, 21 julii anno 1477.

Aussi signé: Episcopus Bathoniensis et Wellensis, episcopus Dunelmensis, Arrundell, Essex Dudley, Durhan, Hourand, Joannes Morton, Joannes Guitterop, Enstall, Wingfeld.

N°. 239. — Lettres *portant confirmation d'un traité fait avec le duc de Bretagne.*

Arras, 27 juillet 1477. (C. L. XVIII, 278.)

N°. 240. — Lettres *portant confirmation de la chambre des comptes de Dijon.*

Béthune, 31 août 1477. (C. L. XVIII, 285.)

N°. 241. — Lettres *portant ratification d'une trêve conclue avec le duc d'Autriche* (1).

Arras, 18 septembre 1477. (C. L. XVIII, 294.)

N°. 242. — Lettres (2) *qui autorisent le comte d'Angoulême à délivrer les prisonniers, la première fois qu'il entrera dans chaque ville de son domaine.*

Arras, septembre 1477. (Reg. Trésor des Chartes, coté 201, act. 41, manus. de la bibl. du roi, carton 139.)

Loys, etc. Sçavoir faisons à tous presens et avenir, nous avoir receue l'humble supplicacion de nostre très-cher et amé cousin le comte d'Angoulême, contenant que depuis qu'il est devenu en aage de user de ses droits et tenir sa conté et autres terres et seigneuries à luy appartenans, il s'est transporté en plusieurs villes et places de sondict conté et autres ses seigneuries esquelles confiant de notre bonne grace et de la proximité du lignage dont il nous attient, il délivra et mist hors de prison plusieurs personnes, tant hommes que femmes, chargez de plusieurs et divers crimes et maléfices, et leur a remis, quitté et pardonné lesdicts crimes et délits pour lesquels ils estoient détenus, et semblablement en a usé en autres terres et seigneuries qui ne sont pas siennes ne tenues de luy; mais il doubte que nos officiers veullent obtempérer aux graces et remissions qu'il a données ou pourroit donner cy-après aux

---

(1) Elle porte que les sujets des pays respectifs pourront trafiquer des marchandises; les laboureurs, cultiver et exporter leurs denrées. (Isambert.)

(2) V. M. Legraverend, du Droit de grace, tome II, Traité de législation criminelle. Il parle de cette délégation du pouvoir royal. (*Idem.*)

autres lieux et villes où il feroit son entrée, et qu'ils veuillent procéder à la prinse et detention des personnes qu'il auroit délivrées par sesdict nouvel avenement, et sur ce les molester et travailler eu corps et en biens par rigueur de justice, qui leur tourneroit en grand scandale de ses pays et subgects, se nostre grace ne luy estoit sur ce impartie;

Pourquoy, nous, ces choses considerées et mesmement la proximité du lignage dont nous atteint nosredict cousin, qui est extrait et issen en directe ligne de feu de bonne mémoire le roy Charles, cinquiesme de ce nom, nostre bysayeul, voulans pour ce favoriser et traicter comme nostre bon parent, ce icelluy nostre cousin suppliant, avons octroyé et octroyons, voulons et nous plaist, de grace especialle, plaine puissance et aucthorité royale par ces presentes, et pour cette fois que ez entrées qu'il fera de cy en avant, ez villes, chasteaulx et places de ses comtés, terres et seigneuries, ou qui sont subgects ou tenues de luy, sous luy, esquelles il n'a point encore fait d'entrées depuis qu'il est en aage, et il delivre et fasse delivrer tous criminculx et delinquans tenus prisonniers, au jour de sadicte entrée ez prisons de sesdictes villes, places et chasteaulx, et leur pardonner, quitter et remettre tous cas, crimes et delicts par eulx commis et perpetrez et confessez, tout ainsi que ferions et pourrions faire à nostre nouvelle entrée ez villes de nostre royaulme, excepté toutes voyes des cas de crime de leze-majesté et fausses-monnoyes, et autres cas qui seront faits et commis contre nous et la chose publique de nostre royaulme; et au regart des delivrances qu'il a ja faites à sa nouvelle venue ez lieux et villes où il est entré, ainsy que dessus est dict, nous voulons que les criminculx et delinquans que a delivrez et esqueulx il a pardonné les crimes, delicts et malfaiz par eulx commis et perpetrez, soient et demeurent quictes et paisibles à toujours desdicts cas, sans qu'ils puissent ores, ne pour le temps avenir estre inquiétez ne molestez par justice pour lesdicts cas, excepté des cas de crimes de leze-majesté et faulse-monnoye, et autres cas comme dessus est dict; en faisant par lesdicts criminelz satisfaction civile aux parties interessées, se faicte ne l'ont : sur ce imposons silence perpetuel à nostre procureur.

Sy donnons en mandement etc. Donné à etc.

Par le roy, le sire du Lude et autres presens

N° 243. — LETTRES *portant union de l'Artois à la couronne.*
Au Plessis-lès-Tours, novembre 1477. (C. L. XVIII, 304.)

N° 244. — CONSTITUTION OU LOI *qui punit de mort les non-révélateurs du crime de lèze-majesté* (1).
Au Plessis-lès-Tours, 22 décembre 1477. (C. L. XVIII, 315.)

LOYS, etc. Sçavoir faisons à tous presens et advenir, que, comme par cy-devant maintes conjurations, conspirations damnables et pernicieuses entreprises, ayent été faictes, conspirées et machinées, tant par grands personnages que par moyens et petitz, (2) à l'encontre d'aucuns nos progéniteurs Roys de France, et mesmement depuis nostre advenement à la couronne, plusieurs ayent machiné, conspiré, entrepris, traicté, incité et induit autres par sedition, voyes contre nostre personne, celle de nostre très-cher et très-amé fils le Daulphin de Viennois, et contre tout l'etat et seureté de la chose publique de tout le royaume, dont tant de guerres, maux et inconvenients sont advenus qu'ils ont cuidé estre cause de la totalle subversion de la couronne de France, destruction de la chose publique et adnihillation de nous et de

---

(1) Cette loi, dit M. de *Pastoret*, a été attribuée à Louis XII. Ce prince n'eut jamais besoin d'en faire de semblables.

Sous Tibère on fit des lois de lèze-majesté. Napoléon, par son code pénal de 1810, qui est en vigueur, punit aussi de peines afflictives et infamantes la non révélation des crimes d'etat.

Celui qui n'a connaissance d'un crime que par la confidence d'un ami, trahirait l'amitié en le révélant. La loi punit donc une affection morale. Un arrêt de la Martinique, du mois d'octobre 1824, a puni le sieur Rolland d'une peine infamante, comme véhémentement soupçonné d'avoir eu connaissance d'un avis et de ne l'avoir pas révélé. Le pourvoi a été rejeté en cassation le 8 juin 1825.

(2) C'est une erreur commune de penser que Louis XI n'eut à combattre que la haute noblesse. Ce prince perfide, par son mauvais gouvernement, avait dans les commencements de son regne revolté toutes les classes; et il a été obligé d'avouer ses torts. Il y eut des seditions de toutes parts et à toutes les époques. Il n'etait donc pas aussi populaire qu'on le suppose, et il le sentait bien en faisant sa loi.

Louis XI feint d'avoir été provoqué à cette loi par les notables de son royaume; ce ne pouvaient être que des courtisans.

Il affirme que sa loi est conforme au droit ancien, et il est forcé de convenir qu'il y ajoute. Considérer celui qui ne révèle pas, comme complice d'un attentat, est la plus fausse des assimilations.

Ce qui distingue cette loi du code penal actuel, c'est la récompense qu'elle accorde aux révélateurs. -Isambert.

notre posterité, ausquels inconveniens legierement eust eté pourveu, si ceux qui sçavoient lesdites conjurations et ausquels on en avoit communiqué les eussent revelées, ainsy que tous subjects doivent faire pour la fidelité et obeissance qu'ils doivent à leur souverain seigneur; et pour plus aisement conduire lesdites conjurations et conspirations, afin que ceux à qui on en communiqueroit n'eussent point crainte de le receler, aucunes, pour excusation et couverture de leur iniquité, ont voulu malicieusement et contre raison fulsir et colorer que, par la seule science de telles conspirations, ceux qui les sçavent, suposé ores que ne le revellent, ne sont pas punissables de crime capital comme criminels de leze-majesté, s'ils ne les avoient mis ou aidé à mettre à execution : pour ce que à cause de tels recellemens, s'ils estoient dissimulés sans pugnicion, les personnes des Roys et Princes et l'etat de toute la chose publique seroient et demeureroient en grand peril et danger par faute d'en estre advertis, plusieurs de nostre sang et lignage et autres grands et notables personnages de notre royaume tant de notre grand conseil que d'ailleurs, considerans les grands maux qui en sont advenus et les irreparables inconveniens qui en peuvent advenir, nous ont remonstré que, jaçoit ce que, selon les droits et toute raison, la seule science en crime de leze-majesté, quand elle s'est revelée, soit digne de pareille punition que l'effect et execution du crime, toutesfois, pour le bien de justice et seureté de toute la chose publique, il est besoin que, en esclaircissant les anciennes loix et ordonnances et y adjoutant par tant que mestier seroit, nous facions encore ley et constitution nouvelle pour oster l'esperance de ceux qui, par de frauduleuses excusations, penseroient eux sauver, et afin que là où, par la loyauté qu'ils doivent à leur souverain seigneur, ils ne se voudroient garder de mal faire, au moins ils en soient restreints et empeschés par crainte de punition.

Pourquoy, ouyes les remonstrances dessus dites, lesquelles connoissons estre très-justes et raisonnables, et pour le bien et utilité de la chose publique, mesmement consideré que, quand tels criminels et conspirateurs tiegnent gens ausquels ils puissent communiquer sans doubte d'estre declarés, ce leur est croistre le hardement et courage de plustot et à moindre crainte oser entreprendre la conduitte de leur damnable volonté, et quand ils ne trouveront personne qui les osast receler sans crainte de punition capitale, ce leur seroit oster grande partie des moyens de leur conduite, nous, voulans et desirans de tout notre cœur reprimer l'audace et malice des delinquans, et specialement en si enormes et detestables crimes, et, par tant que bonnement faire le pourrons, mettre en seureté les personnes de nous et de nos successeurs Roys de France, aussi l'estat et la sureté de la chose publique de nostre royaume, attendu mesmement la frequence et continuation desdites conspirations et crimes de leze-majesté, qui puis aucun temps ont si souvent pullulé et pullulent, par l'advis et deliberacion desdits seigneurs de nostre sang et plusieurs notables gens tant de notre conseil que autres, et afin que ce soit perpetuelle memoire de notre pleine puissance et auctorité souveraine, outre et avec les autres loix, constitutions et observations qui sur ce ont par cy-devant esté gardées et observées en notredit royaume, et en icelles esclaircissant et par tant que mestier seroit y adjoustant, avons dit, declaré, constitué et ordonné, disons, declarons, constituons et ordonnons par lettres, Edict, ordonnance et Constitution perpetuelle, irrevocable et durable à toujours.

Que toutes personnes quelsconques qui d'ores en avant scauront ou auront connoissance de quelques traictes, machinations, conspirations et entreprises qui se fairont à l'encontre de notre personne, de notre très-chere et amée compagne la Royne, de notre très-cher et amé fils le Dauphin de Viennois, et de nos successeurs Roys et Roynes de France et de leurs enfans, aussy à l'encontre de l'etat et seureté de nous ou d'eux et de la chose publique de notre royaume, soient tenus et reputés criminaux de crime de leze-majesté, et punis de semblable peine et de pareille punition que doivent estre les principaux aucteurs, conspirateurs et fauteurs et conducteurs desdits crimes, sans exception ny reservation de personne quelconque, de quelque etat, condition, qualité, dignité, noblesse, seigneurie, préeminence, ou prerogative que ce soit ou puisse estre, à cause de notre sang ou autrement en quelque maniere que ce soit, s'ils ne le revelent ou envoyent reveler à nous ou à nos principaux juges et officiers des pays où ils seront, le plustot que possible leur sera après qu'ils en auront eu connoissance, auquel cas et quand ainsy le revelleront ou envverront reveller, ils ne seront en aucun danger des punitions desdits crimes, mais seront dignes de remuneration envers nous et la chose publique.

Toutesfois, en autres choses, nous voulons et entendons les anciennes lois, constitutions et ordonnances qui par nos prede-

ou de droict sont introduites, et les usages qui d'ancienneté ont esté gardés et observés en nostre royaume, demeurer en leur force et vertu sans aucunement y deroger par ces presentes.

Si donnons en mandement, etc.

Donné au Plessis du Parc-lès-Tours, etc.

Par le Roy en son Conseil.

N°. 245. — LETTRES *de ratification d'un traité fait avec la république* (1) *aristocratique de Venise.*

Au Plessis-les-Tours, 9 janvier 1477. (C. L. XVIII, 325).

Loys, etc. Savoir faisons, premierement, que bonne paix, vraie et loiale amitié et bienveillance est dès à present traitée, faite, conclue, appointée, et sera d'ores en avant perpetuellement entretenue et gardée entre nous et nos successeurs roys de France, nostre royaume et tous nos pays, terres, seigneuries et sujets estans et qui seront en nostre obeissance, et les ducs et seigneurie de Venise et toutes leurs terres, pays, seigneuries et sujets, en quelques lieux ou regions que lesdites terres et seigneuries soient, tant de nostre part que de la leur.

(2) *Item.* Que nous, nosdits pays, terres, seigneuries et sujets, d'une part, lesdits de Venise et leurs pays, terres, seigneuries et sujets, d'autre, seront et demeureront d'ores en avant perpetuellement les uns avec les autres, comme bons amis et bienveillans, en mettant au neant et quittant toutes prises, courses et autres choses, qui par violence et forme d'hostilité auroient esté faites, soit par terre, par mer ou autrement, par les sujets des uns sur les autres, et les tenant et reputant comme non avenues, sans que jamais à cause d'icelles soit ne puisse estre faite quelque question, petition ni demande, d'une part ni d'autre, de tout le temps passé jusques aujourd'hui. En quoi toutefois nous n'entendons aucunement comprendre les choses qui, à cause de marchandise, de prest et despots, ou autrement, seroient dues par contrats ou promesses faites de franc et liberal consentement, et sans violence precedente, desquelles choses

---

(1) Dans l'ordonnance on l'appelle duc et seigneurie de Venise. Il est aussi parlé dans cette ordonnance de la communauté de Florence. C'est le langage féodal. (Isambert.)

l'on pourra faire question par justice, selon la nature et qualité des matieres.

(3) *Item.* Que d'ores en avant tous nosdits sujets, tant de nostredit royaume que de quelconque autre pays, terres et seigneuries qui soient à eux obeissans, avec toutes les nefs, gallées et autres navires armez et desarmez, denrées, marchandises et biens quelconques, tant de nostre part que de la leur, pourront aller, venir, marchander et naviguer seurement par terre et par mer, soit en Ponant, en Levant ou ailleurs, en quelque pays, terre, region ou nation que ce soit, sans que par nous, nos sujets et obeissans, ausdits de Venise ni à leurs sujets, ni par lesdits de Venise ou leurs sujets et obeissans aux nostres, soit fait guerre, hostilité, empeschement ou destourbier, ni porté aucun detriment, prejudice ou dommage.

(4) *Item.* Lesdits duc et seigneurie de Venise ne donneront d'ores en avant quelque secours, faveur, support ni aide contre nous, à aucuns de nos ennemis, adversaires, rebelles et desobeissans, quels qu'ils soient, ni à quelque roy, prince, princesse, seigneur, seigneurie, pays ou nation que ce soit, en quelconque querelle ni pour quelque cause que ce soit ou puisse estre, sans personne, pays ou nation quelconque excepter, tant par mer que par terre, et tant à ceux qui nous feroient guerre comme à ceux ausquels nous la ferions, à quelque cause ou occasion que ce fust, reservé toutefois et demeurant sans prejudice l'alliance que à present lesdits de Venise ont avec le duc de Milan et la seigneurie de Florence, à la conservation et defense de leur estat seulement; et pareillement nous, de nostre part, ne donnerons quelque secours, faveur, support et aide contre lesdits de Venise, à aucuns de leurs ennemis, rebelles et desobeissans, pour quelque occasion que ce soit.

(5) *Item.* Et en ce present traité nous avons aussi, de nostre part, expressement reservé et reservons toutes les amitiez, confederacions et alliances que nous avons avec la seigneurie et communauté de Florence, ausquelles nous ne voulons et n'entendons en quelque maniere prejudicier ni deroger, mais voulons et entendons icelles entretenir et garder, nonobstant ce present traité, et sans que par iceluy y soit en quelque maniere ni en quelque partie derogé.

Apres lesquelles choses ainsi traitées, conclues, appointées, et à nous bien au long dites et rapportées, le sieur Dominique Gradenigo pour et au nom desdits de Venise, nous a requis et requerir qu'il nous plust les avoir agreables, et sur ce occasionné nos lettres en forme due, offrant, par vertu du pouvoir à lui donné, en bailler ses lettres, et en outre, dedans le quinzieme jour du mois de mai prochainement venant, nous rendre ou envoyer lettres patentes desdits duc et seigneurie de Venise, en forme due et autentique, confirmatoires desdites choses, promettant et soi obligeant icelles tenir, garder et accomplir.

Savoir faisons que, pour consideration du grand desir et affection que lesdits duc et seigneurie de Venise demontrent avoir à la pacification des differences qui sont entre eux et nous et d'avoir nostre amour et bienveillance, reduisant à memoire les anciennes amitiez qu'ilz ont eu avec nos tres-chretiens progeniteurs, desirant de nostre part les avoir pour nos bons, vrais et speciaux amis, nous, sur ce bien et duement acertenez et avertis, icelles paix, amitié et bienveillance entre nous et nos successeurs roys de France, nos roiaumes, pays, terres, seigneuries et sujets, et toutes les autres choses traitées, conclues et appointées avec ledit Dominique Gradenigo, ainsi et par la forme et maniere qu'elles sont ci-dessus exprimées et déclarées, avons, pour nous et nos successeurs rois de France, ratifié, confirmé et approuvé, et par la teneur de ces presentes, ratifions, confirmons et approuvons, promettant en bonne foi et parole de roy icelles tenir, garder et observer de point en point, tout ainsi et par la forme que ci-dessus est contenu, sans jamais faire ni venir à l'encontre, pourvu toutefois que lesdit duc et seigneurie de Venise, et leurs successeurs, les garderont, observeront et entretiendront entierement de leur part. Et, pour ce que de cesdites presentes l'on pourra avoir à faire en plusieurs et divers lieux, nous voulons qu'au vidimus d'icelles, fait sous scel roial, etc. En tesmoin de ce, nous avons fait mettre nostre scel à cesdites presentes.

Donné au Plessis du Parc-lès-Tours.

Par le roi en son conseil, auquel M. le cardinal de Foix, Vous, le chancelier, les archevesques de Vienne et de Sens, les evesques d'Alby, d'Agen, d'Agde, le comte de Dunois, le protonotaire de Clany, les sires de Bressuyre et de Saint-Pierre, grand senechal de Normandie, d'Argenton, senechal de Poitou, maistre Adam Fumée, maistre des requestes ordinaires de l'hostel, Raoul Pichon, Jean Pellieu, conseillers en parlement, Aubert le Viste, correcteur en la chancellerie, et plusieurs autres estoient.

N°. 246. — Déclaration *sur les effets de la confiscation* (1) *de tous biens, encourue par les criminels de lèze-majesté, et sur l'exercice du droit d'aubaine en Bourgogne.*

Ablon sur Seine, 14 mars 1477. (C. L. XVIII, 366.)

Loys, etc. A noz amez et féaulx les gouverneur, gens de nos parlemens, grant seneschal, gens de notre conseil, gouverneur de la chancellerie par nous establie en Bourgoigne, et à tous noz autres justiciers audit pays ou à leurs lieutenans, salut et dilection. Comme puis n'a gueres soit venu à notre cognoissance, que depuis que noz pays et duchié de Bourgoigne, conté de Charrolois et autres villes et places enclavées et encloses dedans les fins et mectes desdits pays, ont esté par les habitans d'iceulx pays mis en noz mains et obeissance, en nous recognoissant leur naturel seigneur et souverain, plusieurs questions, procez et debats ont esté meuz et intentez, et autres sont esperez briefs à mouvoir et intenter entre noz procureurs et officiers esdits pays, d'une part, et plusieurs manans et habitans d'iceulx, d'autre; pour raison et à cause de ce que nosdits procureurs et officiers veulent dire et maintenir que les confiscacions qui nous adviennent et eschéent esdits pays pour cas de crime de lese-majesté ou par ceulx qui tiennent party à nous contraire et desobeissant, nous doivent venir franches et quittes de toutes debtes personnelles et reelles que les condampnez pour ledit crime et tenans ledit party à nous contraire pourroient devoir aux jour et heure que les sentences desdites confiscations seroient données contre eulx, tellement que nous, qui succedons à leurs biens, ne sommes tenus de payer aucune chose, et que les femmes desdits crimineulx et condempnez pour ledit crime de lese-majesté et pour tenir ledit party à nous contraire ne doivent avoir aucune part et portion ès biens meubles que lesdits condempnez, leurs maris, avoient ensemble, ne aussi

---

(1) Les biens des confisqués étaient souvent donnés aux dénonciateurs et aux courtisans, et c'est ainsi que beaucoup de grandes familles en France se sont enrichies. On en a esquissé le tableau dans une brochure publiée à l'occasion de la loi d'indemnité du 27 avril 1825.

Cette loi est fondée sur l'abolition de la confiscation, on a fait retroagir le principe. (Isambert.)

de conquest, immeubles, faits durant et constant leur mariage ; et aussi, que estrangiers et non natifs de notre royaume ne peuvent tester ne disposer de leurs biens par ordonnance de derniere volonté, soit en legats pieux ou autrement, sans avoir sur ce congié et licence de nous ; lesdits manans et habitans desdits pays, leurs parties adverses, disans et soutenans au contraire ; et sur ce ont esté proposées et alleguées plusieurs raisons et causes d'une part et d'autre ; lesquelz procez, questions et debatz ne se peuvent bonnement vuider sans avoir, sur ce, noz vouloir et declaration.

Nous, voulans iceulx procez, questions et debatz faire cesser et y mectre fin, et obvier aux autres qui cy-après, en cas semblables, pourroient survenir, avons dit et declaré, disons et declarons, par ces presentes, noz vouloir et intention touchant les choses et cas dessusdits et les semblables estre tels en la maniere qui s'ensuit, c'est assavoir, que les creanciers des crimineulx de leze-majesté ou tenans party à nous contraire sont et doivent estre payez de leurs debtes qui seront cogneues estre devant ce que lesdits crimineulx aient entreprins la trahison, et lesdits tenans party contraire ont confisqué toutes leurs deptes ; et au regard desdites femmes, elles ne doivent riens avoir ès biens quelxconques de leurs maris, reservé leur dot. Et en tant que touche les estrangiers et non natifs de notredit royaume, s'ils peuvent tester et disposer de leurs biens par ordonnance de derreniere voulenté ou non, nous voulons et entendons en estre fait et disposé selon l'usance qui, en tel cas, a esté gardée et observée en nosdits pays et duchié de Bourgogne, comté de Charrolois et terres enclavées dedans les fins et limites d'iceulx, au temps de feu nostre cousin le bon Duc Philippe de Bourgogne, pere de feu nostre cousin le Duc Charles dernierement trespassé.

Si vous mandons et commandons, en commectant, se mestier est, par ces presentes, et à chacun de vous si comme à lui appartiendra, que nosdits presens vouloir et declaracion vous gardés et faites garder, observer et entretenir de point en point, selon leur forme et teneur, sans aucunement enfraindre, car ainsi nous plaist-il estre fait nonobstant quelxconques choses à ce contraires.

Donné à Ablon sur Seyne, etc.

Par le Roy, le Comte de Marle, marechal de France, le prothonolaire de Cluny, et Loys de Saincte-Ferre et autres presens.

N° 247. — DÉCLARATION *pour faire condamner la mémoire du duc de Bourgogne, comme coupable de lèze-majesté* (1).

Arras, 11 mai 1478. (C. L. XVIII, 396.)

(1) Ce ridicule procès contre la mémoire d'un homme qui ne pouvait plus se défendre, avait pour objet de répondre aux protestations faites par la fille de Charles-le-Téméraire, sur l'occupation des états dont son père avait la souveraineté.

Il est vrai en effet, que par suite des guerres avec la maison de Bourgogne, Charles VII avait reconnu la pleine souveraineté du chef de cette maison, et par conséquent dérogé à la clause de retour.

Aussi le droit de Louis XI sur les états de Bourgogne, était-il légitimé plutôt par le consentement des États, que par la clause de réversion.

L'accusation par Louis XI contre un prince souverain qu'il veut considérer comme un sujet, manque de base. La conclusion, qui est la confiscation, est donc absurde.

Après avoir exposé longuement les prétendus faits de rébellion, l'ordonnance se termine ainsi :

« Ouïes lesquelles remonstrances et requestes à nous faittes par nostredit procureur general, et voulant sur ycelles estre procédé par termes de raison et justice, avons sur ce eu avis et délibération avec plusieurs seigneurs de nostre sang et lignage, gens de nostre grand conseil et aucuns notables hommes de nostre royaume, auxquieux a semblé que, jaçoit que les crimes de leze-majesté commis et perpétrez par ledit feu Charles de Bourgogne soient, comme dit est, tout notoires et manifestes, et que, dez le temps qu'ils furent premièrement par luy commis et perpétrez, le droit de confiscation nous a esté acquis, à laquelle confiscation toutes les choses qu'il possédoit en nostredit royaume ayent esté affectées en manière que dez lors il n'en eust pu disposer, ce neantmoins, affin que chacun cognoisse toujours plus nostre droit, la grande raison et justice que y voulons tenir, et que ce que avons fait et faisons est pour la conservation des droits de nous et de nostre couronne, pour la sureté de nostre royaume, et pour faire obéir à nos lettres et mandemens sur ce donnes en termes de justice, affin aussi que la chose soit plus manifestée et cognue par l'exemple des autres, cette matière vue, la grandeur d'icelle doit estre introduite, discutée et terminée en nostre cour de parlement à Paris, qui est la cour de justice souveraine de nostre royaume où ressortissent et se doivent juger et déterminer les matières touchant les pairs et pairies de France, et aussi les grands droits appartenant à nostre couronne. Pourquoy nous, les choses dessusdites considérées, désirans en cette matière garder droite raison et justice, et y user de termes et moyens que licitement pouvons et devons faire, en ensuivant ladite délibération, vous mandons, commandons et expressément enjoignons par ces présentes, que, appellez ceux que verrez qui pour ce seront à appeler, vous, sur la requeste de nostredit procureur general, et les dépendances d'icelle, procedez, jugez et déterminez, soit à la déclaration de la notoriété, des cas commis par ledit feu Charles de Bourgogne, ensemble de la confiscation et autres peines par lui encourues à cause d'iceux ou autrement, ainsi que par termes de raison et justice verrez estre à faire, en fai-

N° 248. — ORDONNANCE *pour réformer les abus des religieux mendians, se disant inquisiteurs de la foi en Dauphiné.*

Arras, 18 mai 1478. (Bibl. des Célest., coll. du sieur Menant, t. 7, f° 153, man. de la Bibl. du roi, cart. 139.)

Loys, etc., à nostre amé et féal gouverneur de nostre pays de Dauphiné, salut et dilection :

De la partie des manans et habitans de la Valoise, de Fressure et de l'Argentière et autres de nostre pays de Dauphiné nous a esté exposé que combien qu'ils ayent vescu et veuillent vivre comme bons catholiques chrestiens sans tenir, croire ni soustenir chose superstitieuse ne autrement que selon l'observance et discipline de nostre mere sainte esglise, ce neantmoins anciens religieux mandians eux disans inquisiteurs de la foy et autres pour cuider par vexations et travaux, extorquer indeuement de leurs biens, et autrement les travailler en leurs personnes, ont voulu et veulent faussement leur imposer qu'ils croyent et tiennent aucunes heresies et superstitions contre la foy catholique, et sous ombre de ce, les ont par cy-devant mis et mettent en grans involutions de procez, tant en nostre court de parlement de Dauphiné que en autres cours et jurisdictions, et pour parvenir à la confiscation des biens de ceux qu'ils chargent desdicts cas, etc.

———

ont en outre, se mestier est, publier ces presentes nos lettres à son de trompe et par cry public en nostre bonne ville de Paris et autres villes et lieux que verrez estre à faire, et en tous les lieux publics desdites villes où il est accoustumé de faire crys et proclamations, en imitant et faisant savoir à tous ceux qui voudront pretendre interest en ceste partie, que, s'ils veulent sur ce quelque chose dire ne alleguer, ou qu'ils pensent que la matière leur touche ou appartienne en aucune maniere, ils soient ou comparoissent en nostredicte cour de parlement, à certain et competant jour tel que par vous sera ordonné, pour ouïr telles requestes, demandes et conclusions que nostredict procureur general voudra faire et sur icelles repondre, dire et alleguer ce que bon leur semblera, proceder en outre et aller avant ainsi qu'il appartiendra par raison, en leur signifiant que, soit audit jour ou non, l'on procedera en leur absence comme en leur presence, et faisant au surplus sur tout bonne et briefve raison et justice.

Mandons et commandons à tous nos justiciers, officiers et subgects, que à vous et à vos commis et deputez, en ce faisant, obéissent et entendent diligemment, car ainsy nous plaist-il estre fait.

Donné à Arras, etc.

Par le roy en son conseil. (Isambert.)

Nous avons declaré et declarons par ces presentes que nous ne voulons plus que pour lesdits cas soient prises, levées ne exigées pour nous, ne par nos officiers, pour le temps advenir aucunes confiscations, ainçois tout le droit qui en pourroit competer et appartenir, avons quitté et remis aux enfans et autres héritiers de ceux sur qui l'on voudroit à cause desdits cas pretendre icelles confiscations; avec ce, pour obvier aux fraudes et abus faits par lesdits inquisiteurs de la foy, avons deffendu et deffendons que l'on ne souffre à aucun desdits inquisiteurs de la foy, proceder dorénavant contre aucun desdits habitans, etc.

Donné, etc. Par le roy Dauphin ; Vous, le conte de Marle, maréchal de France, et autres presens.

N°. 249. — LETTRES *portant abandon au duc de Lorraine du duché de Luxembourg et de la comté de Bourgogne* (1), *en toute propriété.*

Arras, juin 1458. (C. L. XVIII, 405).

Loys, etc.; savoir faisons à tous presens et advenir que, pour considerations de la proximité de lignage dont nous attient nostre très-chier et très-amé cousin, le duc de Lorraine, et pour la grant et singulier amour et affection que avons à sa personne et à son bien, honneur et augmentation, et aussi pour recognoissance des très-grands et agréables, continuels et recommandables services qu'il a faits à nous et à la couronne de France, au fait des guerres, en quoy il s'est grandement et vertueusement gouverné et employé, à ycelluy, pour ces causes et afin de toujours le eslever en honneurs, prerogatives et biens, et pour autres grands et raisonnables causes et considérations qui à ce nous ont meus et meuvent, avons donné et transporté et delaissé, et par la teneur de ces presentes, de nostre grace special, pleine puissance et autorité royal, donnons, cedons et transportons et delaissons pour luy et ses hoirs masles et femelles

---

(1) Jusqu'à Louis XIV cette province a été séparée de la France. Aujourd'hui encore le duché de Luxembourg fait partie du corps germanique. On ne peut expliquer cet abandon de la part d'un prince aussi politique que Louis XI, qu'en supposant qu'il sacrifiait des droits chimériques sur le Luxembourg et le comté de Bourgogne, pour s'emparer du duché. (Isambert.)

cendans de luy en loyal mariage tous tel droit, nom, raison, action et poursuite que avons et pouvons avoir, et qui nous peut et doit competer et appartenir ez duchiez de Luxembourg et comté de Bourgogne, avec toutes et chascune leurs appartenances et appendances, ainsy qu'elles se comportent et entendent de toutes parts, tant en justice, jurisdiction haulte, moyenne et basse, droits, prerogatives, honneurs, prééminences de duché, comté, de seigneurie, mere ou mixte impere, hommes, hommages, fiefs, arriere-fiefs, villes, chasteaulx, maisons, manoirs, censes, rentes, revenues, terres, prés et autres choses quelxconques, pour les avoir, tenir et posséder par nostredit cousin et sesdits hoirs masles et femelles descendans de lui, à en faire et disposer comme de leur propre heritage, sans aucune chose y reserver à nous ou à nos successeurs roys de France, sauf toutefois les ville et seigneurie d'Auxonne, et le ressort de Saint-Laurent avec leurs appartenances et dependances, qui seront et demeureront à nous et à nos successeurs roys de France, comme estant du duché de Bourgogne.

Si donnons en mandement, etc.

Donné à Arras, etc.

N° 250. — LETTRES *qui défendent d'envoyer en cour de Rome, de l'argent, pour expéditions ou expectatives.*

Selommes, 16 août 1478. (C. L. XVIII, 425.)

Loys, etc. Comme, en ensuivant les louables et vertueuses œuvres de nos très-chrestians progéniteurs Roys de France, nous ayons tousjours desiré et desirons la paix et union des princes et peuples chrestians, à ce que par l'union d'iceulx ils soient plus forts et mieulx disposez à la defense de la foy catolique, à present en divers lieux opprimée par les infideles, et à cette occasion, quant avons sceu la guerre, nagueres suscitée en Ytalie, à cause de la machinacion et entreprinse faicte contre noz très-chiers amys confederez et aliez de la communité et seigneurie de Florence, par ung que on appelle le Comte Jeronime, homme nagueres comme incongneu et de basse et petite condition, ayons envoyé devers nostre Saint Pere le Pape pour le supplier et requerir qu'il luy pleust de s'employer à la pacification desdites guerres et divisions, et lui ayons fait remonstrer la très-injuste surprinse et usurpation que ledit Conte Jeronime et ses adherens et complices ont voulu, puis naguerres, faire contre ladite seigneurie et communité de Florence pour icelle comme l'on dit injustement appliquer audit Conte Jeronime ou autres, les execrables meurtres et homicides qui, par frauduleuse et precogitée insidiation, ont à ceste cause esté conspirées et machinées contre la personne de nostre chier et amé cousin Laurens de Medicis, et contre ceulx de sa maison, lesquelles machinations ilz ont executé ez personnes de Julian de Medicis et de François Norry, qu'ilz ont tuez et meurtriz inhumainement dedans l'eglise et ainsi qu'on chantoit la grant messe, et pareillement vouloient faire audit Laurens de Medicis s'il ne se fust eschappé, et en soy eschapant a esté grievement et enormement blecié.

Pour lesquelles causes, nous avions esperance que nostredit Saint Pere, comme bon pere et pasteur du peuple chrestian, se voulsist employer à ladite paix, sans soy montrer partial d'un costé ne d'autre, et confians que pour nous, qui avons tousjours eu et avons le saint siege appostolique en singuliere reverence et devocion, il voulsist quelque chose faire, luy avons fait remonstrer l'ancienne amitié, confederacion et aliance que avons à ladite seigneurie et communité de Florence, qui toujours à esté si affectée à nous, et à la maison de France, les tenant pour leurs singuliers protecteurs, et en signe de ce, à chascune foiz qu'ilz renouvellent les gouverneurs de leur seigneurie, ilz font serment d'estre bons et loyaulx à la maison de France, de garder leur honneur et eulx entretenir en leur amitié, bienveillance et service ; mais, nonobstant toutes les choses dessusdictes, et sans consideracion de la necessité où est à present le peuple chrestian, notredit Saint-Pere s'est monstré et declaré partial en ceste maniere contre ladite seigneurie et communité de Florence, et semblablement contre les Duc et seigneurie de Venise, qui aussi sont nos amys confederez et aliez, et n'a voulu nostredit Saint Pere avoir regard à ce que le Turq fait à present continuelle guerre ès prochaines parties de Italye, et mesmement ès terres et seigneuries de Venise, parquoy l'on ne peut mieulx fortifier le Turq et les infidelles contre le peuple chrestian ne mieulx leur donner moyen d'avoir entrée et passaige en Italye, que de courir sus et grever ceulx qui soustiennent la guerre contre le Turq, lesquelles choses sont si estranges à considerer, que toute l'Eglise universelle et tout Prince vertueux et catholique en doit avoir douleur et desplaisir.

Et en oultre, avons esté advertiz que nostredit Saint Pere dit que en ceste guerre contre les Florentins, Venissiens et autres de leur part, il emploira sa personne, biens et tout ce qu'il pourra finer, qui est bien estrange chose que le tresor et la revenue de l'Eglise, qui sont les biens ordonnez pour service de Dieu, defense de la foy catholique, et pour la sustentacion des poures, se employe à telles guerres, et pour telles parciallitez contre le peuple chrestien, et pour soutenir telles conspiracions de usurper sur les seigneuries de Italye, et telz meurtres et execrables delitz.

Semblablement est chose bien estrange, qu'on souffre les exaccions indeues qui se font en court de Romme, par bulles expectatives et autres moyens, et par les vaquans qu'on lieve contre les saints canons et decretz de l'Eglise faitz et constituez par les saints Peres et contre la determinacion de l'Eglise universelle et des saints consilles, pour employer l'argent qu'on en tire à achapter conté et grans seigneuries pour les bailler à gens de petite condition et les eslever sans merites precedans et sans aide ne secours qu'ilz puissent donner à l'Eglise ne à la defense de la foy, esquelles exaccions ainsi faictes, contre les saints canons et anciens decretz de l'Eglise, entre tous les roys et royaumes de chrestianté, nous, nostredit royaume de France et pays du Daulphiné et generalement tous nos subgetz, avons merveilleusement grant interest et dommaige pour la grant quantité d'argent qui, contre lesdits saints canons et decretz et contre les libertez de l'Eglise de France, se tire tant par lesdits vacquans qui se paient à grans et excessives tauxes, comme pour la despense qui se fait à obtenir lesdites bulles expectatives, qui maintenant sont si communes et se donnent en telle multiplicacion que par la grant quantité, la diversité et le desordre d'icelles, la pluspart des benefices de nostre royaume sont en procès, en la conduicte desquelz procès se despend et vuide merveilleusement grant quantité d'argent, et ne scet-on au certain à qui les benefices competent et appartiennent; parquoy le service divin, la discipline du peuple et l'administracion des saints sacremens sont souventesfoiz delaissez, et la revenue des benefices, qui se y devroit employer et à la reparacion des eglises, se employe en despense de procès et litiges, dont de grans maulx et inconveniens sont advenuz et adviennent chascun jour, ainsi que par plusieurs grans et notables personnaiges de nostre royaume remonstré nous a esté.

Et pour ce que ne pouvons et ne devons raisonnablement dissimuler la guerre et oppression qu'on fait ausdits de Florence nos anciens amys et aliez, et à cause d'eulx ausdits de Venise qui semblablement sont de nostre aliance, ne souffrir lever les deniers qu'on tire de nostre royaume par telz vacquans et autres moyens dessusdits pour les employer à soutenir la guerre contre nosdits aliez, pareillement ne pouvons et ne devons dissimuler, sans trop grant prejudice et dommage, la grant vuidange d'argent qui se tire de nostre royaume et de nos pays, seigneuries et subgetz, par vacquans, bulles expectatives et autres manieres ; nous, par grant et meure deliberation de plusieurs seigneurs de nostre sang et lignaige et autres notables hommes de nostre royaume, avons prohibé et defendu, prohibons et defendons à toutes manieres de gens eclesiastiques, seculiers ou autres, de quelque estat, qualité, nacion ou condition qu'ilz soient, qu'ilz ne soient si osez ne si hardiz d'aller ou envoyer en cour de Romme ne ailleurs, hors de nostre royaume, pour querir ou pour chasser benefices ou graces expectatives, ne de porter ou faire porter ou envoyer en ladite court de Romme par lectre de change, bullecte ne autrement, dirrectement ou indirectement, par quelque voye ou maniere que ce soit, or, argent monnoye ou à monnoyer, pour avoir ou obtenir collacion de benefices par bulles et graces expectatives ne autrement, et lesquelles expectatives non exécutées nous avons suspendues et suspendons par ces presentes jusques à ce que par nous autrement en soit ordonné ; et avec ce, que aucune personne singuliere, de quelque estat ou condicion qu'elle soit, ne porte, soustienne, ne favorise aucun pour aller ou envoyer en ladite court de Romme ne hors nostredit royaume, pour la cause dessus dicte, le tout sur peine de confiscation de corps et de biens ; et au cas que, après la publication et proclamacion de ces presentes, aucuns seront trouvez faisans ou avoir fait le contraire, nous voulons et ordonnons que par noz juges et officiers, chascun en sa juridiction, punicion corporelle soit faicte sans desport ou dissimulacion aucune en maniere que ce soit exemple à tous autres. Et afin que plus griefve punicion et justice soit faicte des transgresseurs et infracteurs de nosdites defenses, et qu'on en puisse avoir meilleure et plus prompte congnoissance, nous voulons que tous ceulx qui les trouveront ou denonceront, aient et preignent tous leurs meubles, bagues et chasteaulx, desquelz dès maintenant leur en faisons don à quelque valeur ou estimation qu'ilz soient.

Si donnons en mandement, etc. Donné à Selommes, etc. Par le Roy, l'Evesque d'Alby, les Contes de Dunoys et de Castres, le Prothonotaire de Cluny, l'Abbé de la Grace, le sire de Bressuyre, le sire de Clerieu, Anthoine de Lamect, Capitaine de la tour de Bourges, et autres presens.

N° 251. — LETTRES *portant autorisation aux Etats de Rouergue et de la Marche de s'imposer pour les affaires communes* (1).

Selommes, septembre 1458. (C. L. XVIII, 4:–.)

N° 252. — TRAITÉ *entre la France et l'Espagne.*

Saint-Jean-de-Luz, 9 octobre 1478. (Corps diplom. p. 58.) Reg. au parlem. de Paris, le 14 décembre 1480.

In nomine domini, et divino cooperante adjutorio, ea quæ Joannes Lopez de Medina, in decretis licentiatus Archidiaconus de Almaçan, et canonicus sanctæ ecclesiæ Toletanæ, et Joannes de Gamboa generalis capitaneus in provincia de Guipuscoa, oratores nuncii, et procuratores generaliter et specialiter a serenissimis et potentissimis dominis nostris, Fernando rege, et Elisabeta regina Castellæ et Legionis, et ad infra scripta constituti, creati, destinati, ac eorum consiliarii, ex parte una; et reverendus in Christo pater, dominus Joannes Episcopus Luomoniensis, abbas sancti Dionysii in Francia, Odetus Daydie, miles regii ordinis, et comes Convenarum, dominus de Lescuno, cambellanus regis, Joannes de Chassague, præsidens in curia parlamenti Burdegalæ, Guillelmus de Suppleavilla, Ballivus de Monteargivo, major civitatis Baionæ, et Joachim Ricart, notarius et secretarius, omnes consiliarii, oratores, procuratores et nuncii christianissimi domini Ludovici regis Franciæ, ex altera: virtute mandatorum et facultatum nobis ab excellentissimis dominis nostris concessorum super pace, concordia, ligis, fraternitatibus, et fœderibus antiquis inter eosdem serenissimos regem et reginam, eorumque regna et dominia reformandis, approbandis et laudandis, ac de novo conficiendis, pepigendis,

---

(1) Tout ce qui tient au droit d'imposer est important. Les départemens jouissent aujourd'hui de la faculté de s'imposer, à-peu-près avec les mêmes restrictions. Lambert.

fecimus, concordavimus, et in hanc formam redigimus, qu[æ]
sequitur.

Primo, ut omnis occasio belli suscitandi è medio tollatur, quo[d]
christianissimus francorum rex, ac serenissimus rex Aragonum,
ac rex et regina Castellæ et Legionis, faciant et firment compromissa sub una et eadem forma, quibus infra annum à die qu[a]
pax et fœdera infra scripta per nos, eorum oratores, conclus[a]
et firmata, atque publicata fuerint, computandum, eligant quatuor personas, duas ex parte christianissimi regis francorum,
et alias duas ex parte serenissimorum, dominorum regis Aragonum, et regis ac reginæ Castellæ et Legionis, ita quod isti electi infra quatuor annos à tempore, quo fuerint compromissa ipsis personis nominandis præsentata computandos, debeant formam,
modum dare, arbitrari, laudare, pronuntiare et sententiare, a[d]
quod unusquisque ipsorum regum, et ipsa regina, et eorum hæredes, ac successores teneantur super quest ionibus et differenti[is]
quæ hactenus fuerunt, inter ipsos, et hodie sunt super comita-
tibus Russilionis et Ceritaniæ, et etiam super quibusvis aliis ques-
tionibus, controversiis, et differentiis, quæ sunt et esse possu[nt]
inter ipsos, ac super omnibus litigiis, controversiis, differenti[is],
et dubiis, quæ sunt vel esse possunt inter ipsos reges francoru[m]
ex parte una, et reges Aragonum et Castellæ, ex alia super dictis rebus, et aliis quibuscumque, coram eisdem personis, p[er]
quamlibet ipsarum partium preponendis et adducendis, cum
suis connexis, accessoriis, et dependentiis; et quod dicti electi
præfatas questiones, et controversias decidere, declarare ac de-
terminare possint et valeant, tanquam, arbitri, arbitratores, [et]
amicabiles compositores, ita quod si quatuor arbitri, arbitrator[es]
seu amicabiles compositores concordare nequiverint, possint [et]
teneantur eligere aliam personam, quæ similem cum eis habe[at]
potestatem secundum formam juris.

(2) *Item*, quod in fœderibus et amicitiis inter præfatos christianissimos regem et reginam Franciæ et Castellæ fiendis, com-
prehendatur excellentissimus dominus rex Aragonum, tam durante ejus vita, quam post felices et longævos dies ipsius du[m]
iidem rex et regina Castellæ in predictis regnis et dominiis succedent; quæ quidem regna et dominia ex nunc gaudeant dicti[s]
confœderationibus et amicitiis, sicut regna et dominia Castell[æ]
et Legionis, dum modo idem excellentissimus rex Aragonum infr[a]
octo menses à die publicationis hujus pacis, in loco confection[is]
istorum articulorum faciendæ, computandos, acceptet et rata[s]

habeat dictas confœderationes, ligas et amicitias in favorem suum factas, et in eis comprehensus esse velit, de qua tamen acceptatione, ratihabitione, vel refutatione, si refutaverit, tenebuntur serenissimi domini rex et regina Castellæ, infra duos menses à tempore dictæ ratihabitionis et acceptationis, vel refutationis hujusmodi, computandos, præfatum christianissimum franciæ regem certificare, et hanc acceptationem et ratihabitionem, vel refutationem ad ipsum in forma autentica transmittere; ac tamen si ipse excellentissimus rex Aragonum fortè ratas habere dictas confœderationes, aut in eis comprehendi noluerit, nihilominus post ipsius felices annos, omnia regna et dominia Aragonum in quibus serenissimi prædicti domini rex et regina Castellæ succedent et nunc prout ex tunc sint et maneant in dictis confœderationibus et amicitiis quemadmodum ipsa regna Castellæ et Legionis.

3) *Item*, quod ordinentur ex utraque parte instrumenta confœderationum, amicitiarum et fraternitatum, et coram notariis et testibus per oratores utriusque partis laudentur, approbentur, confirmentur, et de novo fiant cum clausulis, vinculis, renunciationibus et juramentis, secundum formam observatam antiquitus inter oratores progenitorum earumdem dominorum regum, et regnorum.

4) *Item*, quod in eum casum, in quo præfatus rex Aragonum comprehendi in dictis fœderibus, aut ea rata habere noluerit, fuit concordatum inter oratores, utriusque partis, quod à dictis confœderationibus, ligis et amicitiis excipiatur et sit exceptus idem excellentissimus dominus rex Aragonum, serenissimorum regis et reginæ Castellæ pater, sub ea tamen forma ac conditione, quod si christianissimus rex franciæ, quod absit, noveat bellum seu guerram contra eumdem dominum regem Aragonum, et ipsum agrediatur, seu insultet, quod eo casu iidem serenissimi domini rex et regina Castellæ juvare, favere et auxiliari possint eidem regi Aragonum, et contra ipsum regem franciæ, tanquam hujus fœderis violatorem, et bello causam dantem, guerram facere. Si vero, quod absit, rex Aragonum moveat guerram contra ipsum regem francorum, vel nunc aggrediatur seu insultet, quod præfati serenissimi domini rex et regina Castellæ teneantur supplicare eidem domino regi Aragonum, patri suo, et apud ipsum instare, ut à tali guerra desistat; et quod, si idem rex Aragonum à guerra desistere noluerit, et ipsi rex et regina Castellæ velint illum juvare, cum gentibus et potestate regnorum Castellæ et Legionis, hoc facere non possint; et si contra-

nivimus, et in animas nostrorum constituentium juravimus ad sancta Dei Evangelia nostris manibus tacta, quod ipsi domini nostri rex et regina bona fide, omni dolo ac fraude cessante, omnia supra dicta realiter cum effectu adimplebunt.

Acta fuerunt hæc in loco sancti Joanis de Luz, 9 octobris 1478.

N°. 253. — *Lettres portant permission au comte d' Comminges de faire une garenne pour les bêtes fauves, et d'exproprier les propriétaires des terrains compris dans ladite garenne, moyennant indemnité.*

Aux Forges, près Chinon, janvier 1478. (C. L. XVIII.)

Loys, etc. Nous avoir receue l'umble supplication de nostre chier et feal cousin, conseiller et chambellan, le comte de Comminges et vicomte de Fronsac, seigneur de Lescun, contenant que, au dedans des fins et mectes de sondit vicomté de Fronsac sur la rivière de Dordogne, au dessoubz de la ville de Libourne, environ deux lieues, à une isle du Carruier assez grant et de grant estendue, qui est d'icelle sa vicomté, tant en justice, juridiction, proprieté, que autrement, la plupart de laquelle est en desert et inhabitée, et l'autre partie est en labourage de vignes et aubaredes, sans ce qu'il demeure ne habite aucunes gens, en laquelle isle repairent et se tiennent plusieurs bestes sauvages, comme cerfs, biches, sangliers, chevreulx, lievres, connils, faisans, perdrix et autres bestes et gibier, et est fort bien disposée à faire garenne et parc de bestes sauvages, et pour ceste cause, pour le bien et augmentation de sadite vicomté, seroit nostredit cousin suppliant volontiers garder, clorre et fermer icelle isle, pour y avoir garenne; mais il n'oseroit ne vouldroit ce faire, sans avoir sur ce noz congié et licence, si comme il dit, humblement requerans iceulx.

Pourquoy nous, ce consideré, inclinans liberalement à la supplication et requeste de nostredit cousin, en faveur des grans et recommandables services qu'il nous a faiz et fait chascun jour en noz plus grans affaires, à iceluy, pour ces causes et autres à ce nous mouvans, avons donné et octroyé, donnons et octroyons, de grace especiale, plaine puissance et auctorité royal, par ces presentes, congié et licence de faire garenne et parc en ladite isle, et de faire garder, clorre et fermer icelle isle se bon lui semble, ainsi qu'il verra estre à faire pour le plus proufitable pour ladite garenne; voulons et octroyons que icelle isle soit à tousjours-mais deffensable, comme les autres garennes du pays, sans ce que nul ou nulz de quelque estat ou condicion qu'ils soient y puissent chasser, aller, venir, sejourner, passer, repasser, voler, ne y mectre ne tenir aucunes bestes privées, sinon du gré et consentement de nostredit cousin ou de celluy ou ceulx à qui sera au temps ladite isle et garenne, pourveu toutes voyes que ce ne tourne au prejudice et donnnage de nous et de la chose publicque, et que noz garennes, si aucunes en avons audit pays, ne soient, au moien de ladite garenne, depopulées ou endommagées, et que, s'aucuns ont ou avoient terres vagues ou autres heritages en icelle isle, nostredit cousin sera tenu, premierement et avant toute œuvre, de les recompenser raisonnablement des terres vagues et autres heritages qu'ils y ont. Si donnons en mandement, etc.

Donné aux Forges près Chinon, etc.

Par le roy, le gouverneur de Dauphiné, le sire du Bouchaige, le prothonotaire de Saincte-Foix et autres presens.

N° 254. — ORDONNANCE *contre les blasphémateurs, les maisons de jeu, assemblées nocturnes, etc., à Angers.*

Aux Forges, près Chinon, 12 mars 1478. (C. L. XVIII, 452.)

Loys, etc. Comme, en mesprisant l'honneur et adoracion ferme que chacun chretien doit et est tenu faire à nostre benoist sauveur et redempteur Jesus-Christ, qui pour notre redemption souffrit mort et passion en l'arbre de la croix, et venant directement contre les bons statuz et ordonnances faits par nos très-nobles progeniteurs roys de France et nous, et mesmement par le bon roy Saint-Loys, plusieurs gens de felon courcige, remplis de maling et dyabolique esprit, regnyent, despitent et maugréent le très-saint nom de nostre sauveur et redempteur Jesus-Christ, le blasphement et jurent par derision de sa très-benoiste humanité, comme par le precieux sang, la chair, le ventre, les yeux, la teste, les playes, les vertuz, et autres execrables, villains, detestables et inhumeins sermens, et parcillement de la très-sainte et très-glorieuse Vierge Marie, mere de Dieu, royne des cieux, dame des anges et de tout le monde, dont maintesfois par telz sermens execrables sont ensuyes à plusieurs peuples et nations, de grandes playes et percucions; et y en a plusieurs si obstinez, qui pour ordonnances, condamnations de peines, ne s'en sont voulu ne veulent abstenir; et avec ce, avons esté advertiz que en notre ville, fosbourgs et quinte d'Angers, y a plusieurs gens de divers estats, et mesmement aucuns qui se dient escoliers, qui font plusieurs assemblées de jour et de nuyt, portent espées, bracquemarts, voulges et armes invasibles, prohibées et defendues, se assemblent de nuyt en lieux remortz et incogneux, et tous armez s'en vont par les rues, riblant, jectant pierres, et en faisant lesdites ribleries, frappent et bactent ceulx qu'ils trouvent parmy les rues, rompent et brisent huys et maisons, prennent, enlievent et ammenent femmes contre leur volenté, soubz umbre qu'ils les voulent dire estre publicques, et quand ilz ont fait aucuns excès, menacent tellement les personnes opprimées et offensées de les batre, tuer, bruler, ribler et autres grandes et merveilleuses menaces, qu'elles ne se osent venir plaindre à justice; et qui plus est, aucuns qui ont accoutumé frequenter lesdits ribleurs, tant gens d'eglise que autres, tiennent maisons secretes, où ils reçoivent, recueillent lesdits ribleurs et tous mauvais garsons, et se font esdites maisons jeux dissoluz, et y tiennent et font venir femmes dissolues, tellement que plusieurs enfans de ladite ville et autres se sont habandonnez ausdites ribleries, voyes de fait, excès, jeux et luxures, qu'ils ne s'en peuvent departir, et y ont consumé, gasté et despendu, consument, gastent et despendent les biens de leurs peres, meres et autres parens et amys, et d'eulx-mesmes, à l'occasion desquelles choses sont advenuz et peuvent souvent advenir esdits ville, fosbourgs et quinte d'Angers, plusieurs maulx, excès, batteries, ravissemens de femmes, larcins, omicides, et autres crimes et delitz, à quoi est bien requis donner convenable provision: savoir faisons que nous, voulans reprimer ce que dit est, et les perpetrans de telz cas et crimes estre publiquement et grievement pugniz, à l'exemple de tous autres, et pour autres grandes et raisonnables causes et considerations à ce nous mouvans, avons voulu, statué, ordonné et declaré, et, par la teneur de ces presentes, voulons, statuons, ordonnons et declarons par statut et ordonnance royaux, et par edict perpetuel et irrevocable, les choses ci-après declarées:

Premierement. Que nul, de quelque estat, qualité ou con-

…tion qu'il soit, ne présume ne soit tant osé ou hardy de regnier, despiter, maugreer, blasphemer, ne, par derision de l'umanité Nostre-Sauveur, le jurer, ne aussi le nom de la très-benoiste Vierge Marie, pour quelque chose que ce soit, sur peine, pour la premiere foiz, d'estre prisonnier ung jour au pain et à l'eau, et de porter et presenter une chandelle en telle eglise que la justice ordonnera; pour la seconde fois, d'estre prisonnier par trois jours au pain et à l'eau, et de porter un cierge ardent, de demi-livre de cire, devant l'ymage de la glorieuse benoiste Vierge Marie, à telle eglise que par justice sera ordonné; et pour la tierce, d'estre mis et ataché à ung pillier en lieu publicq, par ung jour de foire ou de marché, et à l'yssue dudit pillier, d'estre menez en chemise par telz sergens, à telle eglise que la justice en ordonnera, tenans une torche ardente de une livre de cire, laquelle ilz presenteront en ladite eglise, devant ladite ymage de la tres-glorieuse Vierge Marie, et de là estre remenez en prison, et tenuz par huit jours au pain et à l'eau; et si aucuns sont trouvez coustumiers de ce faire, tellement qu'ilz rechéent pour la quarte fois en villains et detestables blasphemes, nous voulons et ordonnons qu'ilz soient pilloriez, et que par le boureau ilz ayent la langue percée avec ung fer chault et qu'ils soient perpetuellement bannis desdits ville, fosbourgs et quinte d'Angiers, et que leur maison et principale habitacion en ladite ville soit demolie et abbatue, en signe de leur perverse iniquité et obstinacion.

(2) *Item.* Que nul ne tiengne maison pour recueillir, recevoir, receler ou favoriser gens pour jouer à jeux dissolus, ne y faire assemblées pour ribler ou faire aucuns excés dans ladite ville, sur peine, ceulx qui seront trouvez faisans le contraire, après la publication de nostre presente ordonnance, d'estre pugniz de prison et d'amende arbitraire, et, s'ils rechéent après ce qu'ils en auront esté reprins, d'estre batuz par les carrefours, et après banniz desdits ville, fosbourgs et quinte d'Angiers, et leurs biens confisquez et appliquez aux reparations de ladite ville.

(3) *Item.* Que nul escolier, de quelque estat ou condition qu'il soit, s'il n'est noble, vivant noblement et suyvant les armes, et de noz ordonnances, ou notre officier, ne soit tant osé ne hardy de porter, de jour ou de nuyt, voulge, espée, dague, bracquemart, javeline, ne autre baston invasif, sur peine d'estre mis prisonnier par huit jours au pain et à l'eau, et de confisquer et forfaire les bastons, pour la premiere fois; et pour la seconde,

d'estre fustes et batus par les carrefours, et après bannis de ladite ville.

(4) *Item.* Que nul ne soit tant osé ne hardy de faire assemblée pour ribler, ne porter armes de nuyt, ne faire aucuns excès en ladite ville, sur peine, ceulx qui seroient le contraire après ladite publication, d'estre penduz et etranglez, et pour la mendre partis d'estre batuz par les carrefours, et avoir les oreilles coupées.

(5) *Item.* Que nul ne rompe huys ne maison, ne praigne ou enmayne femme oultre son gré et voulonté, sur ladite peine.

(6) *Item.* Que nul armourier, brigandin, faiseur d'espées, dagues, javelines et bracquemars, ne soit tant osé ne hardy de prester, ne ses harnois, brigandines, salfados, ne autres bastons invasibles, à aucuns escoliers, varletz ne autres, pour aller en riblerie ne faire aucuns excès, sur peine, pour la première fois, de perdition desdits bastons, d'estre prisonniers par huit jours, et d'amende arbitraire, et pour la seconde, après qu'ils en auront esté reprins par justice, d'estre banniz desdites ville, fosbourgs et quinte d'Angers, et de la confiscation de tous leurs biens, à estre appliquez à l'ouvrage des fossez de ladite ville.

(7) *Item.* Que tous compagnons, de quelque estat, qualité ou condition qu'ils soient, qui vouldront demourer, sejourner, estre et commercer en ladite ville, fosbourgs et quinte d'Angers, s'appliquent à aucun bon ou sciént mestier ou marchandise sans estre oyseux ne vaccabons, sur peine, ceulx qui seront trouvez oyseux et vivant de vie dissolue ou deshonneste, d'estre perpetuellement ou à temps bannis desdits ville, faubourgs et quinte d'Angers, selon la continuation de leur mauvaise vie, et voulons et ordonnons oultre, que s'il advient que aucun ait esté banny et il y retourne sans nostre grace, congié et licence, que incontinent il soit prins, apprehendé et pugny capitallement et criminellement, selon l'exigence du cas pour lequel il aura esté banny.

Si donnons en mandement au bailly, etc.

Donné aux Forges près Chinon, etc.

Et sur le reply est escrit : Par le roy.

N° 255. — Constitution *faite par suite de l'assemblée de Tours, au sujet de la garde des châteaux* (1).

Tours, 20 avril 1479. (C. L. XVIII, 470.)

Loys, etc. Comme il seroit venu à nostre cognoissance que plusieurs grans debatz, questions et differances sont sourvenues et chascun jour sourviennent en divers lieux de nostre royaume entre aucuns seigneurs chastellains et villes, leurs capitaines et officiers, d'une part, et les habitans de leurs chastelenies, d'autre, à cause des guetz que lesditz seigneurs chastellains et villes demandent et exigent en aucuns lieux en certaines formes, à quoy lesdictz habitans et le pouvre peuple pretendent n'estre point tenuz, et se disent cothidiennement et insupportablement chargez tant de sommes qu'on leur demande pour ledit guet comme pour la forme de la contrainte et les dures executions que l'on en fait chascun, tellement qu'il est impossible au pouvre peuple de le supporter; remonstrans avecques ce, que on les veult autant contraindre de faire guet ès pays, lieux et places qui ne sont point en frontiere, et où il n'y a peril, danger ne necessité, comme ès lieux et places qui sont en frontiere d'ennemis et en pays de guerre ; à cause de quoy, plusieurs grans procès ont esté par cy-devant meuz et intentez et à present sont encore pendans tant en nostre grant conseil comme en nos cours de parlement et autres auditoires de nostre royaume, à la conduite desquels procès les ungs et les autres despendent le leur, occupent leur temps, et mesmement les marchands mecaniques et laboureurs se distrayent de leur labour, marchandise et autres occupations, qui tourne au grant dommage de la chose publique; et à l'occasion de ces choses se sont conceues et enracinées plusieurs haynes et rancunes entre lesditz seigneurs chastellains et leurs hommes, tellement que, en aucuns lieux, en sont advenues des commotions et assemblées de gens les ungs contre les autres, et s'en sont ensuiz des meurtres, mutilations et autres maulx dont legierement se pourroit esmouvoir commotion et sedition en la chose publique, se provision n'y estoit donnée ; pour laquelle cause nous ayons puis na-

---

(1) Le but de cette ordonnance est d'affaiblir les seigneurs en diminuant leur droit de requérir le service militaire. (Isambert).

guerres fait appeller et assembler en nostre ville de Tours aucuns des seigneurs chastellains et des baillifs et seneschaulx de nostre royaume avecques les gens de vostre grant conseil et aucuns de noz cours de parlement et autres notables hommes pour avoir leur conseil et advis de l'ordre et provision que, pour obvier aux inconvéniens dessusditz, pourrions à present donner au fait desditz guetz, en attendant que ayons temps et espace de plus amplement y pourveoir et prendre finale conclusion : scavoir faisons que nous, desirant pourveoir auxditz inconveniens en tant qu'il nous est possible faire vivre nos subjetz en amour et union longs avec les autres, et obvier que entre les grans et les petis ne se esmeuvent et continuent telles rancunes, questions et debatz, et tous les entretenir en bon ordre et en paix, justice et tranquillité, par l'advis et déliberation que dessus, nous par maniere de provision et jusques à ce que par nous autrement en soit ordonné, et par la teneur des presentes, disons, declarons, constituons et ordonnons les choses qui s'en suivent :

Premierement. C'est assavoir que par toutes les villes, places et chastellenies de nostre royaume, soit en celles de nostre domaine et qui nous appartiennent, ou en celles de nos subgectz à qui elles appartiennent ou qui les possedent, esquelles villes, places et chastellenies y a droit et où l'on a accoustumé de faire guet, et pour ledit guet lever plus de cinq solz tournois pour feu par an, ne soit d'ores en avant, et jusques à ce que par nous autrement en soit ordonné, prins, levé ne exigé par lesdites villes ne par les seigneurs chastellains ou leurs capitaines, pour tout droit de guet, que ladite somme de cinq solz tournois pour feu par an, qui est cinq deniers tournois par mois, sans ce que pour ledit guet l'on puisse quelque chose plus avant demander ne exiger.

(2) *Item.* Toutes les autres choses qu'on a accoustumé de prendre et lever en aucuns lieux pour le clerc du guet, ou pour autres executions et causes quelsconques touchant le fait dudit guet, sont dès à present abolies et deffendues, et enjoignons expressement à toutes villes et seigneurs chastellains de ne les lever ne souffrir estre levez soubs eulx ne en leurs chastellenies, et pour ce, sur peine d'en estre puniz arbitrairement par nos bailliz, seneschaulx et autres nos juges ordinaires.

(3) *Item.* Tous ceulx qui aimeront mieux aller ou envoyer faire le guet que de payer lesdits cinq deniers tournois par mois y seront receus, et par ce moyen seront quittes de ne payer quel-

que chose pour le deffault pour cette fois ; et à ceulx qui iront faire le guet, sera baillé lieu et place convenable à couvert, et seront tenuz de venir à ladite place pour faire ledit guet jusques à soleil couchant, et les laissera l'on yssir des soleil levant afin qu'ils puissent aler gagner leurs journées, sans les retenir ne contraindre à faire courvée ou autre service; et, ou cas qu'il y aura aucuns qui feront le contraire, ilz en seront pugniz de amende arbitraire, et autrement selon l'exigence des cas, par les juges et nos officiers ordinaires des proviaces, ressors ou exemptions où le cas adviendroit. Toutes fois, es places prochaines des ennemis, où il y pourroit avoir doubte de ouvrir ou attendre à fermer lesdites portes et places, ou qu'il y eust doubte ou suspicion de recevoir gens qui ne feussent bien seurs faire ledit guet, il sera à la discretion des capitaines de ouvrir et fermer lesdites portes à telle heure qu'ilz adviseront et de prendre lesdits cinq deniers tournois par mois, ou de recevoir les personnes à faire le guet, ainsi qu'ilz verront estre le mieulx pour la seureté desdites places.

(4) *Item* Tous ceulx qui n'ont accoustumé de faire guet, ou qui par cy-devant le faisoient moins de douze fois l'an, ou qui ont accoustumé d'en payer moins de cinq solz tournois par an, soit par traictié, par convention, par possession, ou autrement, seront et demourront en leur possession, sans ce que par ceste nostre presente ordonnance l'on leur puisse quelque chose plus demander que ce qu'ilz ont accoustumé de faire; mais s'aucuns en y avait qui plus en payassent, l'on ne leur pourra demander ne prendre ne exiger sur eulx pour ledit guet, que lesdits cinq solz tournois par an sans plus et selon la forme dessusdite.

(5) *Item*. Et de quelconques places abatues, demolies ou en ruine, esquelles l'on pretend avoir droit de chastellenie ou de guet, soubz quelque couleur ou privilege que ce soit, les habitans d'icelles chastellenies ne seront tenuz de faire quelque guet esdites places ne ailleurs, tant qu'elles seront en demolition et ruine.

(6) *Item*. Deffendons à tous seigneurs chastellains, capitaines, leurs lieuxtenans, clercs de guetz ou autres officiers de villes, chasteaulx, chastellenies, qu'ilz ne procedent contre les deffaillans par voye de courses pour les deffaulx des guetz, ne aussi par prinse, arrest ou detention des personnes desdits habitans desdites villes ou chastellenies, ou par prinse des instrumens de leur labour, ne par autres executions dures et rigou-

reuses, et ne preignent executoire sur ceulx qui auront de faillyr pour plus que la valeur de ce qui leur sera deub, desdits cinq deniers tournois par chascun mois pour toutes choses, sans ce qu'ilz se puissent prendre à l'un des habitans pour l'autre, mais ne sera tenu chascun que pour son cas, sur peine quant à ceulx qui feroient ou souffriroient faire lesdites courses, d'estre pugniz corporellement, et quant aux autres, de amende arbitraire à l'ordonnance de nos bailliz et seneschaulx, et autres nos juges et officiers ordinaires de la justice, territoire, juridiction, ressort ou exemption esquelles lesdites choses adviendront.

(7) *Item.* Pour oster et abolir les debatz, haynes, rancunes et differences qui sont venuz à cause desditz guetz, et qui encores pourroient advenir par les procès qui s'en sont ensuiviz, et entretenir bonne amour et union entre les seigneurs chastellains, les capitaines et autres qui levent ledit guet et les habitans de leursdites chastellenies, et éviter toute cause de discord et division entre eulx, nous avons mis et mectons du tout au néant tout procès qui, à cause du fait desditz guetz, ont esté intentez et introduitz, et qui à présent sont meuz et pendans tant en nostre grant conseil que en nos cours de parlement et autres questauditoires que ce soit, en nostre royaume et Daulphiné et demourront tous ceulx qui sont en procès à cause desdits guetz, tant en demandant que en deffendant, quittes des arrerages et deffaulx d'iceulx guetz, et aussi, seront et demourront les uns envers les autres quictes de tous depens, intérêts et dommages de tout le temps passé jusques à aujourd'hui; et dès à présent nous avons mis et mectons les ungs et les autres hors de tous procès touchant le fait desdits guetz, sans ce que à cause du temps passé puisse pour le fait d'iceulx guetz estre fait question ne demande des ungs aux autres.

(8) *Item.* Voulons et ordonnons que en nostre grant conseil, en toutes nos cours de parlement et eschiquier de Normandie, par toutes les cours, juridictions et auditoires de nostre royaume et Daulphiné, quant il sera question de matière de guetz, soit d'ores en avant, et jusques à ce que par nous autrement en soit ordonné, jugé, sentencié et déterminé selon nostre presente constitution et ordonnance cidessus escripte, et que tous juges qui feront le contraire soient pugniz comme transgresseurs de nostre loy et constitution.

(9) *Item.* Et pour plus certainement donner ordre et prendre conclusion en la matière desdits guetz, tant pour le dis-

ceulx à qui la matière touche, que pour la seureté des places à garder, aussi pour le soulagement de nostre pouvre peuple, nous voulons et ordonnons que tous bailliz, seneschaulx, prevosts, gouverneurs et autres presidens des provinces de nostre royaume et nos procureurs esdites provinces, envoyent par-devers nous et les gens de nostre grand conseil, dedans le premier jour de septembre prouchain venant, la déclaration de toutes les villes et places, tant des nostres que de celles de nos subjectz, qui sont entre leurs provinces, juridictions, ressorts ou exemptions d'icelles, esquelles villes et places a chastel et où l'on prend droit de chastellenie et de guet, et qu'ils specifient et declairent especialement les places qui sont en lieu dangereux en matiere de nos ennemis, où il est requis plus grant garde, et icelles qui sont en ruine, pour après en ordonner ainsi qu'il appartiendra.

Si donnons en mandement, etc. Donné à Tours, etc. Par le roy.

N° 256. — LETTRES *qui prohibent l'usage des monnaies étrangères, hors les foires de Lyon.*

Montargis, 8 mai 1479. (C. L. XVIII, 478.)

N° 257. — LETTRES *qui exemptent les officiers du parlement de Paris* (1), *de ban et de l'arrière-ban.*

Puiseaux en Gâtinois, 19 mai 1479. (C. L. XVIII, 479.)

N° 258. — LETTRES *par lesquelles le roi prend sous sa protection les enfans d'un officier injustement condamné, et sans forme de procès, par ordre du roi de Provence* (2).

Saint-Esprit, 20 octobre 1479. (C. L. XVIII, 504.)

Loys, etc., à noz amez et féaulx conseillers les gens de nostre court de parlement de Paris, Thoulouse, Bordeaulx, et ceux qui

---

(1) Ce privilège est beaucoup plus ancien. Il y a des lettres semblables pour la Cour des Comptes, à la même date, p. 481. (Isambert.)
(2) Il est curieux de voir Louis XI censurer une sentence par laquelle les juges n'avaient pas observé les règles de la justice. (*Idem.*)

tiendront nostre eschiquier à Rouen, gens de noz comptes et tresoriers de France, bailli de Touraine, des ressorts et exemptions d'Anjou et du Maine, maire, soubz-maire et eschevins de nostre ville d'Angers, et à tous noz autres justiciers et officiers et leurs lieutenans, salut et dilection.

L'umble supplication de nostre bien-amé Guillaume le Roy, bourgeois et eschevin de nostredite ville d'Angers, et Robert Fournier, licencié en loix, par nous commis et deputez à la garde, administration et tutelle des enfans mineurs d'ans, et biens tant meubles que immeubles demourez du decès de feu Pierre le Roy dit Benjamyn, qui estoit frere germain dudit Guillaume, en son vivant esleu et ordonné par nous sur le fait de noz aides en la ville et election d'Angers, avons receue, contenant qu'il soit ainsi que, puis nagueres, nostre très-cher et amé oncle le roy de Sicile ait fait prendre et constituer prisonnier au pays de Prouvence ledit feu leur pere, au chasteau de Merargues, près la ville et cité d'Aix, et pour hayne consceue par nostredit oncle contre lui, au moyen d'aucuns mauvais et faulx rapports faiz à nostredit oncle à l'encontre dudit feu Benjamyn, par ses hayneulx ennemis mortels et adversaires, ait fait proceder à l'encontre de sa personne extraordinairement et autrement en maniere que, sans le oyr ne garder les solempnitez en tel cas requises, (1) par lesdits hayneulx et ennemis mortelz, ses serviteurs et officiers, l'a fait declairer crimineulx de crime capital et icelui executer au chasteau de Merargues, sans aucunement nous en advertir ne faire savoir aucune chose, combien que de equité et raison aussi, par l'obeissance en quoi est atenu nostredit oncle à cause de nostre souveraineté et qu'il est de nostre sang et lignage et de la maison de France, nous devions avoir la cognoissance des causes et occasions pour lesquelles il auroit fait prisonnier ledit Benjamyn, et les cas pour procez et autrement devoit envoyer devers nous, attendu que icelui Benjamyn estoit nostre officier et avoit serment de fidelité à nous.

Pour iceulx cas, causes et occasions dont il nous feust apparu, avoir eu advis, conseil et deliberation par nosditz conseillers et gens de nostre justice souveraine et autres que à ce eussions

---

(1) Le roi Jean a ordonné des exécutions semblables, ainsi que Louis XI lui-même. Il est bon l'arrêt d'un tyran tel que Louis XI. (Isambert.) c'est-à-dire des assassinats pouvoir opposer aux tyrans

faire convocquer et appeller, et en faire ainsi que par justice se devoit, avant que en nulle maniere avoir consenti [mort] et trespas dudit Benjamyn, ne faire ou faire faire declai[rer] de prandre, retenir et mectre au prouffit de nostredit [oncle] lesditz biens esquels nous avons droit, pour les causes [susd]ites, se par justice eust esté trouvé que confiscacion s'en [eust] ensuivre.

Et neanmoins nostredit oncle et ses gens et officiers, non [obstans] desditz exploits, ont voulu et veullent dire et declairer [les] biens d'icelui Benjamyn estant en nostre royaume et soubz [nostre] seigneurie et souveraineté estre et appartenir à nostre [dit] oncle, ainsi que dit et remonstré nous a esté, et en a voulu [nostre]dit oncle faire don à aucuns de ses gens et officiers; à [laquelle] cause lesditz Guillaume le roy et Fournier par nous [commis] dessusditz doubtent que, par force, violence, ou autre[ment] indeuement, nostredit oncle, sesditz gens et officiers [veul]lent et voulussent prendre et enlever les biens meubles et [eulx] intruire, bouter et prendre la possession des heritages et [aultres] immeubles et en prendre et lever les fruiz, et mesmement [de] ceulx qui sont és pays et duché d'Anjou et autres lieux quel[con]ques, pour ce qu'ilz soient demourez du decez dudit feu [Ben]jamyn, qui seroit la totalle destruction desditz pouvres en[fans] dudit defunct demourez pupilles et orphelins et les faire [mendier] au temps advenir, ainsi que nous ont fait dire et re[monst]rer lesditz Guillaume le Roy et Fournier, lequel Fournier [a es]pousé Renée l'aisnée fille dudit feu Benjamyn, humblement [requer]ans sur ce noz grace, provision et remede convenable. [Pour] ce est-il que nous, les choses dessusdites considerées, [et] que sommes protecteurs et garde des vefves (1) et orphelins [et] que les devons deffendre de toutes oppressions et violences, [et] que piteuse chose seroit que lesditz enfans fussent detruiz [et] en mendicité toute leur vie, actendu qu'ilz sont en bas aage [et] que encores y a une petite fille à pourveoir qui pourroit [tour]ner à deshonneur et perdicion, et ne peuent et ne sauroient [se] defendre des griefs et molestacions que on leur pourroit [faire], dire ou procurer, voulans de ce les garder et defendre, [pour] ces causes et autres à ce nous mouvans, iceulx enfans tant

---

(1) Ces privileges sont remarquables, et ces expressions doivent être souvent [adres]sées aux princes. (Isambert.)

52.

masles que emelles, ensemble tous et chacuns les biens meubles et immeubles en quelque qualité ou especes qu'ilz soient
ou pourroient estre et qu'ilz estoient ou appartenoient audit
Benjamyn, et lesquelz de raison sont et appartiennent ausdits
enfans comme ses vrais héritiers, en quelque lieu qu'ilz soient
situez et assiz ès villes, lieux, justices et juridictions de nostre
souveraineté, obeissance et seigneuries de nostre royaume.

Avons pris et mis, prenons et mectons en nostre main, protection et sauve-garde especial à la conservation des personnes
droiz desditz enfans, en tant que mestier est, seroit ou pourroit
estre, pour le temps advenir, iceulx biens, en quelque qualité
espece ou quantité qu'ilz soient et qu'ilz seront trouvez, et que-
que droit de confiscation ou autrement en quelque maniere que
ce soit que sur iceulx nous ayons et pouvons avoir, avons donné
quicté, octroyé et delaissé, donnons, quictons, octroyons et
delaissons ausditz enfans tant masles que femelles dudit Benjamyn, nez et procreez en loyal mariage; et oultre, pour ce
que les aucuns desditz enfans sont encore mineurs d'ans et
en bas aage et ne sauroient regir et gouverner iceulx biens
nous avons donné et par cesdites presentes donnons facultés,
pouvoir et auctorité ausditz Guillaume le Roy et Fournier, de
traiter, regir et gouverner iceulx biens et prandre la possession
et saisine, et d'iceulx prandre et recevoir les fruiz, proffiz et
revenues, ensemble poursuir toutes et chacunes les debtes qui
apperront ou pourront apparoir estre deues audit Benjamyn
defunct, pour le tout actribuer et mectre au prouffit desditz
enfans, et de chacun d'eulx ainsi que leur pourra compecter et
appartenir, à leurs despens, et d'iceulx biens rendre bon compte
et reliqua, quant lesditz enfans seront en aage, à qui il appartiendra.

Et pour ce que il y a plusieurs debtes qui sont et peuvent
estre deues audit Benjamyn defunct et dont les crediteurs
pourront faire refuz de les payer et bailler auxditz enfans, nous
par cesdites presentes, donnons en mandement au premier
huissier de nostre parlement ou nostre sergent qui sur ce sera
requis, que toutes les debtes bonnes et loyaulx, cogneues et
prouvées suffisaument par lectres, tesmoings, confession de
partie, ou autres loyaulx enseignemens, qui luy apperront estre
deues audit Benjamyn defunct, ilz facent payer et bailler incontinent et sans delay ausditz Guillaume le Roy et Fournier, par
nous commis dessusditz pour lesditz enfans, en contraignant

les debteurs et chacun d'eulx, par prinse, vendue et exploctation de leurs biens, detencion et emprisonnement de leurs personnes, se mestier est et à ce sont obligez; et, en cas d'opposition, refuz ou delay, nostre main souffisaument garnye premierement et avant tout euvre des sommes contenues ès lectres obligatoires faictes et passées soubz sceaulx royaulx. qu'il adjorne les opposans, refusans ou delayans, à certain et compctant jour ou jours, par-devant les juges ausquelz la cognoissance en appartiendra, pour dire les causes de leur opposition, refuz ou delay, respondre, proceder et aller avant en oultre, selon raison, ausquels nous mandons que aux parties, icelles oyes, facent bon et brief droit et accomplissement de justice.

Si vous mandons, commandons et expressement enjoignons, en commettant se mestier est, et à chacun de vous sur ce premier requis, que de nos presens grace, sauve-garde, don et octroy, vous et chacun de vous en droit soy, faictes, souffrez et laissez joyr et user lesditz Guillaume le Roy et Fournier pour et au nom desditz enfans, sans en ce leur faire ne donner, ne souffrir estre fait ne donné aucun destourbier ou empeschement en corps ne en biens au contraire; et si les personnes ou aucuns desditz biens estaient pris, saisiz ou empeschez, vous, ou le premier de vous sur ce requis, mectez-les ou faictes mectre à plaine delivrance, en ostant nostre main et toutes nos mains et empeschement qui mis ou donnez leur auraient esté, seraient ou pourroient estre faiz en quelque maniere que ce soit, et lesquelles mains mises et empeschemens, s'aucuns y estoient, nous avons levé et levons par cesdites presentes au prouffit desditz enfans et de chacun d'eulx, nonobstant oppositions ou appellations quelzconques faictes ou à faire, pour lesquelles ne voulons en estre différé.

Et defendons aux gens, officiers et subjectz de nostredit oncle, de quelque estat ou condicion qu'ilz soient, et à nostre procureur present ou avenir, ausditz Guillaume le Roy et Fournier, tuteurs et par nous commis des susditz enfans pupilles orphelins, ne en leursditz biens ne mesacent on facent mesfaire en quelque maniere que ce soit, sur peine d'encourir nostre indignacion et d'estre repuiés rebelles et desobeissans envers nous.

Car ainsi nous plaist il estre fait, et ausditz enfans pupilles orphelins avons octroyé et octroyons de grace especiale par cesdites presentes, nonobstant quelconques choses que ont voulu et vouldront en ce faire nostredit oncle, sesditz gens et officiers, que ne voulons en aucune maniere prejudicier ne deroguer à l'effect, teneur et substance de cesdites presentes, et quelconques ordonnances, restrinctions, mandemens et defenses à ce contraires.

Mandons et commandons à tous noz subjectz que à vous et chacun de vous et audit nostre huissier ou sergent sur ce requis, en accomplissant le contenu en cesdites presentes ainsi que mandé leur est, obeissent et entendent diligemment, prestent et donnent conseil, confort, aide et prisons, se mestier est et par vous ou l'un de vous requis en sont.

Donné à Saint-Espain, etc. Par le roy, le sire de Precigny et autres presens.

N°. 259. — *Édit sur la proposition d'erreur* (1).

Au Plessis-lès-Tours, novembre 1479. (C. L. XVIII, 516. Reg. au grand conseil le 26, et au parlement de Paris, le 17 janvier 1480.) (2)

Loys, etc. Comme, pour le bien de nous et de noz subjectz, et mectre fin ès procès qui de jour en jour adviennent en nostre royaume touchant les questions des drois, terres, seigneuries, crimes et delictz, et autres plusieurs matieres qui se meuvent, les uns contre les autres, ait esté instituée et establie nostre court de parlement souveraine et capitale pour faire et administrer justice et jugier en derrenier ressort, soit en cause d'appel ou autres qui en premiere instance sont introduites en icelle court, les terminer et y donner jugement final et arrest, sans ce que après ne ailleurs on puisse reclamer ne venir à l'encontre de ce qui y est finablement decidé ne le retraicter, plus en cognoistre ne remectre en autre jugement par quelque voie ou maniere, sinon que, de grace especial et de certaine science, par lectre soit ou ait esté octroyé par nous ou noz predecesseurs à noz subjectz les ungs contre les autres, estre receuz à proposer erreur où il echet et où telle voye doit avoir lieu et estre receue, et non autrement.

---

(1) C'est le recours en cassation qui existe à l'egard de toutes les juridictions. (Isambert.)

(2) V. le président Henrion de Pansay, de *l'autorité judiciaire*. Cet édit fut confirmé par Louis XII, en 1499; en 1539 François I*er* réduisit à une année le terme accordé par cette ordonnance. (Pastoret.)

Et pour ce que plusieurs, par importunité, du temps de nos predecesseurs, s'efforçoient d'obtenir lectres pour renouer (1) les procez et remectre en question et reiterative cognoissance ce qui avoit esté terminé et arresté, se mutiplioient procez et survenoient infinies questions dont les subjectz estoient en grant trouble et fort travaillez (2), et les juges de nostredicte court tellement occupez qu'ils ne pouvoient vaquer ne entendre à l'expedition des causes d'appel et autres qui sont de l'ordinaire cognoissance d'icelle court, dont les causes devenoient (3) immortelles, pour y obvier et relever lesditz subjectz desdits travaulx, mises et depenses, et pour y mectre deue fin, furent faictes plusieurs ordonnances par nosdits predecesseurs en divers temps (4), par lesquelles, entre autres choses, fut dit et ordonné que nul ne soit receu à proposer erreur contre les jugemens et arrests de nostredicte court, sinon que prealablement, il eust lectres de nosdits predecesseurs de grace especial et de certaine science, et

---

(1) Il y a revoir dans Fontanon et July. (*Idem.*)

(2) Tourmentés. (*Idem.*)

(3) Demeuraient. (*Idem.*)

(4) On peut voir, entre autres, l'art. 9 d'une ordonnance de Philippe de Valois, t. II de notre collection, p. 216 et 217. (Isambert.) Quelques années auparavant, en 1340, le même prince avait porté sur le même sujet la disposition suivante: « Quia sæpe, per importunitatem potentium, tam nos quàm nonnulli prædecessores nostri reges Franciæ, multas gratias concessimus de proponendo errores contra arresta in curiâ nostrâ lata, ex quo lites quandoque factæ sunt immortales, gentesque nostræ pro nobis nostrum tenentes parlamentum, adeò curâ examinationis dictorum errorum aliquoties occupantur quod expeditioni aliarum causarum quæ in parlamento nostro ventilantur vacare commodo nequeunt, in grande præjudicium atque damnum subditorum nostrorum; ideò præterita emendare volentes, et adversus futuras quantùm possumus providere, inclytæ recordationis domini regis Karoli, consanguinei et prædecessoris nostri, vestigiis inhærentes, hoc edicto perpetuo statuimus, ut quicumque gratiam à nobis seu successoribus nostris proponendi errores contra arrestum in curia nostra latum impetraverit, antequam ad proponendum errores prædictos per curiam nostram admittatur vel super his audiatur, cavere idoneè teneatur de refundendis expensis et interesse parti adversæ, ac nobis solvisse duplicem emendam, si per arrestum seu judicium curiæ nostræ succubuerit. Quod si idoneè cavere non poterit, talem præstabit cautionem qualem gentes nostrum tenentes parlamentum ordinabunt, licèt in litteris gratiarum nulla mentio habeatur de solvendo duplicem emendam vel de refundendis damnis vel expensis. » Nous avons cité cet article de l'ordonnance de Philippe VI en 1340, parce qu'elle n'a pas été inserée dans les volumes précedens. Pastoret.]

que, après icelle grace obtenue, la partie qui auroit eu jugement contre elle seroit tenue de bailler caucion de paier double amende, aussi caucion de refonder (1) despens, dommaiges et interestz à la partie qui auroit obtenu; et encores par autre ordonnance furent introduites plusieurs autres solemnitez estre gardées pour recevoir les subjectz, et avant que leur octroier grace à proposer et faire juger par nostredite court l'erreur ou erreurs par eulx pretendu, et tout pour restraindre lesdits subjectz, par telles voyes de proposicion d'erreur, de travailler les ungs les autres aprez les arrestz donnez par nostredite court, et faire cesser telles reiteracions de querelles et poursuites. Et oultre, fut statué et ordonné que, de quelzconques jugemens interlocutoires, aucun, par quelque grace qu'il obtint, ne fust receu à proposer erreur, pour obvier à ce que les causes fussent immortelles.

Mais depuis, soubz couleur que esdites ordonnances n'y a temps limité de proposer erreur et de obtenir pour ce lesdites lectres de grace et de garder les solemnitez, faire et accomplir ce qui est contenu en icelles ordonnances, plusieurs se sont efforcez, le temps passé, et s'efforcent chacun jour de faire arrester les pieces des procez sur lesquelles lesdits arrestz et jugemens ont esté donnez contre eulx, soubz couleur qu'il dient avoir intencion de proposer erreur avant qu'ils aient obtenu lectres de nous ou de noz predecesseurs, commandées de grace especial et certaine science de faire ladite proposicion d'erreur, et n'en font poursuite ne diligence de long temps et sinon quant bon leur semble, esperans d'y estre receu jusques à trente ans, dedans lequel temps aucuns veullent dire ladicte proposicion avoir lieu, en actendant souventesfoiz qu'il y ait mutacion de parties, de juges, greffiers, advocatz et procureurs, par mort ou autrement, et qu'il y ait nouvelles parties qui souvent ne sont et ne peuvent estre instruictes des matieres qui ont esté vuidées par arrest du temps de leurs predecesseurs, et qu'il n'y ait conseil qui les puisse conseillier ne advertir du demené (2) des causes et procez vuidez par arrest, et que les pieces qui ont esté lessées au greffe soient adirées (3) et perdues, et qu'il y ait tous nouvaulx conseilliers en nostredite court qui n'ayent ouy ne entendu les motifs de ceulx qui ont donné lesdits

---

(1) Rembourser, rendre, payer. Il y a refondre dans Fontanon et dans Joly. (Pastoret.)

(2) Situation, etat, conduite, action. (Idem.)

(3) Egarées. (Idem.)

...mens et arrestz, lesquelles choses peuvent avenir en si long ...ps comme de trente ans et en moindre temps, dont s'en pour-...ent ensuir plusieurs pertes à nosdits subjectz, et les jugemens ...arrestz qui sont ordonnez pour donner fin, plaine sureté et ...ainété, estre subvertiz et changez, et, par tel laps de temps, ...urer les faiz et drois d'un chacun en incertaineté, qui pour-...estre cause de mectre la chose publique de nostredit royaume ...grant confusion, dont à nous et à nosdits subjectz pourroient ave-...plusieurs grans et irreparables dommaiges et inconveniens, se ...sous n'y estoit sur ce pourveu de bon et convenable remede, et ...bonne et meure deliberacion sur ce eue.

Pourquoy nous, ces choses considerées, voulans obvier et ...veoir ausdit inconveniens, relever nosdits subjects de vexa-...ons, mises et despenses, abreger les questions et procez et ...faire mectre à bonne fin, briefve en maniere que par lon-...gueur de temps nosdits subjectz ne soient tenuz en suspens et ...demeurent incertains de leurs drois, seigneuries, ques-...tions et querelles ainsi vuidées par arrest et derrenier ressort, et aussi pourveoir aux superflux delaiz et longueurs qui par ...ite voye de proposicion d'erreur adviendroient et pour-...ient advenir de jour en jour, soubz umbre que temps limité ...est exprimé esdites ordonnances de nosdits predecesseurs, en ...suivant leur vraysemblable entencion qui toujours a esté de faire cesser multiplicacion de questions et procez, et reseguer (1) ...toute longueur superflue et les terminer et limiter à temps souf-...fant par droit ou raison, par l'advis et deliberacion de plusieurs ...seigneurs de nostre sang et lignaige et autres grans et notables ...personnaiges, tant de nostre grand conseil, de nostre court de ...parlement que autres, avons declairé, decerné et ordonné, vou-...lons, declairons, decernons et ordonnons, par ordonnance, loy et Edict general et irrevocable, de nostre certaine science, plaine ...puissance et auctorité royal.

Que le temps de impetrer lectres de grace pour estre receu ...à proposer erreur et les obtenir de nous et de noz successeurs, de grace especial et certaine science, ainsi que faire se doit, et ...de faire faire et accomplir les solemnitez et ce qui est contenu ...et declairé esdites ordonnances de nosdits predecesseurs requises à proposicion d'erreur, soit de deux ans continuels et prou-

---

(1) Oter, retrancher. (Pastoret.)

chains (1) ensuivant les arrestz prononcez en nostredite cour, dedans lequel temps les parties qui vouldront proposer erreur soient tenues de impetrer lesdites lectres de nous ou de noz successeurs, commandées de grace especial et certaine science pour estre receuz à proposer erreur, de faire et accomplir contenu esdites ordonnances, introduire la matiere et cognoissance desdites erreurs en nostredite court, et dedans un an prochain ensuivant faire en icelle court toute diligence et poursuite de faire bailler defenses, repliques et dupliques, et faire faire ce qu'il appertient, en telle maniere que le procez desdites erreurs soit en estat de juger dedans ledit temps.

Et se, par importunité ou autrement, lectres estoient obtenues de nous ou de noz successeurs pour avoir, oultre ledit temps, lectres de grace pour estre receuz à proposer erreur et plus long delay pour faire et accomplir lesdites solemnités requises et tout ce que dit est, nous icelles lectres, et toutes graces depuis obtenues en quelque forme et soubz quelque couleur que ce soit, avons declaré et declairons nulles et de nul effect et valeur, et voulons qu'il n'y soit aucunement obtemperé, et toute poursuite par ladite voye d'erreur estre desertée, et celui qui ainsi se seroit efforcé de proposer erreur et d'obtenir les lectres et intenter ladite voye de proposicion d'erreur apres ledit temps, soit condemné en ladite double amende et à refonder tous domaiges et interestz à la partie qui aura obtenu ledit arrest.

Si donnons en mandement etc. Donné au Plessis du Parc, etc. Par le Roy, en son Conseil.

N°. 260. — LETTRES *sur le cours des monnaies angloises.*

Plessis-du-Parc-lès-Tours, 27 janvier 1479. (C. L. XVIII, 523.) Publié à Paris, à son de trompe, le 12 février.

---

(1) Maintenant le délai du recours est de 3 mois, tant au conseil d'état qu'à la cour de cassation, et il faut encore une permission d'assigner; les demandes en réhabilitation sont differentes. (Isambert.)

961. — Lettres d'abolition en faveur d'un archevêque, qui avoit resisté à l'occupation de la Bourgogne par le roi.

Plessis-du-Parc-lès-Tours, mars 1479. (C. L. XVIII, 536.)

Loys, etc., comme durant les guerres et divisions qui ont eu et encore cours entre nous et feu le duc Charles de Bourgongne, dernier trespassé, le duc Maximilien d'Autriche et la duchesse sa femme, fille dudit feu duc Charles, plusieurs seigneurs, vassaulx, amis et alliez desdits feu ducs Charles et Maximilien, et leurs vassaulx, subgects et souldoyers, se soient declarez nos ennemis rebelles, desobeissans subgects et adversaires, et de leur pouoir, en guerre et autrement, porté et pourchassé à nous, nos royaume, seigneurie et subgects, dommaiges, pertes et autres maulx et inconveniens en plusieurs et diverses manieres; entre lesquels, nostre amé et féal cousin et conseiller Charles de Neufchastel, archevesque de Bezançon, evesque commandataire de Ponx, estant en son arceveschié et diocese de Bezançon, situé assiz en nostre conté de Bourgongne, non adverty du bon droit que nous avons audit conté, dez le vivant dudit feu duc Charles de Bourgongne, que nous envoyames ost et armée audit conté de Bourgongne, soubz la charge et conduite de nostre amé et féal cousin, conseiller et premier chambellan, le conte de Dampmartin, seigneur de Craon, nostre lieutenant general en ladicte armée, nostredit cousin arcevesque de Bezançon de son pouoir employa et fit employer soubz luy ses gens, familiers, souldoyers et serviteurs, à la garde et deffense de son diocese de Bezançon et des places fortes qu'il a audit conté à cause de sondit arceveschié et des autres benefices qu'il a au pays, à l'encontre dudit seigneur de Craon et autres nos cappitaines et gens de guerre; et, depuis le trespas dudit feu duc Charles, nostredit cousin l'arcevesque de Bezançon ait tousjours adheré audit duc Maximilien d'Autriche et à ladite duchesse sa femme, et, pour eulx et à leur requeste, fait et fait faire à l'encontre de nous et de nosdits royaume, seigneuries et subgects, plusieurs voyaiges et ambassades devers le duc Sigismond d'Autriche, les haultes et basses ligues des Almaignes et autres seigneuries et communautés, où il a peu et seu, à nostre dommaige et desavantaige; et jusques puis un an en çà ou environ, que icelluy nostre cousin l'arcevesque de Besançon, bien adverty de nostre bon droit que nous en icelluy conté de Bourgongne où sondit arceveschié est assis, s'est liberalement traict en nostre service et de son pou[voir] nous a aidé et favorisé aux recouvrance et reduction en nostre[dit] service et obeissance de ladite cité de Bezançon, de plusieu[rs] bonnes et fortes places, seigneurs, barons et cappitaines d'ice[lui] conté, et mesmement de ceux de la maison de Neufchastel do[nt] il est, qui tenoient grant partie desdites fortes places, ouq[uel] nostre service nostredit cousin et conseiller l'arcevesque de B[e]zançon se occupe continuellement à l'entour de nous et noz pl[us] grands conseils et affaires, en grant cure et sollicitude, et espe[rons] faire de bien en mieulx tout le temps de sa vie.

Et combien que nostredit cousin l'arcevesque de Bezançon n[e] soit né en nostredit royaume, mais en la ville de Bruxelles en B[ra]bant, et que auparavant qu'il nous estoit ainsi contraire et adver[ver]saire, comme dit est, il n'eust fait aucun serement de feaul[té à] nous ne autre quelconque, et que ce qu'il a fait à l'encontre d[e] nous, non adverty de nostredit droit comme dit est, ait esté se[u]lement en gardant et deffendant le pays et les droits de son egli[se], et que par ce moien de droit et de raison aucune chose ne l[uy] puisse ou doye estre imputée ne reprouchée en aucune manier[e], neantmoins icelluy nostre cousin l'arcevesque de Bezançon, en n[ous] de plus en plus demonstrant feable et obeyssant, nous a humb[le]ment supplié et requis que, se ez choses dessusdites ainsy pa[r] luy faictes et pourchassées à l'encontre de nous, nosdits royaum[e], seigneurie et subgects, il a aucunement offensé et mesprins vers nous et justice, il nous plaise luy quitter, abolyr et pardo[n]ner, et sur ce luy impartir nostre grace.

Pourquoy nous, ces choses considérées, inclinans liberale[ment] à ladite supplication et requeste de nostredit cousin, à icelluy nostre cousin Charles de Neufchastel, archevesque [de] Bezançon et evesque de Bayeux, avons, en tant que mestie[r] est, quitté, aboly et pardonné, et par ces presentes, de grac[e] especial, plaine puissance et auctorité royal, quittons, aboli[s]sons et pardonnons les faits et cas dessusdits et declairez, avec toute peine, offense et amende criminelle et civile en quoy, pour occasion d'iceux, il pourroit estre encouru envers nous et justice, et, quant à ce, imposons silence perpetuel à nostre pro[cureur present et avenir et à tous autres, promettant de bonne foy et en parole de roy jamais n'avoir aucun regret ne maulvais resgard envers nostredit cousin l'arcevesque de Bezançon pour oc[c]casion desdits services par luy faiz audit feu duc Charles de Bourgogne, duc Maximilien d'Autriche et duchesse sa femme, e[t]

...ces choses qu'il a faites et pourchassées à l'encontre de nous avant le temps qu'il est venu en nostredit service et obeissance.

Si donnons en mandement, etc.

Donné au Plessis-du-Parc-lez-Tours, etc.

Par le roy, les sires de Montagu, de Graville et autres presens.

N° 262. — LETTRES *portant don de terres à Philippe de Commines* (1), *conseiller et chambellan du roi.*

Buno, mai 1480. (C. L. XVIII, 542.)

N° 263. — DÉCLARATION *du roi, pour la réception d'un légat à latere,* choisi par le pape (2).

Brie-Comte-Robert, 14 juin 1480. (C. L. XXIII, 549.)

N° 264. — ORDONNANCE *sur la juridiction de l'amirauté.* (3)

Tours, 2 octobre 1480. (C. L. XVIII, 583.)

Loys, etc. De la partie de nostre très-cher et bien-amé fils et cousin Loys bastard de Bourbon, comte de Roussillon et admiral de France, nous a esté exposé que, combien qu'il ne loyse ne soit permis à aucunes personnes quelconque decider, cognoistre et determiner des causes et matieres de la mer et des cas commis en icelle, ni ès greves d'icelles, par quelques personnes que ce soit, tant criminellement que civilement, soit par faicts de guerres, marchandises, pescheries ou autrement, ne semblablement donner aucuns sauf-conduits à nos ennemis, adversaires, ne congé à nos subjects d'impetrer sauf-conduits d'eux ne s'en user, mais à nostredit cousin seul, comme admiral et nostre lieutenant general par la mer et greves d'icelle, et à ses lieutenans et commis, et de ce ayent nostredit admiral et ses predecesseurs accoutumé jouyr et user de tout temps et d'ancienneté

---

(1) C'est l'auteur des mémoires, autrefois conseiller de Charles-le-Téméraire. (Lambert.)
(2) V. les lettres du 4 janvier 1476. (Idem.)
(3) V. la loi du 20 avril 1825. (Idem.)

par tout nostre royaume et mesmement en nostre duché de Normandie; depuis le recouvrement d'icelle, neantmoins le bailly et prevost de Sainct-Vallery-sur-Somme, et lieutenans de chastel et place du Crotoy, les vicomte et majeur d'Estaples et de Boulongne et autres, se sont efforcés et de fait s'efforcent de cognoistre desdites matieres, et le droict et amende que d'icelles viennent à eux attribuer, qui est directement entreprendre sur les droicts et prerogatives de nostredict fils et cousin et dudict office d'admiral, et en son très-grand grief, prejudice, dommage, et plus pourroit estre, si par nous ne lui estoit pourveu de nostre remede convenable, ainsi qu'il nous a faict dire et remontrer, humblement requerant iceluy.

Pourquoi nous, les choses dessus dictes considerées, voulans les droits et prerogatives dudict office d'admiral, qui sont droicts royaux, estre preservés et gardés par bon ordre, et iceulx entretenir, comme raison est, vous mandons et commettons par ces presentes, et à chacun de vous si comme luy appartiendra, que vous faictes ou faictes faire inhibition et defense de par nous ausdicts bailly, prevost, lieutenans, vicomtes, majeurs et autres quelconques qu'il appartiendra et dont serés requis, sur certaines et grandes peines à nous à appliquer, qu'ils n'aucuns d'eux ne cognoissent ou soy entremettent de cognoistre des faicts de la mer ne des dependances d'icelle(1), ne des greves, en aucune maniere que ce soit, pour quelque cause ou occasion que ce soit; ançois, ce que par eux auroit esté faict, ils reparent et facent reparer et mettre tantost et sans délai à son premier estat et deu; et semblablement, qu'ils n'aucuns d'eux ne donnent, ne souffrent donner ou faire donner aucuns sauf-conduits à nosdicts ennemis, ne à nos subjects, congé d'impetrer d'eux en aucune maniere, ne en user, comme dict est, mais laissent nostredict admiral et ses officiers cognoistre desdictes matieres de ladicte mer, et donner lesdicts sauf-conduits et congé ainsi, par la forme et maniere que lui et ses predecesseurs admiraux en ont accoustumé jouyr; et pareillement, à tous autres qu'il appartiendra, et dont requis en serés, sur lesdictes poines, qu'ils ne mettent les matieres de ladicte mer et procès en question par devant autres juges que

---

(1) Il y a encore aujourd'hui une juridiction d'exception à cet égard; décret du 12 novembre 1806; réglement du 2 prairial an XI; loi du 20 avril 1825; titre III de l'ordonnance de 1682. V. note 53, sur cette loi de 1825, au Recueil complet. (Isambert.)

...devant les juges de ladicte admirauté; et, en cas d'opposi-
...refus et contredict, attendu que les droicts dudict office
...miral sont droicts royaux, et que, par deffaut de l'entrete-
...ment d'iceulx, plusieurs grands dangers, dommages et incon-
...iens s'en pourroient ensuyvir contre la seureté et bien de
...tre royaume et chose publique d'iceluy, lesdictes inhibitions
...defenses tenans, et nostredict admiral jouyssant desdicts droicts
...sondict office pendant le procès par maniere de provision,
...ques à ce autrement, parties à plain ouyes, en soit ordonné,
...obstant appellations faictes ou à faire et sans prejudice d'icel-
..., en faisant publier icelles inhibitions et defenses, afin qu'au-
...n'en peust ne doive pretendre cause d'ignorance, adjournés
...opposans, refusans ou contredisans à certain et competant
...par devant nos amez et féaulx conseillers les gens tenant
...prochain parlement à venir, pour dire les causes de leur
...position, refus ou delay, respondre, proceder et aller avant en
...tre selon raison, à laquelle nous mandons, et, pour ce que
...droicts dessus dict dependent de nosdictes ordonnances,
...interpretation desquelles nous appartient et à nostredicte cour,
...non à autre, commettons qu'aux parties, icelles ouyes, facent
...ne et briefve justice.

...pour ce que de ces presentes on aura affaire en plusieurs
...divers lieux, nous voulons qu'au *vidimus* d'icelles, faict
...nostre scel royal, plaine et entiere foy soit ajoustée
...me au present original. Et au surplus, informés-vous ou
...tes informer diligemment, directement et bien des et sur
...dicts abus, excès et entreprises, qui contre et au pre-
...fice des droicts de nostredicte admiralité ont esté faictes,
...me l'an de devant, par les officiers desdits lieux de Sainct-
...lery-sur-Somme, Boulongne, le Crotoy, d'Estaples, et autres
...plus à plain, si mestier est, vous seront baillées par escrit et
...claration, et ceux que par ladicte information vous trouverés
...pables ou vehementement suspectionnés, adjournés ou
...tes adjourner des plus coulpables jusques au nombre de deux
...officiers de chacun desdicts lieux, reservé les personnes des
...neurs d'iceux, à comparoir en personne en nostredicte cour,
...les autres simplement, pour icelles voir dire et revocquer,
...er et annuler, si estre le doivent, et ouir telles requestes,
...mations et conclusions que notre procureur, si partie se veut
..., ou nostredict fils, à cause de sondict office d'admiralité,
...droit faire former et estre à l'encontre d'eux, et chacun

d'eux touchant lesdicts droicts de nostredicte admiralité, [ré]
pondre sur ce et proceder en outre selon la matiere subjec[te]
ainsi qu'il appartiendra par raison.

Donné à Tours, etc. Par le roy, à la relation du conseil.

N° 265. — ACTE *de cession au roi de France, par Margue[rite]
d'Anjou, de ses droits sur le duché de Bar et Lorraine, [et]
sur la Provence.*

19 octobre 1480. (C. L. XVIII, 585.)

SACHENT tous presens et avenir, qu'en cette nostre cour pour [le]
roy, nostre souverain seigneur, à Angers, en droit pardeva[nt]
nous personnellement établie, très-haute et très-excellente p[rin]
cesse madame Marguerite (1), royne d'Angleterre, veuve de t[rès]
haut, très-excellent et très-puissant prince de bonne mémoi[re]
feu Henry, en son vivant roy dudit royaume d'Angleterre, et f[ille]
de très-excellents prince et princesse de louable memoire, e[n]
son vivant René, roy de Hierusalem, d'Arragon et de Sici[le]
duc d'Anjou et de Bar, comte de Provence, de Barcelonne, [de]
Forcalquier et de Piedmon, et marquis de Pont, et dame I[sa]
belle de Lorraine, duchesse de Lorraine et dame desdits lie[ux]
susnommés, son épouse, soumettant ladite dame Margueri[te]
elle, ses hoirs, avec tous et chacuns ses biens meubles et imm[eu]
bles, presens et avenir, au pouvoir, district, ressort et jurid[ic]
tion de nostredite cour, quant à ce qui s'ensuit, laquelle, [ré]
duisant souvent en memoire les choses qui ensuivent, à sçavo[ir]
la proximité de lignage qui est entre le roy nostre souverai[n sei]
gneur et elle, et pour remuneration des grands et innumera[bles]
honneurs, aydes et secours qu'elle a reçus en plusieurs mani[è]
res, tant dudit seigneur que de feu très-excellent prince et [de]
glorieuse memoire le roy Charles septiesme de ce nom, père [du]
roy nostredit seigneur, par le moyen et honneur duquel, et p[ar]
la grande conduite, peine et labeur qu'il y prit, elle fut haut[e]
ment colloquée en mariage avec ledit feu roy Henry, pais[ible]
dudit royaume d'Angleterre, et hautement eslevée en honneu[r]

---

(1) Marguerite d'Anjou, fille de René, dit le *Bon*. V. l'Histoire de R[ené]
comte de Provence; par M. de Villeneuve, 1825; 3 vol. in-8°. (Pastoret.)

il est tout notoire, aussy très-bien connoissant les louaux supports, faveur et ayde qu'elle a depuis eu et a du roy nostre souverain seigneur, duquel elle est cousine germaine, tant à fait des guerres et divisions qui depuis sondit mariage sont survenues contre ledit feu roy son espoux, pour obvier auxquelles elle a toujours eu son seul recours au roy noztredit seigneur, qui l'a benignement secourue en toutes ses nécessités, donné gens d'armes, navires et conduites contre les adversaires et ennemis de sondit espoux et d'elle par diverses fois qu'elle est venue fugitive d'Angleterre en ce royaume, ce qu'elle ne trouvoit ny pouvoit ailleurs trouver, et tellement que par les bons termes, aydes et conforts dudit seigneur, elle a longuement resisté par armes et obtenu plusieurs batailles et victoires contre sesdits adversaires, ledit feu roy Henry estant estroictement detenu prisonnier en leurs mains.

Après ce, d'abondant luy a le roy nostredit seigneur pourchassé alliance de mariage, à ses grands frais et depens, pour le feu prince de Galles son fils, où le roy nostredit seigneur fraya moult, pour toujours les fortiffier d'amys, et encores en soy monstrant plus fervent en la vraye amitié qu'avoit et a toujours eu ledit seigneur envers ladite dame, voyant la piteuse detresse en quoy elle fut detenue de sa personne, et après la mort de sesdits fils et espoux, pour ce que lesdits ennemis et adversaires la detenoient, et l'eussent toute sa vie detenue dans une pauvreté et servitude insupportable, n'eust esté la grande bonté et parfaict amour que le roy nostredit seigneur luy a toujours montré, en procurant, à grands frais et mises, la liberté et delivrance de sa personne (1), pour laquelle cause a convenu, entre autres mises, que le roy nostredit seigneur en ait payé la somme de cinquante mille escus d'or, qui est un si singulier bien à elle fait, comme elle disoit, qu'on n'en sçeut faire suffisante estimation, et tousjours en soy monstrant vers elle piteux et debonnaire, après qu'il l'a retiré de sadite servitude, l'a pourveu et pourvoit continuellement de ses bienfaits et secours, dont elle ne sçauroit le tout raconter, et tant s'en tient obligée envers ledit seigneur et les siens, que, pour bien que luy peut avenir,

---

(1) La reine Marguerite, prise avec son fils dans la bataille livrée en 1471, avait été tirée de sa prison quelques années après, en vertu d'un traité fait entre Louis XI et Édouard IV, roi d'Angleterre. (Pastoret.)

elle ne voudroit estre notée de vice d'ingratitude. Et pour ces causes et autres à ce la mouvants, bien pourveue et conseillée, non induite ni seduite par fraude ou autrement en quelque manière que ce soit, après qu'elle a affermé par son serment et en parole de royne, n'avoir autre chose de quoy elle puisse recompenser le roy nostredit souverain en tout ne en partie, et qu'ainsy luy plaist et veult estre fait, pour aucunement recompenser le roy nostredit seigneur, et pour les causes susmentionnées, a reconnu et confessé, et, par la teneur de ces presentes, reconnoist et confesse de son bon gré, sans aucun parforcement, toutes et chascunes les choses susdites estre vrayes, et avoir donné, octroié, quitté, cédé, transporté, et par la teneur de ces presentes, donne, baille, cede et transporte dès maintenant à tousjours, par heritage et titre irrevocable, et en toutes les meilleures formes et manieres que faire elle peut, au roy nostredit seigneur, pour luy, ses hoirs et ayans cause, tous et chacuns les droits, noms, raisons, actions et petitions, demandes, droits d'avoir, demander et d'avouer, que ladite dame establissant a et peut avoir, et qui luy pouvoient, peuvent ou doivent competer et appartenir, soit en tout ou en partie, ès duchés de Bar et de Lorraine, marquisat de Pont, et autres terres et seigneuries, appartenances et dependances d'icelles, et aussy ès comtés de Provence, Forcalquier et Piedmont, et generalement tous les droits, part, action et portion qu'elle a, peut et doit avoir en toutes lesdites terres et seigneuries et chacune d'icelles, tant à cause de la succession et eschouette de feus sesdits seigneur et dame ses pere et mere et autres ses predecesseurs, comme autrement, en quelque maniere que ce soit, avec tout tel droit, proffit, honneur, prerogatives et esmolumens qui en dependent, pour en jouir perpetuellement par heritage, par le roy nostredit seigneur, ses hoirs et ayans cause de luy, comme de ses propres choses à luy acquises par droit d'heritage, sans rien en retenir, reserver ny excepter pour ladite dame et les siens, en quelque manière que ce soit, et s'en est devestue et desaisie, et par ces presentes s'en devest et desaisit, et en a vestu et saisi le roy nostredit seigneur par ces mesmes presentes, et a voulu et consenty, veut et consent ladite dame establissant, que ledit seigneur, par luy ou par ses procureurs, facteurs, entremetteurs, commis ou depputez, dès maintenant ou toutesfois qu'il lui plaira, de son auctorité, ait possession reelle, actuelle, pour en jouir et uzer, comme de ses propres choses à luy acquises par droit d'héritage, sans que ladite dame, ny autre pour et au nom d'elle, y puisse, ores ne pour au temps avenir, pretendre, demander, requerir ny reclamer avoir aucun droit en petitoire ny possessoire, en quelleconque manière que ce soit, et sans qu'en ce faisant, soient faictes ny observées aucunes autres solemnités qui, tant de droit comme de coutume, y pourroient ou devroient estre requises et faites, ausquelles et à chacune d'icelles ladite dame, de sa certaine science et volonté, y a renoncé et renonce, par ces presentes, au profit du roy nostredit seigneur.

Et en oultre a voulu et consenty, veut et consent, icelle dame establissant, que si autres clauses ou choses particulierement estoient necessaires ou profitables estre dites, declairées ou ajoutées, qu'elles y soient ajoutées à la seureté, intention, bon plaisir et utilité du roy nostredit seigneur, pour mieux valider cedit transport, cession, et tout le contenu en ces presentes, ausquelles donation, quittance, bail, cession et transport, et tout ce que dessus est dit et devisé, tenir, garder et entretenir fermement et loyalement de point en point en tous articles, sans jamais faire ny venir encontre par aplagement, contreplagement, opposicion, appellacion, rescision ny autrement, en quelque maniere que ce soit ou puisse estre, lesdites choses ainsy données, baillées, cedées et transportées, garantir, sauver et deffendre de tous empeschemens quelconques, envers tous et contre tous, a obligé et oblige ladite dame, elle, ses hoirs, avec tous et chacuns ses biens presens et avenir.

Et, quant à ce, a renoncé et renonce par ces presentes à toutes graces, relevement de prince, dispense de papes et d'autres prelats, et par especial au benefice et ayde de droit velleian (1), et generalement à tous droits faits et introduits en faveur des femmes, et à toutes et chacunes les choses qui, tant de fait, de droit, que de coustume, pourroient estre dictes, alleguées ou objectées contre l'effet et teneur de ces presentes, en quelque maniere que ce soit, et au droit disant generale renonciation non valoir, et de tout ce que dessus est dit, tenir et accomplir, sans jamais faire ni venir encontre en aucune maniere par ladite dame, par la foy et serment de son corps, sur ce donné en nostre main, dont nous l'avons jugé et condamné par le jugement et condamnation de nostredite cour, de son contentement.

---

(1) C'est le droit établi par un sénatus-consulte célèbre, qui annullait les obligations que les femmes avaient contractées pour autrui. (Pastoret.)

Donné en reculée, près et hors les murs de la ville d'Angers, sous les sceaux establis aux contracts de nostredite cour, le dix-neuf octobre, l'an de grace mil cccc quatre-vingt; presens reverend pere en Dieu messire Guillaume, evesque de Poictiers; noble et puissant seigneur, Guyot Pot, comte de Saint-Paul; venerable personne Jehan de la Vignole, doyen de l'eglise d'Angers; Jehan Binel, procureur du roy; Hervé Regnault, president du conseil dudit seigneur, et plusieurs autres.

N°. 265. — LETTRES *portant concession de priviléges aux nouveaux habitans de la ville d'Arras, laquelle, pour sa rebellion, sera vidée de tous ses habitans, et portera le nom de franchise* (1).

Chartres, juillet 1481. (C. L. XVIII, 642.)

N°. 266. — LETTRES *sur l'exécution des condamnés à Poitiers.*

Au Plessis-du-Parc, septembre 1481. (Vol. 3 des ordon. de Louis XI, coté 6, fol. 5.) Reg. au parlem. de Paris, le 5 janvier.

Loys, etc., savoir faisons, à tous presens et à venir, nous avons receue humble supplication de noz chiers et bien amez les tresorier, doien et chanoines et chapitre de l'église monseigneur Saint Hillaire le Grant de Poictiers, contenant que jà pieça de long temps et d'ancienneté feuz noz predecesseurs concederent et octroyerent à la dicte église plusieurs privileges touchant le bien et augmentation d'icelle eglise, et entre autres pour l'onneur et reverence dudict glorieux corps sainct monseigneur Sainct Hillaire et pour la singuliere devocion que nosdicts predecesseurs avaient à ladicte église et audict glorieux corps sainct et autres estans et reposans en icelle eglise, et au bel et notable service divin qui y est chacun jour fait et célébré, concederent et octroierent auxdits suppliants et à leurs successeurs lesquels sont seigneurs de toute ancienneté du bourg dudit lieu de Sainct Hilaire, que

---

(1) Ceci rappelle le décret de la Convention au sujet de la ville de Lyon, qui dans une circonstance analogue, reçut le titre de cité affranchie. (Isambert.)

aucuns criminels condamnés à mort ou autres peines et supplices corporels ne fussent dès-lors en avant menés ou conduits pour souffrir lesdictes peines ou supplices corporels, et ne les passasent, les executeurs de nostre justice, par ledit bourg monseigneur Sainct-Hilaire ; ains les passassent, conduisissent et menassent par autres lieux touchans les murailles et ailleurs où il en a, plusieurs desquels privileges iceulx supplians ont joy par bien long temps et de tel temps et d'anciennneté qu'il n'est memoire du contraire, et jusques puis aucun temps en ça que nos officiers audict Poictiers les troublerent et empescherent en ce, pour laquelle cause iceulx supplians se trahirent par devers feu Thibault de Raviac, lors seneschal dudict Poictou, qui fut deux cents seize ans a ou environ, lequel après ce qu'il fut informé desdicts privilèges, et joissance sur ce, par lesdicts supplians, dict et ordonna, par sa sentence judiciaire, le conte dudict conté de Poictou lors present que des-lors en avant lesdits criminels et condamnés auxdicts supplices corporels seraient conduits, passez et menez auxdicts supplices, par le chemin bas ou voye par le depoubz de l'église Sainct-Grégoire, qui est pres des murailles de ladicte ville et non par la grant rue dudict bourg ainsi appartenant auxdicts supplians, au moyen de laquelle sentence et condamnation lesdicts supplians ont joy par long temps dudict privilege et jusques à puis aucun temps en ça que nos officiers audict Poictiers ont aucune fois fait passer par ledit bourg lesdits criminels et condamnés et fait faire des exécutions criminelles en iceluy, en venant directement contre lesdicts privileges et sentences ainsi donnés et octroiés au proufit desdicts supplians, au moyen desquels exploix iceulx supplians se sont portés pour appellans en maintes manières, et leurs appellations ont relevées, ou les aucunes d'icelles en notre court de parlement à Paris où elles sont demeurées indécises, soubz umbre de ce que lesdicts supplians ont perdu ou adiré leursdicts privileges et sentence ainsi par eulx obtenus et avecques ce sont cependant demeurés empeschés en la joissance d'iceulx au grant détriment et prejudice desdits supplians et de ladite eglise, et plus serait se par nous ne leur estait sur ce impartie notre grace et provision convenables ainsi qu'ils nous ont fait dire et remonstrer requerir humblement iceulx.

Pourquoi nous ces choses considérées à iceulx supplians pour les causes et considerations devant dictes, et aussi pour la singulière devocion et affection que avons à ladicte eglise monseigneur

Sainct Hillaire, de laquelle nous sommes chief et abbé (1), et audict glorieux corps sainct et autres reposans en icelle, et aussi audict grand, bel et notable service divin qui y est fait, entretenu et continué chacun jour, avons octroyé et octroyons de grâce spéciale, par ces présentes, voulons et nous plaist qu'ils joissent desdicts privileges et sentence, et du contenu en iceulx en la maniere devant dicte sans ce que ores, ne pour le temps avenir, on leur puisse faire mectre ou donner aucun destourbier ou empeschement au contraire, ne que doresnavant aucuns de nos officiers audict Poitiers, ne autres quelconques, puissent passer ou faire passer ou mener, faire mener et conduire aucuns desdicts criminels ou condamnés auxdicts supplices ou peines corporelles par ladite grand rue dudit bourg, ne qu'ils y puissent faire aucunes exécutions criminelles en quelque maniere ne pour quelconque cause que ce soit, ains en tant que mestier est ou serait, leur avons de rechief, de nouvel et d'abondant, donné et octroyé, donné et octroyons ledit privilege de nostre grâce spéciale, pleine puissance et auctorité royale par ces dictes présentes, et voulons que eulx et leurs successeurs en joissent à tousjours, mais paisiblement, sans aucune dificulté au contraire; et afin que ce soit chose ferme et estable à toujours, nous avons faict mectre nostre scel à ces dictes presentes sauf toustesvoyes en autres choses nostre droict et l'autruy en toutes.

N°. 267. — LETTRES *pour la création de marguilliers dans une église.*

Thouars, janvier 1481. (Vol. 3 des ordon. de Louis XI, coté G, fol. 85.)

Loys, etc. A tous presens et à venir salut. Comme par cy-devant nous avons fait, fondé, donné, legué et aumosné à l'eglise du Puy notre dame en Anjou ou diocese de Poictiers plusieurs beaulx dons d'or, d'argent, droits, devoirs, privileges, libertés, prerogatives, rentes, proufits, revenus et emolumens pour le soustenement, augmentation et accroissement du divin service fait, dit et célébré en ladite eglise par certain nombre de gens d'eglise que nous y avons pour ce dès long temps ordonnés et establis et jusques à present Dieu nostre createur et la tres benoiste et tres glorieuse Vierge Marie sa mere

---

(1) Ceci est remarquable, Hugues Capet était abbé de Saint-Martin de Tours. (Isambert.)

y ont été très glorieusement et devotement servis, loués et honorés a l'exaltation et louange de nostre loy et de la foy catholique pour lesquels bienffais ainsi que croions nostredict createur à l'intercession de sa benoiste mère nous a toujours defenduz, preservez et gardez de maintes oppressions, machinations, entreprinses et conspirations fais et pourchassez contre nous et la chose publique de nostre royaume, en telle maniere que nos besoignes et affaires se sont très bien et grandement entretenus, portés et soutenus au bien, prouffit et utilité de nostredict royaume, païs et seigneuries, et à l'expulsion, deboutement et desconfiture de nos ennemys rebelles et adversaires, et tellement que nosdicts royaume, païs et seigneuries ont esté et encores sont preservés, demourés et conservés en leur entier soubz nous en nostre vraye et entiere obeissance, et iceulx acrus et augmentés de toutes pars, quelques guerres, divisions, troubles ou controverses qui aient eu cours en icelui nostre royaume, et nous souventes fois parvenus à bonne santé, prosperité et convalescence d'aucunes grandes et tres griefves maladies et accidens qui nous sont survenus; pour remembrance desquelles choses et pour icelles plus amplement recongnoistre et plus avant de bien en mieulx nous acquiter envers nostredict créateur et la benoiste dame sa mere des grans biens, preservations, garde, tuitions et defenses à nous fais de nostre prosperité et santé et de nostre tres chier et tres amé fils le dauphin de Viennois, où l'avons toujours de tout nostre cueur et entendement remembré, voué et presenté, reduisans à memoire et reprenans en nostre couraige la tres singuliere et fervente devocion que nous avons de tout temps eu, encore avons et aurons tant qu'il plaira à Dieu nous donner vie en ce monde, audict lieu, place et eglise du Puy-Nostre-Dame, pour amour de nostre benoist sauveur Jesus Christ et en l'onneur et reverence de ladite benoiste dame sa mere et des benoists saincts et sainctes du paradis, et mesme des tres glorieux saincts monseigneur saint Denis, saint Georges, saint Christophe, saint Blaise et saint Gilles, et aussi des glorieuses vierges et martires saincte Katherine, saincte Marguerite et Marthe, saincte Cristine et saincte Barbe, et afin que Dieu, nostre redempteur, ladicte tres glorieuse dame sa mere et lesdicts benoist saints et sainctes nous soient toujours plus secourables, propiciables et aydables au salut de nostre ame, à la prosperité et santé de nous, de nostredict fils, et à la protection, garde, tuition et defense de nostredit royaume, et à la paix, tranquillité et union d'icelui, aions voulu ordonné, et declairé et disposé faire, dire, chanter et celebrer doresnavant perpetuellement et à toujours aucun grant notable et solemnel service divin et autres biens et œuvres meritoires et salutaires à Dieu plaisantes et agreables, en ladicte eglise du Puy nostre Dame et pour ce faire y ordonner, commettre et establir gens d'eglise en nombre honorable et competant et de ce en faire et eriger perpetuelle fondation.

Scavoir faisons que nous, les choses dessusdites considérées, desirans de tout nostre cueur, volonté et pensement faire et accomplir ladicte fondation en maniere quelle soit perpetuellement entretenue sans aucune rompture ou discontinuation, nous pour ces causes et considérations et autres bonnes et justes raisons à ce nous mouvans, avons fait, voulu, estably et ordonné de nostre certaine science, propre mouvement, grace especiale, plaine puissance et auctorité royale, faisons, voulons, establissons et ordonnons ung corps et colleige de gens d'eglise seculiers en ladicte eglise du Puy nostre Dame, en la forme et maniere qui s'ensuit.

C'est à scavoir, que en ladicte eglise du Puy nostre Dame y aura dès à present et doresnavant, treize chanoines, tous estans en l'estat et ordre de prestrise, treize vicaires et ung maistre et six enfans de cueur. Desquels treize chanoines y aura un doien, soubz doien et chantre qui porteront tels et semblables habits que ont accoustumé de porter les tresoriers, chantre et chanoines et aussi les vicaires de la sainte chapelle de nostre palais à Paris. Et seront tenus assister chacun jour au service divin qui sera dit, chanté et celébré en ladite eglise en la maniere que nous avons ordonné estre fait, et dont cy après sera faicte mension.

Item. Voulons et ordonnons que le don, collation, provision et disposition dudit doienné et aussi soubz doienné et chanterie ensemble desdicts chanoines et prebendes quant ils vaqueront par mort, privation, resignation simple ou permutation, appartiennent à nous et à nos successeurs roys de France, de plain droit, soubz le bon plaisir et consentement de nostre saint pere le Pape ou autre aiant à ce puissance, et aux doienné, soubz doienné, chanterie, chanoines, vicaires, maistres et enfans de cueur avons nommé, pourveu et ordonné des personnes qui suivent.

C'est asçavoir que maistre Jourdain du Peyrac à present curé de ladite Eglise de Nostre-Dame du Puy, soit chanoine et doien d'icelle Eglise, nonobstant qu'il en soit curé, sans ce que doienné soit annexé à ladicte cure ne icelle cure annexée audit doienné, mais après son trespas sera ladite cure ung benefice à part, et ledit doienné ung autre aussi à part, et se donnera et conferera ladite cure par celui ou ceulx à qui ou ausquels dès-à-present en appartient ou appartiendra la collation, et ledit doienné par nous et nos successeurs roys de France et sans ce que ledit curé qui sera pour le temps à venir preigne pour raison de sadicte cure aucun profit ou emolument en ceste presente fondation, et au soubz doienné avons nommé et nommons monsieur Jehan Pouterin, à la chanterie monsieur Jehan Boileau, aux chanoines et prebendes monsieur Jehan du Ro qui s'appellera chanoine de saint Denis, Pierre Papet prestre chanoine de saint George, Gilles Rigri chanoine de saint Christofle, Pierre Boyer chanoine de saint Blaise, Jehan Baillandier chanoine de saint Gilles, Guillaume Duboys chanoine de sainte Katherine, Maurice Menart chanoine de sainte Marguerite, Jehan Pignon chanoine de sainte Marthe, Nicolas Gaulteron chanoine de sainte Cristine, Jehan Baupin chanoine de sainte Barbe, tous prestres; et lesquels doien, soubz doien, chantre, chanoines et vicaires se diviseront en deux parties et chaises de ladite Eglise, et seront en nombre autant d'un costé que d'autre, et tant ez haultes chaises que ez basses, le plus également que faire se pourra, pour plus honnorablement et convenablement faire le divin service; et seront les dignités et chanoines ez haultes chaises, et les vicaires ez basses chaises, et lesdicts doien, soubz doien, chantre et chanoines et chacun d'eulx nous voulons estre dits tenus, nommés et reputés pour tels tenir, exercer et desservir lesdictes dignités et chanoines, et d'icelles joyr et user dès-à-present, paisiblement, sans ce qu'il leur soit besoin ne à aucun d'eulx prendre ou avoir autres lettres, collations, ni titres de nous, fors tant seulement ces presentes. Et au regard desdicts treize vicaires nous voulons et ordonnons que ledict doien pour ceste premiere foys y puisse nommer et instituer vicaires souffisans et ydoines, selon Dieu et conscience, et mesmement ceulx qui long-temps ont fait le service divin en ladicte Eglise, pour le salut, santé et prosperité de nous et de nos'redict fils ; et quant il adviendra que ceulx qui auront esté ainsi nommés par ledict doien iront de vie à trespas, ou par autre moyen vaqueront lesdicts vicaires, nous voulons que la nomination et presentation de chacune vicairie qui vaquera, appartienne à chacune desdictes dignités et chanoines, et la collation et institution d'icelles aux dicts doien et chapitre; lesquelles vicairies seront benefices perpetuels; et apres que lesdicts vicaires auront ainsi esté presentés par l'un desdictes dignités ou chanoines, ne pourront estre par eulx desapoinctés privés ne destitués sans cause raisonnable, de laquelle auront la pugnition et congnoissance lesdicts doien et chapitre; et quant aux maistre et enfans de cueur, lesdicts doien et chapitre y pourvoieront dudict maistre, ores et pour le temps avenir de personne ydoine et souffisant, expert et congnoissant en l'art et science de musique, qui soit de bonnes mœurs et honnête conversation, pour la direction et introduction desdicts enfans de cueur à l'onneur, prouffit et louange de Dieu, de Nostre-Dame et de ladicte eglise, ainsi que besoing sera et est necessaire en tel cas.

Item. Avons voulu et ordonné, voulons et ordonnons que lesdicts dix chanoines diront et soient tenus dire et faire dire chacun jour dix messes basses, scavoir est chacun desdicts chanoines une messe en honneur et reverence desdicts saincts et sainctes dessus declairés, à l'autel qui est à l'endroict du grand autel de ladicte eglise, à main senestre; et que, apres le *pater noster* de chacune messe, avant que on die *agnus dei* soit dict par chacun prestre qui dira lesdictes messes ces deux pseaumes *lætatus sum* — et —*Domine in virtute tuâ lætabitur rex;* avecques l'oraison, *quæsumus omnipotens Deus ut famulus tuus rex noster* ou *famulum tuum regem* etc. Et apres que lesdictes messes seront ainsi dictes et celebrées, lesdicts chanoines et vicaires se assembleront collégiallement pardevant ledict autel où auront esté dit et célébré lesdictes messes, et le diviseront en deux parties, l'une à dextre, et l'autre à senestre; et ce faict, chanteront et feront commemoration à haulte voix desdicts saincts et sainctes selon les antheines et oraisons que nous leur avons sur ce par cy-devant envoyées.

Item. Et en oultre seront tenus les dicts doien, soubz doien, chantre, chanoines, vicaires, maistres et six enfans de cueur dire et chanter toutes les heures canonialles scavoir est matine, prime, tierce, midy, nonne, vespres et complies et la grant messe, solemnellement, dévotement et convenablement chacun par sa sepmaine, et les dicts doien, soubz-doien et chantre, aux festes annuelles et autres grandes festes solemnelles de ladicte eglise, chacun selon sa dignité, et que à ladicte feste appartiendra et tout ainsi que font et est accoustumé de faire ez autres eglises cathedrales et collegiales, en eulx conformant le plus pres qu'ils

à la forme et maniere que font ceulx de la saincte cha-
pelle de nostre saincte chapelle du palais à Paris, fors et excepté
qu'ils tiendront l'ordinaire et feront l'office et service d'icelle
selon l'usaige de Poictiers, auquel est situé et assise ladicte
église du Puy-Nostre-Dame, apres lesquelles matines dites et
achevées, lesdicts doien, soubz doien, chantre, chanoines et vi-
caires seront tenus dire et celebrer par chacun jour perpétuelle-
ment, le plus devotement qu'ils pourront, une grande messe à
note de Nostre-Dame, à diacre, soubz diacre, et la feront sonner
bien solemnellement à la plus grosse cloche avant que la com-
mencer pour le salut, prosperité et santé de nous, de nostre tres
chier et tres amée compaigne la royne, et notredict fils, avec
oraison, *quæsumus*, et laquelle messe sera dicte et celebrée
selon l'office du temps qui eschera en la saison, et à la fin d'icelle
messe de Nostre-Dame, lesdicts doien, soubz doien, chantre, cha-
noines et vicaires diront et seront tenus dire et chanter collégia-
lement et le plus devotement qu'ils pourront, *salve regina*, ou
autre antienne de Nostre-Dame, telle que le temps et le jour le re-
querra, avec le verset et oraison, *concede nos*, etc., ou *gratiam tuam
quæsumus* etc. ou autre telle qu'ils adviseront pour le mieulx, et
apres ce, diront, chanteront prime, tierce et la grand messe du
jour avec les antiennes, ainsi qu'il est accoustumé de faire ez au-
tres eglises collégiales et à ladicte saincte chapelle du palais; et
pour ce que en ladicte eglise du Puy Nostre Dame y a prieur et
religieux qui sont tenus de faire le divin service en icelle eglise
comme le curé et autres seculiers, et que pour la concurrence et
assemblée d'eulx et desdicts chanoines par nous fondés pourroit
avoir aucune perturbation, empeschement ou division au service
divin que devront faire cesdits doien, soubz doien, chantre,
chanoines et vicaires; nous voulons et ordonnons que lesdicts
prieurs et religieux facent, dient et chantent le service de telle et
si bonne heure, et mesmement les matines, que aucun destour-
bier, ou empeschement ne soit fait, mis ou donné aux dits cha-
noines et chapitre à faire le service de-susdict et declairé par
cette fondation, aux heures et en la maniere accoustumée estre
faict et dit ez autres eglises cathedrales et collegiales de nostre
royaume, et mesmement de celles de Poictiers. pour lequel ser-
vice divin dessus declairé fondation et continuation d'icellui en-
tretenement et sustentation desdicts doien, soubz doien, chantre,
chanoines, vicaires perpetuels, maistres et enfans de cueur et de
leurs successeurs ezdicts bénéfices, faire, dire, chanter, celebrer

et entretenir au temps avenir. Nous recordant et considerant les choses dessusdictes, avons donné, légué, aumosné et dedyé, et par cesdites presentes, de nostre plus ample grace, puissance et auctorité, donnons, leguons et aumosnons, et dedyons à Dieu nostre createur et à la tres benoiste glorieuse Vierge Marie sa mere, et aux dessusdicts benoits saincts et sainctes, les cens, rentes et revenus, droicts, prerogatives, preeminences avec les prouffits, frais et emolumens des biens et choses qui s'ensuivent.

1°. Tout revenu, proufficts et emolument de la ferme et prevosté de Thouars, avecques les marcs d'argent d'icelle, le profit et emolument du revenu de la ferme de la sergenterie de Coulonges avecques les marcs d'argent d'icelle, le profit et emolument du revenu de la sergenterie de la grant marche avec les marcs d'argent d'icelle, le profit et emolument du revenu de la ferme de la prevoste de Saumur qui est oultre et pardessus les huit vingt livres tournois que prent par chacun an l'abbaye de Frontevaulx, lesquels demourront toujours à ladicte abbaye ; le profit et emolument du revenu de la ferme de la traicte des vins qui se leve et a accoustumé estre levée en la vicomté de Thouars et pays de Thouarcois, qui est de 23 sols tournois pour chacune pipe de vin menée et transportée hors icelui pays, à quelque prix, estimation et valeur que ladicte traicte se monte et puisse monter, ores ne pour le temps avenir, avecques tous et chascuns les deniers qui sont venus et levés de ladicte traicte et ont été receus par le sieur Duplepeys Bonore et M. Simon Braier depuis .. jusques à present ; partie desquels deniers ledit Bonore a employé et converty par nostre commandement et ordonnances en achapt de rentes et revenus au proufit de ladicte eglise montant à la somme de dix huit mille neuf cent quarante cinq livres onze sols huit deniers tournois, et l'autre partie desdicts deniers, ledit Bonore a delivré, ou fait bailler et delivrer par nostre ordonnance audict Dupeyrac, à present curé de ladicte eglise du Puy Nostre-Dame, montant à la somme de cinq mille cinq cent vingt six livres ung sol huit deniers tournois, et ce comprins deux (1) montant à la somme de six cents livres tournois qui se doivent prendre sur les heritiers de feu Hamelin Charpentier et Pierre Bouteillier demourant à Angers, et cessans les deniers que en a eu et receu de ladicte traicte ledit M. Simon

---

(1) Ce mot est illisible dans le manuscrit, mais on croit qu'il veut dire *traictes*. (Lambert.)

brayer, lesquels il sera tenu bailler et délivrer audict Dupeyrat le plustost que faire se pourra. Et lesquels deniers venus de ladicte traicte et autres d'ailleurs baillées audit Dupeyrat par nostre ordonnance, qui n'auront esté ne encores sont employés en rentes et revenus pour l'entretenement et augmentation dudict divin service et d'icelle fondation ; nous voulons et ordonnons que en toute diligence ils soient employés et convertis en rentes et revenus au proufit et utilité desdicts doien, soubz doien, chantre, chanoines, vicaires, maistres et six enfans de cueur seulement, et non pour autres, sans ce que en iceiles rentes et revenus qui seront acquises et celles qui ja ont esté acquises de nos deniers, lesdits prieur, les religieux, la fabrique de ladicte eglise, ne autres quelconques y puissent avoir, prendre, pretendre ou demander aucun droict, proufit et emolument, en maniere ne soubz quelque couleur ou occasion que ce soit, ainçois demourront purement et simplement au proufit et utilité desdicts doien, soubz doien, chantre, chanoines, vicaires, maistre et enfans de cueur dessusdicts, aussi avons donné et ausmoné, donnons et ausmonons aux dessusdits doien, soubz doien, chantre, chanoines et vicaires, toute haulte justice, moienne et basse de ladicte ville, bourg et paroisse du Puy Nostre Dame, avec tous les droicts à icelle appartenant, soit de prevostés, peaiges, acquits, foires, marchés, franchises de guet et garde, et tous autres droicts de chastellenie ainsi que plus à plain est contenu ez lettres données et octroyées par nous à ladicte eglise du Puy Nostre Dame ; et en oultre voulons et ordonnons que toutes les rentes et revenus qui ont esté acquises de nos deniers au nom et proufit du curé de ladicte eglise du Puy Nostre Dame, soient communs, joincts et unis avec les biens et autres choses de ceste presente nostre fondation pour estre distribués egalement entre lesdicts doien et autres dudit colleige, tout ainsi que les autres biens dessusdicts, fors et excepté les dixmes de Bonille et de Champ Delivaux acquises de nos deniers, qui seront annexés à la cure de ladicte eglise et appartiendront audit curé seul et non à autre, lesquels fruits, proufits, revenus, emolument des choses dessusdictes, nous voulons, entendons et ordonnons estre dispersées et distribuées entre lesdicts doien, soubz doien, chantre, chanoines, vicaires et enfans de cueur en la maniere qui s'ensuit.

C'est assavoir que lesdicts soubz doien et chantre, à cause de leurs dignités, et pour ce qu'ils auront à porter et entretenir le faix de ladicte eglise, et pardessus les autres chanoines, prendront par preciput chacun cinquante-quatre livres tournois, et aussi un chacun desdicts vicaires, afin qu'ils aient mieulx de quoy continuer ledict service, cinquante livres tournois, et le surplus du revenu qui restera desdicts biens, fruis et esmolumens, sera distribué entre lesdicts soubz doien, chantre et autres dix chanoines, maistre et enfans de cueur, par egalle portion, sans ce que l'un en ait plus que l'autre, sinon que pour aucune cause raisonnable par le statut et ordonnance desdicts du colleige autrement en feust ordonné; et pour ce que ledict maistre des enfans de cueur prendra une distribution de prebende entière, combien qu'il ne soit chanoine; nous voulons et ordonnons que le maistre desdicts enfans de cueur soit tenu et obligé nourrir, alimenter et entretenir lesdicts six enfans de cueur de leur vivre et nourriture convenablement et raisonnablement. Et au regard dudict doien et ses successeurs doiens en icelle eglise, ils auront et prendront le double par-tout tant en gros, distribution que autrement; et à ceste cause, nous voulons, entendons et ordonnons que icelui doien et ses successeurs soient tenus et obligés fournir et entretenir ladicte eglise touchant ladicte fondation, de calices, missels, livres, chappes, chasubles de soye et autres vestemens et ornemens convenables et necessaires avec le luminaire tel que en nostredicte saincte chapelle du palais à Paris, est acoustumé de faire pour l'entretenement dudict divin service; mais afin que ledict Dupeyrat puisse mieulx fournir en commencement et introduction desdictes choses, faire et continuer le temps avenir lesdictes charges, icelui Duprat aura, prendra et retiendra quant bon lui semblera des deniers qu'il a reçeus et recevra à cause de ladicte traicte, la somme de mille livres tournois pour une fois, pour icelle employer ezdicts calices, livres, missels, luminaire, chappes, chasubles de soye et ornemens dessusdicts. et touchant les calices, livres, missels, chappes, chasubles et autres ornemens que nous avons par cy-devant donnés et aumosnés à la fabricque de ladicte eglise, et qui de present sont és mains des procureurs de la fabricque, nous voulons, ordonnons et nous plaist que lesdicts du colleige du Puy Nostre Dame les puissent prendre pour eulx, en servir en faisant le service divin toutes et quantesfois quant en sera necessité, et verront estre à faire pour honneur et reverence dudit service, et que lesdicts procureurs de ladicte fabricque presens et à venir les leur baillent sans aucun contredit ou difficulté, et neantmoings nous n'entendons point que au moien de ce que nous avons donné celui doyenné audict Dupeyrat, à present curé de ladicte eglise, ne aucun tort, destourbier ou prejudice lui soit fait ès droits qu'il auroit en icelle eglise à cause de sadite cure, et dont il joissait auparavant de ceste fondation; mais voulons et entendons qu'il en joysse plainement et entièrement tout ainsi qu'il a coustumé de faire par avant icelle institution, ordonnance et fondation, sans ce que lesdicts soubz doien, chantre, chanoines, et vicaires puissent pretendre aucun droit ne proufit de communaulté ès fruis, profits, revenus et esmolumens d'icelle cure, soit en oblations, dixmes, mortuaires, baptisteres, mariages et autres biensfais d'icelle cure, en quelque maniere ne soubz quelque couleur que ce soit, fors et excepté ès rentes et revenus acquises de nos deniers, aulmosnes et biensfais dont dessus est faicte mention, et que pour raison de ceste presente fondation rien ne soit diminué des droits de ladicte cure; et pour ce que après le trespas dudit doien, le curé qui sera institué en ladicte eglise ne sera participant ès biensfais de ceste presente fondation : toutesvoyes afin que ledict curé qui est à present et celui qui sera pour le temps à venir soit tenu de prier Dieu pour le salut et santé de nous et de nostredict fils, de nos successeurs, et pour la paix, transquillité et union de nostre royaume, nous avons voulu et ordonné, voulons et ordonnons que les dixmes de Bouille et de Champdeliveaux soient et demeurent perpetuellement et à tousjours annexées, conjoinctes et unies en icelle cure, et appartiennent audict curé, seul et pour le tout, et non à autre, avec tous les autres droits parrochiaulx que ledict curé et ses predecesseurs ont et ont eu de toute ancienneté dans ladicte paroisse et eglise du Puy Nostre-Dame, comme curés d'icelle; et afin que ledict divin service se puisse perpetuellement et à jamais faire, continuer et entretenir le temps à venir, nous voulons et ordonnons que lesdicts doien, soubz doien, chantre, chanoines, vicaires, maistre et enfans de cueur facent ordinairement et continuellement residence en ladicte eglise du Puy Nostre-Dame, et ne preignent rien ez gros et distributions des biens aulmosnés et choses dessusdictes par nous à eulx données et aulmosnées, sinon qu'ils soient presens et residans en icelui lieu, et quant il adviendra que aucuns desdictes dignités, chanoines ou vicaires soient absens par demy an entier sans congié et licence, cause legitime et raisonnable dont lesdicts doien et chapitre en auront la cognoissance au cas dessusdict, et après ce qu'il nous sera deuement apparu de ladicte non residence, nous pourrons et nous sera loisible pourveoir d'autre personne au lieu de celui qui ainsi sera absent et defaillant en tant que touchent les dignités et chanoines ; mais au lieu dudict vicaire qui aura defailly, lesdicts doien, chapitre et colleige assemblés en nombre competent et capitulaire y mectront et pourvoiront d'un autre vicaire, et toutesvoyes, nous ne voulons et n'entendons pas que sous umbre desdicts absens et défaillans lesdictes messes et service divin soient aucunement discontinués ne diminués, mais du tout en tout parfais et accomplis, et mesmement sur le droit et revenu desdicts absens et defaillans en ce qu'ils y seront tenus pour leur part et pour leur defauts et absence pour lesdicts proufficts, revenus et esmolumens de toutes et chacunes les choses dessusdictes avoir, tenir, posseder, exploiter et en joyr par lesdicts doien, soubz doien, chantre, chanoines, vicaire, maistre et enfans de cueur de ladicte eglise collégiale du Puy Nostre-Dame, et nos autres, et leurs successeurs en icelle eglise, et les prendre, cueillir, lever et percevoir par eulx et par les mains, ou de leurs procureurs, commis et deputés perpetuellement, et à tousjours doresenavant par chacun an aux termes, et en la masniere accoustumée, ou iceulx bailler à main ferme par années, ou autrement en faire et disposer à leur plaisir ou voulonte à quelque somme, valeur et estimation qu'ils soient et puissent estre et monter comme admorties, et à Dieu, à Notre-Dame, à ladicte eglise du Puy, dediées, et lesquelles choses et chacune d'icelles ja acquises et celles qui se acquerront cy après de nosdicts deniers pour ceste nostre presente fondation, nous avons de ample grace, puissance et auctorité, et en accomplissement de nosdicts don, devocion, veux et intention, amorti et amortissons, à Dieu, à Notre-Dame et à ladicte eglise du Puy Nostre-Dame, dedions par sesdictes presentes, à quelque valeur et estimation qu'ils soient comme dit est et desdictes choses et de chacune d'icelles, nous sommes pour nous et nosdicts successeurs devestus et dessaisis, et icelles avons données, leguées et aulmosnées, donnons, leguons et aumosnons à Dieu, à Notre-Dame et à la dicte eglise, ensemble et aveques toute la propriété, domaine seigneurie, action, question, possession, poursuite et demande que nous y avons eu et avons, et que nos successeurs y pourront avoir après nous, sans rien y retenir ne reserver à nous ne à nosdicts successeurs, ne sans ce que lesdicts du colleige et gens d'eglise du Puy Nostre-Dame, ne leursdicts successeurs en soient aucunement tenus lever decharges des gens de nos finances autrement, ne semblablement en estre contraints à en vuider leurs mains, ne pour ce tenus en paier à nous ne à nosdicts successeurs, ne à quelconques commissaires de francs fiefs et nouveaulx acquets, ne autres nos officiers, aucune finance ou indemnité, ores ne pour le temps à venir, pour quelque cause, occasion, ne en quelque maniere que ce soit, et laquelle finance qui pour ce en pourroit estre due à nous ou à nosdicts successeurs, à quelque valeur quelle puisse estre et monter, nous leur avons donné et quicté, donnons et quictons par ces mesmes presentes que nous avons pour ce signé de nostre main, en disant toutesvoyes, faisant, entretenant et accomplissant par lesdicts du colleige et gens d'eglise du Puy Nostre-Dame et leurs successeurs en icelle eglise, les heures, messes, oraisons, prières, devocions et choses dessusdictes pour le salut des ames de nous, nostredict fils, nos predecesseurs et successeurs, prospérité et santé de nous, et nostredict fils, sans aucune rompture ou discontinuation, et lesquels gens du colleige et eglise du Puy, et lesdicts successeurs en icelle, nous y voulons estre tenus et obligés, et iceulx y avons en ce faisant obligé et obligeons par cesdictes presentes.

Si donnons en mandement, etc.

N°. 269. — LETTRES *sur les privilèges du Mans.*

Thouars, février 1481. (Vol. 7, ordon. de Charles IX, coté FF, fol. 57.) Reg. le 28 juin 1572.

LOYS, etc., savoir faisons à tous présens et à venir, que nous considerans la grande, notable et entretenue fondation de notre ville et cité du Mans, l'assiette d'icelle, et qu'elle est grandement et notablement adornée et décorée de plusieurs belles et honorables choses, et mesmement de notables eglises, tant cathedrale, collegialle, abbayes que monastères, et de hospitaux à recueillir, recepvoir et nourrir les pauvres et membres de Dieu, laquelle nostre ville et cité, et tout nostre pays et comté du Maine, depuis l'an 1417 jusques en l'an 1450 ou environ, qu'ils furent réduits et remis ez mains et obeissance de feu nostre très cher seigneur et pere que Dieu absolve, et de nous, ont toujours esté en frontiere de guerre, et par l'espace de vingt-trois ans ou environ, occupés et violentement retenus et usurpés par les angloys, pour lesquels vouloir expeller et debouter les bourgeois et habitans de notre dicte ville et cité, tendans tousjours acquiter leur fidélité envers notredict feu pere et nous, firent certaine entreprinse par laquelle et en tres grand doubte et dangier de leurs vyes, ils rescouerent sur lesdicts anglois nostre dicte ville et cité, et la baillerent et mirent ez mains des gens de guerre de nostredict feu seigneur et pere, sans danger, peril ou mort d'aucun d'eulx. Mais aucun temps après, par default de bonne garde et conduite, nosdictes ville et cité furent, par lesdicts angloys, rescoux sur lesdicts gens de guerre, dont iceulx anglois firent decapiter plusieurs des bourgeoys et habitans, en iceulx prindrent tous leurs biens, les applicquerent à eux et leur firent plusieurs autres grands oultrages et dommaiges, dont lesdicts bourgeois et habitans et leur posterité en ont esté, et encore sont à present en grande necessité; et aussi que quinze ans a ou environ, nosdictes ville, cité et habitans en iceulx ont porté, soustenu et enduré de grandes charges, pertes et dommaiges, mesmement au temps que estions en nostre armée en nozdictes ville, cité et pays du Maine, pour le recouvrement de nostre ville d'Alençon, lors occupée par aucuns nos rebelles et desobeissans subjects (1), bourgeois et habitans d'icelle nostre ville et cité du Mans, s'employèrent vertueusement et misdrent grant cure, peine et diligence pour le logis de nostre dicte armée, provisions, vivres et necessités de nous et de plusieurs seigneurs de nostre sang et lignage et aultres estant lors en nostre compaignie.

Parquoy nous réduisans à memoire ce que dict est, et que en nosdictes ville et cité du Mans y a grand, bon, et loyal nombre de notables, bourgeois, marchands et aultres personnes qui ont tousjours bien et honnorablement conduit, mené et entretenu les affaires de ladite ville, et aussi se sont tous temps loyaulment et vertueusement portés envers nous et la couronne de France, voulans pour ce les en remunerer, augmenter et accroistre en estat et honneur, à ce qu'ils soient plus enclins faire et continuer de bien en mieulx, et pour donner vouloir, couraige et exemple à aultres de les ensuyr, ayons voulu, ordonné, délibéré et conclud de leur bailler et donner plusieurs beaulx et grands privileges ainsi que nos predecesseurs, et nous avons fait aux aultres villes

---

(1) Ce mot est illisible dans le manuscrit.

...tés de notredict royaume, et sur ce leur en bailler et octroyer ...lettres.

Pour ce est-il que nous, les choses dessusdictes considérées ...ltres grands, justes et raisonnables causes à ce nous mou-..., avons, de notre propre mouvement, grace especiale, ...ne puissance et auctorité royale, donné et octroyé, et par ...présentes donnons et octroyons à icelle nostre ville et cité ... Mans, et aulx bourgeois, marchands et aultres manans et ...tans en icelle les privileges, prérogatives, prééminences, ...chises, libertés, droits et choses qui s'ensuivent.

... Avons voulu et ordonné, voulons et ordonnons que lesdicts ...rgeoys, manans et habitans, laiz de notre ville et cité du ...s, puissent et leur loyse de cy en avant élire de troys ans au-...d'eulx en maire, avecques six pers et six couseillers perpe-..., et à vie, et après la mort d'un desdicts pers, élire l'un des-...s conseillers en per et mectre un aultre conseiller au lieu ...celuy, qui ainsi sera érigé en per; desquels six pers sera esleu ...eulx et la plus grande et saine partie desdicts habitans, l'un ...eulx pers en maire, et demourra tousjours celuy qui aura esté ...e au nombre des pers de ladicte ville, et sera le premier ...res ledict maire, et consequemment les ungs après les aultres, ... et par la forme et maniere que font et ont acoustumé de faire ... bourgeoys, manans et habitans de notre ville de la Rochelle, ... gouverner doresenavant les negoces, besoignes et affaires ...ladicte ville et cité du Mans, et lequel maire aura seulement ...gaiges que lesdicts habitans d'icelle ville du Mans luy ordon-...ront, et plus grands n'en pourra avoir ne demander. et pour ...oistre l'honneur desdicts maire, pers et conseillers, et ...eur postérité, et leur donner moyen de myeulx valoir et ...eusement servir à la chose publique, afin que ce soit exemple ...s, et que chacun mette en soy peine de valoir pour parvenir ...l'estat de maire, ou pers, iceulx maire, pers et conseillers ...ainsi seront esleus, combien qu'ils ne soient nés ni extraits ...noble lignée, et qui sont demourans et residans, et demou-...et resideront cy apres en ladicte ville du Mans, avons ...blis et décorés, et de nostredicte grace, plaine puissance et ...rité royale, annoblissons et décorons par ces presentes, du ...ilège de noblesse, eulx, leur lignée et postérité, née et à naistre ...al mariage; et voulons et nous plaist que deslors en avant ...ient tenus et reputés pour nobles, et pour tels en tous fais, ...s et gestes, reçus tant en jugement que dehors, et que des franchises et libertés que usent et ont accoustumé user les aultres nobles de nostre royaulme, ils jouyssent et puissent venir et parvenir à l'estat de chevalerie en temps et lieu, parmy ce que iceulx maire, pers et conseillers ne soient mecaniques, et qu'ils aient vaillant en heritaige cent livres tournois de rente en ladicte ville du Mans et au pays du Maine.

Et que ceulx qui ainsi auront esté maire, pers ou conseillers puissent acquerir en nostre royaume, fiefs, jurisdictions et seigneuries nobles et noblement tenues, sans ce que pour ce ne autrement ils soient tenus payer à nous ni à nos successeurs aucune finance ou indempnité, laquelle en tant que besoing est, à quelque valeur ou estimation qu'elle puisse monter et valoir, pour nous et nosdicts successeurs, leur avons donnée et quictée, donnons et quictons par ces presentes que nous avons pour ce signées de nostre main, pourveu que les successions qui leur escherront se diviseront entre eulx comme successions d'acoustumées, selon la coustume du pays où elles seront. Et avecques ce, de nostre plus ample grace, avons donné et octroyé, donnons et octroyons par cesdictes presentes, auxdicts habitans de nostre ville et cité du Mans, et à chacuns d'eulx puissans en biens, meubles et heritaiges de la valeur de cinq cents livres tournois pour une foys, que semblablement ils puissent et leur loise acquerir en nostredict royaume où bon leur semblera, fiefs et aultres choses nobles, et iceulx avecques ceulx qu'ils ont de present, et qui, par eulx ou leurs successeurs, ont esté acquises; tenir, posseder et exploicter sans d'iceulx payer à nous ne à nosdicts successeurs aucune finance de franc fief ou nouvel acquest, et laquelle finance nous leur avons semblablement, et comme de pur donnée, et quictée, donnons et quictons pour nous et nosdicts successeurs, par cesdictes presentes; et en oultre de nostre mesme grace et auctorité, lesdicts maire, pers, conseillers, bourgeois, manans et habitans de nostredicte ville et cité du Mans, avec leurs femmes, famille et tous et chacuns leurs biens, meubles et immeubles, droits, choses, possessions et biens quelconques, avons prins et mis, prenons et mectons à tousjours-mais, par cesdictes presentes en et soubz nostre protection et sauvegarde especial, à la conservation de leurs droits, tant seulement et pour leur gardiateur, avons commis et deputé, commectons et deputons les seneschal et juge ordinaires dudict pays du Maine, ou l'un d'eulx premier sur ce requis, ou leurs lieuxtenans, accesseurs ou commis presens et à venir.

Et pour ce nostredicte ville et cité du Mans est à present très-mal close et est de grand pourprix, et entendue parquoy est requis y faire doresenavant grandes reparations de jour à aultre, qui seront de grands frais et coustemens, et qu'il y a gens de plusieurs et divers estats qui se dient privilégiés et exempts, avons voulu et ordonné, voulons et ordonnons que toutes les manières de gens qui sont et seront demourans ez dictes ville, cité et forsbourgs, de quelque estat et condition qu'ils soient, privilegiés et non privilegiés, soient par lesdicts maire, pers et couseillers, contraincts à payer et contribuer aux charges de ladicte ville et cité, tout ainsi et par la forme et maniere que aultres non privilegiés, nonobstant quelconques estats, franchises, libertés ou privileges, qu'ils ayent ou puissent avoir oppositions ou appellations faictes ou à faire, et aultres choses quelconques.

Item. Et pour redimer les vexations et obvier aux abus qui se font chacun jour en nostredict royaume, et reduire les choses à raison, équité et droit commun, avons aussi voulu et ordonné, voulons et ordonnons que lesdicts maire, pers et couseillers qui ainsi seront esleus, et aussi tous et chacuns les manans et habitans de nostre ville et cité du Mans, ne puissent estre cités, convenus, adjournez, trais ne liés en aucune juridiction, hors nostredicte ville du Mans, en premiere instance, par citations, monitions, adjournemens ou aultrement, par vertu des privileges de scolarité ou aultres donnés par nos predecesseurs et par nous confirmés ou de nouvel donnés et ordonnés, excepté toutes voyes pour les officiers ordinaires commensaulx et domestiques de nous et de nostre très chere et très amée compaigne la royne et de nos enfans seulement; aussi avons iceulx maire, pers, conseillers et tous les manans et habitans de nosdictes ville et cité du Mans, pour nous et nos successeurs, à tousjours-mais, quitté affranchi et exempté, et par cesdictes presentes, de nosdictes grace, puissance et autorité royale, quittons, affranchissons et exemptons de aller ou envoyer ez bans, arrierebans, ost, chevaulchées et armées que nous ou nos dicts successeurs pourrions faire ou ordonner pour le faict de la guerre ou aultrement, ne que pour ce ils soient tenus ou contraints eulx presenter aux monstres et reveues, n'en paier aucune ayde ou amende, supposé qu'ils ayent et tiennent fiefs, seigneuries nobles à ce tenus et obligés; et en outre avons donné et octroyé, donnons et octroyons par cesdictes presentes, auxdicts bourgeoys, manans et habitans de nostre ville et cité du Mans, faculté et puissance de lever et faire lever le droit de barraige ou panaige accoustumé estre levé pour la reparation des pavés et advenues en ladicte ville, sur tous charretiers et voicturiers entrans en icelle, soient ou appartiennent à gens d'eglise ou aultres privilégiés et non privilégiés de ladite ville, ou d'ailleurs et que à ce y soient contraints par lesdits maire, pers et conseillers iceulx charretiers et voicturiers, nonobstant quelconques privileges, oppositions ou appellations faictes et à faire au contraire, pour les deniers qui en viendront et y seront estre convertis, employés par l'ordonnance desdicts maire, pers, en la reffection, reparation et entretenement desdits pavés et non ailleurs, et pour la singuliere confiance que nous avons auxdicts maire, pers, conseillers, bourgeois, manans et habitans de ladicte ville, nous leur avons octroyé et octroyons que toutes et quantesfoys que besoing sera et verront estre à faire, ils se puissent assembler en petit nombre jusques au nombre de 24, par ordonnance d'iceulx maire, pers et conseillers, sans ce qu'ils soient tenus assembler ou convoquer à leurdicte assemblée aucun de nos officiers audit lieu, si bon leur semble; et ez grandes assemblées qu'ils feront en général, ils seront tenus appeller nosdicts officiers.

Item. Avecques ce avons voulu et ordonné, voulons et ordonnons que de troys ans en troys ans lesdicts maire, pers et conseillers puissent élire l'un desdicts habitans et le faire recevoir pour iceluy temps de trois ans, lever, recepvoir et tenir compte de ses deniers communs, lesquels il distribuera par l'ordonnance dudit maire et d'aucuns desdits pers et conseillers qui à ce seront ordonnez par eulx et non aultrement; et sera tenu d'en rendre compte pardevant iceulx maire, pers et conseillers ou les aucuns d'iceulx à ce commis qui les pourront oyr, examiner, clore et affiner, et aussi les comptes des recepveurs du temps passé, et allouer auxdits receveurs les deniers qui par lesdicts habitans ou leurs eschevins ont été ordonnés au temps passé, pour les deniers deubz par les fins de compte de ses recepveurs estre convertis et employés en reparation et autres communs affaires de ladicte ville à ce presens, et appelé l'un de nosdits officiers d'icelle ville du Mans; et d'abondant avons voulu et ordonné, voulons, ordonnons que lesdicts maire, pers et conseillers ne soient doresnavant aucunement mis en commissions ni contraints à en prendre le fait et charge, soit pour regir et gouverner terres et seigneuries et autres heritaiges et biens meubles et immeubles prins et mis en justice ou autrement, d'avoir charge de tutelle ou curatelle, si bon ne leur semble, ni aussi lever tailles, impositions et autres subsides et charges personnelles et publiques quelconques, et ice les en avons exemptés et exemptons par ces dictes presentes.

Et pareillement voulons et ordonnons que nul de quelque estat et condition qu'il soit, puisse exposer ni mettre vin à vendre en detail en ladicte ville, cité et forsbourgs, d'autre cru que de celuy dudit pays du Mans, sans l'ordonnance, voulenté et consentement desdits maire, pers et conseillers, pourveu qu'il y ait à suffire du vin du cru dudict pays pour fournir lesdictes ville et forsbourgs.

Et afin que lesdicts bourgeoys, manans et habitans puissent mieulx faire, exercer justice et contraindre ceulx qui seraient tenus au payement des choses par nous octroyées et données par ces presentes et autres nos lettres patentes, aussi à la visitation des mestiers dont l'ordre et police leur est par nous concedée et octroyée, et semblablement à l'exercice de la justice, et autres dons et octrois par nous à eulx faits, nous avons voulu et voulons qu'ils puissent et leur loise ordonner et commettre quatre sergens ydoines et suffisans, tels qu'ils verront estre à faire, et ainsi qu'ils feront, touchant l'election desdicts maire, pers et conseillers, et à ce que en plus grand honneur ils puissent conduire et entretenir les affaires d'icelle ville, et avoir lieu et maison propre, pour eulx assembler à ce faire; nous leur avons accordé et octroyé, accordons et octroyons qu'ils puissent acquerir maison, place ou lieu à la faire, pour et au nom de la communauté d'icelle ville, où bon leur semblera, et ils verront estre convenable, et aussi achapter et acquerir lieux ou places, prés ou joignans des portes ou fossés hors de la ville pour y faire mettre, porter, mener et jetter les fiens et tous autres immundices yssans de ladicte ville, sans ce qu'ils soient tenus lesdictes places, lieux et maisons mettre hors de leurs mains, ne pour ce à nous, ne à nos successeurs aucune finance, indempnité, admortissement, francs fiefs, ventes ou autres droicts ou emolument de fief, fors et seulement les droicts et devoirs fonciers et aucuns deuz par avant ledict acquest que en feront lesdicts maire, pers et conseillers, et lesquels maisons, places et lieux nous dès à present pour lors avons admorty et admortissons, et aussi donné et donnons comme dessus auxdicts habitans la finance ou indempnité qui nous en pourroit estre due par ces mêmes presentes. Et pour ce que plusieurs personnes de leur auctorité indue se sont mis, intrus et boutés en certaines tours, faisant la cloison de nosdictes ville et cité, edifié maisons en partie d'icelles tours et doulves et fossés de ladicte ville, faicts jardins en icelle, et que aussi aucuns ont édifié maisons sur les arches des ponts et en partie des murs et boulevarts de la cloison de ladicte ville et cité, et fait de grandes ouvertures en iceulx murs et entreprinses sur les pavés de ladicte ville, en entreprenant de leur auctorité privée sur les murs et fortifications d'icelles; et que immundicités en grande abondance se trouvent en ladicte ville et forsbourgs, par faute de retraits, pavés et autrement, avons auxdicts maire, pers et conseillers donné et donnons par ces presentes, pouvoir et puissance de contraindre et faire contraindre ceulx qui ont fait lesdictes entreprinses et édifices, en attribuant à eulx lesdictes choses et autres dépendant de la cloison desdictes ville et cité, à réparer et reintegrer lesdites entreprinses par eulx faictes, et à les en laisser joyr paisiblement; et semblablement à faire retraict où il appartiendra, et paver où il sera requis, en ladicte ville et forsbourgs, et à tenir iceulx ville et forsbourgs nests, oster et mettre hors lesdictes immundicités chacun en droit soy, et ainsy qu'il y sera tenu, et pugnir et corriger les delinquants et contredisans par amende et autrement, ainsi que raison sera, et icelles amendes lever au prouffit de ladicte ville, et les convertir comme dessus; et ce nonobstant oppositions ou appellations quelconques; et aussi voulons et ordonnons que tous les draps de laine qui se vendront en détail ex dictes ville et forsbourgs, soient vendus mouillés, retraits et aulnés par le sect ainsi que en nostredicte ville de Paris, nonobstant quelconques procès en nostre cour de parlement ou autrement oppositions ou appellations quelconques; et afin de mieulx entretenir plusieurs mestiers estans en nostredicte ville du Mans, qui ne sont jurés, nous voulons et ordonnons qu'ils le soient doresnavant, et que lesdits maire et pers puissent corriger boulangiers, bouchiers, poissonniers, meusniers et poulailliers; et avec ce avons voulu et ordonné, voulons et ordonnons que lesdicts maire et pers ayent la cognoissance des causes civiles des marchands de marchandise faicte en ladicte ville et forsbourgs, et que les procès qui en seront faicts soient vuidés sommairement et de plain, et en sera fait registre par le clerc ou greffier desdits maire, pers et conseillers, pourveu toutes voyes que de leur sentence ou appoinctement definitif pourra estre appellé devant le juge ordinaire; et pour ce que nostredicte ville du Mans, n'a esté au temps passé gouvernée par maire, pers et conseillers, et que voulons que par eulx elle y soit doresnavant gouvernée tout ainsi et par la forme et maniere que dessus est dict, nous avons donné et octroyé, donnons et octroyons auxdicts maire, pers et conseillers qui ainsi seront élus pour le gouvernement de nostredicte ville et cité du Mans un tel pouvoir, semblable justice, prerogative, preeminence en icelle ville du Mans et ailleurs; et voulons et ordonnons que d'iceulx lesdits maire, pers et conseillers et leurs successeurs, joyssent et usent en tout et partout doresnavant et perpetuellement et à toujours, tout ainsi que font ceulx de nostredicte ville de la Rochelle, Tours et Angiers touchant les choses dessusdictes, et que ont fait et exercité lesdits maire, pers et conseillers et ez choses devant dictes et declarées, lesdicts manans et habitans se reglent et gouvernent ainsi et par la forme et maniere que ceulx d'icelles nos villes de la Rochelle, Tours et Angiers, et non autrement. Et à ce que mieulx le puissent sçavoir et faire, nous voulons que par lesdicts de la Rochelle, Tours et Augers soient baillés auxdicts du Mans les doubles et copies des styles et ordonnances qu'ils ont ez dictes villes et en chacune d'icelles, aux dépens desdicts du Mans, pour leur servir et eulx en ayder en temps et lieu, et que au *vidimus* ou double d'iceulx faict soubz scel royal, plaine foy soit adjoustée comme à l'original.

Si donnons etc. Et afin que ce soit chose ferme et stable à toujours, nous avons fait mettre nostre scel à cesdictes presentes, sauf en aultres choses nostre droict et l'aultruy en toutes.

N° 270. — ORDONNANCE *portant défense d'acheter les blés en vert* (1).

Clery, juillet 1482.

---

(1) On trouve cette ordonnance par fragment dans le Traité de police de Delamarre, tome II, liv. V, tit. V, chap. IV, p. 712; dans Fontanon, t. Ier; dans un recueil des ordonnances de Saint-Louis à Henri II, in-f°, Paris, 1557, bibl. de la Cour de cassation.

Voici ce fragment, dont nous n'avons pu trouver l'original dans aucun registre:

« Que doresenavant nuls marchands, n'autres quelsconques ne soyent si osez ne si hardiz d'acheter bleds en verd sur le plat païs, n'en faire provision ou amas, sinon pour la provision de son hostel, si ce n'était en plain marché; et ce sur peine de confiscacion de deniers, d'amende arbitraire, et d'être punis à l'ordonnance de justice. » (Lambert.)

N° 271. — *Lettres portant que les habitans de la terre de Saint-Claude en Franche-Comté jouiront des privilèges des naturels français.*

Meun sur Loire, septembre 1481. (Vol. 3 des ordonnances de Louis XI, cote 6, fol. 100.) Reg. le 7, au parlem. de Paris.

Loys, etc. Savoir faisons à tous presens et à venir, que nous reduisans à memoire comme puis aucun temps en çà graces à Dieu, la terre du glorieux saint et amy de Dieu, monseigneur saint Claude, et nostre pays et conté de Bourgogne aient été mis et reduis en nostre obeissance, où ceulx desdicts pays ont intention vivre et mourir, ainsi que avons esté deument acertenés, et sont plusieurs desdicts pays déliberés de venir demourer et habiter en nostre royaume, et les aucuns y acquerir des biens, et les autres y avoir et obtenir des benefices pour le vivre et susteptation, et y finir leurs jours; mais pour ceque l'on veult dire que ladicte terre de mondict seigneur saint Claude et ledict comté de Bourgogne n'ont par cy devant esté reputés subgets de nostre royaume, le temps à venir l'on leur pourroit obicer qu'ils ne feussent natifs de nostredict royaume, et par ce frustrer les heritiers de leursdicts biens et successions, et iceulx dire nous appartenir par droit d'aubeyne, et aussi que sans avoir sur ce nos lettres on vouldrist dire qu'ils ne peussent de leursdicts biens par testament ou ordonnance de derniere voulenté ne autrement disposer, ne aucun d'eulx tenir benefices en nostredict royaume, ainsi que avons par aucuns de nos speciaulx serviteurs et commensaulx de ce été advertis.

Pourquoy nous les choses dessusdictes considerées, qui desirons de tout nostre cueur et affection traicter en toute amour et doulceur ceulx desdicts pays, à ce que toujours de plus en plus ils soient enclins à bien et loyaument nous servir et nous estre bons et loyaulx.

Pour ces causes et considerations et autres justes et raisonnables à ce nous mouvans, de nostre propre mouvement, certaine science, grace especiale, plaine puissance et auctorité royale avons octroyé et octroyons, voulons et nous plaist par ces presentes.

Que tous les manans et habitans natifs et subgets desdicts pays, terres et seigneuries et enclaves d'iceulx, de quelque estat ou condition qu'ils soient ou puissent estre, et en quelque pays qu'ils vouldront habiter et demourer en nostre royaume, ils puissent à savoir, les gens d'eglise, tenir et obtenir en nostre dit royaume toutes manieres de benefices, tant prelatures, dignités que autres, et que eulx et tous autres habitans desdits pays, terres et seigneuries et enclaves d'iceulx puissent acquerir toutes telles terres, seigneuries, rentes, revenus et autres biens meubles et immeubles quelconques que bon leur semblera, et faire pourront, et d'iceulx joyr et user et disposer par testament et ordonnance de derniere voulenté ou autrement, ainsi que bon leur semblera, et leurs enfans et leurs heritiers, soit qu'ils soient demourans ez dites terres de saint Claude, comté de Bourgogne ou ailleurs, en nostredict royaume, leur puissent succeder et apprehender leurs biens et succession, tout ainsi que s'ils estoient natifs de nostredict royaume, dont nous les reputons et declairons estre; et voulons que desormais, perpetuellement et à toujours, ils soient tenus, tiés et reputés en estre, et quant à ce, de nostre plus ample grace, pleine puissance et auctorité royale, les avons en tant que besoing est ou seroit, habitué et auctorisé, habituons et auctorisons par ces presentes, sans ce que au moien des ordonnances faictes sur le faict des francs fiefs et nouveaux acquets, ne autrement, pour quelque cause, couleur ou occasion que ce soit, ils soient, ne puissent estre contraints à nous ne à nos successeurs paier pour occasion de ce aucune finance pour nostre indemnité. Et laquelle finance, à quelques sommes qu'elle puisse estre et pourra monter au temps à venir, nous leur avons dès maintenant pour lors et lors pour maintenant, donné et quitté, donnons et quittons par ces presentes de nostre main.

Si donnons en mandement, etc.

N° 272. — Lettres *sur les franchises des secrétaires du roi.*

Plessis-lès-Tours, novembre 1482. (3e vol. des ordonnances de Louis XI, coté G, fol. 175. — Histoire de la Chancellerie, 1, 56.) Reg. le 5 juillet 1483.

Loys, etc. Savoir faisons à tous presens et à venir, que nous considerans et reduisans à mesmoire, comme nostre tres glorieux sauveur et redempteur Jesus Christ, vray Dieu et vray homme, roy et prince des roys de la terre, apres sa benoiste et fructueuse passion, entre autres choses, dont il introduysit les saincts apostres par l'infusion du benoist sainct Esprit qu'il leur envoia, les inspira et enseigna de ordonner les glorieux evangelistes comme vrais et approuvés notaires pour rediger par solemnelle escripture et actestation ses saincts commandements et les divines et excellentes œuvres qu'il fist en ce monde; par lesquels evangelistes furent redigés en escripture approuvée les quatre livres des saincts evangiles ezquels gist l'institution et fondement de la saincte foy catholique, et en ensuivant cette imitation, les saincts peres, successeurs des benoists apostres, instituerent aucuns prothonotaires du sainct siège apostolique, lesquels en la primitive eglise avoient charge d'escripre et enregistrer les fais des glorieux martirs et autres saincts, et depuis ainsi que la foi catholique a esté divulguée et les fais de l'eglise de Dieu ont esté par la saincte grace acreus et augmentés, les conclusions des sainctes concilles, les decrets et constitutions de l'eglise ont esté par les dicts prothonotaires enregistrés, escripts et mis en forme de actestation approuvée; et comme apres ce qu'il eust pleu à Dieu prendre et accepter les tres glorieux roys nos progeniteurs, la couronne et le royaume de France en si especialle et peculiaire election, que par les saints anges du ciel il envoia au glorieux Clovis premier roi de France chrestien la saincte unction dont lui et ses successeurs seroient oings et sacrés à leur couronnement, et les armes et enseignes que perpetuellement ils porteroient, et qu'il les a esleus en telle dignité que sur tous les autres ils ont hereditairement le nom de tres chrétien, nosdits progeniteurs voulans conformer leurs œuvres à l'exemple des choses dessusdictes, esleurent et choisirent pour le bien et necessité de la chose publique que certaines personnes notables, de grande science, vertus et experience, surs et feables, de louable renommée et tres approuvée congnoissance et extimation, jusques au nombre de cinquanteneuf, lesquels ils ordonnerent, creerent, establirent et constituerent, pour loyaument rediger par escript et approuver par signature et actestation en forme deue toutes les choses solemnelles et auctentiques qui perpetuellement par le temps à venir seroient faictes, commandées et ordonnées, constituées et establies par les roys de France et leurs successeurs, soient livres, registres, conclusions, deliberations, loix, constitutions, pragmatiques sanctions, édicts, ordonnances, consultations, chartres, dons, concessions, octroys, privileges, mandemens, commandemens, provisions de justice ou de grace; aussi pour faire signer et approuver par actestation de signature tous les mandemens, chartres et expeditions quelsconques faictes en leurs chancelleries, tant devers les chancelliers de France que ailleurs

...lque part que les dictes chancelleries seroient perpetuellement tenues; pareillement pour enregistrer les deliberations, ...clusions, arrets, jugemens, sentences et prononciations desdicts progeniteurs ou de leur conseil, des cours de parlement ...autres, usans soubz lesdicts roys de autorité et juridiction souv...aine, et generalement toutes les lectres closes ou patentes et ...tres choses quelconques touchans les fais et affaires des roys de France et de leur royaume, pays et seigneuries, et iceulx ainsi ...oisis et esluz, nosdicts progeniteurs nommerent leurs clercs, ...otaires, secretaires, comme ceulx qu'ils vouloient et entendoient ...tre presens et deslors en avant perpetuellement appellés ou les ...cuns d'eulx, pour escripre et enregistrer et signer leurs plus ...ands, plus especiaulx et secrets affaires, aussi pour accompai...er les chancelliers de France, estre et assister ez chancelleries, ...elles pars qu'elles fussent tenues, avecques ce assister en leur ...and conseil et ez cours de parlement, pour escripre et enregistrer ...us les arrets, jugemens et expeditions qui se y feroient, et telle...ent que nul ne pourroit estre greffier dudict grand conseil ni ...aucunes desdictes cours de parlement, ni autres cours souverai...es, chambre des comptes, des requestes de l'ostel, ni du tresor, ...'ils n'estoient du nombre desdits notaires et secretaires, desquels clercs, notaires et secretaires nosdits progeniteurs de grande ...ncienneté ont créé, fait et erigé ung bel et notable colliege qui ...oujours depuis s'est appellé et nommé, et encores s'appelle et ...ntitule le colleige des clercs, notaires et secretaires du roi, de la ...ouronne et de la maison de France, lequel colleige par chacun ...n se assemble de ceulx qui y peuvent estre presens, en nostre ...onne ville de Paris, au jour de monseigneur sainct Jehan l'eu...angeliste qui est prins et esleu pour leur singulier patron, comme ...elui qui fut le principal et le plus haut desdicts secretaires eu...angelistes de nostre sauveur Jesus-Christ, et pour le grand prouf...it et utilité que les d... clercs, notaires et secretaires font à tout ...'estat de la chose publique, tant au fait de la justice que autre...ment, en plusieurs et diverses manieres, aussi pour la continuelle ...sistance, occupation et prouchaineté qu'ils ont toujours eu et ...nt chacun jour à l'entour de la personne des roys avecques les ...hancelliers de France et aux chancelleries, cours de parlement ...t autres juridictions souveraines en leur royaume, pays et sei...neuries, nosdicts progeniteurs roys de France les ont a bonne ...t juste cause voulu eslever en especiaulx privileges, estats et ...gnités et prerogatives entre tous leurs autres officiers et par especial ont retenu lesdits notaires et secretaires et tous leurs successeurs de leur hostel et famille et pour leurs officiers ordinaires domestiques et commensaulx, et leur ont donné plusieurs beaulx grands et notables privileges, franchises et libertés; et par especial, pour plus les honorer, nos dicts progeniteurs ont voulu et ordonné que eulx et les roys de France qui après viendront chacun en son temps fust du nombre et chief dudict colleige faisant le soixantieme, ont aussi ordonné et leur ont octroyé que lesdicts offices fussent à bourses et à gaiges; et pour la grande seureté et fermeté qui doit estre ez dits clercs, notaires et secretaires, et afin que sans crainte de mutation ils peussent mieulx et plus courageusement escripre, testifier et soustenir la verité des choses qui cheent en leur attestation, nos dicts progeniteurs roys de France octroierent, voulurent, constituerent et ordonnerent, et nous pareillement avons voulu, octroié, constitué et ordonné pour nous et nos successeurs roys de France, que lesdicts offices de clercs, notaires et secretaires fussent et soient perpetuels pour la vie de chacun de ceulx qui une fois en auroient juste don et collation des roys de France, et qu'ils ne fussent ne soient meables, vacans, ne impetrables, ne subgects à quelque changement par le trepassement ou mutation des roys de France, quant le cas adviendroit; aincois ceulx qui sont, estoient ou seront clercs, notaires et secretaires du roy dernier trepassé, au jour et heure de son trespas, sont de plain droit, et demeurent clercs, notaires et secretaires du roy son successeur, et en pareille qualité qu'ils étoient du predecesseur, et sans nouvelle creation ou impetration, ne qu'il leur soit besoing ne nécessité d'en avoir ni obtenir de nouvel quelque don, confirmation, collation ni lectre du roy successeur, peuvent exercer les dicts offices et signer en toutes choses, comme paravant ils faisoient, aussi ne peuvent lesdicts clercs, notaires et secretaires estre privés, destitués ou deboutés desdicts offices, ni iceulx offices estre dicts vacans ou impetrables, fors seulement par mort ou par resignation volontaire faicte par aucuns desdicts notaires et secretaires, du plaisir et congé des roys ou par confiscation ou forfaicture procedant de crime par eulx commis, qui fust tel si grand et si grief que raisonnablement et par justice la confiscation ou privation dudit office s'en deust ensuir, et que ledit crime fust clerement prouvé et actaint et ladite forfaiture ou privation préalablement declairée et par procés deument fait par les chanceliers de France, appelés et joints avecques eux les dits maistres des requestes ordi-

... de l'hostel du roy ou par la cour de parlement auquel cas ... autrement.

... apres ladicte déclaration ainsi faicte, comme depuis ledit office ... et pourroit estre impétrable, lequel nombre desdicts clercs, ... et secretaires à bourses et à gaiges, nosdicts progeniteurs ... voulu et ordonné comme dict est, estre l'unité de cinquante ... offices entiers à bourses et à gaiges, ensemble lequel nombre ... pourroit estre acreu ni augmenté, sinon toutesfois, et pour ... les favoriser, leur a esté permis par nosdicts progeniteurs ... aucune fois resigner et separer l'un des membres desdicts of... ... c'est à savoir les bourses ou les gaiges pour les bailler à ... de leurs enfans ou au mari de l'une de leurs filles, ou autres ... bon plaisir et congié de nosdicts progeniteurs, de nous ou de ... successeurs, et que autrement, par quelque maniere que ce ... ledit nombre ne peut estre acreu ne augmenté; desquels ... et prérogatives, dons, concessions, octrois, privileges, ... ptions, franchises et libertés et autres, plusieurs tant de ... ptions de tailles, aides, quatriesmes, huictiesmes et autres ... aides et subventions, emprunts et autres servitudes quelcon... ... que autrement, nosdicts clercs, notaires et secretaires ont ... et usé pleinement et paisiblement de tous temps et d'ancien... ... comme vrais officiers ordinaires et commensaulx de nous et ... la couronne et maison de France; mais néantmoins, à nostre ... advenement à la couronne, par importunité de requerans ... autrement, nous non advertis desdicts droits, prerogatives, ... privileges, franchises et libertés, feismes et creasmes aucuns nou... ... notaires et secretaires, et par iceulx fismes signer et expe... ... plusieurs lettres par nous commandées et autres expediées ... notre chancellerie, et userent de l'exercice desdicts offices ... aucun temps et jusques à l'an 1465, que nous deument acer... ... et advertis desdits droicts, prerogatives, privileges, fran... ... et libertés de nosdits clercs, notaires et secretaires, et leur ... corps et colleige, ainsi et par la forme et maniere que dict est, ... firmasmes et approuvasmes ledit corps et colleige, et icelui ... mismes en tous les droicts, prérogatives, autorités, franchises ... libertés, tout ainsi et en la forme et maniere qu'il estoit au ... ps du décès de feu nostre très cher seigneur et pere que ... absoive, en revoquant, cassant et adnullant toutes les dictes ... ations, par nous faictes, desdicts offices de notaires et secre... ... outre le nombre ancien et accoustumé du temps de nostre ... feu seigneur et pere, reservé toutes voyes que pour obt... aux debats et difficultés qui pouvoient sourdre à cause desdictes lettres, et pour la seureté des parties impetrans, nous voulusmes et desclarasmes que les lectres, mandemens, chartres et autres choses qui auroient esté par nostre commandement et en nos chancelleries, signées par lesdicts secretaires, par nous ainsi créés paravant ledit an 1465, seront et demeureront valiables comme si elles avoient esté signées par nosdicts clercs, notaires et secretaires ordinaires; et pour ce que desdicts droits, prerogatives, auctoritéz, concessions, octrois, privileges, exemptions, franchises et libertéz donnéz et octroiés à nosdicts clercs, notaires et secretaires, nous avons esté et sommes à plain et deument acertenéz, tant par les anciens usages et coustumes observés et gardés de toute ancienneté, que par les chartres de nosdicts progeniteurs et par l'assertion de plusieurs grands et notables hommes de nostre conseil, pour consideration aussi des grands, louables et recommandables services qu'ils ont par cy devant faits, font chaque jour, et peuvent faire, par le temps à venir, à nous et à la couronne de France, et de la nécessité qu'il est de les entretenir pour le bien de la chose publicque de nostre royaume, desirant par ce ledit colleige dont nous sommes chief, estre entretenu et droits, franchises, libertés et privileges iceulx leur accroistre et augmenter, nous pour ces causes et autres grans justes et raisonnables à ce nous mouvanz, et mesmement par l'advis et deliberation de plusieurs seigneurs de nostre sang et lignaige, et autres gens notables de nostre grand conseil; et nous sur ce, bien et deument advertis et conseillés, de nostre certaine science, grace especiale, plaine puissance et auctorité royale, pour nous et nos successeurs, roys de France, perpetuellement avons tous lesdits privileges, franchises, libertés, auctoritéz, dignités et prerogatives desdits clercs, notaires et secretaires de nous et de la maison de France, dont depuis est fait mention, pareillement ceulx qui cy apres sont escripts, specifiés et declairés, et autres quelconques dont ils ont joui et usé de tous temps et d'ancienneté, loué, ratifié et approuvé; et, par ces presentes, louons, ratifions et approuvons, et de nostre certaine science, grace especiale, plaine puissance et auctorité royale, pour tant qu'il soit ou seroit, leur avons, de nouvel pour nous et nosdits successeurs, roys de France, donné, octroié, donnons, octroyons, par ces presentes, tous lesdits privileges dont ils ont joy et usés, et autres à eulx octroiés par nosdicts predecesseurs, supposé ores qu'ils ne soient specifiés, ni declairés en cesdictes presentes; et attendu

le fait desdicts clercs, notaires et secretaires, touche le bien
de la chose publique de nostre royaume, en avons fait, ordonné
constitution, loy et edict perpetuel à jamais non revocable; et,
pour plus grande seureté et fermeté, leur avons donné, confirmé
et octroié, donnons, confirmons et octroions, à présent et de
nouvel, non seulement par forme de don, mais avecques ledit
don, concession et octroy, aussi par forme d'édict, loi et constitution perpetuelle et irrévocable comme dit est, les privileges,
franchises, libertés, exemptions, dignités, autorités et prerogatives cy après declairées, et en la forme et maniere qui s'ensuit.

1°. Nous icelui corps et colleige desdicts clercs, notaires et secretaires de nous et de la maison de France, avons de rechief remis et reuni, remettons et réunissons en estat et communauté de
corps et colleige, selon le nombre et en la qualité qu'il était et a
esté d'ancienneté, et mesme du temps de nostredict feu seigneur
et pere, c'est assavoir au nombre de cinquante-neuf offices entiers de notaires et secretaires à bourses et à gaiges, declairé et
declairons que nous et nos successeurs, roys de France, sommes
et seront perpetuellement chief et du nombre dudict colleige,
ainsi que depuis est dict, prenant la premiere bourse ordinaire,
oultre et pardessus ledict nombre, et voulons et ordonnons que
ceulx qui ont esté et deument institues ez ditcts offices par
dons et octrois de feu nostre dict seigneur et pere, et de nous par
vacation ordinaire et raisonnable, c'est assavoir du membre des
bourses seulement ou du membre des gaiges seulement, ou des
deux membres de bourses et de gaiges ensemble, jusques au nombre de cinquante-neuf offices entiers, jouissent entièrement,
pleinement et paisiblement de leurs offices et les puissent desservir et exercer à l'entour de nous, de nostre amé et féal chancellier, et en nos chancelleries, en nos conseils et cours souveraines de nos parlemens et eschiquier de Normandie, en nos
chambres des comptes et juridictions de la justice souveraine des
aides et requestes de nostre hostel et de nostre palais, en la
chambre de nostre trésor, et en nos grands jours quant tenus seront, sans ce que par quelque création, don ou privilege aucun,
de quelque estat ou condition qu'il soit, puisse recevoir nos
commandemens ou ceulx de nostre dist chancellier, ni puissent
signer lettres en nosdictes chancelleries, conseils, parlemens et
eschiquier, et autres cours et juridictions dessusdictes, ne aussi
signer et expedier les attaches, expéditions ou verifications que
feront nos amez et feaulx les tresoriers de France et generaux de

nos finances, sinon qu'ils soient nos clercs, notaires et secretaires et dudit nombre ancien, et qu'ils aient esté par don de nostredict feu seigneur et pere, ou de nous pourveus auxdicts offices par vacation ordinaire, comme dict est, lesquels dons, creations ou privileges ensemble, tous congiés, povoirs, facultés ou permissions de signer en nosdites chancelleries, cours et jurisdictions souveraines, et chambre de nos comptes, desdictes aides et requestes de nostre hostel et de nostre palais, par nous donnés et octroiés à quelques personnes, et sous quelque forme de paroles, couleurs ou occasions que ce soient ou puissent estre, nous avons irrités, cassés, revoqués et adnullés, irritons, cassons, revoquons et adnullons, et mectons du tout au néant, et prohibons et defendons à nostredict chancellier et aux commis à la garde des sceaulx de nosdictes chancelleries, qu'ils ne soufrent ou permettent sceller aucunes lectres quelles qu'elles soient, si elles ne sont signées et expédiées par nosdites clercs, notaires et secretaires, mais les facent rompre et lacerer en pleine chancellerie comme inutiles, signées et expédiées par personnes non capables de ce faire, selon nos edicts et ordonnances, et aux audienciers et contrerolleurs de nostredicte chancellerie, ou à leur commis qu'ils ne mectent telles lettres au scel.

Item. Et si au temps futur, par inadvertance, importunité de requerans ou autrement, nous ou nosdicts successeurs roys donnions aucuns offices de clercs, notaires et secretaires par autre vacation que par mort, resignation ou par forfaicture procedant de crime par eulx commis, qui fût tel et si grief que raisonnablement par justice, la confiscation ou privation dudit office s'en deust ensuir, et que ledit crime fust clerement prouvé et actaint et ladicte forfaicture ou privation prealablement declairée, et par procès ordinaire deument fait par nosdicts chancelliers à ce appellés et joincts avec eulx lesdicts maistres des requêtes ordinaires de nostre hostel, ou par nostredicte cour de parlement, à Paris; aussi si aucuns de nos successeurs roys, à leur advenement à la couronne et au royaulme de France donnoient lesdicts offices de clercs, notaires et secretaires, ou aucuns d'iceulx, aultrement que par les vacations dessusdictes, nous, dès-à-present pour lors, declairons tous lesdicts dons de nul effet et valeur, et les avons irrités, cassés et adnullés, irritons, cassons et adnullons comme dessus, et prohibons et deffendons à nostredict chancellier et à ses successeurs audit office, et autres ayant la garde de nostredict scel, ordonné en l'absence du grant, de non recevoir aucuns auxdicts offices de clercs, notaires et secretaires, par vertu et au moïen d'iceulx, et auxdicts audienciers et controleurs ou à leurs commis, de non leur faire bourses ne mettre aucunes lettres par eux signées au scel; ains voulons et nous plaist que ledit corps et colliege de cinquante-neuf notaires et secretaires à bourses et à gaiges nous chief comme dict est, soit et demeure solide, ferme et en son entier, perpetuellement et à toujours, sans ce que aucun des suppots d'icelui colliege en soit ou puisse estre desappointé, desmis ou destitué sa vie durant, par le décès de nous ou de nosdicts successeurs rois, ni aultrement, en quelque manière que ce soit, fors par resignation ou forfaicture, deument et specialement declairée, commedict est.

Item. A ce que lesdicts audienciers et contrerolleurs, et les plus anciens dudict colliege aient et puissent avoir au temps à venir clere et vraie congnoissance de tous les suppots d'icelui colliege, et que ledict colliege soit du tout reduit, entretenu et continué en son ancien nombre, voulons, ordonnons et declairons que, après que nous et nosdicts successeurs aurons donné aucun office de clercs, notaires et secretaires dudit nombre ancien par la vacation dessus-dicte, et celui à qui nous ou nosdicts successeurs roys en auront fait don, y aura esté receu par nostredict chancelier ou ses successeurs audit office, ou par ceulx qui auront la garde de nostre scel, ordonné en l'absence du grand, que avant que celui qui aura ainsi obtenu le don, et estre receu comme dit est, puisse faire ou signer aucune lettre en chancellerie, ni faire aucune autre signature ou expedition, comme notre clerc, notaire et secretaire, ni prendre ou avoir bourses ou gaiges, qu'il soit tenu apporter ses lettres dudict don devers lesdicts audiencier et contrerolleur, ou leurs successeurs auxdicts offices, ou devers leurs commis, et illec en leur presence et entre leurs mains, et de trois ou quatre des plus anciens dudit colliege, fera serment de entretenir et continuer pour tant que à lui touche la confrairie dudict colliege, fondée en l'onneur et reverence desdicts quatre glorieux evangelistes, et tous les chapitres et ordonnances d'icelle. Pareillement toutes les ordonnances royaulx faictes et à faire, touchant ledit colliege, et qu'il fera loyauté à ses freres et compaignons, en faisant les bourses ordinaires et des collations quant il y sera appelé, et avecques ce qu'il paye contant le demy marc d'or ordonné d'anciennneté à la réception de chacun clerc, notaire et secretaire pour estre converty ainsi qu'il est accoustumé et qu'il enregistrera de sa main au livre desdicts audiencier et contrerolleur le double des lettres du don de sondict office et sa reception, et au-dessoubz face et appose son sein manuel, en la presence des dessusdicts, aussi que la quittance dudict demy marc d'or qu'il aura paié pour sadicte reception, soit transcripte en la fin d'icelle reception, collationnée à l'original et signée par l'un desdicts presens, et ce fait, celui qui aura ainsi esté receu et paié ledict demy marc d'or, pourra dès-lors en avant et non plustot prendre et avoir bourses et faire lettres et signer comme clerc, notaire et secretaire de nous et de la maison de France, et joir dudict office pleinement et paisiblement.

Item. Et d'abondant, en confirmant et corroborant les anciens privileges, prerogatives, franchises et libertés dudict college et suppots d'icelui, et approuvant leurs possessions, saisines, exemptions et jouissance, voulons, ordonnons, declairons et nous plaist, que tous nosdicts clercs, notaires et secretaires dudict college et nombre anciens, et leurs successeurs esdicts offices, soient et demeurent à perpetuité vrais officiers ordinaires, domestiques et commensaulx de nous, nos successeurs roys de la couronne et maison de France, et comme tels par tout nostre royaume, païs du Daulphiné, comtes de Provence, Roussillon et Sardaigne, et par tous nos autres pays, terres et seigneuries soient et demeurent à toujours francs, quittes et exempts de toutes tailles, emprunts, foaiges, monéages, gabelles, subsides, aides, et autres subventions quelconques; et comment qu'elles soient ou puissent en l'avenir estre dictes, nommées et appellées, mises et à mettre sus en nostre royaume, soit pour le fait de nos guerres ou autrement: aussi de tous peages, travers, coustumes, quatriesmes, huitiesmes, guets et garde de porte, reparation de villes, places, forteresses, de fossés, ponts, ports, passages, et de tous autres acquits et tribus quelqu'ils soient, ne à qui ils puissent appartenir, tant de leurs personnes que de leurs heritaiges, terres et possessions, et des fruicts croissans en iceulx, soit qu'ils les facent vendre en gros ou en detail; et pareillement de tous vivres et de toutes les denrées et marchandises qu'ils acheteront en quelques lieux et par quelques personnes que ce soient, pour la provision d'eulx et de leurs menaiges, sans ce que aucune chose leur en soit ou puisse estre demandée ne à leurs serviteurs ou autres menans et conduisans leursdites vivres, provisions, menaiges, ustensiles et autres biens à eulx appartenans, en quelque maniere que ce soit; en monstrant et faisant apparoir de certification signée de leurs seings annuels, seulement comme les vivres, provisions, ustenciles, biens et choses acheptées seront à eulx et leur appartiendront, et qu'ils les font mener et conduire pour leurs mesnages et provisions.

Item. Et de nostre plus ample grace, voulons et nous plaist que tous lesdicts clercs, notaires et secretaires de nous et de la maison de France, et leurs successeurs ez-dicts offices et ung chacun d'eulx soient à toujours francs, quictes et exempts de paier l'esmolument de tous arrêts, sentences, appoinctemens et autres expeditions qui seront doresenavant faictes pour eulx et en leurs noms privés par les greffiers de nos cours de parlement et autres nos juridictions souveraines, et de nos chambres des comptes, de la justice de nos aides, des auditoires, des requestes, tant de nostre hostel que de nostre palais à Paris, et de la chambre de nostre tresor, de nostre prevosté de Paris et de toutes les autres cours et juridictions royaulx, soit ordinaires ou sur le fait de nos tailles et aides, et pareillement de toutes les cours et juridictions subalternes de nostre royaume, pays, terres et seigneuries, soit par fondation de procuration ou aultrement, pour quelque matiere que ce soit, et que tous lesdicts arrests, sentences, appoinctemens et autres expeditions en justice leur soient signées par lesdicts greffiers et scellées par les juges des lieux ou aultres qu'il appartiendra, sans pour ce prendre ou lever aucun salaire; et semblablement, que toutes les lettres, instrumens et obligations hereditaires et mobiliaires qui ont esté ou seront passés pour eulx, et qui seront levés pour et de par eulx, leur soient scellés par tous gardes des sceaulx et tabellions, soit qu'ils tiennent lesdicts sceaulx à ferme ou autrement, franchement et quictement, sans ce que nosdicts clercs, notaires et secretaires, et leursdicts successeurs en iceulx offices soient tenus paier à cause desdites signatures et sceaulx, aucuns deniers, profits et emolumens à quelque personne que ce soit.

Item. Et en oultre voulons et nous plait que si aucuns desdits clercs, notaires et secretaires de nous et de la maison de France tiennent et possèdent aucuns fiefs, terres et seigneuries nobles soit par droit successif, achapt, eschange, permutation, emphiteote ou autrement, ou cependant le temps qu'ils tiendront, exerceront ou desserviront leursdicts offices, il leur en succede aucuns de la succession de leurs parens, soit à eulx ou à leurs femmes, ou si ils en acquerrent, ou si nous ou nosdicts successeurs roys leur en donnions aucuns, que iceulx clercs, notaires et secretaires de nous et de la maison de France, et leurs heritiers et successeurs tiennent et possèdent, et puissent pleinement tenir et posseder lesdits fiefs, seigneuries et terres nobles à perpetuité, sans ce que iceulx nos clercs, notaires et secretaires ne leurs heritiers et successeurs soient et puissent estre contraints à vuider ni mettre hors de leurs mains lesdicts fiefs, seigneuries et terres nobles ou aucune partie et portion d'iceulx, ne pour ce paier à nous ou à nosdits successeurs roys aucune finance ou indemnité des francs-fiefs et nouveaulx acquets, lods, ventes et autres droits et devoirs, et lesquelles finances, indemnités, lods, ventes et autres droits et devoirs à quelques sommes de deniers qu'elles montent ou puissent monter, nous, dès à present pour lors, leur avons données, quittées et remises, donnons, quittons et remectons pour nous et nosdicts successeurs roys, à perpetuité, sans ce que nosdicts clercs, notaires et secretaires ni leursdits heritiers et successeurs puissent par commissions qui pourroient estre données sur le fait desdictes finances, francs-fiefs et nouveaux acquets, estre convenus, traictés et adjornez, ne leursdicts fiefs, seigneuries et terres nobles ne autres choses à eulx appartenant, prinses, saisies et mises en nostre main, ne pour non comparoir, condamnés en aucunes peines, multes ou amendes, lesquelles condamnations, saisines et main-mises, se faictes estoient, et tous les procès et exploits qui de ce seroient ensuis, nous avons pour nous et nosdits successeurs irrité, cassé, adnullé, irritons, cassons et annullons, et mectons du tout au neant.

Item. Et pour ce qu'il advient souvent que nos juges et officiers, aussi les maires, echevins, capitouls, sindics, pers, conseillers, bourgeois et autres, ayant la charge de communité en nos bonnes villes et autres lieux de nostre royaume, font souvent des dons ou presens au nom des communités desdictes villes, dont ils sont et veulent faire assiete sur tous les habitans en icelles, et aucunes fois en font emprunts sur les plus apparens, et pareillement pour les procès et autres leurs affaires communs, pour leurs fortifications et reparations de ponts, ports, passaiges chaussées et autres choses necessaires, voulons en outre et nous plaist que lesdicts clercs, notaires et secretaires de nous et de la maison de France et leurs successeurs auxdicts offices soient à tousjours francs, quittes et exempts de tous dons, emprunts, tailles et aides de villes, pour quelques causes qu'elles soient ou puissent estre mises, sur-imposées ou assises, aussi de toutes entrées et yssues, barraiges, choquets, appetissemens et autres choses quelconques qui sont ou pourroient estre mises sur, et dictes villes au temps à venir, soit par lettres de nous ou autrement, sans ce qu'ils ou aucuns d'eulx y puissent estre comprins, ne pour ce contraints à faire prets ou advances, ne leurs personnes ou biens pour ce empescher, soubs umbre d'aucuns dons ou privileges, octrois auxdictes villes et communités d'icelles, ou qu'ils pourroient cy-après obtenir, en quoi ne voulons lesdicts clercs, notaires et secretaires de nous et de la maison de France, ou aucun d'eulx estre entendus ne comprins, mais les en avons de nostre propre mouvement, certaine science, pleine puissance et auctorité royale, pour nous et nosdicts successeurs roys, exemptés et affranchis, exemptons et affranchissons à perpetuité, comme dit est.

Item. Et pour ce que par nostre commandement et ordonnance, sont souvent faictes et mises sur en nostre royaume une ou plusieurs armées, et que pour ce nous faisons crier et proclamer nos bans et arrière-bans, en quoy lesdicts clercs, notaires et secretaires de nous et de la maison de France pourroient estre comprins pour raison de leurs personnes ou tenemens nobles, ou par la teneur des commissions qui sur ce seroient commandées ou expédiées, estre expressement nommés et declarés, et que sans pretermission de nostre service où ils sont continuellement occupés, tant à l'entour de nostre personne, de nostre chancellier, en nos conseils, chancelleries, cours et juridictions souveraines, ez chambres de nos comptes et de nos aides, ez requestes de nostre hostel et de nostre palais que autres juridictions, mesmement que très-souvent en y a plusieurs commis et envoiés par nous, avec nos lieuxtenans, chiefs et conducteurs desdictes armées en plusieurs voiages et ambassades; voulons et nous plaist que lesdicts clercs, notaires et secretaires de nous et de la maison de France et leurs successeurs, ez dicts offices soient à tousjours francs, quittes et exempts de tous osts, chevaulchées, bans et arrière-bans, et qu'ils ne puissent estre contraints d'eulx mettre en armes et comparoir aux moustres desdicts osts, chevaulchées, bans et arrière-bans, ni de y envoier aucuns pour eulx ou aucuns d'eulx, ne pour ce leurs fiefs, seigneuries et terres nobles, arrestées, empeschées et mises en nostre main par aulcuns nos lieuxtenans, baillis, capitaines ou commissaires quelconques, ne que pour ce leur soit ou puisse estre fait, mis ou donné aucun ennuy, destourbier ou empeschement en leurs fiefs, terres et possessions nobles, ou en leurs anciens biens, en quelque forme ou manière que ce soit, lesquelles mains-mises et tout autre empeschement qui leur seroit fait, mis ou donné, nous, dès à présent pour lors, avons levé et osté, levons et ostons au profit de nosdicts clercs, notaires et secretaires, et de chacun d'eulx, lesquels pourront joir et posseder pleinement et paisiblement leursdicts fiefs, seigneuries et terres nobles et autres nobles biens et heritages, nonobstant ladicte main-mise et tous autres empeschemens, lesquels nous avons pour nous et nosdicts successeurs roys adnullé et mis, adnullons et mettons du tout au néant, nonobstant aussi quelconques mandemens ou ordonnances que nous ou nosdicts successeurs pourrions faire ou donner ou faire faire, ou donner au temps à venir par nos lieuxtenans-capitaines ou autres commis à ce, par lesquels seroit mandé y contraindre toute manière de gens exempts et non exempts, privilegiés et non privilegiés, en quoy ne voulons et n'entendons nosdicts clercs, notaires et secretaires estre comprins, ne entendus en quelque manière ne pour quelque cause ou occasion que ce soit. Jaçoit ce que en iceulx mandemens ou ordonnances n'en soit faicte aucune mention ou reservation.

Item. Et pour ce que souventes fois plusieurs de nos gens de guerre sont envoiés loger de ville à autre, et selon la necessité urgente, sont establies garnisons en plusieurs de nos villes et places où aucuns de nosdits clercs, notaires et secretaires font leurs demourances et y resident, leurs femmes et menaiges aussi, que pour l'advitaillement de nos osts et armées par mer et par terre, et aussi de nos places, est souvent ordonné prendre vivres, ustenciles, chevaulx pour nostre artillerie, bois pour faire cuire nos sallepestres et autres choses necessaires à ce. Nous, considerans l'occupation continuelle que lesdicts clercs, notaires et secretaires de nous, et de la maison de France, ont en nostre service, mesmement qu'ils ont le plus souvent estre leurs mains les papiers, registres, memoires, instructions et autres lettres touchans et concernans les grands et secrets affaires de nous et de nostre royaume, avons par privilege singulier et especial, tous lesdicts clercs, notaires et secretaires de nous et de la maison de France et leurs successeurs èsdicts offices, affranchis, quittés et exemptés, affranchissons, quittons et exemptons de tous logis et prohibons et defendons à tous les mareschaux et fourriers de nos logis et autres quelconques, qu'ils ne marquent ou facent marquer lesdictes maisons d'iceulx nos notaires et secretaires et ne y logent, facent ne souffrent loger aucunes gens soient nos officiers ou autres de nostre hostel..... ne autres gens de quelque

…tat ou condition qu'ils soient sans eulx en excepter………. ores que nous ou nosdicts successeurs fussions ez lieux et villes où ...sdicts notaires, secretaires seraient demourans, aussi de ...s logis de gens de guerre, de tous avitaillemens d'ost, d'armées de places et de navires, de tous charrois d'artillerie, de bailler ou prester lits, linges ou autres ustencilles, de bailler bois pour ...sdicts sallespestres et edifices, et de toutes autres choses quelconques qu'on leur pourrait ou voudrait demander à cause des choses dessusdictes ou d'aucunes d'icelles ou autres choses touchans ou concernans le fait et entretenement de nosdicts osts, armées et avitaillemens par mer et par terre, et du fait de nostredicte artillerie ou autrement, soubs quelque forme de parolles contenues ez mandemens et commissions sur ce par nous et nosdicts successeurs, commandés et ordonnés, prohibons aussi et defendons à tous nos lieuxtenans, chiefs de guerre, capitaines de gens d'armes de nostre grand ordonnance et de nostre camp, maistres capitaines et conducteurs de nostre artillerie et de nos sallepestriers et à tous leurs fourriers et serviteurs, qu'ils ne soient ...nt osés ni hardis de loger, prendre vivres, ustenciles, chevaulx, ...tres choses quelconques et maisons, habitations et demouran... de nosdicts clercs, notaires et secretaires, soit qu'elles soient situées et assises aux villes et aux champs, ne y faire ou couper, prendre ou emporter bois pour nos edifices, sallespestres ou autrement, en quelque forme et maniere que ce soit.

Item. Et pour ce que nosdits clercs, notaires et secretaires et leurs predecesseurs en iceulx offices ont toujours eu par cy-devant toutes leurs causes personnelles et possessoires, en demandant et en défendant, et pareillement les causes où ils se vouloient adjoindre ou en prendre la charge, garantie et defense, sans frauldes, commises par-devant nos amés et féaulx conseillers les maistres des requestes ordinaires de nostre hostel, et depuis et du temps que nostredict feu seigneur et pere a mis sur l'auditoire des gens tenans les requestes de nostre palais à Paris, par-devant eulx, nous avons voulu et ordonné, voulons et ordonnons que ceulx nos clercs, notaires et secretaires aient leursdictes causes personnelles et possessoires, et aussi leurs ypothccaires, quand ...n leur semblera, et ils le requerront, en demandant et defendant, et pareillement celles où ils se vouldront adjoindre ou prendre l'adven. garantie et defense sans fraudes commises, par-devant nosdicts conseillers desdictes requestes de nostredict ostel, ...e lesdicts gens tenans et qui tiendront les requestes de nostre palais à Paris, et par-devant nos plus prochains juges royaulx, des parties et choses dont sera question, leurs causes reelles et leurs principaux sieges, et que icelles causes et pieces soient en dernier ressort en nostre cour de parlement à Paris, sans ce qu'ils soient tenus plaider ailleurs. Et si aucuns de nosdicts clers, notaires et secretaires avoient aucunes causes personnelles ou possessoires en nostre pays et duché de Normandie, ils les pourront tirer et faire evosquer en l'auditoire desdictes requestes ou de l'un d'iceulx, pour ce qu'ils sont nos officiers ordinaires et commensaulx comme dict est, et si ils les voulloient poursuivre en nostredict pays de Normandie, faire le pourront par-devant nos baillis de Rouen, Caux, Caen, Costentin, Evreux, Gisors et Alençon qui sont les baillis royaulx de nostredict pays et duché de Normandie, et en siege d'assise royale et non ailleurs, non obstant quelconques privileges que pourroient avoir d'anciennet ou de nouvel de nous ou de nos predecesseurs, aucuns prelats, églises cathédrales ou collegialles, chapitres, seigneurs, communautés de villes et cités, universités ou autres, de nous estre tirés hors de leurs villes et cités en premiere instance, en quoy n voullons nosdicts clercs, notaires et secretaires, ne leurs successeurs esdicts offices estre aucunement comprins ne entendus.

Item. Et d'abondant, en faveur desdicts services que nous on fait, font et feront nosdicts clercs, notaires et secretaires, voulons et nous plaist, que, apres leurs decès, leurs femmes elles estant veufves et durant leur viduité seulement, joyssent de tels et semblables privileges, franchises, libertés et exemption que faisoient leurs maris au temps et jour de leurs trespas, comme font et feront nosdicts autres notaires et secretaires san difference aucune.

Item. Et néantmoins, à l'occasion de ce qu'il pourra souven avenir que lesdicts clercs, notaires et secretaires de nous et de l maison de France, pourront, en faveur d'aucuns de leurs fils o du mariaige d'aucune de leurs filles, et par congié de nous ou d nosdicts successeurs roys, resigner leursdicts offices de notaires e secretaires, voulons, ordonnons et octroions par privilege singulier et especial que celui ou ceulx desdicts clercs, notaires et secretaires de nous et de la maison de France, qui aura et auron ainsi resigné par ledit congié de nous ou de nosdicts successeur leursdicts offices de notaires et secretaires au profit de leurs fils en faveur du mariaige d'aucune de leurs filles, jouissent plaine ment et paisiblement leur vie durant, de tous les privileges, fra

..., libertés, exemptions, prerogatives et preeminence dont ...sent et jouiront nosdicts autres notaires et secretaires, et ...cillement leurs femmes, si elles les survivent et durant leur ...ité seulement.

Item. Et en outre, afin que lesdits du colliege aient mieulx de ... eulx entretenir honnestement en nostredict service entour ..., nostre chancellerie et ailleurs, en nos conseils, chancel-...ies où ils doivent faire residence, et qu'ils soient plus curieux ... y faire resider et y servir de leurs offices nous et la chose pu-...que de nostre royaume; nous avons ordonné, statué et de-...ré, ordonnons, statuons et declairons par cesdites presentes, ... le proufit et emolument du scel que lesdicts du colliege ont ...it et accoustumé d'avoir et prendre de toute ancienneté sur ... deniers venant des lettres scellées en nosdites chancelleries se-

... (1) par entre eulx, et mjs en bourses tant ordinaire que ... collation, et baillé et distribué du mois précedent le 5° ou 6° ... de chacun mois (2) apres en suivant à ceulx dudit ...liege qui auront servi et residé, au lieu et pour le temps qu'ils ... ront servi et non à autres; et que aucun dudit colliege de ...lque estat ou condition qu'il soit, et pour quelque cause ou ...sion que ce soit, ne prandra d'oresenavant bourse aucune ... deux lieux et en deux chancelleries, et aussi que aucun d'i... colliege absent et non resident entour nous ou nos chan-...leries ne prendra bourse ordinaire ni de collation en icelles ...chancelleries, excepté ceulx qui en suivant nous ou nosdictes ...ncelleries faisans et exerçans leursdicts offices seroient tom-...en enfermetés de maladie, auxquels on fera bourse durant leur-...de maladie, tant ordinaire que de collation, tout ainsi que si ... étoient presens, ainsi qu'on a coustume faire le temps passé.

Item. Exceptés aussi ceulx dudit colliege qui ont ou auront ...vi ordinairement audit estat et office de clerc, notaire, et se-...taire de nous et de la maison de France, à l'entour de nous, ... nos chancelleries, cours souveraines et autres cours et juris-...tions dessusdictes, par l'espace de trente ans continuels et qui ...nt ou auront autre estat, office, ou benefice dont ils puissent ...nestement vivre selon leur estat, auxquels nous avons voulu, ...onné, statué et declairé; voulons, ordonnons, statuons et ...lairons par cesdictes presentes, que en leur absence et à ce

---

(1) Mots illisibles dans le manuscrit.
(2) Même observation.

qu'ils se puissent reposer le demourant de leurs jours, et qu'ils ayent mieulx de quoy vivre et eulx plus honnestement entretenir en leurs maisons; leur soient faictes et baillées bourses tant ordinaires que de collation par chacuns moys leurs vies durant, c'est assavoir, à ceulx qui ont ou auront l'office entier ou qui n'ont ou n'auront que le membre des bourses ordinaires, la moictié des bourses tant ordinaires que de collation qu'ils auroient s'ils estoient presens en chancellerie, et à ceulx qui n'ont ou n'auront que le membre des collations, leur bourse de collation entiere aussi comme presens.

Item. Et pour obvier aux questions qui aucunes fois surviennent entre nosdicts notaires et secretaires, touchans la portion desdictes bourses ordinaires, leur avons en outre octroié et octroions que iceulx nos notaires et secretaires à bourses puissent faire entre eulx, d'un commun accord et consentement, tels statuts et ordonnances touchans eulx et leursdictes bourses qu'ils verront estre à faire; et s'il advenoit que aucuns de nosdicts clercs, notaires et secretaires prensissent au temps à venir autre service que le nostre ou de nos successeurs, et se missent à demourer avec aucuns princes ou seigneurs, sans exprès congié ou licence de nous ou de nosdicts successeurs, nous voulons et ordonnons que tous nosdicts clercs, notaires et secretaires, qui par cy-devant se sont tenus et qui d'oresenavant seront et se tiendront en autre service que le nostre, ou de nos successeurs roys, sans exprès congié, licence ou permission de nous ou de nosdicts successeurs, comme dict est, ne puissent cependant acquerir temps et antiquité pour venir aux moiennes ou grans bourses ordinaires, desquelles ni pareillement avoir ou prendre aucune chose, sinon durant le temps qu'ils seront et se tiendront à l'entour de nous, de nostre chancellier, ou en nos chancelleries, cours ou juridictions souveraines.

Item. Et à ce que tous nosdicts clercs, notaires et secretaires, et leurs successeurs ez dicts offices, puissent conferer ensemble des choses necessaires pour le fait, entretenement, et augmentation de leursdits corps et colliege et de leur fraternité, leur avons aussi pour nous et nosdicts successeurs roys, octroié et octroions qu'ils se puissent assembler toutes et quantesfois bon leur semblera, et mesmement quatre fois l'an, à chacun des quatre vendredis, des quatre temps et jeunes doubles, si mestier est : c'est assavoir, ceulx qui seront à l'entour de nous et de nostredict chancellier, en telle eglise, cloistre ou logis de l'un ceulx que bon leur semblera, et pareillement ceulx qui resideront et seront à Paris, en leur chambre séant au bout de la grant salle de nostre palais dudit lieu, en laquelle se tient de present la juridiction ordinaire des requêtes de nostre hostel, ou aux Celestins dudit lieu de Paris et illec traicter des faits et affaires et choses requises et nécessaires pour le bien dudit colliege, et avecques ce que ez dictes assemblées ils puissent, et leur loyse faire et establir ung ou deux greffiers pour rediger par escrit et signer les deliberations et conclusions qu'ils feront touchant le bien, conservation et entretenement de leurdict colliege, et ung ou plusieurs procureurs pour la poursuite, conduite et defense de leurs droits et privileges, et ung receveur pour recevoir les deniers marcs d'or de chacun notaire et secretaire, quant il sera reçeu, et autres droits, proufits, revenus et emolumens qui appartiennent et appartiendront audit colliege, et que ils puissent contraindre et faire contraindre ceulx qui ont esté et seront par eulx commis à la recepte d'iceulx demis-marcs d'or et autres revenus d'icelui colliege, à rendre compte; lesquels comptes, nosdicts notaires et secretaires, ou ceulx qui par deliberation comune ez dictes assemblées y auront commis, pourront oyr, clore d'affiner, sans ce que lesdicts commis à ladite recepte d'iceulx demis-marcs d'or et autres revenus, d'icelui colliege en soient tenus ailleurs d'en rendre compte; toutes voies en leursdictes assemblées ils ne pourront faire aucune conclusion qu'ils ne soient vingt et ung du moins, et que en icelui nombre en ait aucuns des anciens dudict colliege, aussi que les conclusions et deliberations qu'ils feront soient signées par celui ou ceulx d'eulx qui aura et auront été commis leurs greffiers.

Item. Et semblablement, pour ce que, par ledict colliege desdicts clercs, notaires et secretaires de nous et de la maison de France, a esté fondé en l'onneur de la benoiste trinité, de la trèglorieuse Vierge Marie, et desdicts quatre saincts évangelistes, une confrairie ou fraternité, et ordonné y faire dire, celebrer et continuer certain divin service, avons en oultre octroyé et octroyons auxdicts clercs-notaires et secretaires de nous et de la maison de France, et audict corps et colliege que ils puissent faire statuts, chapitres et ordonnances pour le bien, utilité, entretenement et conservation dudict colliege et des suppots d'icelui, et aussi d'icelle confrairie et fraternité, et les chapitres et ordonnances jà faits, reformer en mieulx, corriger, interpreter ou en faire de nouveaulx, et ledict divin service augmenter à la louange de Dieu, et au bien commun de tout ledict colliege et avecques ce qu'ils puissent acquerir, donner, leguer et ausmoner en general ou en particulier à icelle confrairie et fraternité, pour l'entretenement d'icelle et dudict service divin, jusques à la somme de 500 livres tournois de rente et revenus par chacun an, en fief ou hors fief, et tenement noble, avoir et acquerir pour eulx et leurs successeurs es dicts offices une maison commune en nostre bonne ville de Paris, lesquelles choses quant acquises seront nous avons dès-à-present pour lors admorties et admortissons, et avec ce qu'ils puissent lesdictes choses ainsi par eulx acquises garder, posseder et retenir, sans ce qu'ils soient ou puissent estre contraints à en vuider leurs mains, ne pour ce paier à nous ou à nos successeurs roys, aucune finance de franc-fief, nouvel acquest et admortissemens, ni aucuns reliefs, rachapts, ventes, treiziemes, quints et requints, deniers et autres choses quelconques; et lesquelles fiuances de francs-fiefs et nouveaulx acquets et admortissemens, et lesdicts reliefs, rachapts, ventes, treiziemes, quints et requints, deniers et autres devoirs casuels qui à nous ou à nos successeurs roys en pourroient estre deus, nous, pour nous et nosdicts successeurs roys, leur avons donnéés, quictées et remises, et par ces presentes donnons, quictons et remettons, sans ce que aucune chose en puisse estre demandée audit colliege ni aux suppots d'icellui (1).

Item. Voulons et ordonnons, et nous plaist que, quant lesdicts clercs, notaires et secretaires ou aucuns d'eulx viendront devers nous pour recevoir nos commandemens et en nos chancelleries, qu'ils soient vestus honnestement selon leur estat, sans porter d'habits dissolus, et avec ce qu'ils aient et portent leurs escriptoires honnestement; ainsi que ont eu, et porté par ci-devant leurs predecesseurs, ez dicts estats et offices; et prohibons et défendons à nosdicts clercs, notaires et secretaires, de non jouer à jeux défendus, mener une vie deshonnete, ne eulx trouver en compaignies, ou lieux dissolus, sur peine d'en estre griefvement punis et reprins.

Item. Et pour ce que par cy-devant ont esté donnés et octroiés, par nosdits très-nobles progeniteurs roys de France, et nous audit corps et colliege, et aux suppots d'icellui, passés présens, et futurs, plusieurs autres grands droits, privileges prérogatives et preeminences, franchises, libertés et exemptions

---

(1) Mot illisible dans le manuscrit.

[...]nt les lectres et chartres qui en ont esté octroiées, ou la plus-[par]t d'icelles par antiquité et vieillesse, par mutations, guerres, [di]visions, pestilences, et autres fortunes ont esté et sont perdues, [dis]sipées et mises ez mains de personnes de qui on n'en peut avoir [vr]aie congnoissance, et par ce, non estre faicte mention ou de-[cl]aration en cesdictes présentes; nous, en outre ce que dit est, [av]ons de nostre certaine science, propre mouvement, plaine [pu]issance et autorité royale, tous lesdicts droits, libertés, fran-[ch]ises, privileges, autorités, dignités, prerogatives et preemi-[n]ences, et toutes les chartres et lectres, de ce faisant mention [e]t tout le contenu en icelles octroiées par nosdicts progeniteurs, [s]upposé que comme dict est cy, ne soient spécifiés, loué, confir-[m]é, ratiffié, émologué et approuvé, louons, confirmons, ratifions [é]mologuons et approuvons, pour en jouir à perpétuité par ledit [co]llège et suppots d'icelui, selon la forme et teneur desdictes lec-[tr]es, chartres et privileges; et comme nosdicts clercs, notaires, et [se]cretaires et leurs predecesseurs ez dicts offices, en ont joui par [c]y devant et d'ancienneté, lesquels voulons estre et demourer à [to]ujours en perdurable fermeté; tout ainsi, que si lesdictes let-[tr]es et chartres étaient de mot à mot inserées en cesdictes pre-[sen]tes, et que tout cedit corps de colliege et les suppots d'icelui, [jo]uissent pleinement, absolument et paisiblement, oultre tout ce [q]ue dict est, de tout ce contenu ez dictes chartres et privileges, [sa]ns ce que on leur puisse ne à aucun d'eulx obicer et alleguer [p]rescription ou laps de temps, ou qu'ils n'ont joui d'aucuns des [po]ints et articles contenus ez dictes lettres, chartres et privi-[le]ges de nosdicts progeniteurs, ou autre chose qui en ce les [p]uisse troubler ou en empecher en quelque forme ou maniere [q]ue ce soit.

Item. Et pour ce que plusieurs pourroient enfreindre, contre-[ve]nir et désobéir aux privileges, franchises, libertés et exemp-[tio]ns de nosdicts notaires et secretaires, et que nostredict chan-[ce]lier est conservateur d'iceulx leurs privileges, à l'occasion des-[qu]els se pourront sourdre plusieurs questions, nous voulons et [or]donnons pour nous et nosdicts successeurs, que à leur simple [re]queste, et par le premier huissier ou sergent royal, sur ce requis, [lu]i et chacun d'eulx puissent et leur loise licitement faire ajour-[n]er les infracteurs de leursdicts privileges, par-devant nos-[tre]dict chancellier ou lesdicts maistres des requestes ordinaires de [n]ostre hostel, ou suivant nostre cour en leur auditoire à Paris, ou [p]ar devant celui d'eulx qui leur plaira pour requerir, iceulx infracteurs, désobéissans et contredisans, estre condamnés envers nous en amendes arbitraires et ez interets et dommaiges de celui ou ceulx de nosdicts notaires et secretaires à qui aura esté fait le trouble et empeschement, et autrement en estre fait réparation ou pugnition telle que au cas en appartiendra.

Si donnons etc.

Et afin que ce soit chose ferme et estable à toujours, nous avons signé cesdictes presentes de nostre main, et à icelles fait mettre nostre scel, sauf toutes voyes en autres choses, nostre droit et l'autruy en toutes.

N°. 273. — TRAITÉ *entre la France et le duc d'Autriche, au sujet des Pays-Bas.*

Arras, 25 décembre 1482. (Preuves de l'histoire de Charles VIII, p. 324.)

Louis, etc. Que comme pour mettre fin aux querelles, questions, débats, et à la guerre mue à cette occasion d'entre nous et nostre très-cher et très-amé cousin le duc Maximilien d'Autriche, nos très-chers et très-amez cousin et cousine le duc Philippe et damoiselle Marguerite d'Autriche, ses enfans, leurs pays, seigneuries, et subgets, plusieurs communications, parlemens, et assemblées, ayent par diverses fois esté tenues de nos gens, ambassadeurs et commis d'iceux nos cousins, et de leursdits pays; par lesquels, pour parvenir à bien de saincte et fructueuse paix, ont été faites plusieurs ouvertures, et finalement en la ville de Franchise *alias* Arras, en la convention et assemblée icelle tenue, ont par nosdis ambassadeurs et les leurs, esté deliberés, accordez, et conclus plusieurs poincts et articles, sur lesquels ait esté faite, conclue, jurée et publiée paix finale, union et intelligence à toujours entre nous, nostre très cher et très amé fils, Charles dauphin de Viennois, nostre royaume, pays, seigneuries, et sujets, d'une part; nosdits cousin et cousine, leurs pays, seigneuries et sujets, d'autre; et mesmement, pour plus grande seureté d'icelle ait esté consenty, conclu et accordé le mariage de nostre-dit fils le dauphin et de nostre-dite cousine d'Autriche, selon, et en la forme et manière que contenu est ès-lettres sur ce faites et expédiées par nosdits ambassadeurs, et ceux de nosdits cousins et leursdits pays, desquelles lettres la teneur est telle.

Philippes de Crevecœur, seigneur de Desquoerdes, et de Launoy, conseiller et chambellan du roi nostre sire, son lieu-

tenant et capitaine général au pays de Picardie, chevalier de
son ordre, Olivier de Quanteman, aussi chevalier, conseiller
et chambellan du roi nostre sire, et son lieutenant en la ville de
franchise *alias* Arras, Jean de Lavaquerie, conseiller du roi
nostredit seigneur, et premier président en sa cour de parlement à Paris, Jean Guerin, maistre d'hostel, tous ambassadeurs
commis du roi nostre souverain seigneur; Jean de Launoy, abbé
de St. Berthin, et chancelier de l'Ordre de la Toison d'or, Philippe, abbé de St. Pierre Lez Gased, Gossuin, abbé d'Affligehin,
Guillaume, abbé d'Aumont, de l'ordre de St. Benoit, Jean,
seigneur de Lannoy, de Renne et de Sebourg, Jean de Berghes,
sieur de Walhain, Bauduyn de Launoy, seigneur de Malembois,
chevaliers dudit ordre, conseillers et chambellans, Jean de la
Bouverie, sieur de Bierbeque et de Wierre, chancelier de Brabant, Paul de Baeust, sieur de Boirmizécle, président de Flandre,
Jacques de Goy, sieur d'Auby, chevalier conseiller et chambellan,
et haut bailly de Gand, Jean Daufay, conseiller et maistre des
requêtes ordinaires de Chastel, Gerard Munan et Jean de Beere,
secretaires en ordonnances de nostre très redouté seigneur Monseigneur le duc Maximilien d'Autriche, Jean Punot, chevalier
bourgmaistre, Jean Rolland, echevin de la ville de Louvain,
Nicolas de Hutuelde, Roland Mol, chevalier, Gort Rolland,
conseiller pensionnaire de la ville de Bruxelles, Jean Collegheux,
bourgmaistre, Jean Nymerzeelle, chevalier, echevin de la ville
d'Anvers, Georges de la Moere, premier echevin de la ville d'Anvers, Guillaume Ryns, premier conseiller, Jacques d'Esteemberger, conseiller des echevins des Parchons de la ville de Gand,
Jean de Vitte, sieur de Ruddervouide, bourgmaistre de la ville de
Bruges, Jean de Newenhoüe, chevalier chambellan, Gilles
Buislin, conseiller, et Jean Crecie, pensionnaire de la ville
d'Ypres, Jacques de Laudas, echevin, Jean François, conseiller
de la ville de l'Isle, Simon de Berens, premier echevin, Jean
de la Vacquerie, conseiller de la ville de Doüay, Christofle Gautier, premier echevin de la ville de Mons, Jean Founceau,
clerc du bailliage du Haynaut; Servais Waudart, conseiller de
ladite ville de Mons, Thierry Leporjuze, echevin, Gobert
Verin, conseiller de la ville de Valenciennes, Robert de Macmeville, chevalier, bailly, Nicolas Daverout, mayeur, David Danenfort, echevin, Philippes de sainct Leger, conseiller, et
Robert des Prez, procureur de la ville de Sainct-Omer, tous
ambassadeurs, commis et députés de mondit seigneur le duc,

tant en son nom, que au nom de monsieur le duc Philippes, et mademoiselle Marguerite d'Austriche, ses enfans, nos princes et seigneurs naturels et des estats de leurs pays, tant pour eux, que aussi pour et au nom d'iceux duc Philippes et damoiselle, à tous ceux qui ces présentes verront. Savoir faisons que en vertu des pouvoirs à nous donnez et ci après inserez: Nous avons fait conclu, accepté, promis et juré, faisons, concluons, acceptons, promettons et jurons paix finale, union, intelligence et alliance perpetuelle entre le roy, monseigneur le dauphin, le royaume, leurs pays, seigneuries, et sujets; ensemble le traité du mariage, qui en plaisir de Dieu se fera, solemnisera et parfera de mondit sieur le dauphin et d'icelle damoiselle Marguerite, ainsi, par la forme et manière qu'il est contenu et déclaré ez articles sur ce par nous avisez, consentis et accordez, desquels la teneur s'ensuit.

(1) Au nom, et à la louange de Dieu nostre créateur, de la glorieuse Vierge Marie, et de toute la cour celeste, paix finale, alliance, et intelligence à toujours est faite, promise et jurée entre le roy, monseigneur le dauphin, le royaume, leurs pays, seigneuries et sujets d'une part; et monsieur le duc de Maximilien d'Austriche, monsieur le duc Philippes, et mademoiselle Marguerite d'Austriche, ses enfans, leurs pays, seigneuries et sujets, d'autre; par laquelle toutes rancunes, haines et malveillances des uns envers les autres sont mises jus et ostées, et toutes injures de faict et de paroles remises et pardonnées.

(2) *Item.* Pour la plus grande seureté de ladite paix, traité et alliance de mariage, est fait, promis, consenty, et accordé entre mondit seigneur le dauphin seul fils du roy, et héritier apparent de la couronne, et madite demoiselle d'Austriche, seule fille de mondit seigneur le duc et de feuë madame Marie de Bourgogne, fille unique de feu monsieur le duc Charles, que Dieu absoille, *et se parfera et solemnisera* ledit mariage, ladicte demoiselle venuë en âge requis de droit.

(3) *Item.* Et incontinent ladite paix publiée, et les scellez, promesses, obligations, lettres et seuretés baillées aux ambassadeurs dudit duc, et des estats desdits pays, en la ville de l'Isle ou de Doüay, madite damoiselle sera en toute diligence, sans mettre la chose en delay, amenée en cette ville de Franchise *alias* Arras, et mise et delaissée ès mains de monsieur de Beaujeu, ou autre prince du sang commis par le roy, et la sera

le roy garder, nourrir, et entretenir comme sa fille primogenite, épouse de mondit seigneur le dauphin.

(4) *Item.* Qu'en faisant ladite délivrance, mondit seigneur de Beaujeu ou autre prince commis de la part du roy ayant pouvoir especial à ce, en la présence des princes et seigneurs qui auront conduit et amené icelle damoiselle, promettra serment solemnel sur le fust de vraye croix et saincts Evangiles de Dieu, pour le roy, tant en son nom que comme père, et soy faisant fort de mondit seigneur le dauphin, que madicte damoiselle venue en âge requis de droit, mondict le seigneur le dauphin la prendra à femme et épouse légitime; et procedera au surplus au parfait et consommation du mariage de lui et d'elle, selon l'ordonnance de la saincte Eglise.

(5) *Item.* Pareil serment et promesse fera mondit seigneur de Beaujeu ou autre prince commis, ayant pouvoir suffisant à ce, de mondit sieur le dauphin, autorisé et dispensé par le roy, de son jeune âge, pour et au nom d'icelui seigneur.

(6) *Item.* En faveur dudit mariage, iceux seigneur duc d'Austriche, et les estats de sesdits pays, ont consenty et accordé tant en leurs noms que pour et audit nom du dit duc Philippes et pour son mineur âge, comparans en son lieu, que les comtez d'Artois, de Bourgogne, et les terres et seigneuries de Masconnois, Auxerrois, Salins, Bar-sur-Seine, et de Noyers soient le mariage, dot et portement de mariage de madite damoiselle avec mondit sieur le dauphin, pour en jouyr par eux, leurs hoirs mâles et femelles qui issiront dudit mariage, heritablement et toujours : et en faute d'iceux retourneront audit duc Philippes et à ses hoirs. Et pour ce que le roy tient en sa main, occupe presentement lesdits comtez de Bourgogne, Masconnais, Auxerrois, Salins, Bar-sur-Seine, Noyers et la pluspart de ladite comté d'Artois, il consent pour autant que la chose lui peut toucher, qu'icelles comtez et seigneuries soient la dot, héritage et patrimoine de ladite demoiselle, pour en jouyr par mondit seigneur le dauphin comme son futur mari, par elle et leurs hoirs issus de ce mariage, et en faute d'iceux, retourneront comme dessus.

Sauf s'il avenait, si lesdits comtez, terres et seigneuries vinssent ou echeüssent en d'autres mains que de mondit seigneur le dauphin, ou des hoirs issus d'iceluy mariage; en ce cas le roy, mondit seigneur le dauphin, et leurs successeurs roys de France pourront posseder et retenir lesdites comtez d'Artois et de Bour-

56.

gogne et autres terres et seigneuries dessusdites, jusques à ce qu'il soit appointé du droict prétendu par le roi ès villes et chastellenies de l'Isle, Doüay et Orchies, esquelles trois villes et chastellenies, si ledit cas de retour n'avient, le roy et ses successeurs ne prétendront aucun droict, mais en jouyront les comtes et comtesses de Flandres comme ils ont fait par cydevant : et si ledit cas de retour avient, le roy et aussi le comte de Flandres qui lors seront, feront diligence chacun de sa part d'appointer dudit different. Et dedans trois ans en suivant l'avenüe dudit cas, ou plustôt, se faire se peut, que madite damoiselle venüe en ladite ville de Franchise *aliàs* Arras, sera du consentement du roy, par mondit seigneur de Beaujeu, en la présence des persones des estats d'Artois et des autres terres et seigneuries de son dot, qui elles seront trouvez; lesquels, sans en faire autre assemblée, représenteront les trois estats d'Artois, tenüe, receüe, et déclarée comtesse d'Artois et de Bourgogne, et dame des autres seigneuries ; et seront mondit seigneur le dauphin comme futur mari d'elle, et elle tenus par le roy pour diligens, touchant les devoirs qu'ils seront tenus de faire pour lesdites terres qui sont du royaume.

(7) *Item.* Delà en avant ledit pays et comté d'Artois, sauf la ville, Chastel et bailliage de Saint-Omer, dont cy-après sera touché, sera régi et gouverné en ses droicts, usages, et privilèges accoûtumez, tant au regard des corps des bonnes villes comme du plat pays, sous la main et nom de mondit sieur le dauphin futur mary, et bail de madite damoiselle, et le domaine et revenu d'icelui pays et comté réduit au plus grand profit que l'on pourra ; et les officiers de justice et de recepte desdits pays et comté, et les lois des villes créées et renouvelées de par lui, au nom que dessus,

(8) *Item.* Sera pareillement fait de la comté de la Bourgogne, et autres terres et seigneuries qui sont du dot de ladite damoiselle.

(9) *Item.* Sur la requeste que lesdits ducs et estats font, que le plaisir du roi soit mettre la ville de Franchise *aliàs* Arras en son ancienne police et gouvernement sous la main de mondit seigneur le dauphin, en y commettant officiers de par lui, comme dit est. Le roi s'attend à monsieur le dauphin, futur mary de ladite demoiselle, d'entretenir et traiter ladite ville en ses gouvernemens et privilèges anciens et accoutumez, comme les autres villes d'Artois.

(10) *Item.* Au regard de la ville, chasteau et bailliage de Sainct-Omer, qui est de ladite comté d'Artois, elle est comprise, et tout ledit bailliage avec ledit comté d'Artois au dot et portement de mariage que madite demoiselle fait avec mondit sieur le dauphin sous les limitations qui s'ensuivent : ladite ville, chasteau et bailliage seront mis et délivrez en la possession de monsieur le dauphin et d'elle, incontinent ledit mariage parfait et consommé, et non devant, pour en jouyr et par eux, leurs hoirs et successeurs, comme de ladite comté d'Artois, et autres pays et seigneuries dessus dites.

(11) *Item.* Dès à présent lesdits ducs et etats, tant en leurs noms que pour et au nom du duc Philippes, remettent la garde de ladite ville, chasteau et bailliage, et les delaissent du tout à la garde et entretenement qu'en feront et seront tenus d'en faire les gens d'eglise, nobles, bourgeois, manans et habitans de ladite ville, pour la garder et délivrer à mondit sieur le dauphin, ledit mariage consommé; tous lesquels manans et habitans, et trois estats de ladite ville, seront dès à present tenus faire serment solemnel ès mains du roy, ou de ses commis, de faire bonne et seure garde de ladite ville durant ladite minorité de madite damoiselle, et non permettre ou souffrir à leur pouvoir que ledit duc d'Austriche et ledit duc Philippes son fils, et autres par eux, y ayent aucun port, autorité, ne aucunes gens, mais demeurera icelle ville au gouvernement desdits estats, pour la bailler, rendre et délivrer en pleine obeissance à mondit sieur le dauphin mary de madite damoiselle, incontinent elle venüe en âge, ledit mariage consommé, cessans tous contredits, excuses, ou delays.

(12) *Item.* Pareil serment seront tenus faire lesdits habitans et trois estats à mondit sieur le duc d'Austriche, de non délivrer ladite ville au roy, ne à mondit sieur le dauphin, ne autres par eux, durant ladite minorité, et jusques ledit mariage soit consommé.

(13) *Item.* Que en particuliers, les prélats, gens d'eglise, nobles, majeurs, eschevins, manans et habitans de ladite ville, qui sont chefs d'hostel, et autres qui viendront demeurer en celle ville durant ladite minorité, de quelque estat et condition qu'ils soient, feront serment sur la croix ou saincts Evangiles, d'entretenir ledit traité sur peine d'estre tenus et reputez parjures et deloyaux, ausdits princes et à la ville; et aussi comme infracteurs et violateurs de paix, estre punis à la volonté et or-

donnance de justice, et sera ledit serment enregistré en un livre et registre à ce servant.

(14) *Item.* Afin que ladite ville ait mieux de quoy pour soy garder et entretenir, le domaine d'icelle ville, banlieue et bailliage, tel que au comte d'Artois doit appartenir, demeurera pendant la minorité de ladite damoiselle, au profit de ladite ville pour l'entretenement d'icelle; et si seront lesdites villes, bailliage, durant ledit temps, quittes de leur portion de l'ayde ordinaire d'Artois; et s'il leur convient faire plus grande mise pour ladite garde, le roy, et aussi mondit seigneur d'Austriche leur secourront et ayderont.

(15) *Item.* Et au regard de l'institution des officiers que le comte d'Artois a accoûtumé d'instituer, comme bailly, sous-bailly, chastellains, Burgrave, Ausmauster, procureur, receveur, sergens et autres, mondit seigneur le duc comme père de madite damoiselle, en aura durant ledit temps la nomination, et monsieur le dauphin, comme futur mary d'icelle, l'institution; et seront iceux officiers tenus en obtenir lettres de monsieur le dauphin, et faire le serment ès mains des estats de ladite ville, ainçois qu'ils puissent exercer lesdits offices; et leur seront lesdites lettres expédiées sans frais; et si madite damoiselle alloit de vie à trépas paravant ledit mariage consommé, ladite ville, chasteau et bailliage, seront par lesdits manans et habitans remis en l'obeissance desdits ducs d'Austriche et duc Philippes son fils, ou ses successeurs.

(16) *Item.* Que pendant et durant la minorité de ladite damoiselle, la loy de ladite ville se fera et renouvellera par ceux d'icelle ville en la manière accoûtumée; et si auront lesdits majeur et eschevins, pouvoir de créer les officiers en dessous eux, et comme ils ont fait par cy-devant; et se fera la justice en ladite ville et banlieue par les majeur et eschevins qui seront entretenus en leurs anciens droicts et prerogatives; et au bailliage, la justice s'y fera et exercera comme il s'est fait de tout temps et sous le ressort où il appartiendra; et en tant que touche la garde, les trois estats de ladite ville pourront faire telles ordonnances et statuts qu'ils adviseront estre requis pour leur seureté; soit pour tenir ou soudoyer mortes-payes pour la garde de ladite ville et chasteau, où ils entendent en leurs consciences qu'il leur soit besoin, pourront commettre et elire un chef entre eux pour la garde d'icelle, tel qu'ils adviseront, de l'un d'eux, ou

tenant toujours à eux la charge et gouvernement de ladite ville, pour la délivrer, comme dit est.

(17) *Item*. Quant aux forts et chasteaux prochains de ladite ville, par lesquels ils pourront estre tenus en aucune sujétion, ils auront les scellez, etc., promesses des seigneurs d'iceux forts et forteresses de non leur nuire; mais les assister à la garde, etc., délivrance de ladite ville comme dit-est.

(18) *Item*. Et si aucune guerre sortait entre le roi et ledit duc d'Austriche, ou autres voisins de ladite ville, ils ne s'en mêleront ni recevront aucune garnison d'un côté ni d'autre.

(19) *Item*. Que les bourgeois, manans et habitans de ladite ville, banlieüe et bailliage, de quelque estat ou condition qu'ils soient, pourront aller, hanter et fréquenter marchandement ou autrement par-tout le royaume de France, par les pays de mondit sieur d'Austriche, Monsieur le duc Philippe, son fils, etc., et en autres royaumes et pays voisins : et pareillement les sujets desdits royaumes de mondit seigneur le duc, et autres pays voisins, pourront seurement hanter et converser en ladite ville et banlieüe, marchandement et autrement; sans aucune reprise; ne en ce faire ou donner aucun empeschement, pour marques, contremarques, ordonnances ou défenses au contraire.

(20) *Item*. Si lesdits de S. Omer ne sont contents de lettres, scellez et seuretez qui se bailleront pour la généralité de ce traité, le roi pour sa part, et aussi mondit sieur d'Austriche pour la sienne, leur bailleront lettres en particulier, et feront bailler par les estats de leur pays et telles villes et communautez qu'ils requerront; par lesquelles chacun en son regard, promettra entretenir et faire entretenir tous les points consentis et accordez touchant la garde de ladite ville.

(21) *Item*. Qu'en faisant, par lesdits manans et habitans, la délivrance et pleine obéissance de ladite ville de Saint-Omer à mondit sieur le dauphin et à madite demoiselle, le mariage consommé, comme dit est, iceux seigneur et demoiselle feront serment d'entretenir et garder ladite ville, chasteaux, banlieüe et bailliage, comme membre de ladite comté d'Artois, et aussi icelle comté en leurs droits, franchises et libertez, usages, etc., priviléges accoutumez, comme les prédécesseurs comtes et comtesses d'Artois ont fait, sans les dérégler, ne mettre le gouvernement et la police de ladite ville ou des autres villes d'Artois, en autre train que par ci-devant a esté.

(22) *Item*. Confirme dès maintenant le roi, les provisions ob-

fenses par ladite ville, tant de feue madame la duchesse d'Austriche, comme aussi de mondit sieur le duc d'Austriche, et mary d'elle, pour la quittance et modération des dettes et rentes dues par ladite ville, et aussi pour le délay du payement d'icelles rentes, et debtes ; lesquelles provisions demeureront en leur force et leur seront valables.

(23). *Item.* Les ambassadeurs dudit duc d'Austriche ont remontré que ladite défunte duchesse d'Austriche, le duc Charles, son père, et autres prédécesseurs, possesseurs desdits comtez et seigneuries, ont emprunté plusieurs deniers et vendu rentes ; et icelles assignées estre payées sur le domaine, rentes et revenus dudit comté, terres et seigneuries ; requérant que pour l'acquit et décharges des âmes desdits défunts, le roi et mondit seigneur le dauphin, possesseurs desdites terres et seigneuries, fassent payer lesdites charges et debtes à ceux à qui elles sont dues, en obtempérant à ladite requête, le roy et mondit seigneur le dauphin, possesseurs desdites terres, feront doresnavant payer, acquitter les cours des rentes dues par les corps des villes, et autres qui en sont obligés pour lesdits défunts ; lesquels en seront remboursez, et leur sera déduit ce qu'ils devront par le receveur des domaines desdits comtez.

(24) *Item.* Quant aux deniers prestez en ce comté de Bourgongne, ceux qui ont fait lesdits prêts, bailleront leurs lettres, enseignemens et assignations qu'ils ont ès mains de ceux qui seront commis à faire l'estat du domaine dudit comté, pour en faire rapport à mondit seigneur le dauphin, et les appointer comme par raison.

(25) *Item.* Au regard des anciens officiers, qui, par ladite duchesse, le duc Charles et le duc Philippe, son ayeul, ont été assignez d'aucune somme annuelle par forme de provision pour leur vivre, à la prendre sur le domaine desdits comtez et seigneuries ; ils y seront entretenus, et en seront payez selon leurs dites assignations.

(26) *Item.* Sur ce aussi que lesdits ambassadeurs ont requis que le plaisir du roy soit faire entretenir par mondit seigneur le dauphin, les serviteurs de feuë madite dame, et de mondit sieur d'Austriche, aux offres à eux donnez ès dits comtez et seigneuries, en faisant le serment ès mains de mondit seigneur le dauphin, a esté répondu, que ci-après on pourra informer le roy de l'idoneité desdits officiers ; et en sera fait pour le mieux.

(27). *Item.* Que moyennant la dot et partage fait à madite damoiselle des comtez et seigneuries dessus déclarées, le roy au nom de monseigneur le dauphin, et pareillement mondit seigneur le dauphin autorisé et dispensé de son âge, comme futur mary de madite demoiselle, promettant lui faire ratifier, elle venue en âge, renonçant à tout tel droict, part et action, qu'icelle damoiselle, et ledit sieur, à cause d'elle pourraient avoir, clauses, et demandes en duchez, comtez, terres et seigneuries, biens, meubles et immeubles quelconques, demeurez du trépas de madame la duchesse, mère d'icelle damoiselle, si nouvelle succession n'échet.

(28) *Item.* Que l'intention de mondit sieur le duc, et desdits des états, est que le dot et partage consenty à madite damoiselle, et en faveur et contemplation du mariage de mondit seigneur le dauphin et d'elle, ayt son effet; mais s'il avenait par quelque cas, de mort, ou autrement, que ledit mariage ne parvint, lesdits dot et partage seront tenus pour non faits; et seront lesdits comtez et seigneuries délivrées, rendues et restituées à mondit sieur le duc, au cas que sesdits enfants soient encore en bas âge; et lesdits enfants estant âgez, à mondit sieur le duc Philippes, comme héritier principal de madite dame sa mère; sauf, à icelle damoiselle sa sœur, son droict et partage annuel, tel que avoir devra par les droicts et coutume desdicts pays et seigneuries: entendu aussi qu'en ce cas, le Roy serait entier aux droicts qu'il prétend ès dites villes et chatellainies de l'Isle, Douay et Orchies, selon la réservation dessus dite.

(29) *Item.* Que le mariage parfait et consommé, s'il avient que mondit seigneur le dauphin, à qui Dieu par sa grâce donne vie et longue, allant de vie à trépas, délaissant ou non enfant de madite damoiselle, icelle jouira desdits comtez d'Artois, de Bourgogne, et autres dessus nommez, comme de son dot et héritages; et avec ce, aura pour son douaire cinquante mille livres tournois par an, qui lui seront assignées, premièrement, commençant au bois de Vincennes, Créci, Montargis, et entre les plus belles places et demeures que l'on saura aviser en Champagne, Berry et Touraine.

(30). *Item.* Au contraire, s'il avenait qu'elle voise de vie à trépas paravant mondit seigneur le dauphin, les enfants issus d'eux, succéderont ès dites communautez et seigneuries qui sont du dot et partage d'elle, et s'il n'y a nuls enfants, lesdits comtez et seigneuries retourneront à ses plus prochains hoirs, sauf la... sultation dessus dite de l'Ile, Douay et Orchies.

(31) *Item.* Que sous ombre de cette alliance de mariage, le roy, ne mondit seigneur le dauphin, durant la minorité dudit duc Philippes, ne prétendra avoir le gouvernement desdits pays de Brabant, Flandres et autres appartenans audit duc, mais les las... seront en tel estat qu'ils seront.

(32) *Item.* Si le jeune duc Philippes allait de vie à trépas en minorité d'âge, que Dieu ne veuille, parquoi ladite damoiselle succedast aux duchez, comtez et seigneuries de sondict frère ; en ce cas le roy et mondit seigneur le dauphin accordent que le gouvernement desdits pays demeure en l'estat qu'il sera trouvé, tant qu'elle sera venue en âge, en faisant, par lesdits pays à mondit seigneur le dauphin au nom d'elle, les devoirs que ceux du pays doivent à leurdit seigneur.

(33) *Item.* Aussi s'il avenait, madite damoiselle estant en âge, et le mariage consommé, que mondit sieur le duc Philippes mourût sans délaisser hoirs de sa chair, ou par quelque autre cas, les pays et seigneuries d'iceluy mondit sieur le duc Philippes, vinssent à madite damoiselle sa sœur, et les hoirs issus d'elle, et qu'ils fussent héritiers de la couronne de France, le roi et mondit seigneur le dauphin promettront et bailleront leurs lettres pour eux et leurs successeurs, et feront bailler par les estats de France à chacun desdits pays ; et, audit cas, traiter lesdits pays selon leur nature, et de les entretenir en leurs anciens droits, exemptions, usages, coutumes et privilèges, et les villes en leurs privilèges, franchise, police, etc., gouvernement accoutumez : et quant aux pays qui seront hors du royaume, que les sujets d'iceux ne seront traités par appellation, ou autrement, en la cour de parlement à Paris, grand conseil du roy, ou ailleurs, hors desdits pays.

(34) *Item.* Iceux seigneurs, leurs pays, seigneuries et sujets, pour la conservation de la paix, amour et union perpétuelle, procédant de ladite alliance et mariage, ayderont et assisteront l'un l'autre comme amis, envers et contre tous ceux qui voudront entreprendre sur l'estat et personnes desdits princes, ou de l'un d'iceux ; ou aussi sur ledit royaume, leurs pays, seigneuries, et sujets.

(35) *Item.* Reconnaissant lesdits ducs, et estant roy, la souveraineté ou le comté de Flandres, selon ce qui a esté au temps passé, et promettent que ledit duc Philippes venu en âge, y fera les foy, hommages et devoirs, comme il appartient, et que l'on a

accoutumé de faire; et de ce, bailleront lettres, mondit sieur le duc d'Austriche, et les trois membres de Flaudres.

(36) *Item.* Que le roy, de sa certaine science, puissance et autorité, a confirmé et confirme tous privilèges anciens et nouveaux accordez et confirmez par icelle feuë dame avant son mariage, et par ledit seigneur le duc et elle constant leur mariage, tant aux trois membres de Flandres en général, qu'en particulier, aux villes et communautez desdits pays de Flandres, villes et chastellenies de l'Isle, Douay et Saint-Omer; ensemble tous les droicts, lois, usages et coutumes desdites villes et communautez de Flandres, villes et chastellenies de Saint-Omer, l'Isle, Douay et Orchies.

(37) *Item.* Aussi a, le roi, confirmé aux manans et habitans de la ville d'Anvers, les privilèges qu'ils ont des prédécesseurs des roys de France, pour la franchise de la foire d'icelle ville.

(38) *Item.* En tant qu'il touche le droict d'issue du royaume, imposition foraine et autres droicts que l'on pourrait demander pour les vivres, denrées et marchandises, qui seront amenées et conduites en pays et comtez de Flandres, villes et chastellenies de l'Isle, Douay et Orchies, en sera fait comme du temps du feü duc Philippe dernier et auparavant.

(39) *Item.* Que les appellations des sièges de la gouvernance de l'Isle, Douay et Orchies se releveront en la chambre de Flandres, comme ressort immediat de ladite chambre; iront en ladite cour de parlement à Paris; et ce, tant que lesdites villes et chastellenies seront possédées par les comtes et comtesses de Flandres, et sous la réservation dessus dite.

(40) *Item.* Que les appellations de loix de Flandres, de la niere du Lys, qui par moyen, ou sans moyen, se releveront en la cour de parlement, seront muées et converties en réformation, et ce executera le juge, reparable par definitive, à caution, selon les ordonnances, qui pour le bien et cours de la marchandise audit pays de Flandres, en ont esté faites au temps passé.

(41) *Item.* Qu'en ce traité de paix est comprise la personne de madame Marguerite duchesse de Bourgogne, veuve de monsieur le duc Charles, et lui sera renduë la pleine jouyssance des terres de Chaussins et de la Perriere au rachapt de vingt mil écus d'or, au pays de Bourgogne; et sur celuy octroyera le roy ses lettres patentes selon le contenu qu'elle en a desdits ducs et duchesse; et s'il avenait, que Dieu ne veuille, que monsieur le jeune duc

allât de vie à trépas, et qu'à ce moyen les pays ès quels madite dame a son douaire, et autres terres à elle données, sa vie durant, vinssent en la main du roy ou de monseigneur le dauphin, en ce cas promettront par leurs lettres laisser jouyr madite dame de son douaire, et autres terres sa vie durant paisiblement à elle, sans faire, ou souffrir faire aucun empêchement; et si elle a mestier de loy, ou non, du roy et de mondit seigneur le dauphin, iceux la conforteront en ses affaires, et ayderont comme leur parente et cousine; et aussi entretiendront à madite dame, audit cas, les traitez et pactions qu'elle a eues avec madite dame d'Austriche, pour la restitution du dot et des deniers de son mariage.

(42) *Item.* Par cette paix est faite abolition générale, rappel de tous biens, defauts, et coutumes au sujet d'un party et d'autre, de quelconques cas, delits, crimes ou offenses que l'on leur pourroit imposer; à savoir, que le roy, de sa pleine puissance et authorité royale, fera et fait abolition générale à tous les serviteurs et sujets tant des pays de Bourgogne, que par-deça, et autres qui ont tenu le party de feu monsieur le duc Charles, madame la duchesse Marie sa fille, de monsieur le duc, de messieurs ses enfants, de tous quelconques cas commis et perpetrez depuis le commencement des guerres audit duc Charles, soit en ayant tenu leur party, les ayant servy, et avoir esté en embassade pour eux en Angleterre vers le duc de Bretagne, ou ailleurs, ou eux avoir armé et servy en guerre contre le roy, conseillé, aydé, et favorisé de faicts, de parole ou par écrit, la partie et querelle d'iceux ducs et duchesse, avoir esté contre leurs sermens ou promesses, ou en quelque autre manière que ce soit, ou puisse estre, avoir offensé, delinqué envers le roy, et leur remet, quitte, et pardonne le roy toute offense et peine corporelle et civile; ensemble toutes peines et amendes adjugées au temps passé; imposant sur ce silence perpetuel à son procureur, sans ce qu'il soit besoin à nuls desdits sujets et serviteurs en obtenir aucune obligation et pardon en particulier: et neantmoins ceux qui en voudront avoir lettres, les auront sans frais; et pareille abolition offre faire et fait mondit sieur le duc pour ceux qui ont tenu le party du roy, aussi pour les manans et habitans de la ville, banlieue et bailliage de Saint-Omer: et particulierement est accordé par le roy abolition générale en telle façon, que pour chose faite, dite ou rescrite pour le temps passé, l'on ne les pourra redarguer en justice, ne autrement.

(43) *Item.* Qu'aussi les sujets et serviteurs d'un party et d'autre, tant prélats, chapitres, couvents, nobles, corps de villes, communautez, et les particuliers, de quelque estat ou condition qu'ils soient, retourneront à leurs dignitez, benefices, fiefs, terres, seigneuries et autres héritages, deniers d'héritages, rentes héritieres ou viageres duës par les princes; comme celle duë à monsieur de Hamez sur le domaine d'Amiens, que par corps de villes ou particuliers, à en jouyr et posseder depuis le jour de la paix, en tel estat qu'ils les trouveront; qui est à entendre que ceux qui retourneront à leursdits biens par cette paix, seront tenus en telle possession et jouissance de leurs dignitez, bénéfices, et autres biens, qu'ils estaient paravant l'empêchement survenu, à cause de la guerre, sans que ce que l'on peut objicer interruption de possession, ou prescription pour le temps que la guerre a duré depuis qu'elle commença du temps dudit feu duc Charles; et nonobstant quelconques dons ou dispositions à temps ou à toujours faits au contraire par le roy en son party, ou par mesdits sieurs les ducs ou leurs successeurs, nonobstant quelconques déclarations de confiscations, de sentences ou arrests obtenus par contumaces, qui d'un party et d'autre pour le bien de cette paix, seront mis au néant et déclarez nuls, nonobstant aussi quelques autres venditions d'iceux héritages, ou rachapts desdites rentes faits durant la guerre par eux, ou à ceux qui ont eu don desdits héritages et rentes.

(44) *Item.* Si aucuns héritages ou rentes ont esté venduës pour debtes, hypotheques dont les debtes fussent en party contraire, lesdits débiteurs ou leurs héritiers, pourront retourner incontinent après ladite paix à leurs héritages ainsi vendus, en satisfaisant en dedans l'an, du deub, pour lesquels ils seraient vendus tant seulement; et s'ils n'avaient satisfait en dedans ledit temps, le decret demeurera en sa force, et retournera de plein droit, ledit acheteur en sa possession : mais si le propriétaire voulait débattre ou soutenir contre la debte, il y sera reçu en nantissement des deniers, comme s'il eut esté présent; si toutefois par ladite adjudication de decrets aucunes rentes avaient été souscrites, icelles seront du jour de cette paix remises en leur cours comme paravant ladite adjudication.

(45) *Item.* Aussi les debtes pour le payement desquelles on avait procédé à vendre les heritages de celui ou ceux qui estoient en party contraire, estaient pures personnelles, non hypotheques, desquelles ont esté fait don par recompense ou party, où leur de-

biteur estait demeurant, icelui debiteur retournera à son heritage ainsi vendu, sans restituer les deniers principaux, ne autres choses à l'acheteur.

(46) *Item*. En toutes autres matieres ecclesiastiques et profanes où sont donnés quelques défauts ou contumaces contre eux, estant au party contraire, ils se pourront juger en dedans de l'an contre qui qu'ils soient obtenus.

(47) *Item*. Les sujets d'un côté ou d'autre retourneront à leurs biens et immeubles, à savoir, tant ceux dont ils jouyssaient avant les divisions commencées du temps du feu duc Charles, que ceux qui depuis leur sont succedez et echûs; supposé ores que le trepas de celuy duquel viendraient lesdits biens, fût avenu, et que lesdits biens soient situez au party contraire, auquel s'est tenu son plus prochain heritier; sans que l'on peût objecter à l'heritier que son predecesseur soit mort ennemi du prince sous lequel il avoit ses biens, ou en service de guerre contre luy ou audit heritier qu'il soit inhabile à succeder, parce qu'il aurait tenu party contraire du lieu où lesdits biens sont echûs.

(48) *Item*. Et quant aux fruits et levées des héritages et rentes, tout ce qui est donné et levé depuis le commencement des divisions du duc Charles jusques au jour de la paix, par mandement des princes, leurs lieutenans ou commis, demeurera levé et donné; et n'en pourra jamais estre fait poursuites contre les commissaires qui s'en sont entremis, ne ceux qui les ont reçûs, ou qui en ont profité; et quant aux arrerages des rentes et censes dont les termes sont echeûs ou pour pié coupé, que encor ne sont levez afin d'oster toutes matières de procès, ils demeureront à ceux qui ont le don des princes.

(49) *Item*. Pareillement, toutes debtes personnelles données par les princes ou leurs lieutenans, supposé que rien ne soit levé, demeurent au profit de celui ou ceux qui en auront le don, et quant à toutes autres choses mobilieres, quelque don que en ait esté fait, si elles n'ont esté levées, ou qu'il n'en soit procès; ce qui se trouvera en estre après la paix publiée, appartiendra à celui ou ceux auxquels lesdits biens estoient auparavant guerre, et les pourront prendre et lever partout où ils les trouveront, sans ce que on leur puisse donner aucun contredit ou empêchement pour quelconque cause que ce soit.

(50) *Item*. Semblablement est accordé pour lesdits de Saint-Omer, que pour quelconque récompense receuë, remission, quitte, ce obtenue par le corps de la ville, et aussi par les par-

…niers, bourgeois, manans et habitans d'icelle ville, banlieue et bailliage, de quelque estat ou condition qu'ils soient, ils en demeureront deschargez, et n'en pourra contre eux estre fait poursuite.

(51) *Item.* Que sous la généralité de ce traité, mondit sieur le duc d'Austriche et sesdits enfans sont et demeurent quittes et deschargez de toutes debtes qu'ils peuvent devoir à ceux qui ont tenu party à eux contraire, et en seront lesdits créanciers pour quelque cause que ces debtes procedent estre jamais receus en faire poursuite contre mondit sieur le duc, mesdits sieurs ses enfans, ou leurs biens, sauf toutefois des rentes et pensions à venir, qui se payeront de ce jour en autre.

(52) *Item.* Que pour retourner à ce lieu, l'on ne sera tenu de faire aucun serment au prince ou seigneur sous qui lesdits biens sont, sauf les fieffez et vassaux, qui seront tenus de faire serment de fidelité pour leurs fiefs, lequel serment se pourra encore faire par procureur ayant pouvoir spécial.

(53) *Item.* Sur ce que les ambassadeurs de mondit sieur le duc et des estats de ses pays ont requis, que madame veufve de messire Pierre de Luxembourg et demoiselles Marie et Françoise ses filles retournent à leurs biens, tant ceux dont ont jouy en leur vivant messire Louys de Luxembourg, comte de saint Paul, madame Jeanne de Bar, sa femme, messire Jean de Luxembourg, comte de Marle, leur fils aisné; et ledit messire Pierre de Luxembourg; et ce nonobstant quelconques arrests sentences, declarations de confiscation, et forclusion de trèves faites par cy-devant; pareillement monsieur de Croy, comte de Porcien, pour lequel ils ont requis qu'il retourne en ses biens, terres et seigneuries, dont feu monsieur de Croy son pere et madame Marguerite de Lorraine sa mere ont esté jouyssans; et nommément à la comté de Porcien, les greniers à sel du chasteau de Cambarsoy, Arcormet et autres appendances dudit comté, à la seigneurie de Barre-sur-Aube, et autres terres en Picardie, ladite veufve et enfans dudit feu messire Pierre de Luxembourg, et ledit sieur de Croy jouyront du benefice de la paix, sauf qu'ils ne retourneront presentement à leurs biens, et pourront poursuivre leur droit devant le roy, quand bon leur semblera.

(54) *Item.* Quant à ce que lesdits ambassadeurs ont requis que le roy fasse rendre et restituer à monsieur le comte de Romont, comté de Romont, son pays de Vaux et autres terres et seigneuries qui lui appartiennent au pays de Savoye, à cause de

son partage ; lesdites terres, ne sont point en la possession du roy, ne d'autres de sa sugestion ; et quand ledit seigneur de Romont voudra faire diligence à les recouvrer, le roy en ce le favorisera.

(55) *Item.* Touchant les princes et princesses d'Orange, le comte de Joigny, Liepart de Châlon, sieur de Lorme, messire Guillaume de la Baume, seigneur du Laim, messire Claude de Toulongeon sieur de la Bastye, pour lesquels les ambassadeurs ont semblablement requis, qu'ils soient compris en cette paix, a esté répondu, qu'ils y sont compris, et retourneront à leurs biens, où qu'ils soyent, tant au royaume qu'au Dauphiné et comté de Bourgogne, sous la généralité comme les autres.

(56) *Item.* Pareillement les religieux, abbé et couvent d'Achin, sont compris en la généralité du retour ou fins, tant pour les biens de l'abbé, comme du couvent, etc., en auront les dessus nommez, et autres, lettres patentes, si avoir les veulent.

(57) *Item.* Semblablement les religieux de l'église et abbaye de Saint Wast d'Arras, qui se sont tenus en l'obéissance de mondit sieur le duc d'Autriche, pour lesquels lesdits ambassadeurs ont fait requeste, pourront retourner à leurdite abbaye, et vivre des biens d'icelle.

(58) *Item.* Sur ce que lesdits ambassadeurs requierent que les habitans de la ville de Franchise, *alias* Arras, qui sont épars et retraits en divers lieux, tant en l'obéissance du roy qu'en l'obeissance de mondit sieur le duc, puissent franchement retourner à leurs maisons et habitations, faire leurs marchandises, mestiers et stiles, comme ils faisaient devant la guerre, sans ce que de chose faite ou avenue en temps passé, depuis le commencement desdites divisions, l'on leur puisse rien imposer : l'on entend par ce traité, que ceux de ladite ville qui sont retraits és pays dudit duc d'Austriche, retourneront à leurs biens sous la généralité de tous les autres, et pourront aller converser et demeurer en ladite ville, et y faire leurs marchandises et mestiers, et és autres lieux du royaume ; et quant aux autres habitans qui sont demeurez en l'obéissance du roy, l'on y a dezjà pourveu.

(59) *Item.* Les héritiers de ceux qui ont esté exécutez et mis à mort pour cause de guerre, ou pour avoir tenu le parti, et adheré à autres qu'à celuy où ils estoient demeurans, retourneront à leurs biens qu'ils trouveront en nature, et succéderont, et aussi les veufves desdits exécutez, à leurs droits et douaires, si n'estai

que telles exécutions ayant esté faites par procès et juges ordinaires.

(60) *Item.* Pour avoir la jouissance du sien, l'on ne sera tenu de venir ou faire résidence en l'un ou l'autre desdites parties; mais jouyront ceux qui sont du party du roy, des biens qu'ils ont ès pays de mondit sieur le duc, et messieurs ses enfants; et pareillement ceux qui ont demeurans en pays et obéissance de mondit sieur le duc, tant lesdits susnommez qu'autres, de quelque estat ou condition qu'ils soient, des partys de Bourgogne, et des pays de par deçà, jouyront des biens à eux appartenans, ou qui leur aviendront, au party ou obéissance du roy, et de mondit seigneur le Dauphin, sans qu'ils soient contraints venir demeurer et resider sur lesdits biens.

(61) *Item.* Sur ce que lesdits ambassadeurs ont remonstré que pour résoudre le pays et comté d'Artois, il plaise au roy consentir et accorder que la ville de Franchise, *aliàs* Arras, Aire, Lens, Lapaume, Béthune, les villages desdits lieux, et la chastellenie de Liliers et leurs enclavemens, soyent tenus quittes et paisibles de l'ayde ordinaire d'Artois, ces premiers douze ans, et que nul autre ayde, ne taille extraordinaire ne soit levée ce temps pendant; et pareillement de tous les ouvrages dudit ayde ordinaire du temps passé, afin que les habitans desdites villes et baillages, qui la plupart sont inhabitées, et au plaisir de Dieu la paix faite, se repeupleront, n'en puissent être poursuivis, mais en soient quittes et déchargés : le roy a quitté tous lesdits aydes pour le temps passé aux villages inhabitez, et ceux qui ont delaissé à cause de la guerre, et aussi pour qu'ils se puissent mieux résoudre à labourer, il les tiendra quittes de leurs portions d'aydes l'espace de six ans, à compter du jour d'icelle paix : pour ce que défunte madame d'Autriche, après qu'elle fut venue à la seigneurie, elle jouissoit de la comté d'Artois, au moins de la ville de Franchise, *aliàs*, Arras, a consenty et octroyé à ceux de la ville de Douay, pour les bourgeois, manans et habitans, bonnes maisons et hôpitaux de ladite ville, qu'ils fussent et demeurent quittes, exempts et affranchis de payer tailles audit pays d'Artois, pour les héritages qu'ils ont *illec*, dont ils ont lettres par forme de chartes en lacs de cire verte; le roy à la requête desdits ambassadeurs, tant pour lui que pour mondit seigneur le Dauphin, confermera et octroyera de nouvel lesdits privileges.

(62) *Item.* Que ceux qui retourneront à leurs biens par la paix ne seront, ne aussi leurs héritages, poursuivibles de rentes fon-

cicres et surcens pour le temps de la guerre, mais seront tenus de décharger ceux qui en auront jouy par récompense; et si ce sont héritages qui pour cause des guerres ayent esté ruinez et sans labour, ils demeureront dechargez desdites rentes et surcens pour le temps qu'ils n'ont esté labourez jusques au jour de Noël, instant et inclus; mais dudit jour ou avant, soit que l'on les laboure ou non, les rentes et surcens se payeront.

(63) *Item.* Pour ce aussi que plusieurs soutiendront, qu'ils seront tenus entrer en jouissance des biens, fiefs et heritages à eux avenus durant la guerre, faire et payer les reliefs et autres devoirs, aux seigneurs de qui lesdits fiefs et heritages seront tenus: consenty et accordé est, que ceux qui doivent faire lesdits devoirs, auront terme et induce de trois mois du jour et date de la paix, pour faire lesdits devoirs; en faisant lesquels ils jouyront de ce qui sera échu le jour et date de cette dite paix, sans avoir égard à ce que lesdits reliefs et devoirs ne soient encore faits.

(64) *Item.* Que les nobles et fieffez desdits pays de mondit sieur le duc Philippe, son fils, qui auront seigneurie et fiefs au royaume, ne seront contraints à service que sous mesdits sieurs, ou leurs lieutenans, ou commis; en cas qu'ils, ou l'un d'eux, soient au service du roy; et si mesdits sieurs, ou l'un d'eux n'estaient en personne audit service, lesdits fieffez ne seront contraints de servir en personne, mais pourront faire servir par autruy, selon la valeur de leurs fiefs.

(65) *Item.* Les sentences et appointemens rendus au grand conseil de feu messieurs les ducs Philippes, Charles, et duchesse, et monsieur le duc présent, et aussi en la cour qui s'est tenue à Malines, d'entre les sujets d'iceux ducs et duchesse, ou pour héritages, contrats, clameurs, arrests ou successions de biens lors à eux sujets, sortiront leur effet, pourveu que lesdits cens ne touchent directement le droit du roy, ou qu'il n'en y eût question en cour de parlement à Paris, ou autre cour souveraine, où le procureur du roy fust adjoint avec la partie.

(66) *Item.* Que les causes et procès par cy-devant introduits, esdits grand conseil et cour de Malines, qui encore ne se sont décises, du pays d'Artois, des ressorts et enclavemens d'iceluy, et des terres sur la rivière de Somme, qui lors tenaient le party de feu le duc Charles, tant celles de la première instance, qu'en cas d'appel; et semblablement les appellations de bouche ou par écrit, et mises de la chambre de Flandres, relevées en ladite cour de Malines, audit grand conseil, seront renvoyées en l'effet qu'elles

sont en la cour de parlement à Paris; et y pourront, ceux qui voudront poursuivre leurs droits, faire assigner jour à leurs parties adverses, et seront lesdits procès receus, à savoir ceux qui sont conclus en droict, pour les juger et décider à fin deue, et les autres pour les parfaire et instruire, et y procéder sur les parties, selon les retraits et derniers appointemens.

(67) *Item*. Pareillement les amortissemens, compositions, nouveaux acquets et annoblissemens faits par lesdits ducs et duchesse, demeureront en valeur, et sortiront leurs effets, en prenant par les sujets du pays d'Artois, nouvelles lettres d'annoblissement, lesquelles leur seront baillées sans frais et sans forme de finance; ou s'ils n'en obtiennent aucunes lettres, se pourront ayder de ce présent traité.

(68) *Item*. Aussi les abolitions, remises et pardons faits et baillez par monsieur le duc Charles, mademoiselle sa fille, et par mondit sieur le duc d'Autriche et elle, depuis son mariage, aux villes et communautez, et aussi aux particuliers de leur pays de Flandres, Lille, Douay, Artois et de Bourgogne, seront entretenus, en prenant par les sujets d'Artois, lettres comme en article précédent; et ne sera nul receu à faire le procès pour réparation de mort, ou d'autres injures contre les corps et particuliers desdites villes et communautez, pour les cas contenus es-dites abolitions.

(69) *Item*. Que pour le temps à venir est consenty par ces traitez de paix que les bourgeois, manans et habitans, ès villes et pays de frontières desdits ducs d'Austriche et ses enfans, et autres restans sujets à la couronne, adjournez à comparoir en personne en ladite cour de parlement, par devant autres juges royaux, pour quelconques cas qu'on voudra dire avoir esté par eux commis, seront receus à comparoir par procureurs, nonobstant lesdits ajournemens personnels, durant le temps et espace de la minorité de madite damoiselle : et pareillement est accordé pour les habitans de ladite ville, banlieue et bailliage de Saint-Omer.

(70) *Item*. Que pour les dignités auxquelles les sujets, et tenans le party de mondit sieur le duc, ont esté pourveus par élections, graces et expectatives, ou autres provisions de la cour de Rome, benefices donnez par ledit duc Charles, par feue madite dame, avant son mariage; et depuis par mondit sieur et elle, constant mariage et leur patronage; et aussi par collateurs tenans leur party, ou qui ont esté acceptez par

lesdites graces expectatives, ou autres provisions de cour de Rome, les possesseurs et ceux qui aussi ont esté pourveus, ne pourront estre attaquez ou travaillez pour icelles dignitez ou bénéfices sous couleur de la pragmatique, ou quelques autres cas, ordonnances ou défenses, lois, statuts faits au royaume, en pétitoire ny en possessoire; et si aucun compétiteur se apparoissoit, les poursuites s'en feront devant juges communs, en pays dudit duc d'Austriche; et ne pourront lesdits sujets estre traitez au-dehors sous ombre des privileges des estudians ès universitez de Paris, Orléans, ou ailleurs.

(71) *Item.* En icelle paix sont compris les villes, bailliages de Tournay, Tournesis, Saint-Amant et Mortagne, et les sujets et habitans d'icelles, et en jouyront entierement comme les autres pays, villes et sujets du roy.

(72) *Item.* Et si le roy, ou autre ayant cause de luy, tient aucune place, forts ou non forts, en la duché de Luxembourg et comté de Chiez; elles seront rendues et restituées audit duc d'Autriche et Philippe son fils, ou aux sujets auxquels elles appartiennent, nonobstant quelconques dons faits par le roy, lesquels il revoque.

(73) *Item.* Les maisons de Flandres, à Paris et Conflans, seront rendues audit duc d'Autriche et à son fils, et la maison d'Artois audit lieu de Paris, demeurera à madite demoiselle; et sur ce que lesdits ambassadeurs ont remonstré que feue madame la duchesse, pour consideration des loyaux services que luy avoient fait monsieur le prince d'Orange, et proximité de lignage de madite dame et de mademoiselle la princesse, luy donne les seigneuries de Chasteaubelin, Orgelet, et autres contenues ès lettres de don, situées au comté de Bourgogne, lesquelles sont anciennement partie de la maison de Châlons, dont mondit sieur le prince est chef; requerant iceux ambassadeurs qu'il pleust au roy, au nom de mondit seigneur le Dauphin, consentir et accorder que ledit don demeure valable, consideré que quand il a esté fait, madite dame estait dame et en possession de ladite comté; le roy ne sçait que c'est, et l'en pourront lesdits princes et princesses faire informer.

(74) *Item.* La remonstrance que lesdits ambassadeurs d'Austriche et des estats dudit pays ont fait, que pour l'entrecours de marchandises, communication des sujets d'un party et d'autre, et soulagement des frontières; aussi afin qu'il ne leur faille tenir garnison sur les frontières, le plaisir du roy soit qu'après que

madite damoiselle sera amenée et delivrée entre ses mains pour mondit seigneur le dauphin, faire partir des gendarmes des frontières; le roy fera partir les garnisons de toutes lesdites places, comme Lens, l'Escluse et autres semblables : et quant à ceux qui seront ordonnez pour la garde des grandes villes sur les frontières, à savoir, Arras, à Béthune, Aire, Therouanne, Hesdin, Saint-Paul, Guyse et Saint-Quentin, il les diminuera, et mettra regle en telle façon, que mondit sieur le duc et ceux des estats et pays qui font cette requeste auront cause d'estre contens.

(75) *Item*. Sur ce que lesdits ambassadeurs ont requis que pour certains regards et considérations qu'ils ont remonstré aux gens du roy, que son plaisir soit de comprendre en ledit traité de paix, le roy d'Angleterre et le duc de Bretagne; a esté répondu que les Anglais sont en treve avec le roy, et que ce traité ne leur touche de rien; et quant au duc de Bretagne, le roy n'y a point de guerre, et a paix finale et serment entre le roy et luy, que le roy de sa part veut entretenir.

(76) *Item*. Sur ce que lesdits ambassadeurs ont requis, que le plaisir du roy soit déclarer par cette paix, qu'il ne fera, ne souffrira bailler par quelque voye directe et indirecte, aucun ayde, secours ou assistance de gens ou d'argent à messire Guillaume d'Aremberc et Liégeois adhérens à luy, faisant guerre aux pays et duché de Brabant, ne à ceux de Clèves et de la cité de Tresche, faisant guerre contre ceux de Gueldres et de Hollande, et mesmement que son bon plaisir soit, mettre hors de son service, et abandonner ledit messire Guillaume; a esté répondu, qu'en ensuivant l'article cy-dessus, faisant mention des amitiez et alliances, le roy, la paix faite, assistera et aydera à mondit sieur, ceux de Brabant, et autres du pays dudit duc contre tous ceux qui leur voudront nuire.

(77) *Item*. Que pour seureté des pays et sujets d'une part et d'autre, qui sont sur la coste de la mer en bonne seureté, de façon que les sujets d'une part et d'autre y pourront seurement labourer, et aussi pourront seurement et sauvement aller, venir, hanter, fréquenter à tous leurs navires, denrées et marchandises par ladite mer et par eau douce du royaume, ès pays et seigneurie de mondit sieur le duc et de messieurs ses enfants audit royaume de France, et autres pays et royaumes, sejourner, demeurer ès portes, ports et havres en avant desdits pays, et eux en partir à tous leursdicts navires, vivres et marchandises à leur plaisir et volonté, sans que ce que aux sujets du roy soit fait aucune offense,

detourbier, ou empêchemens par les officiers et sujets du duc d'Austriche, ny aux sujets d'iceluy duc, par les officiers et sujets dudit royaume : ainçois feront lesdits officiers et sujets toute amitié, aide et assistance l'un à l'autre.

(78) *Item.* Encores est consenty, si aucunes prises ou détrousses se faisaient en la mer ou aucuns ports ou havres d'iceluy, depuis la publication de la paix ; en ce cas, le tout sera entièrement rendu et restitué à celuy ou ceux sur lesquels ladite prise sera faite, nonobstant que les facteurs ou preneurs ne fussent avertis de ladite publication, et sera chacun de sa part incontinent ladite publication, faire avertir ceux de son party, afin de faire cesser par ladite mer, comme par la terre, tous exploits de guerre.

(79) *Item.* S'il avenait après ladite paix publiée, que aucuns malfaiteurs se retinssent en un party ou l'autre pour eux garantir, ayant commis quelques délits, ceux du party où ils auront delinqué en feront l'information, et ce fait, en avertiront les prochains juges du lieu où l'on apprendra qu'ils seront refugiez, lesquels seront tenus prendre et appréhender lesdits delinquans si faire se peut, ou avertir les autres juges du party sous qui les délits auraient esté commis.

(80) *Item.* Pareillement les infracteurs et violateurs de cette paix, si aucuns s'en trouvent, de quelque parti, estat ou condition qu'ils soient, seront punis sans deport ou dissimulation des peines ordonnées de droit, à l'exemple de tous autres, aux lieux où ils seront trouvez et apprehendez, sans en faire aucun renvoy ; et si aucuns, pour eux cuider sauver, s'absentent ou refugient d'un party à l'autre, l'un sera tenu, au party où ils seront refugiez, les prendre et appréhender, et sur les affirmations qui seront renvoyées du party dont ils seront absentez, en faire la justice.

(81) *Item.* Et néanmoins, si à cette paix estait cy-après contrevenant, que Dieu ne veuille, en aucuns de ses points, un ou plusieurs, par qui que ce soit, pourtant ne sera-t-elle tenue ne réputée estre enfreinte, mais sera incontinent les entre-faites reparée ; et sous couleur d'aucune enfrainte, ou de la justice et reparation non faite, l'on ne pourra procéder par voie de fait ou couruange, marque ou contremarque, ny retourner à la guerre, que premièrement les ambassadeurs du roy et de mondit sieur le duc, monsieur le duc Philippes, son fils, et les estats de leurs pays, n'ayant ensemble parlementé, attendu les débats et discords qui seront, pour les appaiser amiablement, si faire se peut.

(82) *Item.* Que si, par ce présent traité, le roy, mondit seigneur le dauphin d'une part, et mondit sieur le duc, et monsieur le duc Philippes, son fils, d'autre, demeurent entiers en autres choses non comprises en iceluy, pour les pouvoir demander et poursuivre par justice et non autrement.

(83) *Item.* Madite damoiselle amenée en la ville de l'Isle ou Douay, prealablement et avant qu'elle soit amenée en la ville d'Arras *alias* franchise, et délivrée ès mains du roy, seront faites et baillées auxdits ducs et estats pour l'entretenuement et accomplissement de ce que dit est, les scelles, promesses et seuretez qui s'ensuivent; que s'il avenait, que Dieu ne veuille, que madite damoiselle venue en âge, mondit seigneur le dauphin ne voulsit procéder au parfait ou consommation dudit mariage, ou que ledit mariage rompist par le roy, mondit seigneur le dauphin ou autre de leur part, durant la minorité de ladite damoiselle, ou après; en ce cas, madite damoiselle sera aux dépens du roy ou de mondit seigneur le dauphin, rendue, remise, et restituée à monsieur le duc son père, ou à monsieur le duc Philippes son frère, franchement et librement déchargée de tous liens de mariage, et de toutes autres obligations, en l'une des bonnes villes du pays de Brabant, Flandres, Hainaut, en lieu seur estant lors de l'obéissance d'iceux ducs; et, audit cas, le roy, pour lui, mondit seigneur le dauphin et leurs successeurs en la couronne, se soumettront et promettront dès maintenant pour lors, de eux départir de la détention et occupation des pays et comté des pays d'Artois et de Bourgogne, Charolois, Masconnois, Auxerrois, seigneuries de Salins, Barre-sur-Seine, et de Noyers; et d'iceux audit cas souffriront et laisseront jouir monsieur le duc, au nom de mondit sieur le duc Philippes, son fils, estant en bas âge, et iceluy mondit sieur le duc Philippes venu en âge, comme son vray et ancien héritage, sauf et réservé, seulement au roy et à ses successeurs le ressort, souveraineté et droits qui en dépendent.

(84) *Item.* Et pareillement, au cas susdit de la rupture d'iceluy mariage, le roy, pour luy et sesdits successeurs roys de France, renoncera et renonce au rachapt des villes et chastellenies de l'Isle, Douay et Orchies, et consentira qu'elles demeurent à perpétuité aux comtes et comtesses de Flandres; sans que audit cas soit plus avant enquis ne connu du droit prétendu par le roy esdites comtez et seigneuries dessus dites, ne pareillement esdites villes et chastellenies par rachapt, ne autrement.

(85) *Item.* Que le roy pour luy, mondit seigneur le dauphin,

et sesdits successeurs roys de France, par ses lettres patentes en lacs de soye de cire verte, consentira, rectifiera, et en parole de roy les promettra entretenir, garder et observer; et, pour l'observation d'iceux, soûmettra sa personne, celle de mondit seigneur le dauphin et son royaume, à toutes coërcitions et censures ecclésiastiques, nonobstant le privilège qu'il a de non pouvoir estre, et pareillement son royaume adstraints et contraints par censures.

(86) *Item.* Que encores le roy et mondit seigneur le dauphin, autorisé et dispensé de son jeune âge, en la presence des ambassadeurs et commis de mondit sieur le duc; et iceluy monsieur le le duc en la presence des ambassadeurs et commis de par le roy, jureront solemnellement sur le précieux corps de nostre seigneur, sur le fust de la vraye croix, canon de la messe, ou saincts evangiles, entretenir ce precieux traité de paix et de mariage en ses poincts et articles et non jamais aller, ou souffrir estre allé au contraire, par quelque voye et moyen que ce soit.

(87) *Item.* Que pour la plus grande seureté, ce present traité de paix sera entheriné, registré et verifié en la présence et du consentement du procureur du roy en la cour du parlement de Paris, chambre des comptes et du trésor.

(88) *Item.* Et se fera le roy bailler et depescher lettres par les trois estats de son royaume, lesquels promettront, et par ordonnance et commandement du roy, s'obligeront d'entretenir cedit traité, et tous les points et articles y contenus; et s'il avenait, que Dieu ne doint, que le roy ou mondit seigneur le dauphin, ou leurs successeurs roys de France, y contrevinssent, en ce cas ils ne les ayderont, assisteront, et favoriseront, ainçois au contraire, porteront toute ayde, faveur et assistance à mondit sieur le duc, à son fils et à ses pays pour l'entretenement dudit traité; et outre ce, fera le roy bailler à mondit sieur le duc, et aux estats de ses pays les lettres et scellez en particulier des messieurs les ducs d'Orleans, d'Angoulesme, de Bourbon, cardinal de Lyon, du comte de Nevers, de monsieur de Beaujeu et de Vendosme, comme princes du sang subrogez au lieu des pairs, d'Archevesque et duc de Reims, des evesques et ducs de Laon et de Langres, et des evesques et comtes de Noyon, Châlons, Beauvais, pairs de France, de l'Université de Paris et des villes, citez et communautez de Paris, Rouen et Orléans, Tournay, Lyon, Troyes, Bourdeaux, La Rochelle, Angers, Poictiers, Toulouse, Reims, Amiens, Abbeville, Montreuil, Saint Quentin, Peronne, Fran-

chise *alias* Arras, Hesdin, Theroüenne, Aire, Bethune, Boulogne, Salins, Dole, Poligny, Arbois, prélats et nobles desdits comtez d'Artois et de Bourgogne; tous lesquels promettront par leurs lettres et scellez entretenir ledit traité en tous ses points et articles y estans, et specialement en ce qu'il touche, que par mondit seigneur le dauphin sera procedé au parfait dudit mariage de luy et de madite demoiselle, icelle venuë en âge, et que jamais ne se consentiront en autre mariage; et au cas que ledit mariage ne parvint, de rendre madite demoiselle franche, libre, et dechargée de tous liens de mariage, et autres obligations, en la puissance dudit duc d'Austriche son pere, selon l'article dessus touché, de ce faisant mention, et pareillement les articles qui touchent la restitution des comtez et seigneuries baillées en dot à ladite demoiselle, au cas que ledit mariage ne parvint, et que icelles écheussent à retour sur mondit sieur le duc Philippe, ou ses hoirs; et encor que mondit seigneur le dauphin et madite demoiselle ne pretendront, ne querelleront jamais autre droit, si de nouvelle succession n'échet en pays et seigneuries venans de ladite dame la duchesse Marie; aussi en tant que touche ce poinct et article, que si par faute d'hoir issu de mondit sieur le duc Philippes, les pays de Brabant, de Flandres, Hainaut, Holande, Zelande, et autres qui lui appartiennent succedassent sur madite damoiselle, ou ses hoirs issus d'elle heritiers de la couronne, que le roy les traitera en leur ancienne nature, sans de rien les dérégler; comme il est contenu cy-dessus; et encor que de la part du roy, de mondit seigneur le dauphin, ou autre de par eux, ne sera faite aucune entreprise ou pratique au contraire du traité et seuretez accordées aux trois estats de la ville de Saint-Omer, durant le temps de la minorité de madite damoiselle, et qu'en ce ils les ayderont et assisteront par effet, et généralement de ayder et assister à l'entretenement de tous les autres poincts et articles cy-dessus spécifiez et contenus audit traité; et que s'il avenait que de la part du roy, et de mondit seigneur le dauphin y eût aucune enfrainte ou contravention, de, en ce cas, estre aydans et confortans mondit sieur le duc, monsieur le duc Philippes son fils, et leurs pays, et à cette fin, le roy dès maintenant leur accorde et ordonne audit cas ainsi le faire, et les a déchargez et décharge de leur serment.

(89) *Item.* Seront baillées de la part dudit duc d'Austriche et des estats desdits pays pareilles seuretez, des prelats, nobles, et communautez, des pays et duchez de Brabant, Limbourg,

Luxembourg, Gueldres, comtez de Flandres, de Haynaut, Holande, Zelande, Namur, que le roy voudra avoir.

(90) *Item.* Que lesdits habitans de Saint-Omer bailleront leurs lettres et scellez au roy, et à mondit seigneur le dauphin futur mary de madite damoiselle, par lesquels ils promettront et s'obligeront par leur foy et serment sur leur honneur, de bien et loyaument garder lesdites villes et chasteaux durant ladite minorité de madite damoiselle, et de non souffrir et permettre que du party ou quartier de mondit sieur le duc, ou de monsieur le duc Philippes, son fils, soit fait, procuré ou pratiqué directement ou indirectement aucune chose au préjudice du traité; et que madite damoiselle venuë en âge, et le mariage de mondit seigneur le Dauphin et d'elle consommé, ils bailleront par effet, cessans tous contredits et excuses, ou delais au contraire, lesdites villes et chastel en la pleine et entière obeissance de monseigneur le Dauphin, comme mary d'elle.

(91) *Item.* Et pareillement lesdits de Saint-Omer bailleront leurs lettres et scellez à mesdits sieurs les ducs, et aux estats de leurs pays, par lesquels ils promettront et s'obligeront par leurs foy et serment, et sur leur honneur, que durant ladite minorité, et jusques à ce que le mariage de mondit seigneur le Dauphin soit consommé, ils ne delivreront lesdites villes et chasteaux au roy, ne à mondit seigneur le Dauphin, ou à personne de par eux: mais les tiendront en bonne et seure garde; et outre ce, que s'il avenait que ledit mariage ne parvint, par la mort de mondit sieur le duc (que Dieu par sa bonté veuille garder,) ne par quelque autre cas procedant du fait du roy, ou d'iceluy monseigneur le Dauphin, ou autre de leur part, ou aussi par la mort de ladite damoiselle durant sa minorité, de, et en chacun d'iceux cas, rendre lesdites villes et chastel, pour et au nom de mondit sieur le duc Philippes s'il estait en âge. Lequel traité de paix et mariage en tous et singuliers les poincts et articles cy-dessus contenus, nous avons promis et promettons loyaument et de bonne foy, sous nostre honneur, nous lesdits ambassadeurs du roy, au nom d'iceluy, et nous les ambassadeurs de mondit sieur le duc, de nosdits sieurs ses enfans, et des estats de leursdits pays, au nom d'iceux, fournir et entretenir, et accomplir de poinct en poinct, et les faire ratifier, confirmer, gréer, et approuver par iceux princes et lesdits estats, et de ce, en faire bailler et delivrer leurs lettres patentes en forme duë et suffisante d'une part et d'autre.

N° 274. — Lettres *portant don aux religieux de l'abbaye de Saint-Denis, du revenu d'un péage à Paris.*

Plessis-lès-Tours, décembre 1482. (3e vol. des ordon. de Louis XI, coté G, fol. 109.

Loys, etc. Savoir faisons à tous presens et à venir, comme pour tres singuliere et fervente devotion que nos tres nobles et tres chrestiens progeniteurs roys de France, ont eue à l'eglise et abbaye du tres glorieux martir monseigneur sainct Denis, patron et apostre de France, en laquelle eglise plusieurs de nos dicts progeniteurs, mesmement feu notre tres chier seigneur et pere sont inhumés, chacun lesquels en son temps, après la premiere fondation faicte par le roy Dagobert très chrestien, notre progeniteur, ont fait plusieurs augmentations en ladite eglise et abbaye à ce que le divin service qui, chacun jour et nuyt, y est fait, dit et celebré, peust estre de bien en mieulx continué, et qu'ils peussent participer audit divin service et autres bienfaits, prieres et oraisons qui se feraient perpetuellement à ladite eglise et abbaye, laquelle a souffert et soustenu de grands ruynes, pertes et desolations durant les guerres et divisions qui ont esté en nostre royaume, dont les revenus d'icelle abbaye sont grandement diminués comme est tout notoire.

Pourquoi nous desirant accroistre et augmenter ladicte eglise et abbaye, et participer audit divin service et autres bienfaits d'icelle, et pour autres grandes causes à ce nous mouvans, que ne voulons cy autrement déclairer, et à ce que les abbé et religieux d'icelle eglise et abbaye présens et futurs soient à tousjours plus enclins de prier Dieu pour la santé et prosperité de nostre personne, pour le salut et remède de nostre ame, pour nos successeurs roys, et pour la conservation et mainteneue de notre royaume et de la couronne de France, avons de nostre certaine science, propre mouvement, grace especiale, plaine puissance et auctorité royale, donné, cedé, quicté, transporté et délaissé, et par la teneur de ces presentes, donnons, cedons, quictons, transportons et délaissons en pure et perpetuelle ausmone à Dieu, à la glorieuse Vierge Marie, très digne mère de Dieu, audit tres glorieux martir, patron et apostre de France, monseigneur saint Denis, et à ladite eglise et abbaye dudit monseigneur saint Denis, tout le profit, revenu et émolument du peage du petit pont, pareillement le revenu, proufit et émolumens que nous et nosdicts progeniteurs roys, avons droit de prendre sur le mesurage du blé et avoine audit Paris qui a tousjours acoustumé estre baillé à main ferme, et l'ostel de Saint Ouyn, situé et assis à costé du grand chemin d'entre Paris et Sainct Denis, en la haulte justice de ladicte eglise, avec ses appartenances et appendances, et les terres, cens, rentes et revenus qui y appartiennent, à quelque valeur, estimation, prix ou somme de deniers que lesdictes fermes, hostel de Sainct Ouyn, terres, cens, rentes, et revenus d'icelle, se puissent monter, pour les avoir, tenir, posséder, exploicter et en joyr et user à toujours, perpetuellement, paisiblement, par l'abbé, religieux et couvent de ladite abbaye de monseigneur Saint-Denis et leurs successeurs, comme chose à Dieu franchement et liberallement donnée, dédiée, amortie et indempnée; et lesquelles nous amortissons, dedions et indemnons à Dieu nostre dict créateur, et ledit glorieux monseigneur Sainct-Denis, sans que jamais ils, ni leursdicts successeurs en ladicte abbaye, soient ou puissent estre contraints d'en vider leurs mains, ne pour ce paier à nous, ou à nos successeurs roys, aucune finance de francs fiefs et nouveaulx acquets ou amortissement, laquelle finance, s'elle y escheoit, à quelque somme qu'elle se puisse monter, nous leur avons semblablement donné et quitté, donnons et quictons par cesdites presentes, et lesquelles deux fermes, profits et revenus du peage du petit pont, mesurage de blé et d'avoine à Paris, ensemble ledict hostel de Sainct-Ouyn et les terres, cens, rentes et revenus qui y appartiennent, nous avons dès à présent pour tousjours eximées et separées, eximons et separons de nostre domaine, sans ce que nos receveurs ordinaires de Paris soient tenus en faire recepte et despense, ne en coucher ou articuler doresnavant aucune chose en leurs comptes; et lesdictes fermes, hostel de Saint-Ouyn, terres et revenus d'icelles avons unies, joinctes, annexées et incorporées, unissons, joignons, annexons et incorporons au patrimoine et domaine de ladicte eglise et abbaye de monseigneur Saint-Denis, pour les tenir et posseder à perpétuité, exempts de toute juridiction, justice, main mise et contraincte temporelle, et ainsi franchement, perpetuellement et paisiblement comme de lesdictes choses en peut été donnees et aumosnées en faisant la fondation de ladicte abbaye, et comme si elles estaient expressement nommées, contenues et designées ez lettres d'icelle fondation; et oultre avons donné et octroyé, donnons et octroyons par privilege singulier et especial audict abbé, religieux et couvent de ladite eglise et abbaye de monsei-

...eur Saint-Denis, que ils et leurs successeurs en ladicte abbaye ...ent et demeurent à toujours francs, quictes et exempts de paier ...cun argent, proufit ou autres emolumens des sceaulx des let... ...s qui seront faictes, expediées et scellées en noz chancelleries, ...ar et au nom desdicts abbé, religieux et couvent, et pareille... ...ent du scel royal de nostre prevosté de Paris et de tous nos ...utres sceaulx royaulx, et voulons et nous plaist que nos audien... ...er et contrerolleur ou leurs commis en nosdites chancelleries, ...t pareillement tous les gardes de nosdicts sceaulx royaux, à ...rme ou autrement, baillent et delivrent auxdicts abbé, religieux ...t couvent, toutes les lettres qu'ils feront sceller pour et au nom et ...u proufit de ladicte abbaye franchement et quittement sans ...our ce, prendre ou exiger d'eulx quelque salaire, proufit et ...olument comme dit est.

Si donnons en mandement, etc. Donné, etc.

N° 275. — LETTRES *portant qu'au cas que Marguerite d'Autriche, épouse du dauphin, succède au duc d'Autriche, le roi de France conservera les privilèges des peuples et des États.*

Plessis-du-Parc, le 22 janvier 1482. (5ᵉ vol. des ordon. de Louis XI, coté G, fol. 147.) Reg. le 4 février 1482.

Loys, etc. Comme par la paix faicte entre nous et nostre très-chier et très-amé cousin le duc Maximilien d'Autriche, nos très-chiers et très-amés cousin et cousine le duc Philippe et Marguerite d'Autriche ses enfans, et les estats de leurs pays, et par le traictié de mariage qui, pour seureté et fermeté de ladicte paix, est fait, consenti et accordé de nostre tres-chier et tres-amé fils Charles, daulphin de Viennoys et de nostredicte cousine Marguerite d'Autriche, ait entre autres choses par nos ambassadeurs et ceulx de nosdicts cousins et les estats de leurs pays esté dict, traictié et convenu que s'il avenoit que nostredict cousin le duc Philippe alast de vie à trespas en minorité d'aage, que Dieu ne vueille, pourquoy nostredicte fille et cousine sa sœur lui succedast ez duchéz, contés, pays et seigneuries qui lui appartiennent.

Nous, en ce cas, et nostredict fils le daulphin delaisserons le gouvernement desdicts pays en l'estat et selon qu'il seroit trouvé tant que nostredicte cousine feust venue en aage, en faisant par ceulx desdicts pays à nostredict fils le daulphin les devoirs tels qu'ils devoient à leur seigneur; et se icelui nostre cousin le duc Philippe aloit de vie à trespas, sans delaisser hoirs de sa chair, yssus de lui en loyal mariage, nostredicte cousine sa seur, estant aagée, ou que par quelque autre cas les pays et seigneuries d'icelui nostredict cousin le duc Philippe succedassent à icelle nostre cousine sa seur, ou aux hoirs yssus d'elle qui feussent heritiers de la couronne de France; nous et nostredict fils promectrions et baillerions nos lectres pour nous et nos successeurs, et ferions bailler par les estats de nostre royaume à chacun desdicts pays de audict cas traiter iceulx pays selon leur nature, et de les entretenir en leurs anciens droits, exemptions, usaiges, coustumes et privileges, et les villes en lesdicts privileges, franchises, polices et gouvernemens acoustumés. Et quant aux pays qui sont hors de nostre royaume, que les subjects d'iceulx ne seroient traictés par appellation ne autrement en la cour de Parlement à Paris, en nostre grand conseil ne ailleurs hors desdicts pais, comme ce est contenu plus au long ez lettres dudict traictié de paix et de mariage.

Savoir, faisons que nous desirans de nostre part et de la part de nostredict fils, entretenir, garder et observer ledict traictié en tous ses points, avons, tant en nostre nom que comme pere et ou nom de nostredict fils, lequel par autres nos lettres, avons auctorisé à faire le semblable, consenty, accordé et promis, consentons, accordons et promectons par ces presentes en parolle de roy, le cas advenant du trespas d'icelui nostre cousin le duc Philippe, sans delaisser hoirs de sa chair yssus de lui en loyal mariage, ou que par quelque autre cas ses pays et seigneuries succedassent à nostredicte cousine sa seur, elle estant en aage, et les hoirs yssus d'elle qui fussent heritiers de la couronne de France, de audit cas traicter et faire traicter par nous et nos successeurs roys de France, les pays qui ainsi succederoient selon leur nature, et les entretenir et faire entretenir en leurs anciens droits, exemptions, usaiges, coustumes et privileges, et les villes en lesdicts privileges, franchises, polices et gouvernement acoustumés; et quant aux pays qui sont hors de notre royaume de non traicter, en souffrir traicter les subjects d'iceulx par appellation ne autrement en notre cour de Parlement de Paris, en nostre grand conseil ne ailleurs hors desdicts pays, et promettons de ce que dit est faire bailler lettres par nostredict fils, auctorisé et dispensé de nous en cette partie, et des estats de nostredict royaume à chacun desdicts pays se avoir les veuillent.

En oultre, se le decès de nostredict cousin le duc Philippe advenoit, nostredicte cousine sa sœur, estant encore soubz aage, nous et nostredict fils delaisserions le gouvernement d'iceulx pays en l'estat et ainsi qu'il sera trouvé tant qu'elle soit venue en aage. En faisant audit cas par ceulx desdicts pays à nostredict fils le daulphin, au nom de nostredicte cousine les devoirs tels qu'ils doivent à leur seigneur, le tout selon la forme, teneur et en ensuivant ledict traictié de paix et articles accordés en icelui.

Si donnons en mandement, etc.

N°. 276. — LETTRES *pour l'enregistrement du traité avec la maison d'Autriche.*

Au Plessis-lès-Tours, janvier 1482. (3e vol., C, fol. 130, Recueil des Traités.) Reg. le 4 février.

Nous ayans, comme roy très chrestien, pitié et compassion du pauvre peuple, voulons à nostre pouvoir éviter les maux innumérables qui de la guerre sourdent et ensuivent, avons en l'honneur et réverence de Dieu nostre créateur, prince et autheur de paix et de sa très glorieuse Mère, agrée, loué, confirmé et approuvé, et par ces présentes signées de nostre main, agréons louons, et approuvons, et en bonne foy et parole du roy, promettons entretenir, et faire entretenir ledit traité de paix et de mariage en tous et chacuns des poincts et articles cy dessus accordez; et ce tant en nostre nom, que pour et au nom de nostredit très cher fils le dauphin, duquel pour son jeune âge, nous nous sommes faits et faisons fort, et aussi au nom de nos successeurs roys de France, de ne rien faire au contraire dudit traité, ou aucuns des poincts et articles cy-dessus accordez; et pour ce confirmer et inviolablement tenir, avons submis et submettons nous, nostredit fils, nos successeurs et nostre royaume, à toutes coërctions, peines et censures ecclesiastiques, nonobstant le privilege qu'avons que nous, nosdits successeurs, et nostre royaume, ne pouvons et devons estre soummis ne adstraints par censures; et s'il avenait que, à Dieu ne veuille, que par nous, nostre dit fils, nos successeurs, ou autres de par nous fût contrevenant en aucun des poincts et articles cy-dessus accordez, nous commetons, voulons et ordonnons et enjoignons aux princes estans de nostre sang, pairs de France, et trois estats de nostre royaume, que tout ayde, faveur et assistance soit par eux, audit cas, baillé, donné et porté par effet à nosdits cousins, et aux estats de leursdits pays, et contre nous, nostredit fils et nos successeurs, à ce que ledit traité en tous et chacuns ses poincts soit accomply et entretenu, et que les contraventions et entre-faux, si aucuns en sont, soient réduites, réparées et remises; et pour ce pouvoir mieux faire sans aucune note ou reprise, avons audit cas, lesdits de nostre sang, pairs et gens des estats de France, qui par nostre ordonnance ont baillé et baillent leurs scellez, absouls et relaxez, absolvons et relaxons de leurs sermens.

Si donnons en mandement à nos amez et féaulx conseillers les gens de nostre parlement à Paris, gens de nos comptes, et tresoriers de France, à tous nos baillifs, seneschaux, prévosts, juges ou officiers, ou à leurs lieutenants, et à chascun d'eux sur ce requis, et si comme à luy appartiendra, que les présentes ils vérifient, entherinent et enregistrent, fassent ou souffrent verifier, entheriner et enrégistrer en leurs cours, juridictions, sieges et auditoires, en la maniere accoustumée, et tout le contenu en icelles gardent et fassent garder et observer de point en point, sans aller, ne souffrir estre allé au contraire, en quelque maniere que ce soit : Car ainsi nous plaist-il, voulons et ordonnons estre fait; et pour ce que de ces presentes on pourra avoir affaire en plusieurs et divers lieux, nous voulons qu'au *vidimus* d'icelles ou extraits d'aucuns des points et articles y contenus, faits sous scel royal, ou autentique, foy y soit adjoûtée en jugement et dehors, comme à ce present original; et afin que ce soit chose ferme et stable à toujours, avons fait mettre nostre scel à cesdites presentes, sauf en autre chose nostre droitct, et l'autroi en toutes.

Donné au Plessis du Parc, au mois de janvier 1482. etc.

N°. 277. — Lettres *portant don d'une terre à l'église Saint-Jean-de-Latran de Rome.*

Au Plessis, mars 1482. (3° vol. des ordon, de Louis XI, coté G, fol. 166.) Reg. le dernier avril 1483, au parlement de Paris.

Loys, etc. Savoir faisons à tous presens et advenir que nous, considerans et reduisans en nostre mémoire toujours de plus en plus la tres grande et fervente devocion que toujours avons eue et encore avons au tres glorieux sainct, Vierge et amy de Dieu monseigneur sainct Jehan, apostre et evangeliste, et à son eglise fondée à Rome, appelée l'eglise de sainct Jehan de Latran, et aussi les grans et singulieres graces que Dieu nostre créateur, par l'intercession de mon dict sieur sainct Jehan nous a fais tant à la preservation de nostre personne en bonne santé que autrement en plusieurs manieres. Desirans à nostre povoir de plus les recognoistre et augmenter ladicte eglise en rentes, à ce que les habitués en icelle eglise aient mieulx de quoy et plus honorablement faire continuer dire, et celebrer le service divin en ladicte eglise, à l'onneur et gloire de nostre créateur, et que de plus en plus soions participans ez prieres et oraisons qui se font et dient en icelle, et lesdict habitués enclins à prier nostre dict créateur et mon dict seigneur sainct Jehan pour la prospérité et santé de nostre personne.

Avons pour nous et nos successeurs roys de France, aux chanoines et habitués de ladicte eglise mon dit seigneur sainct Jehan de Latran à Rome, faisans et continuans le service divin en icelle, oultre le commun du principal de la paix de nostre pays du Périgort que puis nagueres leur avons donné et admorty, de nostre propre mouvement certaine science, grace espociale, pleine puissance et auctorité, deslaissé et aumosné, donnons, cédons, transportons, delaissons et aumosnons pour eulx, leurs successeurs en ladicte eglise, tout le commun de la paix de nostre pays de Rouergue, ensemble tout le prouffit et émolument d'icelluy, tant de ce qui nous appartient d'ancienneté que de ce qui nous en est advenu et escheu par la forfaicture et confiscation du feu comte d'Armignac; et afin que les chanoines et habitués de ladicte eglise aient lieu en nostre royaume où ils puissent faire faire la

---

(1) Il y a un don de 4000 liv. de rente à l'église d'Aix-la-Chapelle, en Allemagne. Louis XI sentait sa fin prochaine. (Isambert.)

demourance des procureurs et serviteurs de ladicte eglise pour recueillir et amasser les deniers et revenus des choses dessus dictes en sureté et eulx y entretenir.

Leur avons oultre les choses dessus dictes de nostre mouvement, grace especiale et plus ample puissance et libéralité, donné, cedé, transporté, delaissé et aumosné, donnons, cedons, transportons, delaissons et aumosnons, oultre les choses dessus dictes, nostre chastel, chastellenie, terre, place et seigneurie de Montiliquin avec tous fruits, prouffits, revenus et emolumens d'icelle, en quelle manière qu'ils viengnent ou puissent venir ens; et pour ce que obstant la grant distance des chemins qui est de Rome jusques en nostre royaume, conviendra faire auxdits suppliants de grans frais, mises et dépenses, pour porter et conduire et mener de nostre royaume en ladicte ville de Rome les deniers du revenu, prouffit et émolument des choses dessus dictes, leur avons en oultre ce que dict est dessus, donné, cedé, transporté, delaissé et aumosné, donnons, cedons, transportons, delaissons et aumosnons les membres, pars et portions de nostre domaine qui s'ensuivent.

C'est assavoir le greffe d'Agen, ensemble tout le revenu, prouffit et emolument de nostre domaine de Rodes, le peage de Milhau et le tabellionnaige dudict lieu, ensemble tout le revenu, prouffit et emolument d'iceulx, et tout le revenu et emolument d'Allergues et la judicature d'Albigoys, et des notaire et baillie de Gailhac et leurs appartenances, lesquelles choses dessus dictes et chacune d'icelles, nous avons separées, divisées et desmembrées, separons, divisons et desmembrons de nostre domaine, et les avons joinctes et unies, joingnons et unissons au domaine et héritaige de ladicte eglise, pour les tenir et posseder par lesdicts chanoines et habitués en ladicte eglise et leurs successeurs en icelles, et en prendre et parcevoir par eulx ou leurs procureurs, facteurs et entremecteurs, les fruis, prouffits, revenus et emolumens, à quelque somme, valleur ou estimation qu'ils soient ou puissent estre et monter, les applicquer à leur prouffit ou autrement en faire et disposer comme du propre domaine et héritaige de ladicte eglise, sans ce que nos officiers y aient plus que veoir ne que coagnoistre en aucune manière, et sans riens en reserver ne retenir pour nous et nosdicts successeurs, fors seulement le ressort et souveraineté; et afin que nosdicts don, aumosne, cession et transport puissent estre permanans, perpetuels et irrévocables pour durer à toujours, voulons et nous plaist qu'ils puissent perpetuellement tenir et posséder les choses dessus dictes et chacune d'icelles, et en prendre et percevoir par leurs mains ou de leursdicts procureurs, facteurs et entremecteurs, les frais, prouffits, revenus et emolumens, à quelque somme, valleur ou estimation qu'ils puissent ou pourroient monter, comme admortis et à Dieu et mondict seigneur sainct Jehan dédiés, et lesquels nous y dedions et admortissons par ces présentes, sans ce que ores ne pour le temps advenir ils soient ne puissent estre contraints à les mectre ne vuider leurs mains comme de main morte, ne pour ce paier à nous ne à nosdicts successeurs aucune finance n'y indempnité, et laquelle finance à quelque somme qu'elle se puisse ou pourra monter nous leur avons donnée et quictée, donnons et quictons de nostre plus ample grace par ces presentes.

Si donnons en mandement etc.

N°. 278. — LETTRES *portant règlement pour l'exploitation des mines d'or, d'argent, plomb, étain, acier et fer dans la vicomté de Conserans.*

Au Plessis-du-Parc, avril 1483. (3e vol. des ord. de Louis XI, coté G, fol. 166) Reg. le 24 juin 1483.

Louis, etc. Savoir faisons à tous presens et à venir, comme il est venu à nostre congnoissance que en plusieurs lieux de la vicomté de Conzerans et autres lieux circonvoisins, a très-grandes quantités de mines d'or, d'argent, plomb, cuyvre, estaing, acier, fer et autres metaulx; partie desquelles sont ja ouvertes, et y a esté par assez long-temps besoigné, et aussi y a grand nombre de terrouers, montaignes et rochiers qui sont plains de mynes et très-fort disposés, propices et aisez pour les ouvrir et y besoigner, lesquelles sont demourées et demourent en chommage et non valoir, à cause des très-grands sommes de deniers qu'il conviendra frayer et avancer pour les mettre en estat et valeur, pour y besoigner, et soit ainsi que nos biens amés Estienne Bguenean, Raymond Guionnet, Alexis Henri, nostre cannonier ordinaire, Christophe Jehan, Selabe Despolsans et Conrat Baisupscorp, nous aient fait remonstrer qu'ils prendroient voulentiers la charge de besoigner et faire besoigner ez dictes mynes ouvertes et à ouvrir, si nostre plaisir estoit leur en donner congié et licence, et sur ce les avantaigier et privilegier à ce qu'ils puissent mieulx et plus aisement fournir aux grands frais et despenses que pour ce faire conviendra, pourquoy nous ce consideré et mesmement que en besoignant ez dictes mynes, le fait d'icelles pourra estre mis en bon train et ordre, et d'icelles venir et yssir tres-grand nombre et quantité desdicts metaulx, dont pourra avenir un grand bien et utilité à la chose publicque de nostre royaume, desirans à ceste cause lesdictes mynes estre ouvertes, et les ouvraiges et labouraiges d'icelles qui sont ouvertes et à ouvrir estre continués et augmentés en la plus grande diligence que faire se pourra, pour ces causes et considerations et autres à ce nous mouvans, avons auxdessus nommés, et à chacun d'eulx donné et donnons par ces presentes congié et licence d'eulx transporter en ladicte comté du Conserans et autres lieux circonvoisins, à vingt lieues à l'environ où seront lesdictes mynes, et illec ouvrir et faire ouvrir toutes lesdictes mynes, et en icelles, et aussi en celles qui seront ja ouvertes, y besoigner ou faire besoigner par tant d'ouvriers et personnes qu'ils vouldront et verront estre à faire, et continuer en toute diligence les labouraiges et ouvraiges ja pieça encommencés, et qu'ils encommenceront en tirer et affiner desdicts metaulx la plus grande quantité que faire pourront, pour en faire leur prouffit, ainsi qu'ils verront estre à faire, et multiplier iceulx en nostredict royaulme, au bien de la chose publique d'icelui; et pour ce que les dessusdicts doubtent que quand ils auront fait l'ouverture desdictes mynes, et remis en traing de besoigner les ouvraiges de celles qui par cy-devant ont esté ouvertes, et qui par grands temps passé ont esté discontinuées, et que les choses mises en valeur en quoy il leur commande faire de très-grands et somptueuses depenses, que aulcuns se voulsissent mettre ezdictes mynes, les applicquer à eulx et y besoigner, et en dégeter et mettre hors les dessus nommés, et par ce moien leur faire perdre les grands sommes de deniers qu'ils auroient emploiées et avancées à les mettre en train et valeur, nous de grace speciale, pleine puissance et autorité royale, avons volu, ordonné et declaré, volons, ordonnons et declairons par cesdictes presentes, que en mettant par les dessusdicts lesdictes mynes en train et valeur, nul autre homme quelconque de quelque estat ou condition qu'il soit, fors les dessusdicts, leurs enfans, successeurs et heritiers, ne pourra ou pourront besoigner ny ouvrer en icelles, sinon soubz et par le congié et licence d'iceulx Estienne Ragueneau, Raymond Guionner, Alexis Henri, nostre cannonier ordi-

saire, Christophe Jehan, Selabe Despassans et Conrat Unisupscorp, auxquels et à leursdicts enfans, heritiers et successeurs,
en tant que besoing est ou seroit de nosdictes grace, puissance
et autorité, avons donné et donnons tout le proufit, revenu et
emolument d'icelles, à quelque valeur et estimation qu'il soit ou
pourra estre et monter, sinon toutesvoyes qu'ils discontinuassent
lesdicts ouvrages sans y besoigner en aucune maniere, par un
an entier, et sauf aussi qu'ils seront tenus nous paier nostre
droit de dixième et le droit du seigneur foncier, tout ainsi qu'il
est acoustumé de faire ez autres mynes de nostre royaume. Et
afin que les dessus nommés soient plus envieux et ententifs de
mettre en valeur lesdictes mynes, et supporter les frais, mises
et depenses que faire leur conviendra, à ceste cause voulons et
ordonnons qu'ilz ne aucun d'eulx ne soient tenus respondre juridiction pour quelque cause que ce soit, touchant le fait desdictes mynes et les dependances, pardevant quelconques juges ou
commissaires que ce soient, fors pardevant les juges et commissaires par nous commis et députés sur le fait desdictes mynes; et
de nostre plus ample grace, avons octroyé et octroyons aux dessus nommés et chacun d'eulx et à tous ceulx qui besoigneront
ez dictes mynes, qu'ils soient et demeurent perpetuellement
francs, quittes et exempts de toutes tailles, impôts, emprunts,
peaiges, passaiges et autres subventions quelconques mises et à
mettre sur de par nous en notre royaume, quelque part qu'ils fa-
sent leur demourance en iceluy, soit pour le fait et entretenement de nos gens de guerre ou autrement, pour quelque cause
ou occasion, et en quelque maniere que ce soit, et aussi de guet
et garde-porte, et de nous servir au ban et arrière-ban, ni ez armées que nous et nos successeurs pourrions faire mettre sur et
dresser, et de ce les avons et chacun d'eulx par privilege singulier et especial, affranchis, quictés et exemptés, affranchissons,
quictons et exemptons de nosdictes grace, puissance et autorité
royale, par ces presentes, par lesquelles en oultre voulons et
avons octroié et octroions auxdits Estienne Ragueneau, Raymond Guionnet, Alexis Henri, nostre cannonier, Christophe
Jehan, Selabe Despassans et Conrat Unisupscorp, et à tous ceulx
qui besoigneront soubz eulx ez dictes mynes, qu'ils et leurs enfans nés et procreez d'eulx en loyal mariage, et de tous ceulx qui
cy-après besoigneront ez dictes mynes, joissent entierement de
tous et chacuns les privileges, libertés, franchises, prerogatives
et preeminences, profits, revenus et emolumens dont joissent et

ont accoustumé de joïr les maistres et ouvriers des monnoies du serment de France, et des autres mynes de nostredict royaume, nonobstant que particulierement lesdicts privileiges, libertés et franchises, prerogatives, profits et emolumens ne soient cy-declairés et exprimés; et pour ce que les Allemans, ainsi que l'on dit, sont expers, et congnoissans à ouvrer et besoigner ez dictes mynes, et que par le moien d'eulx l'ouverture, ouvraige et labouraige d'icelles se pourra mieulx faire que par autres, nous, afin que lesdicts Allemans soient plus curieux d'y venir besoigner et demourer, leur avons octroié et octroions, voulons et nous plaist de nosdites grace, puissance, autorité, qu'ils et chacun d'eulx qui sont à present ou viendront cy-après besoigner ez dictes mynes, jouissent de tous les privileiges, franchises et libertés dessusdictes, et avec ce qu'ils puissent acquerir en nostredict royaume, tous tels biens, meubles et immeubles qu'ils y pourront licitement avoir et acquerir, et d'iceulx et aussi de ceulx qui y ont ja acquis, jouir et user, disposer et ordonner par testament et ordonnance de derniere volonté ou autrement, ainsi que bon leur semblera, et que leurs enfans et heritiers, si aucuns en ont le temps à venir, après leurs deces, puissent apprehender les biens de leurs successions, tout ainsi que s'ils etoient natifs de nostre royaume, et quant à ce les avons et chacun d'eulx habilités et autorisés, habilitons et autorisons de nosdictes grace, puissance et autorité, sans ce que ores ni pour le temps à venir, au moien des ordonnances royaulx faictes sur le fait des francsfiefs et nouveaulx acquets, ne autrement, pour quelque cause, couleur ou occasion que ce soit, ils soient ni puissent estre contraints pour occasion de ce paier à nous ou à nos successeurs aucune finance, et laquelle à quelque somme quelle se puisse ou pourra monter, nous leur avons dès à present pour lors, donnée et quittée, donnons et quittons par ces presentes, lesquelles nous avons pour ce signé de nostre main.

Si donnons, en mandement, etc.

Et afin que ce soit chose ferme et estable à tousjours, nous avons fait mettre nostre scel à cesdictes presentes, sauf en autres choses nostre droit et l'autruy en toutes.

Mai 1483.

N°. 279. — Lettres *portant don de la mairie et droit de justice du comté d'Auxonne, en faveur de Guillaume de Rochefort, chancelier de France.*

Au Plessis, le 12 mai 1483. (3e vol. des ordon. de Louis XI, coté G, fol. 207. — Histoire de la Chancellerie, 55.) Reg. le 12 août 1483.

Louis, etc. Savoir faisons à tous presens et advenir que, pour consideration des grands, louables et recommandables services que nostre amé et feal chancellier Guillaume de Rochefort, chevalier, seigneur de Plavot et de Longeau, nous fait et continue chacun jour ez grandes affaires de nostre royaume et esperons que toujours face, aussi que pour venir en nostre service il a laissé et habandonné plusieurs grands biens, voulant aucunement l'en recompenser, pour ces causes et considerations et autres très-raisonnables à ce nous mouvans, à icelui nostre chancellier, seigneur de Plasvot, avons donné, cédé, delaissé et transporté, et par la teneur de ces presentes, de nostre grace especiale, pleine puissance et autorité royale, donnons, cedons, delaissons et transportons la mayrie et droit de justice que avons et povons avoir à cause de nostre comté d'Auxonne au lieu de l'abergement lez cedict Auxonne, ensemble tous les droits et devoirs que à cause de la dicte mayrie deppendent et peuvent deppendre, ainsi que nos predecesseurs ducs et comtés de Bourgoigne et d'Auxonne les ont tenues et possedées laquelle mairie et droit de justice et ses dictes appartenances en quelque valeur qu'ils soient et puissent estre et monter, nous avons separées et divisées, separons et divisons de nostre domaine dudict Auxonne, et icelles jointes et unies à la dicte terre et revenu que nostre dict chancellier a audit abergement, pour d'icelle mayrie et droit de justice et leurs appartenances ainsi unies à icelle terre, de l'abergement jouir, user et les tenir et posseder par nostre dict chancellier, ses hoirs, successeurs et ayant cause à toujours, perpetuellement et en faire, disposer à leur plaisir et volunté, sans aucune chose en ladicte seigneurie de l'abergement reserver ny retenir à nous ne à nos successeurs, fors seulement les foy et hommaiges lige et le ressort et juridiction de souveraineté, ainsi que le fief le requiert, et que nostre dict chancellier et ses predecesseurs ont accoustumé de faire aux ducs Philippe et Charles de Bourgoigne, et lui avons donné et donnons par ces presentes faculté et puissance d'icelle instituer et ordonner pour l'exercice de ladicte mayrie, bailli, prevost, sergens et autres (1). . . . . de justice; et en signe et demonstrance d'icelle ordonner et faire construire prisons, ceps et faire eriger et dresser fourches et eschelles patibulaires en tel lieu ou lieux qu'il verra estre propices et convenables, et tout ainsi que font et ont accoustumé faire les autres seigneurs ayant mayrie et justice audict pays.

Si donnons en mandement etc. Et afin que ce soit chose ferme et estable à toujours, nous avons fait mettre nostre scel à cesdictes presentes, sauf en autres choses nostre droict et l'autruy en toutes, etc.

N°. 289. — LETTRES *portant que la nomination aux offices des eaux et forêts appartient à la couronne.*

Aux Montils-lès-Tours, 21 mai 1483. (3e vol. des ordon. de Louis XI, cote G, fol. 213.) Reg. le 8 juillet 1483.

Louis, etc. A tous ceulx qui ces presentes verront, salut: comme apres nostre nouvel avenement à la couronne, nous eussions pourveu à l'office de souverain maistre et general reformateur des eaux et forets de nostre royaume, du feu sieur de Montauban, et lui eussions donné puissance et faculté de pourveoir a tous offices vacans en ladicte charge; et apres son trespas, eussions aussi donné ledict office, souverain maistre desdictes eaux et forêts, à nostre amé et féal, conseiller et chambellan, le sieur de Chastillon, et semblablement puissance et faculté de pourveoir aux offices vacans en icelle charge; et depuis nagueres, nous avons esté advertis que, au moien des provisions et dons faits d'iceulx offices par cedit sieur de Chastillon, plusieurs fraudes, faultes, et abus ont esté faits, commis et perpetrés, et les anciennes ordonnances, droits et statuts desdictes eaux et forets, et aussi nostre domaine grandement diminués, et avecques ce que plusieurs procès, debats et questions se sont meus et suscités entre aucuns ayans dons d'iceulx offices de nous et autres dudit sieur de Chastillon, qui sont encore pendans indecis; pour laquelle cause, pour ce que à nous appartient pourveoir a tous offices royaulx de nostre royaulme, et n'est loisible ny convenable à aucun en disposer, voulant remettre lesdictes choses en leur ancien droit et obvier à tous debats, entretenir les droicts royaulx, avons deliberé, advisé et conclu de reprendre en nos mains le

---

(1) Quelques mots illisibles dans le manuscrit.

droict de pourveoir auxdicts offices d'icelles eaux et forets, et le tout remettre en bon ordre, ainsi que d'ancienneté a esté fait et entretenu, et sur ce y donner provision; savoir, faisons que nous, ces choses considerées, et pour certaines grandes causes et considerations, et autres à ce nous mouvans, avons reprins, remis et retiré, et par ces presentes, de nostre propre mouvement, certaine science, pleine puissance et autorité royale, reprenons, remettons et retirons à nous et à nostre disposition et provision du jourd'hui en avant, tous et chacuns les offices etant soubz la la charge et deppendance desdictes eaux et forets, et tout ainsi que fait étoit du temps de feu nostre tres cher seigneur et pere que Dieu absolve, soient ceulx auxquels nous avons donné pouvoir de pourveoir par ledit sieur de Chastillon ou autres quelconques, et sans ce que ledit sieur de Chastillon, ni autres fors sous en puissent doresnavant faire aucun don, ou provision, en quelque maniere que ce soit, lesquels dons s'il advenoit que aucuns en eussent faits, et aussi les lettres, dons, permission et puissance que ledit sieur de Chastillon a de nous de ce faire quant à la provision et disposition desdicts offices, nous avons revoqué, cassé et adnullé, et par la teneur de ces presentes, revoquons, cassons et adnullons et mettons du tout au néant. Voulons en outre et declairons que tous et chacuns, ces dons que nous avons faits depuis ung an en ça des offices, dependans du fait, charge desdites eaux et forets aient lieu, et que ceulx qui en ont eu don et lettres de nous, en jouissent nonobstant le don que en pourroit avoir fait ledit sieur de Chastillon à autres, s'ils n'avaient eu sur ce, provision, confirmation et declaration de nous à leur proufit.

Si donnons en mandement., etc.

En tesmoing de ce, nous avons fait mettre notre scel à ces presentes.

N°. 281. — Privilèges *commerciaux accordés aux villes anséatiques.*

Aux Montils-lès-Tours, août 1483. (Preuves sur l'hist. de Charles VIII, p. 575.)
Enreg. au parlem. le 3 décembre.

Ludovicus etc. Priscos illos summa sapientia et integritate principes, potissimum serenissimos progenitores nostros francorum reges christianissimos, etsi in multis maximis que rebus, que pro republica regnorum suorum et dominiorum utilitate atque incrementa oportuna fore conspiciebant, sollicitos semper fuisse cognovimus, circa tamen ea quæ ad componendas bellorum inimicitias inter sibi finitimas exteras nationes quovis quæsito colore exortas, precipua cura, exactaque diligentia semper incubuisse constat, quo tandem duo ejusdem reipublicæ fundamenta, pax scilicet et concordia subsequerentur. Ea videlicet quæ nihil simultatis haberet, nec seditionis admixtum, sed simplex esset, et immaculata, quáque foverentur omnia vitæ necessaria, christiani, ut arbitramur, præcepti memores. Nam salvator noster, qui de supremo cœlorum solio ad ima non abnuit, quo illius originalis delicti et perpetuæ culpæ reum inexpiabili facinore liberaret, suis discipulis, sacratissima evangeliæ lectionis testante historia, ut in quamcumque domum introirent, huic pacem dicerent, præcipiendum curavit, peractoque tum præclari mysterii cursu ascensurus ad patrem, nullum eisdem majoris gratiæ donum quàm pacem censuit relinquendam.

(1) Notum igitur facimus universis præsentibus et futuris, quòd cum superioribus annis nonnullæ inter nos, regnumque, dominia et subditos nostros, ex una, et magnificos viros, amicosque nostros præcarissimos, proconsules, consules, mercatores, et incolas civitatum de Hansa teutonica, partibus, ex altera; bellorum induciæ, seu treugæ, pactæ et initæ fuerint, ut tandem pax firma et perpetua sequeretur, ipsique proconsules, consules, nec non aldermanni, et seniores eorum jurati, in communi mercatorum oppido Brugensi in Flandria residentes, ad nos ea de causa his diebus oratores, viros quidem spectatissimos, et sibi, ut ad nos scripserunt, fidelissimos, videlicet magistros Antonium Delouf, in jure civili licentiatum, et Guerardum Bruyus, in jure canonico baccalaureum, transmittendos curaverint. Quibus auditis, in omnibus his quæ ad communem reipublicæ utilitatem conducere videbantur; habitaque desuper deliberatione plurimorum regni nostri magnatum, nobis sanguinis vinculo, et affinitate conjunctorum, aliorumque procerum magni nostri consilii summa virtute præditorum, cum eisdem proconsulibus, consulibus, aldermannis, mercatoribus, et incolis prædictarum civitatum et communitatum ipsius Hansæ teutonicæ, pro nobis, carissimoque filio nostro delphino Viennensi, aliisque successoribus nostris francorum regibus, regno, dominiis, subditisque nostris præsentibus, et futuris, ut tandem respublica hinc indeque omnibus longè carior esse debet, quàm privata, non modo sustentetur, verùm etiam felicibus

semper incrementis augeatur, pacem, amicitiam, benevolentiam, et concordiam firmam, stabilem, perpetuisque temporibus duraturam, certa scientia fecimus, inivimus, et conclusimus, facimusque, inimus, et concludimus per præsentes, ac de regiæ potestatis plenitudine specialique gratia omnia et singula privilegia eisdem proconsulibus, consulibus, aldermanis, mercatoribus, et incolis per nos, prædecessores nostros sub quocumque verborum tenore concessa, ac si de verbo ad verbum præsentibus forent inserta, laudamus, ratificamus et confirmamus, ac de novo in quantum opus est, concedimus.

(2) Volentes etiam, et concedentes, ut ipsi omnium et singulorum bonorum, navigiorum, aliarumque rerum eisdem hactenùs per subditos nostros occasione dissentionum præteritarum, vel alias, quòvis modo, vi, et ultra eorum velle, et novissimis durantibus treugis ablatarum restitutionem coràm nobis, et quibuscumque judicibus nostris liberè et licitè possint, tam conjunctim quàm divisim prosequi. Quibus judicibus aut eorum loca tementibus præsentibus, et futuris districtius præcipimus, ut eisdem proconsulibus, aldermannis, mercatoribus, et incolis de rebus, bonis, et partibus auditis, celeris justitiæ complementum ministrare curent.

(3) Concedentes insuper pro nobis et successoribus nostris francorum regibus, eisdem proconsulibus, consulibus, aldermannis, mercatoribus, et incolis prædictis, et cuicumque eorum, qui in regno et dominiis nostris prædictis, moram seu incolatum facient, ut ipsi pro se, suisque omnibus mercantiis, aliisque navigiis, naucleris, bonisque suis quibuscumque, et in quocumque, ipsius regni et dominiorum nostrorum loco esse contigerit, ab omni impositione, gabella, alioque tributo, et onere, franci, quitti, et penitus immunes perpetuo existant, quemadmodum subditi nostri hactenus fuerunt, sunt et erunt, in futurum. Quodque ipsi ad causam mercantiarum suarum quæ ponderari oportebit, majus quàm subditi nostri solvere soliti sunt emolumentum, nequaquàm solvere deinceps teneantur.

(4) Ulteriùs, quod dicti proconsules, consules, aldermanni, mercatores et incolæ, corumque naucleri, qui, ut dictum est, in regno, et dominiis nostris prædictis moram trahent, de suis bonis mobilibus aut immobilibus ibidem acquisitis, et acquirendis, ac donatione inter vivos, testamentariave, aut aliàs quomodocumque eisdem libuerit, disponere possint, corumque hæredes prædicta bona apprehendere, eisdem uti, gaudere, at que potiri

perinde atque si naturales subditi, ac ex nostro regno oriundi essent.

(5) Deinceps, si casu aliquo (quod tamen Deus avertat), pax hujusmodi quovis dissensionis et controversiæ pretextu infringeretur, ita ut aliquod genus belli inter nos, successores que nostros francorum reges, regnum, dominia et subditos nostros, et prædictos proconsules, consules, aldermannos, mercatores, et incolas oriretur; volumus, et concedimus, ut ipso nihilominus, et eorum singuli infra annum, post ejusdem belli seu dissentionum initium, omnes et singulas mercantias, navigia, naucleros, aliaque bona sua quæcumque in regno et dominiis nostris existentia asportare, et ad civitates et loca sua devehi facere, pecunias, aliasque res per subditos nostros sibi debitas exigere, et id faciendo totiens quotiens eis oportunum fuerit, eodem anno durante ire, redire, morari, et deinde ad propria reverti tuto, libere, et quiete possint, et valeant. Absque eo quod ullum in corporibus, navigiis, naucleris, mercantiis, bonis rebusque suis prædictis aliquod damnum, impedimentumve, aut alia quævis inquietatio aut molestia ullatenus inferri debeat.

Insuper dilectos et fideles nostros Archiepiscopos et episcopos, regni nostri curatos, et alios viros ecclesiasticos, curam et regimen animarum habentes, ut dum aliquem dictæ Hansæ in regno, et dominiis nostris mortem obire contigerit, talium morientium cadavera in terra benedicta, ut nostri subditi veri et indubitati Catholici decedentes sepeliri solent, sepeliantur, exortari curabimus.

(7) Insuper, si nobis contingat in futurum cum quovis rege, aut principe, aliisve exteris nationibus bellum gerere, aut aliquas hostiles inimicitias aut dissentiones habere, ipsi tamen proconsules, mercatores, et incolæ, cum eorum navibus, naucleris, bonis, et mercantiis quibuscumque penes eorumdem regum, principum et nationum civitates, portus, loca, et districtus, quibus eisdem fore oportunum videbitur, pro suis mercantiis, aliisque negotiis exercendire, morari, et deinde redire totiens quotiens eisdem placuerit liberè, et quietè, quo ad nos, et subditos nostros attinet, poterunt, absque eo quod hujusce pacis, amicitiæ, et benevolentiæ perpetuæ infractores censeri, nominarive aut reputari debeant quovis modo. Quod etiam in eo casu omnibus subditis nostris simili modo licebit.

(8) Præterea, si casus contingeret aliquam seu aliquas ex principalioribus vel aliæ prædictæ Hansæ civitatibus, et oppidis

à corpore, communitate, et liga ejusdem hansæ deficere, seu aldermannis prædictis rebelles esse, posteaquam ea de re à proconsulibus et mercatoribus civitatis Lubecensis (quæ ipsius ligæ obtinet principatum,) nec non Aldermannis prædictis informati fuerimus, mercatores, naucleros, aliosque eorumdem civitatum, et oppidorum sic deficientes, hac præsenti pace, et concordia aliisque privilegiis, et libertatibus inter nos, et prædecessores nostros francorum reges christianissimos eidem ligæ et communitati concessis nullatenus gaudere permittemus, quousque tamen ab eadem civitate Lubecensi certiores effecti fuerimus eosdem sic deficientes, eidem ligæ et communitati reconciliatos fuisse, eidemque de omnibus damnis, interesse, et gravaminibus ab eisdem occasione ipsius defectionis passis, et sustentis plenè et integrè satisfecerint.

(9) Et si aliqua obscuritas aut ambiguitas super articulis prædictis, aliisque superius contentis in futurum oriretur, ipsos clarioribus, et luculentioribus verbis et sententiis in favorem et utilitatem prædictæ communitatis et Hansæ teutonicæ suorumque mercatorum et incolarum nos interpretaturas et declaraturas semper pollicemur.

(10) Et demum ut ejusmodi perpetua pax, concordia, amicitia, et benevolentia facilius et felicius observetur, ejusdem conservatores perpetuos decernimus, facimus, constituimus, et ordinamus videlicet admiraldum Franciæ, ut admiraldum, bailliuum Rothomagensem, seneschallos Aquitaniæ, Lugduni et Ponticis Gubernatores Rappellæ, Arthesii, et Bononiæ pro tempore, existentes vel eorum loca tenentes, quibus, et illorum cuilibet, pro ut ad eum pertinuerit, plenariam et omnimodam potestatem, ac speciale et generale mandatum damus et concedimus de omnibus et singulis litibus et controversiis inter subditos nostros prædicatosque proconsules, mercatores, et incolas prætactæ Hansæ teutonicæ in futurum movendis, et oriendis cognoscendi, discernendi, judicandi et terminandi, absque eo quod ipsi, nec eorum aliquis coram aliis judicibus et officiariis convenit, nec in causam trahi in prima instantia quovis modo possint, sive debeant. Quibus quidem conservatoribus, seu eorum loca tenentibus mandamus, et committimus partibus ipsis auditis summariè, et de plano, et absque strepitu et figura judicii, celeris justitiæ complementum ministrare curent.

(11) Promittentes bona fide, verboque regio (quod solemne jusjurandum apud reges semper esse consuevit,) prædictam be-

nevolentiam, amicitiam, perpetuamque pacem; et omnia et singula superius enarrata, et per nos concessa, inviolabiter observare, et observari facere. Eademque omnia per carissimum filium nostrum delphinum Viennensem rata, grata habere, suisque patentibus litteris confirmare. Ita tamen quod prædicti proconsules, consules, aldermanni, mercatores, et incolæ, de eadem pace, amicitia et benevolentia pariter, quantum eos, et totam suam communitatem concernit, suas patentes litteras in debita validaque forma, sigillo magno civitatis Lubecensis roboratas, infra unum annum proxime futurum nobis tradere, et realiter exhibere tenebuntur.

(12) Quocirca dilectis et fidelibus nostris gentibus consiliariis parlamenti nostri parisius, universisque et singulis nostris loca tenentibus, mareschallis, admiraldo, vicadmiraldo, et gubernatoribus, seneschallis, baillivis, præpositis, capitaneisque, et ductoribus militum, et armigerorum, ac civitatum, oppidorum, portuum, pontium aliorumque locorum, et districtuum custodibus, aliisque justitiariis et officiariis nostris præsentibus, et futuris, et eorum cuilibet harum serie præcipimus, et mandamus, quatenus has nostras præsentes litteras in omnibus curiis, auditoriis, aliisque suis locis ad hoc necessariis publicare, seu publicari facere, prædictamque amicitiam, confæderationem et perpetuam pacem, et concordiam, ac omnia et singula superius declarata, et per nos concessa inviolabiliter observent, et observari faciant, nihil penitus in contrarium agendo, nec attentando. Quod si forte aliqua acta aut attentata forent, ea reparare, seu reparari et ad pristinum et debitum statum reduci facere studeant, indelate compellando ad hoc, appellatione semota, viriliter et debite compellendos, infractores quoque, si qui sint, pæna debita et publica plectendo. Et ut omnia et singula præinserta perpetuæ firmitatis robur obtineant, has nostras litteras, quarum vidisse, seu transsumpto uno, vel pluribus, si opus fuerit sub sigillo regio confectis indubiam fidem, veluti huic originali volumus adhiberi, magni sigilli nostri munimine fecimus roborari.

Datum in Montiliis prope Turones in mense augusti anno 1483, regni vero nostri 23. Signatum per regem, comitibus de Claromonte, et de Marchia domini d'Esquerdes, magno seneschallo Normanniæ, gubernatore Antissiodorensi, seneschallo Ruthenensi, magistris Jacobo Louvel, chartarum thesaurario, Guillelmo de Cerisayo, et aliis præsentibus. Nos qui reipublicæ felix incrementum tota animi nostri mente semper optamus, præinsertas patentes litteras, omnia et singula in eisdem contenta, ratas, et gratas, rataque et grata habentes, atque eas, et ea plurimorum nostri sanguinis principum, atque comitum, aliorumque magnatum majoris nostri consilii deliberatione laudavimus, approbavimus, ratificavimus, et confirmavimus, laudamusque, approbamus, ratificamus et confirmamus, ac in quantum opus est, de novo concessimus, et concedimus per præsentes. Quarum tenore universis et singulis loca tenentibus, mareschallis, admiraldo, viceadmiraldo, gubernatoribus, baillivis, seneschallis, præpositis, capitaneisque, et ductoribus armigerorum, nec non urbium, civitatum, oppidorum, pontium, pontuum, aliorumque locorum, districtuum custodibus, cæterisque justitiariis, officiariis et subditis nostris præsentibus, et futuris, præcipimus, et mandamus, quatenus præsentem nostram ratificationem, approbationem, confirmationem, et concessionem in universis jurisdictionum suarum auditoriis, aliisque locis, quibus opportunum fuerit, inscribant, publicent, et inviolabiliter observent, seu inscribi, publicari, et observari faciant, nihil penitus in contrarium agendo, aut, intentando, agendo aut intentari faciendo, vel permittendo. Sed si quæ forsitan acta aut intentata forent, illa reparare, seu reparari et ad pristinum et debitum statum extemplò reduci facere curent. Et ut præmissa omnia perpetuæ firmitatis robur obtineant, nostrum præsentibus litteris fecimus apponi sigillum.

Datum Ambosiæ, mense septembris anno 1483, et regni nostri primo.

Sic signatum, per regem, comitibus de Claromonte, de Marchia et de domino Martino, magno magistro hospitii Franciæ, domino de Torcy, magistro Guillelmo de Cerisay et aliis præsentibus.

N°. 282. — LETTRE *du roi au soudan d'Egypte.*

Sans date. (Manus. de Béthune, n° 8452, f° 112, Bibl. du Roi.)

Ludovicus etc. Serenisssimo ac potentissimo soldano Babiloniæ ac partium Egypti ac Syrie domino, salutem et spiritum consilii salutaris.

Quantum favoris, liberalitatis et benevolentiæ mercatoribus

aliisque subditis nostris qui mercimonii gracia nostris intiremibus ad orientales pagas vestre ditioni submissas his proximis superioribus annis se contulerunt, serenitas vestra suique officiales atque subditi non modo propter illam quam hujusce mercantie negociatio vestris nostrisque ac demum totius orbis ditionibus affert utilitatem, verum etiam nostri causa atque favore hactenus exhibuerint eorumdem subditorum nostrorum relatibus habunde certiorati fuimus, unde eidem serenitati vestræ immortales laudes et gratias agimus et habemus; illas quidem si nonnumquam res postulaverit, quantum cum Deo et fidei catholice observantia id facere poterimus, vicissim relaturi: itaque quoniam ut hujusce navigationis exercitium toto orbi necessarium, nostro in regno nostris potissimum temporibus augeatur magis magisque in dies affectemus, de eadem que vestra in subditos nostros liberalitate atque favore longe magisquam antea umquam confidamus, mittimus impresentiarum ut consuevimus orientale mare versus Egyptum, Alexandriam ac Barutum aliosque portus et provincias serenitati vestræ creditas duas ex triremibus nostris francie, quarum una gallico nostro sermone *Notre-Dame-Sainte-Marie*, alia vero *Notre-Dame-Saint-Martin*, vulgariter nuncupantur, variis subditorum nostrorum mercimoniis onustas, claris quidem franciæ liliis et armorum nostrorum vexillis insignitas atque decoratas.

Quibus triremibus videlicet illi vocate *Notre-Dame-Sainte-Marie*, dilectum ac fidelem nostrum Thomam Devilage; alteri autem nuncupate, *Notre-Dame-Saint-Martin*, dilectum nobis Guillermum Delacroix, viros profecto ingenti prudencia et integritate, rerumque gerendarum experiencia probatos ac de nobis optime meritos patronos prefecimus.

Quapropter serenitatem vestram hortamur rogamusque eo majore cordis affectu quo possumus ut ad quoscumque portus aliaque loca et regiones vobis submissas prenominate triremes nostræ se contulerint, illas earumque patronos, officiales, mercatores, peregrinos, naucleros, nautas et comites una cum mercibus, bonis et rebus eorum quibuscumque, quamdiu illos vestris in terris et dominiis commorari et negociari contigerit eundo, stando ac redeundo adeo commendatos suscipere velit ut ipsi patroni, naucleri et subditi nostri suarum mercantiarum et negociacionis munus possint fideliter expedire, sicut sperant indubitanter que confidunt, et nos imprimis magnopere peroptamus. In quo serenitas vestra rem nobis ita acceptam efficiet ut pro ea

subditisque mis, cum casus se obtulerint, majores quam ante à
summis favores et vicissitudines quantum cum sinceritate fidei
catholicæ poterimus relaturi.

Datum, etc.

****

REMARQUES SUR CE RÈGNE.

Traité de fraternité d'armes entre Louis XI et le duc de Bourgogne. (Ducange sur Joinv., p. 361, édit. Petitot.)

Procès fait au cardinal de La Balue pour crime de haute trahison. Ce ministre, dit le président Hénault, fut convaincu d'avoir entretenu le frère du roi dans sa révolte, pour se rendre nécessaire, et d'avoir eu des intelligences avec le duc de Bourgogne. Il fut mis dans une cage de fer (*); il y resta 11 ans. On ne lui fit pas son procès (2) à cause des contestations avec le pape sur la forme de la procédure.

Établissement de cent gentilshommes *au bec de Corbin*. (1478.)

---

(1) Genre de supplice dont il était l'inventeur.

(2) Il est difficile de concevoir comment le cardinal a été convaincu du crime dont on l'accusait, si on ne lui a pas fait son procès. Ce qui est certain, c'est qu'une commission fut nommée, composée de Tanneguy du Châtel, gouverneur de Roussillon, Guillaume Cousineau, de Torcy, et Pierre d'Oriole, général des finances, depuis chancelier. Le conseil du roi fut divisé sur la question de savoir si la qualité de cardinal était un obstacle aux poursuites. On décida que non, et on passa outre. Le cardinal fut interrogé à plusieurs reprises. Il ne reste rien de bien précis sur le surplus de la procédure faite par les commissaires; mais la longue durée de la peine, le genre de supplice, la confiscation des biens, rendent très probables le procès et la condamnation. Quelques anciens mémoires portent qu'il avait été composé divers écrits pour dissiper l'erreur de ceux qui disent que le pape aurait pu donner à ses vicaires commission de faire le procès au cardinal *usque ad sententiam definitivam inclusive*. Le roi distribua tous les biens confisqués à ses courtisans; sa tapisserie fut donnée à Tanneguy du Châtel, sa bibliothèque à Doriole, quelques meubles précieux au sieur de Crussol, son argenterie au trésor; le reste de ses meubles fut vendu pour payer les commissaires qui avaient procédé à l'inventaire de ses biens. Le roi, qui sur la fin de son règne le fit mettre hors de prison, crut devoir se faire absoudre de sa condamnation par un bref du pape.

Traité de trèves (1) entre le roi et Édouard IV, durant leur vie et cent ans après la mort de l'un ou de l'autre. (1478.)

Arrêt (2) du parlement de Paris qui ordonne que le roi Réné sera ajourné à comparaître devant la cour suffisamment garnie de pairs, afin de s'y défendre en personne de l'accusation intentée contre lui, sous peine de bannissement perpétuel et de confiscation de tous ses biens.

Alain Goyon, seigneur de Villiers, favori de Louis XI, est le premier qui ait été qualifié grand écuyer de France. Au commencement de la troisième race, on voit des écuyers dont le chef était subordonné d'abord au sénéchal, ensuite au connétable. Sur la fin du XIII siècle, ce chef, sous le titre de maître de l'Écurie, ne prend des ordres que du prince, et ne compte qu'à la chambre des comptes. Sous Philippe-le-Long, il prend le nom de premier écuyer du corps, sous Charles VI, celui de grand maître de l'écurie, sous Louis XI, celui de grand écuyer. (Velly, Hist. de Fr., VIII, 116.)

Louis XI, dit Comines, *était humble en paroles et en habits.... Il était naturellement aimé des gens de moyen état; il était léger à parler des gens, sauf de ceux qu'ils craignait car il était assez craintif de sa propre nature.... Il disait pour réponse aux reproches qu'on lui faisait de ne pas garder assez sa*

---

(1) Par ce traité de Londres, du 13 février, Louis XI s'engage à payer 50,000 écus par lui ou par ses successeurs, pendant cent ans, à compter du jour de la mort de l'un des deux. Cette trève doit être regardée comme un chef-d'œuvre en fait de politique : premièrement, elle empêchait Edouard de se joindre à Maximilien; en second lieu, en laissant tous les droits indécis, elle ne troublait point les Anglais dans leurs vaines prétentions sur la Normandie et les provinces qui sont au-delà de la Loire; elle donnait cependant le temps aux Français de ces provinces de reprendre l'habitude de leur légitime dépendance, et à nos rois, d'en profiter pour se fortifier et se mettre enfin en état, comme il arriva sous Henri II, d'achever de reconquérir sur les Anglais tout ce qu'ils avaient usurpé sur le royaume de France. (Hen. Abr. chr.)

(2) On ignore la date. (V. l'Histoire ou plutôt le panégyrique en 3 vol. du roi Réné, par M. le comte de Villeneuve-Bargemont, Paris, 1825).

Un juif, condamné à être écorché vif pour avoir blasphémé, offrait de l'argent pour se racheter du supplice : « A Dieu ne plaise, s'écria le roi, qu'on puisse
« jamais dire ou croire qu'un délit aussi énorme ait pu demeurer impuni sous
« mon règne.

dignité, *lorsqu'orgueil chemine devant, honte et dommage suivent de bien près.* Il disait encore *que tout son conseil était dans sa tête*, parce qu'en effet il ne consultait personne; ce qui fit dire à l'amiral de Brézé en le voyant monter sur un bidet très faible, qu'il fallait que ce cheval fût plus fort qu'il ne paraissait, puisqu'il portait le roi et tout son conseil. Il était jaloux de son autorité au point qu'étant revenu d'une grande maladie où il avait perdu connaissance, et ayant appris que quelques-uns de ses officiers l'avaient empêché de s'approcher d'une fenêtre, apparemment dans la crainte qu'il ne se précipitât, il les chassa tous. Avare par goût, et prodigue par politique: méprisant les bienséances, incapable de sentiment, confondant l'habileté avec la finesse; préférant celle-ci à toutes les vertus, et la regardant non comme le moyen, mais comme l'objet principal; enfin moins habile à prévenir le danger qu'à s'en tirer; né cependant avec de grands talents dans l'esprit, et, ce qui est singulier, ayant relevé l'autorité royale, tandis que sa forme de vie, son caractère, et tout son extérieur auraient semblé devoir l'avilir. Louis XI avait augmenté les tailles de 3 millions, et levé, pendant vingt ans, 4,700,000 par an, ce qui pouvait faire environ 15,000,000 d'aujourd'hui, au lieu que Charles VII n'avait jamais levé par an que 1,800,000 fr. Il avait une plaisante superstition : il ne voulait point entendre parler d'affaires le jour des innocents; il ne voulait pas non plus prêter serment sur la croix de saint Lo (car l'usage de jurer sur les reliques subsistait encore); cette croix de saint Lo l'emportait alors sur toutes les reliques, même sur celles de saint Martin, si révérée et si redoutable sous la première race. Le prétexte du prince était que c'eût été manquer de respect pour l'instrument de notre salut, mais un de ses historiens nous apprend que sa répugnance ne venait que d'une vieille croyance de son temps : ceux qui se parjuraient en jurant sur cette relique, mouraient, croyait-on alors, misérablement dans l'année, et le bon prince était un peu plus attaché à la vie qu'à sa parole. (Hen. Abr. chr.)

(Dec.)

FIN DU DIXIÈME VOLUME.

TABLE ALPHABETIQUE DES MATIÈRES.

(Les premiers chiffres indiquent la page, ceux qui suivent l'A indiquent l'année.)

A

ABBAYES. V. *Pieuges, Rome.*

ABBÉS. Le roi était abbé de St.-Martin de Tours, 657, A. 1472. — Hugues Capet le fut également. Il avait le droit de porter la chappe et l'aumusse, *ibid*, not. V. *Corporations religieuses.*

ABOLITION (lettres d') en faveur du Dauphin et de ses adhérens, 75, A. 1440. — En faveur du duc de Bourgogne, des princes de son sang, de ses officiers et sujets, 156, A. 1445. — En faveur du comte d'Armagnac, 137, A. 1446. — En faveur des habitans du Périgord, pour tous crimes, autres que ceux de lèse-majesté, hérésie, fausse-monnaie, attaques sur les grands chemins et rapts de femmes, 174, A. 1448. — Leur nullité, 228, A. 1455. — En faveur de ceux qui n'ont pas révélé les biens de Jacques Cœur, 361, A. 1459. — En faveur des habitans du pays de Cominges, 417, A. 1461. — En faveur du comte d'Armagnac, 391, A. 1461. — Au sujet d'une émeute arrivée à Rheims, 422, A. 1461. — En faveur de la ville de Perpignan; rappel des bannis; restitution des biens confisqués, 463, A. 1463. — Pour tout ce qui a été fait pendant les troubles. — Extinction des procès criminels, 493, A. 1465. — Réitération de celle accordée au duc de Bretagne et à ses sujets. — Abolition et oubli du passé. — Renonciation à tous sermens contraires, 525, A. 1465. — En faveur de ceux qui ont porté les armes avec les princes contre le roi, 525, A. 1466. — En faveur du duc de Nemours, 606, A. 1469. — En faveur du duc de Calabre, 720, A. 1475. — En faveur des habitans de la Bourgogne. — Les biens confisqués leur sont restitués, 759, A. 1476. — Objet de cet acte, *ibid*, not. — En faveur d'un individu qui avait pris parti dans la guerre du bien public, 47, A. 1476. — En faveur d'un archevêque, 805, A. 1479. V. *Amnistie, Archevêques, Armagnac (comte d'), Bannis, Bien public, Bourgogne (habitans de la), Bourgogne (duc de), Bretagne (duc de), Brigandage, Calabre, Cominges, Confiscations, Conspiration, Contributions, Dauphin, Emeute, Hérésie, lèse-majesté, Monnoyeurs (faux), Nemours (duc de), Périgord, Perpignan, Rapts de femmes, Rébellion, révélateurs, sermens.*

ABONNEMENT. V. *Contributions.*

ABROGATION. V. *Pragmatique-sanction.*

ABUS. V. *Conciles, Etats généraux, Inquisition, Insurrection, Notaires, Office divin.*

ACTES DE NOTORIÉTÉ. V. *Coutumes.*

ACTIONS POSSESSOIRES, 220, A. 1453.

ADMINISTRATION. V. *Echevins.*

ADULTÈRE. V. *Etat civil.*

AFFAIRES. V. *Magistrats.*

AFFRANCHISSEMENT. La manumission

faite par le vassal n'éteignait pas entièrement le servage. — S'achetait ordinairement par une somme d'argent, 685, not. — Des serfs d'une commune, 705, A. 1474. — Motivé sur la pauvreté des habitans, ibid, not. — La liberté favorable à l'industrie; l'Amérique le prouve. V. *Amérique, Communes, Ecclésiastiques, Manumission, Serfs, Vassaux.*

Aides (élus des). Destitution générale des élus: comment ils pourront reprendre leurs fonctions. — Mode de recevoir les plaintes formées contre eux, 450, A. 1462. — Leur juridiction civile et criminelle de première instance, 500, A. 1464. — (Cour des) Supprimée, 446, A. 1462. — Rétablie plus tard, ibid, not. — Conseiller destitué pour sa déloyauté, 514, A. 1463. — En Languedoc, la Cour des Aides ne peut plus être ambulatoire, 623, A. 1471. — Déclare nulles des lettres de rémission accordées par le roi et condamne les coupables, 664, A. 1473. — Sa juridiction sur les aides et gabelles. — Peut interpréter les ordonnances, 679, A. 1474. — (Généraux des) Leur juridiction en dernier ressort, 500, A. 1464. V. *Conseillers, Elus, Généraux, Impôts, Juridiction, Languedoc, Réunion (lettres de), Universités.*

Aix-la-Chapelle. V. *Dons.*

Alençon (duc d'). V. *Arrêts criminels, Commutation, Conspiration.*

Aliénations. V. *Domaine de la couronne.*

Alluvions. V. *Lais et Relais.*

Amandes. V. *Appels, Garde nationale, Tribunaux.*

Amérique. V. *Affranchissement.*

Amirauté. Sa juridiction, 825, A. 1480. — Il y a aujourd'hui une juridiction d'exception à cet égard, ibid. not.

Amnistie accordée à ceux qui abandonneront dans un delai donné la ligue dite du bien public, 506, A. 1464. — En faveur des partisans du duc de Guyenne, 574, A. 1469. V. *Abolition, Bien public, Guyenne, Insurrection, Ligue.*

Amortissement général pour toutes les églises de Normandie, 616, A. 1470. — De sommes données pour une fondation pieuse, 657, A. 1472. V. *Eglises.*

Ancôns. V. *Municipalités, Universités.*

Anglais. Leur gouvernement en France détruit, 1, A. 1458.

Angleterre (roi d'). Gouvernement en son absence du royaume de France et du duché de Normandie, 55, A. 1459. — Composition du conseil de gouvernement, ibid. not. V. *Arbitrage, Gouvernement de fait.*

Angoulême (comte d'). V. *Grace (droit de).*

Anjou. V. *Propriété publique.*

Annates. Disposition à cet égard, 55, A. 1458. — Peines canoniques encourues par ceux qui les paient, 410, A. 1461. V. *Peines.*

Anoblissement. V. *Fiefs, Municipalités.*

Anséatiques (Villes). Priviléges de commerce accordés à la Hanse Teutonique, 662, A. 1473. V. *Commerce, Hanse, Priviléges.*

Apanages. Création de celui du duché de Berry; il retourne à la couronne à défaut de mâles, 417, A. 1461. — Doivent être réels et non en rentes, ibid. not. — Accroissance d'apanage pour le duché de Normandie, 525, A. 1465. — Concession de ce duché à titre d'apanage, ibid. — Fixation de ceux des enfans de France dans ces derniers temps, 555, not. — La Guyenne concédée comme telle au frère du roi, 574, A. 1469. — Qualité de droit de partage, ibid. not. — La Rochelle concédée comme apanage au duc de Guyenne, 640, not. — Motifs pour lesquels il en fut dépossédé, ibid. not. V. *Berry duché de, Etats-généraux, France, Guyenne, Normandie, Parlemens, Rochelle (la).*

Appellations en matières bénéficiales: leurs causes, 50, A. 1458. V. *Bénéfices.*

Appels (causes d'), 230, A. 1455. — La cour de Rome pratique aujourd'hui en ce que le pape donne les bulles d'institution des évêques, 275, not. — Peines contre ceux qui les formeraient, 276, A. 1456. (Désertion d' V. *Bulles, Comptes (Chambre des), Parlemens, Tribunaux.*

Arbitrage. Le roi prononce comme arbitre sur la succession au duché de Lorraine, 141, A. 1445. — Le roi juge comme arbitre entre le duc de S voye et le duc de Bourbonnois et d'Auvergne, 451, A. 1462.—Arbitres nommés pour prononcer sur les différends entre la France et l'Angleterre, 715, A. 1475. V. *Angleterre, Bourbon, France, Lorraine, Savoye.*

ARCHERS (francs). Leur institution, 169, A. 1448.—Ressemblaient à la garde nationale à cheval ou à la milice d'avant la révolution, *ibid.* not. — Leurs fonctions et leurs devoirs, 171, A. 1448.— Dispositions à leur égard, 359, A. 1459.—Avis des états généraux sur leur habillement et leur entretien, 700, A. 1474.—Leurs levée, solde, armement et obligations, 705, A. 1475. V. *Armées, Equipement, Etats-généraux, Garde nationale, Impôts, Milice, Recrutement.*

ARCHEVÊQUES. V. *Abolition.*

ARMAGNAC (comte d'). V. *Abolition, Arrêts criminels.*

ARMÉES. Création de la milice française, 47, *not.* — N'étaient composées que de vassaux du roi, des troupes fournies par les communes, et d'étrangers soudoyés, *ibid.* not. Etaient mal disciplinées et mal payées, *ibid.* — Etablissement d'une force permanente militaire à cheval, 57, A. 1439.—Répression des vexations des gens de guerre, *ibid.* — Cette cavalerie ressemble à la gendarmerie actuelle, 58, *not.* — Compagnie d'ordonnance; comment elles étaient composées, 166, A. 144, not. — Cette ordonnance complète celles sur les armées permanentes, *ibid.* not.—Règlement au sujet des troupes, 544, A. 1467.— Leur logement et fournitures, 545. — Jugemens de leurs délits, *ibid.* — Congés limités, *ibid.* — Pensions de retraite aux soldats impotens, 546. — Serment des capitaines, 547. — Police des gens de guerre, 609, A. 1470. V. *Archers (francs), Cavalerie, Capitaines, Communes, Compagnies d'ordonnance, Congés, Etrangers, Gendarmerie, Logemens, Milice, Pensions, Police militaire, Roturiers, Troupes, Sermens, Vassaux.*

ARRAGON. V. *Traités.*

ARRÊTS CRIMINELS. Le duc d'Alençon condamné à mort, ses biens confisqués, pour avoir entretenu des intelligences criminelles avec les Anglais, 341, A. 1458. — Le roi peut-il assister au jugement d'un procès fait à un pair? — Tous les pairs indistinctement peuvent y assister; ils ne peuvent pas commettre en leur place, *ibid.* not. — Contre le comte d'Armagnac, convaincu de voies de fait, d'inceste, de rebellion.—Banni du royaume, ses biens confisqués, 565, A. 1460.—N'atteignent pas l'innocent, s'il a été privé des garanties que les lois lui accordent.—Le duc de Nemours condamné à être décapité comme coupable de haute trahison, 717, A. 1476 — 777, A. 1477. — Instruction de ce procès, *ibid.* not. — Aucun pair n'y assiste. — L'arrêt est exécuté, 778, not. — Le connétable condamné à mort par une commission du parlement, 727, A. 1475. — Particularités de ce procès, *ibid.* not. — Composition de la commission, 788, not. — Protestation de quelques juges contre l'arrêt, 730, not. — Interlocutoire rendu dans l'affaire du connétable de Saint-Pol, 716, A. 1475. V. *Armagnac (comte d'), Alençon (duc d'), Bannissement, Commission, Connétable, Cours, Garanties légales, Pairs, Parlemens, Rebellion.*

ARTOIS. V. *Domaine de la couronne.*

ARTS. V. *Manufactures.*

ASSASSINATS. V. *Condamnations arbitraires.*

ASSEMBLÉES. V. *Clergé, Municipalités, Notables.* — Nocturnes. Dispositions répressives à cet égard, 805, A. 1478. V. *Sûreté publique.*

ASYLE (droit d'). V. *Police générale.*

AUBAINE (droit d'). Supprimé en Languedoc, à la demande des états, 712, A. 1475.—Par les mêmes motifs qui ont dicté les lois intervenues à cet égard depuis la révolution, *ibid.* not. — Les inventeurs de l'imprimerie en sont exemptés, 710, A. 1475. — Les biens des étrangers décédés en France appartenaient au domaine, *ibid.* — Exercice de ce droit en Bourgogne, 490, A. 1477. V. *Bourgogne, Etats, Etrangers, Domaine, Imprimerie.*

AUDIENCES. Leurs heures, 229, A. 1455. V. *Parlemens.*

AUTRICHE. V. *Privilèges, Traités.*

AVEZON. V. Traités.
AVOCATS. Ne doivent pas être trop prolixes dans leurs plaidoyers, 160, A. 1446. — Ne peuvent plaider en l'auditoire des élus, 184, A. 1451. — Leurs devoirs, 218, A. 1453. — N'ont pas d'action pour leurs honoraires, 221.

not. — Ne doivent pas injurier les parties, 224, A. 1453. — Ne doivent proposer que des faits et des moyens pertinens, 226. — Ne peuvent se rendre médiateurs entre les parties 230, A. 1453. V. Elus, Honoraires, Plaidoiries, Parlemens.

B

BAILLIS ET SÉNÉCHAUX. Leur comparution au parlement; leur institution, 236 et 237, A. 1453. — Leur résidence, 258. — Autres dispositions à leur égard, 259, A. 1455. V. Parlemens, Résidence, Sénéchaux.
BAN ET ARRIÈRE-BAN. V. Parlemens.
BANLIEUE. V. Maîtrises.
BANNIS. V. Abolition.
BANNISSEMENT. V. Arrêts.
BAR (duché de). V. Domaine de la couronne.
BARRIÈRES. Dispositions qui les concernent. V. Noblesse.
BARONS. V. Souveraineté.
BATARDS. Ne peuvent être reçus comme chanoines à Amiens, 605, A. 1469. V. Chanoines, Etat civil.
BAVIÈRE (duc de). V. Traités.
BEAUVAIS. V. Récompenses nationales.
BÉNÉFICES. Aucun étranger n'en peut être pourvu en France. — Cette disposition n'est point observée. — Inconvéniens de les conférer à des étrangers. 6. Not. — Sont conférés par les ordinaires. 24, A. 1438. — Qualités nécessaires pour y être promu. — Ordre dans lequel la collation doit s'en faire. Ibid. — Dispositions sur leur possession. 54, A. 1438. — Défense de publier ou d'exécuter aucunes lettres de citations, suspensions, privations de bénéfices, ou autres semblables. 76, A. 1440. — Dispositions particulières à l'égard de ceux de l'église du Mans. 167, A. 1447. — Matières bénéficiales. 221, A. 1453. — La collation en appartient aux ordinaires. 406, A. 1461. — Les causes de régale et de complainte pour raison de bénéfices sont portées au parlement. 449, A. 1463. — La connaissance du possessoire attribuée aux parlemens. 493, A. 1464. — Les citations en sont rétablies en faveur du pape. 549, A.

1467. — Mode de nomination. 6 A. 1472. — Jugement des causes où… tales. 656. — On ne peut s'opposer aux collations faites par la voie du pape. 657, A. 1472. — Défense d'élire à quelques uns, sans permission du roi. 662, A. 1473. V. Appellations, Bulles, Cardinaux, Citations, Collations, Commandes, Complainte, Concordat, Election, Etrangers, Evêques, Légats, Pape, Parlemens, Possessoire, Pragmatique sanction, Privations, Régale, Rome, Suspensions.
BÉNÉFICIERS. Ne peuvent s'adresser en cour de Rome que par l'entremise du cardinal légat accrédité près le roi. 747, A. 1476. V. Résidence.
BENOIT XIII. V. Pape.
BERRY (duché de). V. Apanages.
BIEN PUBLIC (guerre du). V. Abolition, Amnistie.
BIENS. V. Ecclésiastiques, Eglise.
BLASPHÉMATEURS. Peines contre eux 597, A. 1460. — 803, A. 1477. V. Peines.
BOUES. V. Voirie.
BOHÊME. V. Traités.
BORDEAUX. V. Municipalités, Parlemens.
BOUCHERS. Exercice de cette profession à Caen; nature et qualité des animaux et des viandes. 731, A. V. Marchés.
BOULANGERS. Dispositions à leur égard 56, A. 1439. — Doivent avoir poids et balances. — Doivent acheter les grains en personne, et sans intermédiaire. Ibid. — Ceux de Bourges contraints de fournir du pain, peuvent acheter partout des blés et des farines. — Ils peuvent obliger les habitans qui en auraient, à leur en fournir au prix commun. 11 …, 1455. V. Subsistances.
BOURBON (duc de). V. Arrière…

BACHES. V. *Parlemens*, *Universités*.
BOURGOGNE (habitans de la). V. *Abolition*, *Aubaine*, *États*, *Législation*, *Parlemens*. (duc de). V. *Abolition*. — *Croisades*, *Lèse-majesté*, *Paix* (cour des), *Procès criminels*, *Représailles*, *Souveraineté*, *Traités*.
BOUCHERIES. V. *Subsistances*.
BRETAGNE (duc de). V. *Abolition*, *Sermens*, *Traités*. (duché de). V. *Privilèges*.
BUC. V. *Foires*.

BOURGNEUF. V. *Abolition*.
BULLES. Recherche de celles qui seraient contraires aux droits du prince et aux libertés gallicanes, 743, A. 1455. — Ne pouvaient être publiées qu'après vérification par lettres du roi, enregistrées au parlement, *ib.* note. Aujourd'hui la vérification s'en fait secrètement au Conseil-d'état, *ibid.* V. *Appels*, *Conseil-d'état*, *Église gallicane*, *Légats*, *Parlemens*.

C

CAS. V. *Instruction publique*, *Universités*.
CAHORS. V. *Universités*.
CALABRE (duc de). V. *Abolition*.
CANDIDATURE. V. *Parlemens*.
CAPITAINES. V. *Armées*.
CAPITULAIRES. V. *Fonctions publiques*.
CAPTIVATIONS. V. *Dauphiné*.
CARCASSONNE. V. *Domaine de la couronne*.
CARDINAUX. En quel nombre ils doivent être; qualités qu'ils doivent avoir, 54, A. 1458. — Leur avidité à s'emparer des bénéfices, 410, V. 1461. — Cette circonstance fait disparaître l'argent du royaume, 410, A. 1461. V. *Bénéfices*.
CASSATION. V. *Erreur*.
CAVALERIE. V. *Armées*.
CAVES. V. *Épaves*.
CESSION. V. *Domaine*, *Naufrage* (Chose de).
CHAMBELLAN. V. *Domaine de la couronne*.
CHAMPAGNE. V. *Foires*.
CHANCELIERS, provision à cet office, 118, A. 1472-1483. V. *Louis XI*, *Office*, *Provision*.
CHANCELLERIE (Lettres de), leur nullité, 227, A. 1455. V. *Huissiers*.
CHANOINES. V. *Bâtards*.
CHAPITRES. V. *Corporations religieuses*.
CHARGES PUBLIQUES, doivent être acquittées avant tous dons, 275, A. 1475. V. *Municipalités*, *Pairs*.
CHARLES VII. Continuation de son règne, 1, A. 1453; sa souveraineté n'est plus partagée avec les Anglais, *ibid.*, not.; impose la première taille à son plaisir, sans le consentement des États de son royaume, 59, not. — Remarques sur son règne, 577.
CHARTREUX. V. *Sauve-garde*.
CHASSE (Droit de), accordé aux habitans du diocèse de Nîmes, excepté dans les domaines royaux, 71, A. 1450. — Les non-nobles ne peuvent chasser à grosses bêtes et autre gibier, 177, A. 1451. — La chasse est de droit naturel; ce droit est attaché à la propriété, *ibid.*, not.; rendu aux habitans du Dauphiné, 461, A. 1463. — Permission à un individu de faire une garenne pour les bêtes fauves, 809, A. 1478. V. *États*, *Garenne*, *Roturiers*.
CHAPEAUX. V. *Service militaire*.
CHATELET. Ses examinateurs supprimés, 674, A. 1475. V. *Examinateurs*, *Sergens*.
CHEVALIERS. V. *Ordres militaires*.
CHEVETAINS. V. *Bénéfices*.
CLERGÉ. Convocation de celui de France et du Dauphiné, 6, not.; assemblé à Bourges, 7, not.; cisait les évêques et les prélats dès l'origine de la monarchie, mais ne pouvait s'assembler pour les élections sans la permission du roi, 8, not.; les ecclésiastiques dispensés de nourrir et de loger les gens de guerre, 184, A. 1455. — Ses biens étaient dans ses mains un dépôt ou une fiction qu'on a pu diminuer et remplacer par des traitemens, 559, not.; prétend à la franchise des impôts, 559, not. V. *Assemblées*, *Dons*, *Dotation*, *Élections*, *États généraux*, *Impôts*, *Logemens militaires*.

CLUNY (Ordre de). V. *Corporations religieuses.*

COLLATIONS. V. *Bénéfices.*

COLLECTEURS. V. *Pape.*

COMBATS JUDICIAIRES. Le duel ne peut être légalement ordonné que lorsque l'accusation est grave et dénuée de témoins. V. *Duel.*

COMMANDES. Inconvéniens qu'elles entraînent, 415, A. 1461. V. *Bénéfices.*

COMMERCE. Les marchands ne peuvent étaler leurs marchandises à Paris les jours de marché, ailleurs qu'aux Halles, 269, A. 1454. — Défendu aux marchands français par rapport aux foires de Sancerre, 431, A. 1462. — Transit prohibé par la France aux étrangers, pour ces mêmes foires, *ibid.* — Dispositions contraires pour les foires de Lyon, *ibid.* — Quatre foires annuelles établies à Lyon, 451, A. 1462. — La liberté du commerce pourrait être respectée même pendant la guerre, à l'exception des marchandises de contrebande, 645, not. V. *Anséatiques* (villes), *Contrebande, Étrangers, Foires, Halles, Licences, Subsistances, Transit.*

COMMERCES. V. *Abolition.*

COMMISSAIRES pour traiter sur plusieurs droits appartenans à la souveraineté, 476, A. 1463. V. *Enquêtes, Souveraineté.*

COMMISSIONS. V. *Arrêts, Conseil* (Chambre du), *États généraux, Réformation, Tribunaux extraordinaires.*

COMMUNES. Celle de Toul maintenue dans ses usages, franchises et libertés, 130, A. 1445. — Affranchissement et bourgeoisie des habitans de Boussac, 167, A. 1447. — Celle d'Épinal confirmées dans ses priviléges, 384, A. 1461. — Celle de Saintes réintégrée dans les biens, dont elle avait été dépossédée. — Annullation des dons qu'on aurait pu en faire, 644, A. 1472. — Dons et priviléges accordés à plusieurs villes révoqués, 601, A. 1465. Celle des Sables d'Olonne autorisée à faire clore la ville de tours et de fortifications. — Peut élire un prévôt et des jurés, 656, A. 1472. V. *Affranchissemens, Armées, Épinal, Fortifications, Impôts, Jurés, Prévôt, Priviléges, Sables d'Olonne, Saintes, Sauve garde, Toul.*

COMMUTATION de peines (lettres de) en faveur du duc d'Alençon, 352, A. 1458.

COMPAGNIES D'ORDONNANCE. V. *Armées.*

COMPÉTENCE. V. *Parlemens.*

COMPLAINTE. V. *Bénéfices.*

COMPTABILITÉ. V. *Finances.*

COMPTES (Chambre des), ne peut clore les comptes des receveurs avant qu'ils n'aient payé les gages des gens du parlement, 55, A. 1439. — Règlement à son égard, 258, A. 1454. — Son autorité et sa juridiction. — Ses décisions non sujettes à l'appel, sinon au roi en son conseil, 370, A. 1460. — Comme aujourd'hui par voie de cassation, pour violation de la loi, *ibid.* not. — Les receveurs généraux doivent lui rendre compte en personne, 364, A. 1450. — Confirmée provisoirement, 381, A. 1461. — Définitivement, *ibid.* not. — Convoque des conseillers au parlement pour juger les héritiers d'un receveur général, 392, A. 1461. — Il y avait appel au parlement des décisions de la Chambre des comptes, 392, A. 1461. — On ne peut appeler de ses jugemens, 395, A. 1461. — Disposition révoquée quelque temps après, *ibid.* not. — Appel de ses jugemens au parlement, 425, A. 1461. — Lettres de jussion qui lui sont adressées, pour l'enregistrement de lettres patentes, 456, A. 1462. — Les appels de ses jugemens sont décidés par elle, avec adjonction de membres du parlement, 503, A. 1464. — Exécutoires décernés par elle contre les débiteurs du domaine, 525, A. 1466. — Celle de Dijon confirmée, 782, A. 1477. — (Gens des) tenus de procéder extraordinairement à un jugement criminel, 176, A. 1450. V. *Appels, Conflits, Conseillers, Jussion* (lettre de), *Parlemens, Procès criminels, Receveurs.*

CONCILES. Celui de Bâle voulait réformer l'église dans son chef et dans ses membres, 6, not. — Particularités de ce concile, 7, not. — Puissance et autorité de ce concile, 15, A. 1438. — Sa célébration, 14, A. 1438. — Leurs actes ne sont lois en France que du jour de leur réception, 84, A. 1441. — Réunion à Lyon du concile général, qui doit se tenir tous les cinq ans pour la répression des abus,

Les papes et les rois catholiques paraissent s'entendre depuis deux siècles, pour ne plus réunir de conciles, *ibid.* not. V. *Abus, Concordat, Église, Lyon, Pape, Pragmatique sanction, Réformation.*

CONCLAVE. V. *Pape.*

CONCORDAT entre la France et le pape, homologué, 650, A. 1472. — Reste sans exécution, comme étant contraire au droit commun, aux conciles de Bâle et de Constance. — Le parlement s'oppose à la publication de la bulle, 655, not. V. *Bénéfices, Conciles.*

CONCUBINES. V. *Ecclésiastiques.*

CONCESSIONS. Informations contre les receveurs des deniers royaux qui percevraient plus qu'il n'est dû, 685, A. 1474. V. *Enquêtes, Receveurs.*

CONDAMNATIONS arbitraires sont des assassinats: Louis XI les condamne, 814, not. V. *Assassinats, Sorciers.*

CONFÉDÉRATION. V. *Parlemens, Traités.*

CONFISCATION. Attribution au Dauphin de partie de terres confisquées sur le comte d'Armagnac, 147, A. 1446. — Le comte du Perche réintégré dans ses biens confisqués. — Même avantage promis au duc d'Alençon quand il se sera soumis, 544, A. 1467. — Les biens confisqués sur Jacques Cœur, restitués à ses héritiers, 469, A. 1463. — Utilité morale des lettres de réhabilitation, *ibid*, not. — Biens confisqués restitués au descendant d'un individu condamné sans forme de procès, 689, A. 1479. V. *Abolition, Dauphin, Lèse-Majesté, Perche (comte du), Rébellion, Réhabilitation (lettre de), Restitution.*

CONFLIT d'attributions; entre le parlement et la chambre des comptes; celle-ci juge souverainement les causes relatives aux comptes des finances, 565, A. 1459. V. *Comptes, (chambre des) Parlemens.*

CONFRAIRIES. V. *Secrétaires du roi.*

CONGÉS MILITAIRES. V. *Armées.*

CONNÉTABLE de Saint-Pol. Son arrêt de mort, 727, A. 1474. V. *Arrêts.*

CONSEIL (grand). Devait dresser les ordonnances et édits concernant l'administration de la justice, 87, note. (*Chambre du*) créée à Dijon. — Peut rendre la justice par commission, 776, A. 1477. — (*D'état*) Les états-généraux demandent qu'on y appelle les princes du sang et les pairs, 108 et 109, A. 1441. — Que le conseil soit composé d'hommes éclairés et impartiaux, *ibid.* V. *Bulles, Dauphin, Dijon, Édits, États-Généraux, Ordonnances, Pairs, Princes du sang.*

CONSEILLERS. V. *Aides, Comptes. (chambre des).*

CONSPIRATIONS. Arrestation du duc d'Alençon pour intelligences avec les anglais, 274, A. 1456. V. *Abolition, Alençon (duc d'), Lèse-Majesté, Parlemens, Police générale.*

CONSTANTINOPLE. V. *Croisades.*

CONSULS. V. *Municipalités.*

CONTREBANDE. V. *Commerce.*

CONTRIBUTIONS. Foncières. Les possesseurs d'immeubles doivent les payer dans les endroits de leur situation, quoiqu'ils n'y résident pas, 166, A. 1446. — De deux communes remplacées par un abonnement en argent, 451, A. 1462. V. *Abonnement.*

CORPORATIONS religieuses. Réformation de l'ordre de Cluny. — Excès commis par beaucoup de ses religieux, 450, A. 1462. — Les abbés et religieux ne peuvent se rendre hors du royaume, aux chapitres et abbayes de Cîteaux, Cluny, etc., sans encourir des peines sévères, 717, A. 1470. V. *Abbés, Chapitres, Cluny (ordre de), Ordres, Réformation.* — Des libraires, écrivains, enlumineurs, parcheminiers et relieurs, 599, A. 1467. V. *Écrivains, Enlumineurs, Libraires, Parcheminiers, Relieurs.*

CORPS LÉGISLATIF. A le droit de faire des adresses au roi sur les besoins du royaume, 99, not. V. *Pétition (droit de).*

COURS. V. *Monnaies.*

COURS criminelles. La Pucelle d'Orléans justifiée et absoute par une cour de révision, 214, A. 1456. — Le parlement chargé de juger un accusé de haute trahison, 331, A. 1458. — De faire des actes d'instruction dans ce procès. — Époque fixée pour la prononciation des arrêts, *ibid.* — Le parlement connaît pour la première fois des procès faits aux grands, *ibid*, not. V. *Arrêts,*

Orléans (Pucelle d'), *Parlemens*, *Révision*, *Trahison*.
COUTUMES. Leur rédaction, 252, A. 1453. — On ne pouvait auparavant y suppléer que par des enquêtes, des actes de notoriété, *ibid*, not. — — Autorisation de transcrire celles d'une ville déchirées ou effacées, 459, A. 1465. — ET USAGES. Informations sur ceux du pays de Flandres, 154, A. 1418. V. *Actes de notoriété*, *Enquêtes*, *Flandres*, *Législation*, *Municipalités*, *Naufrage* (droit de).
COUVENS de femmes. Peuvent recevoir des dons jusqu'à la concurrence de 10,000 fr., 662, not.
CRÉANCIERS. V. *Système hypothécaire*.
CRIMES. V. *Grace*.
CROISADES. Le duc de Bourgogne fait vœu d'aller combattre les Turcs, devenus maîtres de Constantinople, 201, A. 1453. V. *Bourgogne (duc de)*, *Constantinople*.

D

DANEMARCK. V. *Traités*.
DAUPHIN. Fait sa paix avec le roi, 73, A. 1440. — Ce titre n'est plus qu'honorifique, 75, not. — Avait, dans ses états la plénitude du pouvoir royal, 181, not. — Sa retraite dans les Pays-Bas, 324, A. 1456. — Révocation des aliénations de domaines qu'il a faites dans le Dauphiné, 324, A. 1456. — Avait ourdi des intrigues avec les mécontens et les étrangers. — Reste à Bruxelles jusqu'à la mort de son père, 325, note. — Recommande au conseil du roi ses affaires auprès de son père, 370, A. 1460. — Le roi l'exhorte à revenir auprès de lui, 375, A. 1460. — V. *Abolition*, *Confiscations*, *Conseil*, *Domaine*, *Étrangers*, *Monnoies*, *Souveraineté*.
DAUPHINÉ. Cédé au fils du roi, 74, A. 1460. — Son incorporation définitive confirmée par la loi qui supprime les privilèges et capitulations des provinces, 75, not. — (États du) V. *Domaine de la couronne*, *États*, *Pêche*, *Privilèges*, *Provinces*, *Rébellion*, *Souveraineté*.
DÉCORATIONS. V. *Ordres militaires*.
DÉGUERPISSEMENT. Est encore dans notre droit, quand il n'y a pas obligation personnelle, 95, not. V. *Système hypothécaire*.
DÉLÉGATION. V. *Souveraineté*.
DÉNOMBREMENT. V. *Fiefs*.
DÉPOSITION. V. *Pape*.
DÉPÔTS. Peuvent être stipulés autrement qu'en sous et livres, 275, A. 1456. — ET CONSIGNATIONS (caisse des). Le roi en fait enlever les sommes confisquées ou déposées en justice, 467, A. 1465. — Aujourd'hui cette caisse est indépendante du ministère, 468, not. V. *Cheques*, *Monnaies*.
DÉPUTÉS. V. *États-généraux*.
DÉROGEANCE de noblesse. Un individu qui l'avait encourue en est relevé, 575, A. 1468. — Il avait fait le métier de pratique et de percepteur des tailles, *ibid*, not. — Disposition récente de la même nature, *ibid*. not. V. *Noblesse*.
DÉVOUEMENT PATRIOTIQUE. V. *Récompenses nationales*.
DIALECTIQUE. Quel est son objet, not.
DIJON. V. *Conseil* (chambre du).
DIMES. V. *Église gallicane*.
DIPLOMATIE. V. *Traités*.
DOCTRINES. V. *Nominaux*, *Réalités*.
DOLÉANCES. V. *États-généraux*.
DOMAINE DE LA COURONNE. Annulés des donations et aliénations que le roi en a faites, 47, A. 1358. — que l'on appelait le trésor, 1 1415, not. — On ne doit avoir égard aux dons que le roi pouvait en faire, 386, A. 1461. — Les aliénations sont irrévocables aujourd'hui, 386, not. — Dons de plusieurs propriétés importantes qui en dépendent, 461, A. 1465. — Cession de la ville de Carcassonne, *ibid*. — Dons de villes et forteresses, 513, A. 1465. — Cession du comté d'Estampes, 523, A. 1465. — La Rochelle est réunie, 640 à 1472. — Motifs de cette réunion, *ibid*. not. — Accru par la donation du comté de Provence, 759, A. 1476. — Par la réunion de l'Artois, 781, A. 1477. — Par le duché de Luxembourg et comté de Bourgogne, 794, A.

— Don de terres à un chambellan du roi, 825, A. 1480. — Accru par cession de droits sur le duché de Bar et Lorraine, et la Provence, 808, A. 1480. V. *Aliénation, Artois, Aubaine, Bar (duché de), Carcassonne, Chambellan, Cession, Dauphin, Dauphiné, Dons, Etampes, Etats-généraux, Lais et relais, Lorraine, Luxembourg, Métaux, Provence (comté de), Réunion, Trésor.*

Dons. D'une terre à l'église de Saint-Jean-de-Latran à Rome, 909, A. 1482. — D'une rente à l'église d'Aix-la-Chapelle, *ibid.* not. V. *Aix-la-Chapelle, Domaine de la couronne, Luxembourg, Municipalités, Latran (Saint Jean de).*

Dot (retour de). Dispositions à cet égard, 524, A. 1436. V. *Droit civil.*

Doctrine. V. *Clergé.*

Draps. Défense d'importer des draps d'Angleterre et d'autres pays occupés par l'ennemi, 118, A. 1415. V. *Draps, Etats, Importation.*

Drots (marchands de). V. *Douanes, Manufactures, Municipalités.*

Droits civils. V. *Dot.* — Écus. V. *Etats.* — Discess. N'est pas violé par la protection qu'un roi accorde à une ville qui la demande, 120, A. 1441. V. *Protectorat.* — Naturel. V. *Rebelles.* — Politiques. Lettres de naturalité accordées à un individu 600, A. 1450. — A un Anglais, 75, A. 1416. V. *Naturalisation, lettres de.*

Duel. V. *Combats judiciaires.*

E

Eaux et forêts. La nomination aux offices qui en dépendent appartient au roi, 616, A. 1485.

Ecclésiastiques. Dispositions à l'égard de ceux qui entretiennent des concubines, 42, A. 1458. Tenus de fournir la déclaration de leurs biens, 644, A. 1463. — Se plaçaient sous l'autorité de l'évêque pour échapper à la juridiction ordinaire. — Dispositions contre cet abus, 305, A. 1460. — Serf ecclésiastique affranchi, 657, A. 1474. — Les canons ne permettaient pas de recevoir dans les ordres les personnes de condition servile, *ibid.* V. *Affranchissement, Biens, Concubines, Évêques, Impôts, Juridiction, Serfs.*

Ecuyers. V. *Municipalités.*

Ecrivains. V. *Corporations.*

Edits. V. *Conseil (grand).*

Eglise. Réunion projetée de celles d'Occident et d'Orient; le pape reproche au Concile de l'avoir empêchée, 52, A. 1458. — Ses biens sont inaliénables et francs de toutes charges publiques. Depuis la révolution, ils ont été déclarés propriétés nationales, 549, not. — Garde et sauvegarde des églises, 523, A. 1465. — Son gouvernement devenu absolu, 741, not.

— Gallicane. Ses libertés ne sont point des privilèges mais des droits. — Nos rois en sont les protecteurs, 4, not. — La levée d'une dame consentie ne doit point faire aucun préjudice à ses libertés, 758, A. 1499. V. *Amortissement, Biens, Bulles, Conciles, Dîmes, Pape, Pragmatique sanction, Sauvegarde, Spectacles.*

Elections. V. *Magistrats, Municipalités, Parlemens.*

— Ecclésiastiques. En matière d'élections, on ne peut citer en cour de Rome, au préjudice des ordonnances et de la pragmatique sanction, 372, A. 1466. — C'est le meilleur mode de pourvoir aux prélatures, 105, A. 1451. — En usage dès le temps de Clovis, *ibid.* not. — L'empereur Justinien, Charlemagne et d'autres rois de France les consacrèrent de nouveau, *ibid.* — Efforts de la cour de Rome pour les faire cesser, 405, not. V. *Bénéfices, Clergé, Prélatures, Pragmatique sanction.*

Elus. V. *Avocats, Juridiction, Impôts.*

Emprunts. V. *Abolition.*

Emperurs. V. *Traités.*

Enghien (duc d'). V. *Luxembourg (duché de), Traités.*

Emplois. Permis à un individu d'en cumuler deux, 587, A. 1462.

Enlumineurs. V. *Corporations.*

Enquêtes. Manière de les diriger, 795, A. 1446. — Par commissaires, 24, A. 1457. V. *Commissaires, Concessions, Coutumes, Sergens.*

Enregistrement. V. *Parlemens.*

Épaves. Biens étrangers de confiscation

vers l'État, vacans et inhabités, vendus à l'encan, 119, A. 1443. V. *Censives.*

ESCHEL. V. *Traités.*

ÉPISCOPAT. La cour de Rome seule dispose de ses hautes dignités, de concert avec les ministres. — Il a perdu de son ancienne dignité, 417, not.

ÉQUIPEMENT. V. *Archers.*

ERREUR (proposition d'), 818, A. 1479. — C'est le recours en cassation à l'égard de toutes les juridictions, *ibid.* not. V. *Cassation.*

ESPAGNE. V. *Traités.*

ÉTABLISSEMENS DE BIENFAISANCE. L'Hôtel-Dieu de Paris autorisé à recevoir des dons par actes entre vifs ou testamentaires, jusqu'à concurrence de certaine somme, 662, A. 1473. V. *Main-morte.*

ÉTAMPES. V. *Domaine de la couronne.*

ÉTAT-CIVIL. Lettres de légitimation en faveur d'un particulier, 167, A. 1467. — Le roi reconnaît une de ses filles naturelles, et lui donne un nom, 354, A. 1458. — Légitimation d'un bâtard adultérin, 472, A. 1463. — Légitimation et pouvoir de tester accordé à un bâtard, 388, A. 1461. V. *Adultère, Bâtard, Légitimation.*

ÉTATS DE BOURGOGNE. Se remettent en garde à Louis XI, 765, A. 1476. — Prêtent serment sous la condition de l'observation de leurs droits et priviléges, 770, not. — En quoi consistaient ces priviléges, 770 à 1476. V. *Bourgogne.*

— DU DAUPHINÉ. Se soumettent au roi, sans déroger à leurs sermens envers le Dauphin, 525, A. 1457. V. *Dauphiné.*

— DE LANGUEDOC. Leurs doléances, 278, A. 1459. — Accordent un subside au roi, 279. — Mode de le lever, 281. — Ne le votent que pour un an, *ibid.* — Demandent que le Languedoc soit régi par le droit écrit, 283. — Des réformes sur les travaux publics, 284. — Réclament la liberté de la chasse et de la pêche, *ibid.* — Contre les abus de la gabelle, 285. — Contre les transports simulés faits aux grands, 286. — Contre l'abus du privilége universitaire, 287. — Sollicitent l'égalité en matière d'impôts, 288. — La répression des abus des priviléges locaux; de ceux du sceau, 289. — Des priviléges communaux, 291. — La modification de l'impôt sur les marchandises, 293. — Des droits de péage et navigation, *ibid.* — Des charges des gens de guerre qui vexent les habitans, 294. — Dénoncent les usurpations sur la juridiction ecclésiastique et seigneuriale, 295 et 298. — L'abus des évocations, 295. — De celles en matière criminelle, 296. — Demandent la limitation du nombre des notaires et sergens, 297. — Juridiction ecclésiastique en matière de créances, 298. — Sollicitent la diminution des droits de douane, 299. — Des impôts sur les denrées, 300. — Le maintien des priviléges de la province, 301. — Des lettres qui les confirment, 302. — Sur les lettres de marque, *ibid.* — Réponse du roi sur chacun de ces griefs et de ces demandes, 303 et suiv. — Nomination et fonctions de leur président, 672, A. 1475. V. *Armées, Chasse (droit de), Doléances, Douanes, Évocations, Gabelle, Impôts, Juridiction, Languedoc, Législation, Navigation intérieure, Notaires, Octrois, Pêche (droit de), Prises (droit de), Priviléges, Sergens, Transports, Travaux publics, Universités.*

— DE NORMANDIE. Confirmation de leurs priviléges, 530, A. 1458. V. *Normandie, Priviléges.*

— DE ROUERGUE ET DE LA MARCHE. Peuvent s'imposer pour les affaires communales, 799, A. 1478. — Les départemens jouissent aujourd'hui du même droit, *ibid.*, not. V. *Marche (la), Rouergue.*

ÉTATS GÉNÉRAUX. Assemblés pour discuter la paix avec les Anglais, 57, A. 1439. — N'ont pas renoncé au droit de décréter l'impôt et d'ordonner le licenciement de l'armée permanente, 58, not. — Détails sur leurs opérations, 83, A. 1440, not. — Veulent que l'on fasse la paix avec les Anglais, et que l'on réforme les abus, 99, A. 1441. — N'étaient alors composés que de nobles: le roi n'en fut pas content, 99, not. — Les députés reçoivent un traitement, 108, A. 1441, not. — Leur composition, 347, A. 1467. — Leurs opérations, *ibid.* — Leur fidélité, 555. — Refusent l'érection de la Normandie en duché indépendant, *ib.* — Confirment l'inaliénabilité du domaine de la couronne, 554. —

règlent les apanages des fils de France, 555. — Demandent l'adhésion du duc de Bourgogne comme pair de France, 556. — S'opposent à ce que les grands feudataires fassent la guerre, 557. — Leur défendent de se liguer avec les princes étrangers, ibid. — S'engagent à servir le roi contre les princes : pouvoirs qu'ils lui accordent pendant l'intervalle des réunions, 558. — Leur remerciement au roi, ibid. — Nomment une commission pour la réforme des abus, 559. — Reception des doléances et requêtes, 560. — Remplacent les états permanens par une commission, 547, not. — Causes pour lesquelles ils furent convoqués, 551, not. — Abandonnent leurs droits et livrent les libertés de la nation, 558, not. — Ne doivent pas être confondus avec des réunions de notables, ibid. — Doivent concourir à la confection des lois, 559, not. V. *Abus, Apanages, Archers, Aubaine, Clergé, Commissions, Contributions, Disputes, Domaine de la couronne, Fonctions publiques, Guerres privées, Impôts, Libertés nationales, Ligues, Main-morte, Normandie, Notables, Pairs, Pétition (droit de), Police générale, Pragmatique-Sanction, Procès, Traitemens.*

ÉTRANGERS (Marchands). Privilèges qui leur sont accordés, 488, A. 1461. — Ceux qui habitent Toulouse peuvent tester et disposer de leurs biens, avec exemption d'aubenage, 635, A. 1472. — Même disposition à l'égard de ceux qui habitent Bordeaux, 650, A. 1472. V. *Armées, Aubaine (droit d'), Bénéfices, Commerce, Dauphiné.*

ÉTUDIANS. V. *Gabelle.*

ÉVÊCHÉS. Fruits de ceux vacans en Bretagne, 525, A. 1465. V. *Rome.*

ÉVÊQUES. Leur serment de fidélité, 523, A. 1465. V. *Appels, Bénéfices, Ecclésiastiques, Etats, Régale, Sermens.*

ÉVOCATIONS. V. *Etats, Tribunaux.*

EXACTIONS. V. *Rome (Cour de).*

EXAMINATEURS. V. *Châtelet.*

EXCOMMUNICATION. V. *Pape.*

EXCOMMUNIÉS. Dans quels cas il est permis de ne pas les fuir, 44, A. 1438.

EXÉCUTION. V. *Juges, Parlemens.*

EXÉCUTEURS. V. *Comptes (chambre des).*

EXPLOITATION. V. *Mines.*

EXPORTATION. V. *Monnaies, Subsistances.*

EXPROPRIATION. Pour cause d'utilité publique. La commune d'Amiens peut prendre tous les terrains nécessaires pour ses fortifications, moyennant indemnité, 622, A. 1450. — Permission d'exproprier les terrains compris dans une garenne, sauf indemnité, 804, A. 1478. V. *Hypothèques, indemnité.*

F

FABRIQUES. V. *Manufactures.*

FAMINE. V. *Fléaux.*

FEMMES. V. *Récompenses nationales.*

FEUDATAIRES. Les grands pouvaient faire la guerre au roi sans encourir la peine capitale, 729, not.

FIDÉLITÉ (Serment de) prêté au nom des mineurs, en attendant qu'à leur majorité ils prêtent foi et hommage, comme vassaux de la couronne, 657, A. 1472. V. *Foi et Hommage, Serment, Vassaux.*

FIEFS. Terme dans lequel on doit en donner le dénombrement, 513, A. 1459. — Concession de droits féodaux, 447, A. 1462. — Noblesse accordée à la postérité de ceux qui les possèdent, 622, A. 1471. — Levée de la mainmise du roi sur des terres et seigneuries, pour garantie de l'hommage-lige dû au roi, 657, A. 1472. V. *Annoblissement, Dénombrement, Foi et Hommage, Municipalités, Noblesse, Régime féodal.*

FILLES. V. *Récompenses nationales.*

FINANCES. Dispositions sur leur fait et leur gouvernement. — Comptes des receveurs. — Quittances en blanc, 114, A. 1443. — (Gouvernement des). Règles pour le trésor et la comptabilité de ses revenus, 120, A. 1444. Dispositions nouvelles sur leur objet, 166, A. 1447. V. *Comptabilité, Quittance, Receveurs.*

FLANDRES. V. *Coutumes.*

FLÉAUX. Paris désolés par la famine et par les maladies, 1, A. 1438. V. *Famine.*

Foi et Hommage. V. *Fidélité*, *Fiefs*.

Foires. Trois par an concédées à Lyon, avec faculté d'y user de toutes monnaies étrangères, 116, A. 1445. — Rétablissement de celles de Champagne et de Brie, avec exemption d'impôts pendant les dix premiers jours, 133, A. 1445. — Les marchandises et denrées débitées à celle de St. Denis, exemptes de tous droits et impôts, 649, V. *Brie*, *Champagne*, *Commerce*, *Impôts*, *Monnaies*.

Fonctionnaires publics. Irrévocables après cinq ans d'exercice, 134, A. 1446. — Disposition maintenue par plusieurs de nos rois, *ibid.*, not. — Avec cette différence que l'irrévocabilité était consacrée par elle du jour de l'institution, *ibid.*, not. — Disposition souvent violée, *ibid.*

Fonctions publiques. Les États-généraux requièrent le roi de n'y nommer que des personnes capables, 105, A. 1441. — Vénalité des offices interdite, 237, A. 1455. — Les offices de magistratures et autres sont inamovibles, 541, A. 1467. — Le principe de l'inamovibilité se trouve dans les capitulaires de la seconde race, *ibid.*, not. — Il a été consacré par plusieurs de nos rois, 542 et 543, not. V. *Capitulaires*, *Etats généraux*, *inamovibilité*, *Offices*, *Vénalité*.

Fondation Pieuse. Au profit des pauvres, à Saint Martin de Tours, 657, A. 1472. V. *Amortissement*.

Fontenay-le-Comte. V. *Municipalités*.

Forêts (Administration des). Exerce ses droits même sur les forêts de particuliers, 284, not.

Forges. V. *Mines*.

Formules exécutoires. V. *Parlemens*.

Fors-France. Droit que le seigneur avait sur la succession des biens acquis hors de sa seigneurie, par ceux qui y étant nés, étaient allés et décédés ailleurs, 703, not., V. *Régime féodal*.

Fors-Mariage. Rétribution que l'on devoit à son seigneur, s'il vouloit épouser une personne libre, qui habitait une autre seigneurie, 703, not. V. *Régime féodal*.

Forteresses. Le grand pannetier peut en construire dans ses terres, 655, A. 1472. — Permis à des particuliers d'en faire construire une, avec cession du droit de guet, 8.., A. 1475. — Construction d'un château fort à la Hogue, 681, A. 1473. *Guet* (droit de). V. *Pannetier*.

Fortifications. V. *Communes*.

France (Enfans de). V. *Apanages*, *Arbitrage*.

Franchises. V. *Secrétaire du roi*.

Fraudes. V. *Gabelle*, *Octrois*.

G

Gabelle. Levée de l'impôt du sel, 184, A. 1451. — Cet impôt existe encore. Peines contre les faux-sauniers, *ibid.*, not. — Le monopole du sel est une violation du droit de propriété, 186, not. — Répression des fraudes qui s'y commettent, 561, A. 1468. — Les pauvres étudians d'Amiens reçoivent une certaine quantité de sel, sans payer de droit, 6.., A. 1471. V. *Etudians*, *Etats*, *Impôts indirects*, *Monopole*, *Municipalités*, *Sel*.

Garantie légale. V. *Arrêts*.

Garde nationale. Les habitans ne sont tenus de faire le guet qu'une fois par mois, dans les villes fortes. — Amende qu'ils doivent payer s'ils y manquent, 170, A. 1451. — Les habitans d'Aunis et de La Rochelle tenus de faire le guet et de monter la garde, 575, A. 1460. V. *Côtes*, *Guet*.

Garenne (Droit de).

Gendarmerie. V. *Armes*.

Généraux des aides. V. *Aides*.

Gênes. V. *Réunion*, *Traités*.

Gibet. V. *Tribunaux*.

Gouvernement. De fait. Sa cessation en France, 1, A. 1438, not. V. *Angleterre*, *Eglise*.

Grâce. Accordée pour avoir tué un individu en révolte contre l'autorité, 635, A. 1472. — (Droit de) accordé au comte d'Angoulême dans ses domaines, 782, A. 1477. — C'est délégation du pouvoir royal, *ibid.*, not. (Lettres de) refusées aux faux monnoyeurs, 723, A. 1475. V. *Angoulême* (comte d'), *Crimes, Monnoyeurs* (*faux*), *Rébellion*.

GRACES EXPECTATIVES. V. *Rome*.

GREFFIERS. Civils et criminels ; dispositions à leur égard, 242. A. 1453.

GRENIERS D'ABONDANCE. V. *Subsistances*.

GRENOBLE. V. *Parlemens*.

GRIFFE. V. *Noms*.

GUERRES PRIVÉES. V. *États-généraux, Police générale*.

GUET (Droit de) V. *Forteresses, Garde nationale*.

GUYENNE (Duc de). V. *Amnistie*.

H

HALLES. V. *Commerce*.

HANSE TEUTONIQUE. Privilèges accordés à ses marchands. — Renonciation en leur faveur au droit royal de naufrage, 484, A. 1464. — Cette renonciation remonte au temps de Charlemagne. — Se composait de soixante-douze villes, *ibid.*, note. — Ses marchands peuvent disposer de leurs biens en France, 486, A. 1464. Privilèges commerciaux qui lui sont accordés 917 1483. V. *Anséatiques* (villes), *Naufrage* (droit de) *Privilèges*.

HÉRÉSIE. Les réalistes et les nominaux s'en accusaient réciproquement, 665, not. V. *Abolition, Magicien, Nominaux, Réalistes*.

HÉROÏSME. V. *Récompenses nationales*.

HIÉRARCHIE. V. *Pape*.

HOMMAGES. Pour les choses nobles par qui ils doivent être reçus, 570 A. 1460.

HONORAIRES. V. *Avocats*.

HUISSIERS. Fixation du nombre de ceux du parlement, 561, A. 1468. — Création d'un huissier à la chancellerie et au grand conseil; ses fonctions et droits, 662, A. 1473. V. *Chancellerie, Parlemens*.

HYPOTHÈQUES. Étaient purgées par l'expropriation solennelle. Chose douteuse aujourd'hui, 94, not. — Lesquelles. Purge de celles des femmes et des mineurs, 95, not. V. *Expropriation, Purge, Système*.

I

IMPORTATION. V. *Douanes*.

IMPOSITION FONCIÈRE. V. *Impôts*.

IMPÔTS. Le roi lève des taxes sans le consentement des états, 58, not. — On ne pouvait renouveler les tailles qu'en vertu de ce consentement, 59, not. — Dixième levé sur le clergé, 77, A. 1440. — Remontrances des états généraux sur l'exorbitance des impôts, 107, A. 1441. — Les états-généraux demandent que les tailles ne soient pas imposées sans leur consentement. Le roi élude la question, 108, A. 1441. — En sont exemptés pour trois ans les Normands qui voudront s'établir à Paris, sauf l'impôt sur le vin, 113, A. 1442. — Juridiction des élus pour leur recouvrement, 130, A. 1445. 188. A. 1452. — Aujourd'hui les contestations y relatives se jugent administrativement, *ibid.*, not. — Époque à laquelle les tailles devinrent un tribut ordinaire et annuel, 273, A. 1455. — Le roi n'en pouvoit lever sur le clergé sans son consentement, 328, not. — Mode de l'assiette des tailles, 355, A. 1459. — Rôle de l'assiette, 356. — Manière de rendre la répartition égale, 358. — Fournitures que les communes doivent faire aux francs archers, 359. Habitans d'une commune exempts de ceux qui se levaient par rapport à la chasse aux loups, 590, A. 1461. — Les gens d'église, les nobles et autres privilégiés payent la taille en Languedoc. — Les juges ecclésiastiques et les conservateurs des privilèges ne doivent pas en connaitre, 497, A. 1464. — Les habitans d'Yvetot en sont exempts, 499, A. 1464. — Les marchands acquittent l'imposition foncière à Paris, sans donner caution, 505. A. 1464. — INDIRECTS. V. *Aides, Archers, Charles VII,*

Clergé, Communes, Ecclésiastiques, Élus, États-Généraux, Foires, Gabelles, Imposition foncière, Juridiction, Loups (chasse aux), Nobles, Normands, Privilèges, Régime féodal, Répartition, Tailles.

IMPRIMERIE. V. Aubaine.

IMMOVIBILITÉ. V. Fonctions publiques.

INCESTE. V. Arrêts.

INDEMNITÉ. V. Expropriation.

INQUISITION. Réformation des abus des religieux se disant inquisiteurs de la foi, 793, A. 1478. V. Abus, Religieux.

INSTITUTION (Bulles d'). V. Appels, Ordres militaires, Parlemens.

INSTRUCTION PUBLIQUE. Fondation nouvelle de l'université de Caen et de ses cinq facultés, 198, A. 1452. Faite sur la demande des trois états, ibid., not. V. Caen, Universités.

INSURRECTION. Pour prétendue cause de réformer les abus, 504, A. 1467. V. Abus, Amnistie.

INTERDITS. Ne doivent pas être témérairement promulgués en matière ecclésiastique ; sont souvent des causes de scandale, 45, A. 1438.

INVIOLABILITÉ. V. Pairs.

J

JEU (Maisons de). Dispositions répressives à cet égard, 805, A. 1478.

JOYEUX AVÉNEMENT, 383, A. 1461. — Louis XIV y a renoncé à son sacre, ibid., not. V. Notaires.

JUGEMENS ARBITRAIRES. V. Tribunaux.

JUGES. Ne peuvent pas concourir à l'exécution de leurs jugemens, 251, A. 1453. V. Exécution.

JURÉS. V. Communes.

JURIDICTION. Les deux degrés de juridiction sont une invention moderne. — Ils sont inconnus en Angleterre. — On en trouve les élémens dans le régime féodal, 185, not.

— Les conseillers généraux des aides sont juges souverains en cette matière, 567, A. 1460. V. Aides, Amirauté, Comptes (Chambre des), Ecclésiastiques, Élus, États, Impôts, Militaires, Municipalités, Prud'hommes, Pairs, Pêche, Trésoriers, Universités.

JUSSION (Lettres de). V. Comptes (Chambre des), Parlemens.

JUSTICES. Seigneuriales, étaient autrefois patrimoniales, 658, A. 11.. — C'étaient autant d'usurpations sur la puissance publique, ibid., note. V. Législation.

L

LAIS et relais de la mer. Concession à une commune du terrain qu'elle reprendra sur la mer, moyennant une rétribution modique, 476, A. 1463. — Le gouvernement peut faire aujourd'hui les mêmes concessions, ibid., not. — V. Alluvion, Domaine public.

LANGRES. V. Municipalités.

LANGUEDOC. V. Aides, États, Parlemens.

LATRAN (Église de St.-Jean de). V. Dons.

LÉGATS A LATERE. Leur réception en France, 757, A. 1474. — N'ont jamais pu être entendus en France sans une permission du roi. — N'ont jamais pu y exercer leurs pouvoirs sans que la bulle de leur nomination n'eût été présentée au parlement. — Formule de leur serment, ibid., not., 825, A. 1480. V. Bulles, Bénéfices, Sermens.

LÉGISLATION. Époque à laquelle elle devint uniforme en France, 1, A. 1438, not. — Établissemens pour la réformation de la justice, 202, A. 1453. — C'est notre premier code de procédure, ibid., not. — Deux anciennes coutumes en matière de succession et de testament déclarées authentiques, 465, A. 1463. — Rédaction des coutumes de Bourgogne. — Elles doivent être interprétées selon le droit écrit, 364, A. 1459. — Ordre au parlement d'observer les ordonnances de Charles V. 457, A. 1462. V. Bourgogne, Coutumes, États-Généraux, Justice, Ordonnances, *Réformation*, *Succession*, *Testament*.

LÉGISLATURE. V. *États-Généraux*, *Paris*.

LÉGITIMATION. V. *État civil*.

LÈGS. V. *Municipalités*.

LETTRE. V. *Soudan*.

LÈSE-MAJESTÉ. Sont coupables de ce crime ceux qui ne le révèlent pas, 784, A. 1477. — Considérations à cet égard, *ibid.*, not. — Effets de la confiscation encourue par ceux qui s'en sont rendus coupables, 790, A. 1477. — La mémoire du duc de Bourgogne condamnée, attendu qu'il était coupable de ce crime, 792, A. 1478. — Réflexions à ce sujet, *ibid.*, not. V. *Abolition*, *Bourgogne* (duc de), *Conspirations*, *Révélateurs*.

LIARDS. V. *Monnaies*.

LIBERTÉS NATIONALES. V. *États-Généraux*.

LIBRAIRES. V. *Corporations*.

LICENCES. Les habitans de la Rochelle peuvent trafiquer en tout temps avec l'étranger, même en temps de guerre, 665, A. 1472. V. *Commerce*.

LIÈGE. V. *Traités*.

LIEUTENANT-GÉNÉRAL du roi. Sa nomination, 176, A. 1449. — Marchait de pair avec les princes de la famille royale, *ibid.*, not. — Les pouvoirs royaux lui sont délégués, 719, A. 1475. V. *Souveraineté*, *Traités*.

LIGUES. V. *Amnistie*, *États-Généraux*.

LOGEMENS MILITAIRES. V. *Armées*, *Clergé*.

LONGUEVILLE (comte de). V. *Récompenses nationales*.

LORRAINE (duché de). V. *Arbitrage*, *Domaine de la couronne*.

LOUIS XI. Succède à son père, 581, A. 1461. — Sacré à Reims, *ibid.* — Sa mort, *ibid.*, 1483. — Est le premier qui ait reçu le titre de roi très-chrétien, *ibid.*, not. — Son caractère, sa conduite, *ibid.*, not. — Ses chanceliers, ou gardes des sceaux, *ibid.* V. *Chanceliers*.

LOUPS (chasse aux). V. *Impôts*.

LUXEMBOURG (comte de). V. *Domaine de la couronne*.

— (duché de). Fait partie du corps Germanique, 794, A. 1478.

LYON. V. *Conciles*.

M

MAGICIEN et hérétique brûlé, 76. A. 1440. V. *Hérésies*, *Tribunaux extraordinaires*.

MAGISTRATS. Autrefois nommés par la voie d'élection, 150, A. 1446. — Obligés de résider, *ibid.* — Cette dernière disposition existe encore aujourd'hui, *ibid.*, not. — Ne pouvaient accepter d'autre office, ni pension, *ibid.* — Ce n'est plus la même chose aujourd'hui, *ibid.*, not. Ne doivent point révéler les secrets de la cour, *ibid.* — Ils doivent expédier promptement les affaires, *ibid.* — Ne doivent pas recevoir de présens, 155, A. 1446. V. *Affaires*, *Élections*, *Parlemens*, *Pensions*, *Présens*, *Résidence*, *Secrets*.

MAGISTRATURE. V. *Royauté*.

MAIN-MORTE (Gens de). Tenus de fournir la déclaration de leurs biens, 464, A. 1463. — Leurs acquisitions appauvrissent l'état, *ibid.*, not. V. *Établissemens de bienfaisance*, *État*.

MAIRES. V. *Municipalités*.

MAÎTRISES ET JURANDES. Organisation des corps de métiers de Paris, sous diverses bannières, 519, A. 1467. V. *Bannières*, *Métiers*.

MANS (le). *Municipalités*.

MANUFACTURES. Les draps fabriqués hors de Rouen, ne doivent point porter une lisière semblable à ceux fabriqués dans la ville, 354, A. 1458. — Les marchands de draps de Paris peuvent acheter toutes sortes de draps, bons et loyaux, 658, A. 1473. — Règlement relatif aux manufactures nuisibles aux progrès des arts, 658, A. 1473. V. *Arts*, *Draps*, *Fabriques*, *Métiers*, *Règlemens*.

MANUMISSION. V. *Affranchissement*.

MARCHE (la). V. *États*.

MARCHÉS. V. *Bouchers*.

MARIAGE (Traité de). Peut être stipulé autrement qu'en sous et livres, 275, A. 1456. V. *Monnaies*.

MARINE. Construction d'un port à la Hogue, 681, A. 1474. V. *Ports*.

Marque (Lettres de) V. *Prise*, droit de).

Mémicie (les). V. *Armoiries*.

Mendians. Doivent être surveillés, mais non punis, 303, not. V. *Vagabondage*.

Métaux. L'or de paillole trouvé dans les ruisseaux, rivières , etc., appartient au roi, 658, A. 1479. V. *Mines*.

Matrises. V. *Maîtrises*.

Mauniers. Dispositions à leur égard. Peine contre les infracteurs, 55, A. 1439. V. *Subsistances*.

Michel (St-). V. *Ordres militaires*.

Milice. V. *Archers*, *Armées*.

Militaires. On ne peut les citer devant les tribunaux pour leurs délits, 295, not. V. *Juridiction*.

Mines et Minières. Règlement sur leur exploitation, 623, A. 1471. — Le propriétaire de la surface doit avoir la préférence, 626, not. — Le gouvernement est juge de cette préférence, *ibid*. — Le propriétaire doit justifier de ses facultés, 627, not. — La propriété du tréfonds est séparée de celle de la surface, *ibid*. — Le dixième du produit est un droit royal aussi ancien que la monarchie, 627, not. — Aujourd'hui le droit se perçoit au profit de l'état, 628, not. — Le gouvernement peut faire remise du droit proportionnel, *ibid*. — Ne concede pas les mines d'or et d'argent, *ibid*. — L'administration des mines n'a pas de juridiction, 631, not. — Modifications au statut par le parlement de Paris, 633. — Privilèges accordés à leurs propriétaires, 275, A. 1455. — d'or, argent, plomb, étain, acier et fer. Leur exploitation, 911, A. 1483. V. *Exploitation*, *Métaux*.

Mineurs. V. *Fidélité*.

Monnaies (Officiers des). Généraux maîtres des monnaies réduits à sept, 114, A. 1443. — Défense de les exporter, et de faire aucun contrat autrement qu'en sous et livres, 118, A. 1443. — Leur instabilité est une des plus grandes fautes et des plus grandes plaies d'un état, 118, not. — Celles du Dauphiné sont au nom et aux armes du Dauphin, 135, A. 1443. — Fabrication de monnaies d'or à Tournay, 166, A. 1447. — Leur titre, *ibid*, not. — Cours des monnaies de France et étrangères. — Titre et prix de l'or et de l'argent. — On ne peut stipuler qu'en sous et livres, hors quelques cas exceptés, 275, A. 1456. — Fabrication des liards de France, 541, A. 1467. Cours des monnaies étrangères, 622, A. 1470. — Règlement sur le cours des monnaies, tant nationales qu'étrangères, 664, A. 1475. — Étrangères ; leur usage défendu hors des foires de Lyon, 823, A. 1479. — Anglaises ; leur cours, 824, A. 1479. V. *Cours*, *Dauphin*, *Dépôt*, *Foires*, *Liards*, *Marine* (Traite de) *Prêt*, *Retrait*, *Souveraineté*, *Système monétaire*, *Titre*, *Tournay*, *Vente*.

Monnoyeurs (faux). V. *Abolition*, *Grâces*.

Monopole. V. *Gabelle*, *Tabac*.

Montalban. V. *Municipalités*.

Montreuil-sur-Mer. V. *Sauvegarde*.

Municipalités. Privilèges de la ville de St-Omer, 81, A. 1440. — Celle de Langres élit quatre échevins pour son administration, 135, A. 1443. — Droits accordés aux habitans de Narbonne, sur le sel et le barrage; pour l'entretien des ponts et chaussées, 82, A. 1440. — Consuls de Montauban, réduits à six, 115, A. 1442. — Corps de ville établi à Tours, 432, A. 1461. — Élection du corps municipal. Gages de ses membres. Leur anoblissement, 434. Ils peuvent acquérir des fiefs, *ibid*. — Ses habitans sont sous la protection du bailli. — Doivent contribuer aux charges de la ville. — Doivent être jugés en première instance par les juges de leur ville, 434, A. 1561. — Le corps municipal exempt de tous services et d'impôts de guerre. — Peut lever les droits de barrage et de pavage, *ibid*. — Les habitans peuvent s'assembler sans la présence d'officiers du roi, 437. — Le corps municipal peut lever des impôts, jusqu'à la concurrence de 1000 liv., pour les besoins de la ville, *ibid*. — Affranchi de commissions pour gouverner terres et seigneuries, et lever taxes, *ibid*. — Règlement de ses pouvoirs, justices, prérogatives et prééminences, 438. — Peut lever un dixième sur le vin vendu en détail; acquérir une maison commune; accepter legs et dons jusqu'à 400 liv., 439. Peut lever l'impôt sur le sel, pour réparations, fortifications, etc.

contraindre les habitants à retirer leurs immondices, à paver devant leurs maisons, 440. — Dispositions sur l'aunage des draps de laine. — Confirmation des coutumes du pays, 441. — La ville de Troyes est autorisée à s'administrer elle-même, 625, A. 1471. — Les habitans de Fontenay-le-Comte peuvent élire des autorités, pour le gouvernement de leur ville, 655, A. 471. — La ville de Bordeaux est administrée par un maire et douze échevins, sujets à être renouvellés chaque année, 674, A. 1474. — Gouvernement municipal de la ville de Sens, 675, A. 1474. — *Idem*, de la ville d'Angers, 705, A. 1474. — *Idem*, de la ville de Saintes, 747, A. 1476. — Privilèges de la ville du Mans, 845, A. 1481. — De ses officiers municipaux, *ibid*. V. *Administration, Angers, Annoblissement, Assemblées, Bordeaux, Charges, Consuls, Coutumes, Dons, Draps, Echevins, Elections, Fiefs, Fontenay-le-Comte, Gabelle, Impôts, Juridiction, Langres, Legs, Maires, Mans (le), Montauban, Narbonne, Navigation intérieure, Noblesse, Péages, Police municipale, Prérogatives, Privilèges, Saintes, Saint-Omer, Salubrité publique, Sens, Service militaire.*

N

NARBONNE. V. *Municipalités.*
NATURALISATION : (lettres de) V. *Droits politiques.*
NAUFRAGE (droits de), Saint-Louis abolit cette coutume barbare. — Elle est encore en usage dans plusieurs pays; 484 not. — Celés bien qu'abolis, 554 not. V. *Cession, Coutumes, Hanse Teutonique.*
NAVIGATION INTÉRIEURE. Péages sur la Loire abolis, 3, A. 1458. V. *Etats, Municipalités, Péages.*
NEMOURS, (duc de) V. *Abolition. Arrêts.*
NIORT. V. *Noblesse.*
NOBLESSE : accordée à tous les possesseurs de fiefs, 616, A. 1470. — N'est pas toujours fondée sur des services rendus à l'état, *Ibid* not. — Accordée aux officiers municipaux de Niort, 420, A. 1561. — Anoblissemens très communs en France, *Ibid.* not. — S'achetait à prix d'argent. — La noblesse avait perdu toute sa puissance morale, *ibid.* not. — (Lettres de) Accordées à un barbier valet de chambre du Roi, 695, A. 1474. V. *Anoblissement, Barbier, Dérogeance, Fiefs, Municipalités, Niort, Services.*

NOBLES. V. *Impôts.*
NOMINAUX : Espèce de philosophes et de théologiens, 664, A. 1473. — Leurs doctrines, *ibid.* V. *Doctrines, Hérésie, Philosophes, Théologiens.*
NOMS. Un notaire autorisé à changer le sien et sa griffe, 685, A. 1474. — Ces permissions s'accordent encore aujourd'hui en chancellerie, *ibid.* not. — Permis à un individu d'en changer, 695, A. 1474. V. *Griffe, Notaires.*
NORMANDIE. (duché de) V. *Apanages, Etats-généraux, Tribunaux.*
NORMANDS. V. *Impôts.*
NOTABLES. (assemblée des) 477, A. 1465. — occasionée par les troubles de la Bretagne et la nécessité de réformer les abus. — Il n'est rien resté de cette assemblée, *ibid.*, not. V. *Assemblées, Etats-généraux.*
NOTAIRES et Tabellions doivent payer le marc d'argent dû au Roi, à cause du joyeux avènement, 165, A. 1446. — Dispositions à l'égard de ceux du parlement, 245, A. 1453. — Réformation des abus dans l'exercice du notariat, 474, A. 1465. V. *Abus, Etat, Joyeux avènement, Noms, Parlemens, Tabellions.*

O

OBÉDIENCE. V. *Pape.*
OCTROI MUNICIPAL. Sa perception à Tournay. — Peines contre ceux qui le fraudent en allant boire hors de la ville, 476, A. 1465. V. *Etats, Fraude, Perception, Tournay.*
OFFICE. V. *Elections, Fonctions publiques, parlemens, royauté.*

OFFICE DIVIN. Sa célébration, 38, A. 1438. — Repression des abus qui s'y commettent, 41, A. 1438. V. *Abus*.

ORANGE (prince d'). V. *Souveraineté*.

ORDONNANCES. V. *Conseil* (grand), *Législation*.

ORDRES MILITAIRES. Institution et statuts de celui de Saint-Michel, 577, A. 1469. — Existe encore, c'est le plus ancien, *ibid.*, not. — Le cordon de cet ordre s'appelle le cordon bleu. — Motifs de son institution, 578, not. — nombre des chevaliers fixés à 36, 580. — Les sermens modifiés au sacre de Charles X, 602, not. — Prévôt des cérémonies, 750, A. 1566. V. *Institution*, *Michel* (St. Prévôt des cérémonies, Privilèges, Statuts, Religieux, Corporations.

ORLÉANS (pucelle d'), V. *Cours criminelles*.

P

PAIRIE. On ne peut renoncer à ses privilèges, elle est établie non dans l'intérêt du titulaire, mais dans dans celui de l'institution, 609, not. V. *Privilèges*.

PAIRS. Sont aujourd'hui membres de la puissance législative, 109, not. — Ne devaient ressortir qu'au parlement de Paris, tant pour leurs affaires personnelles que pour les droits de leur pairie, 474, A. 1463. — Aujourd'hui la personne des pairs seule est inviolable, *ibid.*, not. — Eux et leurs vassaux ne pouvaient être poursuivis qu'au parlement de Paris, 500, A. 1464. (Cour des) Le duc de Bourgogne cité à comparaître devant elle, 617, not. V. *Arrêts criminels*, *Bourgogne* (duc de), *Conseil d'état*, *États-généraux*, *Inviolabilité*, *Législature*, *Vassaux*.

PANNETIER. V. *Forteresses*.

PAPE. Reproche au concile de Bâle d'avoir rompu l'unité de l'église, 52, A. 1438. — Le Roi n'adhère point à sa déposition prononcée par le concile, 76, A. 1440, il méconnait la supériorité des conciles-généraux sur le pape, *ibid.*, not. — Le roi persiste dans son obédience, jusqu'à ce qu'un nouveau concile eût prononcé, 79, A. 1440. — *Benoît XIII* excommunié par deux conciles et rejeté par tous les rois, 398, not. — Se fait nommer un successeur par un conclave composé de deux cardinaux, *ibid.* — Efforts du pape pour entreprendre sur les ordonnances du royaume et confondre la hiérarchie de l'église par réservations et grâces expectatives, 400, A. 1461. — Défense à un collecteur de lever des droits prétendus sur les successions des ecclésiastiques décédés, 403, A. 1464. V. *Bénéfices*, *Benoit XIII*, *Collecteur*, *Conciles*, *Conclave*, *Déposition*, *Églises*, *Excommunication*, *Obédience*, *Réservations*.

PARCHEMINIERS. V. *Corporations*.

PARÉATIS. V. *Parlemens*.

PARIS. Les bourgeois de cette ville exempts du logement des gens de guerre, 524, A. 1465. V. *Charges publiques*.

PARLEMENS. Leurs gens doivent donner quittance de leurs gages et manteaux; 52, A. 1438. — Le comte de Saint-Pol s'engage à ester en droit à celui de Paris, 84, A. 1441. — Ce parlement déclare qu'il ne rendra pas la justice, tant qu'il ne sera pas payé de ses gages, et qu'ils ne seront pas assurés à l'avenir, 114 A. 1443. — Celui de Toulouse confirme, révocation de la commission qui en tenait lieu, 114, A. 1443. — Celui de Paris tenu de renvoyer à celui de Toulouse les causes du ressort de ce dernier, 129, A. 1444. — Style de celui de Paris. — Justice souveraine. — Candidats pour la magistrature. — Secret des délibérations. — Tenue des juges. — Devoirs des avocats, 149, A. 1446. — Doit renvoyer aux juges ordinaires les causes dont la connaissance leur appartient, 185, A. 1452. — Le code de procédure fixe les cas où les cours peuvent retenir la connaissance des causes, *ibid.*, not. — Annulation de ses réserves sur l'enregistrement, d'un édit relatif aux affaires de Normandie, 201, A. 1453. — Résidence de ses officiers, 204. — Tenue de ses audiences, *ibid.* — Sa compétence, 205. — Retenue des causes en appel, *ibid.* — Exécution provisoire des jugemens, 206. — Causes criminelles, 207. — Désertion d'appel, 209. Les juges ne peuvent changer leur sentence après le prononcé, 211. — Les procès criminels doivent passer avant les autres, 214. — Création par le Dauphin de celui de Grenoble, 256; A. 1453. — Celui de Paris doit s'assembler, nonobstant les vacations, pour prendre connaissance des procès et les mettre en état d'être jugés, 256, A. 1454. — Celui de Toulouse fraternise avec celui de Paris, 257, A. 1454. — Se sont quelquefois confédérés pour délibérer des remontrances, *ibid.*, not. — Déclaration contraire pour éviter une confédération générale, *ibid.*, not. — Augmentation du ressort de celui de Paris, 273, A. 1455. — Ses officiers ne peuvent être tenus de contribuer aux décimes imposées par le pape, 328, A. 1457. — Ses gens doivent pour un temps travailler les après-dînées, 330, A. 1457. — Transféré à Vendôme pour juger le duc d'Alençon, 339. — Doivent être présidés par le roi, lorsqu'ils jugent en matière de crime de haute trahison. — Le roi n'a été dépouillé de ce droit qu'en 1789, 340, not. — Confirmation des officiers de celui de Paris, 384, A. 1461. — Sa composition, 387, A. 1461. — Etabli à Bordeaux, 448, A. 1462. — Ses institutions, ressort et compétence, 481, A. 1463. — Mesures pour accélérer la rentrée de celui de Paris dont les fonctions avaient été suspendues pendant les troubles, 514, A. 1465. — Il présente trois candidats pour l'élection aux places vacantes, 524, A. 1465. — Il en était de même à celui de Toulouse; ce système d'élection est réclamé par tous les magistrats-éclairés, *ibid.*, not. — Leurs arrêts peuvent être exécutés à main armée, 528, A. 1466. — C'est de-là que dérive la formule exécutoire aujourd'hui en usage, *ibid.* not. — Les conseillers ne sont pas payés de leurs gages pendant leur absence, 541, A. 1467. — Celui de Bordeaux est transféré à Poitiers, 577, A. 1467. — Motifs de cette translation, *ibid.*, not. — Nomination et réception aux offices vacans au parlement de Paris, 602, A. 1469. — Le système de présentation ou de candidature aboli, 602, not. — Tenu d'enregistrer les lettres de concession d'apanage du duché de Guienne, 603, A. 1469. — Les lettres accordées à l'université de Bourges, 604, A. 1469. — Détails sur cet objet, *ibid.*, not. — Ordre qui lui est donné de mettre un procès à néant, 614, A. 1470. — Réflexions à cet égard, *ibid.*, not. — Rétablissement à Bordeaux de celui qui avait été transféré à Poitiers, 644, A. 1472. — Règlement sur les audiences de l'après-midi de celui de Paris, 662, A. 1473. — Ses arrêts sont exécutés dans tout le royaume, sans *pareatis*, 687, A. 1476. — Ce principe existe encore aujourd'hui en France, *ibid.*, not. — Création de celui de Bourgogne, 767, A. 1476. — Ordre à celui de Paris d'enregistrer un don, 776, A. 1477. — Le parlement persiste dans son refus, *ibid.*, not. — Ses officiers sont dispensés du ban et de l'arrière ban, 815, A. 1479. V. *Apanages, Arrêts, Audiences, Avocats, Baillis, Ban et arrière ban, Bénéfices, Bordeaux, Bourges, Bourgogne, Bulles, Candidature, Compétence, Comptes (chambre des), Confédération, Conflit, Cours criminelles, Décime, Elections, Enregistrement, Formule exécutoire, Grenoble, Huissiers, Institution, Jussion, Lettres de) Languedoc, Magistrats, Notaires, Officiers, Pareatis, Poitiers, Pragmatique, Prises, Procédure, Procès, Procureurs, Regale, Remontrances, Reserves, Ressort, Sentences, Service militaire, Styles.*

PAYS-BAS. V. *Traités.*

PÉAGES. Suppression des nouveaux établis sur différentes rivières, 120 A. 1444. — Abolition de ceux établis ou augmentés depuis 60 ans, 174, A. 1438. — Réduits à leur taux primitifs, 695, A. 1474. — Un droit de péage accordé à l'Abbaye de Saint-Denis, 916, A. 1481. V. *Abbayes, Municipalités, Navigation intérieure.*

PÊCHE. (droit de) accordé aux habitans du diocèse de Nîmes, excepté dans les domaines royaux, 70, A. 1436. — Juridiction des pêcheurs sur la police de la pêche maritime, 201, A. 1452. — Confirmée par plusieurs de nos rois, *ibid.*, not. — Ce droit rendu aux habitans du Dauphiné, 461, A. 1463. V. *Dauphiné, États, Juridiction.*

Pêcheurs, de poisson d'eau douce à Paris, leurs statuts, 749, A. 1476, V. *Statuts.*

Peines. V. *Blasphémateurs.* — Canoniques. V. *Annales.*

Pensions; V. *Magistrats, Récompense nationales.* — De Retraite. V. *Armées.*

Perception. V. *Octrois.*

Péronne; (Comte du) V. *Confiscations.*

Périgord; (Habitans du) V. *Abolition.*

Perpignan. V. *Abolition.*

Petition. (Droit de) V. *Corps legislatif; États généraux.*

Philosophes. V. *Nominaux, Réalistes.*

Philosophie. Le roi intervient dans des querelles philosophiques 664, A. 1473.

Plaidoirie. V. *Avocats.*

Plaideurs. V. *Parlemens.*

Police, Générale, garde de la ville de Paris; ordre d'y pourvoir, 52, A 1438. — Arrestation des gens de guerre qui font dommage aux citoyens; réparation de ce dommage, 51, A 1458. — Remontrances des états généraux sur la sûreté de l'état, 104, A 1441. — *Idem* sur les excès des gens de guerre, 106; A 1441. — Arrestation des malfaiteurs partout hors lieu saint, 166, A 1447 — Défense des guerres particulières en Dauphiné, 181, A 1451. V. *Aigle*, (Droit de) *Conspirations, États généraux, Guerres particulières.*

Police Maritime, Les maire et jurés de Bordeaux ont la police et la juridiction sur les navires qui viennent au port de cette ville, 659, A 1475. — Militaire. — V. *Armées.* — Municipale, Démolition ou réparation des maisons de Paris qui sont en ruine, 1, A 1458. — Ce droit est encore exercé dans les villes par l'autorité municipale, 2 not. — défense d'acheter les blés en vert, 855, A. 1482. V. *Municipalités, Subsistances.*

Ponts et Chaussées. V. *Voirie.*

Ports. V. *Marine.*

Possessoire. V. *Bénéfices.*

Poste. Aux chevaux et aux lettres; son institution 487, A 1464. — Son organisation et ses règlemens, *ibid.* V. *Règlemens.*

Pragmatique-Sanction. Ce que c'est, 3, A. 1438. — Définition de ce terme, 3, not. — Détermine l'autorité des conciles généraux, les collations des bénéfices, les élections, expectations, appellations, annates, la célébration de l'office divin et autres matières ecclésiastiques, 3, A. 1438. — Le Roi de France s'y montre favorable, 5, not. — Contient les decrets du concile de Constance, 7, not. — Retablit le droit d'élection, 8. not. — n'est que l'approbation des actes des conciles de Constance et de Bâle, 9, not. — Abrogée, 593, A. 1461. — Louis XIV en fit de même, *ibid.* not. — Avoit reconnu le principe que les conciles tenaient leur puissance de Dieu, et que le pape même leur etait soumis, 394, not. — Elle continua d'être observée malgré l'abrogation. — Fut toujours regardée comme loi de l'église et de l'état. — Fut toujours reconnue dans ce caractère par les parlemens. — Remontrances du parlement de Paris sur son abrogation, *ibid*, 1463. son rétablissement avait été demandé par les bailliages, lors de la convocation des états généraux, en 1560, A. 1416, not. V. *Abrogation, Bénéfices, Conciles, Église Gallicane, Élections, États généraux, Parlemens, Réservations.*

Prélats. V. *Résidence.*

Prélatures. V. *Élections.*

Prérogatives. V. *Municipalités.*

Présens. V. *Magistrats.*

Prêt a intérêt. Taux de l'intérêt de l'argent, 86, A. 1441. — Peut être stipulé autrement qu'en sous et livres, 275, A. 1456. — Permis aux habitans de Tournay, 574, A. 1468. V. *Monnaies.*

Prévarications, Informations contre les receveurs des deniers royaux qui les détourneraient, 685, A. 1474. V. *Receveurs, Sergens.*

Prévôt. V. *Communes, Ordres militaires.*

Princes du Sang, V. *Conseil d'état.*

Prises, (Droit de) Les lettres de marque ne peuvent être accordées

PRIVATIONS, V. *Bénéfices.*

PRIVILÈGES, Confirmation de ceux du duché de Bretagne, 169, A. 1446. — Sauf la réserve du ressort et de la souveraineté, *ibid*, not. — Lettres de garde pour l'ordre de St. Jean de Jérusalem, 444, A. 1461. — La commune de Villemonble déchargée d'hypothèques, privilèges et de tous droits royaux, 615, A. 1470. — Ceux des naturels français concédés aux habitans de St.-Claude, 854, A. 1482. — Cas où le Roi de France pourra conserver ceux des états et du peuple d'Autriche, 905, A. 1485, V. *Anséatiques (Villes), Autriche, Bretagne (Duché de), Communes, Dauphiné, États, Hanse Teutonique, Impôts, Municipalités, Ordres Militaires, Paris, Récompenses Nationales, St.-Claude, Universités.*

PROCÉDURES, De quelle manière elles doivent être dirigées, 161, A. 1446. — Production de pièces, 242, A. 1453. — Jugemens passés d'accord. — Fins de non recevoir, 250, A. 1453. V. *Parlemens.*

PROCÈS, Les états généraux proposent des moyens de les abréger, 106, A. 1461. V. *États généraux.*

PROCÈS CRIMINELS, Griefs contre Charles d'Armagnac, 141, A. 1445. — Griefs contre le duc de Bourgogne, 607, A. 1470, V. *Bourgogne (duc de), Comptes (Gens des), Parlemens.*

PROCUREURS, Leurs obligations, 161, A. 1446. — Leur taxe, 219, A. 1453. — Leur capacité, 222. — Ne peuvent se rendre médiateurs entre les parties, 250, A. 1453.

PROPRIÉTÉS, publique transmise à René d'Anjou, 505, A. 1461, V. *Anjou, Rente, Tabac.*

PROTECTORAT, V. *Droit des gens, Privilèges.*

PROVENCE, (Comté de) V. *Domaine de la couronne.*

PROVINCES, V. *Dauphiné.*

PROVISION, V. *Chanceliers.*

PRUD'HOMMES, Établis à Lyon, pour juger les différends entre marchands, et visiter des marchandises, 481, A. 1460. — Cette juridiction a été généralisée en France, *ibid*, not. V. *Juridiction, Tribunaux de commerce.*

PURGE CIVILE, V. *Hypothèques, Système Hypothécaire.*

Q

QUITTANCES, V. *Finances.*

QUOTITÉ DISPONIBLE, V. *Serfs.*

R

RAPTS, De femmes, V. *Abolition.*

RÉALISTES, Espèces de philosophes et de théologiens, 664, A. 1473. — Leur doctrine, *ibid*, et suiv. V. *Hérésie, Théologiens.*

REBELLES, Pensent toujours que les gouvernemens violent le droit naturel à l'égard de leurs sujets, 422, not. V. *Droit naturel.*

REBELLION, Du dauphin contre le Roi, défense de lui obéir, 75, A. 1440. — même défense aux habitans du Dauphiné, *ibid*. — Les biens confisqués au profit des rebelles doivent être rendus aux sujets fidèles, 176, A. 1450, V. *Abolition, Confiscation, Dauphin, Grace, Restitution.*

RECEVEURS, V. *Comptes (Chambre des), Concussions, Finances, prévarications.*

RÉCOMPENSES NATIONALES, Pension accordée par le roi d'Angleterre au sire de Talbot qualifié maréchal de France, 82, A. 1440. — Don du comté de Longueville pour services rendus à l'état, 115, A. 1445. — Privilèges accordés aux femmes et filles de Beauvais, pour leur conduite héroïque lors du siège de cette ville, 660, A. 1473. — Exemption d'impôts et autres charges accordée pour conduite admirable d'une femme, lors du même siège, 664, A. 1473, V. *Beauvais, Dévouement patriotique,*

Femmes, Filles, Héroïsme, Longueville (Comte de). Privilèges.

RECRUTEMENT. V. *Archers.*

RÉDUCTION. V. *Rentes.*

RÉFORMATION de l'état. Commission souveraine pour l'opérer, 529, A. 1466. — Ce que fit cette commission, *ibid.*, not. V. *Commission, Conciles, Corporations, Législation.*

RÉGALE. (Droit de) Le don qu'on a fait le roi n'est pas un obstacle à la jouissance des bénéficiers de l'église du Mans, 167, A. 1447. — Reste ouvert sur les évêchés vacans jusqu'à ce que les nouveaux évêques aient prêté serment de féauté, 182, A. 1451. — La connaissance en est attribuée au parlement, 403, A. 1464. — Accorde à la Sainte-Chapelle de Paris pour toutes les églises du royaume, 514, A. 1465. V. *Bénéfices, Évêques, Parlemens, Serment.*

RÉGIME FÉODAL. Les seigneurs non plus que le roi, n'avaient le droit d'établir des tailles, 58, not. — V. *Fiefs, Fors-Fuyance, Fors-Mariage, Impôts, Juridiction, Justice, Tailles.*

RÈGLEMENS. V. *Manufactures, Poste.*

RÉHABILITATION. (Lettres de) V. *Confiscation.*

RELIGIEUX. V. *Corporations.*

RELIGIEUX. V. *Corporations, Inquisition.*

REMBOURSEMENT. V. *Rentes.*

RÉMISSION. (Lettres de) V. *Aides.*

REMONTRANCES. V. *Parlemens, Police générale.*

RENTES. Réductions successives qu'elles ont subies, 92 not. — Constituées à 5 pour 100, remboursables : toutes celles qui excéderaient la valeur du tiers des propriétés sont nulles désormais, 330, A. 1457. V. *Propriétés, Réduction, remboursement.*

RÉPARTITION. V. *Impôts.*

REPRÉSAILLES. Défense de faire aucun commerce sur les terres du duc de Bourgogne, à cause de ses menées, 616, A. 1470. V. *Bourgogne (duc de).*

REPRÉSENTATION NATIONALE. V. *États-généraux.*

REQUÊTES. (Chambre des) Rétablie, 201, A. 1455.

RÉSERVATIONS. V. *Pape, Pragmatique.*

RESSORT. V. *Parlemens.*

RÉSIDANCE. Les prélats et autres bénéficiers y sont tenus, sur peine de saisie de leur temporel, 712, A. 1475. V. *Baillis, Bénéficiers, Magistrats, Sergens.*

RESSORT. V. *Parlemens.*

RESTITUTION. V. *Confiscation, Rébellion.*

RETRAIT d'héritage : peut être stipulé autrement qu'en sous et livres, 27, A. 1456. V. *Monnaies.*

RÉUNION. V. *Domaines, Traités.*

RÉVÉLATEURS. V. *Abolition, Lèze-Majesté.*

RÉVISION. V. *Cours criminelles.*

ROCHELLE. (La) V. *Apanages.*

ROME. (Cour de) Édit contre ses exactions, 477, A. 1465. — Défense de solliciter des grâces expectatives pour évêchés, abbayes, ou autres bénéfices électifs, 494, A. 1464. — Défense d'y envoyer de l'argent pour expéditions ou expectatives, 795, A. 1478. V. *Abbayes, Bénéfices, Évêchés, Exactions, Grâces expectatives.*

ROTURIERS. V. *Armées, Chasse (droit de).*

ROYAUME. V. *États.*

ROYAUTÉ. Est un office, une magistrature dont le titulaire peut être dépossédé, cela résulte des expressions d'une ordonnance de Louis XI, 6, not. V. *Magistrature, Office.*

S

SABLES D'OLONNE. V. *Communes.*

SAINT-CLAUDE. V. *Privilèges.*

SAINT-OMER. V. *Municipalités.*

SAINTES. V. *Municipalités.*

SALUBRITÉ PUBLIQUE. V. *Municipalités.*

SAUNIERS. (Faux) V. *Gabelle.*

SAUVEGARDE. Accordée à des Chartreux contre toutes voies de fait, 358, A. 1461. — Quel était le signe de la sauvegarde, *ibid.*, not. — Aux habitans de Montreuil-sur-Mer : peuvent repousser la force par la force, 446, A. 1463. V. *Chartreux, Communes, Églises, Montreuil-sur-Mer.*

SAVOIE (Duc de). V. *Arbitrage.*

SECRÉTAIRES du Roi. Leur confrérie, réduction de leur nombre, 51, A. 1465. — Leurs franchises, 85,

A. 1482. V. *Confrairies*, *Franchises*.

SECRETS, V. *Magistrats*.

SEIGNEURS. V. *Service militaire*.

SEL. V. *Gabelle*.

SÉNÉCHAUX. V. *Baillis*.

SENS. V. *Municipalités*.

SENTENCES. V. *Parlemens*, *Tribunaux*.

SERFS. Dans certaines coutumes ne pouvaient disposer par testament d'une somme au-delà de cinq sous tournois, 685, not. V. *Affranchissement*, *Ecclésiastiques*, *Quotité disponible*.

SERGENS. Leur résidence et leur nombre, 55, A. 1459. — Résidence de ceux du Châtelet. — Informations sur leur prévarications, 74, A. 1440. V. *Châtelet*, *Enquête*, *États*, *Prévarication*, *Résidence*.

SERMENS. Celui du roi a son avènement, 457, A. 1462. — Est resté le même jusqu'à 1789. — Raison de le changer, *ibid.*, not. — Du roi en faveur du duc de Bretagne, 762, A. 1475. — Curieux par la protestation qu'il renferme, *ibid.*, not. V. *Abolition*, *Armées*, *Bretagne* (duc de), *Évêques*, *Fidélité*, *Légats*, *Ordres militaires*, *Régale*, *Universités*.

SERVAGE. (Droit de) V. *Voirie*.

SERVICE MILITAIRE. Dispositions pour la garde des châteaux, 809, A. 1479. — Avaient pour objet d'affaiblir les seigneurs, *ibid.*, not. V. *Châteaux*, *Municipalités*, *Parlemens*, *Seigneurs*.

SERVICE personnel pour la défense du royaume; les sujets du duc de Bourgogne en sont exemptés. V. *Noblesse*, *Vassaux*.

SORCIERS. Les Vaudois poursuivis et brûlés comme tels, 378. — Iniquité de ces condamnations, 379, not. V. *Vaudois*.

SOUDAN d'Égypte. Lettre que le roi lui écrit, 925. V. *Lettre*.

SOUVERAINETÉ. Le duc de Bourgogne peut ajouter à ses titres par la grâce de Dieu sans préjudice aux droits et souveraineté du roi, 174, A. 1448. — Les grands barons jouissaient de toutes ses prérogatives, 567, not. — Le prince d'Orange peut s'intituler prince par la grâce de Dieu, battre monnaie et faire rémission, 712, A. 1475. — Délégation du pouvoir souverain pour réprimer une sédition, bannir, destituer et assembler les états d'une province, 777, A. 1477. V. *Barons*, *Bourgogne* (duc de), *Commissaires*, *Dauphin*, *Délégation*, *Grâce* (droit de), *Monnaies*, *Orange* (prince d').

SPECTACLES. Interdits dans les églises, 42, A. 1458. V. *Églises*.

STATUTS. V. *Ordres militaires*, *Pêcheurs*.

STYLE. V. *Parlemens*.

SUBSIDES. V. *États*.

SUBSISTANCES. Poids et prix du pain à Paris, 55, A. 1459. — Les corps municipaux peuvent taxer le prix du pain et de la viande, mais non celui du blé, *ibid.*, not. — Exportation des grains défendue, 275, A. 1455. — Règlement des habitans de Vernon au sujet de la vente des blés et autres denrées, 577. — Défense d'y brasser de la bière, 578, not. — Le roi modifie et ratifie le règlement, *ibid.* — Approvisionnement de Paris, 695, A. 1474. V. *Boulangers*, *Brasseries*, *Commerce de grains*, *Exportation*, *Greniers d'abondance*, *Meuniers*, *Police municipale*.

SUCCESSION. V. *Législation*.

SUISSES. V. *Traités*.

SÛRETÉ PUBLIQUE, V. *Assemblées*.

SUSPENSIONS, V. *Bénéfices*, *Parlemens*.

SYSTÈME HYPOTHÉCAIRE, Formalités d'expropriation des maisons de Paris, droits des créanciers. — Droit de délaissement. — Purge des hypothèques, 86, A. 1441. V. *Créanciers*, *Déguerpissement*, *Expropriation*, *Hypothèques*, *Purge civile*.

SYSTÈME MONÉTAIRE, V. *Monnaies*.

T

TABAC, (Monopole du). Est une violation du droit de propriété, 286, not. V. *Impôts indirects*, *Monopole*, *Propriété* (Droit de).

TABELLIONS, V. *Notaires*.

TAILLES, V. *Impôts*, *Régime féodal*.

TAXE, V. *Subsistances*.

TESTAMENT, V. *Législation*, *Serfs*.

THÉOLOGIE, Le roi intervient dans des querelles théologiques, 664, A. 1473.

THÉOLOGIENS, V. *Nominaux*, *Réalistes*.

TITRE, V. *Monnaies.*
TOUL, V. *Communes.*
TOULOUSE, V. *Parlemens.*
TOURNAY, V. *Monnaies*, *Octroi municipal.*

TRAHISON, (Haute), Crime de ceux qui entretiennent des liaisons avec un état en guerre avec leur pays, 56?, not. V. *Cours criminelles.*

TRAITE, Des blancs autorisée, 291, not.

TRAITEURS, V. *États généraux*, *Parlemens.*

TRAITÉS, Trêve d'un an entre la France et l'Angleterre, 119, A. 1444. — Réunion de la ville d'Epinal à la France, 120, A. 1444. — Réunion semblable à celle d'Avignon en 1790, *ibid*, not. — De confédération entre le Dauphin et quelques princes et autres gouvernemens, 120, A. 1444. — Entre le lieutenant général du roi et les trois états de la Guienne; conditions de ce traité, 176, A. 1450. — De confédération et d'alliance entre la France et le Danemarck, 321, A. 1456. — Entre la France et la république de Gênes. — Réunion de celle-ci à la France, 332, A. 1458. — D'alliance entre la France et l'Arragon, 444, A. 1462. — Entre la France et le peuple de Liége révolté contre son souverain, 509, A. 1465. — Entre la France et la Bohême, 493, A. 1464. — De Conflans et de St.-Maur ratifié, 515, A. 1465. — Entre la France et le duc de Bourgogne, 564, A. 1468. — Rend le duc à peu près indépendant, *ibid*, not. — Entre la France et les Suisses, 616, A. 1470. — Entre la France et le duc de Bourgogne, 635, A. 1471. — Entre la France et les cantons suisses, 698, A. 1474. — Trêve entre la France et l'Angleterre, 715, A. 1475. — Trêves marchandes entre la France et le duché de Bourgogne, 719, A. 1475. — Publication de celui conclu avec le duc de Bretagne, 719, A. 1475. — Entre la France et l'empire, 730, A. 1475. — De commerce entre la France et l'Angleterre, 735, A. 1475. — Entre la France et l'empereur contre le duc de Bavière, 746, A. 1476. — Entre la France et l'Angleterre, 778, A. 1477. — Entre la France et le duc de Bretagne, 782, A. 1477. — Entre la France et la république de Venise, 787, A. 1477. — Entre la France et l'Espagne, 799, A. 1478. — Entre la France et la maison d'Autriche, enregistré, 907, A. 1482. — Entre la France et le duc d'Autriche, au sujet des Pays-Bas, 876, A. 1482. — V. *Arragon, Autriche, Bavière, Bohême, Bourgogne (Duc de), Bretagne (Duc de), Commune, Confédération, Danemarck, Diplomatie, Empereur, Empire, Espagne, Gênes, Lieutenant général, Réunion, Suisses, Trêves, Venise.*

TRANSIT, V. *Commerce.*
TRANSPORTS, V. *États.*
TRAVAUX PUBLICS, V. *États.*
TRÉSOR, V. *Domaine.*

TRÉSORIERS, Variation de leur nombre à diverses époques, 120, not. — Avaient une juridiction par rapport aux débats concernant le domaine, *ibid.* — Leur fonctions et leurs pouvoirs, 135, A. 1445. — Doivent signer les taxations ordonnées aux généraux des finances, 188, A. 1452. — V. *Juridiction.*

TRÊVES, Avec le duc d'Autriche confirmée, 482, A. 1477, V. *Traités.*

TRIBUNAUX, Amende contre le juge dont la sentence a été infirmée comme absurde, 119, A. 1445. — Femme condamnée à être pendue pour assassinat, 169, A. 1448. — C'est la première fois qu'on ait pendu une femme en France, *ibid*, not. — Ceux de Normandie jugent toutes les causes selon les coutumes, sans évocation, à quelques exceptions près, 414, A. 1461. — Les jugemens rendus d'après les lois principales du comté de Flandre affranchis d'appel au Parlement et de recours au Roi, 560, A. 1468. — Dangers de cette mesure, *ibid*, not. — Le Roi protège les enfans d'un individu condamné sans forme de procès, 813, A. 1479. V. *Amendes, Appels, Évocation, Gibet, Jugemens Arbitraires, Normandie, Sentences.*

TRIBUNAUX, De commerce, V. *Prud'hommes.*

TRIBUNAUX EXTRAORDINAIRES, Les jugemens par commissaires sont prohibés, 234, A. 1453. — Tous les procès faits aux grands ont été jugés par commissions, *ibid*, not. — Commission présidée par le roi qui condamne un individu, 254, A. 1453. — Depuis 1789, le roi ne peut plus prendre part aux jugemens de ses sujets, *ibid*., not, V. *Commissions, Magiciens*.

Troubles, V. *Abolition, Amnistie*.

Troupes, V. *Armées*.
Troyes, V. *Municipalités*.
Turcs, V. *Croisades*.
Tutelle, Des petits enfans du comte de Foix, accordée à leur mère, 657, A. 1472.

U

Université d'Angers. Confirmation de ses priviléges, 118, A. 1445. — De Paris. La connaissance de ses causes dévolue au parlement, 138, A. 1445. — Avait fait cesser les leçons et les prédications à Paris, *ibid*., not. — N'a plus de priviléges en matière d'impôts; mais elle a encore un privilége de juridiction, 288, not. — Doit rapporter les citations, excommunications et privations qu'elle a prononcées contre la cour des aides, 367, A. 1460. — Conservateurs de ses priviléges concernant les aides, 370, A. 1460. — Dispositions en faveur de celle de Valence, 391, A. 1461. — Etablie à Bourges, 477, A. 1463, et 527, A. 1466. — Dispositions en faveur de celle de Cahors, 650, A. 1472, — Serment prêté par celle de Paris, dans l'affaire des réalistes et des nominaux, 670, A. 1473. — Envoie une députation au roi sur le même objet, 671, not. — Provoque une décision qui fait cesser l'édit rendu à cet égard, *ibid*., not. V. *Aides, Bourges, Cahors, Etats, Excommunication, Juridiction, Parlemens, Priviléges, Sermens, Valence*.

Usages, V. *Coutumes*.
Usines. Privilèges accordés aux propriétaires de forges, 275, A. 1455. V. *Forges*.

V

Vacations. V. *Parlemens*.
Vagabondage. V. *Mendians*.
Valence. V. *Universités*.
Vassaux. V. *Affranchissement, Armées, Fidélité, Pairs*.
Vaudois. V. *Sorciers*.
Vénalité. V. *Fonctions publiques*.
Venise. (République de), V. *Traités*.

Vente (Actes de). Peuvent être stipulés autrement qu'en sous et livres, 275, A. 1456. V. *Monnaies*.
Vérification. V. *Legats*.
Voirie. La ville de Blois autorisée à lever un droit de sérvage pour l'entretien des ponts et chaussées, 705, A. 1474. V. *Blois, Ponts et chaussées, Servage*.

FIN DE LA TABLE DE LA CINQUIÈME LIVRAISON.